高等院校土木工程专业系列教材

桥梁工程

主　编　王丽荣　盛可鉴　丁剑霆
副主编　张显军　郑朝阳　张晓芹　王国峰
主　审　赵永平

中国建材工业出版社

图书在版编目(CIP)数据

桥梁工程/王丽荣等主编.—北京:中国建材工业出版社,2005.9(2016.8 重印)

(高等院校土木工程专业系列教材)

ISBN 978-7-80159-955-1

Ⅰ.桥… Ⅱ.王… Ⅲ.桥梁工程—高等学校—教材 Ⅵ.U44

中国版本图书馆 CIP 数据核字(2005)第 089166 号

内 容 提 要

本书是根据高等学校土木工程专业应用型本科教学的要求,以土木工程专业(路桥工程方向)的桥梁工程课程内容为主,详细介绍了公路建设中常用的中、小跨径桥梁设计和施工的基本知识;同时又考虑到土木工程专业适应性强的特点,简单介绍了较复杂的大、中跨径桥梁设计与施工的基本知识。本书共分六篇,第一篇总论,第二篇混凝土梁式桥,第三篇拱桥,第四篇斜拉桥、悬索桥,第五篇桥梁施工,第六篇桥梁墩台。

本书可作为普通高等院校土木工程专业本科生教材,也可供土木工程科研、设计、施工、监理等方面的工程技术人员参考。

桥梁工程

王丽荣　盛可鉴　丁剑霆主编

出版发行:	中国建材工业出版社
地　　址:	北京市海淀区三里河路 1 号
邮　　编:	100044
经　　销:	全国各地新华书店
印　　刷:	北京鑫正大印刷有限公司
开　　本:	787mm×1092mm　1/16
印　　张:	24.75
字　　数:	616 千字
版　　次:	2005 年 9 月第 1 版
印　　次:	2016 年 8 月第 3 次
定　　价:	**59.00 元**

本社网址:www.jccbs.com.cn

本书如出现印装质量问题,由我社发行部负责调换。联系电话:(010)88386906

前　言

本教材系参考国家级教育研究项目"21世纪中国高等学校应用型人才培养体系的创新与实践"课题、"土木工程专业应用型人才培养的创新与实践"子课题教改最新精神编写，内容加强了课程理论体系的科学性与专业针对性，突出了以培养应用性人才为目标的教改指导思想。

按照教学大纲的要求，学生在学完《结构力学》、《结构设计原理》等先修课程的基础上，通过本课程的学习，必须掌握我国常见中、小型桥梁的构造原理和设计计算方法，特别是混凝土梁桥和拱桥的构造原理和设计计算方法，掌握一般桥梁施工的方法和必须注意的问题，此外，还应使学生了解其他大跨度桥梁的构造、计算和施工特点，学会应用《公路桥涵设计规范》和《公路桥涵标准图》进行中、小型桥梁的设计与计算，初步具备解决较复杂桥梁问题的能力。

本教材共有六篇。在第一篇总论的第1、2、3章里主要介绍桥梁组成、分类和总体设计、公路桥梁设计作用以及国内外桥梁建设的发展概况。在桥梁的总体规划和设计中扼要阐述了桥梁设计与建设程序以及方案比较和选定，使学生在深入学习各章内容前对桥梁设计工作的全貌有一个概况的了解；公路桥梁设计作用采用的最新规范规定。第4章介绍桥面构造，重点介绍了目前用得比较广泛的一些桥面新构造。

第二篇为混凝土梁桥。在第1章概述中，从截面型式和静力体系等方面介绍各类梁桥的特点及其适用条件。第2章较详细地介绍了公路上最常见的简支梁桥、连续梁桥的构造与设计方案。第3、4章则重点介绍简支梁、连续梁桥的计算方法。简支梁桥计算中的荷载横向分布的原理是公路桥梁设计的主要计算理论，本书只介绍最基本的杠杆原理法、修正偏心压力法、铰接板法和刚接梁法。鉴于实际设计中有主梁间距加大的趋势，T梁行车道板以部分现浇结成整体较多见，故桥面板的计算仅介绍了实际工程中应用较多的连续单向板、悬臂板，并将老构造中的铰接悬臂板的计算删掉；同时将行车道板计算一贯的铰接板算例改为单向板算例。连续梁桥计算按常见的施工方法组织了连续梁桥的结构内力计算内容。第5章简单介绍了梁式桥的支座类型与构造。计算部分附有按新《公路桥涵设计通用规范》规定执行的计算例题，便于学生掌握要领。在教学中体现了应用型本科的教改思想，突出应用性和适用性。

第三篇主要介绍上承式拱桥，对中、下承式桥仅作简介。上承式拱桥活载内力计算只介绍与现行《公路桥涵设计通用规范》相配套的影响线加载法，体现了教材的先进性。

第四篇简单介绍了公路常见大跨度斜拉桥、悬索桥的构造特点、设计和计算特点。考虑到桥梁建筑中新体系、新工艺的不断发展，从事公路与桥梁工程的技术人员除了要解决常用中、小桥梁结构的设计施工问题外,目前在生产中也常常面临需要处理其他较复杂体系桥梁的任务,所以通过本篇内容的学习一方面扩大了学生的专业知识面,另一方面为学习后续课程以及从事专业工作打下一定的理论基础。

第五篇桥梁施工部分是内容丰富、实践性强的重要学习领域,为了体现应用型本科的特色,这部分我们改动幅度比较大。考虑应用型本科的学生毕业分配的去向多数为施工单位,主要从事施工工作,为此我们在学时、内容上大幅度加强,在教学手段上也进行了改革,准备了施工录像和施工课件等桥梁施工补充教材,介绍了各种桥梁一般常用的施工方法以及施工中必须注意的问题,此外,为了扩大视野,还扼要介绍了近年来桥梁施工中涌现出来的一些新技术和新工艺。

第六篇阐述了桥梁墩台的设计与计算方法。其中,除了常用的重力式墩台外,还介绍了公路桥梁上日益推广使用的各类轻型墩台的构造形式和计算要点。目前,钢筋混凝土柱式墩台和橡胶支座已被广泛采用,而多跨简支梁桥一般都要采用连续桥面,所以,加入简连续桥面支梁桥配柱式墩台的计算算例。

全书附有必要的思考题和习题。每章有小结,以便利学生自学和自测。

本教材第一篇、第四篇第 2 章第 3 节由黑龙江工程学院张显军编写,第二篇第 1 章由北京科技大学土木与环境学院张举兵编写,第二篇第 2 章由黑龙江工程学院王国峰编写,第二篇第 3 章由黑龙江工程学院张晓芹编写,第二篇第 4 章、第 5 章由黑龙江工程学院郑朝阳编写,第三篇由黑龙江工程学院王丽荣编写,第四篇第 1 章由苏州科技学院朱丛坤编写,第四篇第 2 章第 1 节由黑龙江大学王正军编写,第四篇第 2 章第 2 节由黑龙江工程学院赵德龙编写,第五篇由黑龙江工程学院盛可鉴编写,第六篇由黑龙江工程学院丁剑霆编写,全书由黑龙江工程学院赵永平教授主审。本书书稿的整理过程中还得到郭文明同志的帮助。

由于我们水平有限,编写时间也较紧迫,错误之处一定不少,敬请读者批评指正。

编　者

2005年5月

目 录

第一篇 总论 …………………………………………………………………………（1）
第一章 绪论 …………………………………………………………………………（1）
第一节 桥梁的基本组成和分类 …………………………………………………（1）
第二节 展望21世纪的桥梁工程 …………………………………………………（9）

第二章 桥梁的总体规划设计 ………………………………………………………（12）
第一节 桥梁设计的基本原则 ……………………………………………………（12）
第二节 桥梁平、纵、横断面设计 ………………………………………………（13）
第三节 桥梁设计与建设程序 ……………………………………………………（17）
第四节 桥梁设计方案的比选 ……………………………………………………（19）

第三章 桥梁设计作用 ………………………………………………………………（22）
第一节 作用分类、代表值和作用效应组合 ……………………………………（22）
第二节 永久作用 …………………………………………………………………（26）
第三节 可变作用 …………………………………………………………………（27）
第四节 偶然作用 …………………………………………………………………（39）

第四章 桥面布置与构造 ……………………………………………………………（42）
第一节 桥面铺装及排水防水系统 ………………………………………………（42）
第二节 桥面伸缩装置 ……………………………………………………………（48）
第三节 人行道、安全带、照明灯柱、栏杆及护栏 ……………………………（50）

第二篇 钢筋混凝土和预应力混凝土梁桥 …………………………………………（55）
第一章 概述 …………………………………………………………………………（55）
第一节 钢筋混凝土梁桥的一般特点 ……………………………………………（55）
第二节 梁式桥的主要类型及其适用情况 ………………………………………（56）

第二章 混凝土简支梁桥构造和设计 ………………………………………………（60）
第一节 公路混凝土简支梁桥的设计与构造 ……………………………………（60）
第二节 混凝土悬臂梁桥和连续体系梁桥的设计与构造特点 …………………（75）

第三章 混凝土简支梁桥的计算 （95）

第一节 概述 （95）
第二节 公路桥面板(行车道板)的计算 （95）
第三节 荷载横向分布计算 （107）
第四节 主梁内力计算 （133）
第五节 横隔梁内力计算 （139）
第六节 挠度、预拱度的计算 （141）

第四章 混凝土连续梁桥的计算 （146）

第一节 结构恒载内力计算 （146）
第二节 活载内力计算 （151）
第三节 恒活载内力计算时的几点注意事项 （151）
第四节 预应力内力计算的等效荷载法 （152）
第五节 徐变、收缩引起预应力混凝土连续梁的次内力计算 （155）
第六节 基础沉降次内力计算 （161）
第七节 温度次内力和自应力计算 （162）

第五章 梁式桥支座 （169）

第一节 常用支座的类型和构造 （169）
第二节 特殊支座的类型和构造 （171）
第三节 支座的布置 （174）

第三篇 拱桥 （177）

第一章 概述 （177）

第一节 拱桥的主要特点 （177）
第二节 拱桥的组成及主要类型 （178）

第二章 拱桥的构造及设计 （185）

第一节 上承式拱桥的构造与设计 （185）
第二节 下承式及中承式钢筋混凝土拱桥的构造 （206）

第三章 拱桥的计算 （210）

第一节 拱轴方程的建立 （210）
第二节 恒载作用下拱的内力计算 （218）
第三节 影响线及活载作用下拱圈内力计算 （222）
第四节 温度变化、混凝土收缩和拱脚变位的内力计算 （228）

第五节　拱圈内力调整 ……………………………………………………（231）
　　第六节　拱圈强度及稳定性验算 …………………………………………（233）
　　第七节　裸拱内力计算 ……………………………………………………（235）

第四篇　斜拉桥及悬索桥 …………………………………………………………（239）
第一章　斜拉桥 ……………………………………………………………………（239）
　　第一节　概述 ………………………………………………………………（239）
　　第二节　斜拉桥的构造特点 ………………………………………………（241）
　　第三节　斜拉桥设计简介 …………………………………………………（249）

第二章　悬索桥 ……………………………………………………………………（253）
　　第一节　概述 ………………………………………………………………（253）
　　第二节　悬索桥的构造特点 ………………………………………………（255）
　　第三节　悬索桥设计简介 …………………………………………………（261）

第五篇　桥梁施工 …………………………………………………………………（265）
　第一章　混凝土梁桥的施工 ………………………………………………………（265）
　　第一节　就地现浇的钢筋混凝土简支梁桥施工 …………………………（265）
　　第二节　预制钢筋混凝土及预应力混凝土简支梁桥施工 ………………（270）
　　第三节　悬臂体系和连续体系梁桥施工 …………………………………（279）

　第二章　拱桥施工 …………………………………………………………………（290）
　　第一节　拱桥有支架施工 …………………………………………………（290）
　　第二节　拱桥无支架施工 …………………………………………………（298）
　　第三节　拱桥其他施工方法 ………………………………………………（304）

　第三章　斜拉桥的施工 ……………………………………………………………（312）
　　第一节　主梁施工要点 ……………………………………………………（312）
　　第二节　索塔施工要点 ……………………………………………………（315）
　　第三节　拉索施工要点 ……………………………………………………（319）

　第四章　悬索桥施工 ………………………………………………………………（322）

第六篇　桥梁墩台 …………………………………………………………………（324）
第一章　墩台的构造和设计 ………………………………………………………（324）
　　第一节　概述 ………………………………………………………………（324）
　　第二节　梁桥墩台 …………………………………………………………（325）
　　第三节　拱桥墩台 …………………………………………………………（336）

3

第四节　桥墩防撞 ……………………………………………………（339）
　　第五节　锥坡、引道及搭板 ……………………………………………（340）

第二章　桥墩计算 ……………………………………………………（342）
　　第一节　作用及其组合 …………………………………………………（342）
　　第二节　重力式桥墩计算 ………………………………………………（344）
　　第三节　桩柱式桥墩计算 ………………………………………………（346）
　　第四节　空心墩的计算特点 ……………………………………………（369）

第三章　桥台计算 ……………………………………………………（371）
　　第一节　重力式桥台的计算 ……………………………………………（371）
　　第二节　设有支撑梁的轻型桥台的计算特点 …………………………（371）

附录1　铰接板荷载横向分布影响线竖标表 …………………………（376）

参考文献 ………………………………………………………………（388）

第一篇 总 论

第一章 绪 论

桥梁工程在学科上属于土木工程分支,在功能上是交通工程的咽喉。

随着我国国民经济的迅速发展和经济的全球化,大力发展交通运输事业,建立四通八达的现代交通网络,不仅有利于经济的进一步发展,同时对促进文化交流、加强民族团结、缩小地区差别、巩固国防等方面,都有着非常重要的意义。

我国自改革开放以来,路(特别是高等级公路和城市道路)、桥建设得到了飞速的发展,对改善人民的生活环境,改善投资环境,促进经济的腾飞,起到了关键性的作用。

桥梁工程在工程规模上约占道路总造价的 10%～20%,它是保证全线通车的咽喉,特别是战时,即便是高技术战争,桥梁工程仍具有非常重要的地位。

桥梁是一种功能性的结构物,但从古至今,人类从未停止过对桥梁美学的追求,很多桥梁被建成令人赏心悦目的艺术品,具有鲜明的时代特征,至今仍然为人们所赞叹。

随着科学技术的进步和经济、社会、文化水平的提高,人们对桥梁建筑提出了更高的要求。经过几十年的努力,我国的桥梁工程无论在建设规模上,还是在科学技术水平上,均已跻身世界先进行列。各种功能齐全、造型美观的立交桥、高架桥、横跨长江、黄河等大江大河的特大跨度桥梁,如雨后春笋频频建成。目前随着国家公路五纵七横国道主干线的规划实施,几十公里长的跨海湾、海峡特大桥梁的宏伟工程已经摆在我们面前,并已逐渐开始建设,例如 2003 年 6 月开工建设的浙江宁波杭州湾跨海大桥,全长达 36km,是目前世界上最长的桥梁,杭州湾大桥的开工建设使上海至宁波的公路距离缩短了 120km。

回顾过去,展望未来,可以预见,在今后相当长的一个时期内,我们广大的桥梁建设者将不断面临着建设新颖和复杂桥梁结构的挑战,肩负着国家光荣而艰巨的任务。

第一节 桥梁的基本组成和分类

道路路线遇到江河湖泊、山谷深沟以及其他线路(铁路或公路)等障碍时,为了保持道路的连续性,发挥其正常的运输能力,就需要建造专门的人工构造物——桥梁来跨越障碍。桥梁一方面要保证桥上的交通运行,同时也要保证桥下水流的宣泄、船只的通航或车辆的通行。作为学习桥梁结构构造的入门,下面先熟悉桥梁的基本组成部分以及桥梁的分类情况。

一、基本组成

桥梁由五个"大部件"与五个"小部件"组成。所谓五大部件是指桥梁承受汽车或其他作用的桥跨上部结构与下部结构,它们是桥梁结构安全性的保证。这五大部件是:

(1)桥跨结构(或称桥孔结构、上部结构),见图1-1-1。它是路线遇到障碍(如江河、山谷或其他路线等)中断时,跨越这类障碍的结构物。

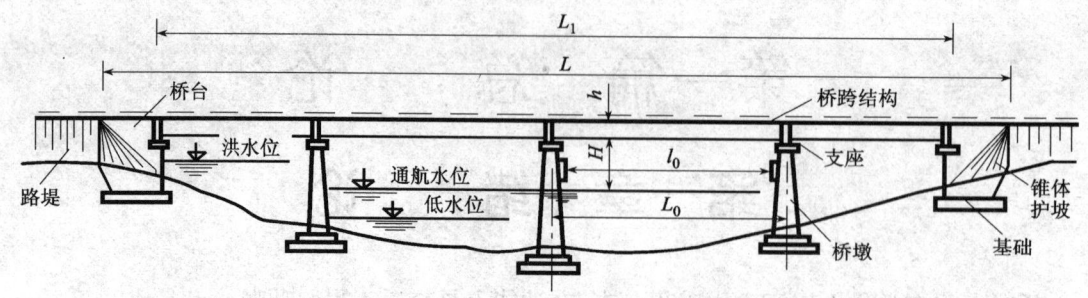

图1-1-1 桥梁的基本组成

(2)支座系统的作用是支承上部结构并传递荷载于桥梁墩台上,应保证上部结构在荷载、温度变化或其他因素作用下所预计的位移功能。

(3)桥墩是在河中或岸上支承两侧桥跨上部结构的建筑物。

(4)桥台位于桥的两端,一端与路堤相接,并防止路堤滑塌,为保护桥台和路堤填土,桥台两侧常做一些防护工程;另一侧则支承桥跨上部结构的端部。

(5)墩台基础是保证梁墩台安全并将荷载传至地基的结构部分。基础工程在整个桥梁工程施工中是比较困难的部分,而且常常需要在水中施工,因而遇到的问题也很复杂。

桥跨结构和支座系统是桥跨上部结构,桥墩,桥台和墩台基础为桥跨下部结构。

五小部件均为直接与桥梁服务功能有关的部件,过去总称为桥面构造,在桥梁设计中往往不够重视,因而使桥梁服务质量低下,外观粗糙。在现代化工业发展水平的基础上,人类的文明水平也极大提高,人们对桥梁行车的舒适性和结构物的观赏水平要求愈来愈高,因而国际上的桥梁设计中很重视五小部件。目前,国内桥梁设计工程师也越来越感到五小部件的重要性。这五小部件是:

(1)桥面铺装(或称行车道铺装)。桥面铺装的平整性、耐磨性、不翘曲、不渗水是保证行车平稳的关键,特别在钢箱梁上铺设沥青路面的技术要求甚严。

(2)排水防水系统。桥面的防水排水系统应迅速地排除桥面上积水,并使渗水可能性降至最小限度。此外,城市桥梁防水系统应保证桥下无滴水和结构上无漏水现象。

(3)栏杆(或防撞栏杆)。桥的栏杆既是保证安全的构造措施,又是有利于观赏的最佳装饰件。

(4)伸缩缝。伸缩缝位于桥跨上部结构之间,或在桥跨上部结构与桥台端墙之间,以保证结构在各种因素作用下的变位。为使桥面上行车顺适,无颠动,桥上要设置伸缩缝构造,特别是大桥或城市桥的伸缩缝,不但要结构牢固,外观光洁,而且需要经常扫除掉入伸缩缝中的垃圾泥土,以保证它的功能作用。

(5)灯光照明。现代城市中标志式的大跨桥梁都装置了多变幻的灯光照明,增添了城市中光彩夺目晚景。

二、名词术语

水位:河流中的水位是变动的,枯水季节的最低水位称为低水位,洪峰季节河流中的最高水位称为高水位。桥梁设计中按规定的设计洪水频率计算所得的高水位(很多情况下是推算水位),称为设计水位。在各级航道中,能保持船舶正常航行时的水位,称为通航水位。

净跨径口对于设支座的桥梁,净跨径为相邻两墩、台身顶内缘之间的水平净距;对于不设支座的桥梁,净跨径为上、下部结构相交处内缘间的水平净距,用 l_0 表示,如图1-1-1和图1-1-2所示。

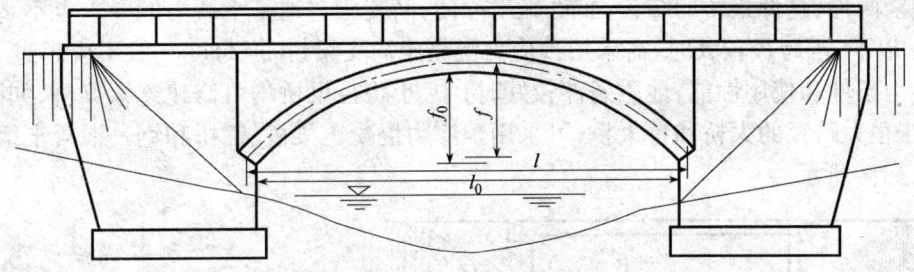

图1-1-2 拱桥概貌

总跨径是多孔桥梁中各孔净跨径总和($\sum l_0$),它反映了桥下渲泄洪水的能力。

对于设支座桥梁,计算跨径为相邻支座中心的水平距离;对于不设支座的桥梁(如拱桥、刚构桥等),计算跨径为上、下部结构的相交面之中心间的水平距离,用 l 表示,桥梁结构的力学计算是以 l 为准的。

桥梁全长简称桥长,对于有桥台的桥梁,桥长为两岸桥台翼墙尾端间的距离,对于无桥台的桥梁,桥长为桥面行车道长度,用 L 表示,见图1-1-1。

桥下净空是为满足通航(或行车、行人)的需要和保证桥梁安全而对上部结构底缘以下规定的空间界限。

桥梁建筑高度是上部结构底缘至桥面的垂直距离(图1-1-1中的 h),线路中所确定的桥面标高,与通航(或桥下通车、人)净空界限顶部标高之差,称为容许建筑高度,显然桥梁建筑高度不得大于容许建筑高度,为控制桥梁建筑高度,可以通过在桥面以上布置结构(如斜拉桥、悬索桥,中、下承式拱桥等)的方式加以解决。

桥面净空是桥梁行车道、人行道上方应保持的空间界限,公路、铁路和城市对桥面净空都有相应的规定。

此外,我国《公路桥涵设计通用规范》(JTGD 60—2004)以后简称《公桥规》(JTGD 60—2004)中规定,对标准设计或新建桥涵跨径在50m及以下时,宜采用标准跨径(l_b)。对于梁式桥,它是指两相邻桥墩中线之间的距离,或墩中线至桥台台背前缘之间的距离;对于拱桥,则是指净跨径。我国规定的公路桥涵标准跨径如下:

0.75m、1.0m、1.25m、1.5m、2.0m、2.5m、3.0m、4.0m、5.0m、6.0m、8.0m、10m、13m、16m、20m、25m、30m、35m、40m、45m、50m。

三、桥梁分类

(一)桥梁按受力体系分类

按照受力体系分类,桥梁可分为梁式桥、拱式桥和悬索桥三大基本体系。梁式桥以受弯为主,拱式桥以受压为主,悬索桥以受拉为主。由三大基本体系的相互组合,派生出在受力上也具组合特征的多种桥型,如刚架桥和斜拉桥等,下面分别阐述各种桥梁体系的主要特点。

1. 梁式桥

梁式桥是一种在竖向荷载作用下无水平反力的结构,见图1-1-3a。由于外力的作用方向与梁式桥承重结构轴线接近垂直,与同样跨径的其他结构体系相比,梁桥内产生的弯矩最大,通常需用抗弯、抗拉能力强的材料(钢、配筋混凝土。钢—混凝土组合结构等)来建造。对于中、小跨径桥梁,公路上目前应用最广的是标准跨径的钢筋混凝土简支梁桥。施工方法有预制装配和现浇两种,这种梁桥的结构简单,施工方便,简支梁对地基承载力的要求也不高,常用跨径在25m以下,当跨径较大时,需采用预应力混凝土简支梁桥,但跨度一般不应超过50m。为了改善受力条件和使用性能,地质条件较好时,中、小跨径梁桥均可修建连续梁桥,如图1-1-3c所示;对于很大跨径的大桥和特大桥,可采用预应力混凝土梁桥、钢桥和钢—混凝土组合梁桥,如图1-1-3d、e所示。

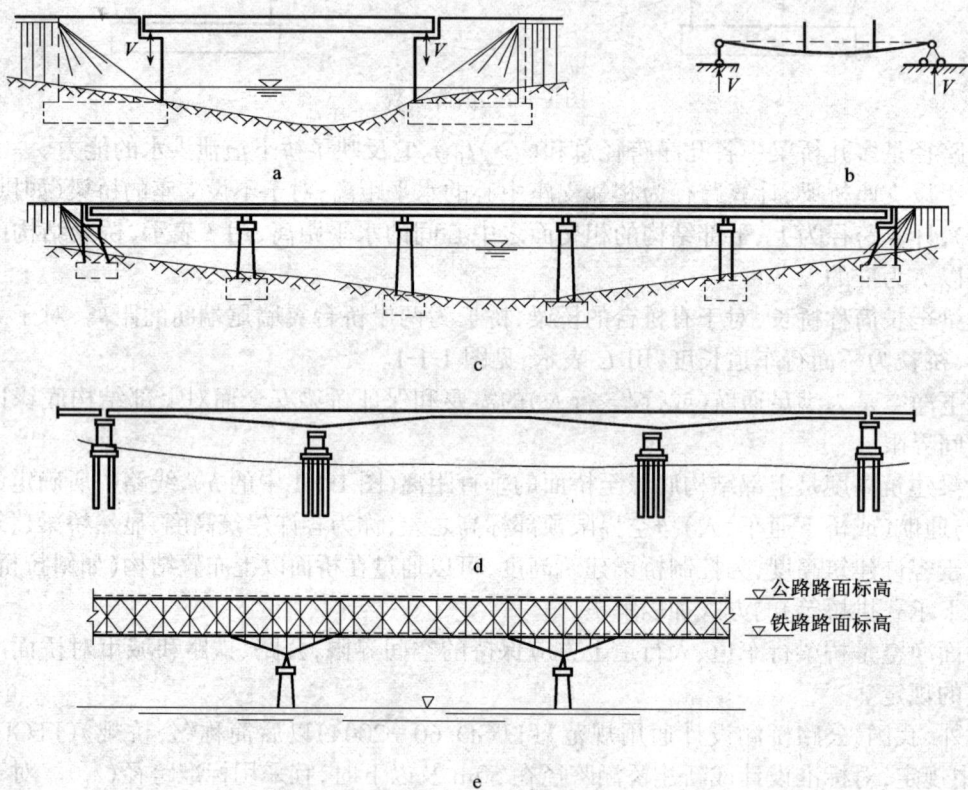

图1-1-3 梁式桥

2. 拱式桥

图1-1-4所示为拱式桥,拱式桥的主要承重结构是拱圈或拱肋(拱圈横截面设计成分离形式时称为拱肋)。拱结构在竖向作用下,桥墩和桥台将承受水平推力,如图1-1-4c所示;同时,根据作用力和反作用力原理,墩台向拱圈(或拱肋)提供一对水平反力,这种水平反力将大大抵消在拱圈(或拱肋)内由作用所引起的弯矩。因此,与同跨径的梁式桥相比,拱桥的弯矩、剪力和变形都要小得多。鉴于拱桥的承重结构以受压为主,通常可用抗压能力强的圬工材料(如砖、石、混凝土)和钢筋混凝土等来建造。

拱桥不仅跨越能力很大,而且外形酷似彩虹卧波,十分美观;在条件许可的情况下,修建拱桥往往是经济合理的，一般在跨径 500m 以内均可作为比选方案。

应当注意，为了确保桥梁的安全，拱桥的下部结构和地基（特别是桥台）必须能经受住很大的水平推力作用。此外，由于拱圈（或拱肋）在合龙前自身不能维持平衡，因而拱桥在施工过程中的难度和危险要远大于梁式桥。对于特大跨度的拱桥，也可建造钢桥或钢——混凝土组合截面的拱桥，施工时首先合拢自重较轻但强度很高的钢拱，以承担施工荷载，这样，可以降低施工的难度和风险。

在地基条件不适合于修建具有较大推力的拱桥情况下，也可建造由受拉系杆来承受水平推力的系杆拱桥，系杆可由钢、预应力混凝土或高强钢筋做成，如图 1-1-4e 所示，近年来还发展了一种所谓"飞雁式"三跨自锚式微小推力拱桥，如图 1-1-4e 所示，即在边跨的两端施加强大的水平预加力 H，通过边跨梁传至拱脚，以抵消主跨拱脚处的巨大水平推力。

按照行车道处于主拱圈的不同位置，拱桥分为上承式拱、中承式拱和下承式拱三种。如图 1-1-4 所示。

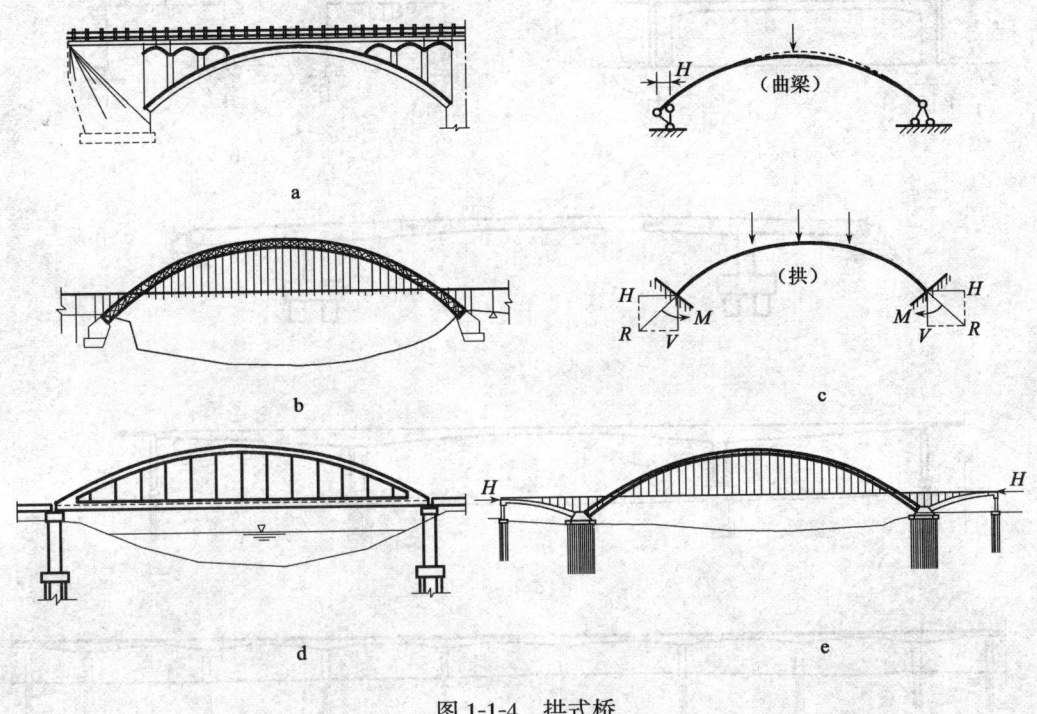

图 1-1-4 拱式桥

3. 刚构桥

刚构桥的主要承重结构是梁（或板）与立柱（或竖墙）整体结合形成的刚架结构，梁和柱的连结处具有很大的刚性，以承担负弯矩的作用。图 1-1-5a 所示为门式刚架桥，在竖向荷载作用下，柱脚处产生水平反力，梁主要受弯，但弯矩值较同跨径的简支梁小，梁内还有轴压力 H，因此，受力状态介于梁桥与拱桥之间，见图 1-1-5b；刚架桥跨中的建筑高度就可做得较小。但普通钢筋混凝土修建的刚架桥在梁柱刚结处较易产生裂缝，需在该处多配钢筋。另外，门式刚架桥在温度变化时，内部易产生较大的附加内力，应引起重视。

图 1-1-5c 所示的 T 型刚构桥（带挂孔或不带挂孔）是修建较大跨径混凝土桥梁曾采用的桥型，属静定或低次超静定结构。这种桥型由于 T 构长悬臂处于一种不受约束的自由变形状

态，在车辆荷载作用下，悬臂内的弯、扭应力均较大，各个方向易产生裂缝；另外，由于混凝土的徐变，会导致悬臂端产生一定的下挠，从而在悬臂端部和挂梁的结合处形成一小折角，不仅损坏了伸缩缝，而且车辆行驶时易在此跳车，给悬臂以附加冲击力，对桥梁受力也不利，目前这种桥型已较少采用。

图 1-1-5d 所示为连续刚构桥，属于多次超静定结构。在该类桥的设计中，一般应减小墩柱顶端的水平抗推刚度，使得温度变化下在结构内不致产生较大的附加内力；对于较长的桥，为了降低这种附加内力，往往在两侧的一个或数个边跨上设置滑动支座，从而形成如图 1-1-5e 所示的刚构——连续组合体系桥型。

当跨越陡峭河岸和深谷时，修建斜腿式刚构桥往往既经济合理又造型轻巧美观，如图 1-5-5f 所示。由于斜腿墩柱置于岸坡上，有较大斜角，中跨梁内的轴压力也很大，因而斜腿刚构桥的跨越能力比门式刚构桥要大得多，但斜腿的施工难度较直腿大一些。

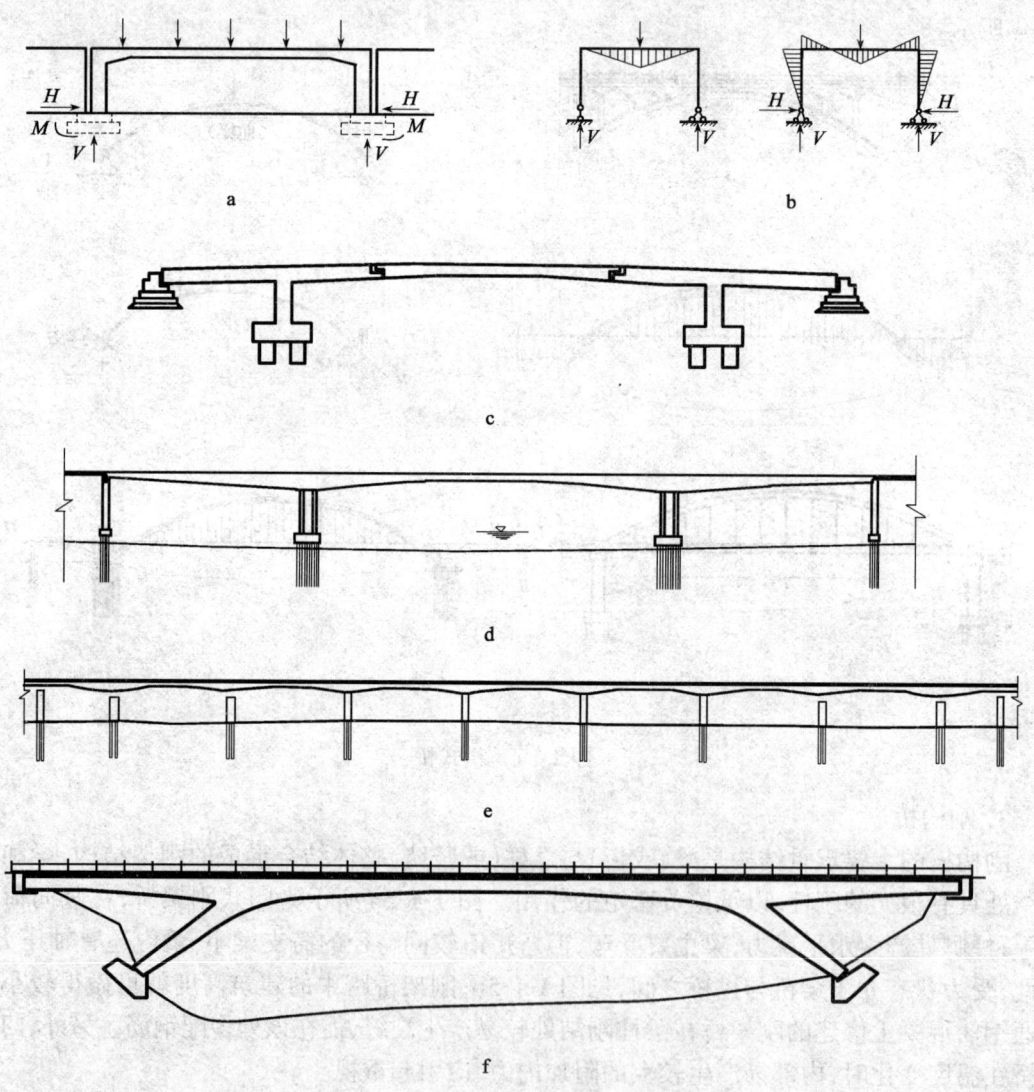

图 1-1-5 刚构桥

刚构桥一般均需承受正负弯矩的交替作用,横截面宜采用箱形截面;连续刚构桥主梁的受力与连续梁相近,横截面形式与尺寸也与连续梁基本相同。

4. 悬索桥

悬索桥(也称吊桥)是以悬挂在两边塔架上的强大缆索作为主要承重结构,如图1-1-6所示。在桥面系竖向荷载作用下,通过吊杆使缆索承受较大的拉力。缆索锚于悬索桥两端的锚碇结构中,为了承受巨大的缆索拉力,需要较大的锚碇结构(重力式锚碇),或者依靠天然完整的岩体来承受水平拉力(隧道式锚碇)。缆索传至锚碇的拉力可分解为垂直和水平两个分力,因而悬索桥也是具有水平反力(拉力)的结构。现代悬索桥广泛采用高强度的多股钢丝编织形成钢缆,以充分发挥其优良的抗拉性能。悬索桥的承载系统包括缆索、塔柱和锚碇三部分,结构自重较轻,能够跨越较大的跨度。悬索桥的另一特点是受力简单,钢缆易于运输,在将缆索架设完成后,便形成了一个强大稳定的结构支承系统,施工过程中的风险相对较小。

图1-1-6a为单跨式悬索桥,图1-1-6b则为三跨式悬索桥。

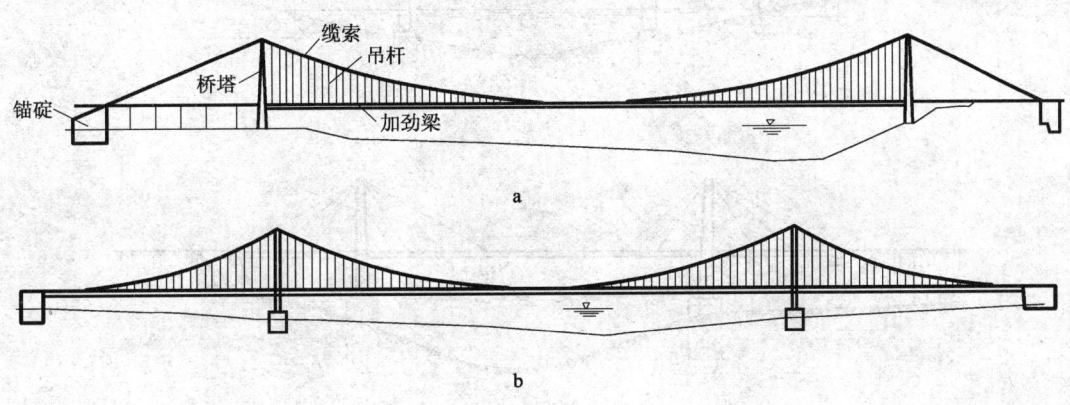

图1-1-6 悬索桥

相对于其他体系梁,悬索桥的刚度最小,属柔性结构。在车辆作用下,悬索桥将产生较大的变形,例如跨度1000m的悬索桥,在车辆荷载作用下,$L/4$区域的最大挠度可达3m左右;另外,悬索桥风致振动及稳定性在设计和施工中也需予以特别的重视。

5. 组合体系桥

根据结构的受力特点,由几个不同体系的结构组合而成的桥梁称为组合体系桥。图1-1-7a所示为一种梁和拱的组合体系,其中梁和拱都是主要承重结构,两者相互配合共同受力。由于吊杆将梁向上(与荷载作用的挠度方向相反)吊住,显著地减小了梁中部的弯矩;同时由于拱与梁连接在一起,拱的水平推力就传给梁来承受,梁除了受弯以外尚且受拉。这种组合体系桥能跨越的跨度比一般简支梁桥更大并对墩台没有推力作用,因此对地基的要求与一般简支梁桥一样。图1-1-7b为拱置于梁的下方,通过立柱对梁起辅助支承作用的组合体系桥。

斜拉桥是一种主梁与斜缆相结合的组合体系,见图1-1-7c。悬挂于塔柱上的张紧斜缆将主梁吊住,使得主梁像多点弹性支承的连续梁一样工作,这样既发挥了高强材料的作用,又显著减小了主梁截面,结构自重减小,可以跨越很大的跨径。

组合体系桥的种类很多,但究其实质不外乎利用梁、拱、吊三者的不同组合,上吊下撑以形成新的结构。组合体系桥梁一般都可用钢筋混凝土来建造,对于大跨径桥以采用预应力混凝土或钢材修建为宜。一般说来,这种桥梁的施工工艺比较复杂。

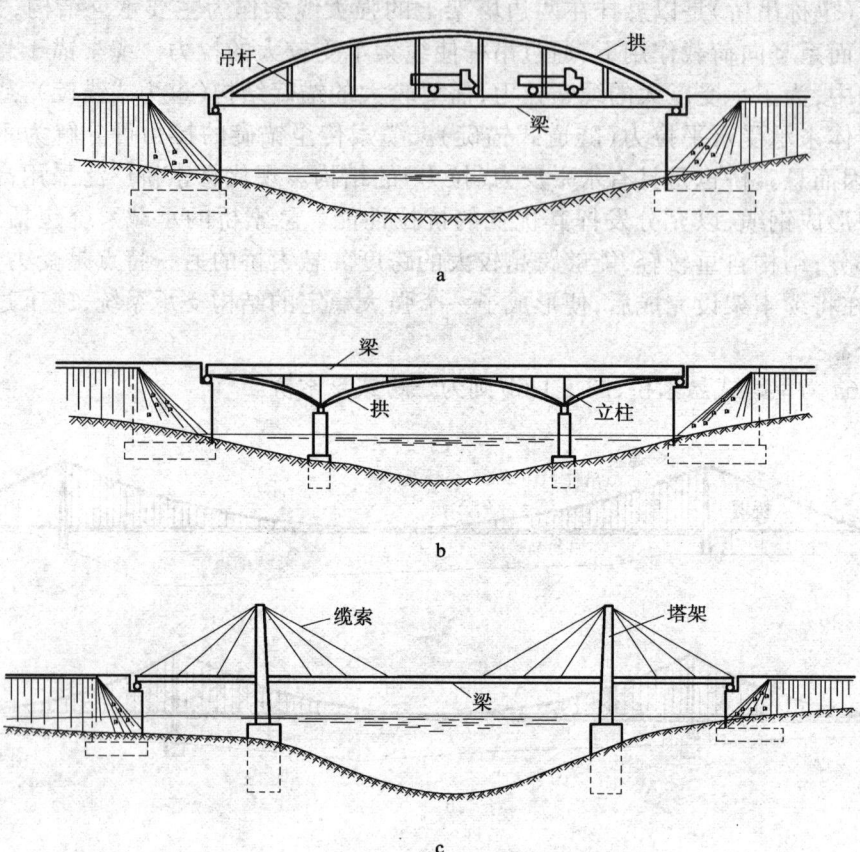

图1-1-7 组合体系桥

(二)桥梁的其他分类简述

除了上述按受力特点分成不同的结构体系外,人们还习惯按桥梁的用途、大小规模和建桥材料等其他方面将桥梁进行分类:

(1)按用途来划分,有公路桥、铁路桥、公铁两用桥、农桥(或机耕道桥)、人行桥、水运桥(或渡槽)、管线桥等。

(2)按桥梁全长和跨径的不同,分为特大桥、大桥、中桥、小桥和涵洞,见表1-1-1。

(3)按照主要承重结构所用的材料划分,有圬工桥(包括砖、石、混凝土桥)、钢筋混凝土桥、预应力混凝土桥、钢桥、钢—混凝土组合桥和木桥等。木材易腐,且资源有限,一般不用于永久性桥梁。

(4)按跨越障碍性质,可分为跨河桥、立交桥、高架桥和栈桥。高架桥一般指跨越深沟峡谷以替代高路堤的桥梁,以及在城市桥梁中跨越道路的桥梁。

(5)按桥跨结构的平面布置,可分为正交桥、斜交桥和弯桥。

(6)按上部结构的行车道位置,分为上承式桥、中承式桥和下承式桥。

表 1-1-1　桥梁涵洞分类

桥涵分类	多孔跨径总长 L(m)	单孔跨径 L_K(m)
特大桥	$L>1000$	$L_K>150$
大桥	$100\leq L\leq 1000$	$40\leq L_K\leq 150$
中桥	$30<L<100$	$20\leq L_K<40$
小桥	$8\leq L\leq 30$	$5\leq L_K<20$
涵洞	—	$L_K<5$

注：1. 单孔跨径系指标准跨径；
　　2. 梁式桥、板式桥的多孔跨径总长为多孔标准跨径的总长；拱式桥为两岸桥台内起拱线间的距离；其他形式桥梁为桥面系行车道长度；
　　3. 管涵及箱涵不论管径或跨径大小、孔数多少，均称为涵洞；
　　4. 标准跨径：梁式桥、板式桥以两桥墩中线之间桥中心线长度或桥墩中线与桥台台背前缘线之间桥中心线长度为准；拱式桥和涵洞以净跨径为准。

第二节　展望 21 世纪的桥梁工程

在 20 世纪末，人类已经开始了几项大的海峡工程，桥梁的最大跨径不超过 2000m，深水基础的深度在 50m 左右。目前，人们正在规划的几项大的海峡工程，计划桥梁最大跨径超过 2000m，达到 3000～5000m，深水基础深度可能在百米以上，如：
- 白令海峡工程，20 世纪提出过桥梁方案，总长 75km；
- 联系欧非的直布罗陀海峡工程，总长约 15km，最大水深 900m；
- 联系德国与丹麦的费曼带海峡工程，总长 25km，最大水深 110m；
- 联系意大利本土与西西里岛的墨西哥海峡工程，总长 3.3km，最大水深 300m。

日本是一个岛国，一直梦想采用跨海工程将各主要岛屿交通联成一个大网络。20 世纪末完成了本州四国联络三条线的海峡工程，计划在 21 世纪兴建五大海峡工程，即：
- 东京湾口工程，总长 15km，最大水深 80m；
- 伊势湾口工程，总长 20km，最大水深 100m；
- 纪淡海峡工程（连接本州四国），总长约 11km，最大水深 120m；
- 丰予海峡工程（连接九州四国），总长约 14km，最大水深 200m；
- 轻津海峡工程（连接本州北道），总长约 19km，最大水深 270m；

21 世纪面临着伟大的海峡工程建设，从先进国家国内的交通运输网络发展到组成各洲际、各国间主要联线网络，以适应 21 世纪信息革命而形成智能化与高效率的工农业生产的需要。海峡桥梁应满足高速运输、重载运输、海上高通航的要求，建成全天候服务，有较高抵抗自然灾害能力和舒畅安全的交通通道。另一方面，无论在海峡或在洲际建设现代化桥梁，还必须注意环境保护。人类在发展经济、扩大建设的同时，也破坏了自然环境资源。据 20 世纪末的统计，在最近 25 年中，全球自然资源的 25% 已遭到破坏，饮水资源也损失了 20%。环境保护不仅应引起建桥工程师们的注意，也应引起各行各业建设者们的重视。

为描绘 21 世纪桥梁建设的宏伟蓝图，科学家和工程师们要对建桥的有关课题和关键技术进行探讨：探索超大跨径桥梁（主跨 3000～5000m）的新型建筑材料，合理结构形式，抗风、抗震、抗海浪的技术措施;结合海洋工程的经验,探索100~500m的深水基础形式与施工方法;探索结构材料防腐的措施与方法;探索智能化结构的设计理论。21世纪除面临新建大工程外,还担负着对20世纪上半世纪建造的桥梁的加固、改建与修复的重任(约占20世纪总建筑桥梁数的50%)。由此不但引发科学家与工程师们研究有效的维修、加固措施,而且提出安全耐久性和可靠性研究的新课题,这包括结构的施工控制与质量保证体系,桥梁生命期的监测系统,桥梁损伤判断与评估,桥梁生命保护的管理系统等。人们要控制结构,而且期望赋予结构智能。

在20世纪末的20年中,我国桥梁工程在规模和发展速度上均已取得令全世界瞩目的伟大成就,如:

- 石拱桥:湖南乌巢河桥,主跨120m,建于1990年,为世界第一记录;
- 钢筋混凝土拱桥:四川万县长江大桥,主跨420m,建于1997年,为世界第一记录;
- 预应力混凝土梁桥:广东虎门辅航道桥,主跨270m,建于1997年,当时为世界第一记录;
- 斜拉桥:江苏南京二桥,主跨628m,2000年。以20世纪建成为限,斜拉桥在前20位世界记录排名表上,中国占了第3、4、5、6、7、9、11、20位。在建的香港昂船洲和江苏苏通的斜拉桥跨径均已超过1000m。
- 悬索桥:长江润阳公路大桥,主跨1490m,2004年5月建成通车,为世界第四记录。

由此可见,中国在建筑材料、结构设计理论与软件工程(包括CAD技术)、研究分析与科学实验、预应力混凝土技术、钢桥制造拼装技术、深水基础工程、施工技术与方法、施工机具与管理等方面,基本上都已经接近或达到国际先进水平。

跨入21世纪,我国正在规划的大型桥梁工程有:琼州海峡工程(约29.5km,最大水深160m)、渤海海峡工程(约75km,最大水深60m)、伶仃洋跨海工程(约49.3km,平均水深11m)、杭州湾跨海工程(约20~51km,平均水深约8~12m)和长江口越江工程等。中国的桥梁工程师将面临建设特大跨径桥梁的挑战,同时也要接受国外同行的竞争。中国人将以自己的智慧为21世纪桥梁工程再创辉煌贡献自己的创造力。

本章小结

1. 桥梁由五大部件、五小部件组成。
2. 桥梁按基本体系分类,有梁、拱、吊三大基本体系,梁受弯、拱受压,而吊受拉。由上述三大基本体系相互组合,可派生出显示组合受力特征的桥型,如斜拉桥和刚构桥等。
3. 普通钢筋混凝土简支梁桥跨径一般不超过25m,预应力混凝土简支梁桥跨径一般不超过50m,跨径再增加应考虑采用连续体系梁桥。
4. 拱桥分有推力和无推力(系杆)拱,根据不同的行车道位置,又分为上承式、中承式和下承式拱。
5. 刚构桥包括门式、斜腿、连续刚构以及T构。
6. 斜拉桥的主要组成部分是梁、塔和索,斜拉桥属高次超静定结构,索的初张力对斜拉桥受力状态的优劣至关重要。
7. 悬索桥属柔性结构,一般为钢结构,悬索桥的风振问题在设计施工中应特别重视。

思考题

1. 试说明历史上桥梁发展获得三次飞跃的年代和原因。
2. 桥梁由哪几部分组成?
3. 什么叫桥梁的上部结构和下部结构?它们的作用分别是什么?
4. 对于不同的桥型,计算跨径都是如何确定的?
5. 什么叫桥梁的容许建筑高度?当容许建筑高度严格受限时,桥梁设计如何去满足它的要求?
6. 请阐述梁桥、拱桥、刚架桥、斜拉桥和吊桥的主要受力特点。

第二章　桥梁的总体规划设计

第一节　桥梁设计的基本原则

　　桥梁是公路、铁路和城市道路的重要组成部分,特别是大、中型桥梁的建设对当地政治、经济、国防等都具有重要意义。因此,桥梁工程必须遵照"安全、适用、经济和美观"的基本原则进行设计,设计时应充分考虑建造技术的先进性以及环境保护和可持续发展的要求。桥梁建设应遵循的各项原则分述如下:

1．安全性
(1)桥梁结构在强度、稳定性和耐久性方面应有足够的安全储备;
(2)防撞栏杆应具有足够的高度和强度,人与车流之间应做好防护栏,防止车辆撞入人行道或撞坏栏杆而跌落桥下;
(3)对于交通繁忙的桥梁,应设计好照明设施,设置明确的交通标志;两端引桥坡度不宜太陡,以避免发生车辆碰撞等;
(4)在地震区修建的桥梁,应按抗震要求采取防震措施;对于河床易变迁的河道,应设计好导流设施,防止桥梁基础底部被过度冲刷;对于通行大吨位船舶河道,除按规定加大桥孔跨径外,必要时设置防撞构筑物等。

2．适用性
(1)桥面宽度能满足当前以及今后规划年限内的交通流量(包括行人通行);
(2)桥梁结构在荷载作用时不出现过大的变形和裂缝;
(3)桥跨结构的下面有利于泄洪、通航(跨河桥)或车辆和行人的通行(旱桥);
(4)桥梁的两端应方便车辆的进入和疏散,不致产生交通堵塞现象等;
(5)考虑综合利用,方便各种管线(水、电气、通信等)的搭载。

3．经济性
(1)桥梁设计应遵循因地制宜,就地取材和方便施工的原则;
(2)桥型应该选择造价和使用年限内养护费用综合最省的桥型,设计中应充分考虑维修的方便和维修费用少,维修时尽可能不中断交通,或中断交通的时间最短;
(3)桥位应选择在地质、水文条件好的区域,桥梁长度也较短;
(4)尽可能缩短河道两岸的运距,促进该地区的经济发展,产生最大的效益,对于过桥收费的桥梁应能吸引更多的车辆通过,达到尽可能快回收投资的目的。

4．美观性
　　一座桥梁应具有优美的外形,结构布置应精练,并在空间上有和谐的比例。桥型应与周围环境相协调,城市桥梁和游览地区的桥梁,可较多地考虑建筑艺术上的要求。合理的结构布局和轮廓是美观的主要因素,结构细部的美学处理也十分重要,另外,施工质量对桥梁美观也有重大影响。

5. 技术先进性

在因地制宜的前提下，尽可能采用较成熟的新结构、新设备、新材料和新工艺；必须认真学习国内外的先进技术，充分利用最新科学技术成就，把学习和创新结合起来，提高我国的桥梁建设水平，赶超世界先进水平。

6. 环境保护和可持续发展

桥梁设计必须考虑环境保护和可持续发展的要求，包括生态、水、空气、噪声等几方面，应从桥位选择、桥跨布置、基础方案、墩身外形、上部结构施工方法、施工组织设计等多方面全面考虑环境要求，采取必要的工程控制措施，并建立环境监测保护体系，将不利影响减至最小。

桥梁施工完成后，将两头植被恢复或进一步美化桥梁周边的景观，亦属环境保护的内容。

第二节 桥梁平、纵、横断面设计

一、桥梁的平面设计

桥梁设计首先要确定桥位。按照《公路工程技术标准》(JTJ 001—97)的规定，小桥和涵洞的位置与线形一般应符合路线的总走向；为满足水文、线路弯道等要求，可设计斜桥和弯桥；对于公路上的特大桥、大桥、中桥桥位，原则上应服从路线走向。桥、路综合考虑，尽量选择在河道顺直、水流稳定、地质良好的河段上。桥梁的平曲线半径、平曲线超高和加宽、缓和曲线、变速车道设置等，均应满足相应等级线路的规定。

二、桥梁纵断面设计

桥梁纵断面设计包括确定桥梁的总跨径、桥梁的分孔、桥道的标高、桥上和桥头引道的纵坡以及基础的埋置深度等。

1. 桥梁总跨径

桥梁总跨径一般根据水文计算确定。其基本原则是：在桥梁的整个使用年限内，应保证设计洪水能顺利渲泄；河流中可能出现的流冰和船只、排筏等能顺利通过；避免因过分压缩河床引起河道和河岸的不利变迁；避免因桥前壅水而淹没农田、房屋、村镇和其他公共设施等。对于桥梁结构本身来说，应避免因总跨径缩短而引起的河床过度冲刷对浅埋基础带来不利的影响。

在某些情况下，为了降低工程造价，可以在不超过允许的桥前壅水和规范规定的允许最大冲刷系数的前提条件下，适当增大桥下冲刷，以缩短总跨长。例如，对于深埋基础，一般允许稍大一点的冲刷，使总跨径能适当减小；对于平原区稳定的宽滩河段，流速较小，漂流物也少，主河槽较大，这时，可以对河滩的浅水流区段作较大的压缩，但必须慎重校核，压缩后的桥梁壅水不得危及河滩路堤以及附近农田和建筑物。

2. 桥梁的分孔

对于一座较长的桥梁，应当分成若干孔，但孔径划分的大小，不仅影响到使用效果和施工难易等，而且在很大程度上影响到桥梁的总造价。例如，采用的跨径愈大，孔数就少，固然可以降低墩台的造价，但却使上部结构的造价大大增高；反之，则上部结构的造价虽然降低了，但墩台的造价却又有所增高。因此，在满足下述使用和技术要求的前提下，通常采用最经济的分孔方式，也即是使上、下部结构的总造价趋于最低。这些要求是：

(1)对于通航河流,分孔时首先应满足桥下的通航要求,桥梁的通航孔应布置在航行最方便的河域。对于变迁性河流,根据具体条件,应多设几个通航孔。

(2)对于平原区宽阔河流上的桥梁,通常在主河槽部分按需要布置较大的通航孔,而在两侧浅滩部分按经济跨径进行分孔。

(3)对于在山区深谷上、水深流急的江河上和水库上修桥时,为了减少中间桥墩,应加大跨径。如果条件允许的话,甚至可以采用特大跨径的单孔跨越。

(4)对于采用连续体系的多孔桥梁,应从结构的受力特性考虑,使边孔与中孔的跨中弯矩接近相等,合理地确定相邻跨之间的比例。

(5)对于河流中存在不利的地质段,例如岩石破碎带、裂隙、溶洞等,在布孔时,为了使桥基避开这些区段,可以适当加大跨径。

总之,大、中桥梁的分孔是一个相当复杂的问题,必须根据使用要求、桥位所处的地形和环境、河床地质、水文等具体情况,通过技术经济等方面的分析比较,才能作出比较完美的设计方案。

3. 桥道标高

对于跨河桥梁,桥道的标高应满足桥下排洪和通航的需要;对于跨线桥,则应确保桥下安全行车。在平原区建桥时,桥道标高抬高往往伴随着桥头引道路堤土方量的显著增加。在修建城市桥梁时,桥梁过高可使两端引道的延伸,会影响市容,或者需要设置立体交叉或高架栈桥,这导致提高造价。因此必须根据设计洪水位、桥下通航(或通车)净空等需要,结合桥型、跨径等一起考虑,以确定合理的桥道标高。在有些情况下,桥道标高在路线纵断面设计中已作规定。下面介绍确定桥道标高的有关问题。

(1)为了保证桥下流水净空,对于梁式桥,梁底一般应比设计洪水水位(包括壅水和浪高)高出不小于 500mm,高出最高流冰水位 750 mm;支座应高出设计洪水水位不小于 250 mm,高出最高流冰水位不小于 500 mm,见图 1-2-1,但如果支座部分有围护隔水者可不受此限。

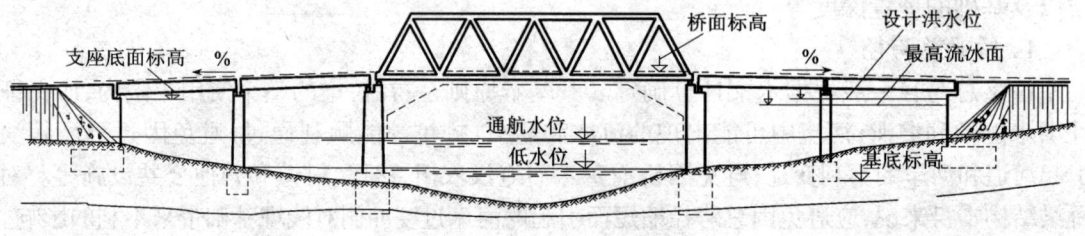

图 1-2-1 梁式桥纵断面规划图

对于无铰拱桥,拱脚允许被设计洪水水位淹没,但淹没深度一般不超过拱圈矢高 f_0 的 2/3,见图1-2-2。在任何情况下,拱顶底面应高出设计洪水水位 1.0m,即 $\Delta f_0 \geqslant 1.0 \mathrm{m}$。拱脚的起拱线应高出最高流冰水位不小于 0.25m。

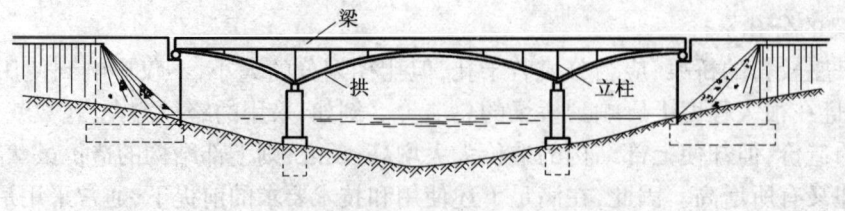

图 1-2-2 拱桥桥下净空图

当在河流中有形成流冰阻塞的危险或有漂浮物通过时,桥下净空应按当地具体情况确定。对于有淤积的河床,桥下净空应适当加高。

(2)在通航及通行木筏的河流上,桥梁必须设置保证桥下安全通航的通航孔。在此情况下,桥跨结构下缘的标高应高于通航净空高度。所谓通航净空,就是在桥孔中垂直于流水方向所规定的空间界限(如图1-2-1所示的多边形),任何结构构件或航运设施均不得伸入其内。

(3)在设计跨越线路(铁路或公路)的立体交叉时,桥跨结构的标高应高于规定的车辆净空高度。对于公路所需的净空尺寸,见以下桥梁横断面设计部分,铁路的净空尺寸可查阅铁路桥涵设计规范。

桥道标高确定后,就可根据两端桥头的地形和线路要求来设计桥梁的纵断面线形。一般小桥通常做成平坡桥。对于大、中桥梁,为了利于桥面排水和降低引道路堤高度,往往设置从中间向两端倾斜的双向纵坡。桥上纵坡不大于4%;桥头引道纵坡不宜大于5%。对位于市镇混合交通繁忙处的桥梁,桥上纵坡和桥头引道纵坡均不得大于3%。桥上或引道处纵坡发生变更的地方均应按规定设置竖曲线。

三、桥梁横断面设计

桥梁横断面的设计主要取决于桥面的宽度和不同桥跨结构横截面的形式。桥面宽度根据行车和行人的交通需要确定。我国交通部颁布的《公路工程技术标准》(JTJ 001—97)中规定了各级公路桥面净空限界,如图1-2-3所示。在建筑限界内,不得有任何部件侵入。图中所代表的行车道宽度、中间带宽度等,可以分别从表1-2-3、表1-2-4和表1-2-5中选取。

表1-2-1 车道宽度

设计速度(km/h)	120	100	80	60	40	30	20
车道宽度(m)	3.75	3.75	3.75	3.50	3.50	3.25	3.00(单车道为3.50m)

注:高速公路上的八车道桥梁,当设置左侧路肩时,内侧车道宽度可采用3.50m

表1-2-2 中间带宽度

设计速度(km/h)		120	100	80	60
中央分隔带宽度(m)	一般值	3.00	2.00	2.00	2.00
	最小值	2.00	2.00	1.00	1.00
左侧路缘带宽度(m)	一般值	0.75	0.75	0.50	0.50
	最小值	0.75	0.50	0.50	0.50
中间带宽度(m)	一般值	4.50	3.50	3.00	3.00
	最小值	3.50	3.00	2.00	2.00

注:"一般值"为正常情况下的采用值;"最小值"为条件受限制时,可采用的值。

表1-2-3 右侧路肩宽度

公路等级		高速公路、一级公路				二、三、四级公路				
设计速度(km/h)		120	100	80	60	80	60	40	30	20
右侧路肩宽度(m)	一般值	3.00或3.50	3.00	2.50	2.50	1.50	0.75			
	最小值	3.0	2.50	1.50	1.50	0.75	0.25			

注:"一般值"为正常情况下的采用值;"最小值"为条件受限制时,可采用的值。

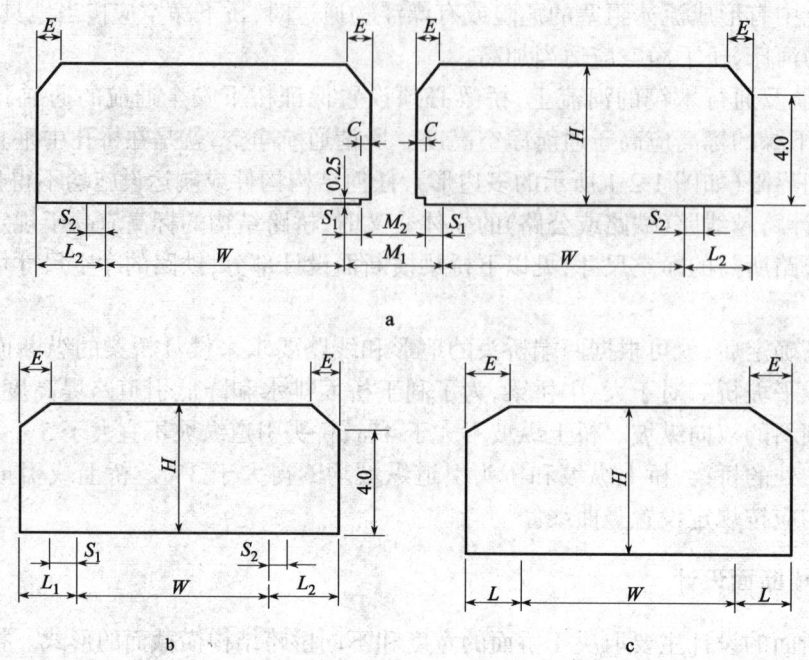

图 1-2-3 各级公路桥面净空限界
a 高速公路、一级公路(整体式);b 高速公路、一级公路(分离式);c 二、三、四级公路

图中：W——行车道宽度(m)，为车道数乘以车道宽度，并计入所设置的加(减)速车道，紧急停车道、爬坡车道、慢车道或错车道的宽度，车道宽度规定见表 1-2-1；

C——当设计速度大于 100km/h 时，C 为 0.5m；当设计速度等于或小于 100km/h 时，C 为 0.25m；

S_1——行车道左侧路缘带宽度(m)，见表 1-2-2；

S_2——行车道右侧路缘带宽度(m)，应为 0.5m；

M_1——中间带宽度(m)，由两条左侧路缘带和中央分隔带组成，见表 1-2-2；

M_2——中央分隔带宽度(m)，见表 1-2-2；

E——桥涵净空顶角宽度(m)，当 $L \leqslant 1m$，$E=L$；当 $L>1m$ 时，$E=1m$；

H——净空高度(m)，高速公路和一级、二级公路上的桥梁应为 5.0m，三、四级公路上的桥梁应为 4.5m；

L_2——桥涵右侧路肩宽度(m)，见表 1-2-3，当受地形条件及其他特殊情况限制时，可采用最小值。高速公路和一级公路上桥梁应在右侧路肩内设右侧路缘带，其宽度为 0.5m。设计速度为 120km/h 的四车道高速公路上桥梁，宜采用 3.50m 的右侧路肩；六车道、八车道高速公路上桥梁，宜采用 3.00m 的右侧路肩。高速公路、一级公路上桥梁的右侧路肩宽度小于 2.50m 且桥长超过 500m 时，宜设置紧急停车带，紧急停车带宽度包括路肩在内为 3.50m 有效长度不应小于 30m，间距不宜大于 500m；

L_1——桥梁左侧路肩宽度(m)，见表 1-2-4。八车道及八车道以上高速公路上的设置左路肩，其宽度为 2.50m。左侧路肩宽度内含左侧路缘带宽度；

L——侧向宽度。高速公路、一级公路上桥梁的侧向宽度为路肩宽度(L_1、L_2)；二、三、四级公路上桥梁的侧向宽度为其相应的路肩宽度减去 0.25m。

表 1-2-4 分离式断面高速公路、一级公路左侧路肩宽度

设计速度(km/h)	120	100	80	60
左侧路肩宽(m)	1.25	1.00	0.75	0.75

桥上人行道和自行车道的设置应根据实际需要而定。人行道的宽度为 0.75m 或 1m，

大于1m时按0.5m的倍数增加。一条自行车道的宽度为1m,当单独设置自行车道时,一般不应少于两条自行车道的宽度。不设人行道和自行车道的桥梁,可根据具体情况设置栏杆和安全带。与路基同宽的小桥和涵洞可仅设缘石或栏杆。漫水桥不设人行道,但可设置护柱。

城市桥梁以及位于大、中城市近郊的公路桥梁的桥面净空尺寸,应结合城市实际交通量和今后发展的要求来确定。在弯道上的桥梁应按路线要求予以加宽。

人行道及安全带应高出行车道面至少200~250 mm,对于具有2%以上纵坡并高速行车的现代化桥梁,最好应高出行车道面300~350 mm,以确保行人和行车的安全。

对于相同桥面净宽的上式桥和下承式桥的横截面布置,根据结构布置上的需要,下承式桥承重结构的宽度 B 要比上承式桥的大,而其建筑高度 h 应比上承式桥的为小。

为了利于桥面排水,公路和城市桥梁应根据不同类型的桥面铺装,设置从桥面中央倾向两侧1.5%~3%的横向坡度。

第三节 桥梁设计与建设程序

桥梁的规划设计涉及的因素很多,特别是工程比较复杂的大、中桥梁的设计,往往是一个综合性的系统工程。在我国,基本建设程序分为前期工作和正式设计两个大步骤,它们的关系如图1-2-4所示。现分别简要介绍它们的主要内容及要求。

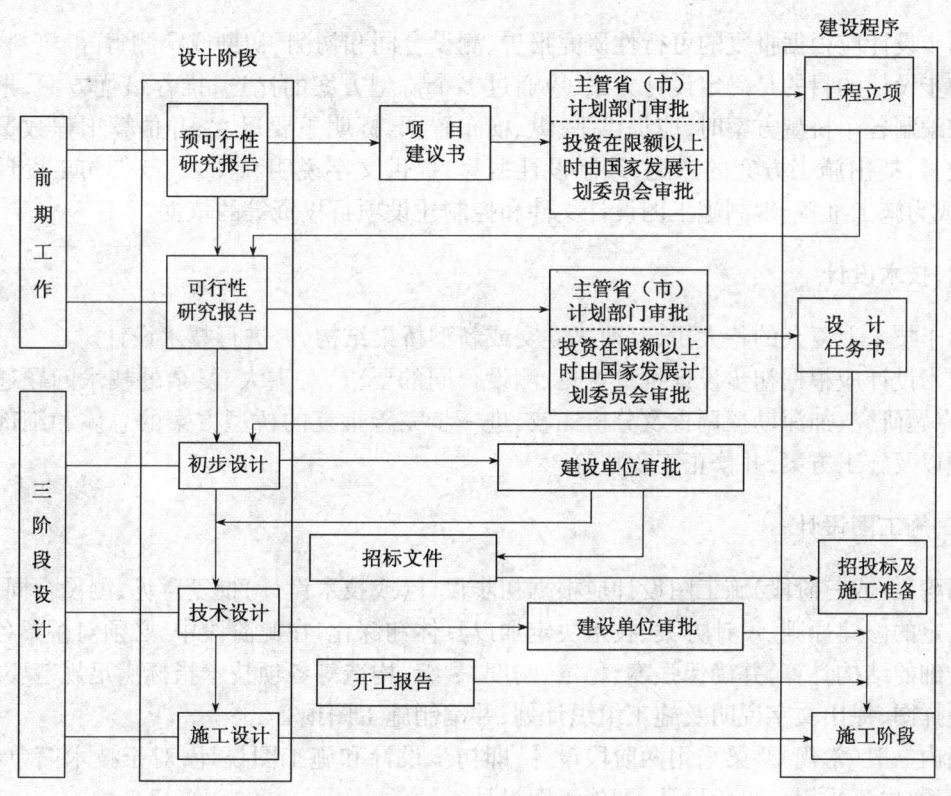

图1-2-4 设计阶段与建设程序关系图

一、"预可"阶段

"预可"阶段着重研究建桥的必要性以及宏观经济上的合理性。

在"预可"研究形成的"预工程可行性研究报告书"（简称"预可报告"）中，应从经济、政治、国防等方面，详细阐明建桥理由的必要性和重要性，同时初步探讨技术上的可行性。对于区域性线路上的桥梁，应以建桥地点（渡口等）的车流量调查（计算国民经济逐年增长）为立论依据。

"预可"阶段的主要工作目标是解决建设项目的上报立项问题，因而，在"预可报告"中，应编制几个可能的桥型方案，并对工程造价、资金来源、投资回报等问题也应有初步估算和设想。

设计方将"预可报告"交业主后，由业主据此编制"项目建议书"报主管部门审批。

二、"工可"阶段

在"项目建议书"被审批确认后，着手"工可"阶段的工作，在这一阶段，着重研究和制定桥梁的技术标准，包括：设计作用标准、桥面宽度、通航标准、设计车速、桥面纵坡、桥面平、纵曲线半径等，在这一阶段，应与河道、航运、规划等部门共同研究，以共同协商确定相关的技术标准。

在"工可"阶段，应提出多个桥型方案，并按交通部《公路基本建设工程投资估算编制办法》估算造价，对资金来源和投资回报等问题应基本落实。据此编制《可行性研究报告》报主管部门审批。

三、初步设计

初步设计应根据批复的可行性研究报告、测设合同和初测、初勘或定测、详勘资料编制。

初步设计的目的是确定设计方案，应通过多个桥型方案的比选，推荐最优方案，报上级审批。在编制各个桥型方案时，应提供平、纵、横布置图，标明主要尺寸，并估算工程数量和主要材料数量，提出施工方案的意见，编制设计概算，提供文字说明和图表资料，初步设计经批复后，则成为施工准备、编制施工图设计文件和控制建设项目投资等的依据。

四、技术设计

对于技术上复杂的特大桥、互通式立交或新型桥梁结构，需进行技术设计。

技术设计应根据初步设计批复意见、测设合同的要求，对重大、复杂的技术问题通过科学试验、专题研究、加深勘探调查及分析比较，进一步完善批复的桥型方案的总体和细部各种技术问题以及施工方案，并修正工程概算。

五、施工图设计

两阶段（或三阶段）施工图设计应根据初步设计（或技术设计）批复意见、测设合同，进一步对所审定的修建原则、设计方案、技术决定加以具体和深化，在此阶段中，必须对桥梁各种构件进行详细的结构计算，并确保强度、稳定、刚度、裂缝、构造等各项技术指标满足规范要求，绘制出施工详图，提出文字说明及施工组织计划，并编制施工图预算。

国内一般（常规）桥梁采用两阶段设计，即初步设计和施工图设计，对于技术简单、方案明确的小桥，也可采用一阶段设计，即施工图设计。

第四节　桥梁设计方案的比选

为了获得经济、适用和美观的桥梁设计方案,设计者必须根据自然和技术条件,因地制宜,在综合应用专业知识、了解掌握国内外新技术、新材料、新工艺的基础上,进行深入细致的研究分析对比工作,才能得出完美的设计方案。

桥梁设计方案的比选和确定可按下列步骤进行:

1. 明确各种标高的要求

在桥位纵断面图上,先行按比例绘出设计水位、通航水位、堤顶标高、桥面标高、通航净空、堤顶行车净空位置图。

2. 桥梁分孔和初拟桥型方案草图

在确定了上述各种标高的纵断面图上,根据泄洪总跨径的要求,作桥梁分孔和桥型方案草图。作草图时思路要宽广,只要基本可行,尽可能多绘一些草图,以免遗漏可能的桥型方案。

3. 方案初筛

对草图方案作技术和经济上的初步分析和判断,筛去弱势方案,从中选出2~4个构思好、各具特点的方案,做进一步详细研究和比较。

4. 详绘桥型方案

根据不同桥型、不同跨度、宽度和施工方法,拟订主要尺寸,并尽可能细致地绘制各个桥型方案的尺寸详图。对于新结构,应作初步的力学分析,以准确各方案的主要尺寸。

5. 编制估算或概算

依据编制方案的详图,可以计算出上、下部结构的主要工程数量,然后依据各省、市或行业的"估算定额"或"概算定额",编制出各方案的主要材料(钢、木、混凝土等)用量、劳动力数量、全桥总造价。

6. 方案选定和文件汇总

全面考虑建设造价、养护费用、建设工期、营运适用性、美观等因素,综合分析,阐述每个方案的优缺点,最后选定一个最佳的推荐方案。在深入比较过程中,应当及时发现并调整方案中的不尽合理之处,确保最后选定的方案是强中选强的方案。

上述工作全部完成之后,着手编写方案说明。说明书中应阐明方案编制的依据和标准、各方案的主要特色、施工方法、设计概算以及方案比较的综合性评述。对于推荐方案应作较详细的说明。各种测量资料、地质勘察和地震烈度复核资料、水文调查与计算资料等应按附件载入。

图1-2-5为湖南岳阳洞庭湖大桥的桥型方案比较图,该桥位于洞庭湖的长江出口处。经过水利、经济、美观等多方面的论证,最后选择了三塔斜拉桥的方案。

本章小结

1. 桥梁设计应遵循安全、适用、经济和美观的原则。
2. 桥梁设计一般应符合路线布设的规定,并结合当地需要,考虑综合利用。
3. 桥梁设计前,应尽可能多作调查和收集资料,包括交通调查和桥位处自然条件调查等。
4. 桥梁立面总体设计应综合考虑通航、泄洪、冲刷等问题,并考虑两头接线的要求。

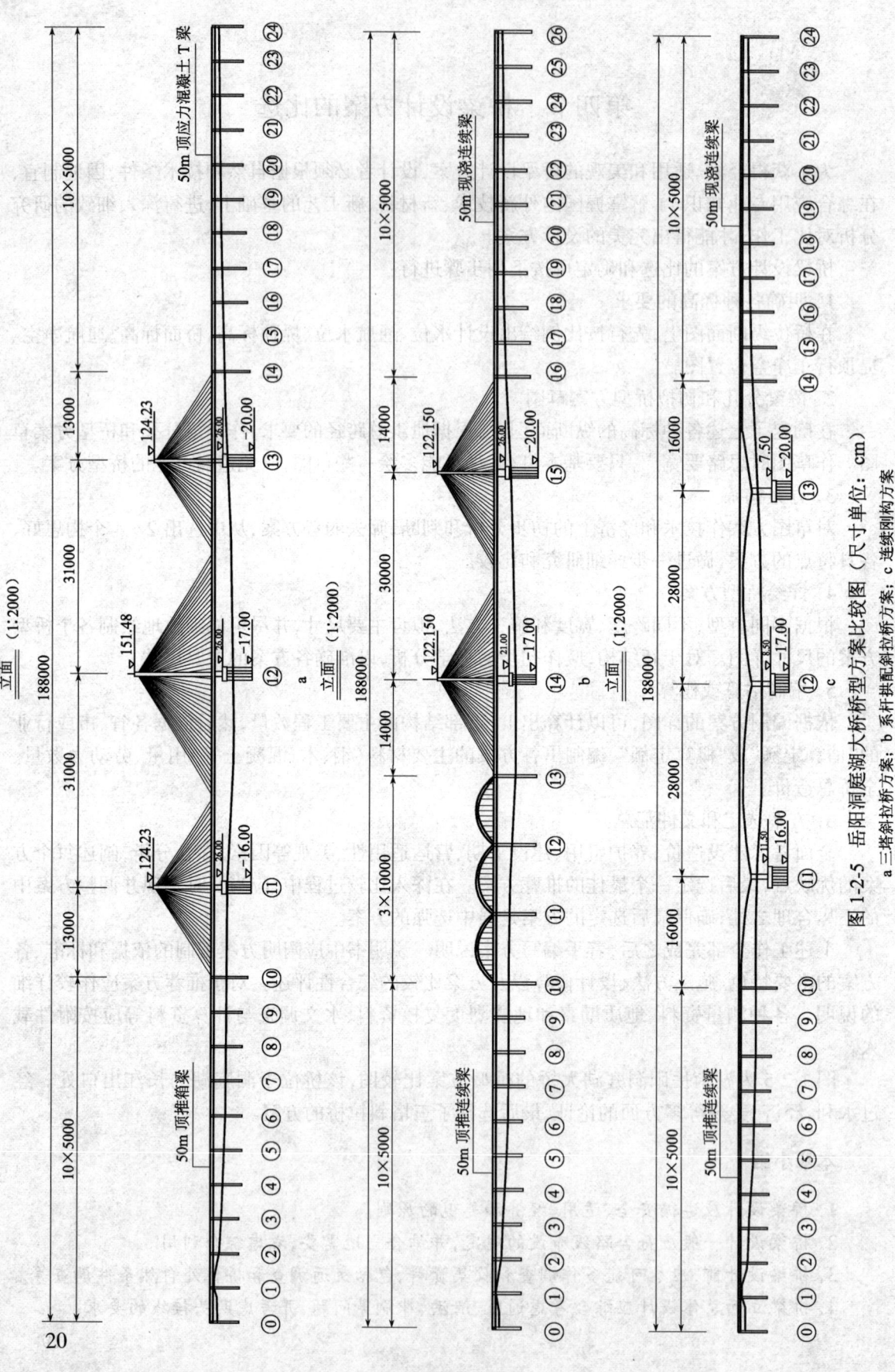

图 1-2-5 岳阳洞庭湖大桥桥型方案比较图（尺寸单位：cm）

a 三塔斜拉桥方案；b 系杆拱配斜拉桥方案；c 连续刚构方案

5. 桥梁横断面形式主要依据桥型而定，桥面宽度应符合不同公路等级的要求。

6. 桥梁设计分为初步设计和施工图设计两个阶段，对于规模小或技术简单的桥梁，设计阶段可予以简化。

7. 桥梁方案比选是一个循序渐进、由浅入深的过程，首先应调查掌握各种规划和自然条件，然后充分运用专业知识和国内外信息，按照一定的步骤后，才能获得最佳的设计方案。

思考题

1. 桥梁设计应满足哪些基本要求？并简要叙述各项要求的基本内容。
2. 对于跨河桥梁，如何确定桥梁的总跨径和进行分孔？
3. 桥梁各种标高的确定应考虑哪些因素？
4. 确定桥面总宽时应考虑哪些因素？试述各级公路桥面行车道净宽标准。
5. 试述桥梁设计的程序和每一设计阶段的主要内容。
6. 简述施工图设计的主要内容。
7. 请阐述桥梁设计方案比选的过程，成果应包含的主要内容。
8. 桥位平面图上应反映哪些内容？桥梁总体布置图应反映哪些内容？
9. 为什么大中跨桥梁的两端要设置桥头引道？

第三章 桥梁设计作用

选定设计作用、结构分析计算和绘制构造图纸是桥梁设计的三个主要部分,其中,作用的种类、形式和大小选择是否适当,关系到桥梁结构在设计使用期内的安全,也关系到桥梁建设费用的合理投资。

第一节 作用分类、代表值和作用效应组合

一、作用分类

作用是指施加在结构上的一组集中力或分布力,或引起结构外加变形或约束变形的原因。前者称直接作用,亦称荷载,后者称间接作用。

结构作用的分类方法有多种:

(1)按时间的变异性和出现的可能性,作用可以分为三类:永久作用、可变作用和偶然作用。我国《公桥规》(JTGD 60—2004)采用的就是该种分类方法,见表1-3-1。

表1-3-1 作用分类

编号	作用分类	作 用 名 称
1	永久作用	结构重力(包括结构附加重力)
2		预加力
3		土的重力
4		土侧压力
5		混凝土收缩及徐变作用
6		水的浮力
7		基础变位作用
8	可变作用	汽车荷载
9		汽车冲击力
10		汽车离心力
11		汽车引起的土侧压力
12		人群荷载
13		汽车制动力
14		风荷载
15		流水压力
16		水压力
17		温度(均匀温度和梯度温度)作用
18		支座摩阻力

续表1-3-1

编号	作用分类	作用名称
19	偶然作用	地震作用
20		船舶或漂流物的撞击作用
21		汽车撞击作用

(2)按照空间位置的变异性,可以分为两类

①固定作用,在结构空间位置上具有固定位置的作用,但其量值是随机的,如恒荷载、固定的设备等。

②自由作用,在结构空间一定范围内可以改变位置的作用,如车辆荷载、人群荷载等。

(3)按照结构的反应,可以分为两类:

①静态作用,在结构上不产生加速度或产生的加速度可忽略不计的作用,如结构自重。

②动态作用,在结构上产生不可忽略的加速度的作用,如汽车荷载、地震等。

二、作用代表值

作用代表值是指结构或结构构件设计时,针对不同设计目标所采用的各种作用规定值。它是根据作用统计得到的概率分布模型,按照概率的方法确定的,包括作用标准值,准永久值和频遇值等。

(一)术语

1. 作用标准值

作用标准值是指结构或结构构件设计时,采用的各种作用的基本代表值,其值可根据作用在设计基准期内最大值概率分布的某一分位值确定。

2. 作用频遇值

作用频遇值是指结构或构件按照正常使用极限状态短期效应组合设计时,采用的一种可变作用代表值,其值可根据在足够长观测期内作用任意时点概率分布的0.95分位值确定。

3. 作用准永久值

作用准永久值是指结构或构件按照正常使用极限状态长期效应组合设计时,采用的另一种可变作用代表值,其值可根据在足够长观测期内作用任意时点概率分布的0.5(或略高于0.5)分位值确定。

(二)《公桥规》(JTGD 60—2004)关于作用代表值的规定

《公桥规》(JTGD 60—2004)规定:应根据各种极限状态的设计要求,采取不同的作用代表值。

(1)永久作用应采用标准值作为代表值。

(2)可变作用应根据不同的极限状态分别采用标准值、频遇值或准永久值作为其代表值。承载能力极限状态设计及按弹性阶段计算结构强度时应采用标准值作为可变作用的代表值;正常使用极限状态按短期效应(频遇)组合设计时,应采用频遇值作为可变作用的代表值;按长期效应(准永久)组合设计时,应采用准永久值作为可变作用的代表值。

(3)可变作用频遇值为可变作用标准值乘以频遇值系数 φ_1。可变作用准永久值为可变作用标准值乘以准永久值系数 φ_2。

(4)偶然作用取其标准值作为代表值。

三、作用效应组合

结构对所受作用的反应,即作用在结构上产生的内力(弯矩、剪力、扭矩、压力和拉力等)和变形(挠度、扭转、转角、弯曲、拉伸、压缩、裂缝等)称为作用效应。由直接作用引起的效应,称为荷载效应。

作用效应组合原则

公路桥涵结构设计应考虑结构上可能同时出现的作用,按承载能力极限状态和正常使用极限状态进行作用效应组合,取其最不利效应组合进行设计:

(1)只有在结构上可能同时出现的作用,才进行其效应的组合。当结构或结构构件需做不同受力方向的验算时,则应以不同方向的最不利作用效应进行组合。

(2)当可变作用出现对结构或结构构件产生有利影响时,该作用不应参与组合。实际中不可能同时出现的作用或同时参与组合概率很小的作用,则按表1-3-2规定不考虑其作用效应的组合。

表1-3-2 可变作用不同时组合表

编号	作用名称	不与该作用同时参与组合的作用编号
13	汽车制动力	15,16,18
15	流水压力	13,16
16	冰压力	13,15
18	支座摩阻力	13

(3)施工阶段作用效应的组合,应按计算需要及结构所处条件而定,结构上的施工人员和施工机具设备均应作为临时荷载加以考虑。对于组合式桥梁,当把底梁作为施工支撑时,作用效应宜分两个阶段组合,底梁受荷为第一个阶段,组合梁受荷为第二个阶段。

(4)多个偶然作用不同时参与组合。

1. 公路桥涵结构按承载能力极限状态设计时,应采用以下两种作用效应组合:

(1)基本组合:永久作用的设计值效应与可变作用设计值效应相组合,其效应组合表达式为:

$$\gamma_0 S_{ud} = \gamma_0 \left(\sum_{i=1}^{m} \gamma_{Gi} S_{Gik} + \gamma_{Q1} S_{Q1k} + \varphi_c \sum_{j=2}^{n} \gamma_{Qj} S_{Qjk} \right) \quad (1\text{-}3\text{-}1)$$

或

$$\gamma_0 S_{ud} = \gamma_0 \left(\sum_{i=1}^{m} S_{Gid} + S_{Q1d} + \varphi_c \sum_{j=2}^{n} S_{Qjd} \right) \quad (1\text{-}3\text{-}2)$$

式中:S_{ud}——承载能力极限状态下作用基本组合的效应组合设计值;

γ_0——结构重要性系数,按表1-3-3规定的结构设计安全等级采用,对应于设计安全等级一级、二级和三级分别取1.1、1.0和0.9;

γ_{Gi}——第i个永久作用效应的分项系数,应按表1-3-4的规定采用;

S_{Gik}、S_{Gid}——第i个永久作用效应的标准值和设计值;

γ_{Q1}——汽车荷载效应(含汽车冲击力、离心力)的分项系数,取$\gamma_{Q1}=1.4$。当某个可变作用在效应组合中其值超过汽车荷载效应时,则该作用取代汽车荷载,其分项系数应采用汽车荷载的分项系数；对专为承受某作用而设置的结构或装置，设计时该作用的分项系数取与汽车荷载同值；计算人行道板和人行道栏杆的局部荷载，其分项系数也与汽车荷载取同值；

S_{Q1k}、S_{Q1d}——汽车荷载效应(含汽车冲击力、离心力)的标准值和设计值；

γ_{Qj}——在作用效应组合中除汽车荷载效应(含汽车冲力、离心力)、风荷载外的其他第j个可变作用效应的分项系数，取$\gamma_{Qj}=1.4$，但风荷载的分项系数取$\gamma_{Qj}=1.1$；

S_{Qjk}、S_{Qjd}——在作用效应组合中除汽车荷载效应(含汽车冲击力、离心力)外的其他第j个可变作用效应的标准值和设计值；

φ_c——在作用效应组合中除汽车荷载效应(含汽车冲击力、离心力)外的其他可变作用效应的组合系数，当永久作用与汽车荷载和人群荷载(或其他一种可变作用)的组合系数取$\varphi_c=0.80$；当除汽车荷载(含汽车冲击力、离心力)外尚有两种其他可变作用参与组合时，其组合系数取$\varphi_c=0.70$；尚有三种可变作用参与组合时，其组合系数取$\varphi_c=0.60$；尚有四种及多于四种的可变作用参与组合时，取$\varphi_c=0.50$。

表 1-3-3 公路桥涵设计安全等级

设计安全等级	桥涵结构	设计安全等级	桥涵结构
一级	特大桥、重要大桥	二级	大桥、中桥、重要小桥
三级	小桥、涵洞		

注：1. 所列特大、大、中桥等系按表 1-1-1 中的单孔跨径确定，对多跨不等跨桥梁，以其中最大跨径为准；
2. 冠以"重要"的大桥和小桥，系指高速公路和一级公路上、国防公路上及城市附近交通繁忙公路上的桥梁。
3. 对于有特殊要求的公路桥涵结构，其设计安全等级可根据具体情况研究确定。
4. 同一桥涵结构构件的安全等级宜与整体结构相同，有特殊要求时可作部分调整，但调整后的级差不得超过一级。

表 1-3-4 永久作用效应的分项系数

编号	作用类别		永久作用效应分项系数	
			对结构的承载能力不利时	对结构的承载能力有利时
1	混凝土和圬工结构重力(包括结构附加重力)		1.2	1.0
	钢结构重力(包括结构附加重力)		1.1 或 1.2	
2	预加力		1.2	1.0
3	土的重力		1.2	1.0
4	混凝土的收缩和徐变作用		1.0	1.0
5	土侧压力		1.4	1.0
6	水的浮力		1.0	1.0
7	基础变位作用	混凝土和圬工结构	0.5	0.5
		钢结构	1.0	1.0

注：本表编号 1 中，当钢桥采用钢桥面板时，永久作用效应分项系数取 1.1；当采用混凝土桥面板时，取 1.2。

设计弯桥时，当离心力与制动力同时参与组合时，制动力标准值或设计值按 70% 取用。

(2) 偶然组合。永久作用标准值效应与可变作用某种代表值效应、一种偶然作用标准值效应相组合。偶然作用的效应分项系数取 1.0；与偶然作用同时出现的可变作用，可根据观测资料和工程经验取用适当的代表值。地震作用标准值及其表达式按现行《公路工程抗震设计规范》规定采用。

2. 公路桥涵结构按正常使用极限状态设计时，应根据不同的设计要求，采用以下两种效应组合：

(1) 作用短期效应组合。永久作用标准值效应与可变作用频遇值效应相组合，其效应组合表达式为：

$$S_{sd} = \sum_{i=1}^{m} S_{Gik} + \sum_{j=1}^{n} \varphi_{1j} S_{Qjk} \tag{1-3-3}$$

式中：S_{sd}——作用短期效应组合设计值；

φ_{1j}——第 j 个可变作用效应的频遇值系数，汽车荷载(不计冲击力)$\varphi_1 = 0.7$，人群荷载 $\varphi_1 = 1.0$，风荷载 $\varphi_1 = 0.75$，温度梯度作用 $\varphi_1 = 0.8$，其他作用 $\varphi_1 = 1.0$；

$\varphi_{1j} S_{Qjk}$——第 j 个可变作用效应的频遇值。

(2) 作用长期效应组合。永久作用标准值效应与可变作用准永久值效应相组合，其效应组合表达式为：

$$S_{1d} = \sum_{i=1}^{m} S_{Gik} + \sum_{j=1}^{n} \varphi_{2j} S_{Qjk} \tag{1-3-4}$$

式中：S_{1d}——作用长期效应组合设计值；

φ_{2j}——第 j 个可变作用效应的准永久值系数，汽车荷载(不计冲击力)$\varphi_2 = 0.4$，人群荷载 $\varphi_2 = 0.4$，风荷载 $\varphi_2 = 0.75$，温度梯度作用 $\varphi_2 = 0.8$，其他作用 $\varphi_2 = 1.0$；

$\varphi_{2j} S_{Qjk}$——第 j 个可变作用效应的准永久值。

当结构构件需要进行弹性阶段截面应力计算时，除特别指明外，各作用效应的分项系数及组合系数均取为 1.0，各项应力限值按各设计规范规定采用。

验算结构的抗倾覆、滑移稳定时，稳定系数、各作用的分项系数及摩擦系数应根据不同结构按各有关桥涵设计规范的规定确定。构件在吊装、运输时，构件重力应乘以动力系数 1.2 或 0.85，并可视构件具体情况作适当增减。

第二节 永久作用

永久作用是指在结构使用期间，其量值不随时间而变化，或其变化值与平均值比较可忽略不计的作用，具体分类见表 1-3-1。

(1) 结构自重及桥面铺装、附属设备等附加重力均属结构重力，可按照结构物的实际体积或设计的体积、材料的重力密度来计算。桥梁结构的自重往往占全部设计作用的很大部分，采用轻质高强材料对减轻桥梁自重增大跨越能力有重要意义。结构重力密度可按表 1-3-5 所列取用。

表 1-3-5 常用材料的重力密度

材料种类	重力密度(kN/m³)	材料种类	重力密度(kN/m³)
钢、铸钢	78.5	浆砌片石	23.0
铸铁	72.5	干砌块石或片石	21.0

续表1-3-5

材料种类	重力密度(kN/m³)	材料种类	重力密度(kN/m³)
锌	70.5	沥青混凝土	23.0~24.0
铅	114.0	沥青碎石	22.0
黄铜	81.1	碎(砾)石	21.0
青铜	87.4	填土	17.0~18.0
钢筋混凝土或预应力混凝土	25.0~26.0	填石	19.0~20.0
混凝土或片石混凝土	24.0	石灰三合土、石灰土	17.5
浆砌块石或料石	24.0~25.0		

(2)在结构进行正常使用极限状态设计和使用阶段构件应力计算时,预加力应作为永久作用计算其主效应和次效应,并计入相应阶段的预应力损失,但不计由于预加力偏心距增大引起的附加效应。在结构进行承载能力极限状态设计时,预加力不作为作用,而将预应力钢筋作为结构抗力一部分,但在连续梁等超静定结构中,仍需考虑预加力引起的次效应。

(3)水的浮力可按下列规定采用:

①基础位于透水性地基上的桥梁墩台,当验算稳定时,应考虑设计水位的浮力;当验算地基应力时,可仅考虑低水位的浮力,或不考虑水的浮力;

②基础嵌入不透水性地基的桥梁墩台,设计时不考虑水的浮力;

③作用在桩基承台底面的浮力,应考虑全部底面积。对桩嵌入不透水地基并灌注混凝土封闭者,不应考虑桩的浮力;在计算承台浮力时应扣除桩的截面面积;

④当不能确定地基是否透水时,应以透水或不透水两种情况与其他作用组合,取其最不利者。

(4)混凝土收缩及徐变作用可按下述规定取用:

外部超静定的混凝土结构、钢与混凝土的组合结构等应考虑混凝土收缩及徐变的作用;混凝土的收缩应变和徐变系数可按《公路钢筋混凝土及预应力混凝土桥涵设计规范》(JTG D 62—2004)(以后简称《公桥规》(JTG D 62—2004))的规定计算;混凝土徐变的计算,可假定徐变与混凝土应力呈线性关系;计算圬工拱圈的收缩作用效应时,如考虑徐变影响,作用效应可乘以0.45折减系数。

(5)当考虑由于地基压密等引起的长期变形影响时,超静定结构应根据最终位移量计算构件的效应。

(6)对于土重及土侧压力可按《公桥规》(JTG D 60—2004)第4.2.3条规定计算。

第三节 可变作用

可变作用是指在结构使用期间,其量值随时间变化,且不可忽略。具体分类见表1-3-1。

(1)公路桥涵设计时,汽车荷载的计算图式、荷载等级及其标准值、加载方法和纵横向折减等应符合下列规定:

①汽车荷载由车道荷载和车辆荷载组成。车道荷载由均布荷载和集中荷载组成。桥梁结构的整体计算采用车道荷载;桥梁结构的局部加载、涵洞、桥台和挡土墙土压力等的计算采用车辆荷载。车辆荷载与车道荷载的作用不得叠加。

②汽车荷载分为公路—Ⅰ级和公路—Ⅱ级两个等级。各级公路桥涵设计的汽车荷载等级应符合表 1-3-6 的规定。

表 1-3-6 各级公路桥涵的汽车荷载等级

公路等级	高速公路	一级公路	二级公路	三级公路	四级公路
汽车荷载等级	公路—Ⅰ级	公路—Ⅰ级	公路—Ⅱ级	公路—Ⅱ级	公路—Ⅱ级

二级公路为干线公路且重型车辆多时,其桥涵的设计可采用公路—Ⅰ级汽车荷载。

四级公路上重型车辆少时,其桥涵设计所采用的公路—Ⅱ级车道荷载的效应可乘以 0.8 的折减系数,车辆荷载的效应可乘以 0.7 的折减系数。

③车道荷载的计算图式见图 1-3-1。

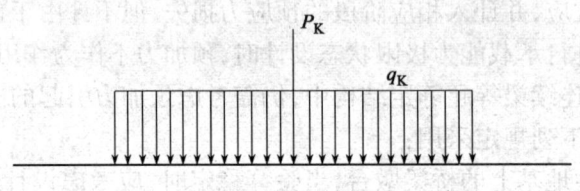

图 1-3-1 车道荷载

a. 公路—Ⅰ级车道荷载的均布荷载标准值为 $q_K = 10.5 \text{kN/m}$;集中荷载标准值按以下规定选取:桥梁计算跨径小于或等于 5m 时,$P_K = 180 \text{kN}$;桥梁计算跨径等于或大于 50m 时,$P_K = 360 \text{kN}$;桥梁计算跨径在 5m~50m 之间时,P_K 值采用直线内插求得。计算剪力效应时,上述集中荷载标准值 P_K 应乘以 1.2 的系数。

b. 公路—Ⅱ级车道荷载的均布荷载标准值 q_K 和集中荷载标准值 P_K 按公路—Ⅰ级车道荷载的 0.75 倍采用。

c. 车道荷载的均布荷载标准值应满布于使结构产生最不利效应的同号影响线上;集中荷载标准值只作用于相应影响线中一个最大影响线峰值处。

④车辆荷载的立面、平面尺寸见图 1-3-2,主要技术指标规定于表 1-3-7。公路—Ⅰ级和公路—Ⅱ级汽车荷载采用相同的车辆荷载标准值。

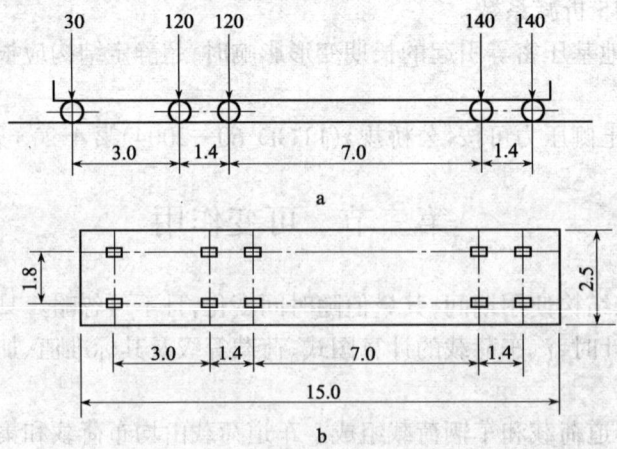

图 1-3-2 车辆荷载的立面、平面尺寸
a 立面布置;b 平面尺寸

表 1-3-7　车辆荷载的主要技术指标

项目	单位	技术指标	项目	单位	技术指标
车辆重力标准值	kN	550	轮距	m	1.8
前轴重力标准值	kN	30	前轮着地宽度及长度	m	0.3×0.2
中轴重力标准值	kN	2×120	中、后轮着地宽度及长度	m	0.6×0.2
后轴重力标准值	kN	2×140	车辆外形尺寸(长×宽)	m	15×2.5
轴距	m	3+1.4+7+1.4			

⑤车道荷载横向分布系数应按设计车道数如图 1-3-3 布置车辆荷载进行计算。

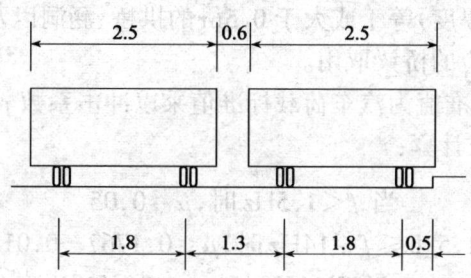

图 1-3-3　车辆荷载横向布置

⑥桥涵设计车道数应符合表 1-3-8 的规定。多车道桥梁上的汽车荷载应考虑多车道折减。当桥涵设计车道数等于或大于 2 时,由汽车荷载产生的效应应按表 1-3-9 规定的多车道折减系数进行折减,但折减后的效应不得小于设计车道为 2 的荷载效应。

表 1-3-8　桥涵设计车道数

桥面宽度 W (m)		桥涵设计车道数
车辆单向行驶时	车辆双向行驶时	
W<7.0		1
7.0≤W<10.5	6.0≤W<14.0	2
10.5≤W<14.0		3
14.0≤W<17.5	14.0≤W<21.0	4
17.5≤W<21.0		5
21.0≤W<24.5	21.0≤W<28.0	6
24.5≤W<28.0		7
28.0≤W<31.5	28.0≤W<35.0	8

表 1-3-9　横向折减系数

横向布置设计车道数(条)	2	3	4	5	6	7	8
横向折减系数	1.00	0.78	0.67	0.60	0.55	0.52	0.50

⑦大跨径桥梁上的汽车荷载应考虑纵向折减。

当桥梁计算跨径大于 150m 时,应按表 1-3-10 规定的纵向折减系数进行折减。当为多跨连续结构时,整个结构应按最大的计算跨径考虑汽车荷载效应的纵向折减。

表 1-3-10 纵向折减系数

计算跨径 L_0(m)	纵向折减系数	计算跨径 L_0(m)	纵向折减系数
150<L_0<400	0.97	800≤L_0<1000	0.94
400≤L_0<600	0.96	L_0<1000	0.93
600≤L_0<800	0.95		

(2)汽车荷载冲击力应按下列规定计算：

①钢桥、钢筋混凝土及预应力混凝土桥、圬工拱桥等上部构造和钢支座、板式橡胶支座、盆式橡胶支座及钢筋混凝土柱式墩台，应计算汽车的冲击作用。

②填料厚度(包括路面厚度)等于或大于0.5m的拱桥、涵洞以及重力式墩台不计冲击力。

③支座的冲击力，按相应的桥梁取用。

④汽车荷载的冲击力标准值为汽车荷载标准值乘以冲击系数 μ。

⑤冲击系数 μ 可按下式计算：

$$\begin{aligned}&\text{当} f<1.5\text{Hz 时}, \mu=0.05\\&\text{当} 1.5\text{Hz}\leqslant f\leqslant 14\text{Hz 时}, \mu=0.1767-0.0157\\&\text{当} f>14\text{Hz 时}, \mu=0.45\end{aligned} \quad (1\text{-}3\text{-}5)$$

式中：f——结构基频(Hz)。

结构基频宜采用有限元方法计算，对于简支梁桥可采用下式：

$$f=\frac{\pi}{2l^2}\sqrt{\frac{EI_c}{m_c}} \quad (1\text{-}3\text{-}6)$$

$$m_c=G/g$$

式中：l——结构的计算跨径(m)；

E——结构材料的弹性模量(N/m²)；

I_c——结构跨中截面的截面惯矩(m⁴)；

m_c——结构跨中处的单位长度质量(kg/m)，当换算为重力计算时，其单位应为(N·s/m²)；

G——结构跨中处延结构重力(N/m)；

g——重力加速度 $g=9.81$(m/s²)。

⑥汽车荷载的局部加载及在T梁、箱梁悬臂板上的冲击系数采用1.3。

(3)汽车荷载离心力可按下列规定计算：

①当弯道桥的曲线半径等于或小于250m时，应计算汽车荷载引起的离心力。汽车荷载离心力标准值为车辆荷载(不计冲击力)标准值乘以离心力系数 C 计算。离心力系数按下式计算：

$$C=\frac{V^2}{127R} \quad (1\text{-}3\text{-}7)$$

式中：V——设计速度(km/h)，应按桥梁所在路线设计速度采用；

R——曲线半径(m)。

②计算多车道桥梁的汽车荷载离心力时，车辆荷载标准值应乘以本规范表1-3-9规定的

横向折减系数。

③离心力的着力点在桥面以上1.2m处(为计算简便也可移至桥面上,不计由此引起的作用效应)

(4)汽车荷载引起的土压力采用车辆荷载加载,并可按下列规定计算:

①车辆荷载在桥台或挡土墙后填土的破坏棱体上引起的土侧压力,可按下式换算成等代均布土层厚度h(m)计算:

$$h = \frac{\sum G}{Bl_0\gamma} \tag{1-3-8}$$

式中:γ——土的重力密度(kN/m³);

$\sum G$——布置在$B \times l_0$面积内的车轮的总重力(kN),计算挡土墙的土压力时,车辆荷载应按本规范图1-3-3规定作横向布置,车辆外侧车轮中线距路面边缘0.5m,计算中当涉及多车道加载时,车轮总重力应按规定进行折减;

l_0——桥台或挡土墙后填土的破坏棱体长度(m),对于墙顶以上有填土的路堤式挡土墙,l_0为破坏棱体范围内的路基宽度部分;

B——桥台横向全宽或挡土墙的计算长度(m)。

挡土墙的计算长度可按下列公式计算,但不应超过挡土墙分段长度:

$$B = 12 + H\tan30° \tag{1-3-9}$$

当挡土墙分段长度小于13m时,B取分段长度,并在该长度内按不利情况布置轮重。

式中:H——挡土墙高度(m),对墙顶以上有填土的挡土墙,为两倍墙顶填土厚度加墙高。

②计算涵洞顶上车辆荷载引起的竖向土压力时,车轮按其着地面积的边缘向下作30°角分布。当几个车轮的压力扩散线相重叠时,扩散面积以最外边的扩散线为准。

(5)人群荷载标准值按下列规定采用:

①当桥梁计算跨径小于或等于50m时,人群荷载标准值为3.0kN/m²;当桥梁计算跨径等于或大于150m时,人群荷载标准值为2.5 kN/m²;当桥梁计算跨径在50m~150m之间时,可由线性内查得到人群荷载标准值。对跨径不等的连续结构,以最大计算跨径为准。

城镇郊区行人密集地区的公路桥梁,人群荷载标准值取上述规定值的1.15倍。

专用人行桥梁,人群荷载标准值为3.5 kN/m²。

②人群荷载在横向时应布置在人行道的净宽度内;而在纵向时应施加于使结构产生最不利荷载效应的区段内。

③人行道板(局部构件)可以一块板为单元,按标准值4.0 kN/m²的均布荷载计算。

④计算人行道栏杆时,作用在栏杆立柱顶上的水平推力标准值取0.75 kN/m;作用在栏杆扶手上的竖向力标准值取1.0 kN/m。

(6)汽车荷载制动力可按下列规定计算和分配:

①汽车荷载制动力按同向行驶的汽车荷载(不计冲击力)计算,并应按表1-3-10的规定,以使桥梁墩台产生最不利纵向力的加载长度进行纵向折减。

一个设计车道上由汽车荷载产生的制动力标准值按车道荷载标准值在加载长度上计算的总重力的10%计算,但公路—Ⅰ级汽车荷载的制动力标准值不得小于165kN;公路—Ⅱ级汽车荷载的制动力标准值不得小于90kN。同向行驶双车道的汽车荷载制动力标准值为一个设计车道制动力标准值的两倍;同向行驶三车道为一个设计车道的2.34倍;同向行驶四车道为一个设计车道的2.68倍。

②制动力的着力点在桥面以上1.2m处,计算墩台时,制动力可移至支座铰中心或支座底座面上;计算刚构桥和拱桥时,制动力的着力点可移至桥面上,但不计因此而产生的竖向力和力矩。

③设有板式橡胶支座的简支梁、连续桥面简支梁或连续梁排架式柔性墩台,应根据支座与墩台的抗推刚度的刚度集成情况分配和传递制动力。设有板式橡胶支座的简支梁刚性墩台,按单跨两端的板式橡胶支座的抗推刚度分配制动力。

④设有固定支座、活动支座(滚动或摆动支座、聚四氟乙烯板支座)的刚性墩台传递的制动力,按表1-3-11的规定采用。每个活动支座传递的制动力,其值不应大于其摩阻力,当大于摩阻力时,按摩阻力计算。

表1-3-11 刚性墩台各种支座传递的制动力

桥梁墩台及支座类型		应计的制动力	符号说明
简支梁桥台	固定支座	T_1	T_1——加载长度为计算跨径时的制动力; T_2——加载长度为相邻两跨计算跨径之和时的制动力; T_3——加载长度为一联长度的制动力。
	聚四氟乙烯板支座	$0.30 T_1$	
	滚动(或摆动)支座	$0.25 T_1$	
简支梁桥墩	两个固定支座	T_2	
	一个固定支座,一个活动支座	注	
	两个聚四氟乙烯板支座	$0.30 T_2$	
	两个滚动(或摆动)支座	$0.25 T_2$	
连续梁桥墩	固定支座	T_3	
	聚四氟乙烯板支座	$0.30 T_3$	
	滚动(或摆动)支座	$0.25 T_3$	

注:固定支座按T_4计算,活动支座按$0.30 T_5$(聚四氟乙烯板支座)计算或$0.25 T_5$(滚动或摆动支座)计算,T_4和T_5分别为与固定支座或活动支座相应的单跨跨径的制动力,桥墩承受的制动力为上述固定支座与活动支座传递的制动力之和。

(7)风荷载标准值可按下列规定计算:

①横桥向风荷载假定水平地垂直作用于桥梁各部分迎风面积的形心上,其标准值可按下式计算:

$$F_{wh} = k_0 k_1 k_3 W_d A_{wh} \tag{1-3-10}$$

$$W_d = \frac{\gamma V_d^2}{2g} \tag{1-3-11}$$

$$W_0 = \frac{\gamma V_{10}^2}{2g} \tag{1-3-12}$$

$$V_d = k_2 k_5 V_{10} \tag{1-3-13}$$

$$\gamma = 0.012017 e^{-0.0001Z} \tag{1-3-14}$$

式中:F_{wh}——横桥向风荷载标准值(kN);

W_0——基本风压(kN/m^2),全国各主要气象台站10年、50年、100年一遇的基本风压可按《公桥规》(JTGD 60—2004)的有关数据经实地核实后采用;

W_d——设计基准风压(kN/m^2);

A_{wh}——横向迎风面积(m^2),按桥跨结构各部分的实际尺寸计算;

V_{10}——桥梁所在地区的设计基本风速(m/s),系按平坦空旷地面,离地面10m高,重现期为100年10min平均最大风速计算确定;当桥梁所在地区缺乏风速观测资料时,V_{10}可按《公桥规》(JTGD 60—2004)附录A"全国基本风速图及全国各气象站基本风速和基本风压值"的有关数据并经实地调查核实后采用;

V_d——高度 Z 处的设计基准风速(m/s);

Z——距地面或水面的高度(m);

γ——空气重力密度(kN/m^2);

k_0——设计风速重现期换算系数,对于单孔跨径指标为特大桥和大桥的桥梁 $k_0=1.0$,对其他桥梁,$k_0=0.09$;对施工架设期桥梁,$k_0=0.75$;当桥梁位于台风多发地区时,可根据实际情况适度提高 k_0 值;

k_3——地形、地理条件系数,按表1-3-12取用;

k_5——阵风风速系数,对A、B类地表 $k_5=1.38$,对C、D类地表 $k_5=1.70$;A、B、C、D地表类别对应的地表状况见表1-3-13;

k_2——考虑地面粗糙度类别和梯度风的风速高度变化修正系数,可按表1-3-14取用;位于山间盆地、谷地或峡谷、山口等特殊场合的桥梁上、下部结构的风速高度变化修正系数 k_2 按B类地表类别取值;

k_1——风载阻力系数,见表1-3-15、表1-3-16、表1-3-17;

g——重力加速度,$g=9.81 \text{ m/s}^2$。

表1-3-12 地形、地理条件系数 k_3

地形、地理条件	地形、地理条件系数 k_3	地形、地理条件	地形、地理条件系数 k_3
一般地区	1.00	山间盆地、谷地	0.75~0.85
峡谷口、山口	1.20~1.40		

表1-3-13 地表分类

地表粗糙度类别	地 表 状 况
A	海面、海岸、开阔水面
B	田野、乡村、丛林及低层建筑物稀少地区
C	树木及低层建筑物等密集地区、中高层建筑物稀少地区、平缓的丘陵地
D	中高层建筑物密集地区、起伏较大的丘陵地

表1-3-14 风速高度变化修正系数 k_2

离地面或水面高度(m)	地 表 类 别			
	A	B	C	D
5	1.08	1.00	0.86	0.79
10	1.17	1.00	0.86	0.79
15	1.23	1.07	0.86	0.79

续表 1-3-14

离地面或水面高度(m)	地 表 类 别			
	A	B	C	D
20	1.28	1.12	0.92	0.79
30	1.34	1.19	1.00	0.85
40	1.39	1.25	1.06	0.85
50	1.42	1.29	1.12	0.91
60	1.46	1.33	1.16	0.96
70	1.48	1.36	1.20	1.01
80	1.51	1.40	1.24	1.05
90	1.53	1.42	1.27	1.09
100	1.55	1.45	1.30	1.13
150	1.62	1.54	1.42	1.27
200	1.73	1.62	1.52	1.39
250	1.75	1.67	1.59	1.48
300	1.77	1.72	1.66	1.57
350	1.77	1.77	1.71	1.64
400	1.77	1.77	1.77	1.71
≥450	1.77	1.77	1.77	1.77

风载阻力系数应按下列规定确定：

a. 普通实腹桥梁上部结构的风载阻力系数可按下式计算：

$$k_1 = \begin{cases} 2.1 - 0.1\left(\dfrac{B}{H}\right) & 1 \leqslant \dfrac{B}{H} < 8 \\ 1.3 & 8 \leqslant \dfrac{B}{H} \end{cases} \quad (1\text{-}3\text{-}15)$$

式中：B——桥梁宽度(m)；

H——梁高(m)；

b. 桁架桥上部结构的风载阻力系数 k_1 规定见表 1-3-15。上部两片或两片以上桁架时，所有迎风桁架的风载阻力系数均取 ηk_1，η 为遮挡系数，按表 1-3-16 有采用；桥面系构造的风载阻力系数取 $k_1 = 1.3$。

表 1-3-15 桁架的风载阻力系数

实面积比	矩形与 H 形截面构件	圆柱型构件(D 为圆柱直径)	
		$D\sqrt{W_0} < 5.8$	$D\sqrt{W_0} \geqslant 5.8$
0.1	1.9	1.2	0.7
0.2	1.8	1.2	0.8
0.3	1.7	1.2	0.8

续表 1-3-15

实面积比	矩形与H形截面构件	圆柱型构件(D 为圆柱直径)	
		$D\sqrt{W_0}<5.8$	$D\sqrt{W_0}\geqslant 5.8$
0.4	1.7	1.1	0.8
0.5	1.6	1.1	0.8

注：1. 实面积比＝桁架净面积/桁架轮廓面积；
2. 表中圆柱直径 D 以 m 计，基本风压以 kN/m^2 计

表 1-3-16 桁架遮挡系数 η

间距比	实　面　积　比				
	0.1	0.2	0.3	0.4	0.5
≤1	1.0	0.90	0.80	0.60	0.45
2	1.0	0.90	0.80	0.65	0.50
3	1.0	0.95	0.80	0.70	0.55
4	1.0	0.95	0.80	0.70	0.60
5	1.0	0.95	0.85	0.75	0.65
6	1.0	0.95	0.90	0.80	0.70

注：间距比＝两桁架中心距/迎风桁架高度

c. 桥墩或桥塔的风载阻力系数 k_1 可依据桥墩的断面形状、尺寸比及高宽比值的不同由表 1-3-17 查得。表中没有包括的断面，其 k_1 值宜由风洞试验确定。

表 1-3-17 桥墩或桥塔的阻力系数 k_1

断　面　形　状	t/b	桥墩或桥塔的高宽比						
		1	2	4	6	10	20	40
风向 → ▯ (t, b)	≤1/4	1.3	1.4	1.5	1.6	1.7	1.9	2.1
→ ▯	1/3 1/2	1.3	1.4	1.5	1.6	1.6	2.0	2.2
→ ▯	2/3	1.3	1.4	1.5	1.6	1.8	2.0	2.2
→ □	1	1.2	1.3	1.4	1.5	1.6	1.8	2.0
→ ▭	3/2	1.0	1.1	1.2	1.3	1.4	1.5	1.7
→ ▭	2	0.8	0.9	1.0	1.1	1.2	1.3	1.4

续表 1-3-17

断面形状	t/b	桥墩或桥塔的高宽比						
		1	2	4	6	10	20	40
→▭	3	0.8	0.8	0.8	0.9	0.9	1.0	1.2
→▭	≥4	0.8	0.8	0.8	0.8	0.8	0.9	1.1
→◇ ⬡		1.0	1.1	1.1	1.2	1.2	1.3	1.4
12 边形 → ⬣		0.7	0.8	0.9	0.9	1.0	1.1	1.3
光滑表面圆形且 $D\sqrt{W_0} \geq 5.8$		0.5	0.5	0.5	0.5	0.5	0.6	0.6
1. 光滑表面圆形且 $D\sqrt{W_0} < 5.8$ 2. 粗糙表面或有凸起的圆形		0.7	0.7	0.8	0.8	0.9	1.0	1.2

注：1. 上部结构架设后，应按高度比为 40 计算 k_1 值；
  2. 对于带有圆弧角的矩形桥墩，其风载阻力系数应从表中查得 k_1 值后，再乘以折减系数 $(1-1.5r/b)$ 或 0.5，取其二者之较大值，在此 r 为圆弧角的半径；
  3. 对于沿桥墩高度有锥度变化的情形，k_1 值应按桥墩高度分段计算，每段的 t 及 b 取各该段的平均值，高度比则应以桥墩总高度对每段的平均宽度之比计之；
  4. 对于带三角尖端的桥墩，其 k_1 值应按包括该桥墩处边缘的矩形截面计算。

②桥梁顺桥向可不计桥面系及上承式梁所受的风荷载，下承式桁架顺桥向风荷载标准值按其横桥向风压的 40% 乘以桁架迎风面积计算。

桥墩上顺桥向的风荷载标准值可按横桥向风压的 70% 乘以桥墩迎风面积计算。

悬索桥、斜拉桥桥塔上顺桥向的风荷载标准值可按横桥向风压乘以迎风面积计算。

桥台可不计算纵、横向风荷载。

上部构造传至墩台的顺桥向风荷载，其在支座的着力点及墩台上的分配，可根据上部构造的支座条件，按规定处理。

③对风敏感且可能以风荷载控制设计的桥梁，应考虑桥梁在风荷载作用下的静力和动力失稳，必要时应通过风洞试验验证，同时可采取适当的风致振动控制措施。

(8) 作用在桥墩上的流水压力标准值可按下式计算：

$$F_w = KA \frac{\gamma V^2}{2g} \tag{1-3-16}$$

式中：F_w——流水压力标准值 (kN)；
  γ——水的重力密度 (kN/m³)
  V——设计流速 (m/s)；
  A——桥墩阻水面积 (m²)，计算至一般冲刷线处；
  g——重力加速度，$g = 9.81$ (m/s²)；

K——桥墩形状系数,见表 1-3-18。

表 1-3-18 桥墩形状系数

桥墩形状	K	桥墩形状	K
方形桥墩	1.5	尖端形桥墩	0.7
矩形桥墩(长边与水流平行)	1.3	圆端形桥墩	0.6
圆形桥墩	0.8		

流水压力合力的着力点,假定在设计水位线以下 0.3 倍水深处。

(9)对具有竖向前棱的桥墩,冰压力可按下述规定取用:

①冰对桩或墩产生的冰压力标准值可按下式计算:

$$F_i = mC_t btR_{ik} \tag{1-3-17}$$

式中:F_i——冰压力标准值(kN);

m——桩或墩迎冰面形状系数,可按表 1-3-19 取用;

C_t——冰温系数,可按表 1-3-20 取用;

b——桩或墩迎冰面投影宽度(m);

t——计算抗压强度标准值(kN/m²),可取当地冰温 0℃时的冰抗压强度;当缺乏实测资料时,对海冰可取 $R_{ik}=750$kN/m²;对河冰,流冰开始时 $R_{ik}=750$kN/m²,最高水位时可取 $R_{ik}=450$N/m²。

表 1-3-19 桩或墩迎冰面形状系数 m

迎冰面形状 系数	平面	圆弧形	尖角形的迎冰面角度				
			45°	60°	75°	90°	120°
m	1.00	0.90	0.54	0.59	0.64	0.69	0.77

表 1-3-20 冰温系数 C_t

冰温(℃)	0	−10 及以下
C_t	1.0	2.0

注:1. 表列冰温系数可直线内插;
2. 对海冰,冰温取结冻期最低温;对河冰,取解冻期最低冰温。

当冰块流向桥轴线的角度 $\varphi \leqslant 80$ 时,桥墩竖向边缘的冰荷载应乘以 $\sin\varphi$ 予以折减。冰压力合力作用在计算结冰水位以下 0.3 倍冰厚处。

②当流冰范围内桥墩有倾斜表面时,冰压力应分解为水平分力和竖向分为:

水平分力 $$F_{xi} = m_0 C_t R_{bk} t^2 \tan\beta \tag{1-3-18}$$

竖向分力 $$F_{zi} = F_{xi}/\tan\beta \tag{1-3-19}$$

式中:F_{xi}——冰压力的水平分力(kN);

F_{zi}——冰压力的垂直分力(kN);

β——桥墩倾斜的棱边与水平线的夹角(°);

R_{bk}——冰的抗弯强度标准值(kN/m²),取 $R_{bk}=0.7R_{ik}$;

m_0——系数,$m_0=0.2b/t$,但不小于1.0。

③受冰作用的建筑物部位宜采用实体结构。对于具有强烈流冰的河流中的桥墩、柱,其迎冰面宜做成圆弧形、多边形或尖角,并做成3:1~10:1(竖:横)的斜度;在受冰作用的部位宜缩小其迎冰面投影宽度。

对流冰期的设计,高水位以上0.5m到设计低水位以下1.0m的建筑物部位宜采取抗冻性混凝土或花岗岩镶面或包钢板等防护措施。同时,对建筑物附近的冰体采取适宜的使冰体减小对结物作用力的措施。

(10)计算温度作用时的材料线膨胀系数及作用标准值可按下列规定取用:

①当要考虑温度作用时,桥梁结构应根据当地具体情况、结构物使用的材料和施工条件等因素计算由温度作用引起的结构效应。各种结构的线膨胀系数规定见表1-3-21。

表1-3-21 线膨胀系数

结 构 种 类	线膨胀系数(以摄氏度计)
钢结构	0.000 012
混凝土和钢筋混凝土及预应力混凝土结构	0.000 010
混凝土预制块砌体	0.000 009
石砌体	0.000 008

②计算桥梁结构因均匀温度作用引起外加变形或约束变形时,应从受到约束时的结构温度开始,考虑最高和最低有效温度的作用效应。如缺乏实际调查资料,公路混凝土结构和钢结构的最高和最低有效温度标准值可按1-3-22取用。

表1-3-22 公路桥梁结构的有效温度标准值 (℃)

气温分区	钢桥面板钢桥		混凝土桥面板钢桥		混凝土、石桥	
	最高	最低	最高	最低	最高	最低
严寒地区	46	-43	39	-32	34	-23
寒冷地区	46	-21	39	-15	34	-10
温热地区	46	-9(-3)	39	-6(-1)	34	-3(0)

注:1. 全国气温分区见《公桥规》(JTGD 60—2004)附录B。
   2. 表中括弧内数值适用于昆明、南宁、广州、福州地区。

③计算桥梁结构由于梯度温度引起的效应时,可采用图1-3-4所示的竖向温度梯度曲线,其桥面板表面的最高温度 T_1 规定见表1-3-23。对混凝土结构,当梁高 H 小于400mm时,图中 $A=H-100$(mm);梁高 H 等于或大于400mm时,$A=300$mm。对带混凝土桥面板的钢结构,$A=300$mm,图4.3.10中的 t 为混凝土桥面板的厚度(mm)。

混凝土上部结构和带混凝土桥面板的钢结构的竖向日照反温差为正温差乘以-0.5。

④计算圬工拱圈考虑徐变影响引起的温差作用效应时,计算的温差效应应乘以0.7的折减系数。

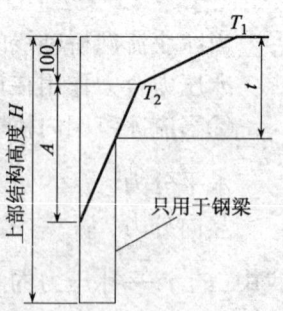

图1-3-4 竖向梯度温度(尺寸单位:mm)

表 1-3-23 竖向日照正温差计算的温度基数

结构类型	T_1(℃)	T_2(℃)
混凝土铺装	25	6.7
50mm沥青混凝土铺装层	20	6.7
100mm沥青混凝土铺装层	14	5.5

(11)支座摩阻力标准值可按下式计算：

$$F = \mu W \tag{1-3-20}$$

式中：W——作用于活动支座上由上部结构重力产生的效应；

μ——支座的摩擦系数，无实测数据时可按表 1-3-24 取用。

表 1-3-24 支座摩擦系数

支座种类	支座摩擦系数 μ
滚动支座或摆动支座	0.05
板式橡胶支座：	
支座与混凝土面接触	0.30
支座与钢板接触	0.20
聚四氟乙烯板与不锈钢板接触	0.06(加硅脂；温度低于-25℃时为0.078)
	0.12(不加硅；温度低于-25℃时为0.156)

第四节　偶然作用

偶然作用是指在结构使用期间出现的概率很小，一旦出现，其值很大且持续时间很短的作用。

(1)地震作用。地震动峰值加速度等于 0.10g、0.15 g、0.20 g、0.30 g 地区的公路桥涵，应进行抗震设计；地震动峰值加速度大于或等于 0.40 g 地区的公路桥涵，应进行专门的抗震研究和设计；地震动峰值加速度小于或等于 0.05 g 地区的公路桥涵，除有特殊要求者外，可采用简易设防。做过地震小区划的地区，应按主管部门后的地震动参数进行抗震设计。

公路桥梁地震作用的计算及结构的设计，应符合现行《公路工程抗震设计规范》的规定。

(2)位于通航河流或有漂流物的河流中的桥梁墩台，设计时应考虑船舶或漂流物的撞击作用，其撞击作用标准值可按下列规定采用或计算：

①当缺乏实际调查资料时，内河上船舶作用的标准值可按表 1-3-25 采用。

表 1-3-25 内河船舶撞击作用标准值

内河航道等级	船舶吨级DWT(t)	横桥向作用(kN)	顺桥向作用(kN)
一	3000	1400	1100
二	2000	1100	900
三	1000	800	650
四	500	550	450

续表 1-3-25

内河航道等级	船舶吨级 DWT(t)	横桥向作用(kN)	顺桥向作用(kN)
五	300	400	350
六	100	250	200
七	50	150	125

四、五、六、七级航道内的钢筋混凝土桩墩,顺桥向撞击作用可按表 1-3-25 所列数值的 50%考虑。

②当缺乏实际调查资料时,海轮撞击作用的标准值可按表 1-3-26 采用。

表 1-3-26 海轮撞击作用的标准值

船舶吨级 DWT(t)	3000	5000	7500	10000	20000	30000	40000	50000
横桥向撞击作用(kN)	19600	25400	31000	35800	50700	62100	71700	80200
顺桥向撞击作用(kN)	9800	12700	15500	17900	25350	31050	35850	40100

③可能遭受大型船舶撞击作用的桥墩,应根据桥墩的自身抗撞击能力、桥墩的位置和外形、水流流速、水位变化、通航船舶类型和桥墩防撞设施的设计。当设有与墩台分开的防撞击的防护结构时,桥墩可不计船舶的撞击作用。

④漂流物横桥向力标准值可按下式计算:

$$F = \frac{WV}{gT} \tag{1-3-21}$$

式中:W——漂流物重力(kN),应根据河流中漂流物情况,按实际调查确定;

V——水流速度(m/s);

T——撞击时间(s),应根据实际资料估计,在无实际资料时,可用 1s;

g——重力加速度,$g = 9.18(m/s^2)$。

⑤内河船舶的撞击作用点,假定为计算通航水位线以上 2m 的桥墩宽度或长度的中点。海轮船舶撞击作用点需视实际情况而定。漂流物的撞击作用点假定在计算通航水位线上桥墩宽度的中点。

(3)桥梁结构必要时可考虑汽车的撞击作用。汽车撞击力标准值在车辆行驶方向取 1000 kN,在车辆行驶垂直方向取 500 kN,两个方向的撞击力不同时考虑,撞击力作用于行车道以上 1.2 m 处,直接分布于撞击涉及的构件上。

对于设有防撞设施的结构构件,可视防撞设施的防撞能力,对汽车撞击力标准值予以折减,但折减后的汽车撞击力标准值不应低于上述规定的 1/6。

(4)高速公路上桥梁的防撞护栏应按现行《高速公路交通安全设施设计及施工技术规范》有关规定执行。

本章小结

1. 桥梁上的设计作用包括永久作用、可变作用和偶然作用三大类。
2. 作用效应组合原则是公路桥涵结构设计应考虑结构上可能同时出现的作用,按承载能力极限状态和正常使用极限状态进行作用效应组合,取其最不利效应组合进行设计:

思考题

1. 试分别列出永久作用、可变作用和偶然作用的主要内容。
2. 为什么车道很多或桥梁很长时,汽车荷载效应可予以折减?
3. 什么叫汽车冲击力,它是如何计算的?

第四章 桥面布置与构造

桥面部分通常包括桥面铺装、防水和排水设施、伸缩装置、人行道(或安全带)、缘石、栏杆、和灯柱等构造等,见图1-4-1。

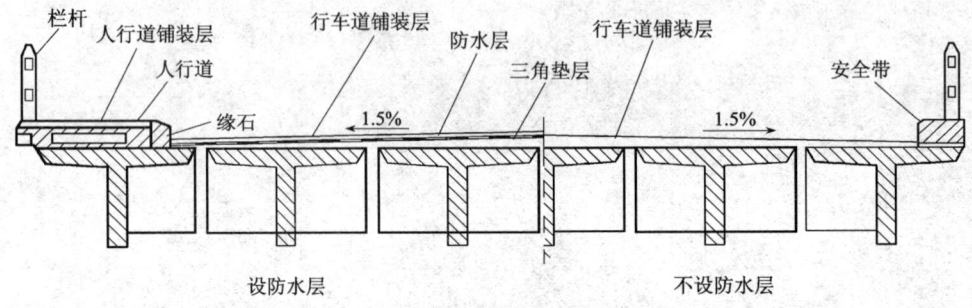

图1-4-1 桥面部分的一般构造

桥面部分虽然不是主要承重结构,但它对桥梁功能的正常发挥,主要构件的保护,车辆行人的安全,以及桥梁的美观等都十分重要。过去在桥梁没有往往不够重视,因而使桥梁质量低下,外观粗糙。在现代的工业发展水平的基础上,人类的文明水平也极大提高,人们对桥梁行车的舒适性和结构物的观赏水平要求愈来愈高,因此,应对桥面构造的设计和施工给予足够的重视。

第一节 桥面铺装及排水防水系统

一、桥面布置

桥面布置应根据道路的等级、桥梁的宽度、行车要求等条件确定,主要有以下几种:

(1)双向车道布置,即行车道的上下行交通布置在同一桥面上,它们之间用画线分隔。由于在桥梁上同时存在上下行机动车和非机动车,车辆只能中速或低速行驶,对交通量较大的道路,桥梁往往会造成交通滞流状态。

(2)分车道布置,即桥面上设置分隔带见图1-4-2a或分离式主梁布置见图1-4-2b,使上下行交通分隔,甚至机动车道与非机动车分隔、行车道与人行道分隔设置。这种布置方式可提高行车速度,便于交通管理。

(3)双层桥面布置,即桥梁结构在空间上提供两个不在同一平面上的桥面构造,如图1-4-3所示。双层桥面布置可以使不同的交通严格分道行驶,提高了车辆和行人的通行能力,便于交通管理。同时,在满足同样交通要求时,可以充分利用桥梁净空,减小桥梁宽度,

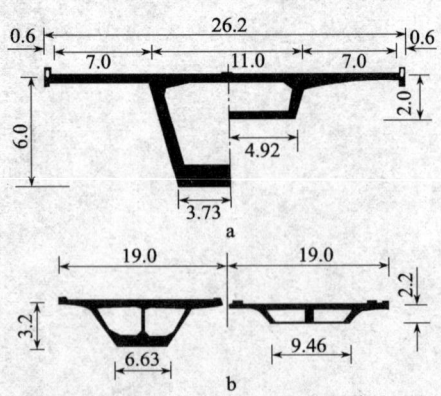

图1-4-2 分车道的桥面布置(单位:m)

缩短引桥长度,达到较好的经济效益。

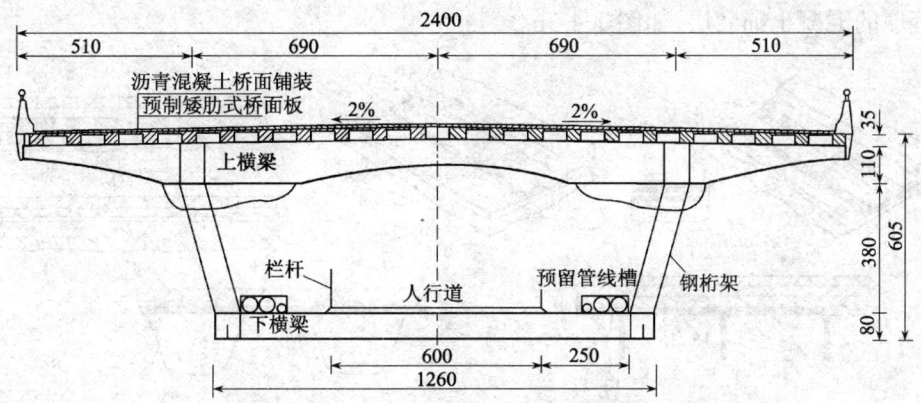

图1-4-3 双层桥面布置(单位:m)

二、桥面铺装

桥面铺装是车轮直接作用的部分,桥面铺装即行车道铺装、亦称桥面保护层。桥面铺装的主要作用是防止车辆轮胎或履带直接磨耗行车道板,保护主梁免受雨水侵蚀,并对车辆轮重的集中荷载起分布作用。因此,行车道铺装要求具有抗车撤、行车舒适、抗滑、不透水(和桥面板一起作用时)、刚度好等性能。行车道铺装可采用水泥混凝土、沥青混凝土、沥青表面处治和泥结碎石等各种类型材料。水泥混凝土和沥青混凝土桥面铺装用得较广,能满足各项要求。水泥混凝土铺装的耐磨性得好,适合重载交通,但养生期长,以后修补较麻烦。沥青混凝土桥面铺装维修养护方便,但易老化和变形。沥青表面处治和泥结碎石桥面铺装,耐久性较差,仅在中级和低级公路桥梁上使用。

桥面铺装一般不作受力计算,如在施工中能确保铺装层与行车道板紧密结合成整体,则铺装层的混凝土(除作为车轮磨耗部分可取0.01~0.02m厚外)还可以计算在行车道的厚度内和行车道板共同受力。为使铺装层具有足够的强度良好的整体性(能起联系各主梁共同受力的作用),一般宜在混凝土中设置直径为4~6mm的钢筋图。

各种类型的桥面铺装见图1-4-4。

三、桥面纵横坡

桥面设置纵横坡,以利雨水迅速排除,防止或减少雨水对铺装层的渗透,从而保护了行车道板,延长桥梁使用寿命。

桥面上设置纵坡有利于排水,在平原地区,同时还可以在满足桥下通航净空要求的前提下,降低墩台标高,减少引桥跨长或桥头引道土方量,从而节省工程费用。桥面的纵坡,一般都做成双向纵坡,在国内,纵坡一般以不超过3%~4%为宜;在国外,纵坡可达4%左右。

桥面的横坡,一般采用1.5%~3%。通常有三种设置形式:

(1)对于板桥(矩形板或空心板)或就地浇筑的肋板式梁桥,为节省铺装材料并减小恒载重力,可以将横坡直接设在墩台顶部,而使桥梁上部构造形成双向倾斜,此时,铺装层在整个桥宽上做成等厚的,如图1-4-5a。

(2)在装配肋板式梁桥中,为使主梁构造简单、架设与拼装方便,通常横坡不再设在墩台顶部,而直接设在行车道板上。施工时,先铺设一层厚度变化的混凝土三角垫层,形成双向倾斜,再铺设等厚的混凝土铺装层,如图1-4-5b。

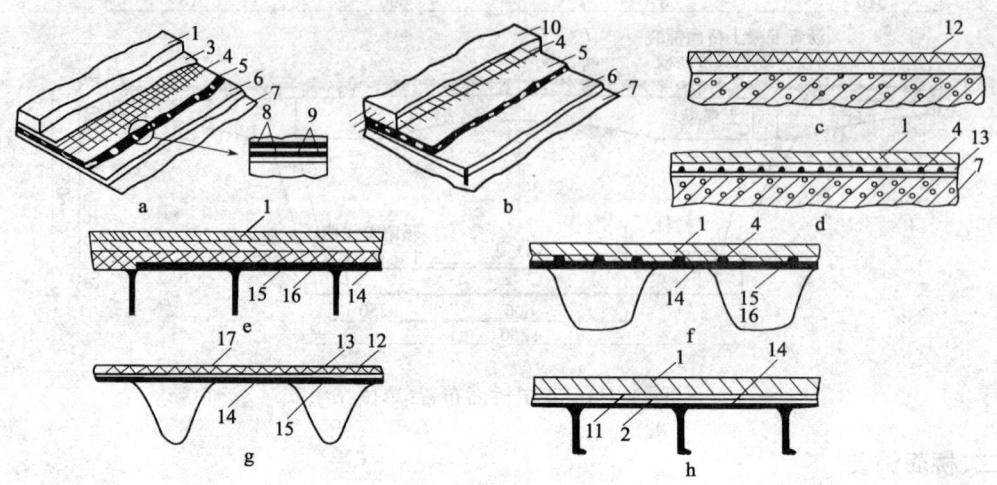

图1-4-4 桥面铺装类型

1—沥青混凝土,厚50～80mm;2—氯丁橡胶防水层;3—混凝土保护层,厚30～50mm;4—钢筋网;5—防水层,厚10～20mm;6—混凝土整平层,厚20～30mm;7—钢筋混凝土桥面板;8—油毛毡或玻璃布层,层厚2mm;9—沥青胶泥层,层厚2mm;10—水泥混凝土,厚60～80mm;11—氯丁橡胶涂料;12—聚合物铺装,厚20mm;13—自应力水泥混凝土层;14—正交各向异性桥面板的顶板;15—防腐层;16—粘结层;17—碎石磨耗层

(3)在较宽的桥梁(或城市桥梁)中,用三角垫层设置横坡将使混凝土用量或恒载重力增加太多。为此,可将行车道板做成倾斜面而形成横坡,如图1-4-5c。它的缺点是主梁构造复杂,制作麻烦。

四、防水层

桥面的防水层设置在行车道铺装层下边,它将透过铺装层渗下的雨水汇集到排水设备(泄水管)排出。

钢筋混凝土桥面板与铺装层之间是否要设防水层,应视当地的气温、雨量、桥梁结构和桥面铺装的形式等具体情况而定。桥面伸缩缝处应连续铺设,不可切断;桥面纵向应铺过桥台背;桥面横向两侧,则应伸过缘石底面从人行道与缘石砌缝里向上叠起0.10m。如无需设防水层,但考虑桥面铺装长期磨损,如桥面排水不良等,仍可能漏水,故桥面在主梁受弯作用处应设置防水层。

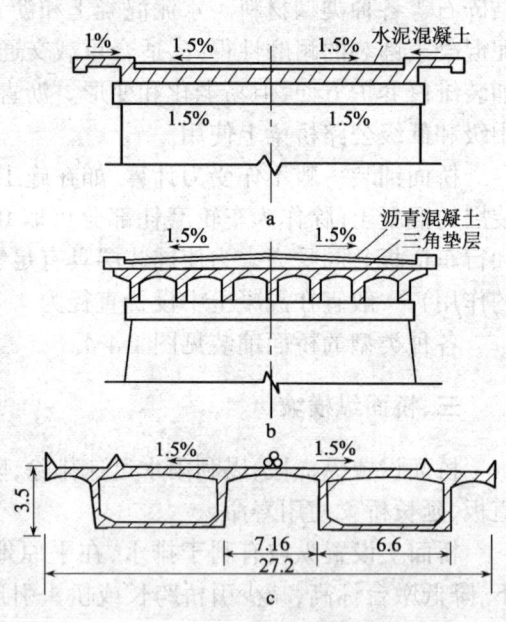

图1-4-5 桥梁横坡的设置方法(单位:m)

按现行《公路沥青路面设计规范》(JTJ 014—97)的有关条文,沥青铺装由粘结层、防水层及沥青面层组成。为提高桥面使用年限,减少维修养护,应在粘结层上设置防水层。

防水层有三种类型:

(1)洒铺薄层沥青或改性沥青,其上撒布一层砂,经碾压形成沥青涂胶下封层;
(2)涂刷聚氨脂胶泥、环氧树脂、阳离子乳化沥青、氯丁胶乳等高分子聚合物涂料;
(3)铺装沥青或改性沥青防水卷材,以及浸渍沥青的无纺土工布等。

高分子聚合物沥青防水涂料是以石油沥青为主要原料,以多种表面活性剂和化学助剂为辅助原料,再掺加大剂量的高分子聚合物进行改性而成的复合防水涂料。该涂料不但具有高分子聚合物的优异弹塑性、耐热性和粘结性,又具有与石油沥青制品良好的亲和性,以适应沥青混凝土在高温条件下施工。因操作方便安全,无环境污染,已成为各类大型桥梁及高架桥桥面防水施工专用涂料。

沥青防水卷材为结构材料的防水层,造价高,施工麻烦费时。它虽有防水作用,但因把行车道与铺装层分开,如施工处理不当,将使行车道铺装层似有一弹性垫层,在车轮荷载作用下,铺装层容易起壳开裂。

无防水层时,水泥混凝土铺装应采用防水混凝土。对于沥青混凝土铺装则应加强排水和养护。图1-4-4c为厚0.02m的聚合物铺装,它同时兼作磨耗层与防水层。是由自应力水泥混凝土作为基础的桥面铺装,自应力水泥混凝土厚0.1m,内设置钢筋网,浇筑在桥面板上,它同时起到整平、防水和保护的作用。

五、桥面排水系统

为了迅速排除桥面积水,防止雨水积滞于桥面并渗入梁体而影响桥梁的耐久性,在桥梁设计时要有一个完整的排水系统。在桥面上除设置纵横坡排水外,常常需要设置一定数量的排水管。

通常当桥面纵坡大于2%,桥长小于50m时,一般能保证从桥头引道上排水,桥上就可以不设泄水管。此时,可在引道两侧设置流水槽,以免雨水冲刷引道路基;当桥面纵坡大于2%,桥长大于50m时,为防止雨水积滞,桥面就需要设置泄水管,每隔12~15m设置一个;当桥面纵坡小于2%时,泄水管就需要设置更密一些,一般每隔6~8m设置一个。

泄水管的过水面积通常每平方米桥面上不小于$2 \times 10^{-4} \sim 3 \times 10^{-4} m^2$。泄水管可沿行车道两侧左右对称排列,也可交错排列。泄水管离缘石的距离为0.10~0.50m;泄水管也可布置在人行道下面,见图1-4-6。桥面水通过设在缘石或人行道构件侧面的进水孔流入泄水孔,并在泄水孔的三个周边设置相应的聚水槽,起到聚水、导流和拦截作用。为防止大块垃圾进入堵塞泄水道,在进水的入口处设置金属栅门。

混凝土梁式桥上的泄水管有下列几种形式:

1. 金属泄水管

图1-4-7a所示为一种构造比较完备的铸铁泄水管,适用于具有防水层的铺装结构。泄水管的内径一般为0.10~0.15m,管子下端应伸出行车道板底面以下至少0.15~0.20m,以防渗湿主梁肋表面。安设泄水管时,与防水层的接合处要做得特别仔细,防水层的边缘要紧夹在管子顶缘与泄水漏斗之间,以便防水层的渗水能通过漏斗上的过水孔流入管内。这种铁泄水管使用效果好,但结构较为复杂。根据具体情况,可以作简化改进,例如采用钢管和钢板的焊接构造等。

2. 钢筋混凝土泄水管

图1-4-7b所示为钢筋混凝土泄水管构造,它适用于不设防水层的防水混凝土铺装构造上,布置细节可参见图1-4-6。在制作时,可将金属栅板直接作为钢筋混凝土管的端模板,并在栅板上焊上短钢筋锚固于混凝土中。这种预制的泄水管构造比较简单,可以节省钢材。

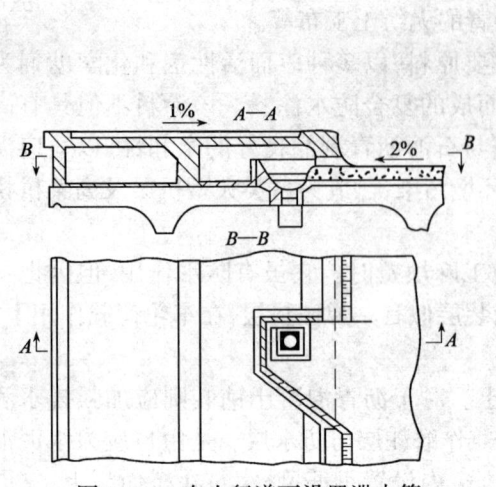

图1-4-6 在人行道下设置泄水管

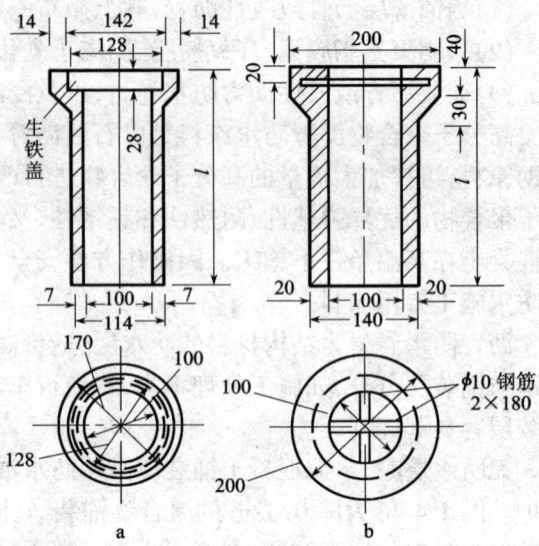

图1-4-7 金属与钢筋混凝土泄水管(尺寸单位:mm)

3.横向排水孔道

对于一些跨径不大,不设人行道的小桥,有时为了简化构造和节省材料,可以直接在行车道两侧的安全带或缘石上预留横向孔道,用铁管或竹管等将水排出桥外,管口要伸出构件0.02~0.03m,以便滴水。这种做法虽简便,但因孔道坡度平缓,容易淤塞。

4.封闭式排水系统

对于城市桥、立交桥及高速公路上的桥梁,应该避免泄水管挂在板下,这样既影响桥的外观,又有碍公共卫生。完整的排水系统应将排水管道直接引向地面,见图1-4-8所示。

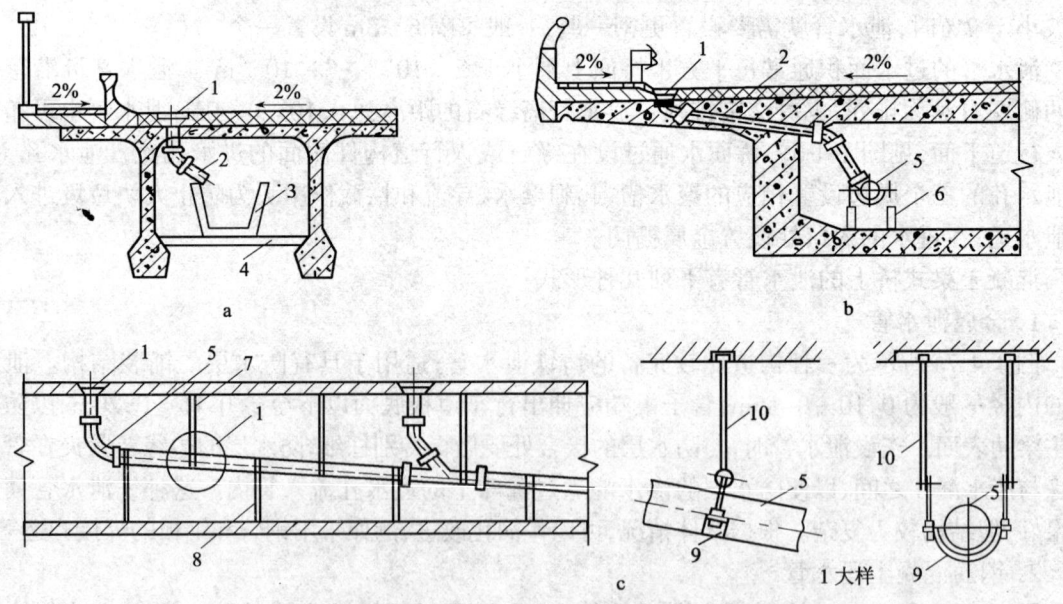

图1-4-8 城市桥梁桥面排水设施
1—泄水漏斗;2—泄水管;3—钢筋混凝土斜槽;4—横梁;5—纵向排水管;
6—支撑结构;7—悬吊结构;8—支柱;9—弧形箍;10—吊杆

在小跨径桥中，纵向排水管中的水在箱梁中或在主梁腹板内侧通往桥台，并用管道引向地面，见图1-4-9。在活动支座处，竖向管道的连接应使桥梁的纵向活动不受影响。在长桥中，纵向排水管可通向一个设在台帽上的大漏斗中排水。

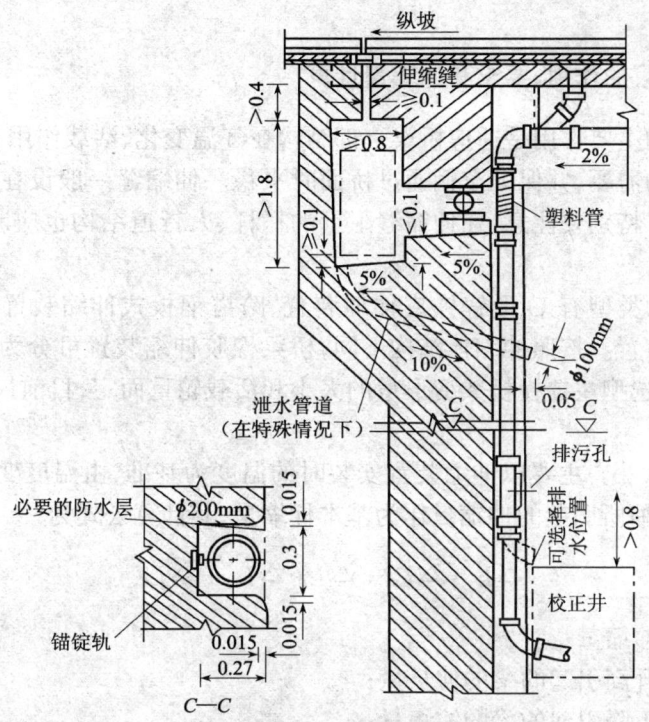

图1-4-9 设在桥台处的排水管道（尺寸单位：m）

如果需要在桥墩上布置排水管道，应尽可能布置在墩壁的槽中或者最好布置在桥墩内部的箱室中。当桥墩很高时，排水管道应每20～30m设置伸缩缝，并且管道要有良好的固定装置，在墩脚处要有一个盆以消除下落的能量装置。

排水管道原则上不许现浇在混凝土内（因为在冬天水管的堵塞可能冻裂混凝土），而应采用在混凝土中预留孔道或埋入直径较大的套管，然后再设置排水管道，一旦有损可以及时更换。当排水管道通过截面高度较小的行车道悬臂板时，管道可以做成扁平形状。管道在泄水口处的构造，见图1-4-10。

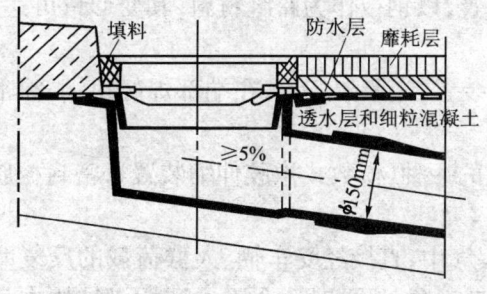

图1-4-10 梁体内的管道与泄水口的构造

在箱梁或箱墩中设置的排水管道系统，要预先考虑在箱孔的深处设置2～3个排水线路，

47

以免一路受阻或爆裂而影响排水功能。

第二节　桥面伸缩装置

一、桥面伸缩装置的作用、要求和伸缩量计算

桥梁伸缩装置的主要作用是适应桥梁上部结构在气温变化、活载作用、混凝土收缩徐变等因素的作用下变形的需要，并保证车辆通过桥面时平稳。伸缩缝一般设在两梁端之间以及梁端与桥台背墙之间。特别要注意，在伸缩缝附近的栏杆、人行道结构也应断开，以满足梁体的自由变形。

桥梁伸缩装置的类型有 U 形锌铁皮伸缩装置、跨搭钢板式伸缩装置、橡胶伸缩装置等。目前多用橡胶伸缩装置。按照伸缩体结构不同，桥梁橡胶伸缩装置可分为纯橡胶式、板式、组合式和模数四种，其选型主要视桥梁变形量的大小和活载轮重而定，目前最大适应伸缩量可达 2000mm。

桥梁变形量的大小，主要以伸缩装置安装时的温度为基准，由温度变化引起的伸缩量和混凝土徐变、干燥收缩所引起的伸缩量作为基本伸缩量，其计算公式为：

$$\triangle L = \triangle Lt + \triangle Lt - \triangle Ls + \triangle Le$$

式中：$\triangle L$——基本伸缩量；

$\triangle Lt$——温度升高引起的梁的伸长量；

$\triangle Lt$——温度下降引起的梁的缩短量；

$\triangle Ls$——由于干燥收缩引起的梁的收缩量；

$\triangle Le$——由于徐变引起的梁的收缩量。

对于其他因素，例如梁端的转角变位、安装时的偏差等，一般都作为安全裕量和构造上的需要来考虑。通常在基本伸缩量的基础上，再增加 20% 的安全裕量即可。

二、伸缩装置的类型

图 1-4-11 是几种常用的桥梁伸缩装置构造。

a 为 U 形镀锌铁皮伸缩装置，一般多用于小型桥梁；

b 为钢梳齿板型伸缩装置，以钢板作为跨缝材料，其变形量可达 40mm 以上，一般用于中、大型桥梁；

c 为矩形橡胶条型伸缩装置，当梁架好后，在端部焊好角钢、涂上胶后，再将橡胶嵌条强行嵌入，伸缩量为 20～50mm；

d 为德国毛勒伸缩装置的一种（模数式橡胶伸缩装置），密封橡胶条为鸟形构造，伸缩量为 80～1040mm。

桥梁伸缩装置暴露在大气中，直接经受车辆、人群荷载的反复摩擦和冲击作用，稍有缺陷或不足，就会引起跳车等不良现象，严重时还会影响到桥梁结构本身和通行者的生命安全，是桥梁中最易损坏而又较难于修缮的部位，需经常养护，清除缝内杂物，并及时更换。

三、桥面连续

《桥规》规定,对于多跨简支梁桥,桥面应尽量做到连续,使得多孔简支梁桥在竖直荷载作用下的变形状态为简支或部分连续体系,在纵向水平力作用下则属于连续体系。图 1-4-12 为简支梁桥桥面连续示意图。钢筋 N2 和钢板 N6 需预先焊好,埋设在主梁内。预制梁时,梁端接缝处从翼板根部向上在全梁宽度按 10:1 做成斜面,在进行桥面连续前涂黄油再填 C30 号混凝土。

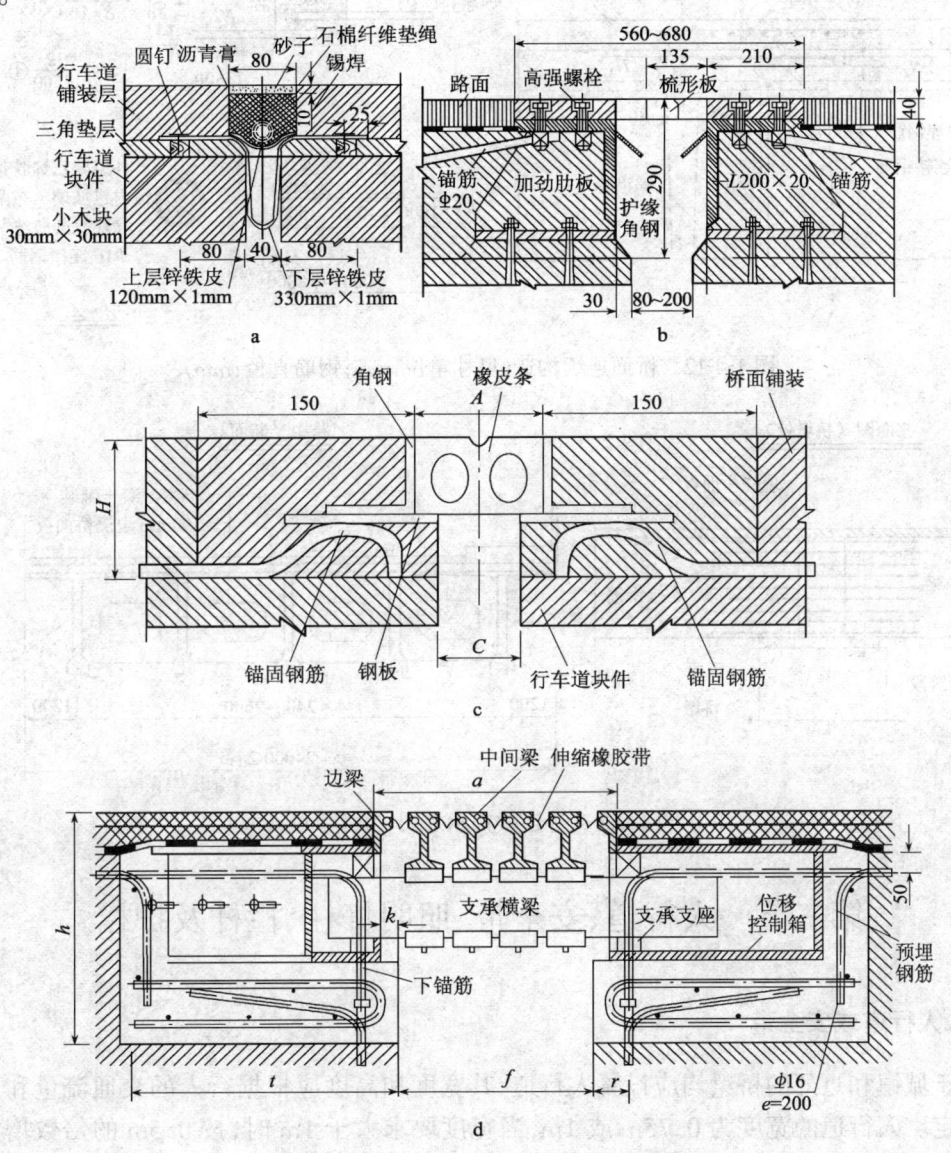

图 1-4-11 常用伸缩装置构造(尺寸单位:mm)

四、简支转连续构造

经验表明,采用连续构造桥面板,其连续部分桥面易开裂。近年来发展了简支—连续结构,使多跨简支梁桥在一期恒载作用下处于简支体系受力,在二期恒载和活载作用下处于连续体系的受力。这种简支—连续结构具有施工方便、减少桥面伸缩缝、行车平顺等优点,因此得到了越来越广泛的使用。图 1-4-13 为一简支—连续构示意图。

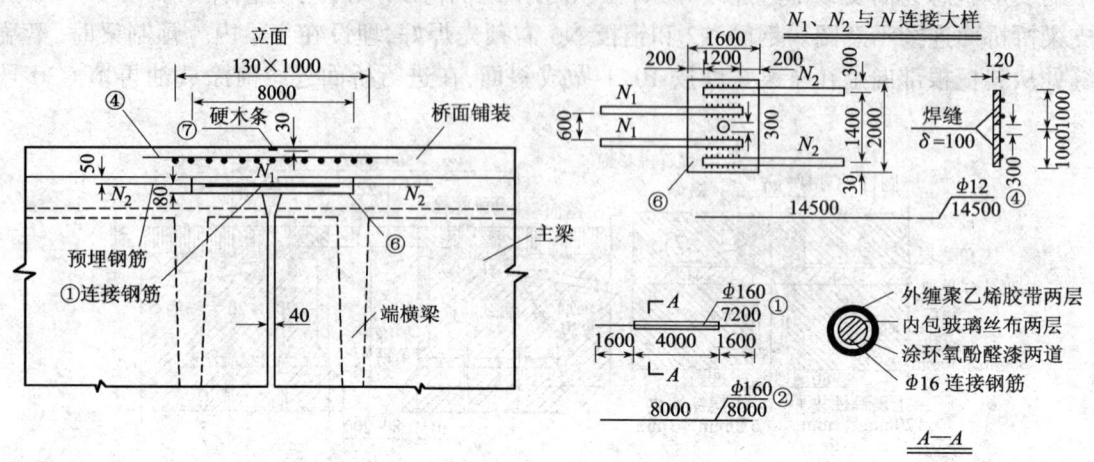

图 1-4-12　桥面连续构造(尺寸单位:mm;钢筋直径:mm)

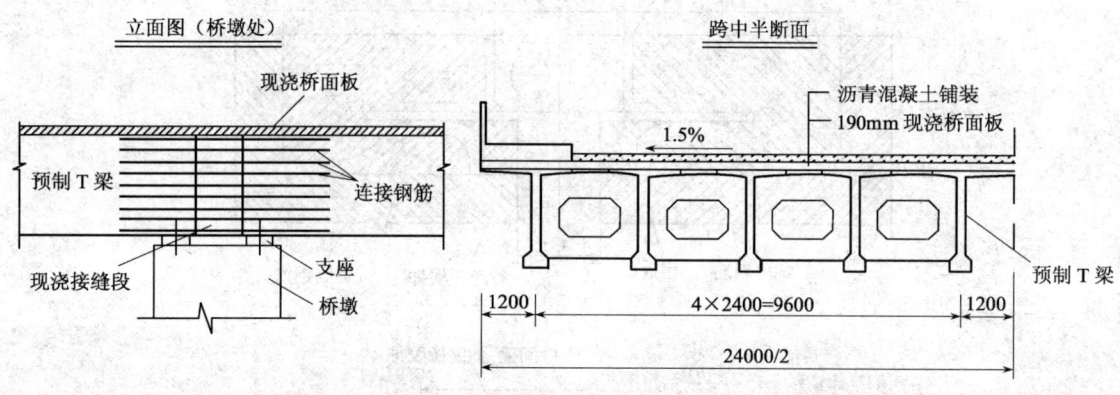

图 1-4-13　简支—连续构示意图(尺寸单位:mm)

第三节　人行道、安全带、照明灯柱、栏杆及护栏

一、人行道或安全带

位于城镇和近郊的桥梁均应设置人行道,其宽度和高度应根据行人的交通流量和周围环境来确定。人行道的宽度为 0.75m 或 1m,当宽度要求大于 1m 时,按 0.5m 的倍数增加。在行人稀少地区,若两侧无人行道,则两侧应设安全道,宽度为 0.50~0.75m,高度不少于 0.25m。近年来,不少桥梁设计中,为了保证行车的安全,安全带的高度已经用到≥0.4m。

人行道顶面应做成倾向桥面 1%~1.5% 的排水横坡,城市桥梁人行道顶面可铺彩砖,以增加美观。此外,人行道在桥面断缝处必须做伸缩缝。

人行道的构造形式多种多样,根据不同的施工方法有就地浇筑式、预制装配式、部分装配和部分现浇的混合式。其中就地浇筑式的人行道现在已经很少采用。而预制装配式的人行道具有构件标准化、拼装简单化等优点,在各种桥梁结构中应用广泛。

在图1-4-14中,a为整体预制的"F"形的人行道,它搁置在主梁上。适用于各种净宽的人行道,人行道下可以放置过桥的管线,但是对管线的检修和更换十分困难;b为人行道附设在板上,人行道部分用填料填高,上面敷设2～3cm砂浆面层或沥青砂,人行道内缘设置缘石;c为小跨宽桥上将人行道部分墩台加高,在其上搁置独立的人行道板;d为就地浇筑式人行道,适用于整体浇筑的钢筋混凝土梁桥,将人行道设在挑出的悬臂上,可以缩短墩台宽度,但施工不大方便。

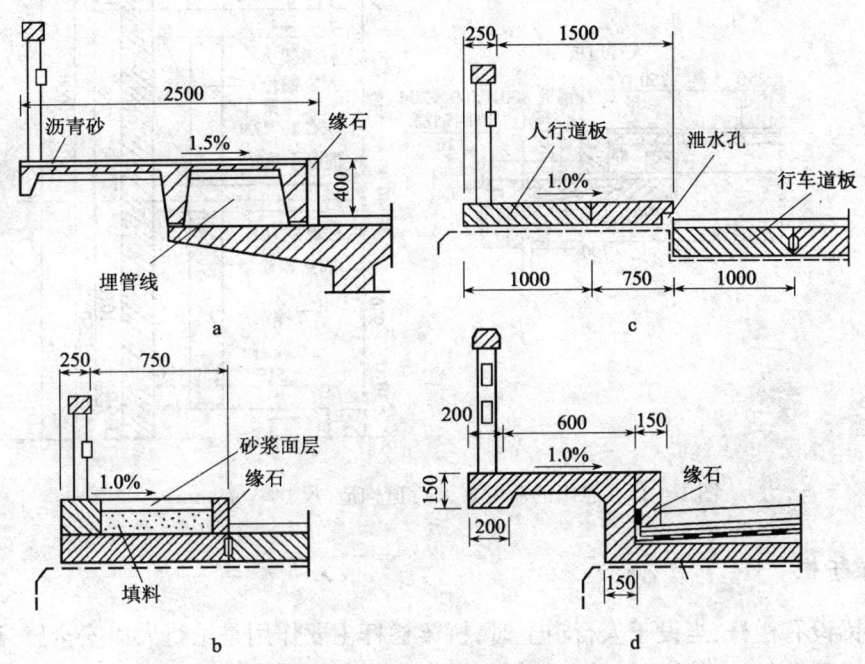

图1-4-14 人行道一般构造(单位:mm)

图1-4-15为公路桥涵标准图(JT/GQBO 14)中分体预制悬臂安装的人行道构造:人行道横梁A(用于安装栏杆柱)、B搁在行车道主梁上,一端悬臂挑出,另一端则通过预埋的钢板与主梁预留的锚固钢筋焊接。支撑梁用来固定人行道梁的位置。人行道板的厚度按《公路钢筋混凝土及预应力混凝土桥涵设计规范》(JTGD 62—2004)规定就地浇筑的不小于80mm,装配式的不小于50mm。

二、栏杆和照明灯柱

桥梁栏杆设置在人行道上,其功能主要在于防止行人和非机动车辆掉入桥下。其设计应符合受力要求,并注意美观,高度通常为0.9～1.20m。应注意,在靠近桥面伸缩缝处所有的栏杆,均应断开使扶手与柱之间能自由变形。

在城市桥以及城郊行人和车辆较多的公路桥上,都要设置照明设备。桥梁照明应防止眩光,必要时应采用严格控光灯具,不宜采用栏杆照明方式。对于大型桥梁,具有艺术和历史价值的中小桥梁的照明应进行专门设计,既满足功能要求,又顾及艺术效果,并与桥梁的风格相协调。

照明灯柱可以设在栏杆扶手的位置上，在较宽的人行道上也可设在靠近缘石处。照明用灯一般高出车道 8~12m 左右。钢筋混凝土灯柱的柱脚可以就地浇筑并将钢筋锚固于桥面中。铸铁灯柱脚可固定在预埋的锚固螺栓上。照明以及其他用途所需的电讯线路等通常都从人行道下的预留孔道内通过。

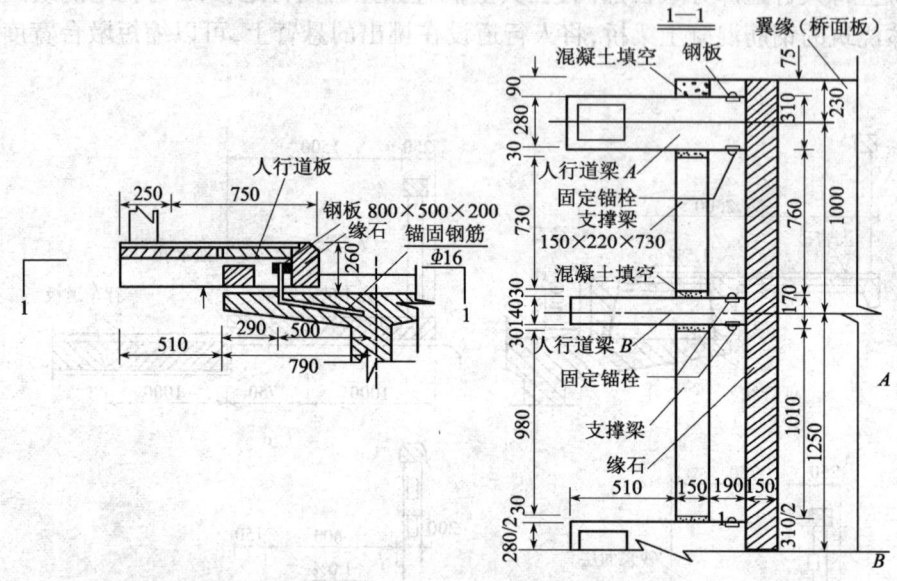

图 1-4-15 悬出的装配式人行道构造（尺寸单位：mm）

三、桥梁护栏

一般桥梁设有栏杆，当设于人行道上时，桥梁栏杆主要作用是给行人以安全感，遮拦行人，防止其掉入桥下；当无人行道时，桥上的栏杆虽也有时起防止行人跌落桥下，但其主要作用与高填路堤或危险路段所设护栏相仿，用以诱导视线，起到一些轮廓标的作用，使车辆尽量在路幅之内行驶，并给驾驶员以安全感。用于高速公路、一级汽车专用公路、城市快速道路、主干道路、立交工程等的护栏主要用以封闭沿线两侧，不使人畜与非机动车辆闯入公路的隔离设施，同时，它还具有吸收碰撞能量、迫使失控车辆改变方向并使其恢复到原有行驶方向，防止其越出路外或跌落桥下的作用。

按防撞性能，防撞护栏有刚性护栏、半刚性护栏和柔性护栏之分。

刚性护栏是一种基本不变形的护栏结构。混凝土护栏是刚性护栏的主要形式，它是一种以一定形状的混凝土块相互连接而组成的墙式结构，它利用失控车辆碰撞后爬高并转向来吸收碰撞能量，见图 1-4-16 和图 1-4-17。

半刚性护栏是一种连续的梁柱式护栏结构，具有一定的刚度和柔性。波形梁护栏是半刚性护栏的主要代表形式，它是一种以波纹状钢护栏板相互拼接并由立柱支撑而组成的连续结构，它利用土基、立柱、波形梁的变形来吸收碰撞能量，并迫使失控车辆改变方向，见图 1-4-18。

柔性护栏是一种具有较大缓冲能力的韧性护栏结构。缆索护栏是柔性护栏的主要代表形式，它是一种以数根施加初张力的缆索固定于立柱上而组成的结构，它主要依靠缆索的拉应力来抵抗车辆的碰撞,吸收碰撞能量,见图 1-4-19。

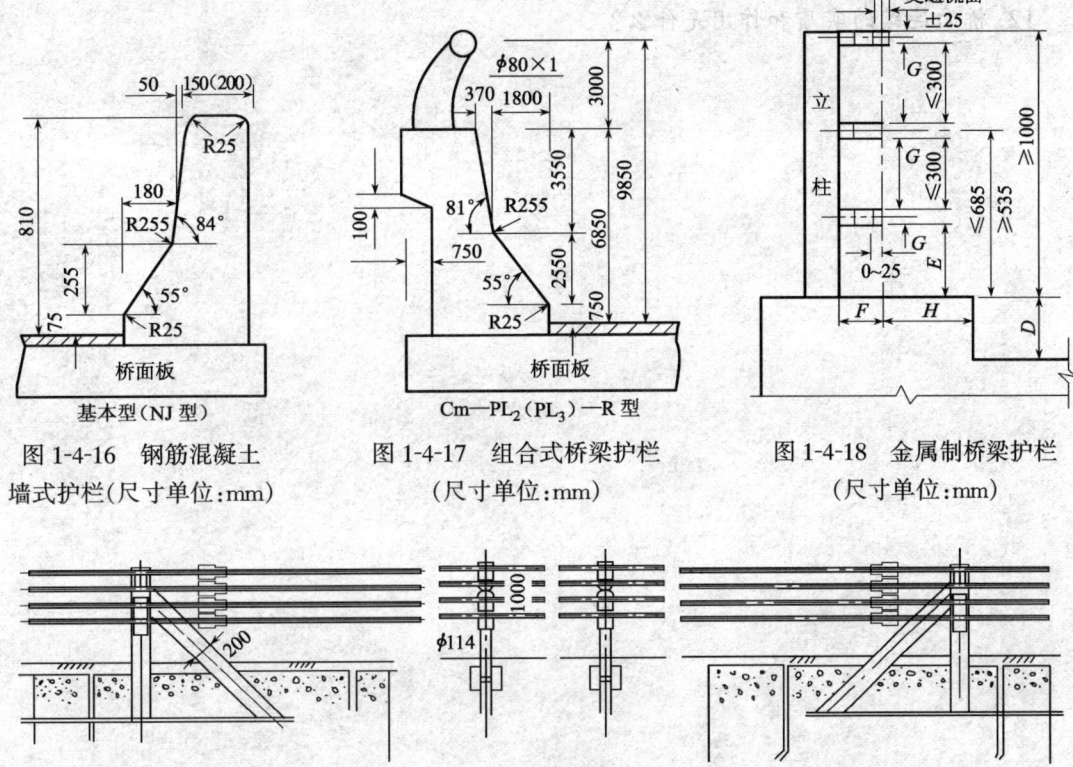

图 1-4-16　钢筋混凝土墙式护栏(尺寸单位:mm)　　图 1-4-17　组合式桥梁护栏(尺寸单位:mm)　　图 1-4-18　金属制桥梁护栏(尺寸单位:mm)

图 1-4-19　缆索护栏

本章小结

1．混凝土桥梁的桥面构造由桥面铺装、防水和排水设备、伸缩装置、人行道(或安全带)、缘石、栏杆和灯柱等部分组成。

2．为了克服桥面伸缩缝装置易于损坏和行车不稳的现象,常采用桥面连续或简支—连续的构造。

思考题

1．桥面构造包括哪些部分?
2．桥梁铺装的功能是什么?有哪些类型?桥面铺装钢筋网应满足什么要求?
3．桥面防水层的设置原则是什么?
4．提高桥面铺装抗裂性的措施有哪些?
5．桥梁设计时如何解决桥面排水问题?
6．桥面泄水管和排水管设置的原则各是什么?
7．桥面横坡的设置方式有哪些?各自优缺点如何?
8．桥面伸缩装置的作用和工作原理是什么?
9．人行道宽度的确定受哪些因素的影响?

10. 桥梁栏杆布置中应注意哪些问题?
11. 桥梁照明设置应考虑哪些因素的影响?
12. 桥面连续的实质和作用是什么?

第二篇　钢筋混凝土和预应力混凝土梁桥

第一章　概　述

第一节　钢筋混凝土梁桥的一般特点

一、钢筋混凝土梁桥的一般特点

钢筋混凝土是一种优点很多的建筑材料，用这种材料建造梁桥具有就地取材、工业化施工、耐久性好、适应性强、整体性好，以及美观等多项优点。第一座钢筋混凝土桥梁问世迄今已有近百年的历史，特别是经过半个多世纪以来的实践，钢筋混凝土结构不仅在设计理论方面，而且在施工技术上都发展得比较成熟。目前，使用钢筋混凝土建造的桥梁，种类多，数量大，在桥梁工程中占有重要地位。

钢筋混凝土梁桥的不足之处是结构本身的自重大，约占全部设计荷载的 30% 至 60%；而且，跨度越大则自重所占的比值就显著增大。鉴于材料强度大部分为结构本身的重量所消耗，大大限制了钢筋混凝土梁式桥的跨越能力。此外，就地浇筑的钢筋混凝土桥，施工工期长，支架和模板耗损很多木料；在寒冷地区以及在雨季建造整体式钢筋混凝土桥梁时，施工比较困难，如采用蒸汽养生以及防雨措施等，则会显著增加造价。

目前，为了节约钢材，在我国很少修建公路钢桥，而且建造圬工拱桥既费工费时，还要受到桥位所处地形地质的限制。因此，在公路建设中，特别对于公路上最常遇到的跨越中、小河流等障碍的情况，需要建造大量中、小跨径的钢筋混凝土梁桥。对装配式钢筋混凝土简支梁桥而言，技术经济上合理的最大跨径约为 20m 左右。悬臂梁桥与连续梁桥合宜的最大跨径约为 60~70m 左右。

二、预应力混凝土梁桥的一般特点

预应力混凝土可看作是一种预先储存了足够压应力的新型混凝土材料。对混凝土施加预压力的高强度钢筋(或称力筋)，既是加力工具，又是抵抗荷载所引起构件内力的受力钢筋。考虑到混凝土与时间相关的收缩和徐变作用会导致较大的预应力损失，故必须采用高强材料才能保证预应力混凝土获得良好的使用效果。

预应力混凝土梁桥除了同样具有前述钢筋混凝土梁桥的优点外，还具有下述重要特点：

(1)能最有效地利用高强度材料(高强混凝土、高强钢材)，减小构件截面，显著降低自重，增大跨越能力，并扩大混凝土结构的适用范围。

(2)与钢筋混凝土梁桥相比，一般可以节省钢材 30%~40%；跨径越大，节省越多。

(3)全预应力混凝土梁在使用荷载下不出现裂缝，即使是部分预应力混凝土梁在常遇荷载下也无裂缝。鉴于能全截面参与工作，梁的刚度就比通常钢筋混凝土梁要大。因此，预应力混凝土梁可显著减小建筑高度，使大跨径桥梁做得轻柔美观。由于能消除裂缝，扩大了对多种桥型的适应性，并更加提高了结构的耐久性。

(4)预应力技术的采用为现代装配式结构提供了最有效的接头和拼装手段。根据需要，可在纵向、横向和竖向等施加预应力，使装配式结构集整成理想的整体，这就扩大了装配式桥梁的使用范围，提高了运营质量。

显然，要建造好一座预应力混凝土桥梁，首先要采用可作为预应力筋的优质高强钢材和要可靠保证高强混凝土的制备质量；同时需要有一整套专门的预应力张拉设备和材质好、制作精度要求高的锚具，并且要掌握较复杂施工工艺。

综观上述预应力混凝土的优异性能，特别是从20世纪50年代以来，由于材料性能不断改进，设计理论日趋完善，施工工艺的革新创造，使得用这种新颖材料修建的桥梁获得了很大发展，在桥梁工程占有日益重要的地位。目前，预应力混凝土简支梁的最大跨径已达76 m，连续刚构桥的最大跨径已达301m。

第二节　梁式桥的主要类型及其适用情况

钢筋混凝土和预应力混凝土梁式桥都有多种不同的构造类型，现仅根据以下三种分类方式简述钢筋混凝土和预应力混凝土梁式桥的主要类型及其适用情况。

一、按承重结构横截面形式分类

按照承重结构横截面形式分类，混凝土梁式桥可分为板桥、肋梁桥和箱形梁桥。板桥是最简单的构造形式，施工方便，见图2-1-1a、b；肋梁桥是在板桥截面的基础上，将梁下缘受拉区混凝土很大程度的挖空，从而显著减轻了结构自重，跨越能力得到提高，见图2-1-1c、d；箱形截面提供了能承受正、负弯矩的足够的混凝土受压区，抗弯、抗扭能力强，因而更适用于较大跨径的悬臂体系梁桥和连续体系梁桥，见图2-1-1e、f。

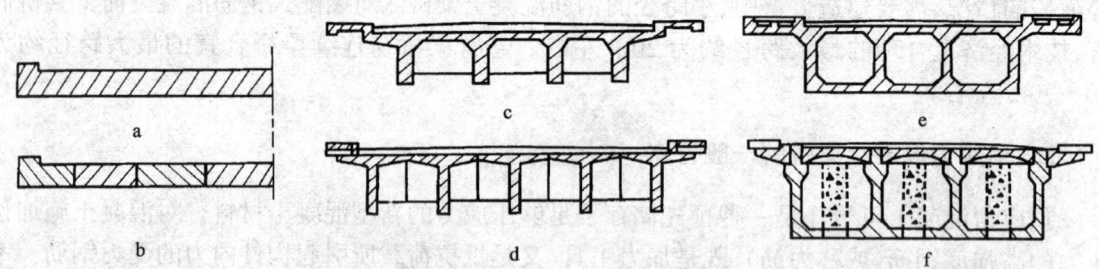

图2-1-1　典型的混凝土梁桥横截面
a、b 板桥；c、d 肋梁桥；e、f 箱形截面

二、按承重结构的静力体系分类

图2-1-2示出了钢筋混凝土和预应力混凝土梁桥各种体系的基本图式。

(一)简支梁桥

简支梁桥是梁桥中应用最早、使用最广泛的一种桥型，见图2-1-2a。它结构简单，最易设计成各种标准跨径的装配式结构;施工工序少,架设方便;在多孔简支梁桥中,由于各跨构造和尺寸划一,可简化施工管理工作,降低施工费用,因相邻桥孔各自单独受力,桥墩上需要设置相邻简支梁的两个支座;简支梁桥的构造较易处理而常被选用。

简支梁桥是静定结构;结构内力不受地基变形等的影响,因而能适用于在地基较差的桥位上建桥。简支梁的设计主要受跨中正弯矩的控制。在钢筋混凝土简支梁桥中,经济合理的常用跨径在20m以下。我国预应力混凝土简支梁的标准跨径在40m以下。

(二)悬臂体系梁桥

将简支梁梁体加长,并越过支点就成为悬臂梁桥。仅梁的一端悬出的称为单悬臂梁,见图2-1-2b;两端均悬出的称为双悬臂梁,见图2-1-2c。在较长桥中,则可由单悬臂梁、双悬臂梁与简支挂梁联合组成多孔悬臂桥。习惯上称悬臂梁主跨为锚跨。

悬臂梁利用悬出支点以外的伸臂,使支点产生负弯矩对主跨跨中正弯矩产生有利的卸载作用。因此,与简支梁相比较,悬臂梁可以减少跨内主梁高度和降低材料用量,是比较经济的。悬臂梁桥一般为静定结构,可在地基较差的条件下使用。在多孔桥中,墩上均只需设置一个支座,减少了桥墩尺寸,也节省了基础工程的材料用量。

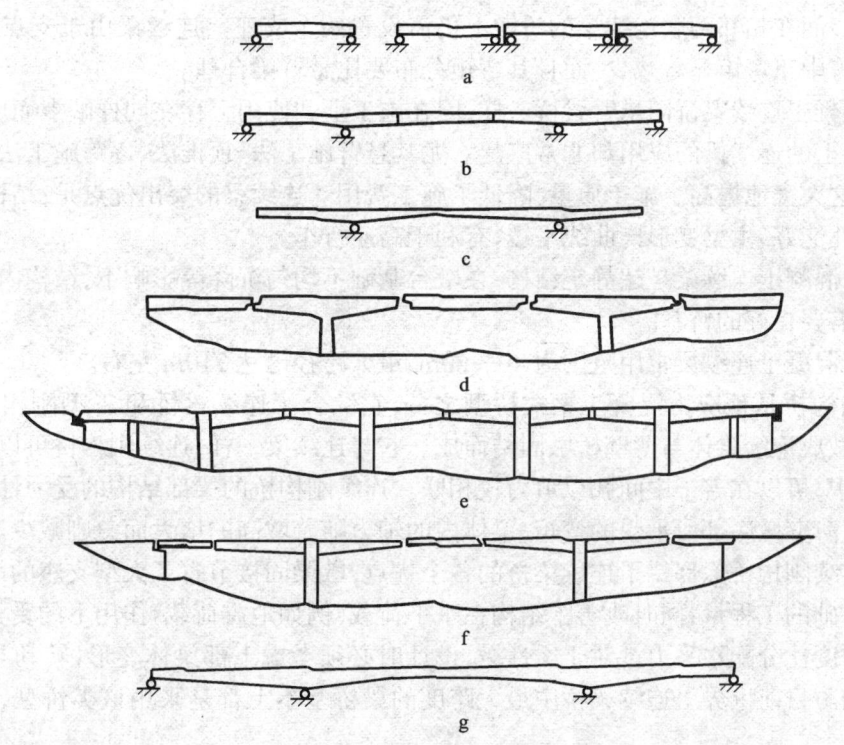

图 2-1-2 梁式桥各种体系

但是,无论是钢筋混凝土或预应力混凝土悬臂梁桥,在实际桥梁工程中均较少采用。主要原因是施工不便,工费昂贵,使用时行车不平顺等。国内箱形薄壁钢筋混凝土悬臂梁桥最大跨径为55m,国外一般在70~80m以下。世界上预应力混凝土悬臂梁桥最大跨径为150m,一般亦在100m以下。

T型刚构桥是一种具有悬臂受力特点的梁式桥。因墩上伸出悬臂,形同T形,由此而得名。钢筋混凝土T形刚构桥(图2-1-2d)是从墩上伸出较短的悬臂,跨中用简支挂梁组合而成。

由于钢筋混凝土梁式结构承受负弯矩,不可避免在顶面出现裂缝,因而钢筋混凝土 T 型刚构桥不可能做成较大的跨径。而预应力混凝土结构,采用悬臂施工方法,适宜做成长悬臂结构。目前,预应力混凝土 T 型刚构桥的最大跨径已达 240m 左右。

预应力混凝土 T 型刚构桥分为跨中带剪刀铰和跨中设挂梁的两种基本类型,见图 2-1-2e 和 f。其中带铰的 T 型刚构桥是超静定结构;跨中设挂梁的 T 型刚构桥是静定结构。

钢筋混凝土 T 型刚构桥常用跨径在 40~50m 左右,预应力混凝土 T 型刚构桥的常用跨径可在 60~200m。

必须指出,预应力混凝土 T 型刚构桥的受力特点如同长悬臂结构,全跨以承受负弯矩为主,预应力束筋布置于桥的顶面。它与节段悬臂施工方法的协调配合,是它的主要特点。并为这种桥型的施工悬空作业机械化、装配化提供了有利条件,尤其对跨越深水、深谷、大河、急流的大跨径桥梁,施工十分有利,并能获得满意的经济指标。

(三)连续体系梁桥

连续梁桥是将简支梁梁体在支点上连续而成的梁桥,见图 2-1-2g。连续梁可以做成二跨或三跨一联的,也可以做成多跨一联的,一般每联由 3~5 跨组成。连续梁中间墩上也只需设置一个支座,而在相邻两联连续梁的桥墩上仍需设置两个支座。连续梁由于支点负弯矩的卸载作用,使跨中正弯矩显著减少,而且其弯矩分布要比悬臂梁合理。

钢筋混凝土连续梁桥同悬臂梁桥一样,因在施工上和使用上存在同样缺点而应用甚少,而预应力混凝土的连续梁的应用却非常广泛。尤其悬臂施工法、顶推法、逐跨施工法在连续梁桥中的应用,这大大地提高了施工质量,降低了施工费用。连续梁的突出优点是:结构刚度大,变形小,动力性能好,主梁变形挠曲线平缓,有利于高速行车。

预应力混凝土连续梁是超静定结构,在墩台基础不均匀沉降等影响下,结构内将产生附加内力,通常需要良好的桥基。

预应力混凝土连续梁常用范围为 40~60m,最大跨径已达 210m 左右。

连续刚构桥是预应力混凝土梁式桥型之一,它综合了连续梁桥和 T 型刚构桥的受力特点,将主梁做成连续梁体与薄壁桥墩固结而成。它与连续梁一样,连续刚构桥可以做成一联多孔;在长桥中,可以在若干中间孔以剪力铰相联。连续刚构桥的梁部结构的受力性能如同连续梁一样。而薄壁墩底部所承受的弯矩,梁体内的轴力随着墩高的增大而急剧减少。

由于连续刚构桥除保持了连续梁桥的各个优点,墩梁固接节省了大型支座的昂贵费用,减少了墩及基础的工程量,同时改善了结构在水平荷载(例如地震荷载)作用下的受力性能,即各柔性墩按刚度比分配水平力。对于柔性墩,设计时必须考虑上部梁体变形(转动与纵向位移)对它的影响。目前世界上连续梁桥中最大跨度的梁桥基本上都是采用该类桥型,最大跨径已达 301m。

前已述及,桥梁按结构体系分类,T 型刚构、连续刚构为组合体系桥。由于 T 型刚构桥的承重结构的受力特点与长悬臂结构一样;连续刚构桥则综合了连续梁桥和 T 型刚构桥的受力特点。因此,为叙述问题方便,这里把 T 型刚构桥、连续刚构桥分别列在悬臂、连续体系梁桥的范围内。

三、按施工方法分类

按施工方法分类,梁式桥又可分为整体浇铸式梁桥(图 2-1-1a、c、e)和预制装配式梁桥

(图2-1-1b、d、f)两大类。整体式梁桥具有整体性好的优势,而装配式梁桥具有施工方便,大量节省支架模板,不受季节性影响等优点。按照装配式结构块件划分方式的不同,常分为纵向竖缝划分(图2-1-1b、d),纵向水平缝划分(图2-1-1f)和纵、横向竖缝划分(图2-1-3)三种。应根据现场实际的预制、运输和起重等条件,确定拼装形式以及拼装单元的最大尺寸和质量,尽量减少接头数量和块件尺寸形式,确保接头牢固可靠,施工方便。

本篇将一一详细介绍这些桥型的构造和设计要点,有关施工方面的内容见本书第五篇。

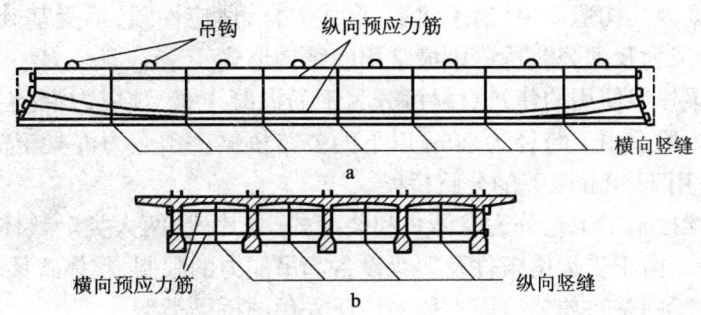

图2-1-3 纵、横向分段装配式梁(串连梁)

本章小结

1. 简支体系的混凝土梁式桥的承重结构横截面形式主要有板桥、肋梁桥和箱形梁桥。
2. 按其施工方法可分为整体现浇式梁桥和预制装配式梁桥。
3. 按承重结构的静力体系分为简支梁桥、悬臂体系梁桥、连续体系梁桥。

思考题

1. 简述整体式梁桥和装配式梁桥的施工方法?
2. 梁桥按承重结构横截面形式分为哪几种类型?分析其每一类型的优缺点及其适用性?

第二章 混凝土简支梁桥构造和设计

混凝土简支梁因其构造简单,易于建造,形式多样,适应性强,不受基础条件的限制,可标准化生产,目前已成为我国公路桥梁中最常用的结构形式。

混凝土简支梁按照使用的建筑材料可分为钢筋混凝土梁、预应力混凝土梁等类型。钢筋混凝土简支梁桥一般适用于跨径为20m以下的公路桥梁。预应力混凝土简支梁桥的跨越能力大一些,一般适用于50m以下的公路桥梁。

混凝土简支梁按施工工艺分为整体式和装配式(分片式)两大类。整体式简支梁,其横向刚度大,稳定性好。由于受运梁条件及架梁设备起吊能力的限制,整体式梁一般适用于就地灌筑;而装配式简支梁则是目前公路简支梁中广泛采用的桥梁类型。

混凝土简支梁按承重结构的横截面形式,可分为板桥、肋梁桥和箱形梁桥。

本章重点介绍各类混凝土简支梁桥的设计和构造特点等方面内容。

第一节 公路混凝土简支梁桥的设计与构造

在所有的桥梁形式中,板桥因其建筑高度小、外形简单而久用不衰。板桥不仅外部形状简单,而且内部一般无需专门配置抗剪钢筋,只需按构造要求将部分主筋弯起,施工简单,模板和钢筋工程都比较节省。对于高等级公路和城市立交工程,板桥(尤其是整体式板桥)又以极易满足斜、弯、坡以及S形、喇叭形等特殊要求,而受到重视。板桥的建筑高度小,适宜桥下净空受到限制的桥梁使用,既可降低桥面高度,又可缩短引道长度。

一、混凝土简支板桥

(一)整体式简支板桥

1. 总体构造

整体式板桥一般做成实体式等厚度的矩形截面,截面见图2-2-1a;为了减轻自重也可做成矮肋板式截面,见图2-2-1b。城市高架桥的板桥可采用单波,见图2-2-1c,或双波截面,见图2-2-1d,与独柱墩配合使用,桥下净空开阔,形成优美的造型。整体式简支板桥的跨径一般为4~10m,板的厚度一般取跨径的1/16~1/23。随跨径增大取用较小值。整体式板桥采用现浇施工,简支结构多应用于单独一跨的情形,多跨时一般做成连续结构。

2. 钢筋构造

钢筋混凝土整体式板桥的常用跨径一般在8m以下,板厚与跨径比一般为1/12~1/16,桥面宽度往往大于跨径。因此,在荷载作用下,桥面板实际呈双向受力状态,桥板的纵向产生正弯矩,横向也产生较大的弯矩。当桥面板宽较大时,除配置纵向的受力钢筋外,尚应计算配置板的横向受力钢筋。

整体式板桥行车道的主钢筋直径应不小于12mm,间距应不大于200mm,一般也不宜小于

70mm;两侧边缘板带的主钢筋数量宜较中间板带(板宽2/3范围内)增加15%;分布钢筋直径不应小于8mm,间距不应大于250mm,并且在单位板长的截面面积一般不应少于主钢筋面积的15%。

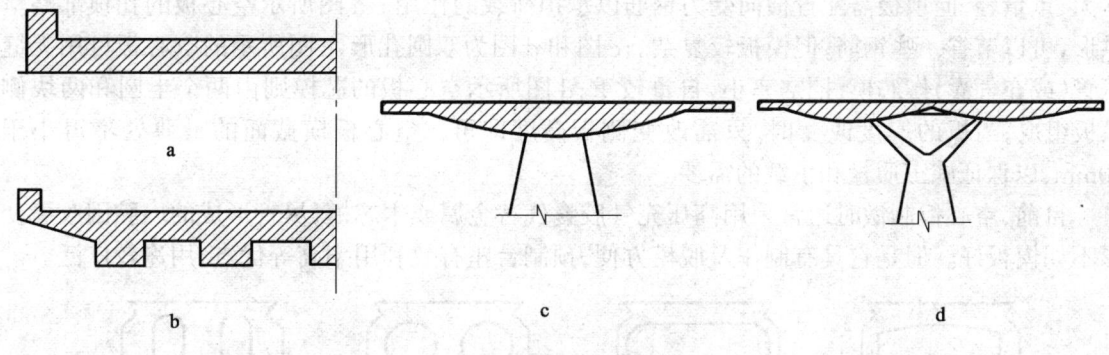

图 2-2-1 整体式板桥横截面

为保证混凝土结构在设计年限内具有足够的耐久性,混凝土内的钢筋应不被腐蚀,并保证混凝土保护层厚度和密实性。在一般环境条件下,板的主钢筋与板缘间的净距(即保护层厚度)应不小于30mm,对于有侵蚀环境的情况,保护层应进一步增厚。

图 2-2-2 为一座 6m 跨径的钢筋混凝土整体式简支板桥构造图,桥面净宽 $8.5+2\times0.25\mathrm{m}$,该桥计算跨径为 5.69m,板厚 320mm,纵向主筋采用 HRB335 级钢筋,直径为 20mm,分布钢筋采用 R225 级钢筋,直径为 10mm,间距为 200mm,主筋两端呈 45°弯起。

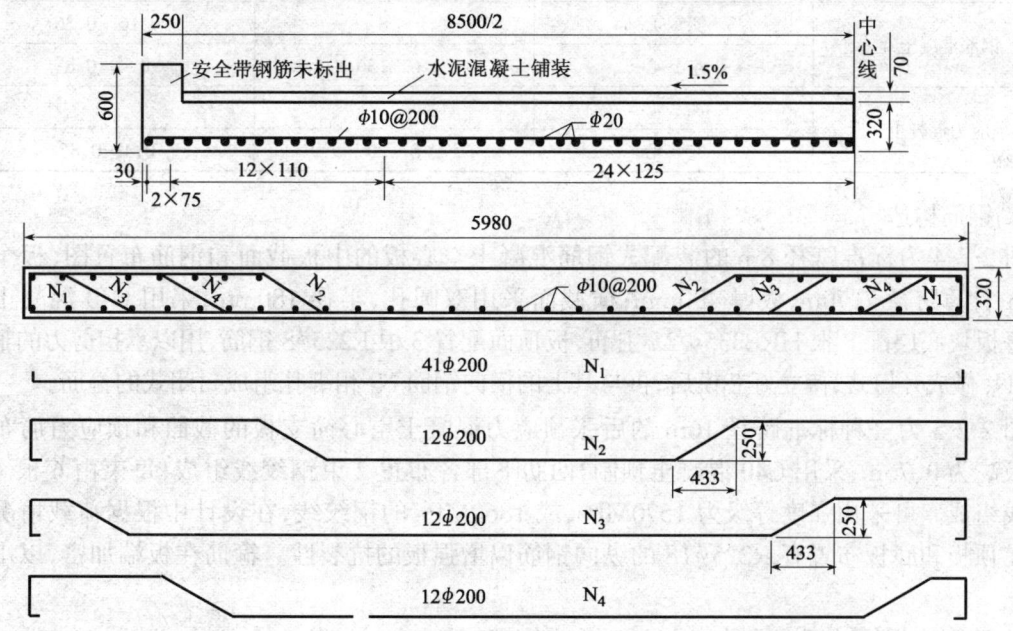

图 2-2-2 钢筋混凝土整体式简支板桥构造(尺寸单位:mm,钢筋直径:mm)

(二)装配式简支板桥

1. 总体构造

装配式简支板桥跨径一般为6~20m,按横截面形式桥板可分为实心板和空心板。实心板一般适用于跨径10m以下的桥;当跨径增大时,则宜采用空心板截面。空心板能减轻自重,而且能充分合理地利用材料。空心板的开孔形式如图2-2-3所示,其中a图和b图为单孔,挖空率大,重量轻,但顶板需配置横向受力钢筋以承担荷载的作用。a图所示空心板的孔顶部略呈拱形,可以节省一些钢筋,但模板较复杂。c图和d图为双圆孔形,c图所示的空心板可用无缝钢管(或充气囊)作芯模,挖空率小,自重较重;d图所示空心板的芯模则由两个半圆和两块侧模板组成,当板的厚度改变时,只需改变侧板高度即可。空心板横截面的最薄处不得小于70mm,以保证施工质量和承载的需要。

目前,空心板制做时通常采用高压充气胶囊代替金属或木芯模,尽管形成的内腔因胶囊变形不如模板好。但是它具有制作及脱模方便,预制台座有效利用率高等优点,用途较广泛。

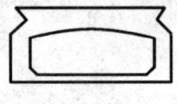 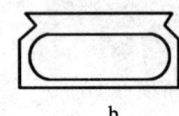 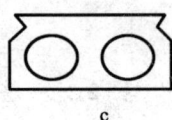 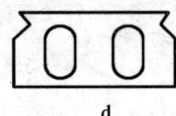

图2-2-3 空心板横截面形式

采用低松弛预应力钢筋或钢绞线的装配式板桥,桥板厚可取$(1/16~1/22)l$。装配式板桥的立面布置尺寸可参见表2-2-1。

表2-2-1 装配式板桥梁高与跨径参考值

结构类型	截面形式	l(m)	h(m)
钢筋混凝土	实心	<8	0.16~0.36
	空心	6~13	0.4~0.8
预应力混凝土	实心		
	空心	8~20	0.4~0.85

2. 钢筋构造

图2-2-4为标准跨径8m的装配式钢筋混凝土空心板的中板截面和钢筋布置图,板全长7.96m,计算跨径7.70m,板厚400mm;横截面采用双圆孔,半径180mm,采用C40混凝土预制。每板块底层配8根HRB335Φ25主筋,板顶面配置3根R225φ8钢筋,用以承担剪力的箍筋N_5和N_6做成开口式,待立好芯模后,再与其上的横向钢筋N_4相绑扎组成封闭式的箍筋。

图2-2-5为一种标准跨径16m的后张预应力混凝土空心简支板的截面和预应力筋布置图。板高为0.75m,采用C40混凝土预制,两肋下部各布置2束钢绞线组成,每束由6根ϕj_{15}钢绞线组成。可采用强度等级为1570MPa,或1860MPa的钢绞线,在设计中根据荷载情况选择。在顶板和底板布置有R225φ18的纵向钢筋以增强板的抗裂性。箍筋在板端加密,以承受剪力。

3. 装配式板桥的横向连接

为保证板块共同承受车辆荷载,装配式板桥板块之间必须采用横向连接构造。常用的横向连接有企口混凝土铰接和钢板焊接两种连接方式。

企口混凝土铰接形式有圆形、菱形和漏斗形三种(见图2-2-6a、b、c)。当块件安装就位后,在铰缝内填充C25到C40细骨料混凝土;若使桥面铺装层也同时受力,也可以将预制板中的钢筋伸出与相邻板的同样钢筋互相绑扎,再浇筑在铺装层内,见图 2-2-6d。

实践证明:企口式混凝土铰能保证传递横向剪力,使各块板共同受力。

由于企口缝内的混凝土需要养生一段时间才能通车,当需要加快工程进度,提前通车时也可采用钢板连接,如图 2-2-7 所示。具体做法是将钢板 N_1 焊在相邻两块件的预埋钢板 N_2 上。连接构造的纵向中距通常为 800~1500mm,跨中部分布置较密,向两端支点处逐渐减疏。

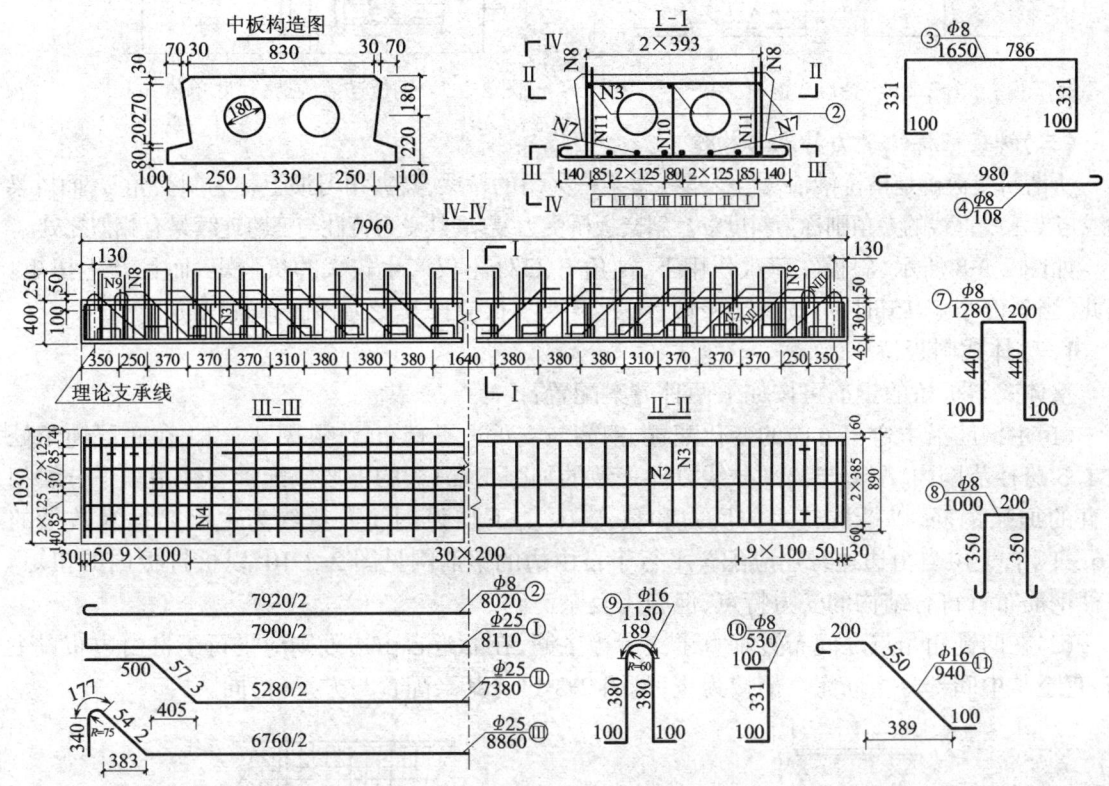

图 2-2-4 装配式钢筋混凝土空心板桥钢筋布置(尺寸单位:mm;钢筋直径:mm)

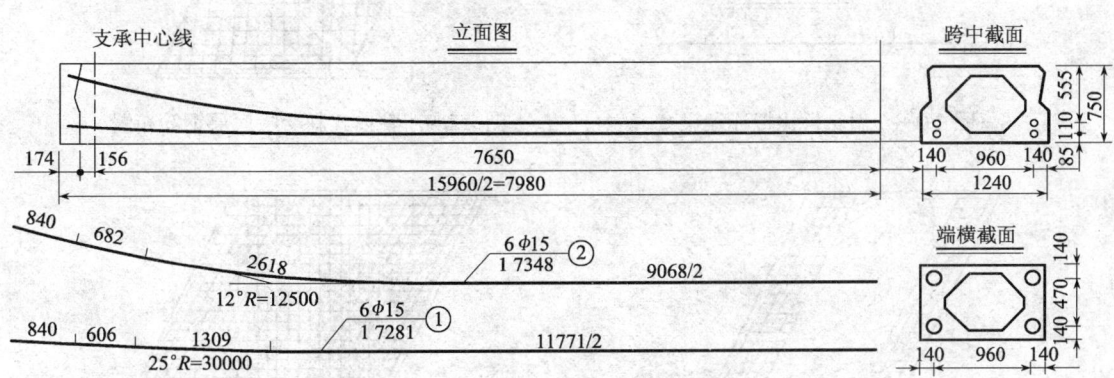

图 2-2-5 标准跨径 16m 的后张预应力混凝土空心简支板构造(尺寸单位:mm)

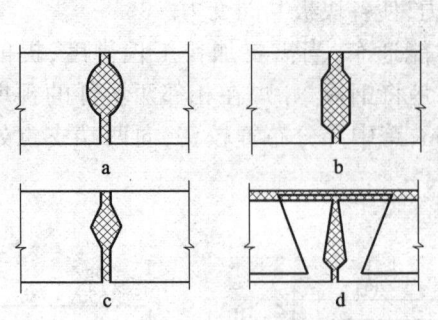
图 2-2-6　企口式混凝土铰

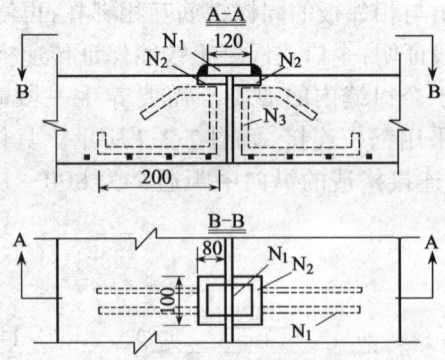
图 2-2-7　钢板连接构造(尺寸单位:mm)

(三)斜交板桥的受力特点与构造

所谓斜交板桥是指桥梁轴线与支承线呈某一夹角的桥梁,其夹角习惯上称为斜交角 α,而桥梁轴线与支承线垂线的夹角则称为斜度 φ。斜交板桥受力复杂,其受力特性与三跨连续梁有相似之处。

如图 2-2-8 所示,斜板在荷载作用下,钝角 B、C 处不仅产生较大的负弯矩,而且产生扭矩。据此,当斜度小于 15°时,可按正交板设计,大于 15°时,应按其受力性能布置钢筋。

1.整体式斜板桥

整体式斜板桥的钢筋可按如下两种方案配置:

(1)主钢筋沿主弯矩方向的变化配置,钢筋与支承边平行布置,见图 2-2-9。在底层钝角处约 1/5 跨径范围内,配置与角平分线方向一致的加强钢筋;板的上层应配置与钝角角平分线相垂直的加强钢筋,以抵抗较大的反力和负弯矩;上下加强钢筋数量约为主钢筋每米数量的 0.6~1 倍,上层自由边边缘还应配置平行于自由边的钢筋网见图 2-2-10,以抵抗板内的扭矩。这种钢筋布置符合结构的受力特点,但施工复杂。

(2)在两钝角角点之间布置垂直于支承边主筋,在靠近自由边处则应平行于自由边布置主筋,直至与中间部分主筋完全衔接为止,见图 2-2-11。其余配置与方案(1)同。

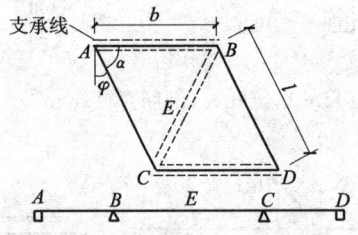
图 2-2-8　斜交桥比拟连续梁

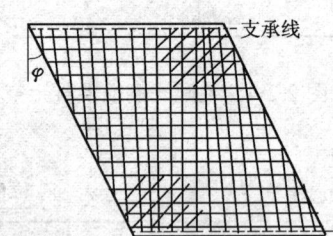
图 2-2-9　整体式斜交板底层钢筋布置

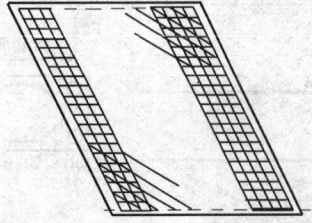
图 2-2-10　整体式斜交板上层钢筋布置

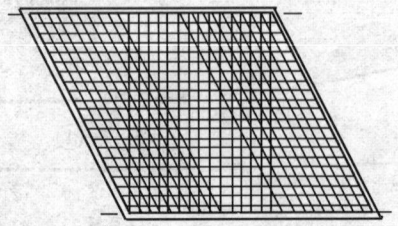
图 2-2-11　整体式斜交板底层钢筋布置

2. 装配式斜交板钢筋布置

装配式斜板桥的主钢筋应平行于自由边布置,视斜度不同分布的钢筋不同:

(1)当 $\varphi=25°\sim35°$ 时,分布钢筋平行于支承边方向布置,见图 2-2-12a;

(2)当 $\varphi=40°\sim60°$ 时,分布钢筋布置与整体式板方案(2)相同,即钝角间垂直于自由边,靠近支承边处分布筋与支承边平行,见图 2-2-12b。

(3)加强钢筋布置:当 $\varphi=40°\sim50°$ 时,加强钢筋布置在底部,其方向垂直于支承边,见图 2-2-12c;

(4)当 $\varphi=55°\sim60°$ 时,除底部布置加强钢筋外,顶部尚应布置与钝角平分线相垂直的加强钢筋,见图 2-2-12d;另外,为防止锐角处翘起,应在板端部中心处预留锚栓孔,安装完成后与墩(台)上的地脚螺栓固定。

图 2-2-13 为装配式斜交空心板桥中板 $\varphi=30°$ 时的钢筋布置图。

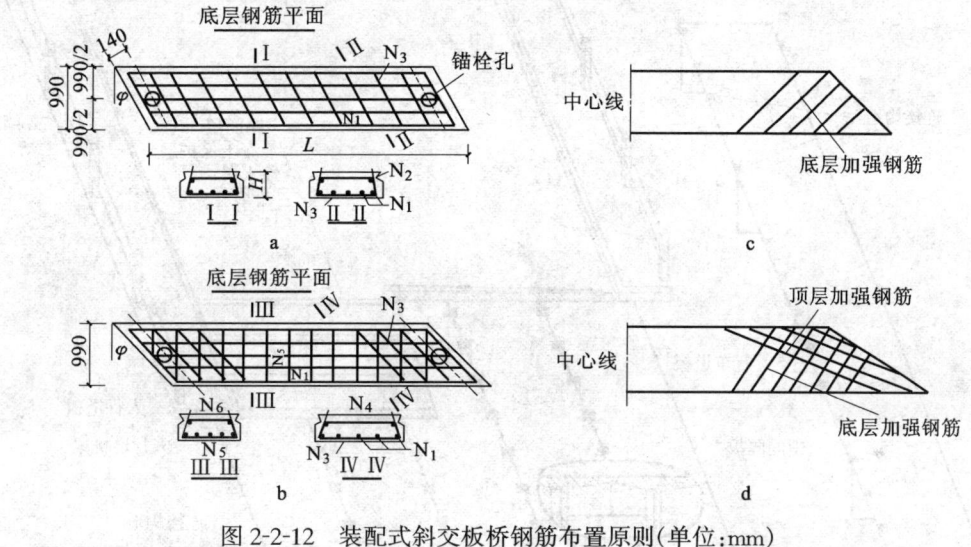

图 2-2-12 装配式斜交板桥钢筋布置原则(单位:mm)

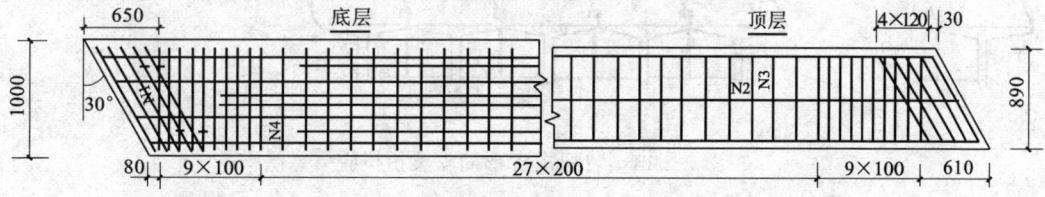

图 2-2-13 装配式斜交空心板桥中板钢筋布置($\varphi=30°$)(单位:mm)

二、混凝土简支肋梁桥

(一)概述

肋梁桥因其横截面上具有明显的肋形结构而得名。简支肋梁桥属于单孔静定结构,它受力明确,构造简单,施工方便,是中小跨径桥梁中应用最广泛的桥型。简支肋梁桥的结构尺寸易于标准化设计,有利于采用工业化施工,组织大规模预制生产,并用现代化的起重设备进行安装。此方法可以大量节约模板支架木材,降低劳动强度,缩短工期,显著加快建桥速度。因此,近年来在国内外对于中小跨径的桥梁,绝大部分均采用装配式的钢筋混凝土简支肋梁桥或预应力混凝土简支肋梁桥。常用的肋梁桥截面形式有T形和工形。

1. T形梁桥

如图2-2-14所示为一座装配式T形梁桥的构造图,该桥桥面宽度为净-9+2×1.0m人行道,梁的全长为19.96m,计算跨径为19.50m,主梁高度1.50m,全桥设置5道横隔梁。由图中可以看出,简支肋梁桥的上部构造由主梁、横隔梁、桥面板、桥面结构等部分组成。主梁是桥梁的主要承重结构,由肋和翼缘组成。主梁的上翼缘既是主梁的一部分,又联合构成桥面板,承受汽车和人群荷载的作用。横隔梁的作用是保证各根主梁相互结成整体,共同承受荷载。

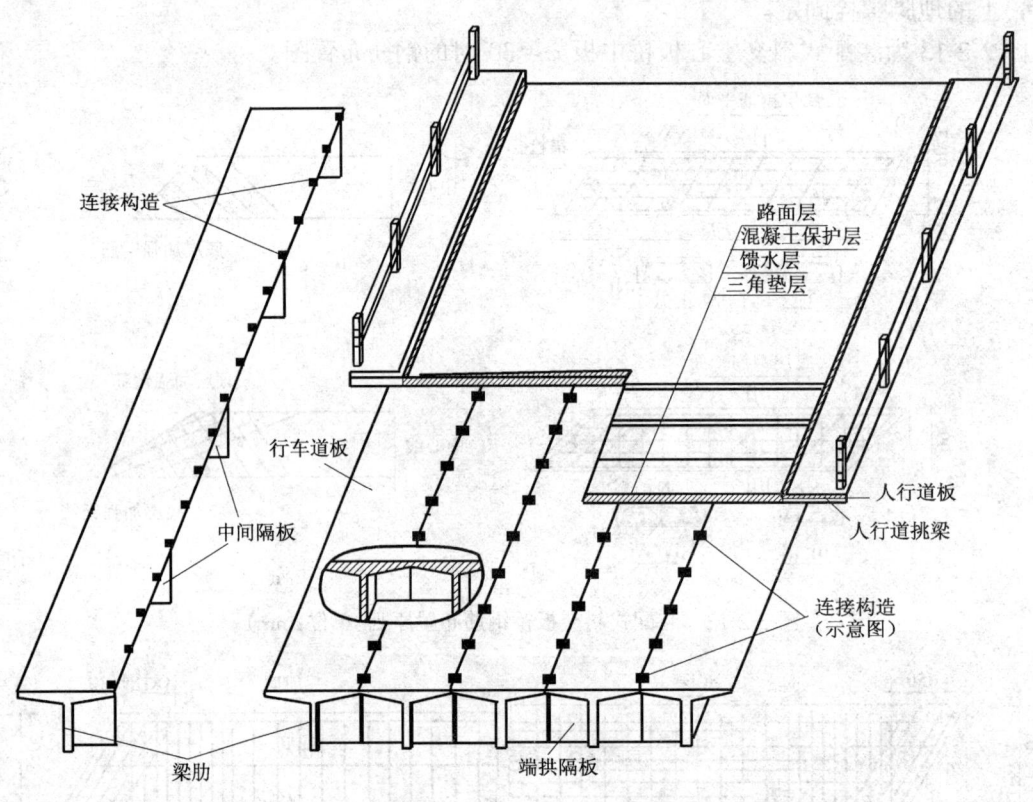

图2-2-14 装配式T形简支梁桥概貌

2. 工字形梁桥

工字形梁往往为预制部分与现浇桥面板构成的组合梁,或利用预制桥面板再现浇接缝混凝土形成的组合梁。

(二)整体式简支T形梁桥

整体式梁桥在城市立交桥中应用较广泛,具有整体性好、刚度大、易于做成复杂形状等优点,多数在桥孔支架模板上现场浇筑,个别也有整体预制、整孔架设的情况。

如图2-2-15所示为常用的整体式简支T形梁桥。在保证抗剪、稳定的条件下,整体式T形梁桥的主梁的肋宽约为梁高的$1/6\sim1/7$,但不宜小于160mm,以利于浇筑混凝土;当肋宽有变化时,其过渡段长度不小于12倍肋宽差。主梁高度通常为跨径的$1/8\sim1/16$。为了减小桥面板的跨径(一般限制在 2~3m 之内)，还可以在两根主梁之间设置次纵梁，如图 2-2-15b 所示。为了合理布置主钢筋，梁肋底部可做成马蹄形。

整体式简支梁桥桥面板的跨中板厚不应小于 100mm。桥面板与梁肋衔接处一般都设置承托结构，承托长高比一般不大于 3。

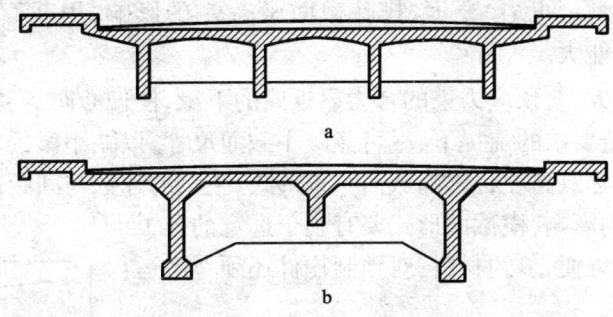

图 2-2-15　整体式梁桥横截面

(三)预制装配式简支 T 形梁桥

装配式 T 形梁桥是使用最为普遍的结构形式，其优点是制造简单，整体性好，接头方便。图 2-2-16 是常见的装配式 T 形梁横截面。

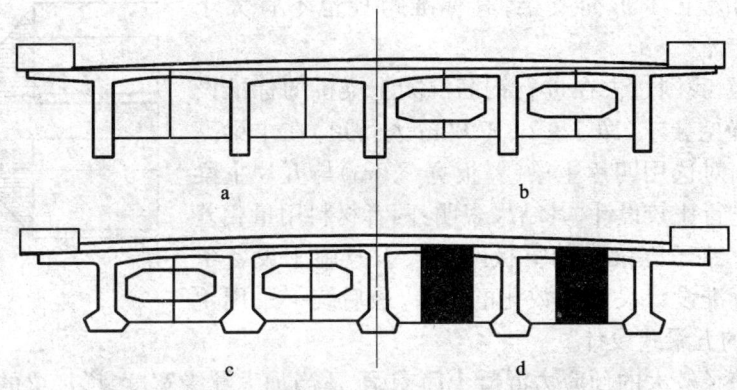

图 2-2-16　装配式肋梁桥横截面基本类型

1. 横截面设计原则

梁桥横截面的设计主要是确定横截面布置形式，包括主梁截面形式、间距、截面各部分尺寸等，它与梁桥体系在立面布置、建筑高度、施工方法、美观要求以及经济用料等因素都有关系，原则上应作如下考虑：

梁桥的主梁主要承受弯曲荷载，同时还要保证具有足够的抗剪(或抗主拉应力)能力。对于钢筋混凝土主梁，由于受拉部分混凝土开裂后退出工作，对简支梁桥只承受正弯矩，采用 T 形截面梁显然是合理的。对预应力混凝土梁，在张拉阶段及使用阶段，截面承受双向弯矩，通常在预张拉阶段，合力 N_y 作用在下核心(使梁截面上缘应力为零)，使用阶段施加了弯矩 M_p 后，合力 N_y 作用于核心(使梁截面下缘应力为零)，如图 2-2-17 所示，则有：

$$N_y \cdot e' = M_q \tag{2-2-1}$$

$$N_y \cdot (k_s + k_x) = M_p$$

式中:e'——预应力筋距截面下核心的偏心距;

k_s、k_x——截面上、下核心距。

显然,截面形式不同将影响到截面形心位置和核心距大小,在相同受力条件下,要使预应力筋小,在截面设计上应满足:

①截面上下核心距$(k_s + k_x)$要大,排除截面梁高h的影响,用截面效率指标$\rho = (k_s + k_x)/h$表示,则ρ尽可能大。

②截面形心y_x应大,使预应力束的合力靠近梁的下缘,使偏心距e'更大一些。

③在满足结构构造要求的前提下,尽可能减小截面尺寸,以减小梁的自重。

④桥面宽度、桥梁建筑高度将影响截面布置形式、主梁的片数与间距或者是箱梁的形式。

⑤必须考虑施工的影响,横截面形式要有利于选定的施工方法,模板简单且制作方便,节约材料;对预制构件还须考虑运输及安装条件。

此外,还要考虑各主梁之间的横向联系,保证各主梁共同参与工作,还要满足美观上的要求。

2. 总体构造

钢筋混凝土 T 形简支梁的跨径不应大于 20m,更大跨径宜采用预应力混凝土 T 形简支梁,其标准跨径也不宜大于 50m。

(1)主梁间距:我国过去在进行钢筋混凝土梁桥的标准设计时,曾对同一净空要求(净 7 + 2 × 1.00m 人行道)在主梁高度相同的条件下,对选用四片主梁(翼板宽 2.0m)与五片主梁(翼板宽 1.6m)进行比较设计,其结果表明:两者材料用量相差不大,四片稍优。鉴于五梁式的翼板刚度较大及施工设备条件,考虑到统一标准设计尺寸模数化的要求,最后统一采用主梁间距为 1.6m 的五梁式设计。

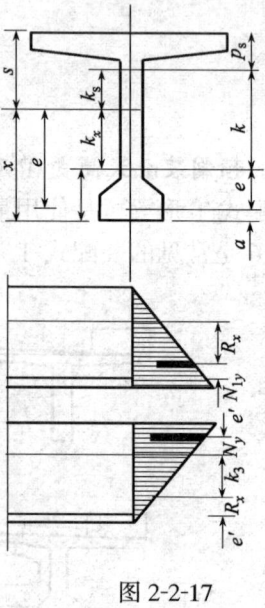

图 2-2-17

实际上,对跨径较大的预应力混凝土简支梁,适当加大翼缘宽度,增加梁的间距,可以提高截面效率指标ρ。如国内某些预应力混凝土 T 梁桥采用了主梁间距为 2.4m 的宽翼缘布置,中间现浇段长度为 0.6m,如图 2-2-16c 及 d 所示,其材料用量指标比较好。

(2)主梁细部尺寸:

1)肋厚(腹板厚度),在满足主拉应力强度和抗剪强度需要的前提下,主梁梁肋的厚度,一般都做的较薄,以减小构件的重力,但要注意满足梁肋的屈曲稳定性,不致使浇筑混凝土发生困难。以往常用的装配式钢筋混凝土简支梁梁肋厚度为 150~180mm,其上、下限的取法,取决于主钢筋的直径和钢筋骨架的片数。目前,焊接钢筋骨架已较少采用。为了提高结构的耐久性,适当增加钢筋混凝土梁的保护层厚度,梁肋厚度已增至 160~240mm。

由于预应力混凝土的预应力和弯起束筋的作用,肋中的主拉应力较小,肋板厚度一般都由构造决定。设计时,原则上应满足束筋保护层的要求,并力求模板简单,便于浇筑。国外对没有预应力管道的现浇梁,其腹板最小厚度为 200mm,仅有纵向或竖向管道的腹板需要 300mm;既有纵向又有竖向管道的腹板需要 380mm。对于高度超过 2400mm 的梁,上述尺寸应相应增加,以减少混凝土浇筑困难。装配式梁的腹板厚度可适当减小,但不能小于 165mm。如为先张法结构,最低值可达 125mm。我国目前采用的值偏低,一般采用 160mm,标准设计为 140～160mm。在接近梁两端的区段内,为满足抗剪强度和预应力束筋布置锚具的需要,将肋厚逐渐扩展加厚。

2)上翼缘厚度。在中小跨径的预应力混凝土简支梁和钢筋混凝土简支梁中,T 梁翼板的厚度主要满足桥面板承受汽车局部荷载的要求。根据受力特点,翼缘板一般设计成变厚度,即端部较薄,根部(与梁肋衔接处)加厚,并不小于主梁高度的 1/12。翼缘板厚度的具体尺寸有两种处理方法:一种是考虑翼缘板承担全部桥面上的恒载与活载,板的受力钢筋设在翼缘板内,在铺装层内只有局部的加强钢筋网,此时翼缘板较厚,端部一般取 80mm;另一种是翼缘板只承担桥面铺装层的荷载、施工临时荷载以及自重力,活载则由翼缘板和布置有受力钢筋的钢筋混凝土铺装层共同承担(例如在小跨径无中横隔板的桥上),在此情况下,端部厚度采用 60mm 即可。目前,高速公路上的桥梁及城市高架桥梁均设置防撞栏杆,根据防冲撞的要求,翼缘板端部厚度不小于 200mm。为使翼缘板和梁肋连接平顺,在截面转角处一般均应设置钝角或圆角式承托,以减小局部应力和便于脱模。

3)下翼缘尺寸。钢筋混凝土简支梁的 T 形截面的下翼缘一般与肋板等宽。为了满足布置预应力束筋及承受张拉阶段压应力的要求,预应力混凝土 T 梁的下缘应扩大做成马蹄形;马蹄的尺寸应满足预施应力各个阶段的强度要求。若马蹄尺寸过小,往往在施工和使用中形成水平纵向裂缝,特别是马蹄斜坡部分。因此马蹄面积不宜过小,一般应占截面总面积的10%～20%。具体尺寸建议如下:

①马蹄总宽度约为肋宽的 2～4 倍,并注意马蹄部分(特别是斜坡区)管道保护层不宜小于 60mm。

②下翼缘高度加 1/2 斜坡区高度约为梁高的 0.15～0.20 倍,斜坡宜陡于 45°。

应注意的是,下翼缘也不宜过大和过高,这就要求将预应力束筋尽可能按两层或单层布置,将其余的束筋布置在肋板内,因为下马蹄过大,会降低截面形心,减小预应力筋的偏心距。

(3)装配式钢筋混凝土 T 形梁和预应力混凝土 T 形梁总体特征:

表 2-2-2、表 2-2-3 分别为常用装配式钢筋混凝土 T 形梁和预应力混凝土 T 形梁总体特征。

表 2-2-2 装配式钢筋混凝土 T 形梁桥主梁总体特征

标准跨径 m	计算跨径 m	梁长 m	梁高 m	高跨比	跨中肋宽 mm	横隔梁根数	最大吊重 T
10	9.5	9.96	0.9	1/11	180	3	12.0
13	12.5	12.96	1.1	1/12	180	3	16.9
16	15.5	15.96	1.3	1/12.3	180	4	22.8
20	19.5	19.96	1.5	1/13.3	180	5	32.5

表 2-2-3 装配式预应力混凝土 T 形梁桥主梁总体特征

标准跨径 m	计算跨径 m	梁长 m	梁高 m	高跨比	跨中肋宽 mm	横隔梁根数	最大吊重 T
25	24.28	24.96	1.75	1/14.3	160	6	48.8
30	29.14	29.96	2.00	1/15.0	160	7	63.4
35	34.00	34.96	2.25	1/15.6	160	8	83.0
40	38.86	39.96	2.50	1/16.0	160	9	101.0

3. 钢筋构造

图 2-2-18 是标准跨径 20m 装配式钢筋混凝土 T 形梁主梁钢筋骨架构造图,每根梁内主筋为 8 根 Φ32HRB335 级钢筋。其中,最下层的 4 根 N_1 将通过梁端支承中心,其余 8 根则按梁的抗剪要求从不同位置弯起。设在梁顶部的 Φ22HRB335 级架立钢筋在梁端向下弯起并与主筋 N_1 相焊接。箍筋采用 φ8@140mm,R235 级钢筋,支座附近钢筋应加倍。附加斜筋采用 Φ16HRB335,其具体位置要通过计算确定。防收缩钢筋采用 R235 级 φ8 钢筋,按下密上疏的要求布置。所有钢筋的焊缝均为双面焊。

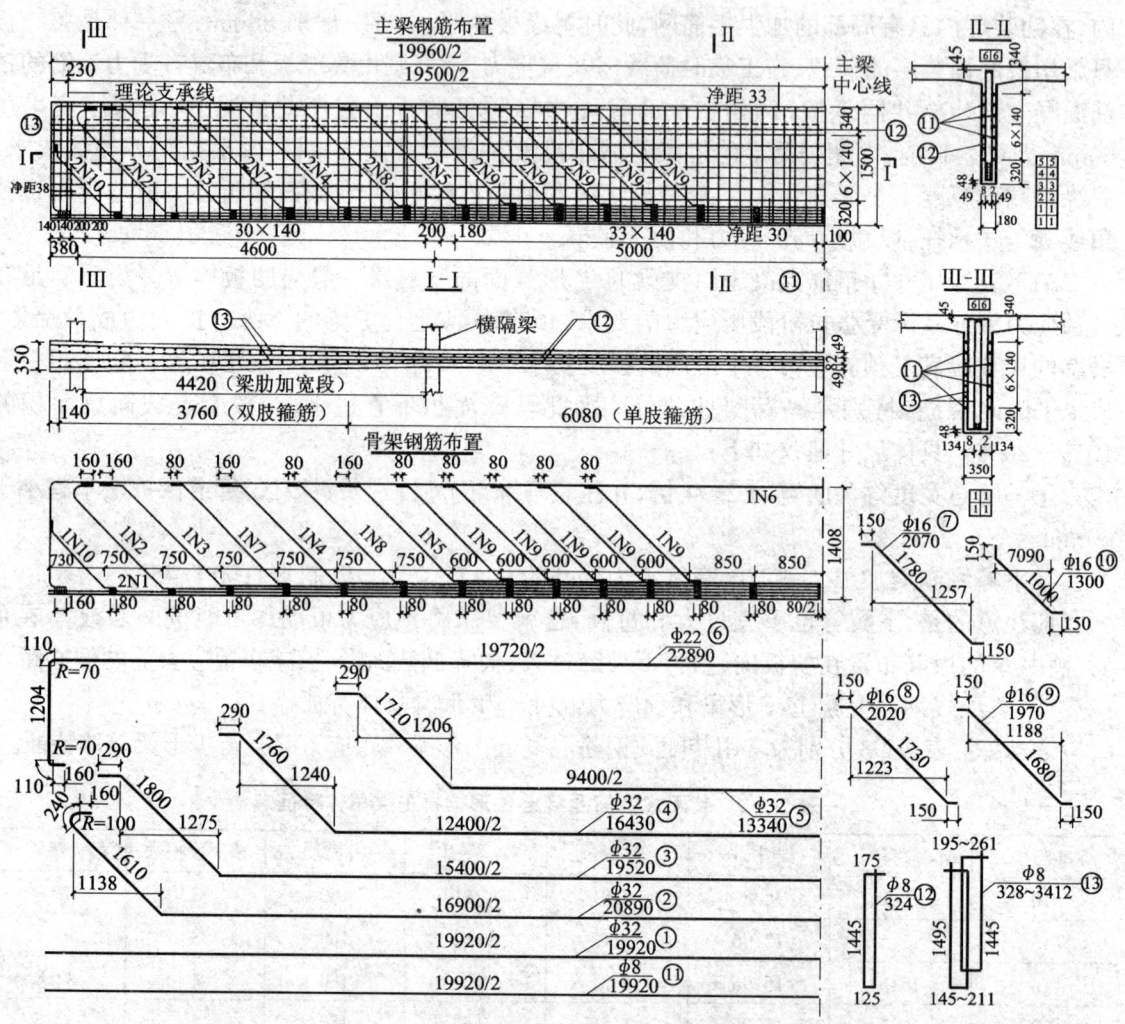

图 2-2-18 主梁钢筋布置(尺寸单位:mm;钢筋直径:mm)

图 2-2-19 是标准跨径 25m 的装配式预应力混凝土 T 形主梁的一般构造和预应力筋布置示意图。计算跨径为 24.2m,预制梁用 C40 混凝土,每片梁配 8 束 24φ5 的钢丝束,钢丝标准强度为 1570MPa。

4. 桥面板及横向连接构造

装配式简支梁桥桥面板(翼缘板)一般采用变厚式,其厚度随主梁间距而定,翼缘根部(与梁肋衔接处)的厚度应不小于梁高的 1/12,边缘厚度不宜小于 60mm。对于主梁间距小于

2.0m 的铰接梁桥,板边缘厚度可采用 80mm(桥面铺装不参与受力)或 60mm(桥面铺装通过预埋的连接钢筋与翼缘板共同受力)。对于主梁间距大于 2.0m 的刚接梁桥,桥面板的跨中厚度一般不小于 150mm,边缘板边厚度不小于 100mm。

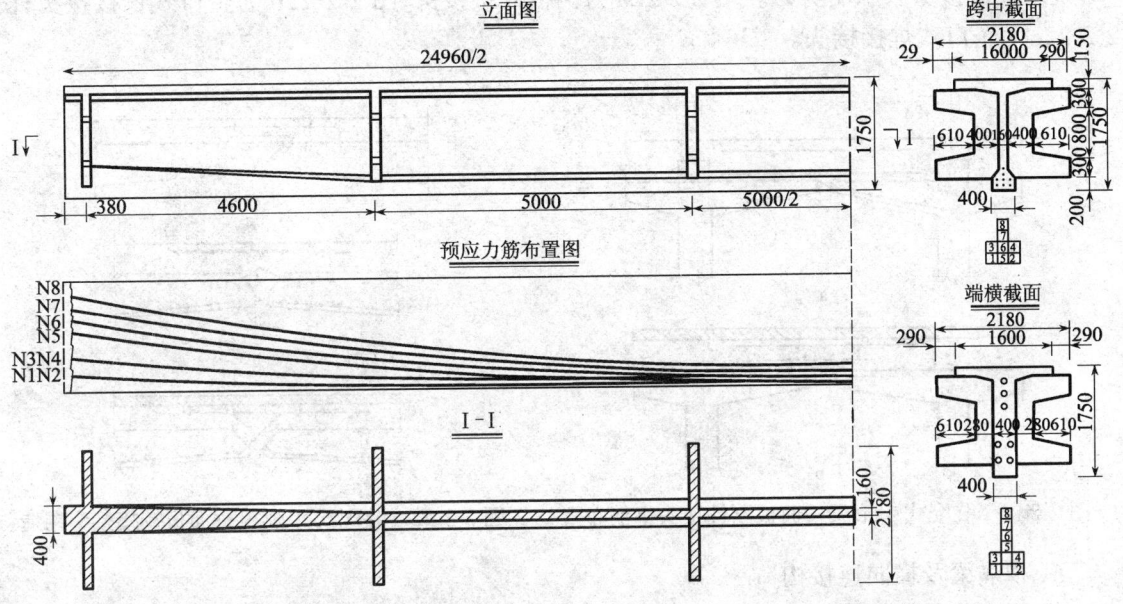

图 2-2-19　标准跨径 25m 的装配式预应力混凝土 T 形主梁构造(尺寸单位:mm)

图 2-2-20 是 T 形梁桥的桥面板钢筋布置图。板上缘承受负弯矩,翼缘受力钢筋直径不小于 12mm,间距不大于 200mm;在垂直主筋方向布置分布钢筋,其直径不小于 6mm,间距不大于 250mm,且在单位板宽内分布钢筋的截面积应不小于主筋截面积的 15%,在有横隔板的部位,分布筋的截面面积应增至主筋截面面积的 30%,以承受集中轮载作用下的局部负弯矩,所有增加的分布钢筋应从横隔板轴线伸出 $L/4$(L 为横隔板的间距)的长度。

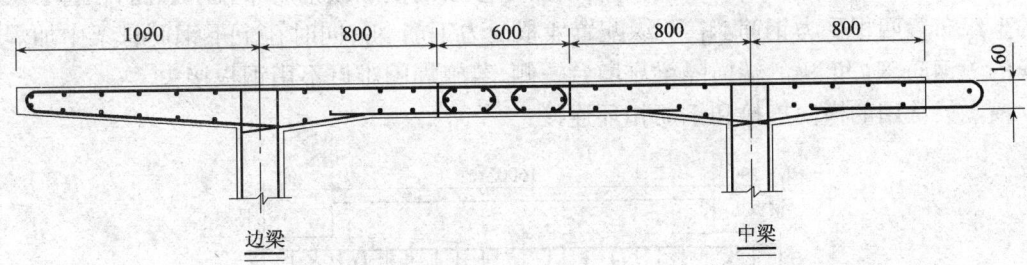

图 2-2-20　桥面板钢筋布置(尺寸单位:mm)

预制 T 形主梁吊装就位后,当设有横隔梁时,必须借助横隔梁和翼缘板的接头将所有主梁连接成整体。对于少横隔梁的主梁,应在翼缘板上加设接头钢筋和加强桥面铺装,使横向连成整体。因此,接头应有足够的强度以保证结构的整体性,并使其在营运过程中能安全承受荷载的反复作用和冲击作用,而不发生松动。

常用的桥面板(翼缘板)横向连接有刚性接头和铰接接头两种:

(1)刚性接头既可承受弯矩,也可承受剪力。图 2-2-20 中 T 形梁桥板的接头称为钢筋扣环接头。图2-2-21a的构造为在铺装层内配置受力钢筋,并将翼缘板内预留的横向钢筋伸出和梁肋顶上增设Π形钢筋锚固于铺装层中;图2-2-21b的构造为翼板用钢板连接,接缝处铺装混凝土内放置上下两层钢筋网。

(2)铰接接头只承受剪力。图2-2-22a为钢板铰接接头;图2-2-22b为企口式铰接接头;图2-2-22c为企口式焊接接头。

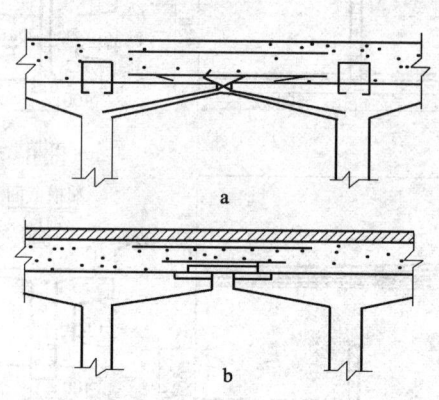
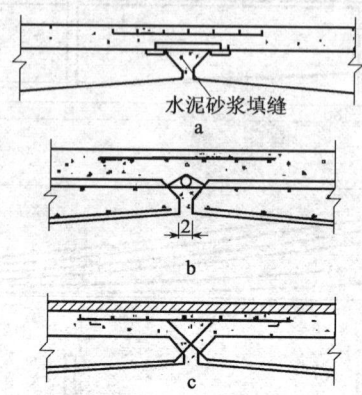

图 2-2-21　装配式 T 形梁桥面板刚性接头钢筋布置　　图 2-2-22　装配式 T 形梁桥面板铰接接头构造

5. 横隔梁及横向连接构造

横隔梁刚度越大,梁的整体性越好,在荷载作用下各主梁越能更好地共同受力。端横隔梁是必须设置的,随跨径的增大,跨内的横隔梁将宜每隔 5.0～8.0m 设置一道。

根据运输和安装稳定性的要求,通常将端横隔梁做成与梁同高。横隔梁的高度一般为主梁梁肋高度的 0.7～0.9 倍,通常为 0.75 倍。预应力梁的横隔梁常与马蹄的斜坡下端齐平,其中部还可挖空,以减轻重量和利于施工。横隔梁的厚度一般为 150～180mm;为便于施工脱膜,一般做成上宽下窄和内宽外窄的楔形。

图 2-2-23 标准跨径为 20m 的钢筋混凝土 T 形梁的横隔板钢筋布置示意图,在每一块横隔板的上缘布置两根受力钢筋 N_1,下缘配置 4 根受力钢筋 N_1,同时在上下钢筋骨架中加焊锚固钢板的短钢筋 N_2 和 N_3。端横隔梁靠墩台一侧,若施焊困难可不用钢板接头。

横隔梁常用的横向连接和钢筋扣环连接:

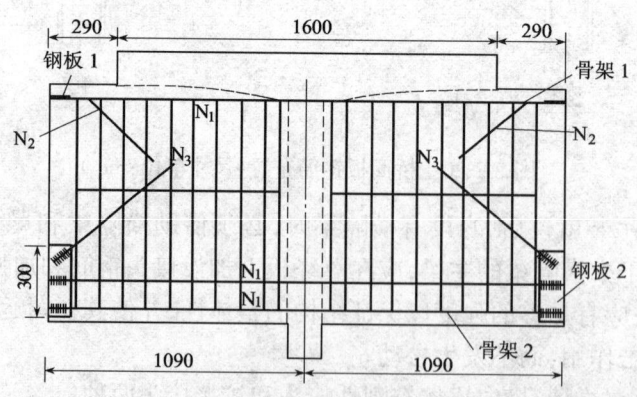

图 2-2-23　横隔板钢筋布置(尺寸单位:mm)

(1)钢板焊接连接如图 2-2-24a 所示,它也是图 2-2-23 所示的横隔梁接头布置。

(2)钢筋扣环连接如图 2-2-24b 所示。其设置方法为:先在横隔梁预制中预留钢筋扣环 A,安装时在相邻构件的扣环两侧再安上接头扣环 B,在形成的圆环中插入短分布筋后,现浇混凝土封闭接缝。

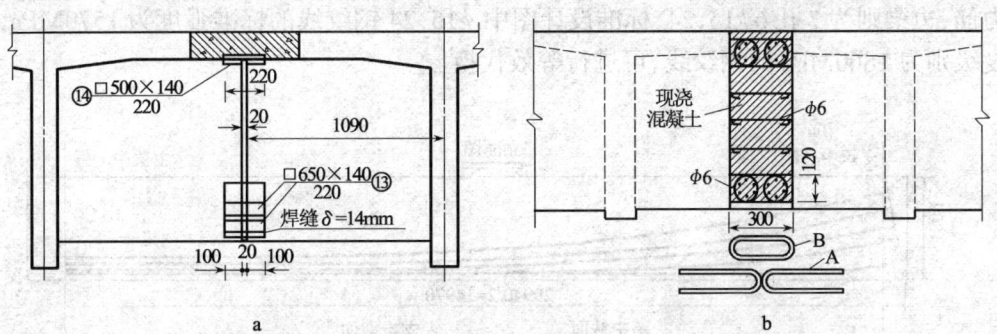

图 2-2-24 装配式横隔板连接(尺寸单位:mm)

(四)公路混凝土组合梁桥

组合梁桥是一种装配式的桥跨结构,采用纵向水平缝将桥梁的梁肋部分与桥面板(翼板)分隔开来,使单梁的整体截面变成板与肋的组合截面。施工时先架设梁肋,再安装预制板(有时采用微弯板以节省钢筋),最后在接缝内或连同板现浇一部分混凝土使结构连成整体。目前,国内外采用的组合式梁桥有两种形式:工字形组合梁桥和箱形组合梁桥,见图 2-2-25,其优点在于可显著减轻预制构件的重量,便于集中制造和运输吊装。

图 2-2-25 为标准跨径 30m、桥宽净 −9 + 2×1.0m 的预应力混凝土工字形组合梁桥的概貌。梁高 2.0m,预制工字形梁高为 1.8m。标准设计图中,所有预制工字形梁的肋宽为 180mm,下翼缘宽度为 540mm,端部肋宽加厚至与下翼缘同宽。主梁间用 50mm 厚的预制板作为现浇桥面板的底模。工字形梁和桥面底板采用 C50 混凝土,现浇横隔板和桥面板采用 C30 混凝土。

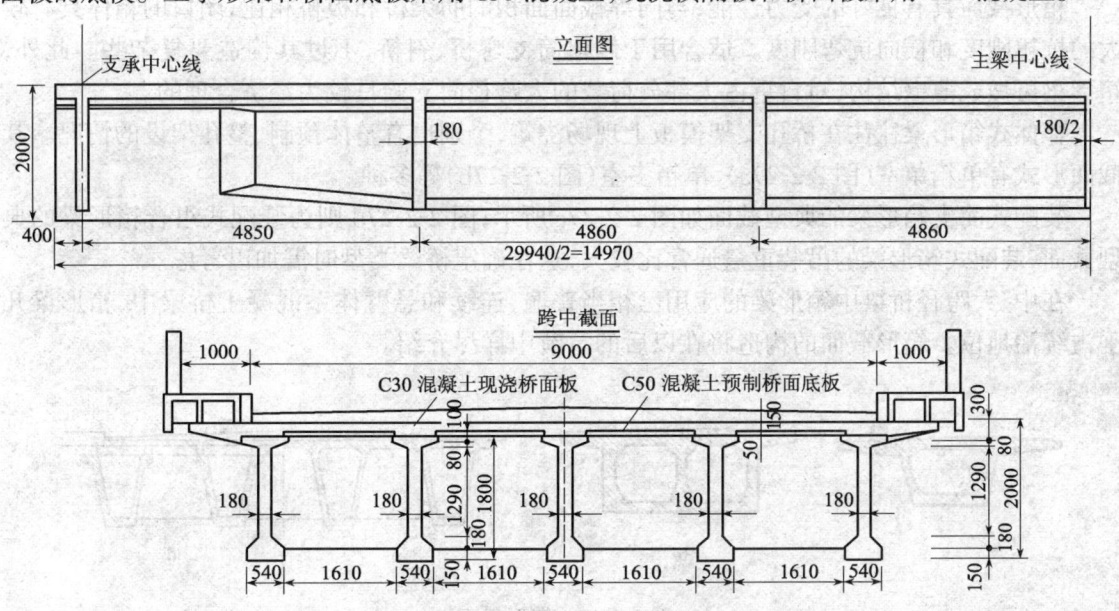

图 2-2-25 工字形组合梁桥构造(尺寸单位:mm)

组合梁是分阶段受力,安装在预制梁上的桥面预制底板和现浇桥面板(甚至现浇横隔梁)的重量,连同预制梁本身的自重,都要由预制梁来承受,这与装配式 T 形梁由主梁全截面来承受全部恒载不同。

图 2-2-26 为标准跨径 30m 的工字形梁预应力筋布置图。中梁配置 7 孔 7ϕ15.24 钢绞线作为力筋,边梁则为 7 孔 6ϕ15.24,标准设计图中 ϕ15.24 钢绞线的标准强度为 1570MPa,若采用强度级别为 1860MPa 的钢绞线,可进行等效代换。

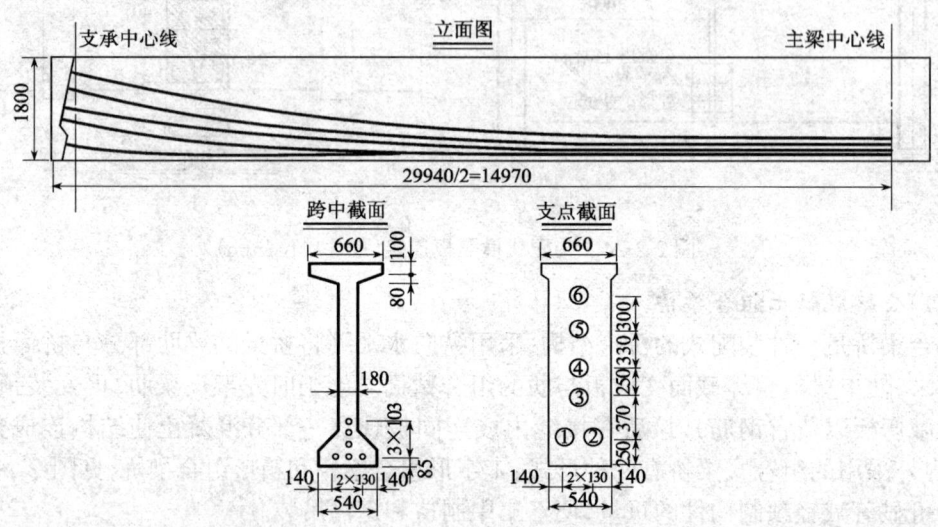

图 2-2-26 标准跨径 30m 的工字形梁预应力筋构造(尺寸单位:mm)

三、公路混凝土箱形简支梁桥

箱形截面具有良好的受力性能,与同等截面面积的肋梁桥和板桥相比,闭口的箱体具有较大的抗扭刚度和横向抗弯刚度。适合用于修建简支弯桥、斜桥,不过其构造要复杂些。此外,箱形梁可做成薄壁结构,对自重占大部分荷载的大跨径简支梁是较为经济合理的。

整体式箱形梁往往在桥孔支架模板上现场浇筑,个别也有整体预制、整孔架设的情况。其截面形式有单箱单室(图 2-2-27a)、单箱多室(图 2-2-27b)等多种。

装配式简支箱形梁的典型截面如图 2-2-27c 所示;图 2-2-27d 则为装配式组合箱形梁的典型截面,装配式箱形梁的吊装重量通常比较大,这在确定桥梁类型时需加以考虑。

在中、大跨径桥梁中箱形梁的应用已相当普遍,连续和悬臂体系混凝土桥梁中,箱形梁几乎占统治地位。箱形截面的构造将在以后的章节中详尽介绍。

图 2-2-27 箱形截面

第二节　混凝土悬臂梁桥和连续体系梁桥的设计与构造特点

一、公路混凝土悬臂体系梁桥

(一)悬臂梁桥

1. 结构类型

悬臂体系梁桥的布置方式主要有两大类：

(1)不带挂梁的单孔双悬臂梁桥，见图 2-2-28a。这类悬臂梁桥的桥头两端不设置桥台，仅设置搭板与路堤相衔接。由于行车，搭板容易损坏，故多用在跨干线的人行桥梁上。

(2)带挂梁的多孔悬臂梁桥，仅在跨中设置挂梁的称为单悬臂梁桥，一般做成三跨，其边孔称锚孔，见图 2-2-28c；如需设计成多孔悬臂梁桥，就可采用双悬臂梁桥，即从简支梁的两端向外对称各伸出一个悬臂，挂梁每间隔一孔设置，图 2-2-28b 所示为三跨双悬臂梁桥，图 2-2-28d 为带挂梁的三跨 T 形刚构桥。

2. 力学特点

悬臂梁桥和简支梁桥都属于静定体系，它们的内力不受基础不均匀沉降等附加变形的影响。

为了深入理解悬臂梁桥的力学特征，可将荷载作用下梁体截面产生的内力来与简支梁桥进行比较，如图 2-2-28 所示。在跨径 l 和恒载集度 g 均相同的情况下，简支梁的跨中弯矩值最大，见图 2-2-28a，悬臂梁桥由于支点处存在负弯矩，使得跨中正弯矩值显著减小，见图 2-2-28b～d。从表征材料用量的弯矩图面积大小(绝对值)而言，悬臂梁桥也比简支梁小得多。若以图 2-2-28c 的中跨弯矩图形为例，当 $l_x = l/4$ 时，正、负弯矩图面积的总和仅为同跨径简支梁桥的 1/3.2。

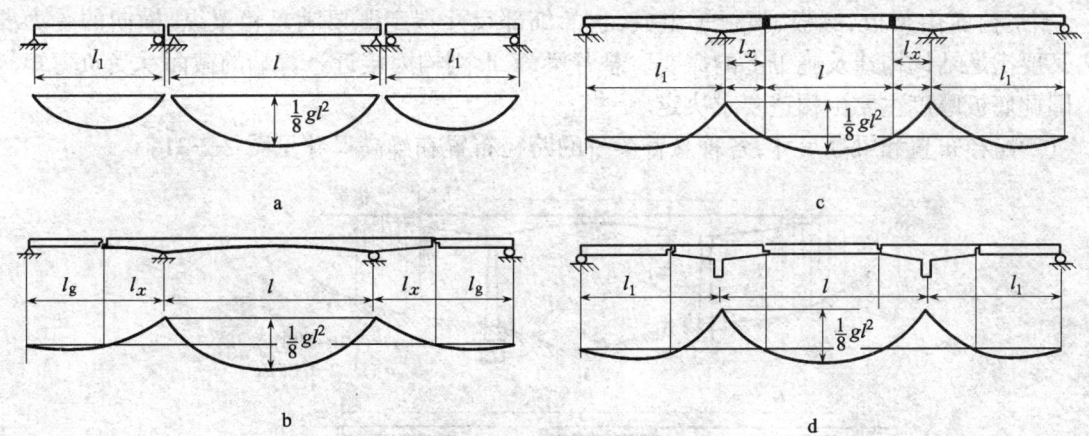

图 2-2-28　恒载弯矩图
a 简支梁桥；b 及 c 悬臂梁桥；d T 形刚构桥

当活载存在条件下，如果只在图 2-2-28b 的中孔布载，则其跨中最大正弯矩仍然与简支梁一样。但对于带有挂梁的多孔悬臂梁桥(图 2-2-28c)，活载作用于中间孔上时，只有较小跨径(通常只有桥孔跨径的 0.4~0.6 倍)的简支挂梁才产生正弯矩，因此它也比简支梁桥的小得多。

由此可见，与简支梁相比较，悬臂梁桥由于支点负弯矩的存在，跨中正弯矩显著减小，故可以减小跨度内主梁的高度，从而可降低钢筋混凝土数量和结构自重，而这本身又促进了恒载内力的减小。

3. 构造特点

(1)截面形式,悬臂体系梁桥的主梁除了跨中部分承受正弯矩外,在支点附近还要承受较大的负弯矩,因此在进行截面设计时,支点截面的底部受压区往往需要加强。常用的截面形式如图 2-2-29 和图 2-2-30 所示,图 2-2-29a 为带马蹄形的 T 形截面,适用于跨径在 30m 以内的钢筋混凝土桥梁;图 2-2-29b 为底部加宽的 T 形截面,适用于跨径在 30~50m 以内的预应力混凝土桥梁。当跨径在 50m 以上时,一般使用箱形截面,如图 2-2-30 所示,有单箱单室 a、分离式双箱单室 b 和单箱多室 c 等。

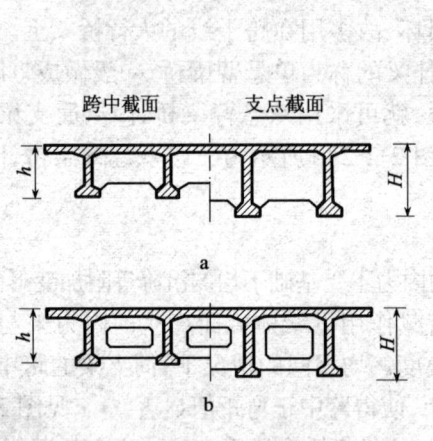

图 2-2-29 底部加强的截面形式
a 马蹄形;b 底部加宽

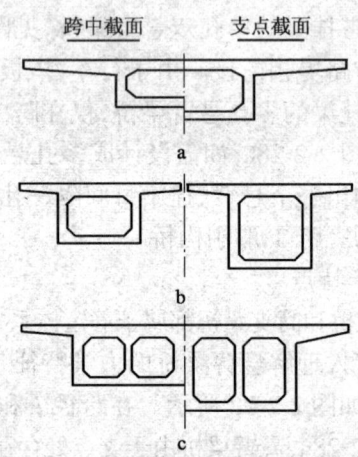

图 2-2-30 箱形截面形式
a 单箱单室;b 分离式双箱单室;c 单箱多室

箱形截面由顶板、底板、腹板等组成,它的细部尺寸拟定既要满足箱梁纵、横向的受力要求,又要满足结构构造及施工上的需要。悬臂梁、T 形刚构因接近悬臂端的截面承受负弯矩较小,因此底板厚度主要由构造要求决定。

(2)跨径布置和梁高尺寸,各种悬臂梁桥的跨径布置和梁高尺寸见图 2-2-31。

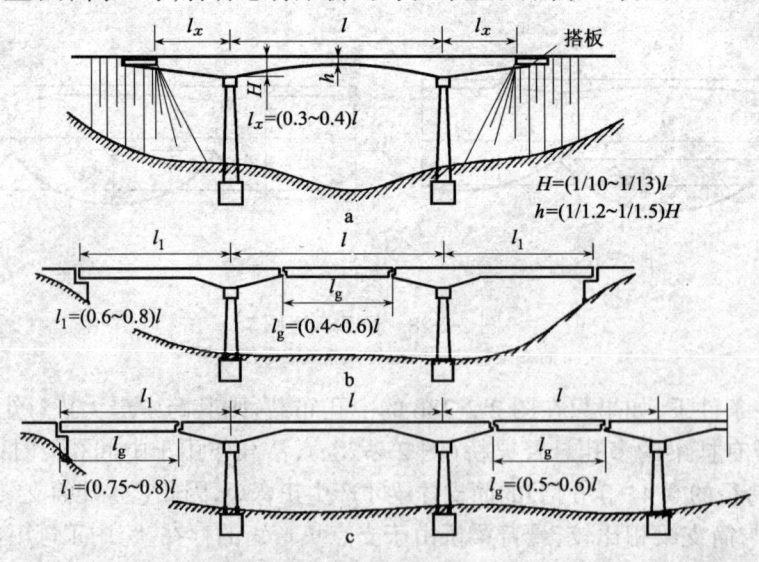

图 2-2-31 钢筋混凝土悬臂梁桥的主要尺寸图

对于跨线桥上的单孔双悬臂梁桥,其中孔跨径由桥下的行车净空要求确定。当主梁为T形截面时,由于中支点处T形梁下缘的受压面积小,故其悬臂长度不宜过长,一般取等于中跨长度的0.3～0.4倍。当主梁采用箱形截面时,为了中跨跨中最大和支点最大负弯矩的绝对值大致相等,以充分发挥材料的受压作用,悬臂长度可适当加大,但最大不能超过中跨长度的0.5倍,尤其是当它用作行车的桥梁时,过长会导致活载挠度增大,跳车现象加剧,使桥与路堤的连接构造易糟破坏。

表2-2-4列出了单孔双悬臂梁桥梁高拟定的常用尺寸。

表2-2-4　单孔双悬臂梁桥尺寸拟定

桥　型	跨　径	高跨比(h、H分别为跨中和支点梁高)		
普通钢筋混凝土	$L_x=(0.3\sim0.4)l$	T形截面	$H=(1/10\sim1/13)l$	$H=(1/1.2\sim1/1.5)H$
		箱形截面	$H=(1/12\sim1/15)l$	$H=(1/2\sim1/2.5)H$
预应力钢筋混凝土	$L_x=(0.3\sim0.50)l$	T形截面	$H=(1/12\sim1/15)l$	$H=(1/1.2\sim1/1.5)H$
		箱形截面	$H=(1/15\sim1/18)l$	$H=(1/2\sim1/2.5)H$

跨河的单孔悬梁桥及多孔悬臂梁桥的主孔通常根据通航净空确定,或与边孔一起由河床泄洪、地形和地质等条件综合考虑来选定。当不受上述这些条件限制时,可按照梁的弯矩包络图面积为最小的原则来确定边孔与中孔跨径的划分,以达到节省材料的目的。根据以建桥梁的资料分析,边孔跨长l_1、挂梁长度l_g与中孔跨长l之间的比例关系,大致在表2-2-5中所列的范围内。

表2-2-5　悬臂梁桥各种跨长的比例关系

桥　型	结构类型	l_1/l	l_g/l
单悬臂梁桥 图2-2-31b	钢筋混凝土	0.6～0.8	0.4～0.6
	预应力混凝土	0.6～0.8	0.2～0.4
双悬臂梁桥 图2-2-31c	钢筋混凝土	0.75～0.8	0.5～0.6
	预应力混凝土	0.75～0.8	0.5～0.7

多跨悬臂梁桥(图2-2-31c)的两个悬臂一般多做成相同的尺寸,其挂梁高度约为$h_g=(1/20\sim1/12)l_g$。在特殊情况下,必须进一步减小锚孔的跨径时,应考虑活载作用在中孔时锚孔边支点可能出现负反力的情况,为此应采取加设平衡重物或设置拉力支座等特殊措施。

与多孔简支梁相比较,悬臂梁桥的另一个重要特点是:在桥墩上只需设置一排沿墩中心布置的支座,从而可相应地减小桥墩尺寸。

4. 适用情况

悬臂梁桥在施工阶段和成桥运营阶段两者受力状态是一致的,非常适宜于悬臂施工方法。钢筋混凝土的悬臂梁桥在支点附近负弯矩区段内,梁的上翼缘受拉,不可避免地要出现裂缝,雨水易侵入梁体。从运营条件来看,悬臂梁桥和简支梁桥均不甚理想,悬臂梁桥在悬臂端与挂梁衔接处的挠曲线都会产生不利于行车的折点,并且伸缩缝装置需经常更换。故这种桥型在目前我国已较少采用。

国内箱形薄壁钢筋混凝土悬臂梁桥最大跨径为55m,国外一般在70～80m以下;预应力混凝土悬臂梁一般在100m以下,世界最大的跨径为150m。

(二)T形刚构桥

将悬臂梁桥的墩柱与梁体固结后便形成了带挂梁或带铰的结构,称为T形刚构桥,它具有悬臂受力特点的梁式桥。与简支梁桥相比较，T形刚构桥具有较大的跨越能力，若采用预应力混凝土结构，则结构的跨越能力可进一步得到提高。

1. 分类及力学特点

T形刚构桥可分为两种类型：两T构之间带挂梁和两T构之间带铰，如图2-2-32所示。

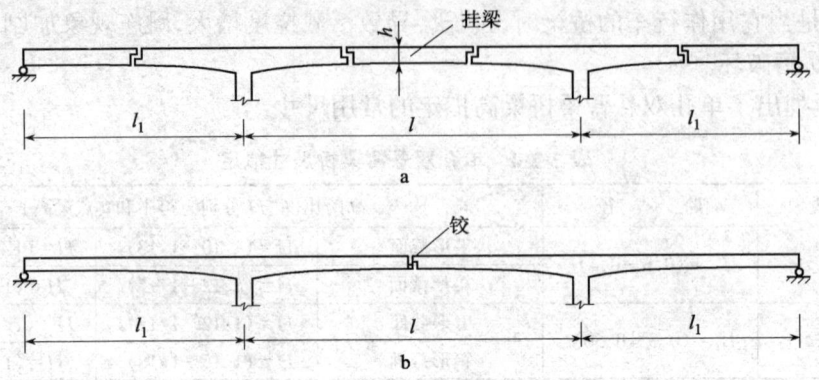

图2-2-32 T形刚构桥的分类
a 带挂梁的T形刚构；b 带铰的T形刚构

(1)带挂梁的T构桥型属于静定结构，桥梁基础的不均匀沉降、混凝土收缩徐变及温度变化等因素均不会对结构产生次内力。与连续梁相比，该桥型具体悬臂法施工阶段的受力状态与运营阶段一致，无需体系转换，省掉设置大吨位支座装置及更换支座等优点，当挂梁与两岸引桥的简支跨尺寸和构造相同时，更能加快全桥施工进度，以获得良好经济效益。与带剪力铰的T形刚构桥相比，其受力和变形性能均略差一些，但其受力明确，对施工阶段的标高控制的精度可以稍放宽些，没有像后者为设置剪力铰进行强迫合龙的可能及为更换剪力铰处支座的麻烦；它与连续刚构桥相比，不受温度及基础沉降产生次内力的影响。

(2)带铰的T构桥型属于超静定结构，两个大悬臂在端部借所谓"剪力铰"相连接，剪力铰是一种只能传递竖向剪力而不传递水平力和弯矩的连接构造。当一个T形刚构桥面上作用有竖向荷载时，相邻的T形刚构结构通过剪力铰而共同受力。因而，从结构受力和牵制悬臂端变形来看，剪力铰起到了有利的作用。

2. 构造特点

带挂梁T构桥型的结构布置以每个T构单元与两侧配等跨长的挂梁最为简单合理，在此情况下，刚构两侧恒载是对称的，墩柱中无不平衡的恒载弯矩。对于钢筋混凝土T构桥，挂梁的经济长度一般在跨径的0.5～0.7倍范围内；而预应力混凝土T构的挂梁跨径不超过35～40m，以利安装。悬臂受力的T构承受的全是负弯矩；上缘受拉，因而配筋比较简单。

T形刚构桥的悬臂梁，可以是箱形截面，也可以做成桁架结构。其支点、跨中梁高与跨径的关系可参考见表2-2-6。

表2-2-6 预应力混凝土T形刚构支点、跨中梁高与跨径的关系

桥 型	挂 梁 跨 径	跨径与支点梁高的关系	跨 中 梁 高
带挂梁T形刚构	$l_g=(0.22\sim0.50)l$ 且≥35～40m	$l>100$m时，$H=(1/17\sim1/21)l$	与挂梁同高
带铰T形刚构		$l<100$m时，$H=(1/14\sim1/18)l$	$h=(0.2\sim0.4)H$，且≤2.0m

当在墩柱一侧的桥跨上布载时,墩柱将承受较大的不平衡力矩,因此墩柱尺寸一般较大,墩宽可取$(0.7\sim1.0)H$。

3. 适用情况

此种桥型结合了刚架桥和多孔静定悬臂梁桥的特点,我国20世纪70~80年代修建的桥梁多采用一种桥型。同悬臂梁桥一样,T形刚构桥也非常适宜于悬臂施工方法。预应力技术的发展和悬臂施工工艺的相结合以及受力简单明确是其发展的一个主要原因。

钢筋混凝土T形刚构桥常用的跨径在40~50m左右,预应力混凝土T形刚构桥常用的跨径为60~120m。目前最大跨径已达174m(重庆长江大桥,跨径布置为85.6m+4×138m+156m+174m+104.5m)。

然而,几十年来的实践证明:T构带挂梁的桥型在混凝土的长期收缩徐变作用下和汽车荷载的冲击力作用下,T构悬臂梁端会发生下挠,从而导致悬臂端与挂梁之间易形成折角,增大冲击作用,使伸缩缝的处理和养护较困难;且各T构之间不能共同工作,使其跨径受到限制。在T构带铰的桥型中,由于铰的存在,使铰的左右两侧主梁变形不一致,难于调整,引起行车不平顺;施工过程中有时还需强迫合龙;当T构的两边温度变化不同时,易产生不均匀变形,引起较大次内力;加上剪力铰的构造与计算图式中的理想铰尚存在差异,难以准确地计算出各种因素产生的次内力。因此,带挂梁和带铰的T形刚构目前均已较少采用。

(三)预应力筋的布置

预应力混凝土梁桥的布束原则如下:

(1)应选择适当的预应力束筋形式和锚具形式。

(2)应考虑施工的方便,尽可能少地切断预应力钢筋。

(3)符合结构受力的特点,既要满足施工阶段的受力要求,又要满足成桥后使用阶段各种荷载组合下的受力要求;既要考虑结构在使用阶段的弹性受力状态的需要,也要考虑到结构在破坏阶段时的需要;并注意避免在超静定结构体系中引起过大的结构次内力。

(4)考虑材料经济指标的先进性,预应力束筋在结构横断面上布置要考虑剪力滞效应。

(5)避免使用多次反向曲率的连续束筋,以降低摩阻损失。

悬臂体系梁中连续预应力束筋的布置形式见图2-2-33和图2-2-34所示,常用于有支架的现浇预应力混凝土结构中。

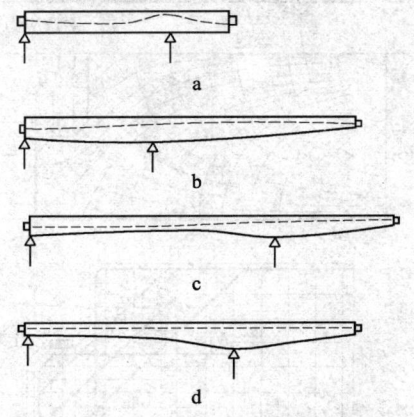

图2-2-33 单悬臂梁布束方式
a 短跨;b 长悬臂;c 长锚跨;d 直线力筋

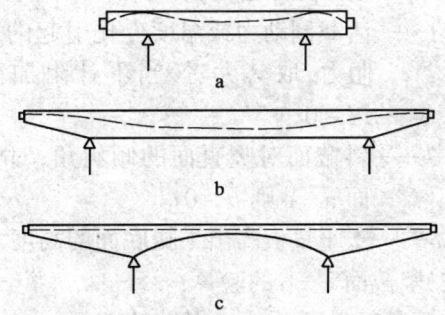

图2-2-34 双悬臂梁布束方式
a 短跨;b 锥形状短悬臂;c 直线力筋

(四)牛腿构造和计算

1. 牛腿的受力特点

悬臂梁桥的悬臂端与挂梁端结合部的局部构造称为牛腿,如图 2-2-35 所示。在此部位由于梁端的相互搭接,中间还要设置传力支座来传递较大的竖向力,因此牛腿的高度被削弱至不足悬臂梁和挂梁梁高的一半,却又要传递较大的竖向力,这就使其成为上部结构中的薄弱部位。由于牛腿处梁高的骤然减小,在凹角处产生的应力集中现象严重,见图 2-2-36a,因此设计时除了将此处梁肋加宽并设置端横梁加强外,还应适当改变牛腿的形状,避免尖锐的凹角,见图 2-2-36b,同时还需配置密集的钢筋网或预应力筋。此外,为改善牛腿的受力状况,还应尽量减小支座的高度,如采用橡胶支座,如图 2-2-36c 所示。

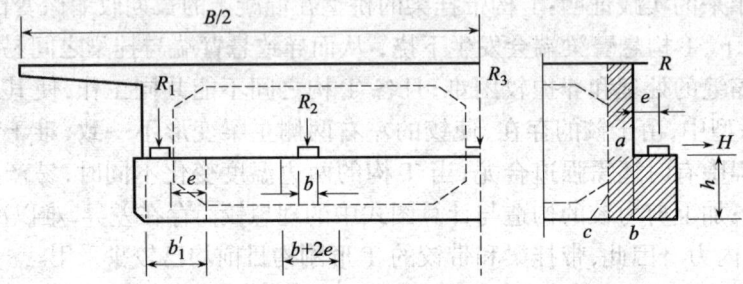

图 2-2-35 悬臂端横梁

2. 牛腿的计算

通常所谓牛腿计算,实质上就是对预先设计好的牛腿进行配筋和应力、强度验算。

(1)牛腿的截面内力的确定:

如图 2-2-37 所示,在外力 R 和 H 作用下,沿任意斜截面 $a-c$ 截取脱离体,考察脱离体的平衡:

$$N_\theta = R\sin\theta + H\cos\theta$$
$$Q_\theta = R\cos\theta - H\sin\theta$$
$$M_\theta = R\left(e + \frac{h}{2}\tan\theta\right) + H\left(\frac{h}{2} + \varepsilon\right)$$

(2-2-2)

式中:R——恒载和活载支点反力(对于汽车活载应计入冲击力);

H——活载制动力或温度变化引起的支座摩阻力,取其大者,当不计附加荷载时 $H=0$;

θ——斜截面对竖直面的倾斜角,对于竖直面 $a-b$ 则 $\theta=0$;

ε——支座垫板高出牛腿底面的高度。

(2)竖截面 $a-b$ 的验算:

作用于竖截面 $a-b$ 上的内力为:

$$N_{\theta=0} = H,$$

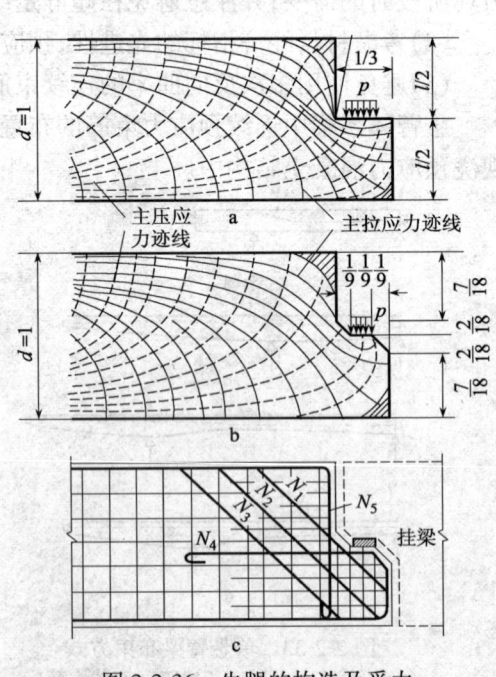

图 2-2-36 牛腿的构造及受力

$$Q_{\theta=0} = R,$$
$$M_{\theta=0} = R_e + H\left(\frac{h}{2} + \varepsilon\right) \tag{2-2-3}$$

据此可按钢筋混凝土偏心受拉构件验算抗弯和抗剪强度。当不计附加荷载时，$N_{\theta=0}=0$，按受弯构件验算强度。

对于有预应力筋的牛腿，应按预应力混凝土构件验算其强度。

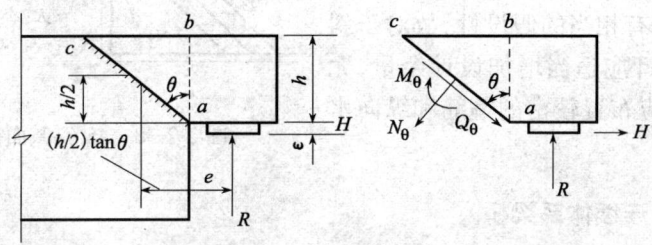

图 2-2-37 牛腿受力图式

(3)最弱斜截面验算：

最弱斜截面是指按纯混凝土截面计算时拉应力 $\sigma_拉$ 为最大的一个截面，相应于该斜截面倾斜角 θ 的正切表达式为：

$$\tan 2\theta = \frac{2Rh}{3Re + 3H\varepsilon + 2Hh} \tag{2-2-4}$$

对于预应力混凝土牛腿，最弱斜截面的倾角 θ，其值为：

$$\tan 2\theta = \frac{2Rh - 2N_y h \sin\alpha}{3Re + 3H\varepsilon + 2Hh - N_y(2h - 3m)\cos\alpha} \tag{2-2-5}$$

式中：N_y——牛腿部位预压力的合力；
　　α——牛腿部位预压力合力 N_y 对水平线的倾角；
　　m——牛腿部位预压力合力 N_y 与内角竖直线 a-b 的交点至内角点 a 的距离。

其余符号意义同上。

(4)45°斜截面的抗拉验算：

在牛腿钢筋设计中，为了确保钢筋具有足够的抗压强度，尚需验算假设混凝土沿 45°斜截面开裂后的受力状态，此时全部斜拉力将由钢筋承受(对于预应力混凝土牛腿包括预应力筋)。此时近似按轴心受拉构件验算，如图 2-2-38 所示，则：

$$KZ \leqslant R_g\left(\sum A_{gw} + \sum A_{gH}\cos 45° + \sum A_{gV}\cos 45°\right) \tag{2-2-6}$$

式中：　　K——钢筋混凝土轴心受拉构件强度安全系数；
　　　　Z——外力作用下斜截面总斜拉力；
　　　　R_g——钢筋抗拉设计强度；
　　$\sum A_{gw}$——裂缝截面上所有斜筋的截面积，如图 2-2-38 中 N_1、N_2 和 N_3 钢筋的总截面积；
$\sum A_{gH}\cos 45°$——裂缝截面上所有水平钢筋(图中 N_4)的有效截面积；

$\sum A_{gv}\cos 45°$——裂缝截面上所有竖向钢筋(图中 N_5)的有效截面积。

应注意,对于一些锚固长度不够的竖向钢筋和离裂缝起点(牛腿内角)较远的斜钢筋,因其受力不大,故在计算时可偏安全地不计它们的抗拉作用。

鉴于牛腿是整根梁的薄弱环节,受力情况复杂,各种验算也带有相当的假设性,故对于斜筋和水平钢筋的设计应适当增加设计余量,尤其是在牛腿部分还应布置较密的箍筋和纵向水平钢筋。

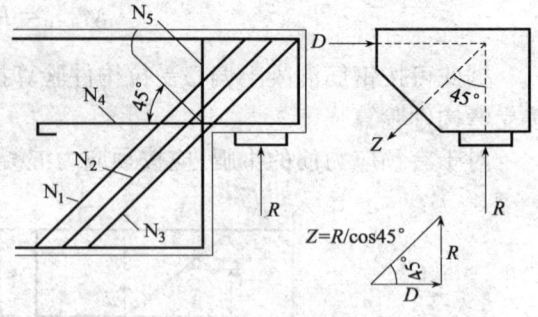

图 2-2-38 45°斜截面抗拉验算图式

二、公路混凝土连续体系梁桥

随着交通运输特别是高等级公路的迅速发展,对行车平顺提出了更高的要求,多伸缩缝的悬臂梁桥和 T 形刚构桥均难以满足这个要求。因此,超静定结构连续梁桥以其结构刚度大、变形小、伸缩缝少和行车平稳舒适等突出优点而得到了迅速的发展。普通钢筋混凝土连续梁桥的适用跨径在 15~30m 之间,当跨径进一步增大时,结构自重产生的弯矩迅速增大,混凝土开裂难以避免,于是预应力混凝土梁桥得到了广泛的应用。预应力结构通过高强钢筋对混凝土预压,不仅充分发挥了高强材料的特性,而且提高了混凝土的抗裂性,促使结构轻型化,因而预应力混凝土结构具有比钢筋混凝土结构大得多的跨越能力。

(一)预应力混凝土连续梁桥

1. 等截面连续梁桥

(1)力学特点。除了按简支—连续法施工的连续梁桥以外,超静定结构的连续梁在恒载和活载作用下,支点截面负弯矩一般比跨中截面正弯矩大,在跨径不大时可以考虑采用等截面形式,并采取一定的构造措施予以调节,从而简化了主梁的构造。

(2)构造特点。等截面连续梁桥可选用等跨和不等跨两种布置方式,见图 2-2-39。

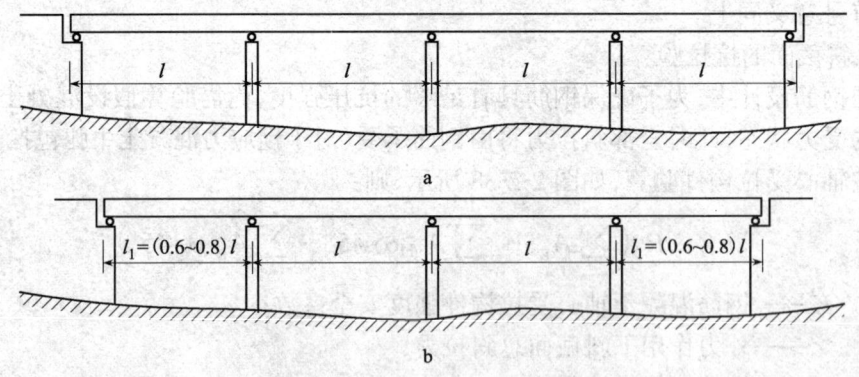

图 2-2-39 等截面连续梁桥的立面布置
a 等跨等截面连续梁;b 不等跨等截面连续梁

等跨布置的跨径大小主要取决于经济分孔和施工设备。高跨比一般为 1/12~1/25。在顶推施工的等截面连续梁桥中,梁高 H 与顶推跨径 l_0 之比一般为 1/12~1/17。当标准跨径较大时,为减少边跨正弯矩,有时将边跨跨径取小于中跨的结构布置,一般边跨与中跨跨长之比在 0.6~0.8 左右。

当标准跨径不能满足通航或桥下交通要求而需要加大个别桥跨的跨径时,常常不需改变高度,而是采用增加钢筋束和调整截面尺寸的方式予以解决,使桥梁外观上仍保持等截面布置。这样做既使桥梁的立面协调一致,又能减少构件及模板的规格。

(3)适用范围。等截面连续梁一般适应以下情况:

a. 桥梁一般采用中等跨径,以 40~60m 为宜(国外也有达到 80m 跨径者)。这样可以使主梁构造简单、施工快捷。

b. 立面布置以等跨径为宜,也可以采用不等径布置。

c. 适应于有支架施工、逐孔架设施工、移动模架施工及顶推法施工。

2. 变截面连续梁桥

(1)力学特点:

当连续梁的主跨跨径接近或大于 70m 时,若主梁仍采用等截面布置,在恒载和活载作用下,主梁支点截面的负弯矩将比跨中截面的正弯矩大得多,受力不太合理,且不经济。这时,采用变截面连续梁桥更符合受力要求,高度变化基本上与内力变化相适应。

从图 2-2-40 中分析可以得知:当加大靠近支点附近的梁高(即加大了截面惯矩)做成变截面梁时,还能进一步降低跨中的设计弯矩。从图中可见,在均布荷载 g=10kN/m 的作用下,三种不同的支点梁高(1.50m、2.50m 和 3.50m)所对应的跨中弯矩分别为 800kN·m,460kN·m 和 330kN·m,也就是说将支点梁高局部地从 1.50m 加大到 3.50m 时,跨中最大矩比等高梁降低一半多。一般地说,加大支点附近梁当高是合理的,这样既对恒载引起的截面内力影响不大,也与桥下通航的净空要求无妨碍,并且还能适应抵抗支点处剪力很大的要求,这也是连续体系梁桥比简支梁桥,甚至比悬臂梁,能跨越更大跨径的原因。可见,连续梁采用变截面结构不仅外形美观,还可节省材料并增大桥下净空高度。

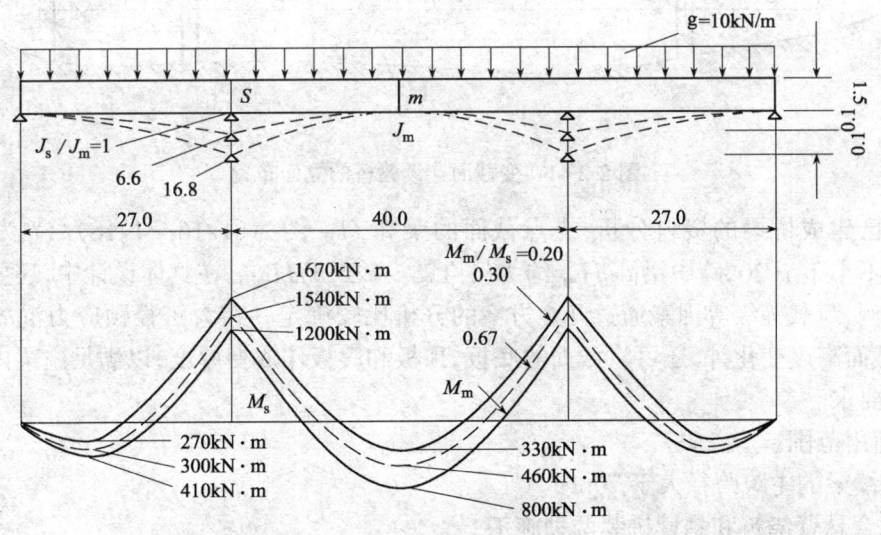

图 2-2-40 三跨连续梁惯矩变化影响的举例(尺寸单位:m)

采用变截面布置适合悬臂法施工(悬臂浇筑和悬臂拼装),施工阶段主梁的刚度大,且内力与运营阶段的主梁内力基本一致。

(2)构造特点：

连续梁桥超过五跨时的内力情况虽然与五跨时相差不大，但连续长度过长会增大温度变化的附加影响，造成梁端伸缩量很大，需设置大位移量的伸缩缝，因此连续孔数一般不超过5跨。当需要在宽阔的河流或旱谷上修建很多孔连续梁时，通常可按3~7孔为一联分联布置，联与联的衔接处，通过两排支座支承在一个桥墩上。

变截面形式的大跨径预应力混凝土梁桥，立面一般采用不等跨布置。但多于三跨的连续梁桥，除边跨外，中间各跨一般采用等跨布置，以方便悬臂施工。对于多于两跨的连续梁桥，其边跨一般为中跨的0.6~0.8倍左右，见图2-2-41a。当采用箱形截面的三跨连续梁时，边孔跨径甚至可减少至中孔的0.5~0.7倍。有时为了满足城市桥梁或跨线桥的交通要求而需增大中跨跨径时，可将边跨跨径设计成仅为中跨的0.5倍以下，在此情况下，端支点上将出现较大的负反力，故必须在该位置设置能抵抗拉力的支座或压重以消除负反力，如图2-2-41b所示。

在总体设计不受建筑高度限制的前提下，连续箱梁的梁高宜采用变高度的，其底曲线可采用二次抛物线、折线和介于折线与二次抛物线之间的1.5~1.8次抛物线变化形式，抛物线的变化规律应与连续梁的弯矩变化规律基本接近，采用折线截面变化布置可使桥梁的构造简单，施工方便。具体的选用形式应按照各截面上下缘受力均匀、容易布筋确定。

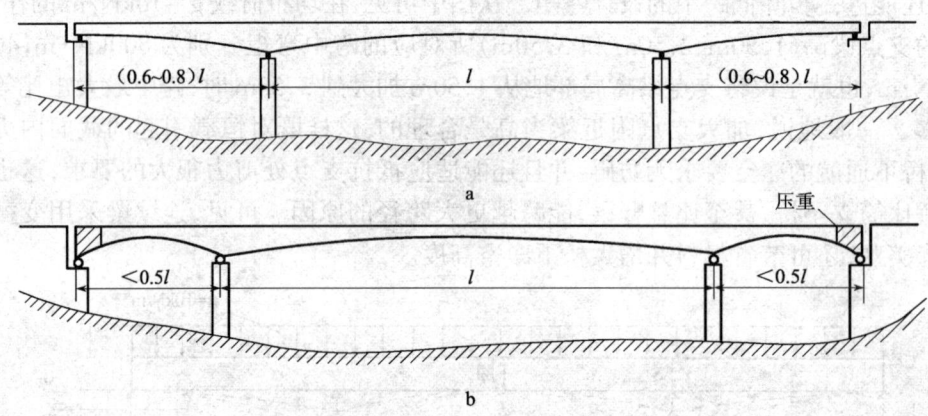

图2-2-41 变截面连续梁桥的立面布置

根据已建成桥梁的资料分析，支点截面的梁高 $H_支$ 约为$(1/16~1/18)l$（l为中间跨跨长），一般不小于$l/20$，跨中梁高 $H_中$ 约为$(1/1.5~1/2.5)H_支$。在具体设计中，还要根据边跨与中跨比例、荷载等级等因素通过几个方案的分析比较确定。在大跨径预应力混凝土连续梁桥中，除截面高度变化外，还可将截面的底板、顶板和腹板作成变厚度，以满足主梁内各截面的不同受力要求。

(3)适用范围：

a. 连续梁的主跨跨径大于70m；

b. 适合悬臂浇筑和悬臂拼装两种施工。

大跨径预应力混凝土连续梁桥采用悬臂法施工时，存在墩梁临时固结和体系转换的工序，结构稳定性应予以重视，施工较为复杂；此外，主墩需要布置大型橡胶支座，存在养护上甚至更换上的麻烦。

(二)连续刚构桥

预应力混凝土连续刚构桥是连续梁桥与T形刚构桥的组合体系,也称墩梁固结的连续梁桥,如图2-2-42所示。

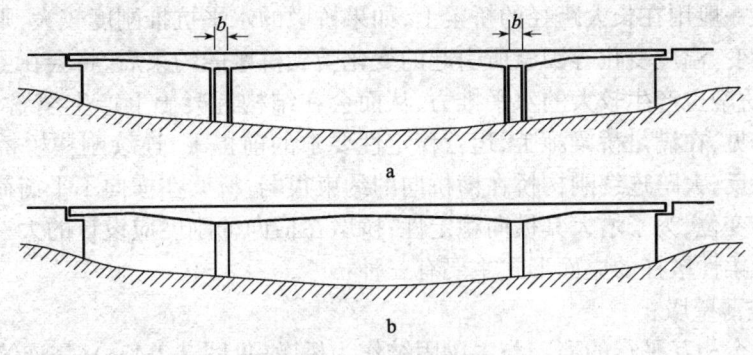

图 2-2-42　连续刚构桥

1. 力学特点

大跨径连续刚构桥结构的受力特点主要是:梁体连续,墩、梁、基础三者固结为一个整体共同受力。在恒载作用下,连续刚构桥与连续梁桥的跨中弯矩和竖向位移基本一致;在采用双肢薄壁墩的连续刚构桥(见图2-2-42a)中,墩顶截面的恒载负弯矩比相同跨径连续梁桥的小;其次,由于墩梁固结共同参与工作,连续刚构桥由活载引起的跨中正弯矩较连续梁要小,因而可以降低跨中区域的梁高,并使恒载内力进一步降低。因此,连续刚构桥的主跨径可以比连续梁桥的设计大一些。

2. 构造特点

(1)主梁

连续刚构桥的主梁在纵桥方向大都采用不等跨变截面的结构布置形式,以适应主梁内力的变化。主梁底部的线形基本上与变截面连续梁桥相类似,可以是曲线形、折线形、曲线/直线结合形等,具体应根据主梁内力的分布情况,按等载强比原则选定。

国内外已建成的连续刚构桥,边跨和主跨的跨径比值在0.5~0.692之间,大部分比值在0.55~0.58之间,这说明变截面连续刚构桥的边跨比值比变截面连续梁桥的比值范围0.6~0.8要小。其原因在于墩梁固结,边跨的长短对中跨恒载弯矩调整的影响很小,而边、主跨跨径之比在0.54~0.56时,不仅可以使中墩内基本没有恒载偏心弯矩,而且由于边跨合龙段长度小,可以在边跨悬臂端用导梁支承于边墩上,进行边跨合龙,从而取消落地支架,施工十分方便和经济。

预应力混凝土连续刚构桥主要适用于高桥墩的情况。此时桥墩作用如同摆柱,以适应预应力、混凝土收缩徐变和温度变化等引起的纵向位移。

(2)主梁截面高度

大跨连续刚构桥主梁一般采用箱形截面,箱梁根部截面的高跨比一般为1/16~1/20,其中大部分为1/18左右,也有少数桥梁达到或低于1/20。由于连续刚构桥墩梁固结,活载作用于中跨时,与相同跨径的连续梁相比,连续刚构跨中正弯矩较小。因此,跨中截面梁高通常为支点截面梁高的1/2.5~1/3.5,略小于连续梁的跨中梁高。

(3)桥墩

大跨度连续刚构桥的桥墩不仅应满足施工、运营等各阶段支承上部结构重量和稳定性等方面的要求,而且桥墩的柔度应适应由于温度变化、混凝土收缩、徐变以及制动力等因素引起的水平位移,以尽量减少这些因素对结构产生的次内力。

连续刚构桥一般用在长大跨径的桥梁上,如果桥墩的水平抗推刚度较大,则因主梁的预应力张拉、收缩、徐变、温度变化等因素所引起的变化受到桥墩的约束后,将会在主梁内产生较大的次拉力,并对桥墩也产生较大的水平推力,从而会在结构混凝土上产生裂缝,降低结构的使用功能。由此可见,在满足桥梁施工、运营稳定性要求的前提下,连续刚构桥桥墩的水平抗推刚度尽量小。相反,大跨连续刚构桥在横桥向的约束很弱,桥梁在横向不平衡荷载或风载作用下,易产生扭曲、变位,为了增大其横向稳定性,桥墩在横向的刚度应设计的大一些。

连续刚构桥柔性墩柱的立面形式主要有三种:

a. 竖直双肢薄壁墩:

该结构用两个相互平行的薄壁与主梁固结作为桥墩(见图 2-2-42a),是连续刚构桥中应用得较多的一种形式,适用于桥墩不是很高的情形。竖直双肢薄壁墩可增加纵桥向荷载作用下的刚度,同时其水平抗推刚度小,在桥梁纵向允许较大的变形时,这不仅可以减小主梁附加内力,而且由于主梁的负弯矩峰值出现在两肢墩的墩顶,且较单壁墩小一些,故可减小主梁在墩顶截面处的尺寸,增加桥梁美感。因此,在大跨径预应力混凝土连续刚构桥中是理想的墩身形式。但是,双肢薄壁墩占据的宽度较大,防撞设施需保护的范围也较大,这部分增加的费用可能较多。偶然的船撞力往往是作用其中的一肢薄壁墩上,当一肢薄壁墩遭到破坏后,另一肢薄壁墩很容易因承载力和稳定性不够而随之破坏,这一点需引起重视。

双肢薄壁墩又有空心和实心之分。实心双壁墩施工方便,抗撞能力强,空心双壁墩可以节约混凝土 40% 左右,设计中应根据具体条件通过分析后选用。

b. 竖直单薄壁墩:

在深谷和深水河流的高桥墩上经常采用竖直单薄壁墩(见图 2-2-42b)。它在外观呈"一"字形,其截面形式一般为箱梁截面的空心桥墩,具体尺寸需根据对柔性的要求确定。

一般来说,单薄壁墩(特别是箱形截面单薄壁墩)的抗扭性能好,稳定性强,能增大通航孔的有效跨径;但柔性不如双肢薄壁墩,随着墩身高度的不断增加,单薄壁墩的柔性逐渐增加,允许的纵向变位增大。因此,对于墩身很高的大跨径连续刚构或中等跨径的连续刚构来说,箱形单薄墩也是理想的墩身形式。

c. V 形墩(或 Y 形柱式墩):

为了减小刚架桥内支点处的负弯矩峰值,可将墩柱做成 V 形墩形式,V 形托架可使主梁的负弯矩峰值降低一倍以上,见图 2-2-43。

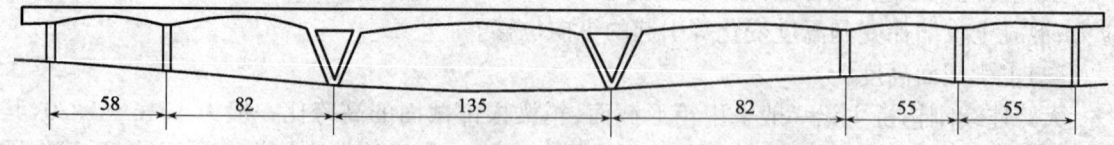

图 2-2-43 V 形墩连续刚构桥(尺寸单位:m)

Y 形柱式墩是上部为 V 形托架,下部为单柱式,两者在立面上构成 Y 字形。下部的单柱具有一定的柔性,可满足纵向变形的要求。

3. 适用范围

连续刚构桥常用于大跨、高墩的结构中,桥墩纵向刚度较小,基本上属于一种无推力的结构。桥的上部结构具有连续梁施工的一般特点,技术经济性较好,近年来由于预应力技术发展迅速,连续刚构桥已成为大跨径桥梁中具有竞争力的桥型之一。目前,我国跨径在 180m 以上的梁桥,均采用连续刚构桥。

连续刚构桥的另一个特点是主梁连续,既保持了连续梁无伸缩缝、行车平顺的优点,又保持了 T 构不须设大吨位支座的优点,同时避免了连续梁(存在临时固结和体系转换)和 T 构(存在伸缩缝问题)两者的缺点,养护工作量小。此外,连续刚构施工稳固性好,减小或避免边跨梁端搭架合龙的难度。

但是连续刚构桥对地基承载力的要求更高,若地基发生过大的不均匀沉降,连续梁可通过调整墩顶支座的标高,抵消下沉来补救,而连续刚构则做不到。对于大跨度连续刚构,当其主墩刚度过大时,中跨梁体因会产生过大的温差拉力而对结构受力不利。此时,梁墩联结处应力复杂也是连续刚构的一个缺点。

(三)横截面形式和尺寸

预应力混凝土连续体系梁桥的截面形式很多,应根据桥梁总体布置、跨径、宽度、梁高、支承形式和施工方法等方面综合确定。合理地选择主梁的截面形式对减轻桥梁自重、节约材料、简化施工和改善截面受力性能是十分重要的。

预应力连续梁桥横截面形式主要有板式、肋梁式和箱形截面。其中,板式、肋梁式截面构造简单、施工方便;箱形截面具有良好的抗弯和抗扭性能,是预应力混凝土连续体系的主要截面形式。

1. 板式和 T 形截面

板式截面分实体截面(见图 2-2-44a、d)和空心截面(见图 2-2-44c、d)。

近年来,矩形实体截面使用较少,曲线形整体截面相对使用较多。实体截面多用于中小跨径,且多配以有支架现浇施工,此时支点板厚为 $(1/16 \sim 1/20)L$,变截面板跨中板厚为支点的 $1/1.2 \sim 1/1.5$ 倍。

空心截面常用于跨径 15~30m 的连续梁桥,板厚一般为 0.8~1.5m,亦用有支架现浇为主。

肋式截面(见图 2-2-44e)常用于预制架设施工,并在梁段安装后经体系转换为连续梁桥。常用跨径为 25~50m,梁高取 1.3~2.6m。

2. 箱形截面

当连续体系梁的跨径超过 40~60m 时,多采用箱形截面,其构造布置灵活,适合于有支架现浇施工、逐孔施工、悬臂施工等多种施工方式,常用的箱形截面有单箱单室、单箱双室和分离式双箱单室等几种,第一种应用的较多。单箱单室截

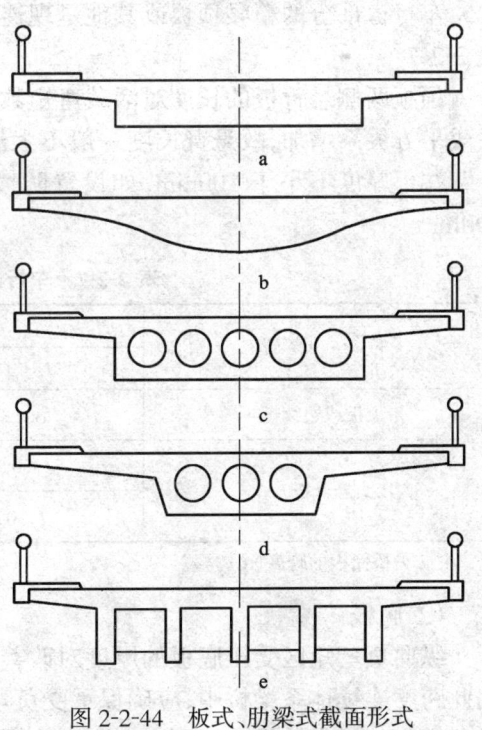

图 2-2-44 板式、肋梁式截面形式
a、b 实体截面;c、d 空心截面;e 肋式截面

面的顶板宽度一般小于 20m,见图 2-2-45a;单箱双室的顶板宽度约为 25m 左右,如图 2-2-45b;双箱单室的可达 40m 左右,如图2-2-45c。一般地,等高度箱梁可采用直腹板或斜腹板。变高度箱梁宜采用直腹板。单箱单室截面 b:a 之比为 1:(2.5~3.0)时横向受力状态较好。

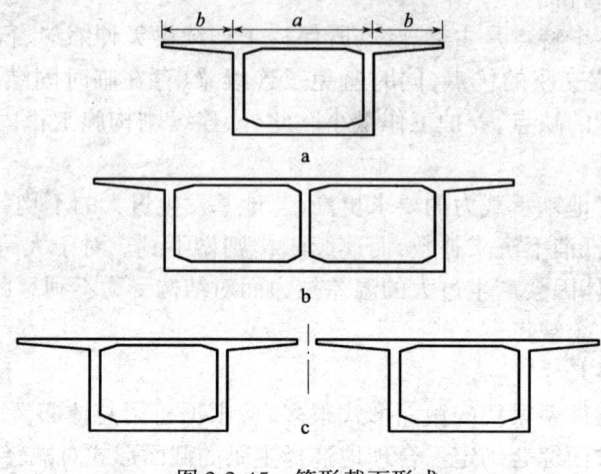

图 2-2-45 箱形截面形式
a 单箱单室;b 单箱双室;c 双箱单室

(1)顶板:

确定箱梁截面顶板厚度通常需要考虑两个因素:即满足桥面板横向弯矩的要求(恒载、活载、日照温差等)和满足布置纵、横向预应力钢筋束的要求。参照《日本本洲四国联络桥设计标准》,车行道部分的箱梁顶板或其他呈现连续受力特性的桥面板以及悬臂板厚度拟定,可参考表 2-2-7。

顶板两侧悬臂板的长度对活载弯矩数值影响不大,恒载及人群荷载弯矩则随悬臂长度几乎成平方关系增加,故悬臂长度一般不大于 5m;当长度超过 3m 后,宜布置横向预应力束筋。悬臂端部厚度不小于 100mm,如设置防撞墙或需锚固横向预应力束筋,则端部厚度不小于 200mm。

表 2-2-7 车行道部分桥面板的厚度(mm)

位　　置	桥 面 板 跨 度 方 向	
		平行于行车道方向
顶板或边续板	$30l+110$(纵肋之间)	$50l+130$(横隔之间)
悬臂板	$l<0.25$ 时,$280l+160$	$240l+130$
	$l>0.25$ 时,$80l+210$	

注:l 为桥面板的跨度(m)

(2)底板:

纵向负弯矩区受压底板的厚度对改善全桥受力状态、减少徐变下挠度十分重要,因而大,因此跨度连续体系梁桥中,应确保承受负弯矩的内支点区域的箱梁底板有足够的厚度。随箱梁负弯矩的增大箱梁底板厚度应逐渐加厚至墩顶,以适应箱梁下缘受压的要求,墩顶区域底板不宜过薄,否则压应力过高,由此产生的徐变将使跨中区域梁体下挠度较大。

底板厚度与主跨之比宜为 1/400~1/170,跨中区域底板厚度则可按构造要求设计,一般为 0.22~0.28m。

(3)腹板:

箱梁腹板的主要功能是承受结构的弯曲剪应力和扭转剪应力所引起的主拉应力和墩顶区域较大的剪力,因而箱梁的腹板较厚,跨中区域的腹板较薄,但腹板的最小厚度应考虑钢束管道布置、钢筋布置和混凝土浇筑的要求。

英国水泥和混凝土协会提出如下两个关于预应力混凝土连续梁最佳腹板厚度参数的公式,其指标可供参考见图 2-2-46。

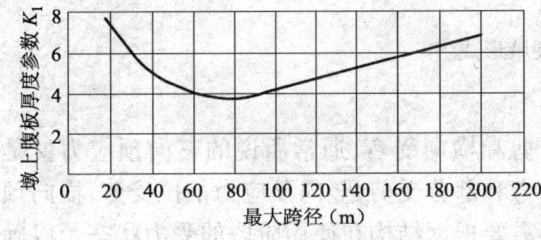 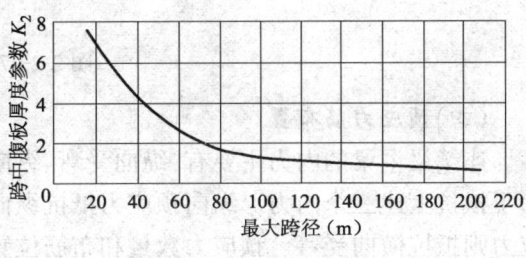

图 2-2-46 最大跨径连续箱梁最佳横截面几何参数曲线

墩上腹板厚度的参数:

$$k_1 = \frac{t_{wp} \times h_p}{B \times l_{max}} \times 10^3$$

跨中腹板厚度的参数:

$$k_2 = \frac{t_{wm} \times h_m}{B \times l_{max}} \times 10^3$$

式中:t_{wp}——墩上腹板厚度的总和;

t_{wm}——跨中腹板厚度的总和;

h_p——墩上梁高;

h_m——跨中梁高;

B——桥面总宽;

l_{max}——桥梁最大跨径;

腹板的最小厚度应考虑预应力钢筋束的布置和混凝土浇筑的要求,一般的设计经验为:

(a)腹板内无预应力束筋管道布置时,其最小厚度可采用 $t_{min}=200mm$;

(b)腹板内无预应力束筋管道布置时,可采用 $t_{min}=250\sim300mm$;

(c)腹板内无预应力束筋锚固头时,则采用 $t_{min}=350mm$。

顶板与腹板接头处设置梗腋,可提高截面的抗扭刚度和抗弯刚度,减小扭转减应力和其变应力。梗腋有竖加腋和水平加腋两种。如图 2-2-47 所示,图中 a 为一般箱梁上的常用形式;b 和 c 常用于箱梁截面较小的情形;d 和 e 常用于斜腹板与顶板之间;f、g、h 常用于底板与腹板之间的下梗腋,以便于底板混凝土的浇筑。

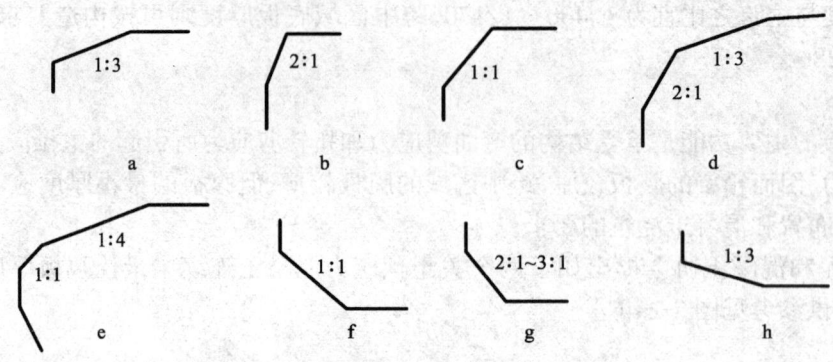

图 2-2-47 梗腋形式

(四)预应力筋布置

连续梁主梁的内力主要有:纵向受弯、纵向受剪和横向受弯,通常所说的三向预应力就是为了抵抗上述三个内力。纵向预应力抵抗纵向受弯和部分受剪,竖向预应力抵抗受剪,横向预应力则抵抗横向受弯。预应力数量和布筋位置都需要根据结构在使用阶段的受力状态予以确定,并满足施工各阶段的受力需要。施工方法不同,施工阶段的受力状态差别很大,因此,结构配筋必须结合施工方法考虑。

1. 纵向预应力筋

沿桥跨方向的纵向力筋又称为主筋,它是用以保证桥梁在恒、活载作用下纵向跨越能力的主要受力钢筋,可布置在顶、底板和腹板中。

预应力混凝土连续梁桥中纵向预应力筋的布置方式有多种多样,与所采用的施工方法以及预应力筋的种类等有密切的关系。

图 2-2-48a 所示为顶推法施工的直线形预应力筋布置方式。上、下的钢筋通束使截面接近轴心受压,以抵抗顶推过程中各截面承受的正负弯矩的交替变化。待顶推完成后,在跨中的底部和支点的顶部增加局部预应力筋,用来满足运营荷载下相应的内力要求。有时按设计还在跨中的顶部和支点附近的底部设置局部的施工临时钢筋束,待顶推完成后即予以卸除。

图 2-2-48b 所示为先简支后连续施工方法的预应力钢筋布置方式。待墩上接缝混凝土达到规定强度后,用设置在接缝顶部的局部预应力钢筋来建立结构的连续性。

图 2-2-48c 和 d 分别表示为采用悬臂施工方法的预应力筋布置方式。两种除了正弯矩区和负弯矩区各需要布置顶部和底部预应力筋外,在有正、负弯矩的区段内,顶、底板中均需设置预应力筋。图 c 所示为直线布束方式,即顶板预应力筋沿水平布置并锚固在梗肋处,此种布束方式可减少预应力筋的摩阻损失,并且穿束方便,改善了腹板的混凝土浇注条件;水平预应力筋的设计和构造仅由弯曲应力决定,而抗剪强度则由竖向预应力筋来提拱。图 d 所示为顶板预应力筋在腹板内弯曲并下弯锚固的腹板上,以减小外荷载所产生的剪力。此时腹板应具有足够的厚度以承受集中的锚固力。

图 2-2-48e 表示整根曲线形钢筋束锚固于梁端的布置方式,一般用于整联现浇的情形。在此情况下,若预应力筋既长且弯曲次数又多,就显著加大了预应力筋的摩阻损失,因而联长或力筋不宜过长。

预应力筋的布置要考虑到张拉操作的方便。当需要在梁内、梁顶或梁底锚固预应力筋时，应根据预应力筋锚固区的受力特点给予局部加强，以防开裂损坏。

2. 横向预应力筋

横向预应力筋是用以保证桥梁的横向整体性、桥面板及横隔板横向抗弯能力的主要受力钢筋，一般布置在横隔板和顶板中。图 2-2-49 示出了对箱梁截面的顶板施加横向预应力的力筋构造。由于目前大跨径梁式桥梁大都采用箱形截面，顶板厚度在 250～350mm 左右，在保证大量纵向预应力筋穿过的前提下，所剩的空间位置有限，此时的横向预应力筋趋向于采用扁锚体系，以减少布筋所需空间。

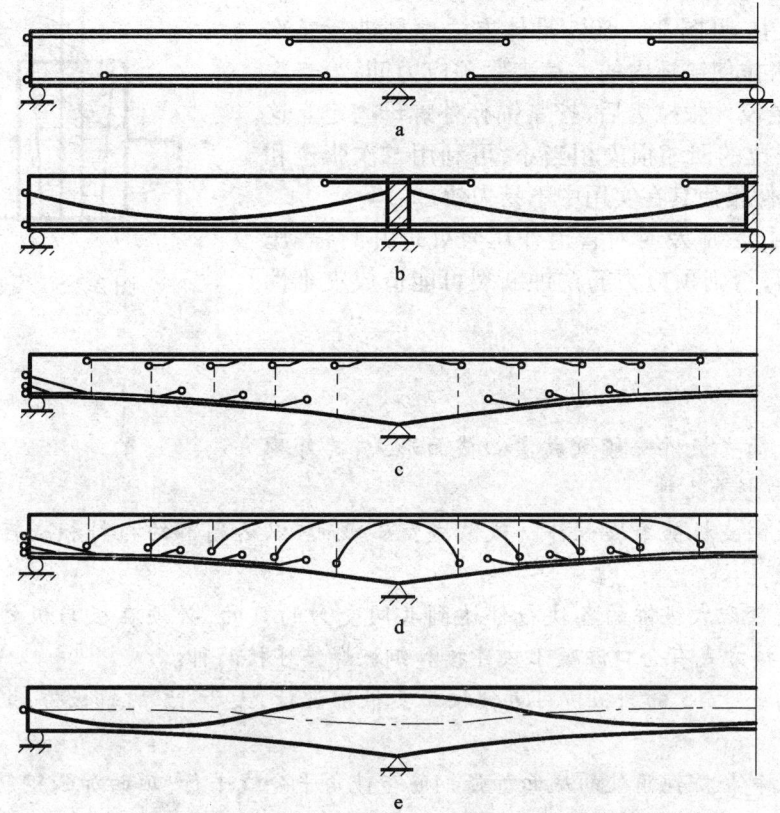

图 2-2-48　预应力混凝土连续梁配筋方式

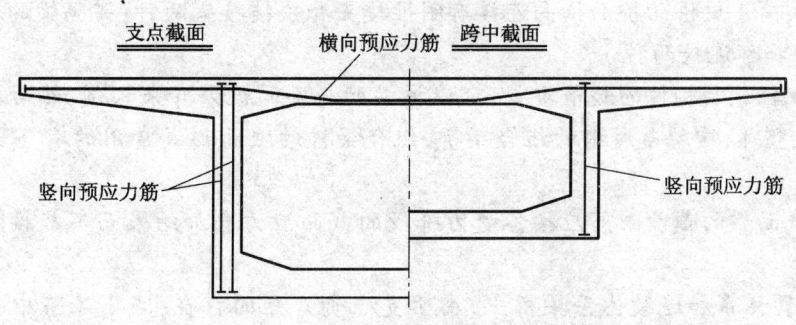

图 2-2-49　箱梁横向及竖向配筋布置方式

3．竖向预应力筋

竖向预应力筋布置在腹板中，主要作用是提高截面的抗剪能力。图 2-2-49 中还示出了对箱梁截面的腹板施加竖向应力的力筋构造。竖向预应力筋在梁体腹板内纵向的布置间距可根据竖向剪力的分布而进行调整，靠支点截面位置较密，靠跨中位置较疏。竖向预应力筋比较短，故常采用高强粗钢筋以减力筋张拉锚固时的回缩损失。但是由于粗钢筋强度较低（小于1000MPa），长度较短，因而张拉伸长量小，在使用中容易造成预应力损失过大或失效。为克服这一问题，对施工提出二次张拉的要求是十分必要的，这样做可消除大部分混凝土弹塑性压缩引起的预应力损失。

另外，现在已开始将一种拉索式锚具用于钢绞线竖向预应力体系中，见图 2-2-50。具体方法也是进行二次张拉：第一次张拉使锚杯内的夹片夹紧预应力筋，第二次张拉锚杯，直至设计张拉力后，拧紧锚杯外螺母固定。这种预应力筋张拉的回缩损失相当小，可利用二次张拉和钢绞线的大延伸量使其在实用中不易失效。

预应力张拉后应及时对管道作压浆处理并封锚，压浆应密实饱满，否则预应力筋锈蚀断裂可能造成灾难性的后果。

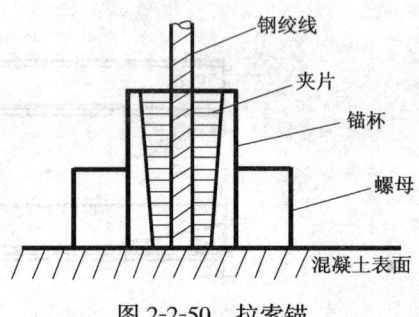

图 2-2-50 拉索锚

本章小结

1．整体式简支板桥一般做成实心截面形式，其外廓形有矩形、矮肋形等几种。

2．装配式简支板桥单块板件一般做成空心截面，以达到节约材料和减轻起吊重量的目的。

3．为了使装配式板桥的各块板件达到共同受力的目的，必须在板与板之间做好连接构造。常用的连接方式有企口混凝土铰连接和钢板焊接连接两种。

4．斜交角小于 15°的斜板桥可近似按正交板桥设计，大于 15°的斜板桥，则按斜板受力性能设计。

5．整体式斜板桥钝角处的底面加强钢筋与钝角平分线平行，顶面加强钢筋方向则与钝角平分线垂直。

6．简支梁桥的上部构造由主梁、横隔梁、桥面板和桥面构造等部分组成。

7．装配式简支梁桥的桥面横向连接有刚性接头和铰接接头两种；横隔梁的横向连接有钢板焊接连接和扣环连接两种。

8．为了减轻预制构件的起吊重量，可以把梁肋与桥面板分开来预制，然后在桥孔处进行吊装和连接成整体，这就是所谓的组合梁桥，组合梁桥的截面形式常用的有 T 形和箱形截面两种。

9．组合截面梁的截面配筋应按各受力阶段的截面应力叠加结果而不能按截面内力叠加结果进行设计。

10．在悬臂体系和连续体系梁桥中，由于支点负弯矩的存在，减小了跨中截面的正弯矩值，故该两种体系梁桥的跨越能力都比简支梁桥要大。

11. 悬臂梁桥分为双悬臂梁桥和单悬臂梁桥,截面形式多采用 T 形或箱形截面。由于支点截面附近承受较大的负弯矩,故底部受压区往往需要加强。

12. T 形刚构桥系指将悬臂梁的墩柱与梁体固结后形成的结构体系。T 形刚构桥又可分为两种类型:两 T 构之间带挂梁和两 T 构之间带铰,前者为静定结构,后者为超静定结构。

13. 悬臂梁桥和 T 形刚构桥在长期的使用过程中,由于悬臂梁端会发生徐变下挠,导致悬臂端与挂梁或铰之间易形成折角,增大冲击作用,造成行车不顺,同时伸缩缝的处理和养护都较困难。

14. 牛腿是悬臂体系中挂梁与悬臂间的搁置构造,它是上部结构中的薄弱部位,应对其初拟尺寸和配筋进行强度验算,斜筋和水平钢筋的设计应适当富余些,而且在牛腿部分还应布置较密的箍筋和纵向水平钢筋。

15. 预应力混凝土连续体系梁桥具有结构刚度大、变形小、伸缩缝少、行车平稳舒适等优点而得到迅速的发展,它又可分为等截面连续梁桥、变截面连续梁桥和连续刚构桥等。

16. 当连续梁桥的跨径较大时,主梁支点截面的负弯矩将比跨中截面的正弯矩大很多,此时加大支点截面的梁高,以抵抗较大的负弯矩和剪力,因此主梁采用变截面连续梁桥比等截面连续梁桥更为有利。

17. 预应力混凝土连续刚构桥的特点是主梁保持连续,梁墩固结,上、下部结构共同承受荷载,减小了主梁截面在墩顶处负弯矩。这样既保持了连续梁无伸缩缝、行车平顺的优点,又保持了 T 构不需设大吨位支座的优点,同时避免了连续梁(存在临时固结和体系转换)和 T 构(伸缩缝多)两者的缺点,养护工作量小。

18. 预应力混凝土连续刚构桥主要适用于高桥墩、大跨径的情况,桥墩采用柔性薄壁型,其作用如同摆柱,以适应预应力、混凝土收缩徐变和温度变化引起的纵向位移。

19. 预应力连续梁桥横截面形式主要有板式、肋梁式和箱形截面。其中,板式、肋梁式截面构造简单、施工方便,适用于中小跨径桥梁;箱形截面具有良好的抗弯和抗扭性能,是大中跨径预应力混凝土连续梁桥的主要截面形式。

20. 纵向预应力筋沿桥跨方向布置,是用以保证桥梁在恒、活载作用下纵向跨越能力的主要受力钢筋,可布置在腹板和顶、底板中。横向预应力筋是用以保证桥梁的横向整体性、桥面板及横隔板横向抗弯能力的主要受力钢筋,一般布置在横隔板或截面的顶板中。竖向预应力筋主要作用是提高截面的抗剪能力,布置在腹板中。

思考题

1. 整体式简支板桥的受力、配筋特点是什么?
2. 装配式板桥横向连接方式有哪些?简述各自优缺点。
3. 什么叫斜交桥?简支斜板桥的主要受力特点及配筋特点是什么?
4. 对装配式预应力空心板桥部分构件的材料标号有何要求?
5. 简支梁桥的上部构造由哪些部件构成?各有什么作用?
6. 简述装配式梁桥设计中块件划分应遵循的原则。
7. 装配式梁式桥横向连接有哪些方式?
8. 组合式梁桥与装配式 T 梁桥的受力特点有什么不同?
9. 简述装配式简支 T 梁桥内的预应力钢筋在一定区段内逐渐弯起的原因何在?

10. 悬臂梁桥中的牛腿起什么作用？设计牛腿时要注意什么？
11. 为什么大跨度连续梁桥沿纵向一般设计成变高度的形式？
12. 在超静定预应力混凝土梁桥中，有哪些因素会使结构产生二次内力？
13. 简要阐述悬臂体系和连续体系梁桥跨越能力比简支梁桥大的主要原因。
14. 悬臂梁桥和T形刚构桥在目前为什么应用越来越少？
15. 叙述T形刚构桥、连续梁桥和连续刚桥三种结构的主要优缺点及其比较。

第三章 混凝土简支梁桥的计算

第一节 概　　述

设计桥梁时,首先要考虑桥梁的总体方案、桥型及布置的合理性;当桥梁的上部结构形式、跨径等被确定后,就要进行桥梁各部分构件的详细计算。

本书在第一篇"总论"中已经阐明了桥梁设计的基本要求,本篇的前几章中介绍了钢筋混凝土梁式桥的类型、组成、纵、横截面的布置,以及各种构件主要尺寸的选定和构造细节。本章将在梁桥的结构设计与构造的基础上,进一步详细阐述计算混凝土简支梁桥的原理和方法。

上承式简支梁桥的设计计算包括主梁、横隔梁、桥面板和支座等。主梁是主要承重构件,无论从结构安全或材料消耗上来看,它都是梁桥的重要部分。桥面板(或称行车道板)直接承受车辆的集中荷载,通常又是主梁的受压翼缘,它的工作状态不仅影响行车质量,而且还涉及主梁的受力;桥面的裂缝或刚度不足,将对行车路面的维护带来麻烦。横隔梁的主要作用是增强桥梁的横向刚性,分布荷载。在具体进行设计计算时,习惯上常从主梁开始,其次设计横隔梁、桥面板和支座。当然,从桥面板开始,从上而下进行计算,也未尝不可。

在进行工程结构物设计时,通常先根据使用要求、跨径大小、桥面净宽、荷载等级、施工条件等基本资料,运用对结构物的构造知识,并参考已有桥梁的设计经验来拟定结构物各构件的截面形式和细部尺寸,估算结构的自重;然后,根据作用在结构上荷载,用熟知的数学、力学方法计算出结构各部分可能产生的最不利内力;再由已求得的内力进行强度、刚度和稳定性的验算,以此来判断最初所拟定的细部尺寸是否符合要求。如果验算结果不能满足要求,或者尺寸选得过大,则需修正原来所拟定的尺寸再进行验算,直至满意为止。

鉴于钢筋混凝土构件的截面设计和验算问题属于《结构设计原理》课程的内容,本章将着重阐述进行车道板和主梁的受载特点和最不利内力(包括内力组合)的计算方法。

第二节 公路桥面板(行车道板)的计算

一、桥面板的分类

混凝土肋梁桥的桥面板是直接承受车辆轮压的混凝土板,它与主梁梁肋和横隔梁连接在一起,既保证了梁的整体作用,又将活载传递于主梁。

从结构形式上看,对于具有主梁和横隔梁的简单梁格系(图 2-3-1a),以及具有主梁、横梁和内纵梁的复杂梁格系(图 2-3-1b),桥面板实际上均为周边支承的板。

根据承受荷载的特点,当桥板中央作用一竖向荷载 P 时,此荷载会向相互垂直的两对支承边传递;但当支承跨径 l_a 和 l_b 不相同时,由于板沿 l_a 和 l_b 跨径的相对刚度不同,将使向两个方向所传递的荷载也不相等。根据弹性薄板理论的研究,对于四边简支的板,当板的长边与短边之比(l_a/l_b)接近2时,荷载值的绝大部分将沿板的短跨方向传递,沿长跨方向传递的荷载将不足6%。l_a/l_b之值愈大,向l_a跨度方向传递的荷载就愈少。为了简明起见,读者只要应用一般的力学原理对图2-3-2所示的荷载P作用下的十字形梁进行简单的受力分析,即可求出P_a和P_b,就不难领会上述概念的基本道理。

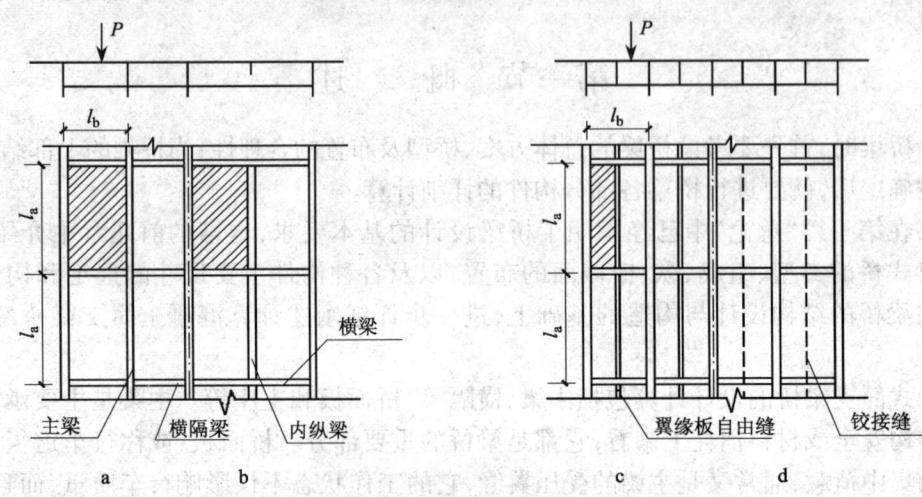

图2-3-1 格梁系的构造和桥面板的支承形式

在桥面板设计时,通常把长宽比等于或大于2的周边支承板视为由短跨承受荷载的单向受力板(即单向板),而在长跨方向只要适当配置一些分布钢筋即可;对长宽比小于2的板,则按周边支承板(或称双向板)来设计,在此情况下需按两个方向的内力分别配置相互垂直的受力钢筋。

目前梁桥设计的趋势是横隔板稀疏布置,因此主梁的间距往往比横隔板的间距小得多,桥面板属单向板的居多。一般来说,双向板桥面的用钢量较大,构造也较复杂,宜尽量少用。

对于常见$l_a/l_b \geqslant 2$的T形梁桥,设计时可能遇到两种情形:当翼缘板的端边为自由边(图2-3-1c)时,鉴于类似于前面所分析的原因,实际三边支承的板可以作为沿短跨一端嵌固,而另一端为自由端的悬臂来分析;当相邻翼缘板在端部为铰接缝的构造(图2-3-1d)时,桥面应按一端嵌固一端铰接的铰接悬臂板进行计算。

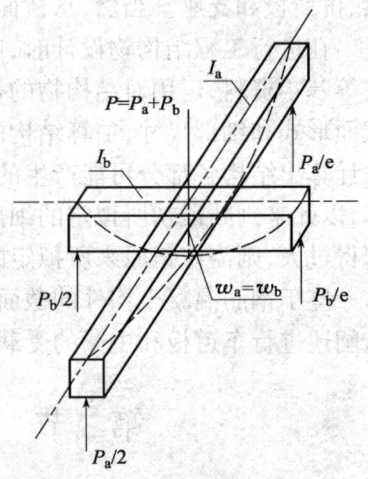

图2-3-2 荷载的双向传递

综上所述,在实践中可能遇到的桥面板受力图式为:单向板、悬臂板、铰接悬臂板和双向板等几种。现行肋梁桥,以翼缘板部分现浇结成整体的形式居多,故行车道板的计算图式以单向板最为常见。

二、车轮荷载在板上的分布

作用在桥面上的车轮压力通过桥面铺装层扩散分布在钢筋混凝土板面上,由于板的计算跨径相对于轮压的分布宽度相差不大,故计算时应较精确地将轮压作为分布荷载来处理,这样做既避免了较大的计算误差,又能节约桥面板的材料用量。

为了计算方便,通常近似地把车轮与桥面的接触面看作是 $a_1 \times b_1$ 的矩形,此处 a_1 是车轮沿行车方向的着地长度,b_1 为车轮的宽度,如图 2-3-3 所示:

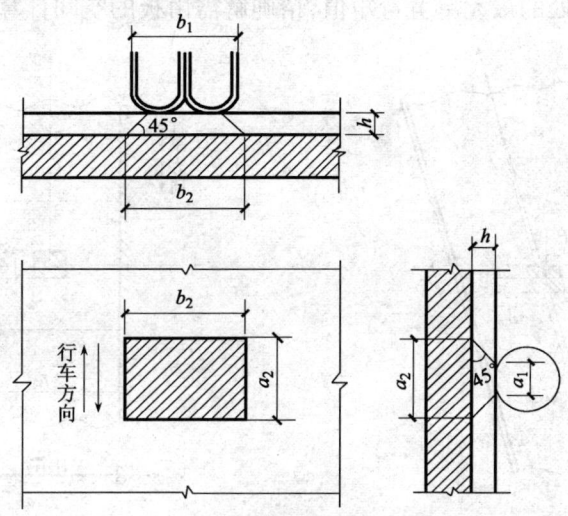

图 2-3-3 车轮荷载在桥面上的分布

对于混凝土桥面或沥青桥面,荷载可以偏安全地假定呈 45°扩散。因此,桥梁规范中规定,最后作用于钢筋混凝土承重板上的矩形压力面的边长为:

$$\left.\begin{array}{ll} 沿纵向 & a_2 = a_1 + 2h \\ 沿横向 & b_2 = b_1 + 2h \end{array}\right\} \tag{2-3-1}$$

式中:h——铺装层的厚度。

当车辆荷载的后轮作用于桥面板上时,其局部分布的荷载强度为:

$$p = \frac{P}{2a_2 b_2} \tag{2-3-2}$$

式中:P——车辆荷载后轴的轴重力。

三、桥面板的有效工作宽度

当荷载以 $a_2 \times b_2$ 的分布面积作用在桥面板上时,桥面板除了沿计算跨径 x 方向产生挠曲变形 ω_x 外,沿垂直于计算跨径的 y 方向也必然发生挠曲变形 ω_y(图 2-3-4a)。这说明荷载作用下不仅使直接承压的宽度为 a_2 的板条受力,其邻近的板也参与工作,共同承受车轮荷载所产生的弯矩。

为了计算方便,设想以 a 宽板均匀承受车轮荷载产生的总弯矩(图 2-3-4)为,即:

$$a m_{x\max} = \int m_x \mathrm{d}y = M \tag{2-3-3}$$

97

则弯矩图形的换算宽度为：

$$a = \frac{M}{m_{x\max}} \tag{2-3-4}$$

式中：M——车轮荷载产生的跨中总弯矩，可直接由结构力学方法计算得到；

$m_{x\max}$——荷载中心处的最大单宽弯矩值，精确解需由板的空间计算才能得到。

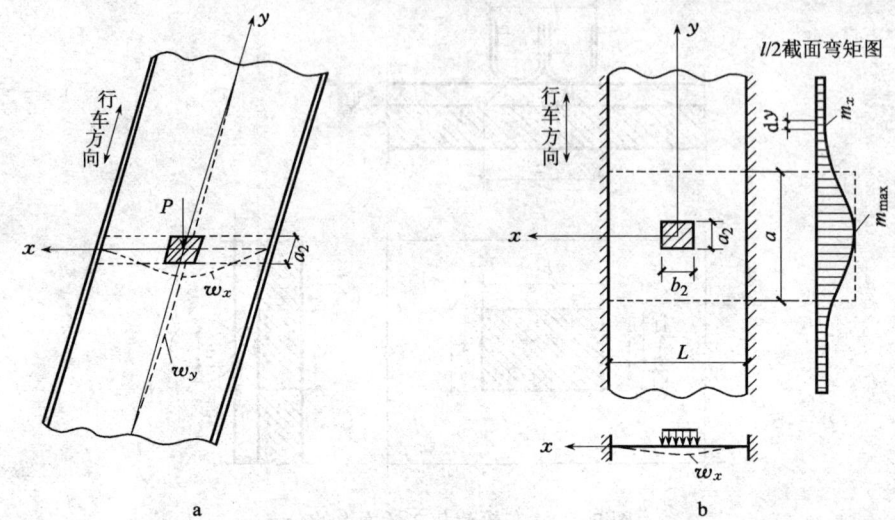

图 2-3-4 行车道板的受力状态

(2-3-4)式的 a 就定义为板的有效工作宽度，或荷载有效分布宽度。

(一)单向板有效工作宽度

根据《桥规》(JTGD 62—2004)的规定，计算整体单向板时，通过车轮传递到板上的荷载分布宽度应按下列规定计算：

1．平行于板的跨径方向的荷载分布宽度

$$b = b_2 = b_1 + 2h \tag{2-3-5}$$

2．垂直于板的跨径方向的荷载分布宽度

(1)单个车轮在板的跨径中部时：

$$a = a_2 + \frac{l}{3} = (a_1 + 2h) + \frac{l}{3} \geqslant \frac{2}{3}l \tag{2-3-6}$$

(2)多个车轮在板的跨径中部时，当各单个车轮荷载分布宽度有重叠时：

$$a = a_2 + d + \frac{l}{3} = (a_1 + 2h) + d + \frac{l}{3} \geqslant \frac{2}{3}l + d \tag{2-3-7}$$

车轮荷载转化为 $a \times b$ 的均布面荷载如图 2-3-5 所示。

车轮在板的支承处时：

$$a' = a_2 + t = (a_1 + 2h) + t \tag{2-3-8}$$

(3)车轮在板的支承附近，距支点的距离为 x 时：

$$a = a_2 + t + 2x = (a_1 + 2h) + t + 2x \qquad (2\text{-}3\text{-}9)$$

但不大于车轮在板的跨径中部的分布宽度;

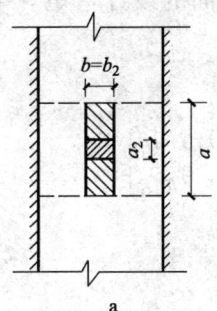
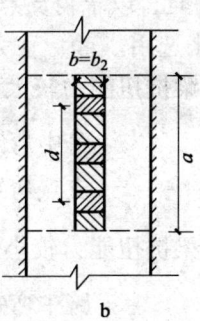

图 2-3-5 在板的有效工作宽度上
车轮荷载转化为分布力

式中：l——板的计算跨径。与梁肋整体连接的板,计算弯矩时,为两肋间的净距加板厚,但不得大于两肋中心之间的距离;计算剪力时,为两肋间的净距。

　　　h——铺装层厚度;

　　　t——板的厚度;

　　　d——多个车轮时,外轮之间中距。

以上计算所得分布宽度均不得大于板的全宽。

根据以上所述,对不同荷载位置时单向板的有效工作宽度图形如图 2-3-6 所示。

(二)悬臂板有效工作宽度

根据《桥规》(JTGD 62—2004)的规定,垂直于悬臂板跨径方向的车轮分布宽度,当 c 值不大于 2.5m 时,可按下列公式计算：

$$a = a_2 + 2c = (a_1 + 2h) + 2c \qquad (2\text{-}3\text{-}10)$$

c 值的意义如图 2-3-7 所示。

四、桥面板内力的计算

对于实体矩形截面桥面板,一般均由弯矩控制设计。设计时,习惯上以每米宽的板条来进行计算。对于梁式单向板或悬臂板,只要借助板的

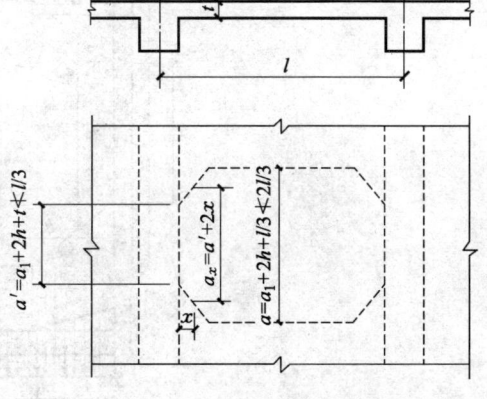

图 2-3-6 荷载的有效分布宽度

有效工作宽度,就可以得到作用在每米宽板上的荷载及其引起的弯矩。

(一)多跨连续单向板的内力

常见的桥面板实质上是一个支承在一系列弹性支承上的多跨连续板,板与梁肋属于整体相连。由此可见,各主梁的不均匀弹性下沉和梁肋本身的扭转刚度必然会影响到桥面板的内力,所以桥面板的实际受力情况是相当复杂的。目前,通常

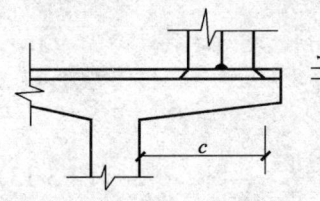

图 2-3-7 悬臂板有效
工作宽度计算图示

采用较简便的近似方法进行计算。

计算弯矩时,先算出一个跨度相同的简支板在恒载和活载作用下的跨中弯矩 M_0,再乘以偏安全的经验系数加以修正,以求得支点处和跨中截面的设计弯矩。弯矩修正系数可视板厚 t 与梁肋高度 h 的比值来选用。

当 $t/h < 1/4$ 时,主梁抗扭能力较大:

$$\left. \begin{array}{ll} \text{跨中弯矩} & M_\mathrm{c} = +0.5M_0 \\ \text{支点弯矩} & M_\mathrm{s} = -0.7M_0 \end{array} \right\} \quad (2\text{-}3\text{-}11)$$

当 $t/h \geqslant 1/4$ 时,主梁抗扭能力较小:

$$\left. \begin{array}{ll} \text{跨中弯矩} & M_\mathrm{c} = +0.7M_0 \\ \text{支点弯矩} & M_\mathrm{s} = -0.7M_0 \end{array} \right\} \quad (2\text{-}3\text{-}12)$$

式中:M_0——按简支板计算而得的荷载组合内力,其中汽车荷载在 1m 宽简支板条中所产生的跨中弯矩 M_op(图 2-3-8)为:

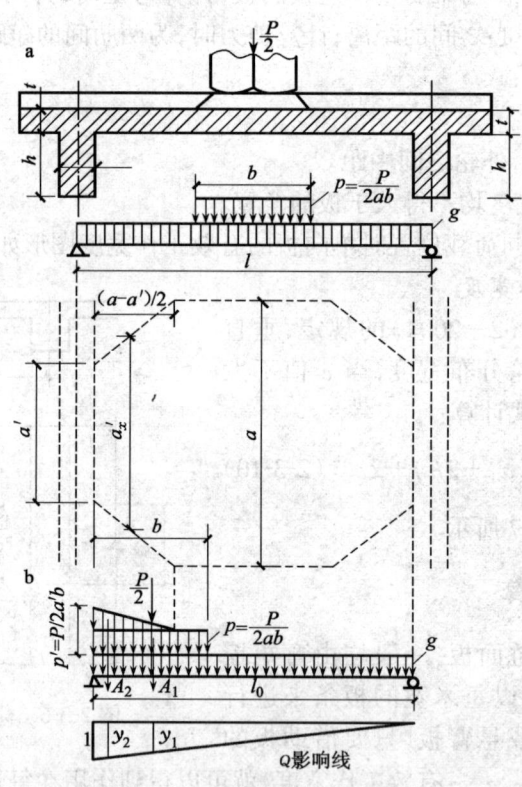

图 2-3-8 单向板内力计算图示
a 求跨中弯矩;b 求支点剪力

$$M_\mathrm{op} = (1+\mu)\frac{P}{8a}\left(l - \frac{b}{2}\right) \quad (2\text{-}3\text{-}13)$$

如果板的跨径较大,可能还有第二个车轮进入跨径内时,可按力学方法将荷载布置成使跨中弯距为最大。

每米板宽的跨中恒载弯矩可由下式计算：

$$M_{op} = \frac{1}{8} g l^2 \tag{2-3-14}$$

式中：g——1m 宽板条每延米的恒载重力。

对于梁肋整体连接且有承托的板，当进行承托内或肋内板的截面验算时，自承托起点至肋中线之间板的任一验算截面的计算高度 h_e 可按下式计算：

$$h_e = h'_f + s \cdot \tan\alpha \tag{2-3-15}$$

式中符号意义如图 2-3-9。当 $\tan\alpha$ 大于 1/3 时，取 1/3。

当需要计算单向板的支点剪力时，可不考虑板和主梁的弹性固结作用，此时荷载必须尽量靠近梁肋边缘布置。在考虑了相应的有效工作宽度后，每米板宽承受的分布荷载如图 2-3-8b 所示。对于跨径内只有一个车轮荷载的情况，支点剪力 Q_s 的计算公式为：

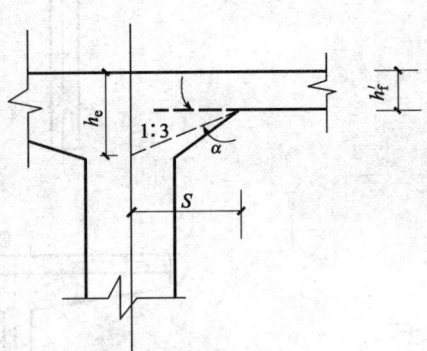

图 2-3-9 承托计算高度图示

$$Q_s = \frac{g l_0}{2} + (1 + \mu)(A_1 \cdot y_1 + A_2 \cdot y_2) \tag{2-3-16}$$

其中，矩形部分荷载的合力为：

$$A_1 = p \cdot b = \frac{P}{2ab} \cdot b = \frac{P}{2a} \tag{2-3-17}$$

$$A_2 = \frac{1}{2}(p' - p) \cdot \frac{1}{2}(a - a') = \frac{P}{8aa'b} \cdot (a - a')^2 \tag{2-3-18}$$

式中：p、p'——对应于有效工作宽度 a 和 a' 处的荷载强度；

y_1、y_2——对应于荷载合力 A_1、A_2 的支点剪力影响线竖标值；

l_0——板的净跨径。

如果跨径内进入的车轮大于一个时，尚应计及其他车轮的影响。

(二)悬臂板的内力

悬臂板的内力计算在实际应用中可分为三种情况：

第一，肋梁桥边梁外侧翼缘或翼缘及梁肋上有车轮荷载，其最不利的加载位置为满足规范关于车辆荷载横向布置规定的前提下尽量向外，如图 2-3-10a 所示。

第二，相邻翼缘板相互不连接的桥面板，其最不利加载位置如图 2-3-10b 所示。

第三，相邻翼缘板相互铰接的桥面板，其弯矩计算最不利加载位置如图 2-3-10c 所示。

悬臂板的计算跨径可取悬臂净跨径，内力计算公式不再赘述。

(三)内力组合

计算出恒载和活载内力后，取 1m 宽板条按照《桥规》(JTGD 60—2004)规定，求得最大内力的组合。

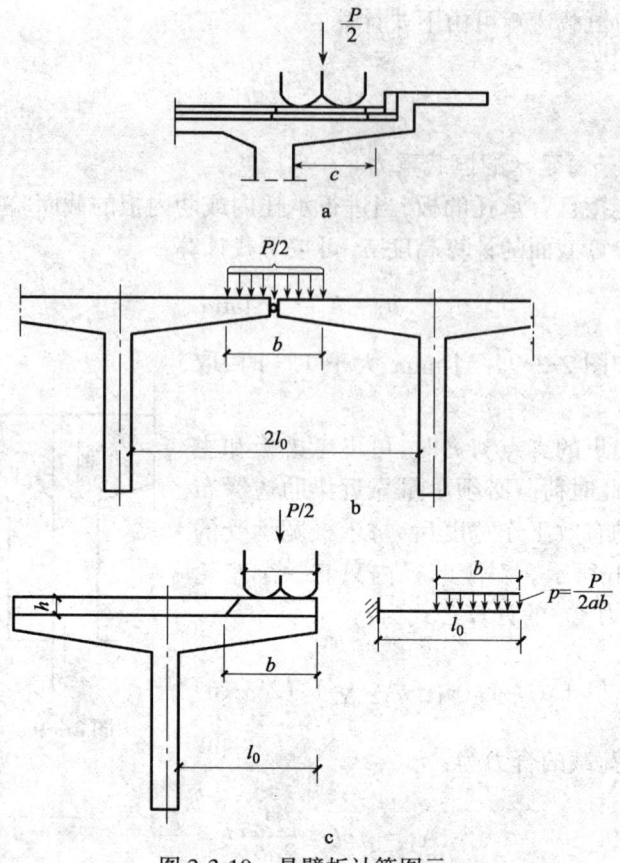

图 2-3-10 悬臂板计算图示

五、例题分析

【例 2-3-1】 如图 2-3-11 所示,某公路桥桥面净宽为净 $8+2\times 0.25$,汽车荷载为公路 - Ⅱ级。翼缘板带有湿接缝的钢筋混凝土 T 梁桥,标准跨径 20m,主梁间距 2.2m,边板外翼缘 1.2m。梁高 1.5m,横隔梁间距 4.85m,铺装层平均厚度 8cm,铺装层容重 $\gamma_{铺}=24kN/m^3$,桥面板容重 $\gamma_{板}=25kN/m^3$,防撞护栏重每侧 5kN/m。

求:行车道板在持久状况承载能力极限状态基本组合下的跨中弯矩 $M_{中}$、支点弯矩 $M_{支}$、支点剪力 $Q_{支}$。

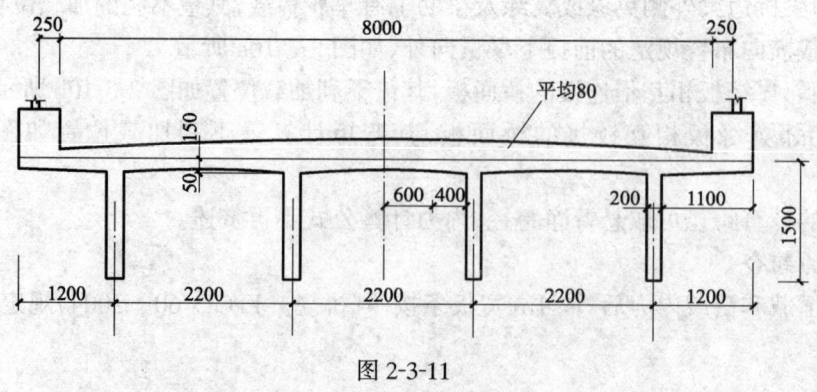

图 2-3-11

解:

(一)计算图式

板的长宽比 $=\dfrac{4.85}{2.2}>2$,所以主梁肋之间的板为支承在主梁梁肋上的单向板。边主梁外翼缘为嵌固在主梁梁肋上悬臂板。

本例涉及的荷载有:恒载为结构自重;可变荷载为汽车荷载和汽车冲击力。

(二)单向板弯矩计算

1. 板的计算跨径按照《桥规》(JTGD 62—2004)规定: $l = l_0 + t = 2.0 + 0.16 = 2.16\text{m}$ 且不大于主梁肋中距 2.2m,所以计算跨径 $l = 2.16\text{m}$。

2. 恒载集度(沿顺桥方向取 1m 板宽计算)

铺装层自重: $G_铺 = (1 \times l \times 0.08) \times 24$

板的平均厚度: $t = \dfrac{0.15 \times 1.0 + 0.5 \times 0.4 \times 0.05}{1.0} = 0.16\text{m}$

板的自重: $G_板 = (1 \times l \times 0.16) \times 25$

铺装层及板共重: $G = G_铺 + G_板$

恒载集度: $q_G = \dfrac{G}{l} = 1 \times 0.08 \times 24 + 1 \times 0.16 \times 25 = 5.92\text{kN/m}$

3. 恒载弯矩

$$M_{G1K} = \dfrac{1}{8} q_G \cdot l^2 = \dfrac{1}{8} \times 5.92 \times 2.16^2 = 3.45\text{kN·m}$$

4. 汽车荷载 按《桥规》(JTGD 60—2004)选用如图 2-3-12 车辆荷载进行计算

(1)选取荷载:根据轴距及轴重,应以重轴为主,取用两后轴 $2\times P=140\text{kN}$ 或两中轴 $2\times P=130\text{kN}+P=30\text{kN}$ 计算。

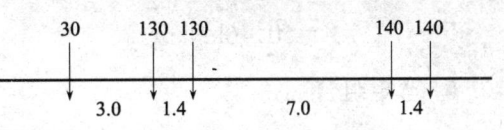

图 2-3-12

(2)轮载分布:重轴车轮着地尺寸 $a_1 \times b_1 = 0.2 \times 0.6\text{m}$,经铺装层按 45°角扩散后在板顶的分布尺寸 $(a_1+2h)\times(b_1+2h)=0.36\times 0.76\text{m}$

(3)板的有效工作宽度:

①车轮居于板跨中 a:

a. 单个车轮居于板跨中:

$$a = (a_1 + 2h) + \dfrac{l}{3} = 0.36 + \dfrac{2.16}{3} = 1.08\text{m}$$

《桥规》(JTGD 62—2004)规定 a 不小于 $\dfrac{2}{3}l = \dfrac{2}{3} \times 2.16 = 1.44\text{m}$。

∴ $a = 1.44\text{m}$

车辆荷载的轴距如图 2-3-12 所示,分析表明,两中轴、两后轴各自的有效工作宽度相互重叠,应两后轴多个(两个)车轮居于板跨中计。

b. 多个车轮居于板跨中:

$$a = (a_1 + 2h) + d + \frac{l}{3} = 0.36 + 1.4 + \frac{2.16}{3} = 2.48 \text{m}$$

《桥规》(JTGD 62—2004)规定 a 不小于 $\frac{2}{3}l + d = \frac{2}{3} \times 2.16 + 1.4 = 2.84\text{m}$。

$$\therefore \quad a = 2.84\text{m}$$

②车轮居于支点中 a'：单个车轮时，$a' = (a_1 + 2h) + t = 0.36 + 0.16 = 0.52\text{m}$

a' 小于轴距 1.4m，所以有效工作宽度在支点处不重叠，以单轮计。

③板的有效工作宽度如图 2-3-13。

(4) 车轮荷载集度：

车轮荷载居于跨中，分布范围 $a = 2.84\text{m}$，$b = b_1 + 2h = 0.76\text{m}$

$$\overline{BB} = l - 2x_B = 2.16 - 2 \times 0.46 = 1.24\text{m} > b = 0.76\text{m}$$

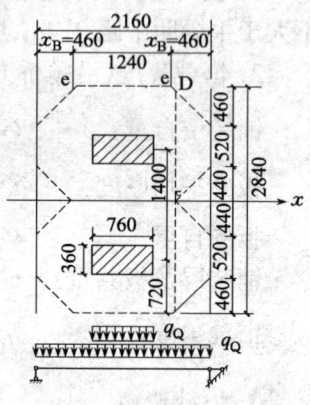

$\therefore$ 车轮荷载集度 $\quad q_Q = \dfrac{\dfrac{P}{2} \times 2}{a \times b} \times 1 = \dfrac{\dfrac{140}{2} \times 2}{2.84 \times 0.76} \times 1$

$$= 64.86 \text{kN/m}$$

5. 汽车及冲击力弯矩(偏于安全地取冲击系数 $\mu = 1.3$)

图 2-3-13

$$M_{Q1K} = (1+\mu) \times \left(\frac{1}{2} q_Q \cdot b \cdot \frac{l}{2} - \frac{1}{2} q_Q \cdot b \cdot \frac{b}{4} \right)$$

$$= (1 + 1.3)\left(\frac{1}{2} \times 64.86 \times 0.76 \times \frac{2.16}{2} - \frac{1}{2} \times 64.86 \times 0.76 \times \frac{0.76}{4} \right)$$

$$= 50.46 \text{kN/m}$$

6. 弯矩组合

$$M_0 = \gamma_0 (\gamma_{G1} M_{G1} + \gamma_{Q1} M_{Q1})$$

$20\text{m} \leqslant L_B = 20\text{m} < 40\text{m}$，属中桥，安全等级为二级，$\gamma_0 = 1.0$

$$\gamma_{G1} = 1.2, \gamma_{Q1} = 1.4$$

$$M_0 = 1.0 \times (1.2 \times 3.45 + 1.4 \times 50.46) = 74.78 \text{kN·m}$$

7. $M_\text{支}$、$M_\text{中}$

$$M_\text{支} = -0.7 M_0 = -0.7 \times 74.78 = -52.35 \text{kN·m}$$

$\because$ 板厚与梁高之比 $= \dfrac{0.16}{1.5} < \dfrac{1}{4}$

$\therefore \quad M_\text{中} = 0.5 M_0 = 0.5 \times 74.78 = 37.39 \text{kN·m}$

(三) 单向板剪力计算

1. 板的计算跨径按照《桥规》(JTGD 62—2004)规定：$l = l_0 = 2.0\text{m}$。

2. 恒载集度(沿顺桥方向取 1m 板宽计算)

铺装层自重： $\quad G_\text{铺} = (1 \times l \times 0.08) \times 24$

板的平均厚度：$$t = \frac{0.15 \times 1.0 + 0.5 \times 0.4 \times 0.05}{1.0} = 0.16\text{m}$$

板的自重：$$G_\text{板} = (1 \times l \times 0.16) \times 25$$

铺装层及板共重：$$G = G_\text{铺} + G_\text{板}$$

恒载集度：$$q_G = \frac{G}{l} = 1 \times 0.08 \times 24 + 1 \times 0.16 \times 25 = 5.92\text{kN/m}$$

3．恒载剪力

$$Q_{G1K} = \frac{1}{2} q_G \cdot l = \frac{1}{2} \times 5.92 \times 2.0 = 5.92\text{kN}$$

4．汽车荷载　按照《桥规》(JTGD 60—2004)选用如图 2-3-12 所示车辆荷载进行计算。

(1)选取荷载：参照单向板弯矩计算的结果，应取用 $2 \times P = 140$kN 计算。横桥向轮距 1.8m 小于板的计算跨径 2.0m，故在板的横桥向可布置一个以上的车轮。

(2)轮载分布：重轴车轮着地尺寸 $a_1 \times b_1 = 0.2 \times 0.6$m，经铺装层按 45°角扩散后在板顶的分布尺寸 $(a_1 + 2h) \times (b_1 + 2h) = 0.36 \times 0.76$m。

(3)板的有效工作宽度：

①车轮居于板跨中 a：

单个车轮居于板跨中：

$$a = (a_1 + 2h) + \frac{l}{3} = 0.36 + \frac{2.0}{3} = 1.03\text{m}$$

《桥规》(JTGD 62—2004)规定 a 不小于 $\frac{2}{3}l = \frac{2}{3} \times 2.0 = 1.33$m。

所以，$a = 1.33$m，小于轴距，两后轴的有效工作宽度无重叠，取用单个车轮的有效工作宽度即可。

②车轮居于支点中 a'：单个车轮时，$a' = (a_1 + 2h) + t = 0.36 + 0.16 = 0.52$m

a' 小于轴距 1.4m，所以有效工作宽度在支点处不重叠，以单轮计。

③板的有效工作宽度如图 2-3-14：

(4)车轮荷载集度：

车轮荷载布置如图 2-3-14 所示，

左侧车轮支点 A-A 处荷载集度 $q_{QA} = \frac{\frac{P}{2}}{a' \times b} \times 1 =$

$\frac{\frac{140}{2}}{0.52 \times 0.76} \times 1 = 177.13$kN/m

左侧车轮支点附近 B-B 处荷载集度 $q_{QB} = \frac{\frac{P}{2}}{a \times b} \times 1 =$

$\frac{\frac{140}{2}}{1.33 \times 0.76} \times 1 = 69.25$kN/m

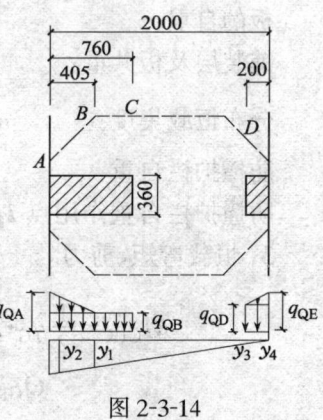

图 2-3-14

右侧车轮边缘 D-D 处的有效工作宽度 $a_x = (a_1 + 2h) + 2x = 0.36 + 2 \times 0.2 = 0.76$m

右侧车轮支点附近 D-D 处荷载集度 $q_{QD}=\dfrac{\frac{P}{2}}{a_x \times b} \times 1 = \dfrac{\frac{140}{2}}{0.76 \times 0.76} \times 1 = 121.19 \text{kN/m}$

右侧车轮支点 E-E 处荷载集度 $q_{QE}=\dfrac{\frac{P}{2}}{a' \times b} \times 1 = \dfrac{\frac{140}{2}}{0.52 \times 0.76} \times 1 = 177.13 \text{kN/m}$

5. 汽车及冲击力剪力(偏于安全地取冲击系数 $\mu=1.3$)

$$Q_{Q1K}=(1+\mu)\times\left[q_{QB}\times 0.76\times y_1+\frac{1}{2}(q_{QA}-q_{QB})\times 0.405\times y_2+q_{QD}\times 0.2\times y_3+\frac{1}{2}(q_{QE}-q_{QD})\times 0.2\times y_4\right]$$

$$y_1=\frac{1.62}{2}=0.81,\ y_2=\frac{1.865}{2}=0.933,\ y_3=\frac{0.1}{2}=0.05,\ y_4=\frac{0.07}{2}=0.035$$

$$Q_{Q1K}=148.17\text{kN}$$

6. 剪力组合,求 $Q_支$

$$Q_支=\gamma_0(\gamma_{G1}Q_{G1}+\gamma_{Q1}Q_{Q1})$$

$20\text{m}\leqslant L_B=20\text{m}<40\text{m}$,属中桥,安全等级为二级,$\gamma_0=1.0$

$$\gamma_{G1}=1.2,\ \gamma_{Q1}=1.4$$

$$Q_支=1.0\times(1.2\times 5.92+1.4\times 148.17)=214.54\text{kN}$$

(四)悬臂板弯矩、剪力计算

1. 板的计算跨径 取净跨径 $l=1.1\text{m}$

2. 恒载集度(沿顺桥方向取 1m 板宽计算。铺装层和板的自重作为均布荷载;防撞护栏作为集中力)

铺装层自重: $G_铺=(1\times l\times 0.08)\times 24$

板的平均厚度: $t=\dfrac{0.12+20}{2}=0.16\text{m}$

板的自重: $G_板=(1\times l\times 0.16)\times 25$

铺装层及板共重: $G=G_铺+G_板$

分布恒载集度: $q_G=\dfrac{G}{l}=1\times 0.08\times 24+1\times 0.16\times 25=5.92\text{kN/m}$

防撞护栏自重: $P_护=5\times 1=5\text{kN}$

防撞护栏自重作用点 $l_护$: 取外翼缘端部以内 0.2m 处, 即 $l_护=0.9\text{m}$。

3. 恒载弯矩、剪力

$$M_{G1K}=\frac{1}{2}q_G\cdot l^2+P_护\cdot l_护=\frac{1}{2}\times 5.92\times 1.1^2+5\times 0.9=8.08\text{kN}\cdot\text{m}$$

$$Q_{G1K}=q_G\cdot l+P_护=5.92\times 1.1+5=10.92\text{kN}$$

4. 汽车荷载 按照《桥规》(JTGD 60—2004)选用如图 2-3-12 所示车辆荷载进行计算

(1)选取荷载:根据轴距及轴重,应以重轴为主,取用 $2\times P=140\text{kN}$ 或 $2\times P=130\text{kN}+P=30\text{kN}$ 计算。

(2)轮载分布:重轴车轮着地尺寸 $a_1 \times b_1 = 0.2 \times 0.6$m,经铺装层按 45°角扩散后在板顶的分布尺寸 $(a_1+2h) \times (b_1+2h) = 0.36 \times 0.76$m。

(3)板的有效工作宽度:

车轮尽量靠近悬臂端部:

$$C = 0.48\text{m} < 2.5\text{m}$$

$$\therefore a = (a_1+2h) + 2C = 0.36 + 2 \times 0.48 = 1.32\text{m}$$

$a = 1.32$m,小于最小轴距 1.4m,取后轴,且有效工作宽度无重叠,取用单个车轮的有效工作宽度即可。

板的有效工作宽度如图 2-3-15 所示。

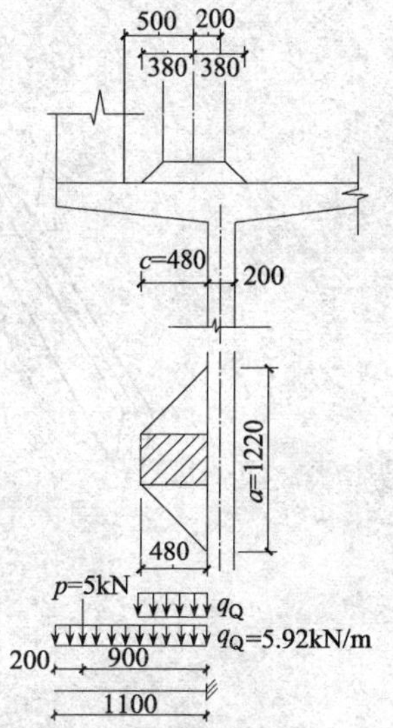

(4)车轮荷载集度:

车轮荷载居于跨中,分布范围 $a=1.32$m, $b = b_1+2h = 0.76$m

$$\therefore 车轮荷载集度\ q_Q = \frac{\frac{P}{2}}{a \times b} \times 1 = \frac{\frac{140}{2}}{1.32 \times 0.76} \times 1 = 69.78\text{kN/m}$$

5. 汽车及冲击力弯矩、剪力(取冲击系数 $\mu=1.3$)

$$M_{Q1K} = (1+\mu) \times q_Q \cdot C \cdot \frac{C}{2} = (1+1.3)\left(69.78 \times 0.48 \times \frac{0.48}{2}\right) = 18.49\text{kN·m}$$

$$Q_{Q1K} = (1+\mu) \times q_Q \cdot C = (1+1.3)(69.78 \times 0.48) = 77.04\text{kN}$$

6. 内力组合

$$M_{悬} = \gamma_0(\gamma_{G1}M_{G1} + \gamma_{Q1}M_{Q1}) = 1.0 \times (1.2 \times 8.08 + 1.4 \times 18.49) = 35.58\text{kN·m}$$

$$Q_{悬} = \gamma_0(\gamma_{G1}Q_{G1} + \gamma_{Q1}Q_{Q1}) = 1.0 \times (1.2 \times 10.92 + 1.4 \times 77.04) = 120.96\text{kN}$$

图 2-3-15

第三节 荷载横向分布计算

一、概述

作用在桥梁上的荷载包括永久作用(如结构自重)与可变作用(如汽车荷载)。永久作用的计算比较简单,除了考虑实际的结构自重外,通常可以近似地将桥面铺装、人行道、栏杆等重量分摊给各片主梁来承担。鉴于人行道、栏杆等构件通常是在桥梁连成整体后安装在边梁上的,为了精确起见,也可将这些作用按以下所述荷载横向分布的方法来计算。

下面我们先以熟知的单梁内力计算为例,来阐明一座梁式桥在活载作用下内力计算的特点。

对于图 2-3-16a 所示的单梁,如以 $\eta_1(x)$ 表示梁上某一截面的内力影响线,则就可方便地计算该截面的内力值 $S = P \cdot \eta_1(x)$,其中 $\eta_1(x)$ 是一个单值函数。梁在 xoz 平面内受力和变形属于简单的平面问题。对于梁式板桥或者由多片主梁通过桥面板和横隔梁组成的梁桥来说,情况则完全不同,如图 2-3-16b 所示。当桥上作用荷载 P 时,由于结构的横向刚性必然会使荷载在 x 和 y 方向内同时发生传递,并使所有主梁都以不同程度参与工作。鉴于结构受力和变形的空间性,故求解这种结构的内力是属于空间计算理论问题。虽然国内外对这一问题进行过许多理论和实验研究,但由于实际结构的复杂性,完全精确的计算仍难实现。每一种理论都有一定的假设条件和适用范围。总的来说,作为空间计算理论的共同点是直接求解结构上任一点的内力或挠度,并且也可像单梁计算中应用影响线那样,借助理论分析所得的影响面来计算某点的内力值。如果结构某点截面的内力影响面用双值函数 $\eta(x,y)$ 来表示,则该截面的内力值可表示为 $S = P \cdot \eta(x,y)$。

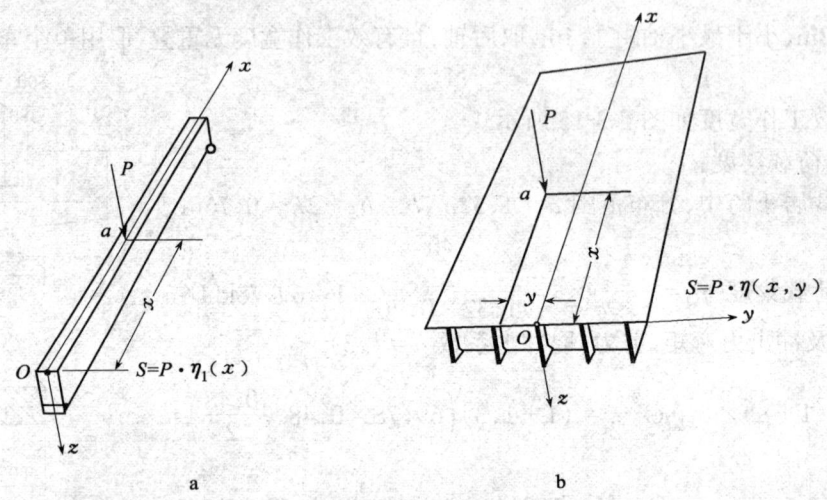

图 2-3-16　荷载作用下的内力计算
a 单片梁；b 梁式桥

但是,作用于桥上的汽车荷载属于沿纵横向都能移动的多个局部荷载,用影响面来求解最不利的内力值是一项非常繁重的工作,因此上述这种空间计算方法实际上没有推广应用。

目前广泛使用的一种方法,是将复杂的空间问题合理转化成图 2-3-16a 所示简单的平面问题来求解。这种方法的实质是将前述的影响面 $\eta(x,y)$ 分离成两个单值函数的乘积,即 $\eta_1(x) \cdot \eta_2(y)$。因此,对于某根主梁某一截面的内力值就可表示为:

$$S = P \cdot \eta_1(x,y) \approx P \cdot \eta_2(y) \cdot \eta_1(x) \tag{2-3-19}$$

在上式中,$\eta_1(x)$ 为单梁某一截面的内力影响线(见图 2-3-16a)。如果将 $\eta_2(y)$ 视为单位荷载沿横向作用在不同位置时,对某梁所分配的荷载比值变化曲线,也称作对于某梁的荷载横向分布影响线,则 $P \cdot \eta_2(y)$ 就是当 P 作用于 $a(x,y)$ 点时沿横向分布给某梁的荷载(图 2-3-16b),暂以 P' 表示,即 $P' = P \cdot \eta_2(y)$。这样,就可完全像图 2-3-16a 所示平面问题一样,求得某梁上某截面的内力值,这就是利用荷载横向分布来计算内力的基本原理。

下面再进一步阐明当桥上作用着汽车荷载时荷载横向分布系数的概念。图 2-3-17 表示桥上作用着一辆前后轴各重 P_1 和 P_2 的汽车荷载,相应的轮重分别为 $\frac{P_1}{2}$ 和 $\frac{P_2}{2}$。如欲求 3 号梁 k 点的截面内力,则可先用对于 3 号梁的荷载横向分布影响线求出桥上横向各排轮重对该梁分布的总荷载(按横向最不利荷载位置求最大值),然后,再用这些荷载通过单梁 k 点截面的内力影响线来计算 3 号梁该截面的最大内力值。显然,如果桥梁的结构一定,轮重在桥上的位置也即确定,则分布至 3 号梁的荷载也是一个定值。在桥梁设计中,通常用一个表征荷载分

布程度的系数 m 与轴重的乘积来表示这个定值,因此前后轴的两排轮重分布至 3 号梁的荷载可分别表示为 mP_1 和 mP_2(如图 2-3-17b),这个 m 就称为荷载横向分布系数,它表示某根主梁(这里指 3 号梁)所承担的最大荷载是各个轴重的倍数(通常小于 1)。

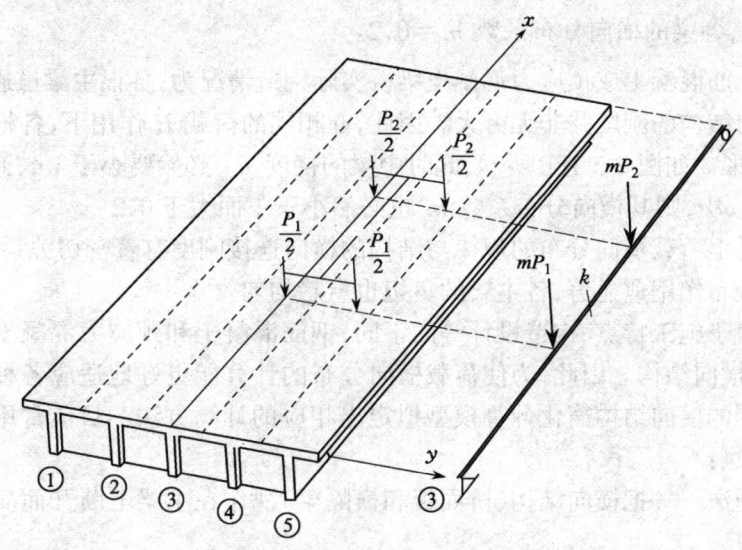

图 2-3-17 汽车荷载在桥上的横向分布

需要进一步说明的是,上述将空间计算问题转化成平面问题的做法只是一种近似的处理方法,实际上荷载沿横向通过桥面板和多根横隔梁向相邻主梁传递时情况是很复杂的,原来的集中荷载传至相邻梁的就不再是同一纵向位置的集中荷载了。但是,理论和试验研究表明,对于直线梁桥,当通过沿横向的挠度关系来确定荷载横向分布规律时,由此而引起的误差是很小的。如果考虑到实际作用在桥上的荷载并非只是一个集中荷载,而是分布在桥跨不同位置的多个车轮荷载,那么此种误差就会更小。关于这个问题,将在"铰接板(梁)和刚接梁法"中再作详细说明。

显然,同一座桥梁内各根梁的荷载横向分布系数 m 是不相同的,不同类型的荷载其 m 值也各异,而且荷载在梁上沿纵向的位置对 m 也有影响。这些问题将在以后的各节中加以阐明。现在再来分析桥梁结构具有不同横向连接刚度时,对于荷载横向分布的影响。

设想如图 2-3-18 表示五根主梁所组成的桥梁在跨度内承受荷载 P 的跨中横截面。图 2-3-18a 表示主梁与主梁间没有任何联系的结构,此时如中梁的跨中有集中力 P 作用,则全桥中只有直接承载的中梁受力,也就是说,该梁的横向分布系数 $m=1$,显然这种结构形式整体性差,而且是很不经济的。

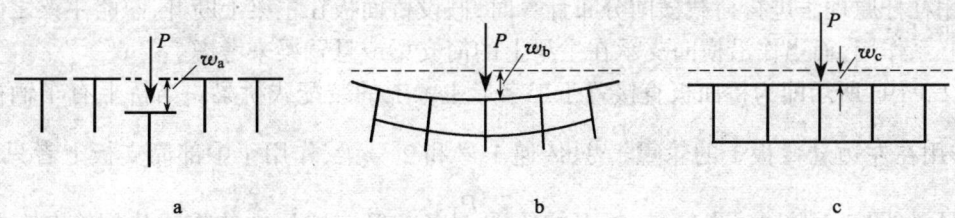

图 2-3-18 不同横向刚度时主梁的变形和受力情况
a 横向无联系;b $0<EI_h<\infty$;c $EI_h\to\infty$

如图 2-3-18c 所示的情况,如果将各主梁相互间借横隔梁和桥面刚性连接起来,并且设想横隔梁的刚度接近无穷大($EI_h \approx \infty$),由于横隔梁无弯曲变形,则在同样的荷载 P 作用下,所有五根主梁将共同受力。此时五根主梁的挠度均相等,荷载 P 由五根梁均匀分担,每梁只承受 $\frac{1}{5}P$,也就是说,各梁的横向分布系数 $m = 0.2$。

然而,一般钢筋混凝土或预应力混凝土梁桥实际构造情况为:各根主梁虽通过横向结构连成整体,但是横向结构的刚度并非无穷大。因此,在相同的荷载 P 作用下,各根主梁将按照某种复杂的规律变形。如图 2-3-18b 所示,此时中梁的挠度 w_b 必然要小于 w_a,而大于 w_c,设中梁所受的荷载为 mP,则其横向分布系数 m 也必然小于 1 而大于 0.2。

由此可见,桥上荷载横向分布的规律与结构的横向连接刚度有着密切关系,横向连接刚度愈大,荷载横向分布作用愈显著,各主梁的负担也愈趋均匀。

在实践中,由于施工特点、构造设计等的不同,钢筋混凝土和预应力混凝土梁式桥上可能采用不同类型的横向结构。因此,为使荷载横向分布的计算能更好地适应各种类型的结构特性,就需要按不同的横向结构简化计算模型拟定出相应的计算方法。目前常用以下几种荷载横向分布计算方法:

(1)杠杆原理法——把横向结构(桥面板和横隔梁)视作在主梁上断开而简支在其上的简支梁;

(2)偏心压力法——把横隔梁视作刚性极大的梁,当计及主梁抗扭刚度影响时,此法又称为修正偏心压力法;

(3)横向铰接板(梁)法——把相邻板(梁)之间视为铰接,只传递剪力;

(4)横向刚接梁法——把相邻主梁之间视为刚性连接,即传递剪力和弯矩;

(5)比拟正交异性板法——将主梁和横隔梁的刚度换算成两向刚度不同的比拟弹性平板来求解,并由实用的曲线图表进行荷载横向分布计算。

总的来说,上列各种实用的计算方法所具有的共同特点是:从荷载在桥上的横向分布出发,求得各梁的荷载横向分布影响线;通过横向最不利布载来计算荷载横向分布系数 m;有了作用于单梁上的最大荷载,就可求得主梁的活载内力值。

钢筋混凝土和预应力混凝土梁桥的结构自重一般比较大,即使在计算活载内力中会带来一些误差,然而对于主梁总的设计内力来说,这种误差的影响一般是不太大的。

下面分别介绍几种常用计算荷载横向分布系数方法的基本原理。

二、杠杆原理法

计算原理和适用范围

利用杠杆原理法进行荷载横向分布计算时,假设桥面板在主梁上断开,忽略主梁之间横向结构的联系作用,而当作沿横向支承在主梁上的简支梁或悬臂梁来考虑。

图 2-3-19a 所示即为桥面板直接置于工字形主梁上的装配式桥梁。当桥上有车辆荷载作用时,作用在左边悬臂板上的轮重 $\frac{P_1}{2}$ 只传递 1 号和 2 号梁,作用于中部简支板上者只传给 2 号和 3 号梁(图 2-3-19b)。也就是,板上的轮重 $\frac{P_1}{2}$ 各按简支梁反力的方式分配给左右两根主梁,反力 R_i 的大小只要利用简支板的静力平衡条件即可求出,这就是通常所谓作用力平衡的

"杠杆原理"。如果主梁所支承的相邻两块板上均有荷载，则该梁所受的荷载即为两个支承反力之和，如图 2-3-19b 中 2 号梁所受的荷载为 $R_2 = R'_2 + R''_2$。

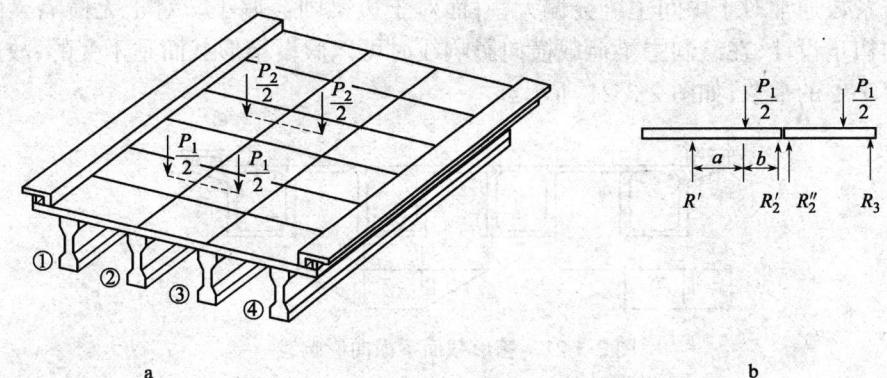

图 2-3-19　按杠杆原理受力图示

为了求得主梁所受的最大荷载，通常可利用反力影响线来进行。在此情况下，也就是计算荷载横向分布系数的横向影响线，如图 2-3-20 所示。

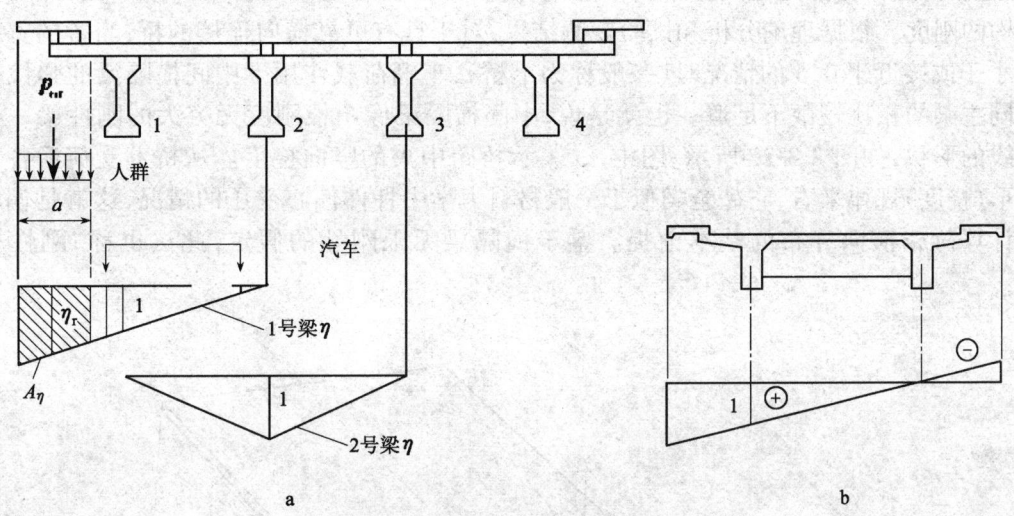

图 2-3-20　按杠杆原理法计算横向分布系数

有了各主梁的荷载横向影响线，就可根据各种活载（如汽车和人群）的最不利荷载位置求得相应的横向分布系数，如图 2-3-20a 所示。应注意，采用杠杆原理法计算时，应分别计算各主梁的横向分布系数，以便得到受载最大的主梁的最大内力作为设计的依据。

对于图 2-3-20b 所示的双主梁桥，采用杠杆原理法计算荷载的横向分布是足够精确的。

对于一般多梁式桥，不论跨度内有无中间横隔梁，当桥上荷载作用在靠近支点处时，例如当计算支点剪力的情形，荷载的绝大部分通过相邻的主梁直接传至墩台。对于直接作用在端横隔梁上的集中荷载，虽然端横隔梁是连续于几根主梁之间的，但由于不考虑支座的弹性压缩和主梁本身的微小压缩变形，荷载将主要传至两个相邻的主梁支座，连续端横隔梁的支点反力与多跨简支梁的反力相差不多。因此，在实践中人们习惯于安全地用杠杆原理分布法来计算荷载位于靠近主梁支点时的横向分布系数。

　　杠杆原理法也可近似地应用于横向联系很弱的无中间横隔梁的桥梁。但是这样计算的荷载横向分布系数通常对于中间主梁会偏大些,而对于边梁则会偏小。对于无横隔梁的装配式箱形梁桥的初步设计,在绘制主梁荷载横向影响线时可以假设箱形截面是不变的,故箱梁内的竖标值为等于 1 的常数,如图 2-3-21 所示。

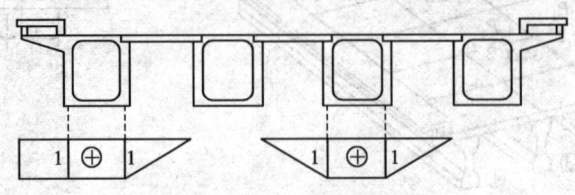

图 2-3-21　箱形截面梁横向影响线

三、偏心压力法

　　通常,在钢筋混凝土或预应力混凝土梁桥上,除在桥的两端设置横隔梁外,还在跨度中央,甚至在跨度四分点处也设置中间横隔梁,这样可以显著地增加桥梁的整体性,并加大横向结构的刚度。根据理论分析和试验观测结果,对于具有可靠横向连接的桥,当桥的宽跨比 B/l 小于或接近于 0.5 的情况时(一般称为窄桥),车辆荷载作用下中间横隔梁的弹性挠曲变形同主梁的相比较微不足道。也就是说,中间横隔梁像一根刚度无穷大的刚性梁一样保持直线的形状,如图 2-3-22 所示,图中 w 表示桥跨中央的竖向挠度。从桥上受荷后各主梁的变形(挠度)规律来看,它完全类似于一般材料力学中杆件偏心受压的情况,这就是偏心受压法计算荷载横向分布的基本前提。鉴于横隔梁无限刚性的假定,此法也称"刚性横梁法"。

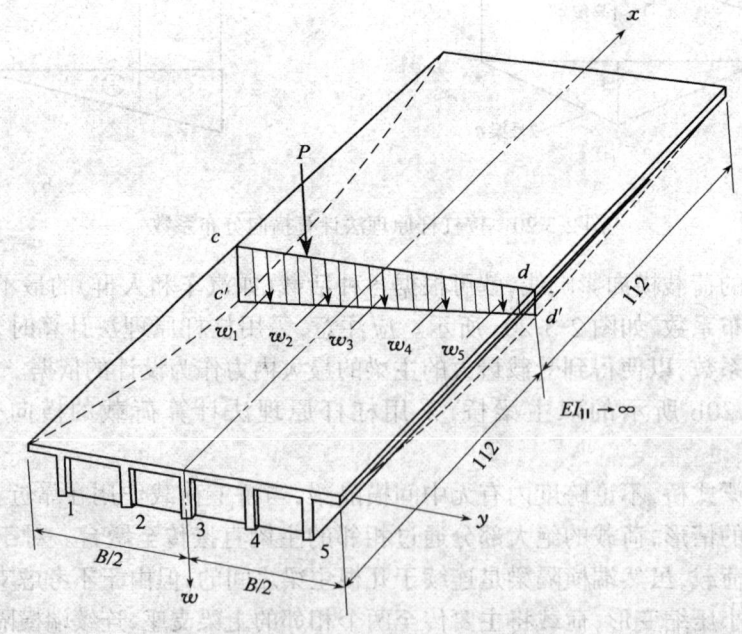

图 2-3-22　梁桥挠曲变形(刚性横梁)

下面我们就根据上述假定来分析荷载对各主梁的横向分布。

(一)偏心荷载 P 对各主梁的荷载分布

由图 2-3-22 中可知,在偏心荷载 P 作用下,随着各梁的挠曲变形,刚性的中间横隔梁将从原来的 $c-d$ 位置变位至 $c'-d'$,呈一根倾斜的直线;靠近 P 的边梁 5 的 w_5 最小(也可能出现负值),其他任意梁的跨中挠度均按 $c'-d'$ 线呈直线规律分布。由于在弹性范围内某一主梁所受到的荷载 R_i 与该荷载所产生的弹性挠度 w_i 成正比,因此,边梁 1 受的荷载最大,边梁 5 受的荷载最小(也可能承受反向荷载)。由此可以得出结论:在中间横隔梁刚度相当大的窄桥上,在沿横向偏心布置的活载作用下,总是靠近活载一侧的边梁受载最大。为了计算 1 号边梁所受的荷载,现考察图 2-3-23 所示的跨中有单位荷载 $P=1$ 作用,左边 1 号梁梁轴上(偏心距为 e)时的荷载分布情况。作为一般情形,假定各主梁的惯性矩 I_i 不相等的(实践中往往存在边梁大于中间主梁的情况)。显然,对于具有近似刚性中间横隔梁的结构,图 2-3-23 所示的荷载可以由作用于桥轴线的中心荷载 $P=1$ 和偏心力矩 $M=1 \cdot e$ 来替代,如图 2-3-23 所示。因此,只要分别求出上述两种荷载下(图 2-3-23)对于各主梁的作用下,并将它们相应地叠加,便可得到偏心荷载) $P=1$ 对各根主梁的荷载横向分布。

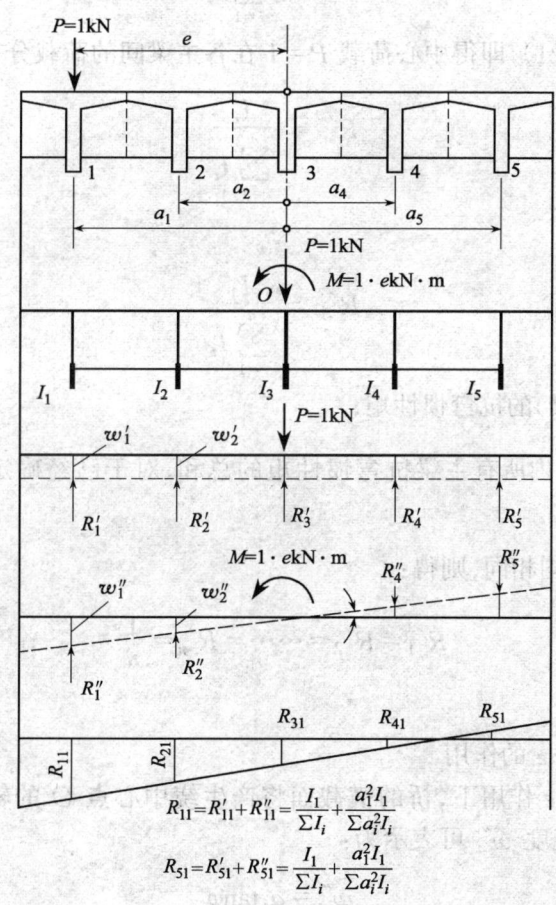

图 2-3-23 偏心荷载 $P=1$ 对各主梁的荷载分布图

1. 中心荷载 $P=1$ 的作用

假定中间横隔梁是刚性的,且横截面对称于桥中线,则各根主梁就产生同样的挠度,见图 2-3-23,即:

$$w'_1 = w'_2 = \cdots\cdots = w'_n \tag{2-3-20}$$

根据材料力学,作用于简支梁跨中的荷载(即主梁所分担的荷载)与挠度的关系为:

$$w'_i = \frac{R'_i l^3}{48 E I_i} \text{ 或 } R'_i = \alpha I_i w'_i \tag{2-3-21}$$

式中:$\alpha = \frac{48E}{l^3} = $ 常数(E 为梁体材料的弹性模量)。

将静力平衡条件并代入式(2-3-21)可得:

$$\sum_{i=1}^{n} R'_i = \alpha w'_i \sum_{i=1}^{n} I_i = 1$$

故

$$\alpha w'_i = \frac{1}{\sum_{i=1}^{n} I_i} \tag{2-3-22}$$

将上式代入式(2-3-21),即得中心荷载 $P=1$ 在各主梁间的荷载分布为:

$$R'_i = \frac{I_i}{\sum_{i=1}^{n} I_i} \tag{2-3-23}$$

对于 1 号梁为:

$$R'_1 = \frac{I_1}{\sum_{i=1}^{n} I_i} \tag{2-3-23'}$$

式中:I_1——1 号梁(边梁)的抗弯惯性矩;

$\sum_{i=1}^{n} I_i$——桥梁横截面内所有主梁抗弯惯性矩的总和,对于已经确定的桥梁横截面它是常数。

如果各主梁的截面均相同,则得:

$$R'_1 = R'_2 = \cdots\cdots = R'_n = \frac{1}{n} \tag{2-3-24}$$

式中:n 为主梁根数。

2. 偏心力矩 $M = 1 \cdot e$ 的作用

在偏心力矩 $M = 1 \cdot e$ 作用下,桥的横截面将产生绕中心点 O 的转角 φ 见图 2-3-23。此时,各主梁产生的竖向挠度 w''_i 可表示为:

$$w''_i = a_i \tan\varphi \tag{2-3-25}$$

由式(2-3-21),主梁所受荷载与挠度的关系为:

$$R''_i = \alpha I_i w''_i$$

将式(2-3-25)代入上式即可得:

$$R''_i = \alpha\tan\varphi a_i I_i = \beta a_i I_i (\beta = \alpha\tan\varphi) \qquad (2\text{-}3\text{-}26)$$

由图 2-3-23 中可知,R''_i 对桥的截面中心点 O 所形成的反力矩之和应与外力矩 $M = 1 \cdot e$ 平衡,故据此平衡条件并利用式(2-3-26)可得:

$$\sum_{i=1}^{n} R''_i \cdot a_i = \beta \sum_{i=1}^{n} a_i^2 I_i = 1 \cdot e$$

则

$$\beta = \frac{e}{\sum_{i=1}^{n} a_i^2 I_i} \qquad (2\text{-}3\text{-}27)$$

对于已经确定的桥梁截面,式中 $\sum_{i=1}^{n} a_i^2 I_i = a_1^2 I_1 + a_2^2 I_2 + \cdots + a_n^2 I_n$,是常数。

将式(2-3-27)代入式(2-3-26),即得偏心和矩 $M = 1 \cdot e$ 作用下各主梁所分配的荷载为:

$$R''_i = \frac{e a_i I_i}{\sum_{i=1}^{n} a_i^2 I_i} \qquad (2\text{-}3\text{-}28)$$

注意,上式中的荷载位置 e 和梁为 a_i 均具有共同原点 O 的横坐标值,因此在取值时应当计入正、负号。例如,当 e 和 a_i 位于同一侧时,两者的乘积取正号,反之应取负号。故对于 1 号边梁为:

$$R''_1 = \frac{e a_1 I_1}{\sum_{i=1}^{n} a_i^2 I_i} \qquad (2\text{-}3\text{-}28')$$

若以 $e = a_1$ 代入上式,即荷载也作用在 1 号边梁轴线上时,就有:

$$R''_{11} = \frac{a_1^2 I_1}{\sum_{i=1}^{n} a_i^2 I_i} \qquad (2\text{-}3\text{-}29)$$

如果各主梁的截面均相同,则:

$$R''_{11} = \frac{a_1^2}{\sum_{i=1}^{n} a_i^2} \qquad (2\text{-}3\text{-}30)$$

式中:R''_{11} 的第二个脚标表示荷载作用位置,第一脚标则表示由于该荷载引起反力的梁号。

3. 偏心荷载 $P = 1$ 对各主梁的总作用

将式(2-3-23)和式(2-3-28)相叠加,并设荷载位于 k 号梁轴上($e = a_k$),就可写出任意 i 号主梁荷载分布的一般公式为:

$$R_{ik} = \frac{I_i}{\sum_{i=1}^{n} I_i} + \frac{a_i a_k I_i}{\sum_{i=1}^{n} a_i^2 I_i} \qquad (2\text{-}3\text{-}31)$$

由此也不难得到关系式:

$$R_{ik} = R_{ki}\frac{I_i}{I_k} \tag{2-3-32}$$

对于图 2-3-23 所示的情况,如欲求 $P=1$ 作用在 1 号梁轴线上时边主梁(1 号和 5 号梁)所受的总荷载,则只要式(2-3-31)中将 a_k 代入 a_1,$a_i I_i$ 分别代以 $a_1 I_1$ 和 $a_5 I_5$,并注意到 $I_5 = I_1$ 和 $a_5 = -a_1$,即得:

$$\left. \begin{aligned} R_{11} &= \frac{I_1}{\sum_{i=1}^{n} I_i} + \frac{a_1^2 I_1}{\sum_{i=1}^{n} a_i^2 I_i} \\ R_{51} &= \frac{I_1}{\sum_{i=1}^{n} I_i} - \frac{a_1^2 I_1}{\sum_{i=1}^{n} a_i^2 I_i} \end{aligned} \right\} \tag{2-3-33}$$

求得各梁所受的荷载 R_{11}、$R_{21}\cdots R_{n1}$ 后,就可绘出 $P=1$ 作用在 1 号梁上时对各主梁的荷载分布图式,如图 2-3-23 所示。鉴于 R_{i1} 图形呈直线分布,这一点从各梁挠度呈直线规律变化也不难加以证明,故实际上只要计算两根边梁的荷载值 R_{11} 和 R_{51} 就足够了。

(二)利用荷载横向影响线求主梁的荷载横向分布系数

以上论述了沿桥的横向只有一个集中荷载作用的情况。然而实际沿桥宽作用的车轮荷载不止一个,通常利用荷载横向影响线来计算横向一排(几个)荷载对主梁的总影响。

已经知道,当单位荷载 $P=1$ 作用在桥跨中任一主梁 k 轴线上时,对各主梁的荷载横向分布为 R_{ik},见式(2-3-31),利用式(2-3-32)的关系,可得荷载 $P=1$ 作用在任意梁轴线上时分布 k 号梁的荷载为:

$$R_{ki} = R'_{ik} \cdot \frac{I_k}{I_i}$$

这就是 k 号主梁的荷载横向影响线在各梁位处的竖标值,通常写成 $\eta_{ki} = (i=1,2,\cdots n)$。如果各根主梁的截面尺寸相同,则:

$$\eta_{ki} = R_{ki} = R_{ik}$$

以 1 号边梁为例,它的横向影响线的两个控制竖标值就是:

$$\left. \begin{aligned} \eta_{11} &= R_{11} = \frac{I_1}{\sum_{i=1}^{n} I_i} + \frac{a_1^2 I_1}{\sum_{i=1}^{n} a_i^2 I_i} \\ \eta_{15} &= R_{51} = \frac{I_1}{\sum_{i=1}^{n} I_i} - \frac{a_1^2 I_1}{\sum_{i=1}^{n} a_i^2 I_i} \end{aligned} \right\} \tag{2-3-34}$$

倘若各主梁的截面均相同,上式可简化成:

$$\left. \begin{aligned} \eta_{11} &= \frac{1}{n} + \frac{a_1^2}{\sum_{i=1}^{n} a_i^2} \\ \eta_{15} &= \frac{1}{n} - \frac{a_1^2}{\sum_{i=1}^{n} a_i^2} \end{aligned} \right\} \tag{2-3-34'}$$

有了荷载横向影响线,就可以根据荷载沿横向的最不利位置来计算相应分布系数。从而求得其所受的最大荷载。

四、考虑主梁抗扭刚度的修正偏心压力法

前面介绍的偏心压力法具有概念清楚、公式简明和计算方便等优点,由于在推演中作了横隔梁近似绝对刚性和忽略主梁抗扭刚度的两项假定,导致了边梁受力偏大的计算结果。因此,以往在实用计算中也有将按偏心压力法求得的边梁最大横向分布系数乘以0.9加以约略折减的方法。

为了弥补偏心压力法的不足,国内外也广泛地采用考虑主梁抗扭刚度的修正偏心压力法。这一方法既不失偏压法之优点,又避免了偏大的缺陷,因此修正偏压法是一个具有较高实用价值的近似法。

计算原理

利用偏心压力法计算荷载横向影响线坐标(以1号边梁为例)的公式为:

$$\eta_{1i} = \frac{I_1}{\sum I_i} \pm \frac{ea_1 I_1}{\sum a_i^2 I_i}$$

上式等号右边的第一项是由中心荷载 $P=1$ 所引起,此时各主梁只发生挠度而无转动(参见图2-3-23),与主梁的抗扭无关;等号右边的第二项原出于偏心力矩 $M=1 \cdot e$ 的作用,此时,由于截面的转动,各主梁不仅发生竖向挠度,而且同时引起扭转,但在算式中却没有考虑主梁的抗扭作用。要计入主梁抗扭影响,只需对等式右边第二项给予修正。

现在讨论跨中垂直于桥轴平面内有外力矩 $M=1 \cdot e$ 作用下桥梁的变形和受力情况。如图2-3-24所示,此时每根主梁除产生不相同的挠度 w''_i 外,还产生一个相同的转动角 φ,见图2-3-24。如设荷载通过跨中的刚性横隔梁传递,截出此横隔梁作为脱离体来分析,可得各根主梁对横隔梁的反作用为竖向力 R''_i 和抗扭矩 M_T,见图2-3-24。

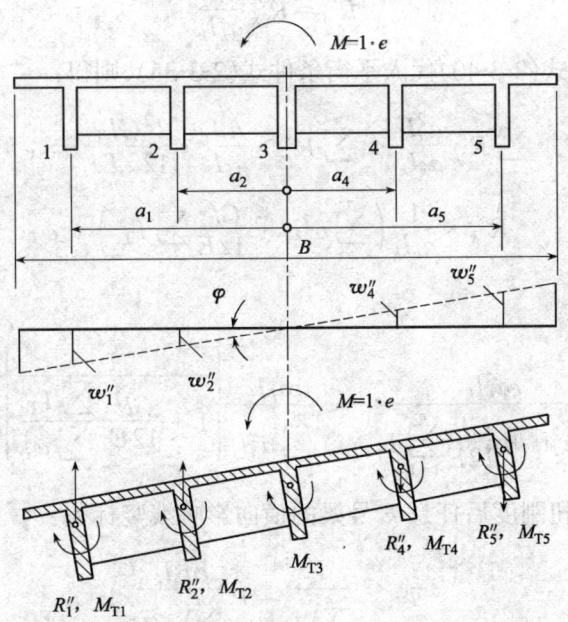

图2-3-24 考虑主梁抗扭的计算图式

根据平衡条件：

$$\sum_{i=1}^{n} R''_i a_i + \sum_{i=1}^{n} M_{Ti} = 1 \cdot e \tag{2-3-35}$$

由材料力学知，考虑简支梁自由扭转时，跨中截面扭矩、扭角以及竖向力与挠度的关系为：

$$\varphi = \frac{lM_{Ti}}{4GI_{Ti}} \text{ 和 } w''_i = \frac{R''_i l^3}{48EI_i} \tag{2-3-36}$$

式中：l 为简支梁的跨度，I_{Ti} 为梁的抗扭惯矩，G 为材料的剪切模量，其余符号同前。

由几何关系（图2-3-24）：

$$\varphi \approx \tan\varphi = \frac{w''_i}{a_i} \tag{2-3-37}$$

将式(2-3-36)代入，则：

$$\varphi = \frac{R''_i l_3}{48 a_i E I_i} \tag{2-3-38}$$

再将上式代入与 M_{Ti} 的关系式，即得：

$$M_{Ti} = R''_i \cdot \frac{l^2 G I_{Ti}}{12 a_i E I_i} \tag{2-3-39}$$

为了计算任意 k 号梁的荷载，利用几何关系和式(2-3-36)，则：

$$\frac{w''_i}{w''_k} = \frac{a_i}{a_k} = \frac{R''_i / I_i}{R''_k / I_k}$$

即：

$$R''_i = R''_k \frac{a_i I_i}{a_k I_k} \tag{2-3-40}$$

再将式(2-3-39)和式(2-3-40)代入平衡条件式(2-3-35)，则得：

$$\sum_{i=1}^{n} R''_k \frac{a_i^2 I_i}{a_k I_k} + \sum_{i=1}^{n} R''_k \cdot \frac{a_i I_i}{a_k I_k} \cdot \frac{l^2 G I_{Ti}}{12 a_i E I_i} = e$$

$$R''_k \cdot \frac{1}{a_k I_k} \left(\sum_{i=1}^{n} a_i^2 I_i + \frac{Gl^2}{12E} \sum_{i=1}^{n} I_{Ti} \right) = e$$

于是：

$$R''_k = \frac{e a_k I_k}{\sum_{i=1}^{n} a_i^2 I_i + \frac{Gl^2}{12E} \sum_{i=1}^{n} I_{Ti}} = \frac{e a_k I_k}{\sum_{i=1}^{n} a_i^2 I_i} \left[\frac{1}{1 + \frac{Gl^2}{12E} \frac{\sum I_{Ti}}{\sum a_i^2}} \right] = \beta \frac{e a_k I_k}{\sum_{i=1}^{n} a_i^2 I_i} \tag{2-3-41}$$

最后，考虑主梁抗扭刚度后任意 k 号梁的横向影响线竖标为：

$$\eta_{ki} = \frac{I_k}{\sum_{i=1}^{n} I_i} \pm \beta \frac{e a_k I_k}{\sum_{i=1}^{n} a_i^2 I_i} \tag{2-3-42}$$

式中：
$$\beta = \frac{1}{1 + \dfrac{Gl^2}{12E}\dfrac{\sum I_{Ti}}{\sum a_i^2 I_i}} < 1 \tag{2-3-43}$$

β 称为抗扭修正系数，它与梁号无关，仅取决于结构的几何尺寸和材料特性。同理，对于 1 号边梁的横向影响线竖标为：

$$\eta_{1i} = \frac{I_1}{\sum\limits_{i=1}^{n} I_i} \pm \beta \frac{ea_1 I_1}{\sum\limits_{i=1}^{n} a_i^2 I_i} \tag{2-3-44}$$

由此可见，与偏心压力法公式不同点仅在于第二项上乘了小于 1 的抗扭修正系数 β，所以此法称为"修正偏心压力法"。

为简明计算，上述分析是针对等截面简支梁的跨中截面进行的，对于其他体系梁桥以及荷载不在跨中的情况，只要根据相应的扭角、扭矩、竖向力与挠度的关系式，利用式(2-3-36)，同样也可求出各该情况的 β 值来。

对于简支梁桥，如果主梁的截面均相同，即 $I_i = I$，$I_{Ti} = I_T$，并且跨中荷载 $P = 1$ 作用在 1 号梁上，即 $e = a_1$，则 1 号梁横向影响线的两个坐标值为：

$$\left.\begin{array}{l} \eta_{11} = \dfrac{1}{n} + \beta \dfrac{a_1^2}{\sum\limits_{i=1}^{n} a_i^2} \\[2ex] \eta_{15} = \dfrac{1}{n} - \beta \dfrac{a_1^2}{\sum\limits_{i=1}^{n} a_i^2} \end{array}\right\} \tag{2-3-45}$$

此时，

$$\beta = \frac{1}{1 + \dfrac{nl^2 GI_T}{12EI\sum a_i^2}} \tag{2-3-46}$$

当主梁的间距相同时，

$$\frac{n}{12\sum a_i^2} = \frac{\xi}{B^2}$$

式中：n——主梁根数；

B——桥宽（见图 2-3-24）

ξ——与主梁根数有关的系数，如表 2-3-1 所示

表 2-3-1　n 与 ξ 关系

n	4	5	6	7
ξ	1.067	1.042	1.028	1.021

在此情况下，

$$\beta = \frac{1}{1 + \xi \frac{GI_T}{EI}\left(\frac{l}{B}\right)^2} \tag{2-3-47}$$

从式中可以看出，$\frac{l}{B}$ 愈大的桥，抗扭刚度对横向分布系数的影响也愈大。

在计算时，式中混凝土的剪切模量 G 可取等于 $0.43E$；对于由矩形组合的梁截面（如 T 形或 I 字形梁），其抗扭惯矩 I_T 近似等于各个矩形截面的抗扭惯矩之和：

$$I_T = \sum_{i=1}^{m} c_i b_i t_i^3 \tag{2-3-48}$$

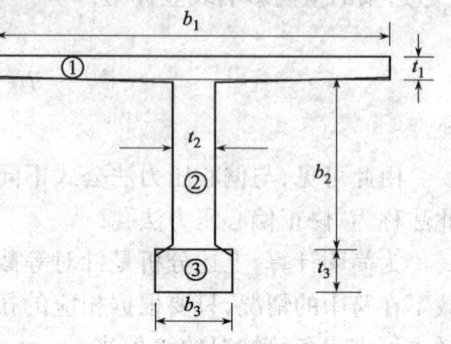

图 2-3-25 I_T 计算图示

式中：b_i、t_i——相应为单个矩形截面的宽度和厚度（见图 2-3-25）；

c_i——矩形截面抗扭刚度系数，根据 t/b 比值按表 2-3-2 计算；

m——梁截面划分成单个矩形截面的块数。

表 2-3-2 t/b 和 c 关系

t/b	1	0.9	0.8	0.7	0.6	0.5	0.4	0.3	0.2	0.1	<0.1
c	0.141	0.155	0.171	0.189	0.209	0.229	0.250	0.270	0.291	0.312	1/3

五、铰接板(梁)法和刚接梁法

对于现浇混凝土纵向企口缝连接的装配式板桥，以及仅在翼板间用焊接钢板或伸出交叉钢筋连接的无中间横隔梁的装配式桥，由于块件间横向具有一定的连接构造，但连接刚性又较弱，因此对计算跨中荷载横向分布时，上面所述的"杠杆原理法"和"偏心压力法"均不适用。鉴于这类结构的受力状态实际接近于数根并列而相互间横向铰接的狭长板(梁)，故专门拟定了横向铰接板(梁)理论来计算荷载的横向分布。本节中将着重阐明铰接板(梁)法的基本假定，计算理论和计算参数的确定，最后例举了荷载横向分布系数的计算实例。对于刚接梁法，可将它看作是铰接板(梁)理论的一种推广。为了节省篇幅，本节中介绍其相异的计算特点。

(一)铰接板(梁)法

首先分析铰接板桥的受力特点。

图 2-3-26a 示出了一座用混凝土企口缝连接的装配式板桥承受荷载 P 的变形图式。当 2 号板块上有荷载 P 作用时，除了本身引起纵向挠曲外(板身的横向变形极微小，可略去不计)，由于各板块之间通过接合缝所承受的内力的起传递荷载的作用，其他板块也会受力而发生相应的挠曲。图 2-3-26b 示出了一般情况下接合缝上可能引起的内力为竖向剪力 $g(x)$、横向弯矩 $m(x)$、纵向剪力 $t(x)$ 和法向力 $n(x)$。然而，当桥上主要作用竖向车轮荷载时，纵向剪力和法向力同竖向剪力相比影响极小；加之在构造上接合缝(企口缝)的高度不大，刚性甚弱，通常可视作近似铰接，则横向弯矩对传布荷载的影响极微，也可忽略。为了简化计算，可以假定竖向荷载作用下接合缝内只传递竖向剪力 $g(x)$，如图 2-3-26c 所示，这就是横向铰接板(梁)

计算理论的假定前提。

应注意,借助按横向挠度分布规律来确定荷载横向分布的原理是把一个空间计算问题简化为一个平面问题来处理,严格来说,应当满足下述关系(以 1、2 号板梁为例):

$$\frac{w_1(x)}{w_2(x)} = \frac{M_1(x)}{M_2(x)} = \frac{Q_1(x)}{Q_2(x)} = \frac{P_1(x)}{P_2(x)} = 常数$$

此式表明,在桥上荷载作用下,任意两根板梁所分配到的荷载比值与挠度比值以及截面内力的比值都相同。

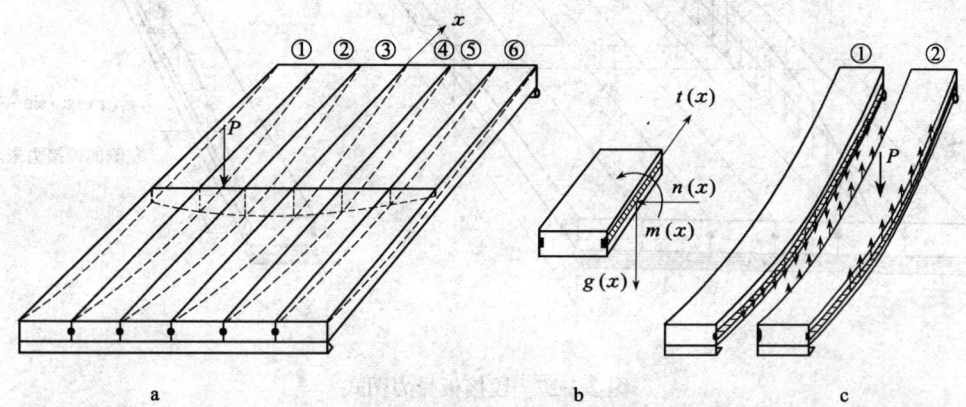

图 2-3-26 铰接板桥受力示意图

对于每条板梁有关系式 $M(x) = -EIw''$ 和 $Q(x) = -EIw'''$,代入上式,并设 EI 为常量,则:

$$\frac{w_1(x)}{w_2(x)} = \frac{w''_1(x)}{w''_2(x)} = \frac{w'''_1(x)}{w'''_2(x)} = \frac{P_1(x)}{P_2(x)} = 常数 \quad (2\text{-}3\text{-}49)$$

实际上无论对于集中轮重或分布荷载的作用情况,都不能满足上式的条件。以图 2-3-26c 铰接板的受力情况为例,2 号板梁上的集中荷载 P 与 1 号板梁经竖向剪力传递的分布荷载 $g(x)$ 是性质完全不同的荷载,这就根本无法谈论它们之间的比值 $p_1(x)/p_2(x)$ 和其他比值了。

然而,若采用具有某一峰值 p_0 的半波正弦荷载,即:

$$p(x) = p_0 \sin \frac{\pi x}{l} \quad (2\text{-}3\text{-}50)$$

则根据其积分和求导的性质,条件式(2-3-49)就能得到满足。对于研究荷载横向分布,可方便地设 $p_0 = 1$,而直接采用单位正弦荷载来分析。此时各根板梁的挠曲线将呈半波正弦曲线,它们所分配到的荷载也是具有不同峰值的半弦荷载,使得荷载、挠度和内力三者的变化规律趋于协调统一。

严格地说,荷载横向分布的处理方法,理论上仅对常截面的简支梁桥(w 为正弦函数时满足简支的边界条件)作用半波正弦荷载时才属正确。鉴于用正弦荷载代替跨中的集中荷载,在计算各梁跨中挠度时的误差较小,虽然计算内力时误差稍大,但考虑到实际计算时有许多车轮沿桥跨分布,又进一步使误差减少,故在铰接板(梁)法中,作为一个基本假定,常采用半波正弦荷载来分析跨中荷载横向分布的规律。

1. 铰接板桥的荷载横向分布

根据以上所作的基本假定,铰接板桥的受力图式如图 2-3-27 所示。

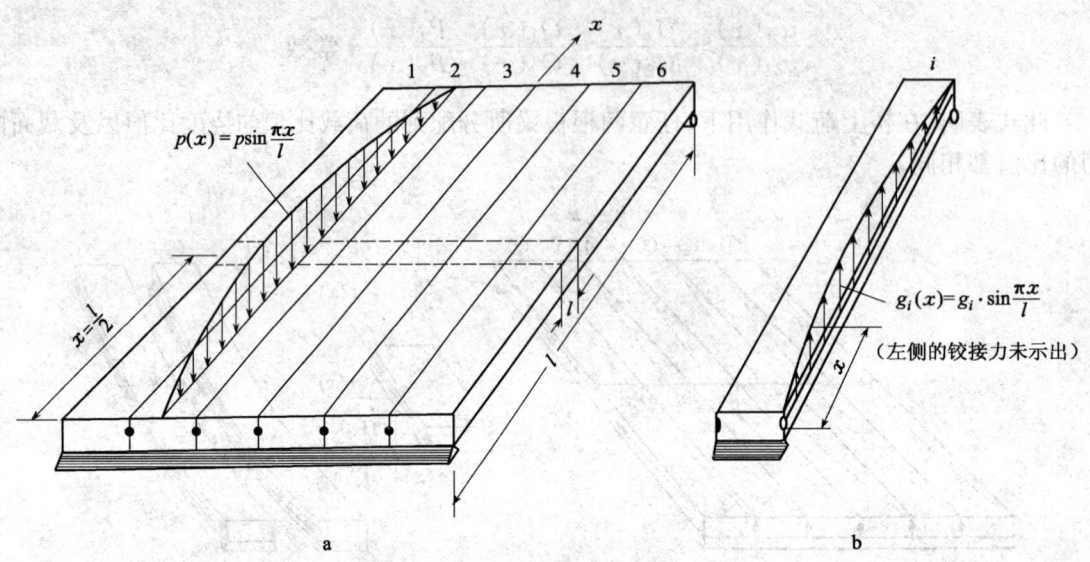

图 2-3-27 铰接板受力图式

在正弦荷载 $p(x)=p\sin\frac{\pi x}{l}$ 作用下,各条铰缝内产生正弦分布的铰接力 $g_i(x)=g_i\sin\frac{\pi x}{l}$,图 2-3-27b 中示出任意一条板梁的铰接力和挠度三者的协调性。对于研究各条板梁所分布荷载的相对规律来说,方便地取跨中单位长度和截割段来进行分析不失其一般性,此时各板条间铰接力可用正弦分布铰接力的峰值 g_1 来表示。

图 2-3-28a 表示一横向铰接板桥的横截面图,现研究单位正弦荷载作用在 1 号板梁轴线上时,荷载在各条板梁内的横向分布,计算图式如图 2-3-28b 所示。

一般说来,对于具有 n 条板梁组成的桥梁,必然具有 $(n-1)$ 条铰缝。在板梁间沿铰缝切开,则每一铰缝内作用着一对大小相等方向相反的正弦分布铰接力。因此,对于 n 条板梁就有 $(n-1)$ 个欲求的未知铰接力峰值 g_i。若求得了所有的 g_i,则根据力的平衡原理,可得分配到各板块的竖向荷载的峰值 p_{i1},以图 2-3-28b 所示的五块板为例,即为:

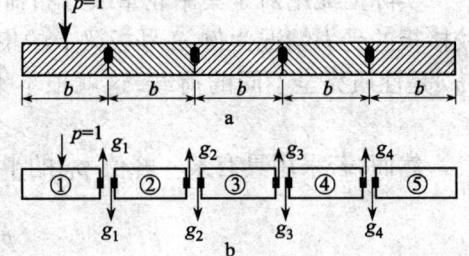

图 2-3-28 铰接板计算图式

$$\left.\begin{array}{ll} 1\ 号板 & p_{11}=1-g_1 \\ 2\ 号板 & p_{21}=g_1-g_2 \\ 3\ 号板 & p_{31}=g_2-g_3 \\ 4\ 号板 & p_{41}=g_3-g_4 \\ 5\ 号板 & p_{51}=g_4 \end{array}\right\} \quad (2\text{-}3\text{-}51)$$

122

下面我们按照《结构力学》中的"力法"原理来求解正弦分布铰接力的峰值 g_i。

显然，对于具有 $(n-1)$ 个未知铰接力的超静定问题，总有 $(n-1)$ 条铰接缝，将每一铰缝切开形成基本体系，利用两相邻板块在铰接缝处的竖向相对位移为零的变形协调条件，就可解出全部铰接力峰值。为此，对图 2-3-28b 的基本体系，可以列出正则方程如下：

$$\left.\begin{array}{l}\delta_{11}g_1+\delta_{12}g_2+\delta_{13}g_3+\delta_{14}g_4+\delta_{1p}=0\\\delta_{21}g_1+\delta_{22}g_2+\delta_{23}g_3+\delta_{24}g_4+\delta_{2p}=0\\\delta_{31}g_1+\delta_{32}g_2+\delta_{33}g_3+\delta_{34}g_4+\delta_{3p}=0\\\delta_{41}g_1+\delta_{42}g_2+\delta_{43}g_3+\delta_{44}g_4+\delta_{4p}=0\end{array}\right\} \quad (2\text{-}3\text{-}52)$$

式中：δ_{ik}——铰接缝 k 内作用单位正弦铰接力，在铰接缝 i 处引起的竖向相对位移；

δ_{ip}——外荷载 p 在铰接缝 i 处引起的竖向位移。

为了确定正则方程的常系数 δ_{ik} 和 δ_{ip}，我们来考察图 2-3-29a 所示任意板梁在左边铰缝内作用单位正弦铰接力的典型情况。图 2-3-29b 为跨中单位长度截割段的示意图，对于横向近乎刚性的板块，偏心的单位正弦铰接力可以用一个中心作用的荷载和一个正弦分布的扭矩来代替；图 2-3-29c 中示出了作用在跨中段上的相应峰值 $g_i=1$ 和 $m_i=\dfrac{b}{2}$。

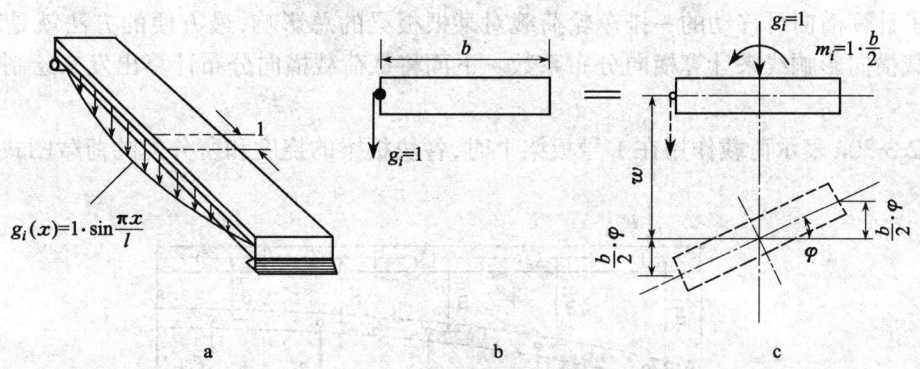

图 2-3-29 板梁的典型受力图式

设上述中心作用荷载在板跨中央产生的挠度为 w，上述扭矩引起的跨中扭角为 φ，则板块左侧产生的总挠度为 $w+\dfrac{b}{2}\varphi$，板块右侧则为 $w-\dfrac{b}{2}\varphi$。掌握了这一典型的变形规律，参照图 2-3-28b 的基本体系，就可以确定以 w 和 φ 表示的全部 δ_{ik} 和 δ_{ip}。计算中应遵循下述符号规定：δ_{ik} 与 g_i 的方向一致时取正号，也就是说，使某一铰缝增大相对位移的挠度取正号，反之取负号。至此，依据图 2-3-28b 的基本体系就可写出正则方程 (2-3-52) 中的常系数为：

$$\delta_{11}=\delta_{22}=\delta_{33}=\delta_{44}=2\left(w+\dfrac{b}{2}\varphi\right)$$

$$\delta_{12}=\delta_{23}=\delta_{34}=\delta_{21}=\delta_{32}=\delta_{43}=-\left(w-\dfrac{b}{2}\varphi\right)$$

$$\delta_{13}=\delta_{14}=\delta_{24}=\delta_{31}=\delta_{41}=\delta_{42}=0$$

$$\delta_{1p}=-w$$

$$\delta_{2p}=\delta_{3p}=\delta_{4p}=0$$

将上述系数代入式(2-3-52),使全式除以 w 并设刚度参数 $\gamma = \dfrac{\dfrac{b}{2}\varphi}{w}$,则得正则方程的简化形式:

$$\left.\begin{array}{r}2(1+\gamma)g_1-(1-\gamma)g_2=1\\-(1-\gamma)g_1+2(1+\gamma)g_2-(1-\gamma)g_3=0\\-(1-\gamma)g_2+2(1+\gamma)g_3-(1-\gamma)g_4=0\\-(1-\gamma)g_3+2(1+\gamma)g_4=0\end{array}\right\} \qquad (2\text{-}3\text{-}53)$$

一般说来,n 块板就有 $(n-1)$ 个联立方程,其主系数 $\dfrac{1}{w}\delta_{ii}$ 均为 $2(1+\gamma)$,副系数 $\dfrac{1}{w}\delta_{ik}$ 均为 $-(1-\gamma)$,其余都为零。荷载项系数除了直接受荷的 1 号板块处为 -1 以外,其余均为 0。

由此可见,只要确定了刚度参数 γ、板块数量 n 和荷载作用位置,就可解出所有 $(n-1)$ 个未知铰接力的峰值。有了 g_i,即可按式(2-3-51)计算荷载作用下分配到各板块的竖向荷载的峰值。

2. 铰接板桥的荷载横向影响线和横向分布系数

前面阐明了沿桥的横向只有一个荷载(用单位正弦荷载代替)作用下的荷载横向分布问题。为了计算横向可移动的一排车轮荷载对某根板梁的总影响,最方便的方法就是利用该板梁的荷载横向影响线来计算横向分布系数。下面将从荷载横向分布计算出发来绘制横向影响线。

图 2-3-30a 表示荷载作用在 1 号板梁上时,各块板梁的挠度和所分配的荷载图式。

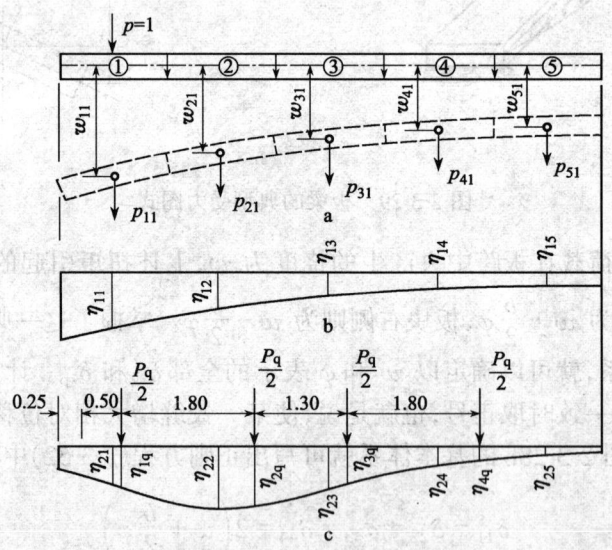

图 2-3-30 跨中荷载横向影响线

$$p_{i1} = \alpha_1 w_{i1}$$

同理

$$p_{1i} = \alpha_2 w_{1i}$$

由变位互等定理 $w_{i1} = w_{1i}$,且每块板梁的截面相同(比例常数 $\alpha_1 = \alpha_2$),就得:
$$p_{1i} = p_{i1}$$

上式表明,单位荷载作用在1号板梁轴线上时,任一板梁所分配的荷载就等于单位荷载作用于任意板梁线上时1号板梁所分配到的荷载,即1号板梁荷载横向影响线的竖标值,通常以 η_{1i} 来表示。利用式(2-3-51),1号板梁横向影响线的各竖标值为:

$$\left.\begin{aligned}\eta_{11} &= p_{11} = 1 - g_1 \\ \eta_{12} &= p_{21} = g_1 - g_2 \\ \eta_{13} &= p_{31} = g_2 - g_3 \\ \eta_{14} &= p_{41} = g_3 - g_4 \\ \eta_{15} &= p_{51} = g_4\end{aligned}\right\} \quad (2\text{-}3\text{-}53')$$

把各个 η_{1i} 按比例描绘在相应板梁的轴线位置,用光滑的曲线(或近似地用折线)连接这些竖标点,即得1号板梁的横向影响线,如图2-3-30b所示。同理,若将单位荷载作用在2号板梁轴线上,就可求得 p_{i2},从而可得 η_{2i},如图2-3-30c所示。

在实际设计时,可以利用对于板块数目 $n = 3 \sim 10$ 所编各号板的横向影响线竖标计算表格(见附录Ⅰ)。表中按刚度参数 $\gamma = 0.00 \sim 2.00$ 列出了 η_{2i} 的数值,对于非表的 γ 值,可用直线内插来确定。

有了跨中荷载横向影响线,就可按前面二、三和四小节中同样的方法计算各类荷载的跨中横向分布系数 m_c。

3. 刚度参数 γ 值的计算

为了计算刚度参数 $\gamma = \dfrac{b}{2}\varphi/w$,首先要确定偏心的正弦荷载作用下所产生的跨中竖向挠度 w 和扭角 φ,见图2-3-31。

(1)跨中挠度 w 的计算:

如图2-3-31b所示,简支梁轴线上作用正弦荷载 $p(x) = p \cdot \sin\dfrac{\pi x}{l}$ 时,根据梁的挠曲理论可得微分方程:

$$EI{w''''}_{(x)} = p(x) = p\sin\dfrac{\pi x}{l}$$

式中,E、I 分别为材料的弹性模量和板梁截面的抗弯惯矩。

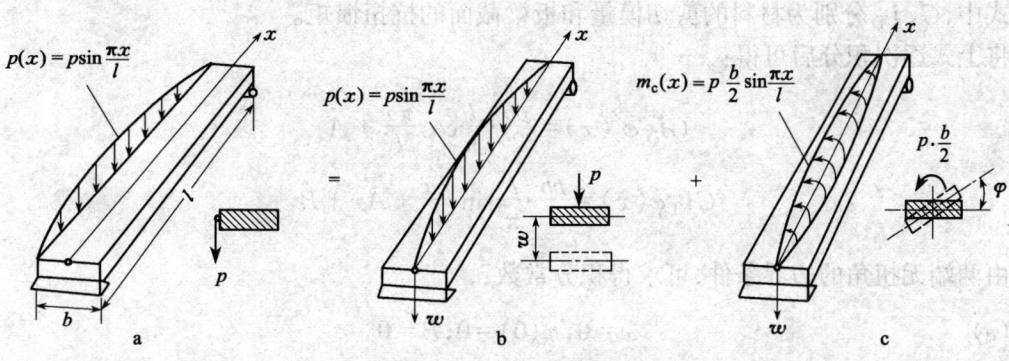

图 2-3-31 γ 值的计算图式

将上式逐次积分后可得：

$$EI'''_w(x) = \frac{pl}{\pi}\cos\frac{\pi x}{l} + A$$

$$EI''_w(x) = -\frac{pl^2}{\pi^2}\sin\frac{\pi x}{l} + Ax + B$$

$$EI'_w(x) = \frac{pl^3}{\pi^3}\cos\frac{\pi x}{l} + \frac{Ax^2}{2} + Bx + C$$

$$EI_w(x) = \frac{pl^4}{\pi^4}\sin\frac{\pi x}{l} + \frac{Ax^3}{6} + \frac{B}{2}x^2 + Cx + D$$

由两端简支的边界条件，求得积分常数：

(a) $\quad x=0, w(0)=0 \quad D=0$
$\quad\quad w''(0)=0 \quad B=0$

(b) $\quad x=l \quad w(l)=0 \quad \frac{1}{6}Al^3 + Cl = 0$
$\quad\quad w''(l)=0 \quad A=0$

因此 $\quad A=B=C=D=0$

则挠度方程为：

$$w(x) = \frac{pl^4}{\pi^4 EI}\sin\frac{\pi x}{l} \tag{2-3-54}$$

当 $x=\frac{l}{2}$ 时，跨中挠度为：

$$w = \frac{pl^4}{\pi^4 EI} \tag{2-3-55}$$

(2) 跨中扭角 φ 的计算：

如图 2-3-31c 所示，当简支板梁轴线上作用正弦分布的扭矩 $m_T(x) = \frac{b}{2}\cdot p\sin\frac{\pi x}{l}$ 时，根据梁的扭转理论可得微分方程：

$$GI_T\varphi''(x) = -m_T(x) = -\frac{b}{2}\cdot p\sin\frac{\pi x}{l}$$

式中，G、I_T 分别为材料的剪切模量和板梁截面的抗扭惯矩。

将上式逐次积分后可得：

$$GI_T\varphi'(x) = \frac{pb}{2}\cdot\frac{l}{\pi}\cos\frac{\pi x}{l} + A$$

$$GI_T\varphi(x) = \frac{pb}{2}\cdot\frac{l^2}{\pi^2}\sin\frac{\pi x}{l} + Ax + B$$

由两端无扭角的边界条件，可求得积分常数：

(a) $\quad x=0, \varphi(0)=0; B=0$
(b) $\quad x=l, \varphi(l)=0; A=0$

从而得扭角方程为：

$$\varphi(x) = \frac{pbl^2}{2\pi^2 GI_T} \sin\frac{\pi x}{l} \tag{2-3-56}$$

当 $x = \dfrac{l}{2}$ 时，跨中扭角为：

$$\varphi = \frac{pbl^2}{2\pi^2 GI_T} \tag{2-3-57}$$

(3) 刚度参数 γ 的计算：

利用式(2-3-55)和式(2-3-57)即得：

$$\gamma = \frac{b}{2}\varphi/w = \frac{b}{2}\cdot\left(\frac{pbl^2}{2\pi^2 GI_T}\right)\bigg/\left(\frac{pl^4}{\pi^4 EI}\right) = \frac{\pi^2 EI}{4GI_T}\left(\frac{b}{l}\right)^2 \approx 5.8\frac{I}{I_T}\left(\frac{b}{l}\right)^2 \tag{2-3-58}$$

对于混凝土取用 $G = 0.425E$。

可见，由偏心的正弦荷载算得的 γ 值，与单位正弦荷载作用的计算结果是一样的。

由式(2-3-54)和式(2-3-56)可以看出，板梁的两种变形与荷载具有相似的变化规律，这也是简支梁桥荷载横向分布理论中采用半波正弦荷载的一个重要原因。

(4) 抗扭惯矩 I_T 的计算：

在刚度参数 γ 的计算中需要计算构件的抗扭惯矩。

对于矩形截面或多个矩形组成的开口截面，可利用式(2-3-48)并查表 2-3-2 计算抗扭惯矩 I_T。

对于封闭的薄壁截面或箱形截面，由于截面内抗扭剪应力的分布规律与开口式截面在本质上不同，因此不能按式(2-3-48)来计算。下面就介绍此类截面抗扭惯矩 I_T 的计算原理和公式。

设任意不等厚的封闭式薄壁截面构件承受纯扭矩 M_T 的作用，如图 2-3-32a 所示。从构件中截取一微段 Δx（见图 2-3-32b），在横截面上必然产生抵抗扭矩的剪力。由于壁较薄，可以认为剪应力沿厚度方向均匀分布，沿周边 s 方向可以是变化的。再从微段上沿 1、2 纵线切取局部微块（见图 2-3-32c），则上下两个纵切面上的剪应力就等于横截面上 1 和 2 点处的剪应力 τ_1 和 τ_2（剪应力互等定理），因此，由纵向力的平衡条件可得：

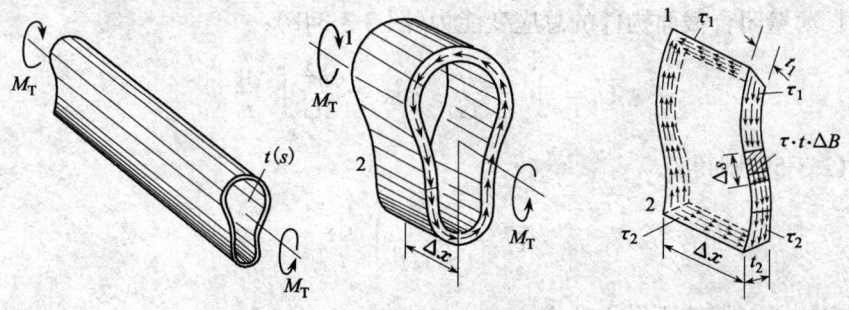

图 2-3-32 封闭式薄壁截面构件的受力图式

$$\tau_1 t_1 \Delta x = \tau_2 t_2 \Delta x$$

即 $\tau_1 t_1 = \tau_2 t_2$

式中，t_1 和 t_2 为 1 和 2 点处的壁厚，见图 2-3-32c。

鉴于纵切面 1 和 2 是任意的，故知封闭式薄壁构件单位周长上的剪力 $\tau \cdot t$ 为一常量，称其为剪力流，以 q 表示。由此得出一个重要结论，即：沿周边壁厚最小处剪应力最大。

如图 2-3-33 所示，若在横截面上取任意点 O，则周长 ds 内的剪力 qds 对 O 点的力矩为 $q \cdot rds$，此处，r 为 O 点至剪力 qds 作用线的垂直距离。鉴于剪力流是由扭矩 M_T 引起的，故剪力流对 O 点产生的总力矩应等于扭矩 M_T，即得：

$$M_T = \oint q \cdot rds = q \oint rds = 2\Omega q$$

即得剪力流为：

$$q = \tau \cdot t = \frac{M_T}{2\Omega} \tag{2-3-59}$$

式中：Ω——薄壁中线所围的面积。

下面，利用剪切应变能等于扭矩所作之功的原理，推导出抗扭惯矩 I_T 的计算公式。

如图 2-3-34a 所示，弹性体单位体积的剪切应变能为：

$$\bar{u} = \frac{1}{2} \tau \cdot (1 \cdot r) = \frac{1}{2} \frac{\tau^2}{G}$$

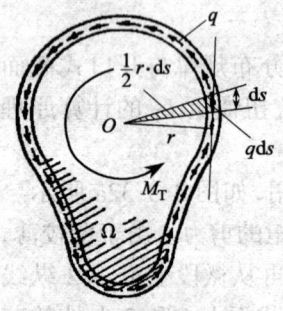

图 2-3-33 封闭式截面的
几何性质图

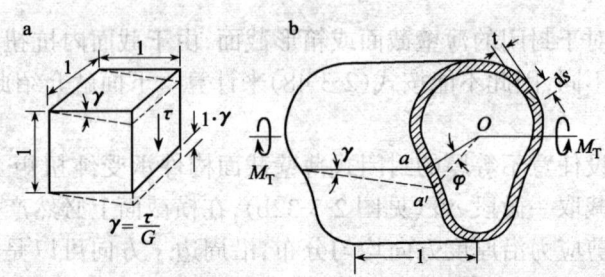

图 2-3-34 剪切应变能计算图示

则单位长薄壁闭合截面构件的总应变能为（图 2-3-34b）：

$$\bar{U} = \oint \frac{1}{2} \frac{\tau^2}{G} \cdot tds = \frac{q^2}{2G} \oint \frac{ds}{t}$$

代入式(2-3-59)则得：

$$\bar{U} = \frac{M_T^2}{8G\Omega^2} \oint \frac{ds}{t}$$

单位长度构件上扭矩所做之功为：

$$\bar{W} = \frac{1}{2} M_T \cdot \varphi = \frac{M_T^2}{2GI_T} \left(\because \varphi = \frac{M_T}{GI_T} \right)$$

因 $\overline{U}=\overline{W}$,则最后可得封闭薄壁截面的抗扭惯矩公式为:

$$I_T = \frac{4\Omega^2}{\oint \frac{ds}{t}} \tag{2-3-60}$$

若遇到如图 2-3-35 所示的封闭薄壁截面上带有"翅翼"的一般情况,则其总抗扭惯矩可近似地叠加计算:

$$I_T = \frac{4\Omega^2}{\oint \frac{ds}{t}} + \sum_{i=1}^{n} c_i b_i t_i^3 \tag{2-3-61}$$

式中第二项为前面的式(2-3-48)的应用。

现以图 2-3-36 所示的箱形截面为例来说明式(2-3-61)的应用。对此,

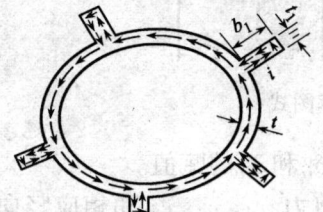
图 2-3-35 带"翅翼"的封闭截面

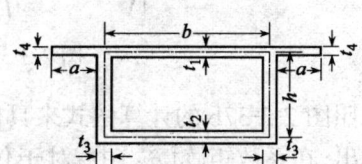
图 2-3-36 箱形截面

$$\Omega = b \cdot h$$

$$\oint \frac{ds}{t} = \frac{b}{t_1} + \frac{b}{t_2} + \frac{2h}{t_3}$$

$$I_T = \frac{4\Omega^2}{\oint \frac{ds}{t}} + \sum_{i=1}^{n} c_i b_i t_i^3 = \frac{4b^2 h^2}{b\left(\frac{1}{t_1}+\frac{1}{t_2}\right)+\frac{2h}{t_3}} + 2c \cdot a t_4^3 \tag{2-3-62}$$

式中 c 由 $\frac{t_4}{a}$ 值查表 2-3-2 求得。

(二)刚接梁法的计算特点

对于翼缘板刚性连接的肋梁桥,以铰接板(梁)桥计算理论为基础,在接缝处补充引入赘余弯矩 m_i,就可建立计算横向刚性连接特点的赘余力正则方程。用这一方法来求解各梁荷载横向分布的问题,即为刚接梁法。

图 2-3-37a 表示翼缘板刚性连接 T 形简支梁桥的跨中横面。设单位正弦荷载 $p(x)=1 \cdot \sin\frac{\pi x}{l}$ 作用于 1 号梁的轴线上。沿各板跨中央纵缝将板切开,并代以按正弦分布的赘余力素 $x_i \cdot \sin\frac{\pi x}{l}$($i=1$、2、3 表示剪力,$i=4$、5、6 表示弯矩),式中 x_i 均为赘余力素在梁的跨中截面处的峰值,即可得到计算刚接梁桥的基本体系,如图 2-3-37b 所示。

根据力法原理,可得到求解所有赘余力素的一般正则方程式,用矩阵形式可简明表示为:

$$[\delta_{ij}]\{x_i\} + \{\delta_{ip}\} = 0 \quad (i \text{ 或 } j = 1、2、3 \cdots 6) \tag{2-3-63}$$

式中：δ_{ij}——正则方程中位于赘余力素前的计算系数，它表示赘余力素缝值 $x_j=1$ 时在 i 处引起的相对变位（包括 $i=j$ 和 $i\neq j$ 的情形）；

δ_{ip}——外荷载在 i 处引起的相对变位；

x_i——i 处赘余力素的峰值。

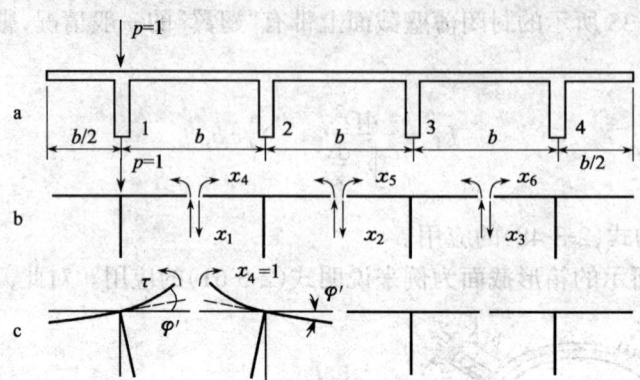

图 2-3-37 刚接梁计算图式

下面按照图 2-3-37b 的计算图式来具体分析一下 δ_{ij} 和 δ_{ip} 的赋值。

不难看出，在系数矩阵 $[\delta_{ij}]$ 中，对于仅涉及赘余剪力 x_1、x_2、x_3 和相应竖向位移的系数有：

$$\delta_{11}=\delta_{22}=\delta_{33}=2\left(w+\frac{b}{2}\varphi+f\right)$$

$$\delta_{12}=\delta_{23}=\delta_{21}=\delta_{32}=-\left(w-\frac{b}{2}\varphi\right)$$

$$\delta_{13}=\delta_{31}=0$$

对于仅涉及赘余弯矩 x_4、x_5、x_6 和相应转角的系数，由图 2-3-37c 可得：

$$\delta_{44}=\delta_{55}=\delta_{66}=2(\varphi'+\tau)$$

$$\delta_{45}=\delta_{56}=\delta_{54}=\delta_{65}=-\varphi'$$

$$\delta_{46}=\delta_{64}=0$$

由于对称弯矩 $x_i=1(i=4、5$ 和 $6)$ 作用，接缝两侧不产生相对挠度以及各切缝两侧的剪切位移不引起相对转角，故有：

$$\delta_{14}=\delta_{25}=\delta_{36}=\delta_{41}=\delta_{52}=\delta_{63}=0$$

此外，还可写出：

$$\delta_{34}=\delta_{16}=\delta_{43}=\delta_{61}=0$$

$$\delta_{16}=\delta_{26}=\delta_{51}=\delta_{62}=\varphi'\cdot\frac{b}{2}$$

$$\delta_{24}=\delta_{35}=\delta_{42}=\delta_{53}=-\varphi'\cdot\frac{b}{2}$$

当单位正弦荷载作用于 1 号梁轴线上时（作用于其他梁上时，可类似处理），可得荷载系数：
$$\delta_{1p} = -w$$
$$\delta_{2p} = \delta_{3p} = \delta_{4p} = \delta_{5p} = \delta_{6p} = 0$$

图 2-3-37b 中表示了在变位系数的计算中,所有正向的赘余力素 x_i,接缝任一侧产生与力素正向相一致的变位时取正值,反之取负值。

系数中涉及的 φ' 和 τ 分别为缝端单位弯矩作用所引起的主梁扭角和翼板局部挠曲角。由图2-3-38 可知:

$$\tau = \frac{1 \cdot d}{EI_1} = \frac{12d_1}{Eh_1^3}$$

参见前面图 2-3-29 可得:

$$\frac{m_T}{\varphi} = \frac{x_i}{\varphi'}$$

$$\therefore \quad \varphi' = \varphi \cdot \frac{x_i}{m_T} = \varphi \cdot \frac{1}{b/2} = \varphi \cdot \frac{2}{b}$$

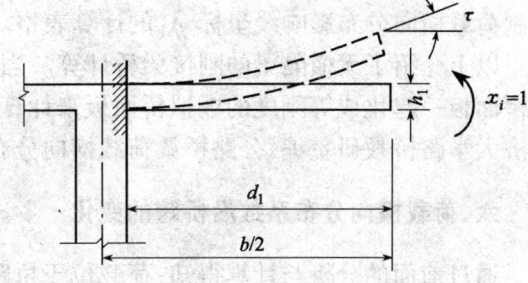

图 2-3-38 局部挠曲计算图示

式中,φ 为缝端单位竖剪力引起主梁扭角,可按式(2-3-26)计算。

由上述分析可知,$[\delta_{ij}]$ 中的许多元素为零,实际可表示为:

$$[\delta_{ij}] = \begin{bmatrix} \delta_{11} & \delta_{12} & 0 & 0 & \delta_{15} & 0 \\ \delta_{21} & \delta_{22} & \delta_{23} & \delta_{24} & 0 & \delta_{26} \\ 0 & \delta_{32} & \delta_{33} & 0 & \delta_{35} & 0 \\ 0 & \delta_{42} & 0 & \delta_{44} & \delta_{45} & 0 \\ \delta_{51} & 0 & \delta_{53} & \delta_{54} & \delta_{55} & \delta_{56} \\ 0 & \delta_{62} & 0 & 0 & \delta_{65} & \delta_{66} \end{bmatrix}$$

若将 δ_{ij} 和 δ_{ip} 均除以 w,将式(2-3-63)中下部三个方程各乘以 $\frac{b}{2}$,并令 $g_1 = x_1$,$g_2 = x_2$,$g_3 = x_3$ 和 $m_1 = \frac{2}{b}x_4$,$m_2 = \frac{2}{b}x_5$,$m_3 = \frac{2}{b}x_6$,最后可得赘余力素 g_i 和 m_i 的正则方程为:

$$\begin{bmatrix} \delta_g & \gamma-1 & 0 & 0 & \gamma & 0 \\ \gamma-1 & \delta_g & \gamma-1 & -\gamma & 0 & \gamma \\ 0 & \gamma-1 & \delta_g & 0 & -\gamma & 0 \\ 0 & -\gamma & 0 & \delta_m & -\gamma & 0 \\ \gamma & 0 & -\gamma & -\gamma & \delta_m & -\gamma \\ 0 & \gamma & 0 & 0 & -\gamma & \delta_m \end{bmatrix} \begin{Bmatrix} g_1 \\ g_2 \\ g_3 \\ m_1 \\ m_2 \\ m_3 \end{Bmatrix} + \begin{Bmatrix} -1 \\ 0 \\ 0 \\ 0 \\ 0 \\ 0 \end{Bmatrix} = 0 \quad (2\text{-}3\text{-}64)$$

式中

$$\left.\begin{array}{l}\delta_g = 2(1+\gamma+\beta)\\ \delta_m = 2(\gamma+3\beta')\\ \beta' = \left(\dfrac{b}{2d_1}\right)^2 \cdot \beta\end{array}\right\} \qquad (2\text{-}3\text{-}65)$$

式(2-3-64)中包含 γ、β 和 β' 三个参数,对于 T 形梁和 I 字形梁也可近似的认为 $\beta' \approx \beta$,这样可减少参数数目,简化编制计算的表格。

计算竖向荷载的横向分布时,仅考虑剪力 g_i 的影响。因此,由式(2-3-64)求得 g_i 后,即可编制荷载横向分布影响线坐标 η_{ik} 的计算表格。

以上介绍了无横隔梁的刚接梁桥计算。当有中间横隔梁时,可以近似地把横隔梁与实有的桥面板一起化成等刚度的虚拟桥面板来计算。有关刚接梁法的详细阐述和计算表格可参阅同济大学路桥教研室编《公路桥梁荷载横向分布计算》一书。

六、荷载横向分布系数沿桥跨的变化

通过前面的分析与计算得知:荷载位于桥跨中间部分时,由于桥梁横向结构(桥面板和横隔梁)的传力作用,所有主梁都参与受力,因此荷载的横向分布比较均匀;但当荷载在支点处作用在某主梁上时,如果不考虑支座弹性变形的影响,荷载就直接由该主梁传至支座,其他主梁基本上不参与受力。因此,荷载在桥跨纵向的位置不同,对某一主梁产生的横向分布系数也各异。

在以上所介绍计算荷载横向分布的所有方法中,通常用"杠杆原理法"来计算荷载位于支点处的横向分布系数 m_0,其他方法均适用于计算荷载位于跨中的横向分布系数 m_c。那么荷载位于桥跨其他位置时应该怎样确定横向分布系数 m 呢?显然,要精确计算 m 值沿桥跨的连续变化规律是相当冗繁的,而且内力计算也较麻烦。因此,目前在设计实践中习惯采用图 2-3-39 所示的实用处理方法。

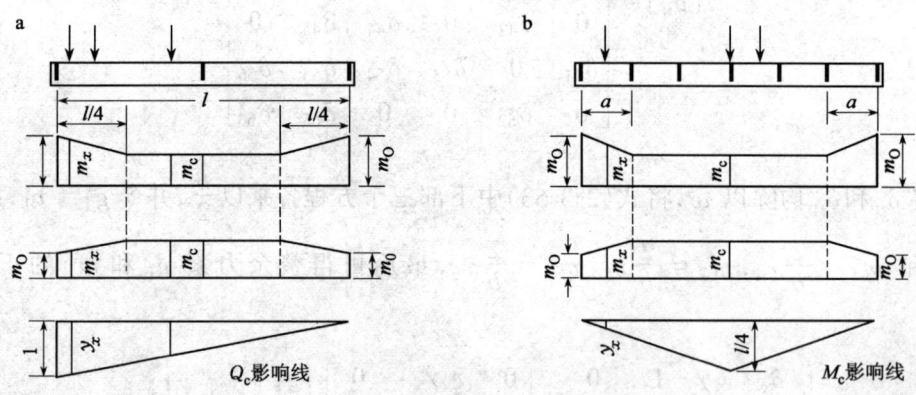

图 2-3-39　m 沿跨长变化图

对于无中间横隔梁或仅有一根中横隔梁的情况,跨中部分采用不变的 m_c,在离支点 $\dfrac{l}{4}$ 处起至支点的区段内,m_x 呈直线形过渡,见图 2-3-39a。

对于有多根内横隔梁的情况,m_c 从每一根内横隔梁起向 m_0 直线形过渡(图 2-3-39b)。这样,主梁上的活载因其纵向位置不同应有不同的横向分布系数。图中 m_0 可能大于也可能小于 m_c,如图 2-3-39 所示。

在实际应用中,当求简支梁跨中弯矩时,鉴于横向分布系数沿跨内部分的变化不大,为了简化起见,通常均可按不变化的 m_c 来计算。

对于其他截面的变矩计算,一般也可取用不变的 m_c。但对于中梁来说,m_O 与 m_c 的差值可能较大,且内横隔梁又少于三根时,以计及 m 沿跨径变化的影响为宜。

在计算主梁的最大剪力(梁端截面)时,鉴于主要荷载位于所考虑一端的 m 变化区段内,且相对应的内力影响均接近最大值(见图 2-3-39a),固应考虑该段内横向分布系数变化的影响。对位于梁近远端的荷载,鉴于相应影响线坐标值的显著减小,则可近似取用不变的 m_c 来简化计算。跨内其他截面的主梁剪力也可是具体情况计及 m 沿桥跨变化的影响。

第四节 主梁内力计算

对于作用于主梁的结构重力(包括附重力)和通过横向分布系数求得的汽车、人群的作用力,可按一般工程力学的方法计算主梁的截面内力(弯矩 M 和剪力 V)。已知截面内力后,即可按钢筋混凝土和预应力混凝土结构的计算原理进行主梁各截面的配筋设计或验算。

对于一般小跨径的简支梁,通常只需计算跨中截面的最大弯矩和支点截面及跨中截面的剪力。跨中与支点之间各截面的剪力可以近似地按直线规律变化,弯矩可假设按二次抛物线规律变化,即:

$$M_x = \frac{3M_{max}}{l^2} x(l-x)$$

式中:M_x——主梁在离支点 x 处任一截面的弯矩值;
　　　M_{max}——主梁跨中最大设计弯矩;
　　　l——主梁的计算跨径。

对于较大跨径的简支梁,一般还应计算跨径四分之一截面处的弯矩和剪力。如果主梁沿桥轴方向截面有变化(如梁肋宽度或梁高变化),则还应计算截面变化处的内力。

一、结构重力计算

钢筋混凝土或预应力混凝土公路桥梁的结构重力,往往占全部设计作用力很大的比重,梁的跨径愈大,结构重力作用所占的比重也愈大。因此,设计人员的职责就是正确地确定作用于梁上的结构重力。为了简化起见,在确定结构重力时,习惯上将沿桥跨分点作用的横隔梁重量、沿桥横向不等分布的铺装层重量以及作用于两侧的人行道和栏杆等重量均匀分布地分摊给各主梁承受。因此,对于等截面梁桥的主梁,计算结构重力是简单的均匀荷载。为了更精确起见,也可根据施工安装的情况,将人行道、栏杆、灯柱和管道等重量像计算汽车荷载那样,按荷载横向分布的规律进行分配。

对于组合式梁桥,应按实际施工组合的情况分阶段计算其结构重力效应。例如,先按预制主梁、微弯板的现浇桥面板的重量计算仅由预制主梁承受的第一阶段内力,再按桥面铺装、人行道、栏杆等重量计算由梁面板和预制主梁结合而成的组合梁所承受的第二阶段内力。

对于预应力混凝土简支梁桥,在施加预应力阶段,往往要利用梁体自重,来抵消强大钢丝束张拉力在梁体上翼缘产生的抗应力,在此情况下,也要将结构重力分成两个阶段(即先期和后期)来进行分析。在特殊情况下,结构重力可能要分成更多的阶段来考虑。

当结构重力集度 g 确定后,即可按一般《材料力学》公式计算出梁内各截面的弯矩 M 和剪力 V。当分阶段计算时,应按各阶段的 g_i 来计算内力,以便进行效应组合。

二、汽车、人群荷载内力计算

当求得汽车、人群的横向分布系数后,就可具体确定作用在一根主梁上的作用力数值,这样就不难用一般工程力学方法来计算作用效应。

(一)汽车荷载作用下的内力计算公式可表述如下

$$S_q = (1+\mu) \cdot \xi \cdot m_{cq}(q_k \cdot \Omega + P_k \cdot y_i) \tag{2-3-66}$$

式中:S_q——汽车荷载作用下的截面的弯矩或剪力;

$(1+\mu)$——汽车荷载的冲击系数,按公式(1-3-5)计算;

ξ——多车道桥涵的汽车荷载横向折减系数,按表 1-3-9 取用;

m_{cq}——汽车荷载的横向分布系数;

P_k——车道荷载的集中荷载标准值,见第三章第二节所述;

Ω——弯矩或剪力影响线的面积;

q_k——车道荷载的均布荷载标准值,见第三章第二节所述;

y_i——与车道荷载的集中荷载对应的内力影响线竖标值。

(二)人群荷载作用下的内力计算公式可表述如下

$$S_r = m_{cr} q_r \cdot \Omega \tag{2-3-67}$$

式中:S_r——人群荷载作用下的截面的弯矩或剪力;

m_{cr}——人群荷载的横向分布系数;

q_r——人群荷载标准值。

应注意:对于支点截面或靠近支点截面的剪力,除可按式(2-3-66)和式(2-3-67)分别计算汽车荷载、人群荷载作用下的剪力外,尚应计入由于荷载横向分布系数在梁端区段内发生变化所产生的影响。可参见下面算例。

分别求得各截面由结构重力、汽车、人群等产生的内力后,即可按照公式(1-3-1)、(1-3-2)、(1-3-3)、(1-3-4)进行相应的内力效应组合。

三、计算示例

某一简支 T 梁桥,计算其 2 号梁在结构重力(包括附加重力)及汽车荷载、人群荷载作用下的跨中最大弯矩及支点最大剪力。

(一)设计资料

1. 桥梁跨径及桥宽

标准跨径:30m(墩中心距离)

预制全长:29.96m

计算跨径:29.12m

桥面净空:净-9+2×1.0m

2．设计荷载

汽车荷载等级：公路—Ⅱ级；

人群荷载标准值：$3.0 kN/m^2$。

3．材料

混凝土强度等级：C50

预应力钢筋：1×7 标准型 – 15.2 – 1860 – Ⅱ – GB/T 5224——1995 钢铰线

普通钢筋

(1)普通纵向抗拉受力筋采用 HRB 400 钢筋。

(2)箍筋及构造筋采用 HRB 335 钢筋。

(二)结构尺寸

主梁间距均为220cm，预制翼板宽为160cm，两侧各留30cm湿接缝。预制T形梁的翼板端部厚度取用20cm，根部加厚到26cm。初拟马蹄宽度60cm，高度30cm。T形梁腹板跨中区段厚度均取20cm。本设计主梁采用等高形式，横截面的T形梁翼缘板厚度沿跨长不变，马蹄部分为配合钢束弯起而在近支点范围内逐渐将马蹄抬高，将腹板逐渐加厚到与马蹄同宽。全桥共设8道中间开洞横隔梁，间距416cm，取横隔梁平均厚度为18cm。

桥梁横截面布置型式及单片梁(2号梁)跨中断面细部尺寸见图2-3-40。

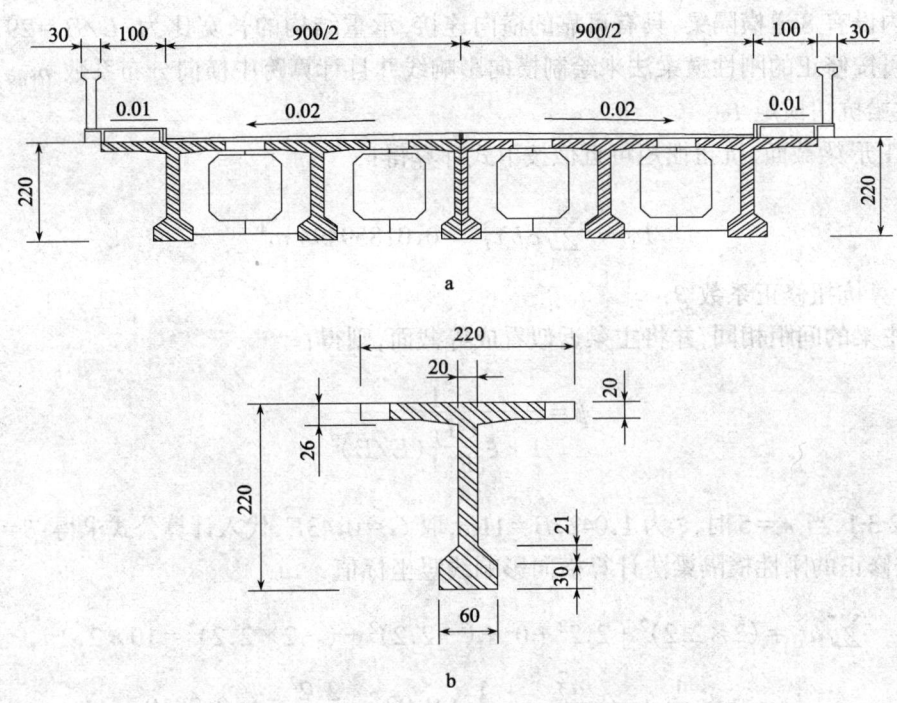

图 2-3-40 跨中横截面图示(单位:cm)

(三)结构重力产生的内力计算(为节省篇幅，过程从略，只给出结果)

1．结构重力集度

分别考虑预制梁自重(第一期荷载)和湿接缝、桥面铺装、人行道栏杆(第二期荷载)重力集度。

(1)按跨中截面计算预制梁和湿接缝每延米的重力集度：$g_1 = 22.65 + 3.0 = 25.65 \text{kN/m}$。
(2)桥面铺装、栏杆、人行道等分摊给 5 片梁的荷载集度为：$g_2 = 5.298 \text{kN/m}$。
2. 结构重力产生的内力

跨中弯矩： $M_g = \dfrac{1}{8} g l^2 = \dfrac{1}{8} \times (25.65 + 5.298) \times 29.12^2 = 3280.389 \text{kN·m}$；

支点剪力： $V_g = \dfrac{1}{2} \times 29.12 \times 1 \times (25.65 + 5.298) = 450.60 \text{kN}$。

(四)汽车、人群活载内力计算

1. 冲击系数计算
(1)简支梁结构基频：

$$f = \dfrac{\pi}{2l^2}\sqrt{\dfrac{EI_c}{m_c}} \qquad m_c = \dfrac{G}{g}$$

经计算得 $I_c = 0.65458363 \text{m}^4$，$G = 30.948 \times 10^3 \text{N/m}$，查表得 $E = 3.45 \times 10^4 \times 10^6 \text{Pa}$，代入其他相关数据，从而计算出 $1.5\text{Hz} \leqslant f = 4.956 \text{Hz} \leqslant 14 \text{Hz}$。

(2) $1 + \mu = 1 + 0.1767 \ln f - 0.0157 = 1.27$。

2. 跨中荷载横向分布系数 m_c 计算

桥跨内设有 8 道横隔梁，具有可靠的横向连接，承重结构的长宽比为：$L/B = 29.12/11 = 2.65 > 2$，可按修正的刚性横梁法来绘制横向影响线并且计算跨中横向分布系数 m_c。

(1)主梁抗扭惯矩 I_T：
对于 T 形梁截面，抗扭惯矩可近似按下式计算得：

$$I_T = \sum_{i=1}^{m} c_i b_i t_i^3 = 0.01859494 \text{ m}^4$$

(2)计算抗扭修正系数 β：
本桥主梁的间距相同，并将主梁近似看成等截面，则得：

$$\beta = \dfrac{1}{1 + \xi \dfrac{G I_T}{E_h I}(L/B)^2}$$

查表 2-3-1，当 $n = 5$ 时，ξ 为 1.042，$B = 11\text{m}$，取 $G = 0.43E$，代入计算公式求得：$\beta = 0.92$。
(3)按修正的刚性横隔梁法计算横向影响线竖坐标值：

$$\sum a_i^2 = (2 \times 2.2)^2 + 2.2^2 + 0^2 + (-2.2)^2 + (-2 \times 2.2)^2 = 10 \times 2.2^2$$

$$\eta_{22} = \dfrac{1}{5} + \beta \dfrac{a_2^2}{\sum a_i^2} = \dfrac{1}{5} + 0.92 \cdot \dfrac{2.2^2}{10 \times 2.2^2} = 0.2919$$

$$\eta_{24} = \dfrac{1}{5} - \beta \dfrac{a_2^2}{\sum a_i^2} = \dfrac{1}{5} - 0.92 \cdot \dfrac{2.2^2}{10 \times 2.2^2} = 0.108$$

从而绘得 2 号梁的横向影响线如图 2-3-41 所示，按横向最不利布置车轮荷载得 2 号梁跨中位置处在汽车、人群作用下的横向分布系数如下：

$$m_{cq} = \frac{1}{2}\sum \eta_{2i} = 0.529$$

$$m_{cr} = 0.409$$

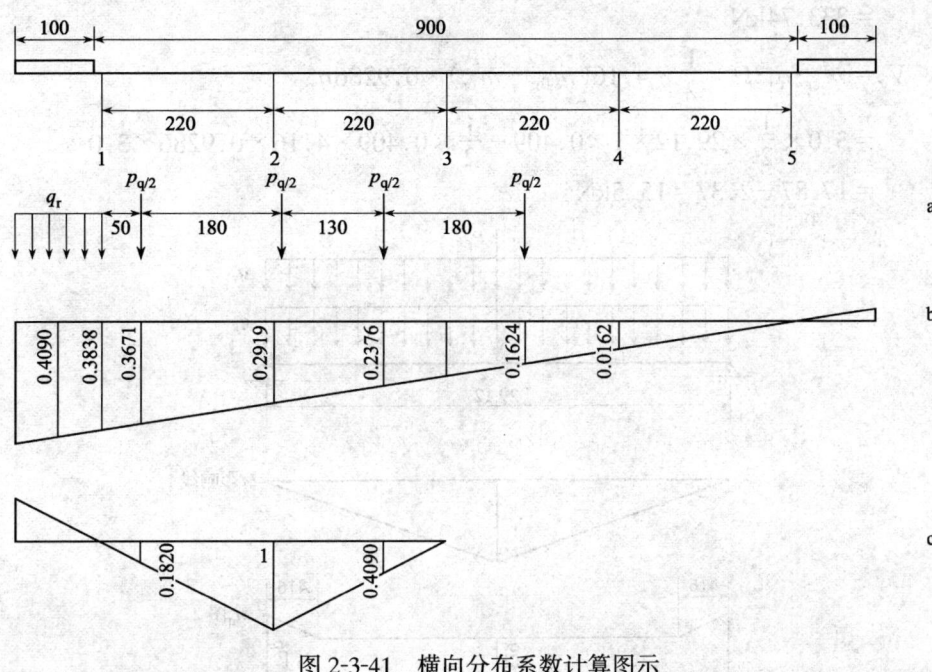

图 2-3-41 横向分布系数计算图示

3. 支点的荷载横向分布系数 m_0 计算

$$m_{0q} = \frac{1}{2}(0.182 + 1 + 0.409) = 0.796$$

$$m_{0r} = 0$$

4. 计算汽车、人群荷载内力

在内力计算时,对于横向分布系数的取值作如下考虑:计算弯矩时,均采用全跨统一的横向分布系数 m_c;求支点截面剪力时,由于主要荷载集中在支点附近而应考虑支承条件的影响,考虑横向分布系数沿桥跨的变化影响(即从支点到第一根内横隔梁之间)。

沿桥纵向布载具体见图 2-3-42、图 2-3-43。

(1)跨中弯矩:

$$\begin{aligned}M_q &= (1+\mu)\xi(m_{cq}q_k\Omega + m_{cq}P_k y) \\ &= 1.27 \times 1 \times 0.529 \times \left(10.5 \times 0.75 \times \frac{1}{8} \times 29.12^2 + 276.48 \times 0.75 \times \frac{1}{4} \times 29.12\right) \\ &= 1574.97 \text{kN·m}\end{aligned}$$

$$M_r = m_{cr} \cdot q_r \cdot \Omega = 0.409 \times 3.0 \times \frac{1}{8} \times 29.12^2 = 130.06 \text{kN·m}$$

(2)支点剪力:

$$V_q = (1+\mu)\xi\left[m_{cq}q_k\Omega + 1.2 \cdot m_{0q}P_k y_i + \frac{1}{2}(m_{0q} - m_{cq}) \times 4.16 \times 0.9286\right]$$

$$= 1.27 \times 1 \times \Big[0.529 \times 10.5 \times 0.75 \times \frac{1}{2} \times 29.12 \times 1 + 1.2 \cdot 0.796 \times 276.48 \times$$
$$0.75 \times 1 + \frac{1}{2} \times (0.796 - 0.529) \times 4.16 \times 0.9286 \times 10.5 \times 0.75 \Big]$$
$$= 333.74 \text{kN}$$
$$V_r = m_{cr} \cdot q_r \cdot \Omega + \frac{1}{2} \times 4.16 (m_{0r} - m_{cr}) \times 0.9286 q_r$$
$$= 3.0 \times \frac{1}{2} \times 29.12 \times 1 \times 0.409 - \frac{1}{2} \times 0.409 \times 4.16 \times 0.9286 \times 3.0$$
$$= 17.87 - 2.37 = 15.5 \text{kN}$$

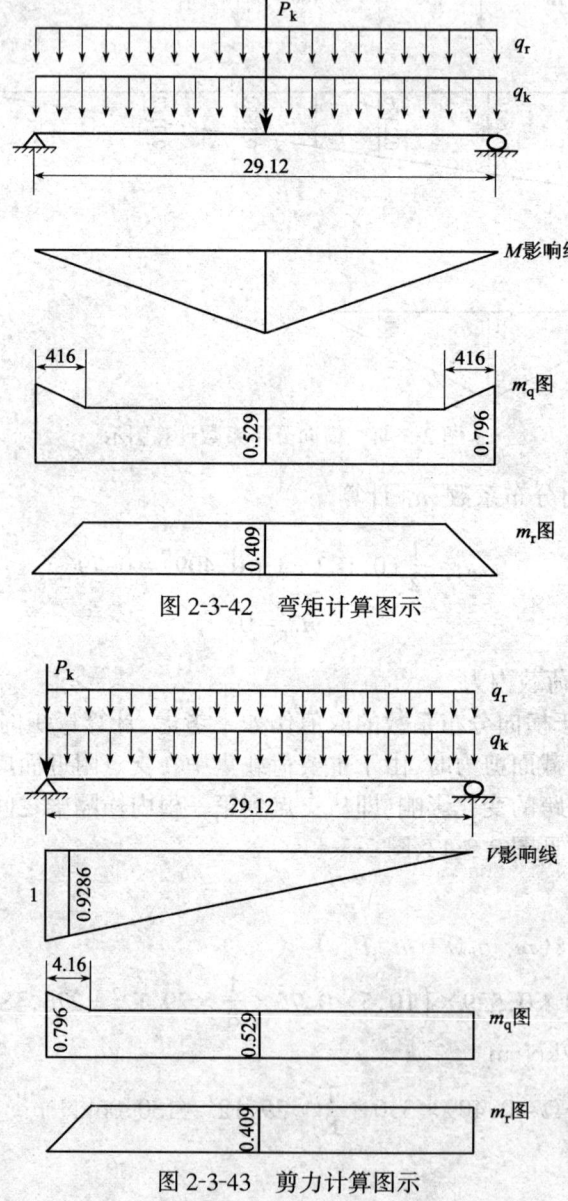

图 2-3-42 弯矩计算图示

图 2-3-43 剪力计算图示

(五)作用效应组合(从略)

第五节 横隔梁内力计算

在设有横隔梁的钢筋混凝土或预应力混凝土梁桥上,为了保证各主梁共同受力和加强结构的整体性,横隔梁本身或其装配式接头应具有足够的强度。

对于纵横向由梁和横隔梁组成的梁格结构,要精确分析横隔梁的内力也是十分繁杂的,下面我们介绍根据主梁计算中的偏心压力法原理来计算横隔梁内力的实用方法。

一、力学模型

力学模型是将桥梁的中横隔梁近似地视为竖向支承在多根弹性主梁上的多跨弹性支承连续梁,如图 2-3-44b 所示,鉴于各主梁的荷载横向影响线(也即弹性支承力影响线)在主梁计算中已经求得,故这根连续梁可以简单地用静力平衡条件来求解。鉴于桥上荷载的横向移动性,通常采用绘制横隔梁内力影响线的方法来计算比较方便。

对于具有多根内横隔梁的桥梁,由于位于跨中的横隔梁受力最大,通常就只要计算跨中横隔梁的内力,其他横隔梁可偏安全地仿此设计。

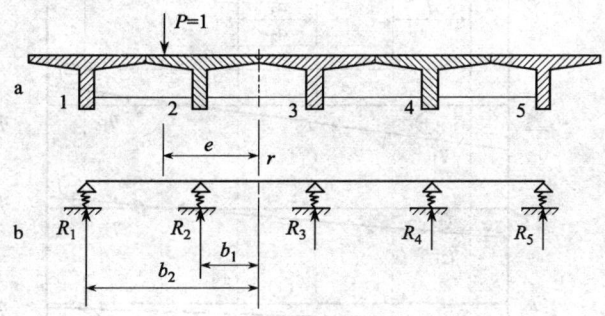

图 2-3-44 横隔板计算图示

二、横隔梁的内力影响线

如图 2-3-44 所示,当桥梁在跨中有单位荷载 $P=1$ 作用时,各主梁所受的荷载将为 $R_1, R_2, R_3, \cdots, R_n$,这就是横隔梁的弹性支承反力。因此,由力的平衡条件就可写出横隔梁任意截面 r 的内力计算公式。

1. 荷载 $P=1$ 位于截面 r 的左侧

$$\left. \begin{aligned} M_r &= R_1 \cdot b_1 + R_2 \cdot b_2 - 1 \cdot e = \sum^{左} R_i b_i - e \\ V_r &= R_1 + R_2 - 1 \sum^{左} R_i - 1 \end{aligned} \right\} \quad (2\text{-}3\text{-}68)$$

2. 荷载 $P=1$ 位于截面 r 的右侧

$$\left. \begin{aligned} M_r &= R_1 \cdot b_1 + R_2 \cdot b_2 = \sum^{左} R_i b_i \\ V_r &= R_1 + R_2 = \sum^{左} R_i \end{aligned} \right\} \quad (2\text{-}3\text{-}69)$$

式中：M_r、V_r——横隔梁任意截面 r 的弯矩和剪力；

e——荷载 $P=1$ 至所求截面的距离；

b_i——支承反力 R_i 至所求截面的距离；

$\sum^{左}$——表示涉及所求截面以左的全部支承反力的作用。

以上公式中对于确定的计算截面 r 而言，所有的 b_i 为已知的，而 R_i 则因承受荷载 $P=1$ 位置 e 而变化。因此就可以直接利用已经求得的 R_i 横向影响线来绘制横隔梁的内力影响线。

通常，横隔梁弯矩在靠近桥中线截面处较大，剪力则在靠近桥两侧边缘处的截面较大。因此，以图 2-3-44 为例，一般可以只求 3 号当处和 2 号与 3 号主梁之间（对于装配式桥即横隔板接头处）截面的弯矩，以及 1 号梁右侧和 2 号主梁右侧等截面的剪力。

图 2-3-45 示出了按偏心压力法计算的横隔梁支承反力 R、弯矩 M 和剪力 V 的影响线。

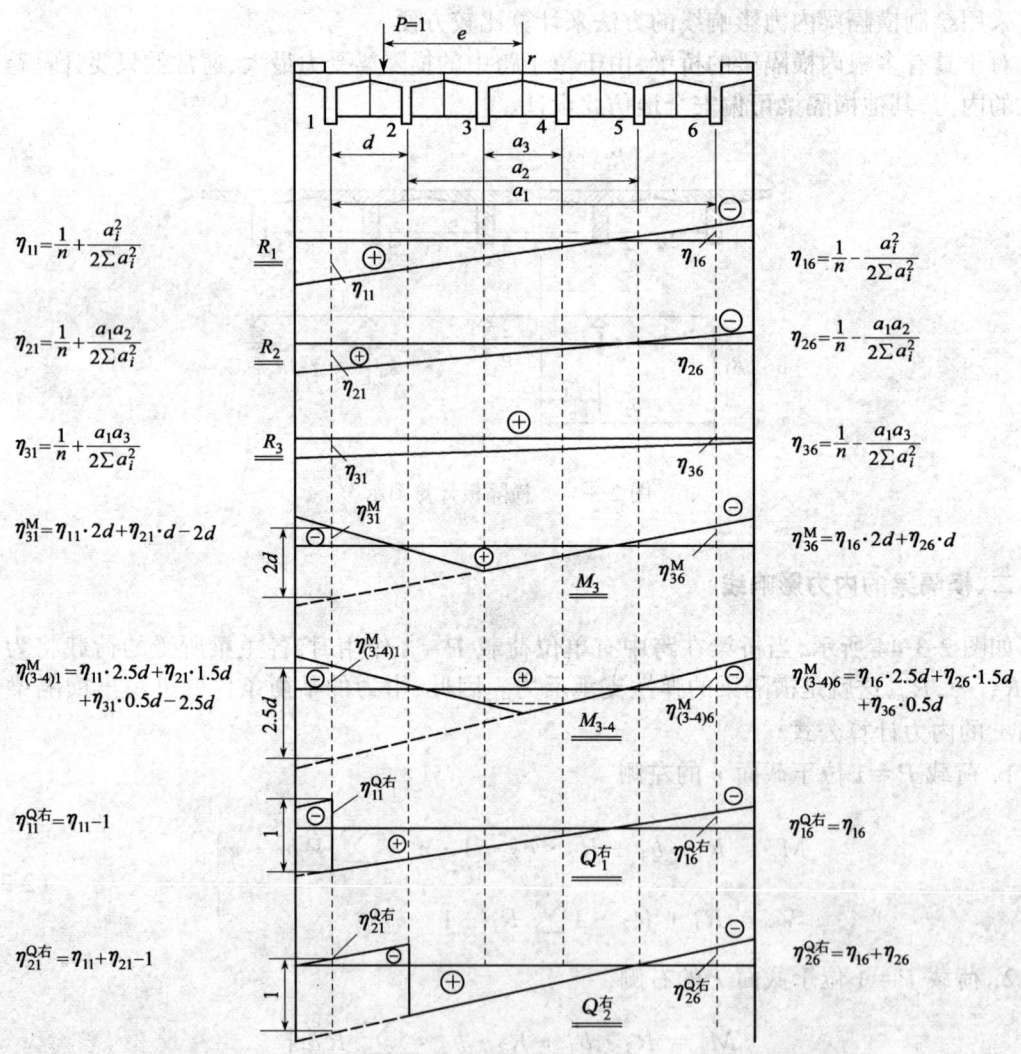

图 2-3-45 按偏心压力法计算的横隔梁的 R、M 和 V 影响线

鉴于 R_i 影响呈直线规律变化,故绘制内力影响时只需要示出几个控制点的竖坐标值(例如对于 M_3 影响线只要算出 $P=1$ 作用在 1 号梁和 6 号梁上时的相应坐标 η_{31}^M 和 η_{37}^M,如图中所示)。另外,对于非直接作用于横隔梁上的荷载,在计算内力时应考虑间接传力的影响,例如图 2-3-45 中 M_{3-4} 影响在 3 号梁和 4 号梁之间区段应取虚线之值。但鉴于计算中主要荷载作用于横隔梁上,仍可偏安全地忽略间接传力的影响。也可以按修正的偏心压力法来计算横隔梁的内力影响线,这时仅 R_i 影响线的竖坐标稍有变化,计算方法与上述完全相同。

三、作用在横隔梁上的计算荷载

有了横隔梁的内力影响线,就可直接在其上加载来计算截面内力。应注意,对于跨中一根横隔梁来说,除了直接作用在其上的轮重外,前后的轮重对它也产生影响,计算时可假设荷载在相邻横隔梁之间按杠杆原理法传布。因此,纵向一行汽车车轮重分布给该横隔梁的计算荷载为:

$$P_{0q} = \frac{1}{2}\sum P_i y_i \tag{2-3-70}$$

式中:P_i——轴重;

y_i——对于所计算的横隔梁按杠杆原理计算的纵向荷载影响线竖坐标值。

人群荷载为: $P_{0r} = P_{0r} \cdot \Omega_r = P_{0r} l_a$(影响线上布满荷载) (2-3-71)

式中:P_{0r}——一侧人行道每延米的人群荷载;

Ω_r——人群荷载范围的影响线面积;

l_a——横隔梁的间距。

四、横隔梁内力计算

在横隔梁内力影响下,将上述计算荷载按最不利位置加载,就可求得作用一根横梁上的最小(或最大)内力值。在计算中对于汽车荷载应计入冲击作用,并按实际加载情况计入车道折减系数。

求得横隔梁的内力后,就可按钢筋混凝土或预应力混凝土结构的计算原理来配置钢筋并进行强度计算或验算应力。对于横隔梁用焊接头连接的装配式 T 形梁桥,应根据接处的最大弯矩值来确定所需钢板尺寸和焊缝长度,此时钢板承受的轴向力为:

$$N = \frac{M}{z}$$

式中:z 为横梁顶部和底部接头钢板之间的中心距离。

第六节 挠度、预拱度的计算

一、变形(挠度)计算的目的与要求

桥梁上部结构在荷载作用下将产生挠曲变形,使桥面成凹形或凸形,多孔桥梁甚至呈波浪

形。因此设计钢筋混凝土受弯构件时,应使其具有足够的刚度,以避免产生过大的变形,影响结构的正常使用。过大的变形将影响车辆高速平稳的运行,并将导致桥面铺装的迅速破坏;同时,车辆行驶时引起的颠簸和冲击,会伴随有较大的噪音和对桥梁结构加载的不利影响;另外,构件变形过大,也会给人们带来不安全感。因此,对受弯构件产生的挠度值必须加以限制,保证结构正常使用。

变形验算是指钢筋混凝土桥梁以汽车荷载(不计冲击力)计算的上部结构最大竖向挠度,不应超过规定的允许值。《公桥规》(JTGD 62—2004)对最大竖向挠度的限值规定如表 2-3-3 所示。

表 2-3-3 钢筋混凝土梁桥允许的挠度值

构 件 种 类	允许的挠度值	构 件 种 类	允许的挠度值
梁式桥主梁跨中	$L/600$	桁架、拱	$L/800$
梁式桥主梁悬臂端	$L_1/300$		

注:1. 此处 L 为计算跨径,L_1 为悬臂长度;
  2. 荷载在一个桥跨范围内移动产生正负不同的挠度时,计算挠度应为其正负挠度的最大绝对值之和。

二、刚度和挠度计算

考虑到桥梁设计中惯用的计算方法和实践经验,钢筋混凝土受弯构件在正常使用极限状态下的挠度,可根据给定构件的刚度用结构力学的方法计算。对于均布荷载作用下的简支梁,跨中最大挠度值为:

$$f = \frac{5}{384} \cdot \frac{ql^4}{EI} = \frac{5}{48} \cdot \frac{Ml^2}{EI} = \frac{5}{48} \cdot \frac{Ml^2}{B} \tag{2-3-72}$$

由于混凝土的弹塑性变形,裂缝的出现和扩展,以及钢筋混凝土各截面配筋率不一样等原因,使得钢筋混凝土受弯构件的截面刚度沿梁长是一个变量。对某一截面来说,它随截面弯矩 M 的增加而减小。对一个构件来说,截面刚度随各截面内力不同而不同。例如,承受均布荷载 q 的简支梁,靠近支座附近的截面刚度就比中间截面的大。总之,钢筋混凝土构件在使用阶段是变刚度的受弯构件。

钢筋混凝土受弯构件的刚度可按下列公式计算:

$$B = \frac{B_0}{\left(\frac{M_{cr}}{M_s}\right)^2 + \left[1 - \left(\frac{M_{cr}}{M_s}\right)^2\right]\frac{B_0}{B_{cr}}} \tag{2-3-73}$$

$$M_{cr} = \gamma f_{tk} W_0$$

$$\gamma = 2S_0/W_0$$

式中:B——开裂构件等效截面的抗弯刚度;
  B_0——全截面的抗弯刚度,$B_0 = 0.95 E_c I_0$;
  B_{cr}——开裂截面的抗弯刚度,$B_{cr} = E_c I_{cr}$;
  M_{cr}——开裂弯矩;
  γ——构件受拉区混凝土塑性影响系数;

I_0——全截面换算截面惯性矩；

I_{cr}——开裂截面换算截面惯性矩；

f_{tk}——混凝土轴心抗拉强度标准值；

S_0——全截面换算截面重心轴以上(或以下)部分面积对重心轴的静矩；

W_0——换算截面抗裂边缘的弹性抵抗矩；

M_0——短期效应组合计算弯矩值。

计算换算截面惯性矩时,构件截面的换算系数 α_{Es}(钢筋弹性模量与混凝土弹性模量的比值)可查阅《公桥规》(JTGD 62—2004)的规定值。将式(2-3-73)算得的值代入式(2-3-72)即得短期效应组合作用下的挠度值。

以上的计算均未考虑长期效应影响的。实际上,随着时间的增长,构件的刚度要降低,挠度要增大。其原因是:受压区混凝土发生徐变;受拉区裂缝间混凝土和钢筋间的粘结逐渐退出工作,使受拉钢筋平均应变随时间增大;受压区与受拉区混凝土的收缩不一致,构件曲率增大;以及混凝土弹性模量降低等。因此计算受弯构件挠度时要考虑荷载长期效应的影响。

《公桥规》(JTGD 62—2004)对长期荷载作用下的挠度计算是:按短期荷载效应计算的挠度值乘以挠度长期增长系数 η_0,η_0 可按下列规定取值:

当采用 C40 以下混凝土时,$\eta_0 = 1.60$;

当采用 C40~C80 混凝土时,$\eta_0 = 1.45~1.35$,中间强度等级可按直线内插取用。

三、预拱度

钢筋混凝土受弯构件预拱度可按下列规定设置:

(1)荷载短期效应组合并考虑荷载长期效应影响产生的长期挠度不超过 $1/1600$(l 为计算跨径)时,可不设预拱度;

(2)不符合上述规定则应设预拱度,预拱度值按结构自重和 $1/2$ 可变荷载频遇值计算的长期挠度值之和采用。预拱度的设置应按最大的预拱值沿顺桥向做成平顺的曲线。

本章小结

1. 在主梁内力计算中,应先根据荷载横向分布系数 m 确定欲求主梁所承担的最大荷载值,再从桥梁的纵向按《结构力学》的方法计算最不利内力值。

2. 杠杆原理法视桥面板和横梁为简支于各主梁上的独立单元,一般用于只有两片主梁、桥梁的两端部位以及无中间横隔梁等情况。

3. 偏心压力法(又称刚性横梁法),按材料力学偏心受压公式计算荷载横向分布系数的方法。它假设各主梁间荷载的分配与其在该荷载作用下的挠度成比例,并视桥面系的横向刚度为无穷大,则横向挠度为一直线。当桥宽与跨长之比等于或小于 0.5 时,此法足够精确。偏心压力法修正法是考虑主梁抗扭影响,以避免偏心压力法中边梁的荷载横向分布系数偏大的缺点。

4. 铰接板(梁)是一种视相邻板(梁)条之间为铰接计算荷载横向分布系数的分析方法。它假设接缝处不传递横向弯矩,只传递竖向剪力。这种方法适用于块件间连接刚性甚弱的装配式铰接板(梁)桥。而刚接板(梁)法可以看作是它的一种推广。

5. 中横隔梁结所受的内力最大。计算时,先从桥梁纵向按杠杆原理计算中横隔梁所承担的最大荷载,再从桥梁的横向计算中横梁某截面的最不利内力值。

6. 混凝土梁桥上部结构设计计算的项目一般有主梁、横隔板和桥面板等三部分计算。

7. 根据结构构造的不同,桥面板计算的力学模式有单向板、铰接悬臂板、悬臂板三种。

8. 桥面板计算中,为了计算的方便,引入了板的有效分布宽度 a 的概念,即总弯矩除以 a 便可得到每米板宽的计算弯矩。

9. 在主梁内力计算中,应先根据荷载横向分布系数 m 确定欲求主梁所承担的最大荷载值,再从桥梁的纵向按《结构力学》的方法计算最不利内力值。

10. 内力组合时,还应按《桥规》执行。

11. 桥梁挠度产生的原因有恒载挠度和活载挠度。恒载挠度可以通过设置预拱度加以抵消;但活载挠度体现出结构的刚度特性,其最大挠度值应限制在《桥规》的规定范围以内。

思考题

1. 上承式简支梁桥的上部结构主要设计计算哪几个部分?
2. 为什么主梁内力计算时要考虑荷载横向分布的作用?
3. 计算装配式钢筋混凝土简支梁桥的荷载横向分布系数的方法有哪两大类?分别写出各类计算方法的名称。
4. 杠杆法计算荷载横向分布系数的基本假定是什么?
5. 偏心压力法计算荷载横向分布系数的基本假定是什么?
6. 杠杆法和偏心压力法的适用范围各是什么?修正偏心压力法主要修正用哪些项目?
7. 荷载横向分布系数沿梁跨是如何分布的?
8. 偏心压力法计算横隔梁内力的基本假定?哪个截面受力最大?
9. 刚接梁法与铰接板(梁)法的差别在哪里?
10. 主梁内力计算的步骤是什么?
11. 横隔梁内力计算的步骤是什么?
12. T形梁行车道板结构形式有哪几种?各按什么力学模式计算?
13. 如何确定行车道板中板的有效分布宽度?
14. 绘图说明整体式钢筋混凝土简支板桥的荷载有效分布宽度沿桥跨变化情况。
15. 为什么通常将板的长宽比等于或大于2的周边支承板作为单向板和双向板受力分界线?
16. 何谓钢筋混凝土简支梁的设计弯矩包络图和抵抗弯矩图?在工程上是如何应用此两图的?
17. 什么叫拱度?什么叫预拱度?

习题

1. 装配式钢筋混凝土简支板桥,承重板由9块铰接板组成,各板的荷载横向影响线竖标值如表1所示,当3号板和8号板跨中轴线中同时作用集中力 $P=100$ kN 时,4号板和8号板各受到多大的力?

表1

I	1	2	3	4	5	6	7	8	9
板1	0.278	0.217	0.152	0.107	0.077	0.057	0.044	0.036	0.032
板2	0.217	0.212	0.172	0.123	0.088	0.064	0.040	0.041	0.035
板3	0.152	0.172	0.182	0.152	0.109	0.080	0.060	0.049	0.044
板4	0.107	0.122	0.152	0.169	0.144	0.105	0.080	0.064	0.057
板5	0.077	0.089	0.109	0.144	0.166	0.144	0.109	0.088	0.077

2．横向铰接装配式钢筋混凝土简支板桥由5块钢筋混凝土预制板组成，每块板的截面尺寸为100cm×40cm，桥面净空为净－4.5＋2×0.25m安全带，汽车荷载作用于跨中，左起第2块板的荷载横向影响线竖标值 $\eta_{21}=0.242$，$\eta_{22}=0.242$，$\eta_{23}=0.206$，$\eta_{24}=0.164$，$\eta_{25}=0.146$，绘制左起的第2块板的荷载横向影响线，并计算汽车荷载的横向分布系数。

第四章 混凝土连续梁桥的计算

第一节 结构恒载内力计算

一、恒载内力计算特点

上一章讨论的简支梁桥恒载内力计算是按照成桥以后的结构图式进行分析的;对于连续梁桥等超静定结构,结构自重所产生的内力应根据它所采用的施工方法来确定其计算图式;对于桥面铺装等二期恒载的计算,也是如此。如果它是在成桥以后开始施工的话,那么就可按照整桥结构的图式进行;否则,也应按其相应施工阶段的计算图式单独地计算,然后进行内力或应力叠加。

以连续梁为例,综合国内外关于连续梁桥的施工方法,大体有以下几种:
(1)有支架施工法;
(2)逐孔施工法;
(3)悬臂施工法;
(4)顶推施工法等。

上述几种方法中,除有支架施工一次落梁法的连续梁桥可按成桥结构进行分析外,其余几种方法施工的连续梁桥都存在一个所谓的结构体系转换和内力(或应力)叠加的问题,这就是连续梁桥恒载内力计算的一个重要特点。

本节着重介绍如何结合施工程序来确定计算图式和进行内力分析以及内力叠加等问题,并且仅就大跨径连续梁桥中的后两种施工方法——悬臂浇筑法和顶推施工法作为典型例子进行介绍。掌握了对特例的分析思路以后,就可以容易地掌握采用其他几种施工方法时的桥梁结构分析方法。

二、恒载内力计算方法

(一)满堂支架现浇连续梁桥恒载内力计算

连续梁在满堂支架上现场整体浇筑建造时,在穿束张拉并锚固压浆后,拆除支架。由于连续梁桥在建造过程中并无体系转换,而是一次整体完成,故恒载内力按结构力学中的连续梁进行计算。

(二)悬臂施工连续梁桥恒载内力计算

如图 2-4-1 所示,某 5 跨连续梁桥,跨径为 30m + 3×45m + 30m,采用悬臂拼臂拼装施工,合拢次序由边孔对称向中孔依次进行。该桥的施工程序及相应的内力如下:

1. 悬拼完毕,吊机拆除

首先在桥墩内预埋铁件,安装扇形支架,浇筑墩顶节段。永久支座为钢辊轴,临时支座为混凝土块,设于永久支座两侧,用直径 32mm 钢筋将墩顶节段临时锚固在桥墩上,以保证从墩顶向墩两侧对称悬臂拼装的稳定性。悬臂完毕时的恒载内力如图 2-4-1a 所示。

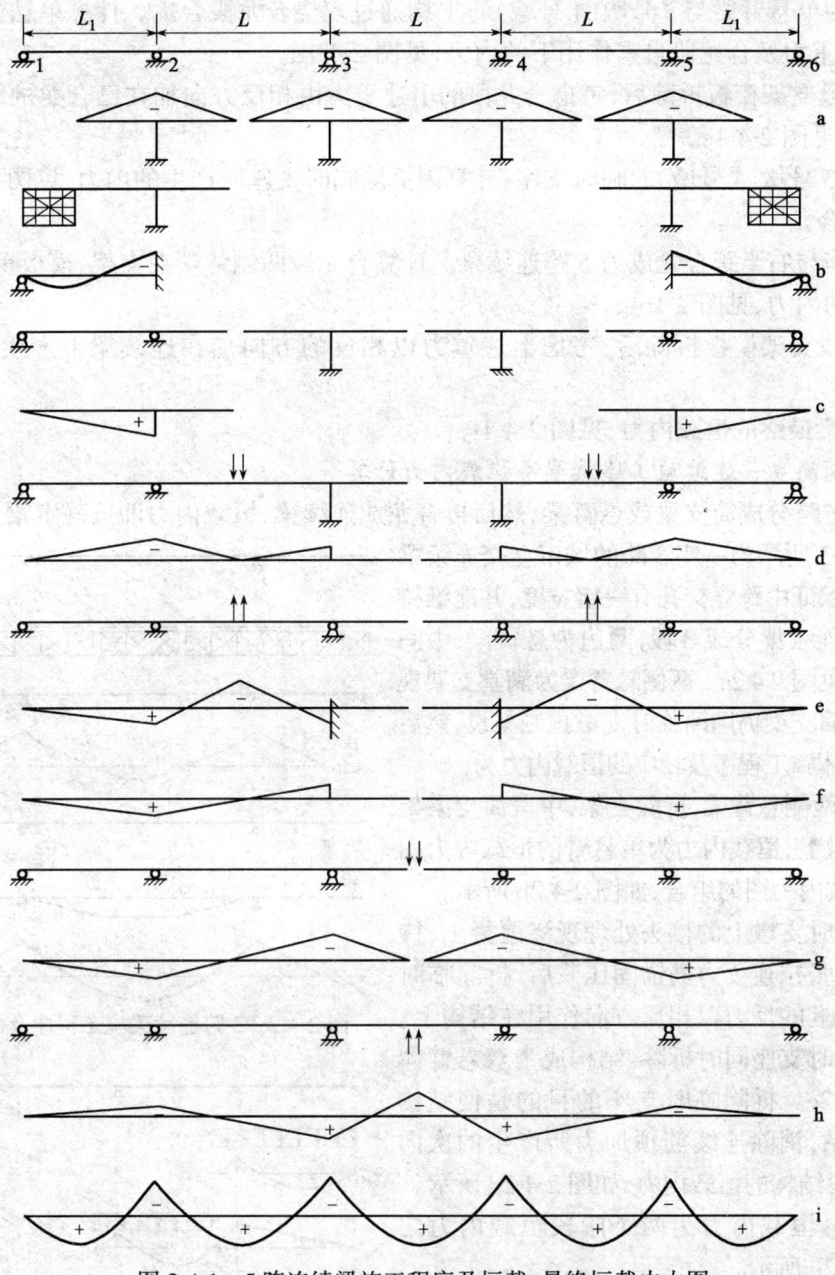

图 2-4-1　5 跨连续梁施工程序及恒载、最终恒载内力图

2. 现浇边跨部分

由于边跨长度大于悬臂拼装长度,需要在边跨内另立排架,现浇部分与边跨的悬臂拼装段相接。此时为一端固定,一端简支的梁式结构,在现浇段自重作用下的恒载内力,如图 2-4-1b 所示。

3. 拆除 2 号墩和 5 号墩上的临时支座,计算由一端固定一端简支的梁式结构转换成两端简支的单悬臂结构的内力,即计算临时支座所释放的不平衡弯矩在两端简支的单悬臂上所产

147

生的内力,见图 2-4-1c。

4．边跨合龙

将边跨的单悬臂梁与 3 号墩(4 号墩)的 T 构通过现浇合龙段合拢。计算单悬臂梁和 T 构的支架、模板重力及合龙段自重作用下的内力,见图 2-4-1d。

5．合龙段支架模板拆除后,考虑合龙段的上述重力由相反方向加在已合龙的结构体系上产生的内力,见图 2-4-1e。

6．拆除 3 号墩(4 号墩)的临时支座,计算因拆除临时支座所产生的内力,见图 2-4-1f。

7．中跨合龙

将左半跨与右半跨合龙成为 5 跨连续梁。计算合龙段两侧臂端在支架、模板重力、合龙段自重作用下的内力,见图 2-1-4g。

8．合龙段支架模板拆除后,考虑上述重力以相反的方向加在连续梁上产生的内力,见图 2-4-1h。

9．连续梁最终的恒载内力,见图 2-4-1i。

(三)预制简支—连续施工连续梁桥恒载内力计算

连续梁按跨分成简支梁或悬臂梁,然后再合龙成连续梁,恒载内力即按静定梁进行计算。

如图 2-4-2 所示为一座 3 跨的城市立交连续梁桥,施工时为保证中跨立交孔有一定宽度,并能维持现有交通,将连续梁分成 3 段,两边为悬臂梁,中间为一简支梁,见图 2-4-2a。两侧悬臂梁为满堂支架现浇施工,中间简支梁仍用两临时支墩预制架设,然后再合龙,其具体施工程序及相应的恒载内力为:

(1)完成两侧悬臂梁,拆除支架,中段简支梁架设于临时支墩上,恒载内力为单悬臂的恒载内力图与简支梁恒载内力图的组合,如图 2-4-2b 所示。

(2)在临时支墩上的接头处理现浇混凝土,待混凝土凝结,张拉连续力筋锚固压浆后,拆除临时墩,原临时墩上的反力以相反方向作用在结构上。此时,两端临时支座同时拆除,结构成为双悬臂体系,见图 2-4-2c。拆除临时支座的目的是使结构保持静定体系,消除连续筋预加力所产生的次内力。这个阶段结构的恒载内力,如图 2-4-2d 所示。

结构的总恒载内力为两个阶段恒载内力之和,如图 2-4-2e 所示。

(四)逐孔浇筑施工连续梁桥恒载内力计算

采用上、下导梁的移动模架方法或逐孔浇筑建造的等高多跨连续梁,其恒载内力如图 2-4-3 所示,逐孔计算,最后叠加。结构体系从静定转化到超静定结构,前拼孔数越多,超静定次数越高,每阶段的恒载内力计算应注意这一特点。

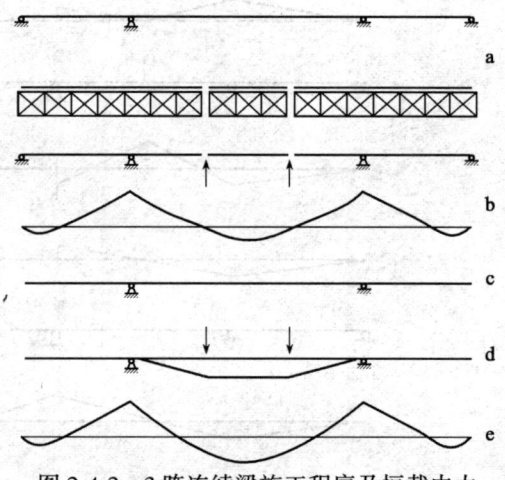

图 2-4-2 3 跨连续梁施工程序及恒载内力

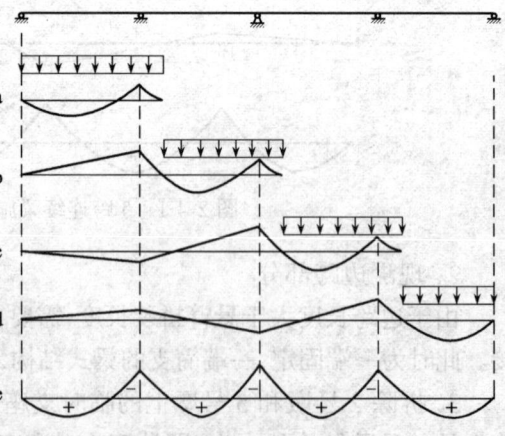

图 2-4-3 逐孔架设法的连续梁恒载内力图

(五)顶推施工连续梁桥恒载内力计算

顶推法施工的梁,因其节段在桥台后面的临时车间内生产,具有模板可反复使用,施工设备少,工程质量容易得到保证等优点,适用于建造中等跨径等高多跨连续梁桥。顶推法同样也适用曲线梁桥。

一旦顶推施工的连续梁桥正确就位后,其恒、活载内力即可按连续梁进行计算。顶推法施工的连续梁是逐节建造、逐节向前推移的。在顶推过程中,随着梁跨的跨数越多,结构的体系不断转换为高次超静定结构。梁内各个截面在移动过程中,所承受的弯矩正负方向交替出现,不断变化的内力是控制梁设计的一个因素。顶推过程中在梁内出现的弯矩可绘成弯矩包络图,它将与连续梁运营阶段的恒、活载(或加上其他各项因素,如各项次内力)的弯矩包络图同为结构控制设计的最大内力图。前者常需要结构接近中心配束,后者要求结构曲线配束。为此,顶推法施工常需要在结构内设置能拆除的临时束,在连续梁最终体系受力状态中,这些临时束属于不需要的多余束。众所周知,顶推过程中梁最不利的受力常出现在梁尚未到达墩顶而悬出长度最大的时刻,为了减小结构内力,顶推梁常使用比混凝土梁更轻的钢导梁。

多跨连续梁系用顶推法施工时,其施工过程中的弯矩包络图如图2-4-4所示。由弯矩包络图显示,前伸带导梁的第一孔梁的截面常是受力最大的部位,而其余梁段上受力变化很小。一般称这部分的计算工作为施工阶段的内力验算,现讨论顶推法施工阶段的内力问题。

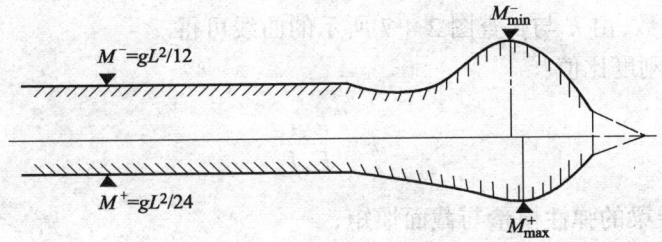

图 2-4-4　顶推法施工时梁的弯矩包络图

通常可采用图 2-4-5 和图 2-4-6 所示情况来初估梁内在顶推时最大正、负弯矩值:

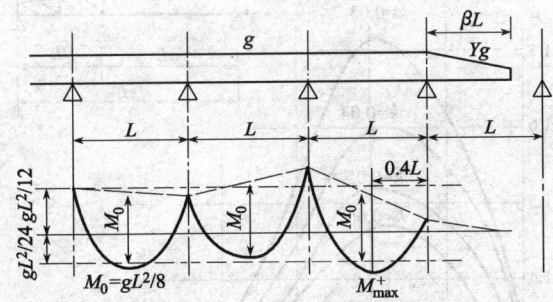

图 2-4-5　顶推法施工时梁内最大正弯矩的位置

(1)前伸导梁刚推移过墩顶

$$M_{max}^{+} = \frac{gL^2}{12}(0.933 - 2.96\gamma\beta^2) \qquad (2\text{-}4\text{-}1)$$

式中:γ——导梁与混凝土的自重比;
　　　β——导梁长度与跨长之比。

(2)前伸导梁刚到达墩顶前面

$$M_{\min}^- = -\frac{gL^2}{2}[\alpha^2 + \gamma(1-\alpha^2)] \tag{2-4-2}$$

式中：$\alpha = 1 - \beta$。

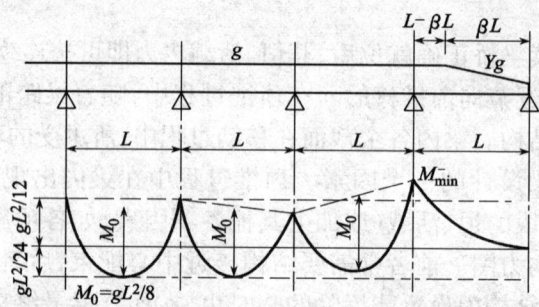

图 2-4-6　顶推法施工时梁内最大负弯矩的位置

(3)前伸导梁刚搁上墩顶，此时梁内亦可能再现最大负弯矩值。此时，$M_{\max}^-$值与导梁刚度 $E_s I_s$ 和混凝土梁刚度 $E_c I_c$ 之比 k 有关。

$$M_{\min}^- = -\mu \cdot \frac{gL^2}{12} \tag{2-4-3}$$

式中：μ——计算系数，由 k 与 β 查图 2-4-7 所示的曲线可得。

导梁与主梁的刚度比值：

$$k = \frac{E_s I_s}{E_c I_c} \tag{2-4-4}$$

式中：$E_s I_s$——钢导梁的弹性模量与截面惯矩；
　　　$E_c I_c$——混凝土主梁的弹性模量与截面惯矩。

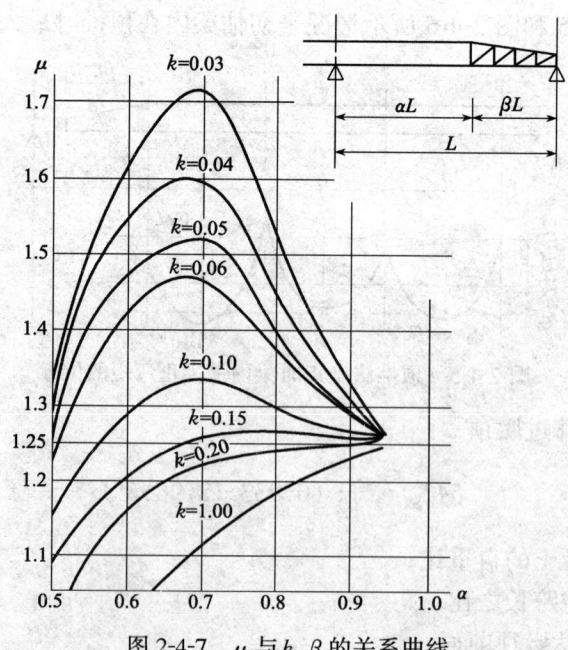

图 2-4-7　μ 与 k、β 的关系曲线

第二节 活载内力计算

活载内力是由汽车、人群等活载在桥梁使用阶段所产生的结构内力,此时结构已成为最终体系的一连续梁桥,故与施工方法无关,力学计算图式十分明确。当梁桥采用T形或箱形截面且肋数较多时,应考虑结构空间受力特点,进行活载内力计算;当梁桥采用单箱单室截面时,可直接按平面杆系结构进行活载内力计算。

一、按空间结构计算活载内力

按空间结构计算连续梁桥活载内力的方法有:

(1)计算各主梁(肋)的荷载横向分布系数,按最不利荷载横向分布系数确定相应的主梁(肋);按平面杆系结构计算绘制该主梁(肋)的纵桥向内力影响线;

(2)将荷载乘以最不利横向分布系数,沿桥梁纵向按最不利位置分别将荷载加至影响线正负效应区,即可求得绝对值最大的正负活载内力。

二、按平面杆系结构计算活载内力

计算方法与空间结构类同,只是无需计算横向分布系数。

三、连续梁桥活载内力计算特点

连续梁桥为超静定结构,活载内力计算以影响线为基础。对于等截面连续梁或截面按某种规律变化的连续梁,可按结构力学的方法计算绘制影响线,也可直接采用有限元法计算绘制影响线。

进行影响线加载时,如采用手工计算,可按照影响线的形状,将活载布置在最不利的位置,即可求得最大活载内力;如编程电算,则可采用动态规划法进行计算。

第三节 恒活载内力计算时的几点注意事项

(1)计算连接梁中间支承处的负弯矩时,可考虑支座宽度对弯矩折减的影响;折减后的弯矩按下列公式计算,如图2-4-8所示;但折减后的弯矩不得小于未经折减的弯矩的0.9倍。

$$M_e = M - M'$$
$$M' = \frac{1}{8} q a^2 \tag{2-4-5}$$

式中:M_e——折减后的支点负弯矩;

M——按理论公式或方法计算的支点负弯矩;

M'——折减弯矩;

q——梁的支点反力R左支座两侧向上按45°分布于梁截面重心轴$G-G$的荷载强度,$q = R/a$;

a——梁支点反力在支座两侧向上按45°扩散交于重心轴$G-G$的长度(圆形支座可换算为边长等于0.8倍直径的方形支座)。

(2)设有承托的连续梁,其承托竖向与纵向之比不宜大于 1/6。支点设有承托的变高度或等高度连续梁,计算作用(或荷载)效应时应考虑截面惯性矩的变化;但当支点截面惯性矩与跨径中点截面惯性矩之比等于或小于 2 时,可不考虑其截面惯性矩变化的影响。

(3)当连续梁中间支承处设有横隔梁时,支座上的计算截面可采用横隔梁侧面的连续梁截面。

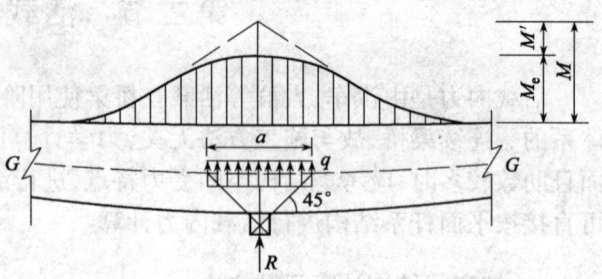

图 2-4-8 中间支承处折减弯矩计算图

第四节 预应力内力计算的等效荷载法

一、定义

在各种内外因素的综合影响下,超静定预应力混凝土梁桥结构因受到强迫的挠曲变形或轴向伸缩变形,在多余约束处将产生约束力,从而引起结构附加内力,这部分附加内力一般统称为结构次内力(或称二次力)。外部因素有预加力、墩台基础沉降、温度变形等;内部因素有混凝土材料的徐变与收缩、结构布置与配筋形式等。本节以预应力混凝土连续梁为讨论对象,介绍分析结构次内力的基本原理和方法。这些理论也适用于任何超静定混凝土结构。

如图 2-4-9a 所示,预应力混凝土简支梁在预加力作用下只产生自由挠曲变形和预应力偏心力矩(初预矩),而不产生次力矩,故它的总力矩为:

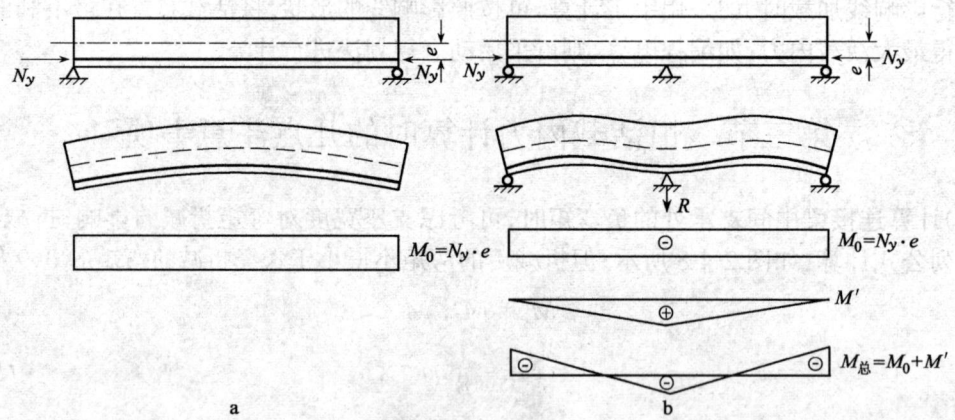

图 2-4-9 预加力引起的挠曲变形和次内力
a. 简支梁;b. 连续梁

$$M_总 = M_0 + M' \tag{2-4-6}$$

式中:M_0——初预矩,它是预加力 N_y 与偏心距 e 的乘积,即 $M_0 = N_y \cdot e$;

M'——预加力引起的次力矩,它可用力法或等效荷载法求解。

由于力法原理在《结构力学》一书中已有详细介绍,故本节重点介绍等效荷载法的原理及其应用。

二、等效荷载法原理

1. 基本假定

为了简化分析,对预应力混凝土梁作出如下的假定:
(1)力筋的摩阻损失忽略不计(或按平均分布计入);
(2)应力筋贯穿构件的全长;
(3)索曲线近似地视为按二次抛物线变化,且曲率平缓。

2. 曲线预应力索的等效荷载

如图 2-4-10 所示为配置曲线索时预应力混凝土简支梁,其左端锚头的倾角为 $-\theta_A$,偏离中轴线的偏心矩为 e_A;其右端锚头的倾角为 θ_B、偏心距为 e_B,索曲线在跨中的垂度为 f。

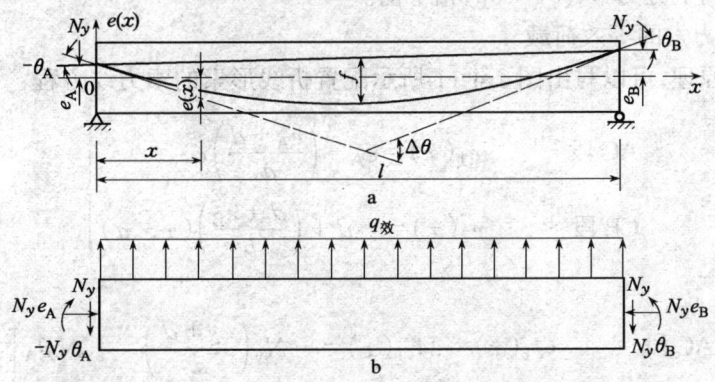

图 2-4-10 配置曲线索的等效荷载

图中的符号规定是:索力的偏心距 e_i 以向上为正,向下为负;荷载以向上者为正,向下为负。

基于上述符号规定,则此索曲线的表达式为:

$$e(x) = \frac{4f}{l^2}x^2 + \frac{e_B - e_A - 4f}{l}x + e_A \tag{2-4-7}$$

预应力筋对中心轴的偏心矩 $M(x)$ 为:

$$M(x) = N_y e(x) = N_y \left(\frac{4f}{l^2}x^2 + \frac{e_B - e_A - 4f}{l}x + e_A \right) \tag{2-4-8}$$

由《材料力学》得知:

$$q(x) = \frac{d^2 M(x)}{dx^2} = \frac{8f}{l^2} N_y = 常数 \tag{2-4-9}$$

$$\theta(x) = e'(x) = \frac{8f}{l^2} + \frac{e_B - e_A - 4f}{l} \tag{2-4-10}$$

$$\theta_A = e'(0) = \frac{e_B - e_A - 4f}{l} \tag{2-4-11}$$

$$\theta_B = e'(l) = \frac{1}{l}(e_B - e_A + 4f) \tag{2-4-12}$$

将式(2-4-12)和式(2-4-11)相减得：

$$\theta_B - \theta_A = \frac{8f}{l} \tag{2-4-13}$$

比较式(2-4-9)和式(2-4-11)得：

$$q_{(x)} = \frac{N_y}{l}(\theta_B - \theta_A) = \frac{N_y \Delta\theta}{l} = 常数 = q_{效} \tag{2-4-14}$$

上式表示荷载集度 q 的方向向上，且为正值；$\Delta\theta$ 为索曲线倾角的改变量，如图 2-4-10a 所示。我们称此均为布荷载 q 为预加力对此梁的等效荷载。它沿全跨长的总荷载 $q_{效}l$ 恰与两端预加力的垂直向下分力 $N_y(\theta_A - \theta_B)$ 相平衡。

3. 折线预应力索的等效荷载

按照同样的原理，可以写出图 2-4-11 所示配置折线形索的索力线方程：

$$\left. \begin{aligned} \text{AC 段} \quad & e_1(x) = e_A - \left(\frac{e_A + d}{a}\right)x \\ \text{CB 段} \quad & e_2(x) = -d + \left(\frac{d + e_B}{b}\right)(x - a) \end{aligned} \right\} \tag{2-4-15}$$

由此得：

$$\left. \begin{aligned} \text{AC 段} \quad & Q_1(x) = M'_1(x) = -N_y\left(\frac{e_A + d}{a}\right) = -N_y\theta_A \\ \text{CB 段} \quad & Q_2(x) = M'_2(x) + N_y\left(\frac{e_B + d}{b}\right) = N_y\theta_B \end{aligned} \right\} \tag{2-4-16}$$

按式(2-4-16)可绘出此简支梁的剪力内力分布图，见图 2-4-11b，此剪力分布图与梁截面处作用的一个垂直向上的集中力 $P_{效}$ 的结果相吻合，此 $P_{效}$ 为：

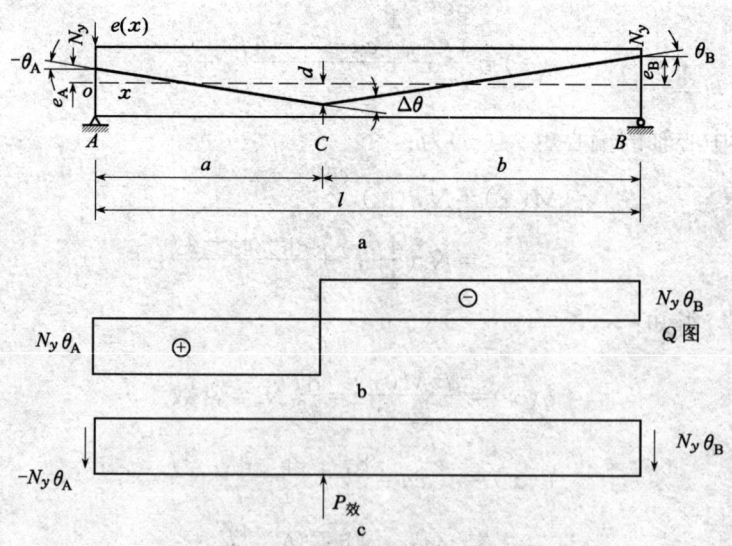

图 2-4-11 配置折线索的等效荷载

$$P_{效} = N_y(\theta_B - \theta_A) \tag{2-4-17}$$

它就是折线形预加力的等效荷载。

三、等效荷载法的应用

计算步骤：

现以图(2-4-12)所示的两跨连续梁为例，概述其计算步骤：

(1)不考虑所有支座对梁体的约束影响，按预应力索曲线的偏心距 e_i 及预应力 N_y 绘制梁的初预矩 $M_0 = N_y e_i$ 图，见图 2-4-12b；

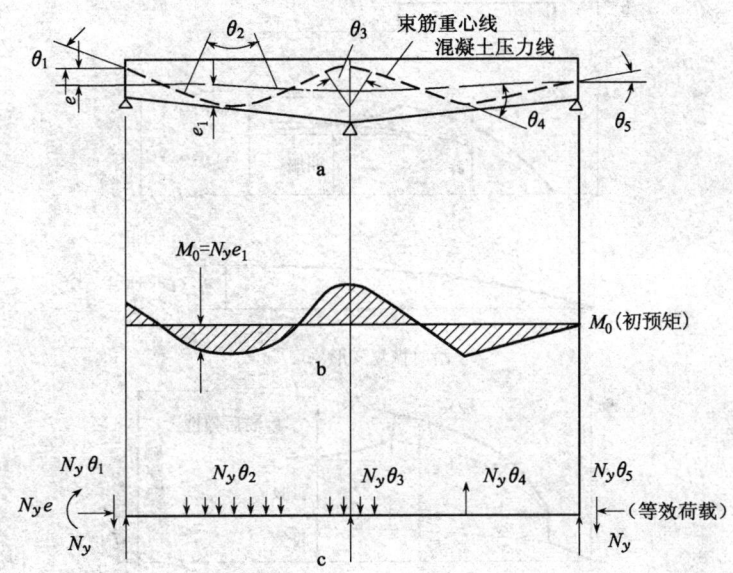

图 2-4-12　与预应力筋对应的初预矩等效荷载图

(2)按布索形式分别应用式(2-4-14)和式(2-4-17)确定等效荷载值，见图 2-4-12c；

(3)用力法或有限单元法程序求解连续梁在等效荷载作用的截面内力，得出的弯矩值称总弯矩 $M_{总}$，它包含了初预矩 M_0 在内；

(4)求截面的次力矩 $M_{次}$ 即：

$$M_{次} = M_{总} - M_0 \tag{2-4-18}$$

第五节　徐变、收缩引起预应力混凝土连续梁的次内力计算

一、徐变、收缩理论

混凝土徐变和收缩是粘滞弹性体与时间相关的两种变形性质。

图 2-4-13 表示混凝土柱体随加载和卸载的整个过程中的变形性质。

(1)柱体未承载前，混凝土就产生随时间增长的收缩应变 ε_e，见图 2-4-13b；

(2)当加载(混凝土加载龄期为 τ_0 时，混凝土柱体 $t = \tau_0$ 时)产生瞬时弹性应变 $\varepsilon_e = \sigma_b / E_b$，见图 2-4-13b；

(3) 在荷载的长期作用下,混凝土柱体随时间增加产生附加应变 ε_c,称为徐变应变;

(4) 在 $t=t_1$ 卸载时,混凝土柱体除了瞬时恢复弹性应变外,还随时间恢复了一部分附加应变。这部分可恢复的徐变应变称为滞后弹性应变 ε_v,残留的不可恢复的附加应变部分为屈服应变 ε_f,$\varepsilon_v+\varepsilon_f$ 为徐变应变的总和。

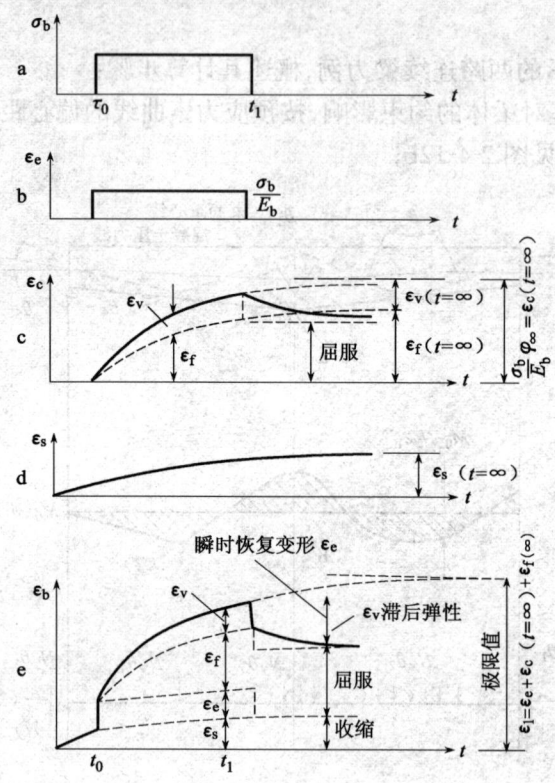

图 2-4-13 混凝土柱体变形
a. $\tau_0 < t < t_1$ 时的不变应力 σ_0;b. 弹性应变 ε_e;c. 可恢复和不可恢复部分徐变变形总数;d. 收缩应变;e. 总应变

混凝土徐变不仅与应力的性质和大小、加载时的混凝土的龄期及荷载的持续时间有密切的关系;还与混凝土的组成材料及其配合比,周围环境的温度、湿度、构件截面形式与混凝土养护条件、混凝土的龄期都有关系。

一般说,混凝土徐变和收缩对结构的变形、结构的内力分布和结构内截面(在组合截面情况下)的应力分布会产生影响。这些影响可归纳为:

(1) 结构在受压区的徐变和收缩会增大挠度(如梁、板)。

(2) 徐变会增大偏压柱的弯曲,由此增大初始偏心,降低其承载能力。

(3) 预应力混凝构件中,徐变和收缩会导致预应力的损失。

(4) 如果结构构件截面不同材料组合的截面,如钢筋混凝土组合截面,徐变将导致截面上应力重新分布。

(5) 对于超静定结构,混凝土徐变将导致结构内力重分布,即引起结构的徐变次内力。

(6) 混凝土收缩会使较厚构件(或在结构的截面表状突变处)的表面开裂,但受到内部的阻碍引起收缩应力的产生。

本节主要叙述由混凝土徐变、收缩引起的结构变形与次内力的计算原理。在桥梁结构中，混凝土的使用应力一般不超过其极限强度的 40%～50%。根据试验观察，当混凝土棱柱体在持续应力不大于 0.5Ra(混凝土棱柱强度)时，徐变变形与初始弹性变形成比例的线性关系。因此，我们以徐变线性理论为基础，讨论结构徐变变形与次内力计算方法；当应力超过这个界限，它们之间的关系变为非线性的，即徐变非线性理论，这里暂不讨论。在整个使用荷载应力范围内，可引入徐变特性系数 φ(以后简徐变系数)，建立徐变应变的关系式：

$$\varepsilon_c = \frac{\Delta l_c}{l} = \frac{\Delta l_c}{\Delta l_e} \cdot \frac{\Delta l_e}{l} = \varphi \cdot \varepsilon_e$$

$$\varphi = \varepsilon_c \varepsilon_e \tag{2-4-19}$$

式中：ε_e——混凝土徐变应变 ε_c 开始时，在荷载作用下混凝土的瞬时弹性应变值。

图 2-4-13 即表示了在恒应力作用下徐变应变的规律。t_0 为加载龄期，ε_c(如考虑滞后弹性效应为 $\varepsilon_v + \varepsilon_f$)为任意时刻时的徐变应变。当时间 $t = \infty$ 时，极限徐变应变为 $\varepsilon_k(t = \infty)$，而相应的极限徐变系数为 $\varphi_k(t = \infty)$。试验表明，在长期荷载作用下，加载初期徐变应变增长较快，后期增长减慢，几年以后就基本停止增长。结构的徐变变形的累计总值可达到同样应力下弹性变形的 1.5～3.0 倍或更大。

二、混凝土徐变系数的计算

(一)经验公式

(1)对于混凝土徐变系数和收缩量的计算，各国规范均有相关规定，主要是依据经验公式。我国桥梁规范(JTGD 62—2004)规定混凝土的徐变系数按下列公式计算：

$$\phi(t, t_0) = \phi_0 \cdot \beta_c(t - t_0) \tag{2-4-20}$$

$$\phi_0 = \phi_{RH} \cdot \beta(f_{cm}) \cdot \beta(t_0) \tag{2-4-21}$$

$$\phi_{RH} = 1 + \frac{1 - RH/RH_0}{0.46(h/h_0)^{\frac{1}{3}}} \tag{2-4-22}$$

$$\beta(f_{cm}) = \frac{5.3}{(f_{cm}/f_{cm0})^{0.5}} \tag{2-4-23}$$

$$\beta(t_0) = \frac{1}{0.1 + (t_0/t_1)^{0.2}} \tag{2-4-24}$$

$$\beta_c(t - t_0) = \left[\frac{(t - t_0)/t_1}{\beta_H + (t - t_0)/t_1}\right]^{0.3} \tag{2-4-25}$$

$$\beta_H = 150\left[1 + \left(1.2 \frac{RH}{RH_0}\right)^{18}\right] \frac{h}{h_0} + 250 \leqslant 1500 \tag{2-4-26}$$

式中：t_0——加载时的混凝土龄期(d)；

t——计算考虑时刻的混凝土龄期(d)；

$\phi(t, t_0)$——加载龄期为 t_0，计算考虑龄期为 t 时的混凝土徐变系数；

ϕ_0——名义徐变系数；

β_c——加载后徐变随时间发展的系数；

f_{cm}——强度等级 C20~C50 混凝土在 28d 龄期时的平均立方体抗压强度(MPa);

$f_{cm}=0.8f_{cu,k}+8\text{MPa}$;

h——构件理论厚度(mm),$h=2A/u$,A 为构件截面面积,u 为构件与大气接触的周边长度;

$RH_0=100\%$;

$h_0=100\text{mm}$;

$t_1=1d$;

$f_{cm0}=10\text{MPa}$。

(2)强度等级为 C20~C50 混凝土的名义徐变系数 ϕ_0,可按由公式(2-4-21)算得的表 2-4-1 值采用。

表 2-4-1 混凝土名义徐变系数 ϕ_0

加载龄期(d)	40%≤RH<70%				70%≤RH<99%			
	理论厚度 h(mm)				理论厚度 h(mm)			
	100	200	300	≥600	100	200	300	≥600
3	3.90	3.50	3.31	3.03	2.83	2.65	2.56	2.44
7	3.33	3.00	2.82	2.59	2.41	2.26	2.19	2.08
14	2.92	2.62	2.48	2.27	2.12	1.99	1.92	1.83
28	2.56	2.30	2.17	1.99	1.86	1.74	1.69	1.60
60	2.21	1.99	1.88	1.72	1.61	1.51	1.46	1.39
90	2.05	1.84	1.74	1.59	1.49	1.39	1.35	1.28

(二)桥梁设计中需考虑徐变影响或计算阶段预应力损失时,混凝土的徐变系数值可按下列步骤计算

(1)按公式(2-4-26)计算 β_H,计算时,当 40%≤RH<70% 时,取年平均相对湿度 $RH=55\%$;当在 70%≤RH<99% 时,取年平均相对湿度 $RH=80\%$。

(2)根据计算徐变所考虑的龄期 t、加载龄期 t_0 及已算得的 β_H,按公式(2-4-25)计算徐变发展系数 $\beta_c(t-t_0)$。

(3)根据 $\beta_c(t-t_0)$ 和表 2-4-1 所列名义徐变系数(必要时用内插求得),按公式 2-4-20 计算徐变系数 $\phi(t,t_0)$。

三、因混凝土徐变引起的结构次内力计算

(1)若连续梁在施工过程中转换结构体系(如先期结构在 τ_0 时同时加载的简支梁或其他结构体系,在 τ 时同时转换为后其结构的连续梁),在混凝土徐变影响下,后期结构的弯矩可按下列规定计算:

①在先期结构中由结构自重产生的弯矩,经过混凝土徐变重分配;在后期结构中 t 时的弯矩 M_{gt},可按下式计算:

$$M_{gt}=M_{1g}+(M_{2g}-M_{1g})\left\{1-e^{-[\phi(t,\tau_0)-\phi(\tau,\tau_0)]}\right\} \quad (2\text{-}4\text{-}27)$$

式中：M_{1g}——在先期结构自重作用下,按先期结构体系计算的弯矩;

M_{2g}——在先期结构自重作用下,按后期结构体系计算的弯矩;

$\phi(t,\tau_0)$——从先期结构加载龄期 τ_0 至后期结构计算所考虑时间 t 时的徐变系数,当缺乏符合当地实际条件的数据时,可按桥规(JTGD 62—2004)附录 F 计算;

$\phi(\tau,\tau_0)$——从先期结构加载龄期 τ_0 至 τ 时转换为后期结构的徐变系数。

②先期结构中由预加力产生的弯矩,经过混凝土徐变重分配,在后期结构中 t 时的弯矩 M_{pt},可按公式计算：

$$M_{pt} = M_{1pt} + (M'_{2pt} - M'_{1pt})\left\{1 - e^{-[\phi(t,\tau_0) - \phi(\tau,\tau_0)]}\right\} \quad (2\text{-}4\text{-}28)$$

$$M_{1pt} = M_{1pt}^0 + M'_{1pt} \quad (2\text{-}4\text{-}29)$$

式中：M_{1pt}——在先期结构中的预加力作用下,按先期结构计算的弯矩;

M_{1pt}^0——在先期结构中的预加力作用下,按先期结构计算的主弯矩(预加力乘以偏心距);

M'_{1pt}——在先期结构中的预加力作用下,按先期结构体系计算的次弯矩;当先期结构为静定体系时,M'_{1pt} 为零;

M'_{2pt}——在先期结构中的预加力作用下,按后期结构体系计算的次弯矩。

(2)若预应力混凝土连续梁在施工过程中不转换结构体系,待混凝土徐变完成后,预加力引起的总次效应(包括弹性变形和徐变),可由预加应力时引起的弹性变形次效应乘以预应力钢筋张拉力的平均有效系数 C 求得。平均有效系数按下式计算：

$$c = \frac{P_e}{P_i} \quad (2\text{-}4\text{-}30)$$

式中：P_e——预应力损失全部完成后,预应力钢筋平均张拉力;

P_i——预应力瞬时(第一批)损失完成后,预应力钢筋平均张拉力。

(3)预应力混凝土连续梁结构,在恒载与预加力作用下,考虑徐变影响,结构任意截面的最终弯矩为(龄期相同条件下)：

$$M_T = M_{gt} + M_{pt} \quad (2\text{-}4\text{-}31)$$

四、混凝土收缩应变的计算

(一)经验公式

(1)混凝土的收缩应变可按下列公式计算：

$$\varepsilon_{cs}(t, t_s) = \varepsilon_{cs0} \cdot \beta_s(t - t_s) \quad (2\text{-}4\text{-}32)$$

$$\varepsilon_{cs0} = \varepsilon_s(f_{cm}) \cdot \beta_{RH} \quad (2\text{-}4\text{-}33)$$

$$\varepsilon_s(f_{cm}) = [160 + 10\beta_{sc}(9 - f_{cm}/f_{cm0})] \cdot 10^{-6} \quad (2\text{-}4\text{-}34)$$

$$\beta_{RH} = 1.55[1 - (RH/RH_0)^3] \quad (2\text{-}4\text{-}35)$$

$$\beta_s(t - t_s) = \left[\frac{(t - t_s)/t_1}{350(h/h_0)^2 + (t - t_s)/t_1}\right]^{0.5} \quad (2\text{-}4\text{-}36)$$

式中： t——计算考虑时刻的混凝土龄期(d)；

t_s——收缩开始时的混凝土龄期(d)，假定为 3~7d；

$\varepsilon_{cs}(t,t_s)$——收缩开始时的龄期为 t_s，计算考虑的龄期为 t 时的收缩应变；

ε_{cs0}——名义收缩系数；

β_s——收缩随时间发展的系数；

f_{cm}——强度等级 C20~C50 混凝土在 28d 龄期时的平均立方体抗压强度(MPa)，

$f_{cm}=0.8f_{cu,k}+8MPa$；

$f_{cu,k}$——龄期为 28d，具有 95%保证率的混凝土立方体抗压强度标准值(MPa)；

β_{RH}——与年平均相对湿度相关的系数，公式(2-4-35)适用于 40%≤RH<90%；

RH——环境年平均相对湿度(%)；

β_{sc}——依水泥种类而定的系数，对一般的硅酸盐类水泥或快硬水泥，$\beta_{sc}=5.0$；

h——构件理论厚度(mm)，$h=2A/u$，A 为构件截面面积，u 为构件与大气接触的周边长度；

$RH_0=100$；

$h_0=100mm$；

$t_1=1d$；

$f_{cm0}=10MPa$。

(2)强度等级 C20~C50 混凝土的名义收缩系数，ε_{cs0} 可按由公式(2-4-33)算得的表 2-4-2 所列数值采用。

表 2-4-2 混凝土名义收缩系数 $\varepsilon_{cs0}\cdot10^3$

40%≤RH<70%	70%≤RH<99%
0.529	0.310

注：(1)本表适用于一般硅酸盐水泥或快硬水泥配制而成的混凝土；

(2)本表适用于季节性变化的平均温度 -20℃ ~ +40℃；

(3)本表数值系按 C40 混凝土计算所得，对强度等级为 C50 及以上混凝土，表列数值乘以 $\sqrt{\dfrac{32.4}{f_{ck}}}$，式中 f_{ck} 为混凝土轴心抗压强度标准值(MPa)；

(4)计算时，表中年平均相对湿度 40%≤RH<70%，取 RH=55%；70%≤RH<99%，取 RH=80%。

(二)混凝土收缩应变计算

在具体桥梁设计中，当需考虑收缩影响或计算阶段预应力损失时，混凝土收缩应变值可按下列步骤计算：

(1)按公式(2-4-36)计算从 t_s 到 t，t_s 到 t_0 的收缩应变发展系数 $\beta_s(t-t_s)$、$\beta_s(t_0-t_s)$；在计算 $\beta_s(t_0-t_s)$ 时，公式中的 t 均改用 t_0。其中，t 为计算收缩应变考虑时刻的混凝土龄期(d)，t_0 为桥梁结构开始受收缩影响时刻或预应力钢筋传力锚固时刻的混凝土龄期(d)，t_s 为收缩开始时(养护期结束时)的混凝土龄期，设计时可取 3~7d，$t>t_0\geq t_s$。

(2)按下列公式计算自 t_0 至 t 时的收缩应变值 $\varepsilon_{cs}(t,t_0)$：

$$\varepsilon_{cs}(t,t_0)=\varepsilon_{cs0}[\beta_s(t-t_s)-\beta_s(t_0-t_s)] \quad (2-4-37)$$

式中,的名义收缩系数 ε_{cs0} 按表 2-4-2 采用。

五、结构因混凝土收缩引起的次内力计算

求出 t 时刻混凝土收缩总应变 $\varepsilon_{cs}(t,t_0)$ 后,可用结构力学的力法计算 t 时刻由连续梁结构收缩变形而引起结构赘余力方向上的弹性内力。需要注意的是:在分析混凝土收缩引起的结构次内力,基本结构的变位、载变位计算中必须考虑轴力项。对于一般的超静定连续梁,由于收缩变形并不受到强大的约束,可只计算结构的收缩位移量,而忽略结构次内力计算。但对于墩梁连固的连续—刚构体系,就应考虑收缩引起的结构次内力。

第六节 基础沉降次内力计算

在《结构力学》中已经详细地叙述了超静定连续梁结构因沉降产生的次内力计算问题。对于图 2-4-14 所示的三跨连续梁,当中墩基础分别产生不等的地基沉陷 $\Delta_{1\Delta}$ 和 $\Delta_{2\Delta}$ 时,可取图 2-4-14b 的基本结构,其力法方程为:

$$\left.\begin{array}{l}\delta_{11}X_1+\delta_{12}X_2+\Delta_{1\Delta}=0\\ \delta_{21}X_1+\delta_{22}X_2+\Delta_{2\Delta}=0\end{array}\right\} \tag{2-4-38}$$

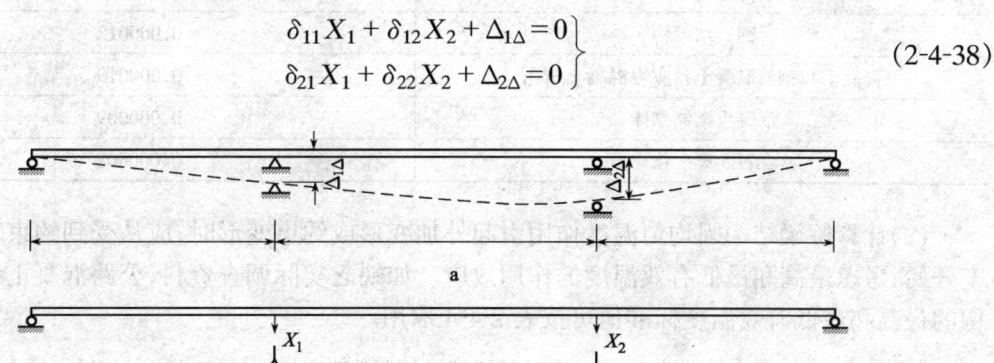

图 2-4-14 连续梁因基础沉陷的计算图式

求解此线性方程组较容易,关键在于如何确定基础沉降量 $\Delta_{1\Delta}$ 和 $\Delta_{2\Delta}$。依据设计原则,连续梁桥的桥墩基础应奠基在坚硬的岩石上,但当它修建在非岩石的地基土上时,就必须计入基础沉降引起的结构次内力。有关地基沉降量的具体计算方法,详见《地基与基础》教程和《公路桥涵地基与基础设计规范》。但地基设计规范中有下列的规定:

(1)墩台均匀总沉降(mm)值(不包括施工中的沉降)为 $20\sqrt{l}$;

(2)相邻墩台均匀总沉降(mm)值(不包括施工中的沉降)为 $10\sqrt{l}$。

其中,l 为相邻墩台间最小跨径长度,以 m 计。跨径小于 25m 时仍以 25m 计算。

附带说明,地基土的沉降变化规律要比混凝土的徐变规律更为复杂,不但土质类别繁多,历史成因复杂,所处位置的不同(例如:位于河中和位于岸上)也存在较大的差异。另外,结构对地基作用力的大小都会影响到它的沉降速度。对于超静定结构,由于沉降速度上的差异,将产生支点反力的重新分布。若考虑沉降次内力与其他次内力的耦合作用,则更难求解。考虑到大跨径连续梁一般采用悬臂施工,恒重所占的比例较大,土基的沉降量大部分在施工阶段完成。为了简化分析,通常按《基规》规定的相邻墩台的容许沉降差进行结构内力分析。另一方面,对于处于不良地带的桥位,通常要先进行地基加固处理,或者偏安全地加大地基承压面,采用超长桩或增加桩基数量等措施,以尽量减小后期沉降量。关于这一点,在设计中应该引起足够的重视。

第七节 温度次内力和自应力计算

一、基本概念

1. 温度梯度

温度梯度是指当桥梁结构受到日照温度影响后,温度沿梁截面高度变化的形式。我国《桥规》(JTG D 60—2004)对材料的温度性质和温度梯度的规定如下:

计算温度作用时的材料线膨胀系数及作用标准值可按下列规定取用:

(1)当考虑温度对桥梁结构作用时,应根据当地具体情况、结构物使用的材料和施工条件等因素计算由温度作用引起的结构效应。各种结构的线膨胀系数规定见表2-4-3。

表 2-4-3 线膨胀系数

结 构 种 类	线膨胀系数(以摄氏度计)
钢结构	0.000012
混凝土和钢筋混凝土预应力混凝土结构	0.000010
混凝土预制砌体	0.000009
石砌体	0.000008

(2)计算桥梁结构因均匀温度作用引起外加变形或约束变形时,应从受到约束时的结构温度开始,考虑最高和最低有效温度的作用效应。如缺乏实际调查资料,公路混凝土结构和钢结构的最高和最低有效温度标准值可按表2-4-4取用。

表 2-4-4 公路桥梁结构的有效温度标准值(℃)

气温地区	钢桥面板钢桥		混凝土桥面板钢桥		混凝土、石桥	
	最高	最低	最高	最低	最高	最低
严寒地区	46	-43	39	-32	34	-23
寒冷地区	46	-21	39	-15	34	-10
温热地区	46	-9(-3)	39	-6(-1)	34	-3(0)

(3)计算桥梁结构由于梯度温度引起的效应时,可采用图2-4-15所示的竖向温度梯度曲线,其桥面板表面的最高温度T_1规定见表2-4-5。对混凝土结构,当梁高H小于400mm时,图中$A=H-100$(mm);当梁高H等于或大于400mm时,$A=300$mm。对带混凝土桥面板的钢结构,$A=300$mm。图2-4-15中的t为混凝土桥面板的厚度(mm)。

混凝土上部结构和带混凝土桥面板的钢结构的竖向日照反温差正温差乘以-0.5。

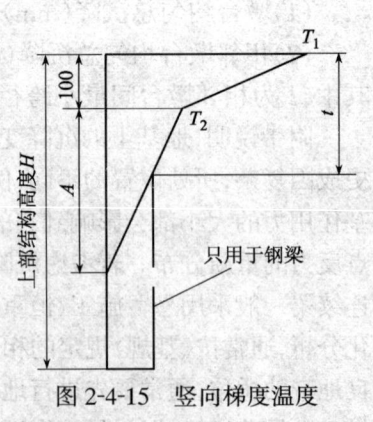

图 2-4-15 竖向梯度温度
(尺寸单位:mm)

2. 温度次内力

结构因受到自然环境的影响(升温或降温)将产生伸缩或

弯曲变形,当这个变形受到多余约束时,便会在结构内产生附加内力,工程上称此附加内力为温度次内力。现举两种呈线性变化形式的温度梯度加以说明。

表 2-4-5　竖向日照正温差计算的温度基数

结 构 类 型	T_1(℃)	T_2(℃)
混凝土铺装	25	6.7
50mm 沥青混凝土铺装层	20	6.7
100mm 沥青混凝土铺装层	14	5.5

(1)年平均温度:

图 2-4-16a 和图 2-4-16b 分别表示了悬臂梁(静定结构)和连续梁(超静定结构)在年温差(温升)时,只产生纵向水平位移;而不产生次内力;图 2-4-16c 中的连续刚构在同样条件下由于受固结桥墩的约束,不但主梁产生水平位移,而且墩和梁均产生弯曲变化和支点反力,从而导致截面内产生次内力。

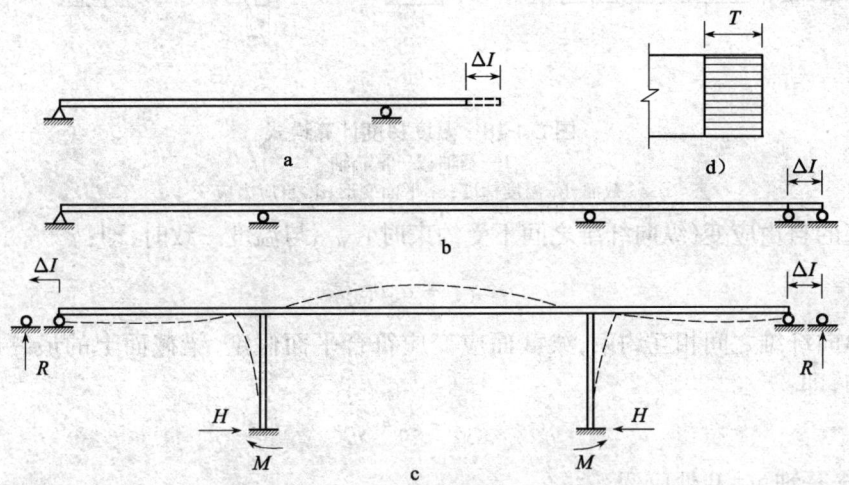

图 2-4-16　年温差对不同结构的影响

(2)呈线性变化的温度梯度,见图 2-4-17:

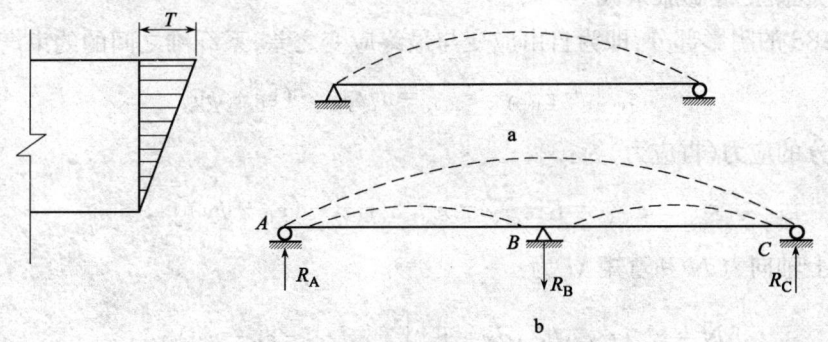

图 2-4-17　线性温度梯度对结构的影响

图 2-4-17a 表示了静定简支梁的线性温度梯度的影响下,结构只产生弯曲变形;图 2-4-17b 表

示了在同样温度影响下,由于存在中支座的多余约束,限制梁体变形,导致中支座产生向下的垂直拉力,从而产生梁体的次内力。

二、混凝土结构温度自应力的计算

由于温差作用的温度梯度呈非线性变化,且梁截面变形服从平面假定,致使梁截面的温差变形在纵向纤维之间到约束,在截面上产生自平衡的纵向约束应力,称为自应力。如图 2-4-18 所示,图 2-4-18b 为温度梯度(无约束的自由应变图形与温度梯度同);图 2-4-18c 为平面变形,为最终应变;图2-4-18d 内阴影部分为自由应变与最终应变之差,即由纤维之间的约束产生的自应力应变。

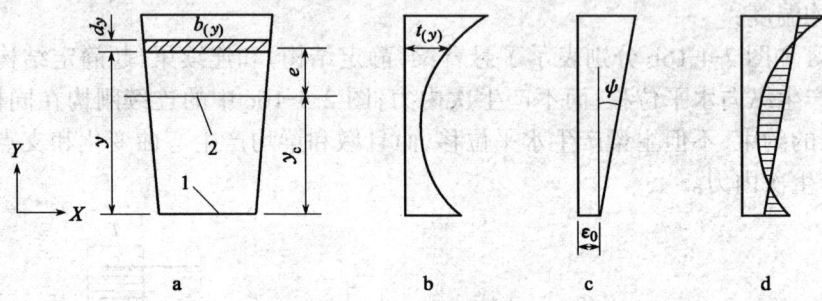

图 2-4-18 温度梯度计算模式
1—基轴;2—重心轴
a. 截面;b. 温度梯度;c. 平面变形;d. 自应力应变

沿梁高的自由应变(纵向纤维之间不受约束时)$\varepsilon_{t(y)}$与温度一致时,即:

$$\varepsilon_{t(y)} = \alpha_c t_{(y)} \tag{2-4-39}$$

由于纵向纤维之间相互约束,梁截面应变应符合平面假定,梁截面上的最终应变 $\varepsilon_{f(y)}$ 应呈直线分布,即:

$$\varepsilon_{f(y)} = \varepsilon_0 + \psi y \tag{2-4-40}$$

式中:ε_0——基轴 $y=0$ 处应变;
　　ψ——截面变形曲率;
　　y——基轴以上任一点求应变的坐标;
　　α_c——混凝土线膨胀系数。

图 2-4-18d 的阴影部分,即为自由应变与最终应变之差,系纤维之间的约束产生,其值为:

$$\varepsilon_{\sigma(y)} = \varepsilon_{t(y)} - \varepsilon_{f(y)} = \alpha_c t_{(y)} - (\varepsilon_0 + \psi y) \tag{2-4-41}$$

阴影部分的应力(自应力)为:

$$\varepsilon_{s(y)} = E_c \varepsilon_{\sigma(y)} = E_c [\alpha_c t_{(y)} - (\varepsilon_0 + \psi y)] \tag{2-4-42}$$

全截面上轴向力 N 和弯矩 M 为:

$$N = E_c \int_h \varepsilon_{\sigma(y)} b_{(y)} dy = E_c \int_h (\alpha_c t_{(y)} - \varepsilon_0 - \psi y) b_{(y)} dy$$

$$= E_c \left[\alpha_c \int_h t_{(y)} b_{(y)} dy - \varepsilon_0 \int_h b_{(y)} dy - \psi \int_h y b_{(y)} dy \right] \tag{2-4-43}$$

$$M = E_c \int_h \varepsilon_{\sigma(y)} b_{(y)}(y - y_c)dy = E_c \int_h (\alpha_c t_{(y)} - \varepsilon_0 - \psi y) b_{(y)}(y - y_c)dy$$
$$= E_c \left[\alpha_c \int_h t_{(y)} b_{(y)}(y - y_c)dy - \varepsilon_0 \int_h b_{(y)}(y - y_c)dy - \psi \int_h b_{(y)}(y - y_c)y dy \right]$$
(2-4-44)

式中:E_c——混凝土材料弹性模量;

$b_{(y)}$——y处的梁宽。

对于任何截面,$N=0$,$M=0$,即内力总和为零。

公式2-4-43、2-4-44可分别改写为:

$$\varepsilon_0 \int_h b_{(y)}dy + \psi \int_h y b_{(y)}dy = \alpha_c \int_h t_{(y)} b_{(y)}dy \qquad (2\text{-}4\text{-}45)$$

$$\varepsilon_0 \int_h b_{(y)}(y - y_c)dy + \psi \int_h b_{(y)}(y - y_c)y dy = \alpha_c \int_h t_{(y)} b_{(y)}(y - y_c)dy \qquad (2\text{-}4\text{-}46)$$

在公式2-4-45、2-4-46内

$$\int_h b_{(y)} dy = A \qquad (2\text{-}4\text{-}47)$$

$$\int_h y b_{(y)} dy = A y_c \qquad (2\text{-}4\text{-}48)$$

$$\int_h b_{(y)}(y - y_c)y dy = \int_h b_{(y)} y^2 dy - \int_h b_{(y)} y y_c dy = I_b - \int_h b_{(y)} y y_c dy = I_g \qquad (2\text{-}4\text{-}49)$$

$$\int_h b_{(y)}(y - y_c)dy = 0 \qquad \text{(对重心轴的静面积矩为零)}$$

式中:A——截面面积;

I_b——截面面积对基轴(图2-4-18)惯性矩;

I_g——截面面积对重心轴(图2-4-18)惯性矩。

将公式(2-4-47)、(2-4-48)和(2-4-49)代入公式(2-4-45)和(2-4-46)中得:

$$\varepsilon_0 A + \psi A y_c = \alpha_c \int_h t_{(y)} b_{(y)} dy \qquad (2\text{-}4\text{-}50)$$

$$\psi I_g = \alpha c \int_h t_{(y)} b_{(y)}(y - y_c) dy \qquad (2\text{-}4\text{-}51)$$

由公式2-4-50、2-4-51可得:

$$\varepsilon_0 = \frac{\alpha_c}{A} \int_h t_{(y)} b_{(y)} dy - \psi y_c \qquad (2\text{-}4\text{-}52)$$

$$\psi = \frac{\alpha_c}{I_g} \int_h t_{(y)} b_{(y)}(y - y_c) dy \qquad (2\text{-}4\text{-}53)$$

设在坐标y处,截面内一厚度为i的微小单元面积A_y处温度梯度值为t_y,以t_y为常值代入公式(2-4-52)、(2-4-53),并注意积分区段仅在i厚度范围内有值。因此:$\int_h b_{(y)} dy = \psi \int_h b_{(y)} dy =$

$A_y, t_{(y)} = t_y, y - y_c = e_y$(单元面积 A_y 对全面积重心的偏心距)。

$$\psi = \frac{\alpha_c}{I_g}\int_h t_{(y)}b_{(y)}(y-y_c)dy = \frac{\alpha_c}{I_g}\int_i t_{(y)}b_{(y)}(y-y_c)dy = \frac{\alpha_c t_y A_y e_y}{I_g} \quad (2\text{-}4\text{-}54)$$

$$\varepsilon_0 = \frac{\alpha_c}{A}\int_h t_{(y)}b_{(y)}dy - \psi y_c = \frac{\alpha_c}{A}\int_i t_{(y)}b_{(y)}dy - \psi y_c$$

$$= \frac{\alpha_c t_y A_y}{A} - \frac{\alpha_c t_y A_y e_y y_c}{I_g} \quad (2\text{-}4\text{-}55)$$

由公式 2-4-42 可求得任意点应力 $\sigma_{s(y)}$：

$$\sigma_{s(y)} = E_c[\alpha_c t_{(y)} - (\varepsilon_0 + \psi y)] = E_c \alpha_c t_y$$
$$-\frac{E_c \alpha_c t_y A_y}{A} + \frac{E_c \alpha_c t_y A_y e_y y_c}{I_g} - \frac{E_c \alpha_c t_y A_y e_y y}{I_g} \quad (2\text{-}4\text{-}56)$$

如令：$N_{ti} = A_y t_y \alpha_c E_c, M_{ti} = -N_{ti} e_y = -A_y t_y \alpha_c E_c e_y$

$$\sigma_{s(y)} = -\frac{N_{ti}}{A} + \frac{M_{ti}}{I_g}(y-y_c) + t_y \alpha_c E_c \quad (2\text{-}4\text{-}57)$$

上式即为在温度作用下单元面积 A_y 内截面任一点产生的应力；对于分为很多块单元面积上不同 t_y 的作用,应用分段总和法,具体见《桥规》(JTGD 62—2004)附录 B。

公式(2-4-57)适用于正温差；如为负温差则整个公式前冠以负号。

三、连续梁温度次内力的计算

超静定结构温度次内力的计算可按一般结构力学公式者有限元方法进行。以下介绍用力法求解连续梁温度次内力的基本方法。

1. 等截面连续梁的温度次内力

以两跨连续梁为例,取两跨简支梁为基本结构,在中支点切口处的赘余力矩为 M_{1T},如图 2-4-19 所示,于是,可列出力法方程：

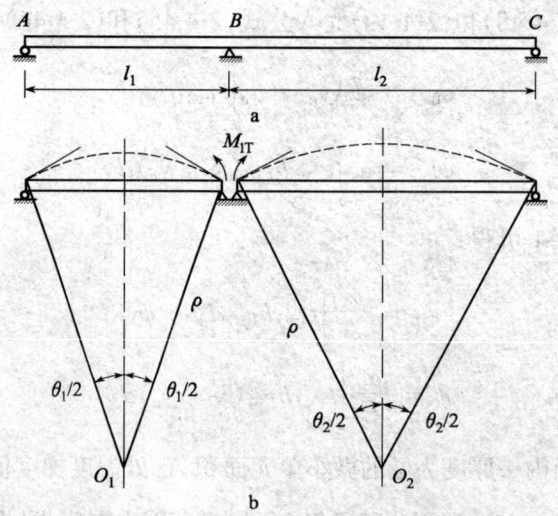

图 2-4-19　连续梁在非线性温度梯度作用下的挠曲变形

$$\delta_{11}M_{1T} + \Delta_{1T} = 0 \tag{2-4-58}$$

式中：δ_{11}——$\overline{M}_{1T}=1$ 时在赘力矩方向引起的相对转角；

Δ_{1T}——因温度变化在赘余力矩方向上引起的相对转角。

Δ_{1T}的计算步骤如下：

(1)按式(2-4-53)分别计算 AB 跨和 BC 跨简支梁的挠曲线曲率 ψ_1 和 ψ_2，由于该两跨的截面尺寸完全相同，当不计钢筋影响时，$\psi_1 = \psi_2 = \psi$。

(2)按《材料力学》公式分别计算该两跨在各自两个端点切线之间的夹角，即：

$$\theta_1 = \int_A^B \frac{M}{EI} dx = \psi \int_A^B dx = \psi l_1$$

$$\theta_2 = \int_B^C \frac{M}{EI} dx = \psi \int_B^C dx = \psi l_2$$

$$(\because \psi = \frac{1}{\rho} = \frac{M}{EI},\rho \text{ 为曲率半径})$$

(3)由于连续梁是采用等截面的，故基本结构中每跨梁两端的转角对称且相等，各等于 $\theta/2$，于是：

$$\Delta_{1T} = -\left(\frac{\theta_1 + \theta_2}{2}\right) = -\frac{\psi}{2}(l_1 + l_2) \tag{2-4-59}$$

因相对转角方向与所设赘余力矩 M_{1T} 的方向相反，Δ_{1T}取负值。

2. 变截面连续梁的温度次内力

式(2-4-59)也可用于求两跨变截面连续梁的次内力，求解时关键的问题是如何计算其中的常变位 δ_{11} 和载变位 Δ_{1T}。求解的方法有平面杆系有限元法、共轭梁法和纽玛克法等。本节仅介绍应用共轭梁法(又称图解解析)的计算步骤。

(1)δ_{11}的计算步骤：

a 绘 $\overline{M}=1$ 的分布图 $\overline{M}(x)$，如图 2-4-20b 所示；

b 绘曲率分布图，如图 2-4-20c 所示；

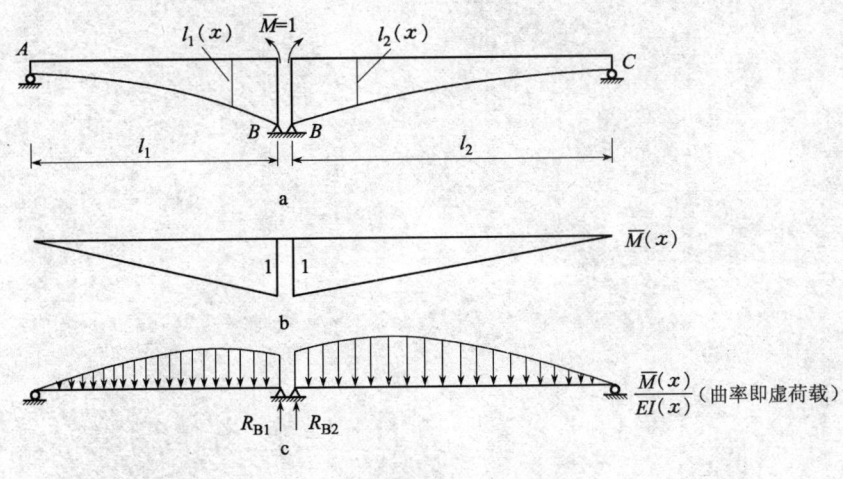

图 2-4-20 变截面梁 δ_{11}的计算图式

c 以曲率分布图作为虚荷载,用总和法计算 B 支点的虚反力 R_{B1} 和 R_{B2} 此虚反力便是它们在中支点处的端转角;

d 按下式计算 δ_{11},即:

$$\delta_{11} = R_{B1} + R_{B2} \tag{2-4-60}$$

(2)Δ_{1T} 的计算步骤

求解 Δ_{iT} 的步骤与求 δ_{11} 的基本相似,只需应用式 2-4-53 分别求全梁若干段截面的 $\psi_{(x)}$ 值来取代图 2-4-20 中的 $\dfrac{\overline{M}(x)}{EI(x)}$,所得到 B 支点的反力之和便是 Δ_{1T}。

本章小结

1. 连续梁桥计算的特点是结合施工程序来确定计算图式和进行内力分析,以及内力叠加等问题,以大跨径连续梁桥中的常见两种施工方法——悬臂浇筑法和顶推施工法作为典型例子进行介绍。理解了对特例的分析思路以后,就可以容易地掌握到当采用其他几种施工方法时的桥梁结构分析方法了。

2. 恒载内力按结构力学中的连续梁进行计算。

3. 活载内力为汽车、人群等活载在桥梁使用阶段所产生的结构内力。显然,不管采用何种施工方法,这时结构已成为最终体系——连续梁桥,因此力学计算图式已十分明确。当采用 T 形或箱形截面且肋数较多时,应考虑结构空间受力特点进行活载内力计算;当月采用单箱单室截面时,可直接按平面杆系结构进行活载内力计算。

思考题

1. 悬臂施工时各阶段连续梁的恒载内力计算方法?
2. 在超静定预应力混凝土梁桥中,有哪些因素会使结构产生二次内力?
3. 活载内力计算时,荷载横向分布系数应如何考虑?
4. 一次落架法施工恒载徐变二次力应为多少?如何计算?

第五章　梁式桥支座

根据梁式桥的受力要求,在桥跨结构和墩台之间常需设置支座,其作用为:
(1)传递上部结构的支承反力,包括恒载和活载引起的竖向力和水平力;
(2)保证结构在活载、温度变化、混凝土收缩和徐变等因素作用下能自由变形,以使上、下部结构的实际受力情况符合结构的静力图式。

梁式桥的支座一般分成固定支座和活动支座两种形式。固定支座既要将主梁固定在墩台的位置上,传递竖向压力;又要保证主梁发生挠曲时在支承处能够自由转动。活动支座只传递竖向压力,并保证主梁在支承处既能自由转动又能水平移动。

第一节　常用支座的类型和构造

由于桥梁跨径、支座反力、支座允许的转动与位移不同,选用的支座材料的不同,支座是否满足防震、减震要求的也不同。桥梁支座有许多类型。

随着桥梁结构体系的发展,支座类型也相应得以更新换代,一些过去针对一般小跨径桥梁或加工较繁琐的支座形式已不常使用,如垫层支座、弧形钢板支座、钢筋混凝土摆柱式支座等,代之以板式橡胶支座、盆式橡胶支座、球形钢支座、减隔震支座等。钢筋混凝土及预应力混凝土受弯构件,如无特殊要求,宜选用橡胶支座。本节我们将主要介绍现在常用的梁桥支座形式。

1. 板式橡胶支座

板式橡胶支座由数层薄橡胶片与薄钢板镶嵌、粘合、压制而成,见图 2-5-1。它具有足够的竖向刚度以承受垂直荷载,能将上部结构的反力可靠地传递给墩台;又具有良好的弹性,以适应梁端的转动;能承受较大的剪切变形,以满足上部结构的水平位移。

板式橡胶支座有矩形和圆形。弯、坡、斜、宽桥梁宜选用圆形板式橡胶支座,支座的橡胶材料有氯丁橡胶、三元乙丙橡胶、天然橡胶,根据地区温度,$-25\sim+60℃$ 地区可选用氯丁橡胶;$-40\sim+60℃$ 地区可选用三元乙丙橡胶支座或天然橡胶支座。

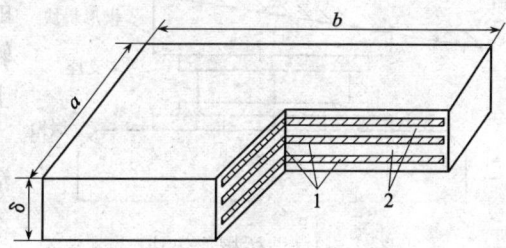

图 2-5-1　板式橡胶支座结构示意图
1—薄钢片;2—橡胶片

为满足橡胶的容许压应力和保证支座能适应梁端转动的要求,支座顺桥方向的长度 a 与横桥方向的宽度 b 之比取决于主梁下的有效宽度及所需的剪切角 γ。一般应充分利用有效宽度 b,尽可能减小 a 的尺寸,以降低转动阻抗力矩(它与 a^5 成正比)。根据支座稳定的要求,支座的总厚度不得大于平面最小尺寸的 30%。

目前常用的矩形板式橡胶支座的平尺寸有 $0.12m\times0.14m$、$0.14m\times0.18m$、$0.15m\times$

0.20m 等多种规格,橡胶片的厚度为 5mm,薄钢板厚为 2mm,支座厚度可根据所需的橡胶支座剪切位移而采用不同层数组合而成,一般从 14mm(两层钢板)开始,以 7mm 为一个台阶递增。

聚四氟乙烯滑板式橡胶支座是在普通板式橡胶支座上按照支座尺寸大小粘贴一层厚 2~4mm 的聚四氟乙烯板,除具有普通板式橡胶支座的竖向刚度与压缩变形,且能承受垂直荷载及适应梁端转动外,还能利用聚四氟乙烯板与梁底不锈钢板间的低摩阻系数,使桥梁上部结构水平位移不受限制。此外,这种支座还可在顶推、横移等施工中作滑板使用。国产板式橡胶支座的承载能力范围为 150～7000kN。

当要求板式橡胶支座各向固定,仅能转动时,可在上下钢板的短边上设固定措施,即在下底板上焊上强大的钢撑,其顶部的销钉伸入顶板的孔中起锚固作用,见图 2-5-2。如需纵向移动而横向可转动的支座时,可在顶板上留纵向槽,允许销钉在其中纵向移动。当支座厚度较小时,可只设销钉而不再设钢撑。

板式橡胶支座在安装时,应尽量选择在年平均气温时进行,必须保证支座准确安装就位,并保证支座与上、下部结构之间密贴,不出现空隙,以免支座脱空。活动支座应设防尘罩。

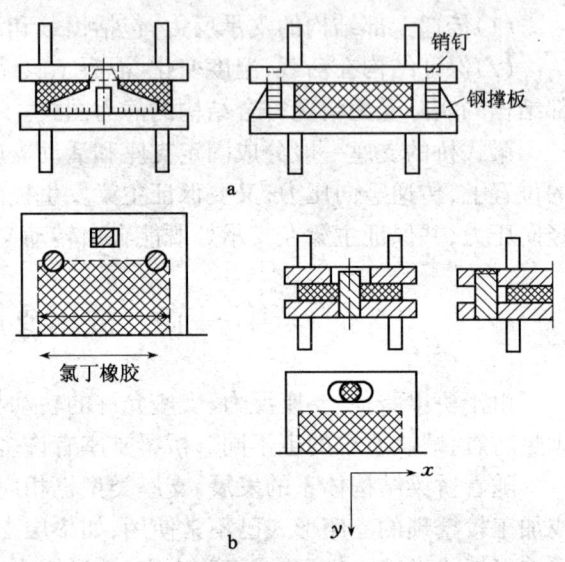

图 2-5-2 具有锚固装置的板式橡胶支座

当桥梁纵坡不大于 1% 时,板式橡胶支座可直接设于坡帽上;当桥梁纵坡大于 1% 时,应在梁底采取措施,使支座保持水平。当板桥桥面横坡不大于 2% 时,板式橡胶支座可直接设于墩帽顶面横坡上,当板桥桥面横坡大于 2% 时应采取措施予以调整,见图 2-5-3。

2. 盆式橡胶支座

盆式橡胶支座是一种钢构件与橡胶组合而成的新型桥梁支座,具有承载能力大、水平位移量大、转动灵活等特点,适用于支座承载力为 1000kN 以上的大跨径桥梁。

如图 2-5-4 所示,盆式橡胶支座分固定支座与活动支座。活动盆式橡胶支座由上支座板、聚四氟乙烯板、承压橡胶块、橡胶密封圈、中间支座板、钢紧箍圈、下支座板(底盆)以及上下支座连接板组成。组合上、中支座板构造或利用上下支座连接板即可形成固定支座。

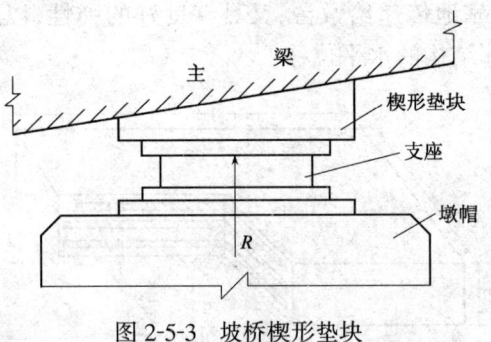

图 2-5-3 坡桥楔形垫块

使用中,通过固定在桥跨结构的上支座板将上部结构竖向荷载传递给支座,由聚四氟乙烯板与钢板间的滑动提供水平位移量,由承压橡胶块承受荷载,并依靠其变形保证桥跨结构在支点处的转角。下支座板固定在桥梁墩、台上,中支座板分别与上下支座板形成对聚四氟乙烯板、承压橡胶块的三向受压状态,从而提高支座的承载能力。

国内常用的盆式橡胶支座有 GPZ 型、TPZ 型、QPZ 型等系列。表 2-5-1 中列出部分国产盆式橡胶支座的规格尺寸。

表 2-5-1　部分国产盆式橡胶支座规格尺寸

支座型号	承载能力 (kN)	顶板尺寸 A(mm)×B(mm)	底板尺寸 C(mm)×D(mm)	支座高度 H(min)	位移方式	质　量 (kg)
GPZ 20SX		1450×1190	1190×1190	250	双向活动	1957.6
GPZ 20DX	20000	1450×1375	1225×1225	250	单向活动	2400.2
GPZ 20GD		1220×1220	1220×1220	230	固定	1896.0

在安装盆式橡胶支座时应注意,支座垫石顶面高程应复核设计要求,表面平整、清洁,支座四个角点高差不得大于 2mm。安装活动支座时,可用地脚螺栓或焊接予以锚固。

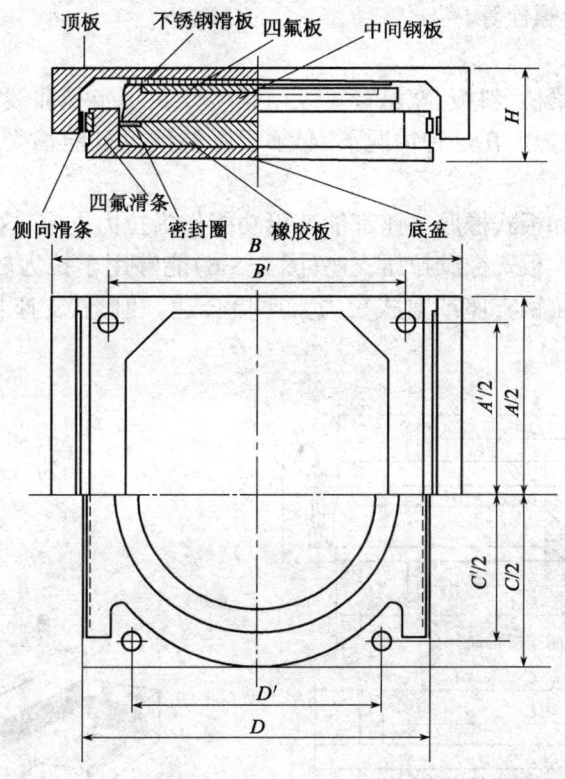

图 2-5-4　GPZ(Ⅱ)单向活动支座(DX)组装图

第二节　特殊支座的类型和构造

1．大吨位的球形钢支座

随着大跨度桥梁结构的发展,要求桥梁支座的承载能力大,同时具备适应大位移和转角的要求。

球形钢支座(图 2-5-5)传力可靠,转动灵活,它不但具备盆式橡胶支座承载能力大、允许支座位移大等特点,而且能更好地适应支座大转角的需要。与盆式橡胶支座相比,球形钢支座具有如下优点:

(1)通过球面传力,不出现力的缩颈现象,作用在混凝土上的反力比较均匀。

(2)通过球面聚四氟乙烯板的滑动实现支座的转动过程,转动力矩小,且转动力矩只与支座球面半径及聚四氟乙烯板的摩阻系数有关,与支座转角大小无关。因此,特别适用于大转角要求,设计转角可达 0.05rad 以上。

(3)支座各向转动性能一致,适用于宽桥和曲线桥。

(4)支座不用橡胶承压,不存在橡胶老化对支座转动性能的影响,特别适用于低温地区。

球形钢支座有固定支座、单向活动支座和多向活动支座之分。活动支座的主要组成是上支座板、不锈钢位移板、聚四氟乙烯滑板、中间球形钢芯板、聚四氟乙烯球形板、橡胶密封圈、下支座板和上下固定连接螺栓等。

2. 拉力支座

在连续梁桥、悬臂梁桥、斜板、宽悬臂翼缘箱梁桥以及小半径曲线桥上,由于荷载的作用,在某些支点上会产生拉力。在这种情况下,必须设置能抗拉且能承受相应的转动和水平位移的支座。

球形钢支座、盆式和板式橡胶支座都能变更功能作为拉力支座,这种变更既可用于固定支座,还可用于活动支座。板式橡胶拉压支座(图 2-5-6)能够用于拉力较小的桥梁;对于反力较大的桥梁,则用球形抗拉钢支座或盆式拉力支座更合适。但是,支座拉力超过 1000kN 时,上述结构则不经济。

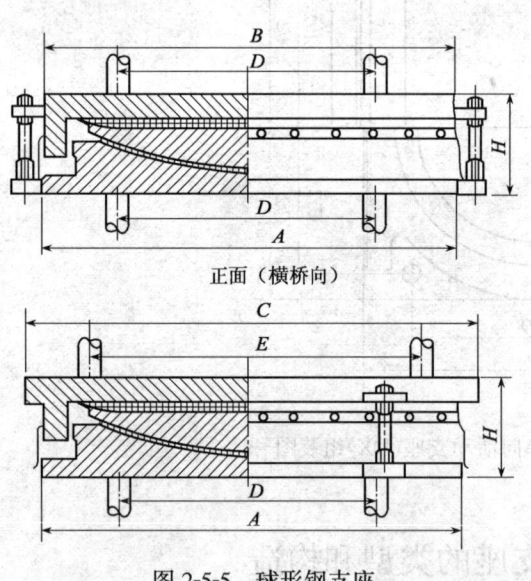

图 2-5-5 球形钢支座

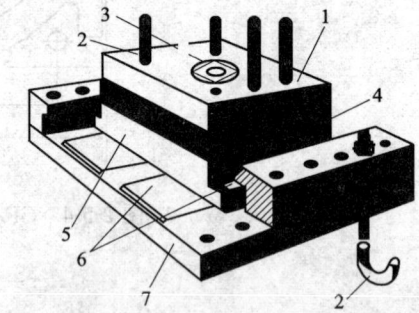

图 2-5-6 板式橡胶拉压支座
1—上支座板;2—锚筋;3—受拉螺栓;4—承压橡胶块;
5—滑板;6—奥氏体钢;7—下支座板

3. 抗震支座

地震地区的桥梁支座不仅应满足支承要求,同时应具备减震、防震等功能。

按照抗震设计要求,支座必须具有抵抗地震力的能力;而减、隔震支座的作用是尽可能地将结构或部件与可能引起破坏的地震地面运动分离开来,以大大减小传递到上部结构的地震力和能量。

目前国内主要的减震隔震支座和抗震支座的类型有抗震型球形钢支座、铅芯橡胶支座和高阻尼橡胶支座。

抗震型球形钢支座(见图2-5-7)是通过变更上下支座板的构造形式,除保证满足常规支座要求外,还能承受地震时的反复荷载及满足防落梁要求。

铅芯橡胶支座(见图2-5-8)是在多层橡胶支座中插入铅芯,当多层橡胶产生剪切变形时,利用铅芯的塑性变形吸收能量。

高阻尼橡胶支座是将特殊配置的具有较高耗能能力的橡胶代替普通橡胶支座中的氯丁橡胶、天然橡胶等常用材料制作而成的。该支座的特点是滞回环面积较大,具有较大的吸收地震能量的能力。

桥梁的震害是多方面的,如桥头路堤下沉、滑动,锥坡震裂,桥台前滑,耳墙被梁体撞碎或挤断,桥墩下沉、倾斜或断裂,支座锚栓剪断,支座移动或脱落,上部结构产生纵、横向位移或坠落桥下等。其中损害最严重、修复最困难的是梁体坠落。

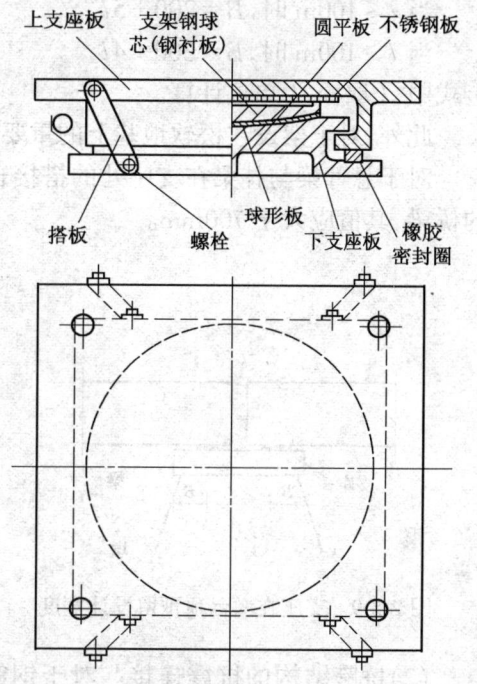

图 2-5-7 KQGZ抗震球形钢支座结构示意图

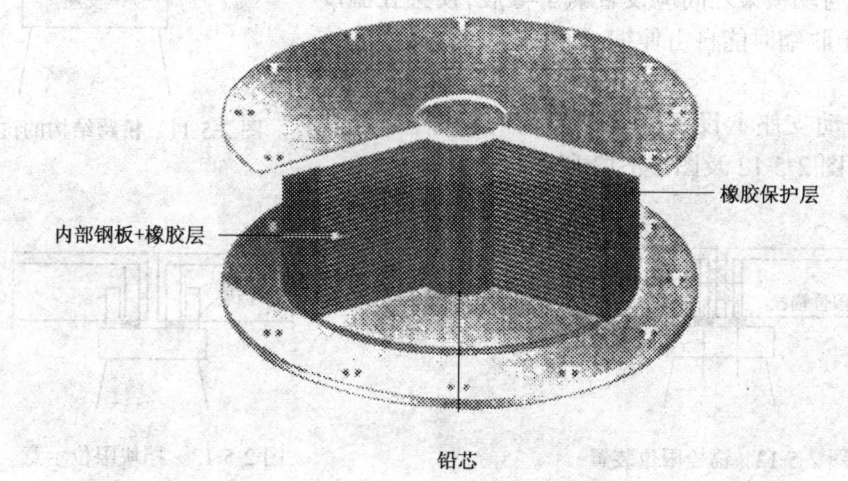

图 2-5-8 铅芯橡胶支座

上部结构本身很少直接被震坏。其结构的异常位移与坠落主要是由于墩台的位移、变形和倒塌所引起,但也有地震时下部结构完整,而地震的惯性力导致上部结构过大位移而坠落。因此,上部结构的抗震措施主要在于防止梁体坠落。

防止落梁的措施一般有以下几种:

(1)桥梁墩台顶部沿梁轴方向的预留设计宽度 B(单位为 mm)应大于以下计算值(见图 2-5-9):

当 $l \leqslant 100$m 时,$B = 200 + 5l$

当 $l > 100$m 时,$B = 300 + 4l$

上式中,l 取 m 为单位计算。

此外,对于架设在松软地基上的重要桥梁,B 值应大于 350mm。

对于悬臂梁与挂梁在支座处的搭接长度(图 2-5-10),B 宜大于 600mm,但对软弱地基上的桥梁,其值应大于 700mm。

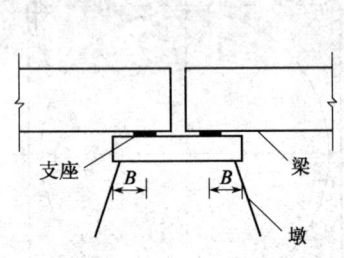
图 2-5-9 支座在墩台顶预留设计宽度

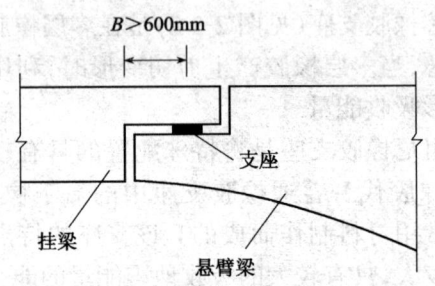
图 2-5-10 挂梁在悬臂梁支座处的搭接长度

(2)桥跨结构的抗震连接。对于钢筋混凝土梁桥和预应力混凝土梁桥,当墩顶较宽时,可采用连接螺栓和嵌塞将桥跨结构连成一体,如图 2-5-11 所示。连接螺栓与端横梁,嵌塞与端横梁之间应设置氯丁橡胶,使梁在温度变化或混凝土收缩时能自由伸缩,而在地震时,又能起抗震作用。

(3)在活动支座上设置限制装置,如加锚栓或挡块等,其构造如图 2-5-12 及图 2-5-13 所示。

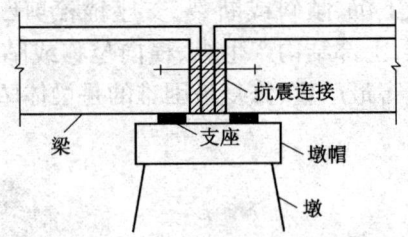
图 2-5-11 桥跨结构的抗震设计

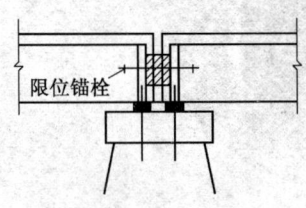
图 2-5-12 锚栓限位装置

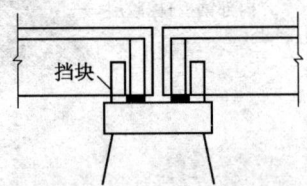
图 2-5-13 挡块限位示意

第三节 支座的布置

支座的布置应以有利于墩台传递纵向水平力和梁体的自由变形为原则。根据梁桥的结构体系以及桥宽,支座在纵、横桥向的布置方式主要有以下几种:

(1)对于简支梁桥,每跨宜布置一个固定支座,一个活动支座;若个别墩较高,也可以在高墩上布置两个(组)活动支座。对于多跨简支梁当采用桥面连续构造时,通常在每一联的两端设置聚四氟乙烯板式橡胶支座,即活动支座,在中间各墩上设置部分固定与活动的板式橡胶支座。

(2)对于连续梁桥,一般在每一联设置一个固定支座,并宜将固定支座设置在靠近温度中心处,以使全梁的纵向变形分散在梁的两端,其余墩台上均设置活动支座。在设置固定支座的桥墩(台)上,一般采用一个固定支座,其余为横桥向的单向活动支座;在设置活动支座的所有桥墩台(台)上,一般沿设置固定支座的一侧,均布置顺桥向的单向活动支座,其余均双向活动支座。

(3)对于坡桥,宜将固定支座布置在标高低的墩台上。同时,为了避免整个桥跨下滑,影响车辆的行驶,通常在设置支座的梁底面,增设局部的楔形构造。

(4)对于悬臂梁桥,锚固孔一侧布置于固定支座,一侧布置于活动支座;挂孔支座布置与简支梁相同。

本章小结

1．梁式桥设置支座的目的是将上部结构的支承反力(包括竖向力和水平力)安全地传递至桥墩、桥台能保证上部结构的自由变形。

2．梁式桥的支座一般分成固定支座和活动支座两种,两者的区别在于能否限制梁体的水平位移。

3．支座的布置应以有利于墩台传递纵向水平力为原则:对于坡桥,宜将固定支座布置在标高较低的墩台上;对于连续梁桥及桥面连续的简支梁桥,宜将固定支座设置在靠近温度中心;对于特别宽的梁桥,应设置多向活动支座;对于处在地震地区的梁桥,宜选用可防震和减震的支座,通常应确保由多个桥墩分担水平地震力。

4．我国目前使用最广泛的是橡胶支座,它一般可分为板式橡胶支座,四氟橡胶滑板式支座,球冠圆板式支座和盆式橡胶支座四类。

5．板式橡胶支座的活动机理是,利用橡胶的不均匀弹性压缩实现转角 θ;利用其剪切变形实现水平位移 Δ。

6．聚四氟乙烯滑板式橡胶支座适应于较大跨度的简支梁桥、桥面连续的桥梁和连续梁;此外,还可用作连续梁顶推施工的滑块。

7．球冠圆板式橡胶支座特别适应于纵横坡度较大(3%～5%)的立交桥及高架桥。

8．盆式橡胶支座以其承载能力大、水平位移量大、转动灵活等优点,特别适宜在大跨度桥梁上使用。

9．球形支座具有受力均匀,转动量大(设计转角可达 0.05rad 以上)等优点,特别适用于曲线桥和宽桥。

思考题

1．桥梁支座的功能是什么?

2．桥梁支座基本的布置原则是什么?

3．按支座变形可能性分类,桥梁支座一般可分成哪两种? 如何区别?

4. 从立面图上看,简支梁桥和连续梁桥支座的布置有什么异同?
5. 橡胶支座一般分为哪四类?各适应于哪些情况?
6. 板式橡胶支座的活动机理是什么?

第三篇 拱 桥

第一章 概 述

第一节 拱桥的主要特点

拱桥是我国公路上使用较广泛的一种桥型。拱桥与梁桥的区别不仅在于外形的不同,更重要的是两者的受力性能有着较大差异。由力学知识得知,在竖向荷载作用下,梁式结构支承处只产生竖向支承反力;拱式结构在竖向荷载作用下,两端支承除了有竖向反力外,还将产生水平推力。正是这个水平推力,使得拱内产生轴向压力,从而大大减小了拱圈的截面弯矩,使之成为偏心受压构件,截面上的应力分布(图 3-1-1a)与受弯梁的应力(图 3-1-1b)相比,较为均匀。因此,可以充分利用主拱截面材料强度,使跨越能力增大。

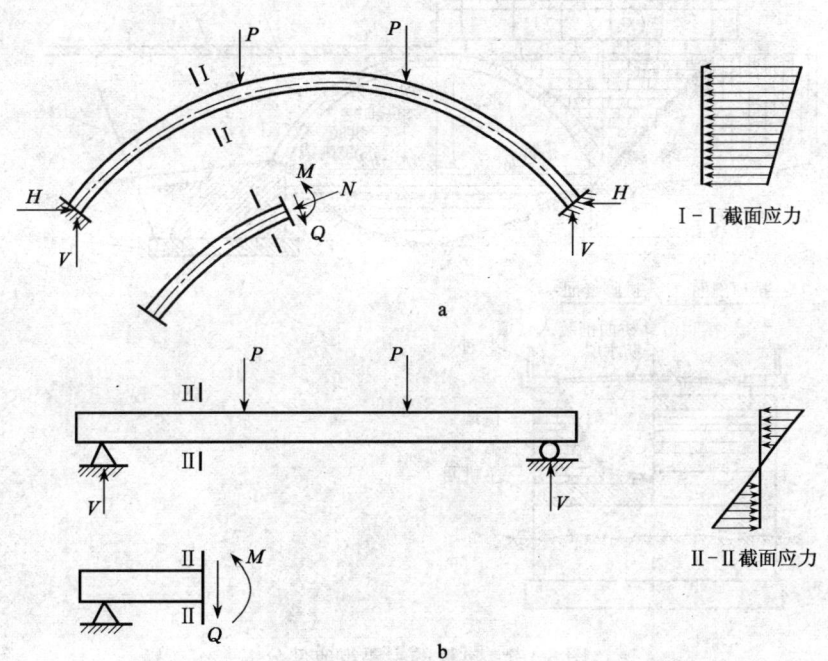

图 3-1-1 拱和梁的应力分布

拱桥的主要优点是:(1)跨越能力较大;(2)与混凝土梁式桥相比,可以节省大量的钢材和水泥;(3)耐久性能好,维修、养护费用少;(4)外型美观;(5)构造较简单。

拱桥也有缺点,主要是:(1)自重较大,相应的水平推力也较大,增加了下部结构的工程量,当采用无铰拱时,对地基条件要求较高;(2)拱桥(尤其是圬工拱桥)一般都采用有支架施工的方法修建,随着跨径和桥高的增大,支架或其他辅助设备的费用相应地加大,从而增加了拱桥的总造价;(3)由于拱桥水平推力较大,在连续多孔的大、中桥梁中,为防止一孔破坏而影响全桥的安全,需要采用较复杂的措施,例如设置单向推力墩,也会增加造价;(4)与梁式桥相比,上承式拱桥的建筑高度较高,当用于城市立交及平原地区时,因桥面标高提高,使两岸接线长度增长,或者使桥面纵坡增大,既增加了造价又对行车不利。因此也使拱桥的使用范围受到一定的限制。

第二节　拱桥的组成及主要类型

一、拱桥的主要组成

拱桥的上部结构和下部结构各主要组成部分的名称如图 3-1-2 所示。拱桥上部结构由主拱圈和拱上建筑组成。主拱圈是拱桥的主要承重结构。由于拱圈呈曲线形,一般情况下车辆多无法直接在弧面上行驶,所以在桥面与主拱圈之间需要有传递压力的构件或填充物,以使车辆能在平顺的桥道上行驶。桥面系和这些传力构件或填充物统称为拱上结构或拱上建筑。拱桥的下部结构由桥墩、桥台及基础等组成,用以支承桥跨结构,并将桥跨结构的荷载传至地基。桥台还起到与两岸路堤相连接的作用,使路桥形成一个协调的整体。

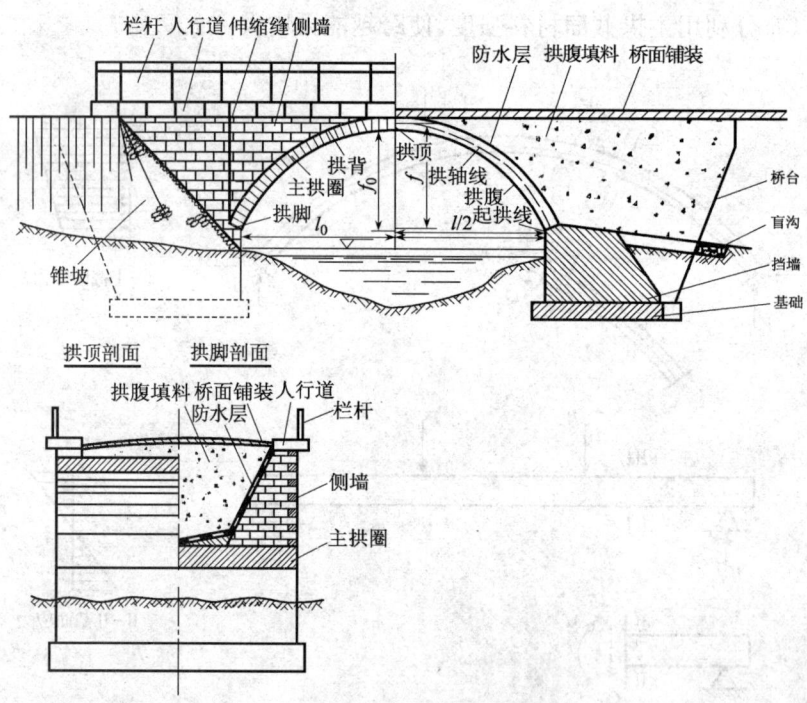

图 3-1-2　拱桥的主要组成部分

拱圈最高处称为拱顶,拱圈和墩台连接处称为拱脚(或起拱面)。拱圈各横向截面(或换算截面)的形心连线称为拱轴线。拱圈的上曲面称为拱背,下曲面称为拱腹。起拱面与拱腹相交的直线称为起拱线。

下面介绍拱桥的几个主要技术名称。

净跨径(l_0):每孔拱跨两个起拱线之间的水平距离;

计算跨径(l):相邻两拱脚截面形心点之间的水平距离。因为拱圈(或拱肋)各截面形心点的连线称为拱轴线,故也就是拱轴线两端点之间的水平距离;

净矢高(f_0):拱顶截面下缘至起拱线连线的垂直距离;

计算矢高(f):拱顶截面形心至相邻两拱脚截面形心之连线的垂直距离;

矢跨比(D 或 D_0):拱圈(或拱肋)的净矢高与净跨径之比,或计算矢高与计算跨径之比,即

$$D_0 = \frac{f_0}{l_0} \text{ 或 } D = \frac{f}{l}。$$

一般将矢跨比大于或等于 1/5 的拱称为陡拱,矢跨比小于 1/5 的拱称为坦拱。

二、拱桥的主要类型

拱桥的型式可以按照以下几种不同的方式进行分类。

(1)按照主拱圈所使用的建筑材料可以分为:圬工拱桥、钢筋混凝土拱桥、钢拱桥和钢-混凝土组合拱桥等;

(2)按照拱上建筑的形式可以分为:实腹式拱桥和空腹式拱桥;

(3)按照主拱圈线形可以分为:圆弧线拱桥、抛物线拱桥和悬链线拱桥;

(4)按照桥面的位置可分为:上承式拱桥、中承式拱桥和下承式拱桥(图 3-1-3);

(5)按照有无水平推力可分为:有推力拱桥和无推力拱桥;

(6)按照结构受力图式可分为:简单体系拱桥、组合体系拱桥和拱片桥;

(7)按照拱圈截面型式可分为:板拱桥、板肋拱桥、肋拱桥、双曲拱桥、箱形拱桥、钢管混凝土拱桥、劲性骨架混凝土拱桥。

下面仅按其中两种分类方式作一些介绍。

(一) 按照结构受力图式分类

1. 简单体系拱桥

简单体系拱桥,均为有推力拱,可以分为上承式、中承式和下承式,见图 3-1-3。

在简单体系拱桥中,上承式拱桥的拱上结构或中、下承式拱桥的拱下悬吊结构(统称为行车道系结构),一般都不考虑它与主拱的联合作用来共同承受桥面荷载,主拱将以裸拱的型式作为主要承重结构,拱的水平推力直接由墩台基础承受。

按照主拱的静力体系,简单体系拱桥又可分成如下三种,见图 3-1-4。

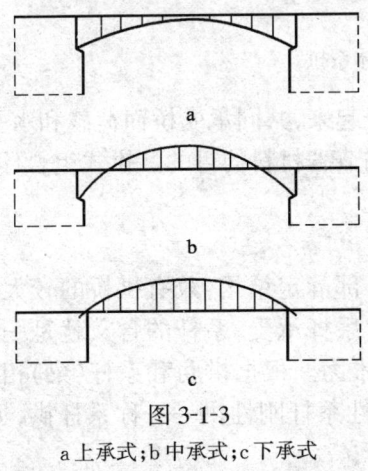

图 3-1-3
a 上承式;b 中承式;c 下承式

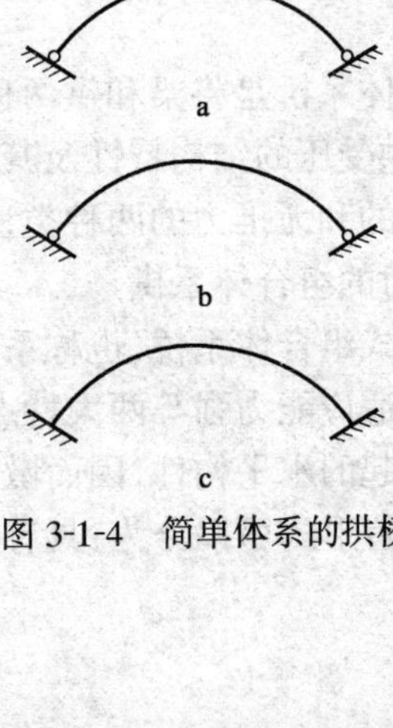

图 3-1-4 简单体系的拱桥

(1)三铰拱(图 3-1-4a)：

它属外部静定结构。温度变化、混凝土收缩徐变、支座沉陷等因素引起的变形不会对它产生附加内力，故计算时无需考虑体系变形对内力的影响。它适合于地基条件很差的地区修建，但由于铰的存在，使其构造复杂，施工困难，维护费用增高，而且减小了结构的整体刚度，降低了抗震能力，又由于拱的挠度曲线在顶铰处有转折，对行车不利，因此，三铰拱一般较少采用。

(2)两铰拱(图 3-1-4b)：

它属外部一次超静定结构。由于取消了拱顶铰，使结构整体刚度较相应的三铰拱大。由基础位移、温度变化、混凝土收缩和徐变等引起的附加内力比对无铰拱的影响要小，故可在地基条件较差时或坦拱中采用。

(3)无铰拱(图 3-1-4c)：

它属外部三次超静定结构。在自重及外荷载作用下，拱内的弯矩分布比两铰拱均匀，材料用量省。由于没有设铰，结构的整体刚度大，构造简单，施工方便，维护费用少，因此在实际中使用最广泛。但由于无铰拱的超静定次数高，温度变化、收缩徐变、特别是墩台位移会在拱内产生较大的附加内力，所以无铰拱一般修建在地基良好的条件下，使得它的使用范围受到一定限制。

2．组合体系拱桥

拱式组合体系桥一般由拱肋、系杆、吊杆(或立柱)、行车道梁(板)及桥面系等组成，见图 3-1-5。

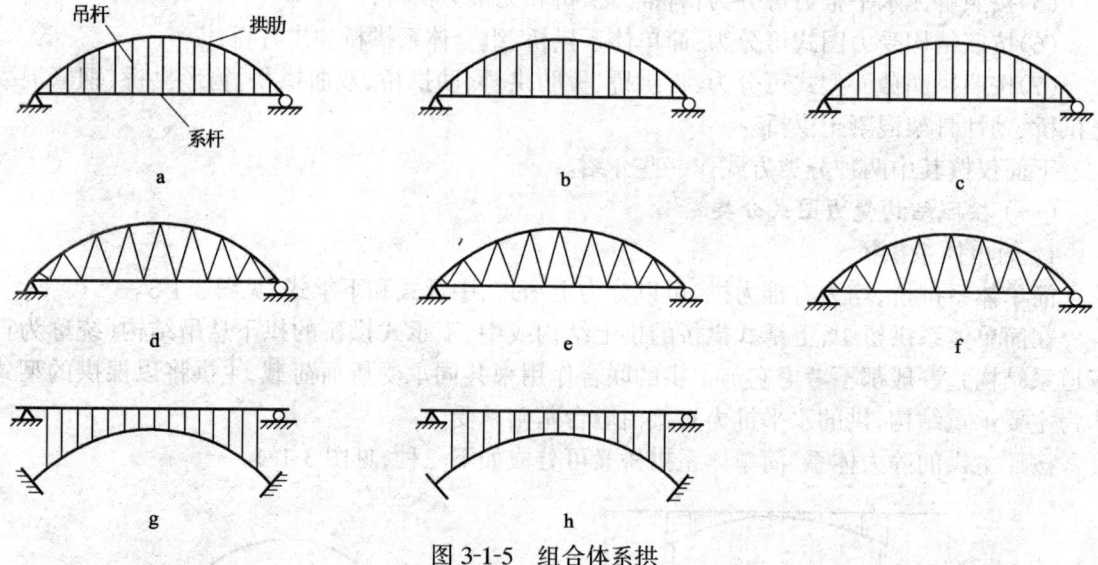

图 3-1-5　组合体系拱

拱式组合体系桥是将梁和拱两种基本结构组合起来，共同承受桥面荷载和水平推力，充分发挥梁受弯、拱受压的结构特性及其组合作用，达到节省材料的目的。拱式组合体系桥一般可划分为有推力的和无推力的两种类型。

(1)无推力的组合体系拱

无推力拱式组合体系桥(也称系杆拱桥)属于外部静定结构，兼有拱桥的较大跨越能力和简支梁对地基适应能力强等两大特点。拱的推力由系杆承受，系杆的含义就是一个将两拱脚相互联系在一起的水平构件，因而墩台不承受水平推力。根据拱肋和系杆(梁)相对刚度的大小及吊杆的布置形式可以分为：具有竖直吊杆的柔性系杆刚性拱——称系杆拱，见图 3-1-5a、具有竖直吊杆的刚性杆柔性拱——称蓝格尔拱,见图3-1-5b,具有竖直吊杆的刚性系杆刚性拱——称洛泽拱,见图3-1-5c。以上三种拱,当用斜吊杆来代替竖直吊杆时,以上三种拱称为尼尔森拱,见图3-1-5d、e、f。

(2)有推力的组合体系拱

此种组合体系拱没有系杆,由单独的梁和拱共同受力,拱的推力仍由墩台承受。图3-1-5g是刚性梁柔性拱(倒蓝格尔拱);图3-1-5h是刚性梁刚性拱(倒洛泽拱)。

3. 拱片桥

上边缘与桥面纵向平行,下边缘为拱形的有推力结构,称为拱片,如图3-1-6所示。在拱片中,行车道系与拱肋刚性联成一整体,共同承受荷载,故它仅能用于上承式拱桥。拱片的立面一般被挖空做成桁架型。根据桥梁宽度的不同,拱片桥可由两片以上的拱片组成,并用横向联结系将各拱片连成整体,行车道板支承于拱片上。拱片桥可以做成无铰、两铰或三铰结构,它的推力均由墩台承受。

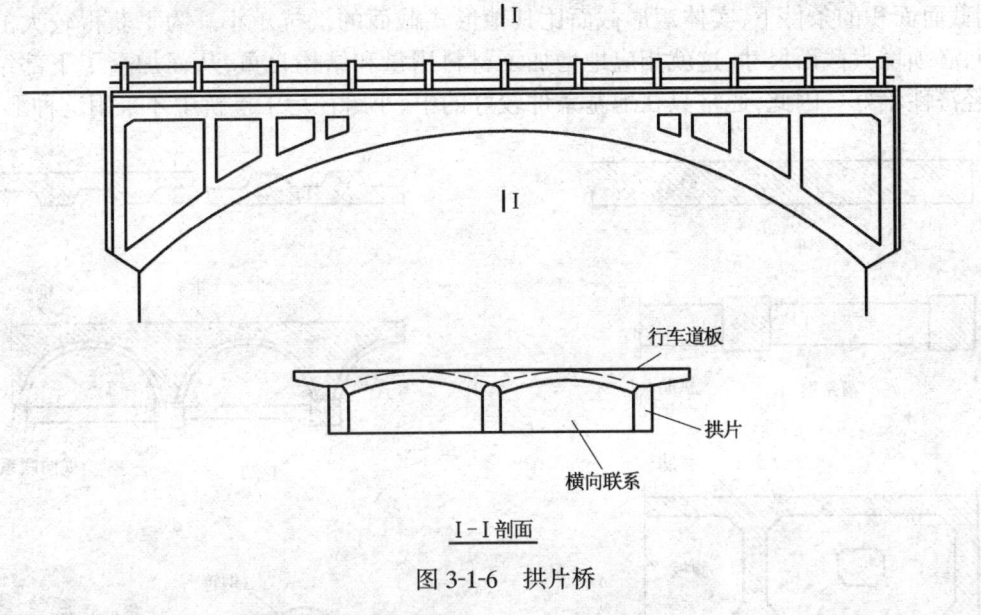

图 3-1-6 拱片桥

(二)按主拱圈截面形式分类

拱桥的主拱圈,沿拱轴线可以做成等截面或变截面的形式。所谓等截面拱(图3-1-7a),就是沿桥跨方向的主拱圈横截面尺寸是相同的。而变截面拱(图3-1-7b)的主拱圈横截面,从拱顶到拱脚是逐渐变化的。变截面拱圈的做法通常有两种,一种是拱圈宽度方向不变而只变厚度(图3-1-7c),一种是厚度不变而改变拱圈宽度(图3-1-7d)。由于等截面拱的构造简单,施工方便,因此它是目前采用最普通的形式。随着桥梁跨径的增大,为了使结构受力更合理,截面形式更经济,也有同时采用变宽度和变高度的截面形式。

主拱圈所使用的建筑材料主要有圬工、钢筋混凝土、钢材和钢-混凝土组合结构等。根据材料的特性,圬工拱桥主要用于跨径小,并且能就地取材的情况,目前使用较少;钢拱桥主要用于大跨径,由于材料、价格等原因,目前在我国应用不是很广泛;我国大部分拱桥都采用钢筋混凝土结构,随着设计理论和施工工艺的完善,钢筋混凝土拱桥目前已是最具有竞争力的桥型之一;钢-混凝土组合结构是近几年来发展起来的,主要有钢管混凝土拱桥和劲性骨架混凝土拱桥两种,下面分别作简要介绍。

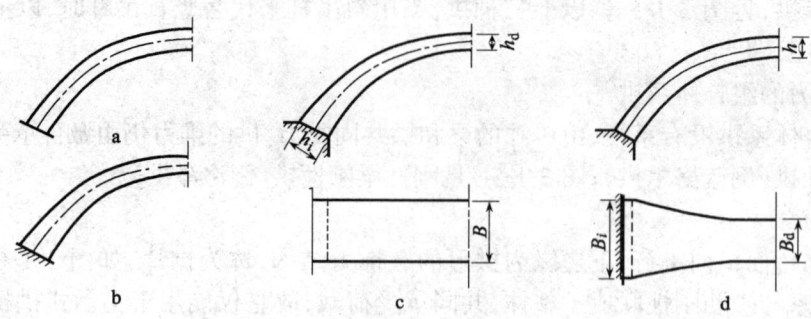

图 3-1-7 主拱圈立面和平面形式

1. 板拱桥

主拱圈采用矩形实体截面的拱桥称为板拱桥,见图 3-1-8a。它的构造简单、施工方便,但在相同截面面积的条件下,实体矩形截面比其他形式截面的抵抗矩小。为了获得较大的截面抵抗矩,必须增大截面尺寸,这就相应地增加了材料用量和结构自重,从而加重了下部结构的负担,经济性不好。因此,通常只在地基条件较好的中、小跨径圬工拱桥中才采用这种形式。

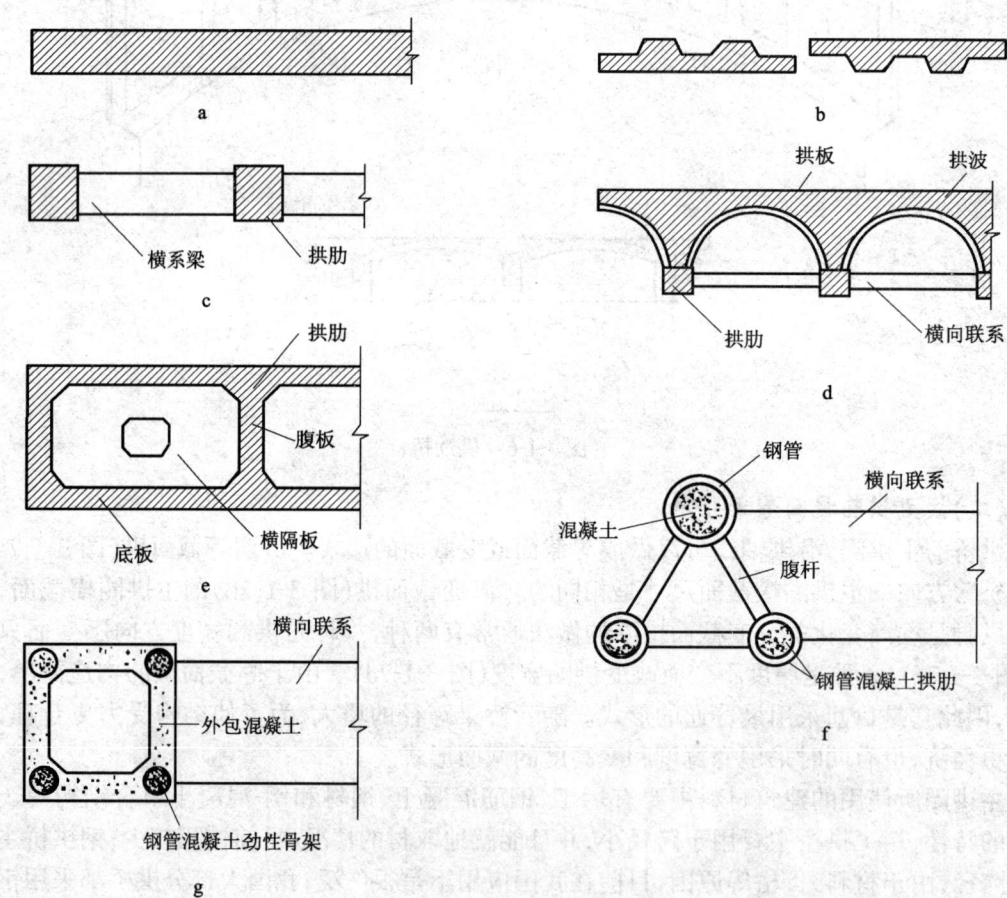

图 3-1-8 主拱圈横截面形式

a 板拱;b 板肋拱;c 肋拱桥;d 双曲拱;e 箱形拱;f 钢管混凝土拱;g 劲性骨架混凝土拱

如果在较薄的拱板上增加几条纵向肋,以提高拱圈的抗弯刚度,就构成板拱的另外一种形式,即板肋拱,见图3-1-8b。它的拱圈截面由板和肋组成,根据主拱圈弯矩的分布情况,在跨径中部,肋可布置在下面;而在拱脚区段,肋布置在上面较为合理。实际应用时,为了简化模板和钢筋工作,往往沿整个拱跨将肋布置在主拱圈截面的上面或下面。

2. 混凝土肋拱桥(图3-1-8c)

肋拱桥是在板拱桥的基础上发展形成的,它是将板拱划分为成两条或多条分离的、高度较大的拱肋,肋与肋间用横系梁相连。这样就可以用较小的截面面积获得较大的截面抵抗矩,从而节省材料,减轻拱桥的自重,因此多用于大、中跨径的拱桥。

3. 双曲拱桥

该桥的主拱圈横截面由一个或数个横向小拱单元组成,由于主拱圈的纵向及横向均呈曲线形,故称之为双曲拱桥。这种截面抵抗矩较相同材料用量的板拱大,故可节省材料。施工中可采用预制拼装,较板拱有较大的优越性,但存在着施工工序多、组合截面整体性较差和易开裂等缺点,一般用于中、小跨径拱桥。

4. 箱形拱桥(图3-1-8e)

这类拱桥外形与板拱相似,由于截面为空心结构,使箱形拱的截面抵抗矩较相同材料用量的板拱大很多,不仅节省材料,减轻自重,相应地也减少下部结构材料用量,对于大跨径拱桥则效果更为显著。该类拱桥为闭口箱形截面,截面抗扭刚度大,横向整体性和结构稳定性均较双曲拱好,故特别适用于无支架施工。但箱形截面施工制作较为复杂,只有大跨径拱桥采用箱形截面才是合适的。

5. 钢管混凝土拱桥

钢管混凝土结构属于钢-混凝土组合结构中的一种。根据钢管与钢管混凝土的组合关系,可以分为内填型和内填外包型,见图3-1-8g、f,即钢管混凝土拱和劲性骨架混凝土拱。

内填型钢管混凝土管壁外露,结构含筋率较高,主要用于以受压为主的结构。它一方面借助内填混凝土增强钢管壁的稳定性,同时又利用钢管对核心混凝土的套箍作用,使核心混凝土处于三向受压状态,从而使其具有更高的抗压强度和抗变形能力。

内填外包型钢管混凝土主要用于在大跨度拱桥之中,它主要解决大跨度拱桥施工的"自架设问题"。首先架设自重轻、刚度和强度均较大的钢管骨架,然后在空钢管内浇注混凝土形成钢管混凝土,再在钢管混凝土骨架上外挂模板浇注外包混凝土,形成钢筋混凝土结构。在这种结构中,钢管和随后形成的钢管混凝土主要是作为施工的劲性骨架来考虑的。成桥后,它也可以参与受力,但其用量通常是由施工设计控制。

钢管混凝土除具有一般套箍混凝土的强度高、塑性好、质量轻、耐疲劳、耐冲击外,尚具有以下几方面的独特优点:

(1)钢管本身就是耐侧压的模板,因而浇注混凝土时,可省去支模、拆模等工序,并可适应先进的泵送混凝土工艺;

(2)钢管本身就是钢筋,它兼有纵向钢筋和横向箍筋的作用,既能受压,又能受拉;

(3)钢管本身是劲性承重骨架,在施工阶段可起劲性钢骨架的作用,在使用阶段又是主要的承重结构。因此,可以节省脚手架,缩短工期,减少施工用地,降低工程造价;

(4)在受压构件中采用钢管混凝土,可节省材料。

与所有材料一样,钢管混凝土结构材料也有它自身的缺点。对于管壁外露的钢管混凝土,在阳光的照射下，钢管膨胀，容易造成钢管与内填混凝土之间出现脱空现象；泵送管内混凝土也常出现不能完全饱满的情况，这都将引起拱圈受力不明了，从而降低钢管混凝土结构的安全度，这些问题都需要予以解决。

总之，拱桥型式多种多样，本篇将重点介绍中、小拱径拱桥中最具有代表性的上承式圬工和钢筋混凝土拱桥，并且主要简述以主拱圈为承重结构的拱桥，而对以拱片为承重结构的拱桥和中、下承式拱桥仅作简介。

本章小结

1. 拱桥在竖向荷载作用下，其两端支承除了有竖向反力外，还将产生水平推力，这将使拱内产生轴向压力，从而减小了拱顶处弯矩。
2. 拱桥上部结构由主拱圈和拱上建筑组成，主拱圈是主要承重结构。
3. 在简单体系的拱桥中，一般都不考虑拱上结构与主拱圈的联合作用，从结构受力体系上划分，拱桥可分为两铰拱、三铰拱和无铰拱，一般都采用无铰拱。
4. 根据主拱圈的截面型式，拱桥又可分为板拱桥、板肋拱桥、肋拱桥、双曲拱桥、箱形拱桥、钢管混凝土拱和劲性骨架混凝土拱。
5. 拱上建筑可采用实腹式和空腹式两种。
6. 空腹式拱上建筑又分为拱式拱上建筑和梁式拱上建筑两种。
7. 梁式拱上建筑又可分为简支腹孔、连续腹孔和框架腹孔三种形式。

思考题

1. 拱桥与梁桥的主要区别是什么？
2. 拱桥的优缺点有哪些？
3. 拱桥的分类方式有哪些？
4. 试述拱桥静力体系分为哪几种类型？解释其每一类型的特性。
5. 拱桥的主要组成及各部分的名称？

第二章 拱桥的构造及设计

第一节 上承式拱桥的构造与设计

上承式拱桥的构造与设计主要介绍两种类型：一类是普通型上承式拱桥，这类拱桥由主拱(圈)拱上传载构件和桥面系等组成，主拱(圈)是主要承重结构；另一类是整体型上承式拱桥，这类拱桥则是由主拱片(指由拱圈与拱上传载构件组成的整体结构)和桥面系组成，主拱片是主要承重结构。工程常见的整体型上承式拱桥有桁架拱桥和刚架拱桥。

一、主拱的构造与尺寸拟定

(一)普通型上承式拱桥

根据主拱(圈)截面型式不同，普遍型上承式拱桥可分为板拱、板肋拱、肋拱、双曲拱和箱形拱等。

1. 板拱

根据拱轴线型，板拱可以是等截面圆弧拱，等截面或变截面悬链线拱以及其他拱轴型式；按照静力图式，可分为无铰拱，双铰拱，三铰拱以及平铰拱；按照主拱所用的建筑材料划分，板拱又可分为石板拱、混凝土板拱和钢筋混凝土板拱等。

(1) 石板拱：

砌筑石板拱主拱圈的石料主要有料石、块石和砖石等。用粗料石砌筑拱圈时，拱石需要随拱轴线和截面形式不同而分别进行编号，以便加工，等截面圆弧拱(图 3-2-1a)的拱石规格少，编号简单；变截面圆弧拱圈(见图 3-2-1b)的拱石类型较多，编号较复杂，施工不便。有的石拱桥也采用等截面或变截面的悬链线作为拱轴线，这时，拱石的编号更为复杂(图 3-2-2)。因此，目前大多采用等截面拱桥。

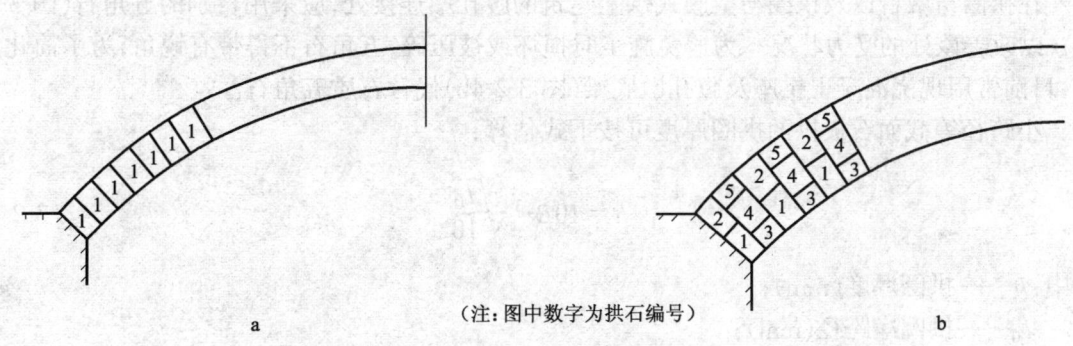

(注：图中数字为拱石编号)

图 3-2-1 等截面圆弧拱的拱石编号

用于拱圈砌筑的石料应要求石质均匀,不易风化和无裂纹。石料强度等级不得低于C30。砌筑拱石用的砂浆,对大、中跨径拱桥不得低于C7.5,对于小跨径拱桥不得低于C5。在必要时也可用小石子混凝土进行砌筑,小石子粒径一般不得大于20mm。采用小石子混凝土砌筑的片石板拱,其砌筑强度比用同强度的水泥砂浆的砌体强度要高,而且可以节约水泥1/4~1/3。

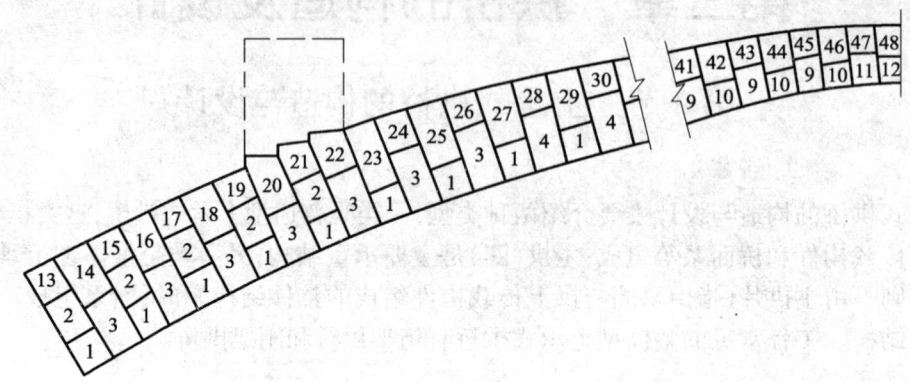

图 3-2-2　变截面圆弧拱的拱石编号

根据拱圈的受力(主要承受压力,其次是弯矩)特点和需要,拱圈砌筑应满足下列构造要求。

①错缝:

对料石拱,拱石受压面的砌缝应与拱轴线垂直,可以不错缝;当拱圈厚度不大时,可采用单层砌筑(图3-2-1a),但其横向砌缝必须错开不小于100mm;当拱圈厚度较大时,采用多层砌筑(图3-2-1b、图3-2-2),但其垂直于受压面的顺桥向砌缝(图3-2-3a),拱圈横截面内拱石竖向砌缝(图3-2-3b、c)以及各层横向砌缝必须错开,且不小于100mm,以免因存在通缝而降低砌体的抗剪强度和削弱其整体性。对于块石拱,应选择较大平面与拱轴线垂直,拱石大头在上,小头在下,砌缝错开且不小于80mm。对于片石拱,拱石较大面与拱轴线垂直,大头在上,砌缝交错。

②限制砌缝宽度:

由于砂浆强度比拱石低得多,拱石砌缝宽度不能太大,缝太宽必将影响砌体强度和整体性。通常,对料石拱不大于20mm,对块石拱不大于30mm,对片石拱不大于40mm,采用小石子混凝土砌筑时,块石砌缝宽不大于50mm,片石砌缝宽为40~70mm。

③设五角石:

在拱圈与墩台以及拱圈与空腹式拱上建筑的腹孔墩连接处,应采用特别的五角石(图3-2-4a),以改善该处的受力状况。为避免施工时损坏或被压碎,五角石不得带有锐角,为了简化施工,目前常用现浇混凝土拱座及腹孔墩底梁(图3-2-4b)代替石质五角石。

小跨径等截面石板拱的拱圈厚度可按下式估算:

$$h = 10\beta k^3 \sqrt{\frac{l_0}{10}} \quad (3\text{-}2\text{-}1)$$

式中:h——拱圈厚度(mm);

l_0——拱圈净跨径(mm);

β——系数,一般为4.5~6.0,取值随矢跨比的减小而增大;

k——荷载系数,与汽车荷载等级有关。

(2)混凝土板拱：

①素混凝土板拱：

这类拱桥主要用于缺乏合格天然石料的地区，可以采用整体现浇，也可以预制砌筑。整体现浇混凝土拱圈，拱内收缩应力较大，对受力不利；同时，拱架和模板木材用量大，工期长，质量不易控制，故较少采用。预制砌筑就是将混凝土板拱划分成若干块件，然后预制混凝土块件，最后将块件砌筑成拱，预制砌块在砌筑前应用足够的养护期，以消除或减少混凝土收缩的影响。

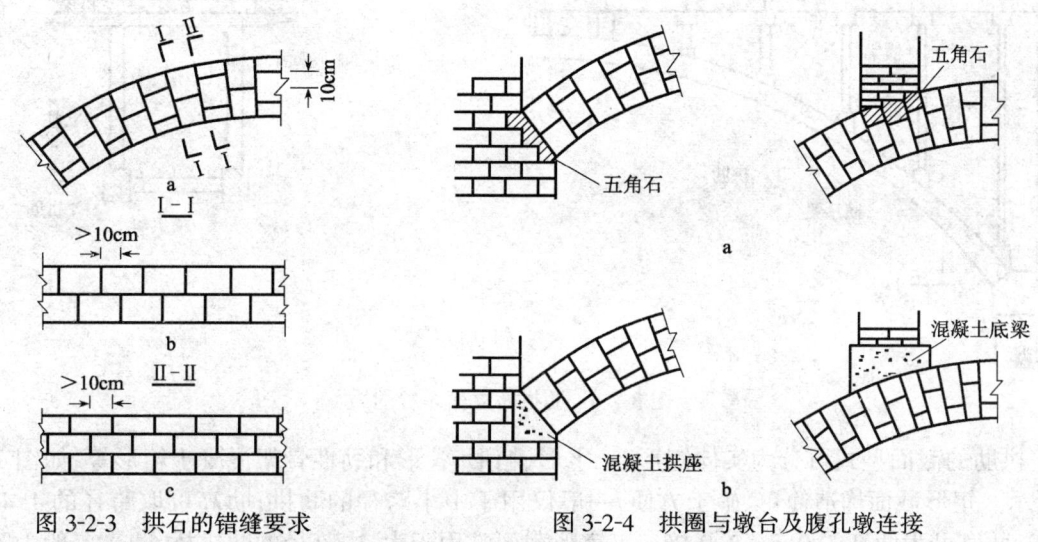

图 3-2-3　拱石的错缝要求　　　　图 3-2-4　拱圈与墩台及腹孔墩连接

②钢筋混凝土板拱：

与混凝土板拱相比，这类拱桥可以设计成较小的板厚，其构造简单、外表整齐、轻巧美观，如图 3-2-5 所示。根据桥宽需要，可做成单条整体拱圈或多条平行板（肋）拱圈，施工时可反复利用一套较窄的拱架与模板来完成，大大节省材料。

钢筋混凝土等截面板拱的拱圈高度可按跨径的 1/60～1/70 初拟，跨径大时取小者。

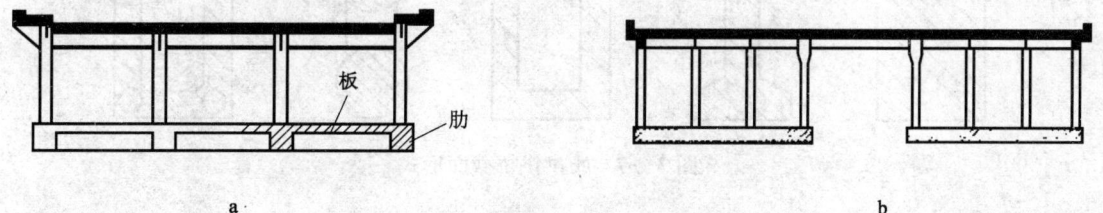

图 3-2-5　钢筋混凝土板拱的横断面
a 肋形板拱；b 分离式板拱

2. 肋拱

肋拱桥是由两条或多条分离的拱肋、横系梁、立柱，以及由横梁支承的行车道部分组成，如图 3-2-6 所示。

拱肋是主要承重结构，可由混凝土、钢筋混凝土、钢管混凝土、劲性骨架混凝土制成。拱肋的数目、间距和截面型式可根据桥梁宽度、肋型、材料性能、荷载等级、施工条件、拱上结构等方面综合考虑决定。为了简化构造,一般在吊装能力满足要求的情况下,宜采用少肋型式。通常,桥宽在20m以内时均可考虑采用双肋式,当桥宽在20m以上时,宜采用分离的双幅双肋拱,以避免由于肋间距增大而导致肋间横系梁、拱上结构横向跨度与尺寸增大过多。上下游拱肋最外缘的间距一般不宜小于跨径的1/20,以保证肋拱的横向整体稳定性。

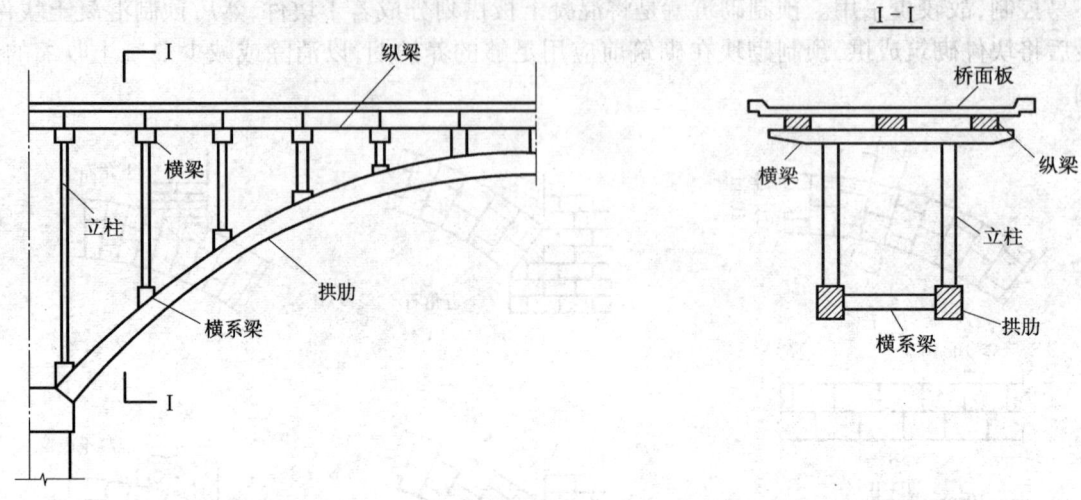

图 3-2-6　肋拱桥立面布置图

拱肋的截面型式可分为实体矩形、工字形、箱形、管形和劲性骨架混凝土箱形等,如图3-2-7所示。矩形截面构造简单、施工方便,一般仅用于中小跨径的肋拱;肋高可取跨径的1/40～1/60,肋宽可为肋高的0.5～2.0倍。工字形截面常用于大、中跨径的肋拱桥,肋高一般为跨径的1/25～1/35,肋宽约为肋高的0.4～0.5倍,腹板厚度常为300～500mm。管形肋拱是指采用钢管混凝土结构作为拱肋的拱桥,其肋高与跨径之比常在1/45～1/65之间。当肋拱桥的跨径较大,桥面较宽时,拱肋还可采用箱形截面,以减少更多的圬工体积。

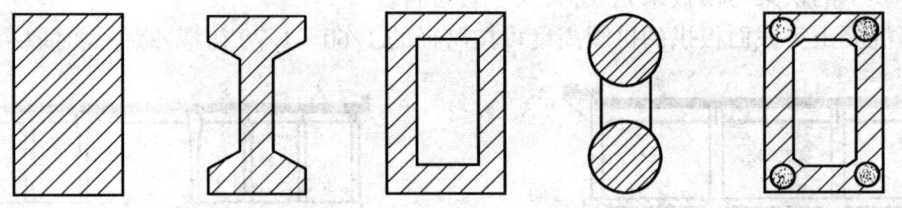

图 3-2-7　肋拱拱桥截面形式

箱形肋拱由双肋或多肋组成,肋间设置横系梁使之形成整体。对于拱肋,可由单箱肋构成,也可由多箱肋构成,见图3-2-8。

箱形肋拱拱肋尺寸可根据受力需要确定,初拟时一般肋高取为跨径的1/50～1/70,或按式(3-2-2)估算;肋宽取为肋高的1.0～2.0倍。箱形肋之间的横系梁除具有增强肋拱横向整体稳定性外,还可起到横向分布荷载的作用,要求具有足够的强度和刚度,并与拱肋固结。

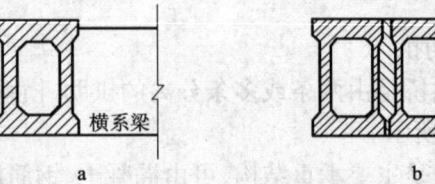

图 3-2-8　箱肋拱断面形式
a 单箱拱肋;b 双箱拱肋

肋间横系梁常用钢筋混凝土材料，目前有三种断面类型，见图3-2-9。

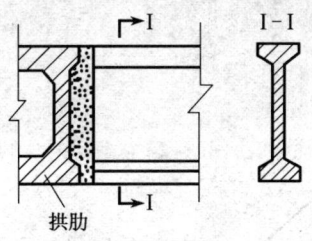 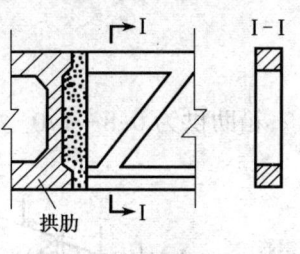 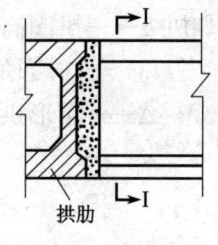

图 3-2-9　箱肋拱横系梁
a 工字形；b 桁片；c 箱形

箱形肋拱通常采用等截面型式，以方便施工。对于特大跨径的箱形肋拱也可采用受力更为合理的变截面形式。

3．箱形拱

主拱圈截面由多室箱构成的拱称为箱形拱，见图3-2-10。

图 3-2-10　箱形拱拱圈横断面示意图

箱形拱的主要特点是：

(1)截面挖空率大，其挖空率可达全截面的 50%～60%；与板拱相比，可节省大量圬工材料，减轻重量；

(2)箱形截面的中性轴大致居中，对于抵抗正负弯矩具有几乎相等的能力，能较好地适应主拱圈各截面正负弯矩变化需要；

(3)由于是闭合空心截面，抗弯和抗扭刚度大，拱圈的整体性好，应力分布较均匀；

(4)单条箱肋刚度较大，稳定性较好，能单箱肋成拱，便于无支架吊装；

(5)制作要求较高，吊装设备较多，主要用于大跨径拱桥。

箱形拱的拱圈可以由一个闭合箱(单室箱)或由几个闭合箱(多室箱)组成，每一个闭合箱又由箱壁(侧板)、顶板(盖板)、底板及横隔板组成，见图 3-2-11。

箱形拱截面的组成方式有以下几种：

(1)由多条 U 形肋组成的多室箱形截面，见图 3-2-12a；

(2)由多条工字形肋组成的多室箱形截面，见图 3-2-12b；

(3)由多条闭合箱肋组成的多室箱形截面，见图 3-2-12c；

(4)整体式单箱多室截面，见图 3-2-12d。

拟定箱形拱截面尺寸主要包括拱圈的高度、宽度、箱肋的宽度、顶底板及腹板尺寸。拱圈的高度主要取决于拱的跨度，并与拱圈所用混凝土强度有很大关系。初拟拱圈的高度时，拱圈高度可取跨径的 1/55~1/75,或者按如下经验公式估算:$h = \dfrac{l_0}{100} + \Delta$。 (3-2-2)

式中:h——拱圈高度(m);

l_0——净跨径(m);

Δ——箱形拱为 0.6~0.7,箱肋拱为 0.8~1.0。

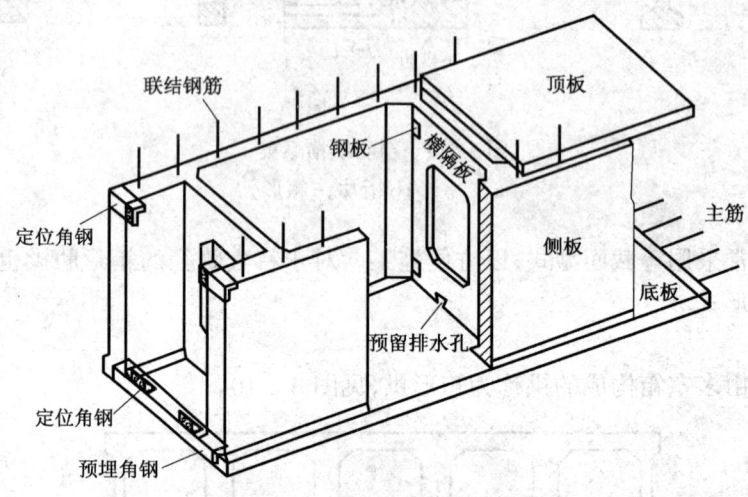

图 3-2-11 箱形拱闭合箱的构造

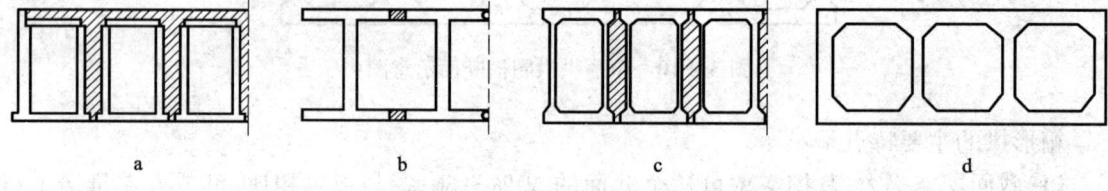

图 3-2-12 箱形截面组成方式

提高混凝土的强度,可以减少截面尺寸,从而减轻拱体的自重力或加大跨径。目前,常用的混凝土为 C40~C50,对特大跨径拱桥应尽量采用强度等级更高的混凝土。

拟定拱圈的宽度时,可考虑采用悬挑桥面,以减小拱圈宽度、即采用窄拱圈形式。拱圈宽度一般可为桥宽的 0.6~1.0 倍,桥面悬挑可达到 4.0m;为了保证其横向稳定性,一般希望拱宽不小于跨径的 1/20,但特大跨径桥的拱圈宽度常难以满足该条件,只要横向稳定性能得到保证即可。

箱肋是组成预制吊装施工箱形拱桥的基本构件。拱圈宽度确定后,根据(缆索)吊装能力,在横向划分为几个箱肋,即可确定箱肋的宽度。

常用的箱形拱由多条闭口箱肋组成,见图 3-2-13,其顶、底板及腹板各部分尺寸的确定均与跨径及荷载大小有关。通常,顶、底板厚度 t_d 为 150~220mm,两外箱肋外腹板厚 t_{wf} 为 120~150mm,内箱肋腹板厚 t_{Nf}

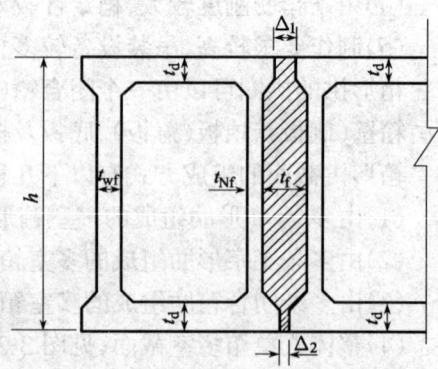

图 3-2-13 常用的箱形拱截面构造

为 50～70mm,以尽量减轻吊装重量,但需注意的是,拱圈顶、底、腹板太薄可能出现压溃,其原因除构造尺寸太小外,就是应力允许值选用过大(国际上对压板应力值限制很严),故应对其作必要的局部应力验算。根据受力大小确定填缝宽度 t_f(主要考虑轴力大小),一般采用 200～350mm。为保证填缝混凝土浇筑质量,Δ_1 不宜小于 150mm;Δ_2 为安装缝,通常为 40mm。

箱形拱的构造与施工方法有密切的联系。修建箱形拱,可以采用预制拱箱无支架吊装或有支架现场浇筑等施工方法。若采用无支架施工时,拱箱可分段预制,当吊装能力很大时,可以采用封闭式拱箱,这样可以增加拱箱在施工过程中的整体稳定性,减少施工步骤。其具体过程为:在横向将拱截面划分为多条箱形肋,在纵向将箱形肋分段,先预制各箱肋段,然后将各箱肋段安装成拱,最后现浇各箱肋间的填缝混凝土形成箱形拱。

4. 双曲拱桥

双曲拱桥主拱圈通常由拱肋、拱波、拱板和横向联系等几部分组成,见图 3-2-14。双曲拱桥的主要特点是将主拱圈以"化整为零"的方法按先后顺序进行施工,再以"集零为整"组合成整体结构承重。施工时,先将拱圈划分成拱肋、拱波、拱板及横向联系四部分,并预制拱肋、拱波和横向联系,即"化整为零";然后吊装钢筋混凝土拱肋成拱并与横向联系构件组成拱形框架,在拱肋间安装拱波,随后浇筑拱板混凝土,形成主拱圈,即"集零为整"。双曲拱桥是我国于 20 世纪 70 年代提出的,其目的是减轻吊装重量。

根据桥梁的跨径、宽度、设计荷载的大小、材料类型和施工工艺等各种情况,双曲拱桥主拱圈截面可以采用不同的形式,见图 3-2-15。采用最多的是多肋多波的截面形式,如图 3-2-15a、b、c 所示。一般说来,肋间距不宜过小,以免限制拱波的矢高,减小拱圈的截面刚度;但受吊装机械限制肋间距又不宜过大,以免拱肋数量少而过分

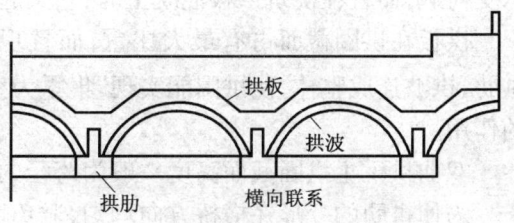

图 3-2-14 双曲拱桥主拱圈横断面

加大拱肋截面尺寸,增加吊装重量,给施工带来不便。在小跨径的双曲拱桥中,还可采用单波的形式,如图 3-2-15d 所示。

拱肋是双曲拱桥主拱圈的骨架,它不仅参与拱圈共同承受全部恒载和活载,对主拱圈重量有重大影响。在施工过程中,它要起砌筑拱波和浇筑拱板的支架作用;当拱波、拱板完成后,拱肋成为主拱圈的重要组成部分。因此,设计拱肋时,必须保证具有足够的强度和刚度。特别是采用无支架施工的双曲拱,除应满足吊装阶段的强度和纵横向稳定性以外,还需满足截面在组合过程中各阶段荷载作用下的强度要求。

常用的拱肋截面形式有矩形、倒 T 形(凸形)、槽形和工字形等,见图 3-2-16。通常,应根据跨径大小、受力性能、施工难易等条件综合选择合理的截面形式,所选的拱肋截面既有利于增强主拱圈的整体性,又应制作简单,且能保证施工安全。

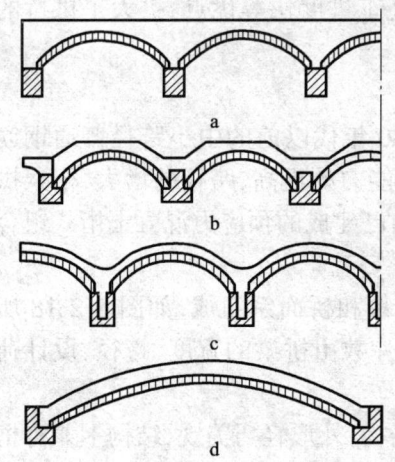

图 3-2-15 双曲拱桥主拱圈截面形式

拱肋一般为钢筋混凝土构件,常采用预制安装的方法施工。预制拱肋时,若长度过大不便于预制、运输和吊装,

则可分成几段。分段数目和长度应根据桥梁跨径大小、运输设备和吊装能力等条件来考虑。由于拱顶往往是最不利的受力截面,因此拱肋分段时接头不宜布置在拱顶。接头宜设置在拱肋自重作用下弯矩较小的部位,一般在跨径的 0.3 倍附近。这样,拱肋一般可分为三段,如图 3-2-17 所示。当超过 80m 时,拱肋可以分为 5 段。

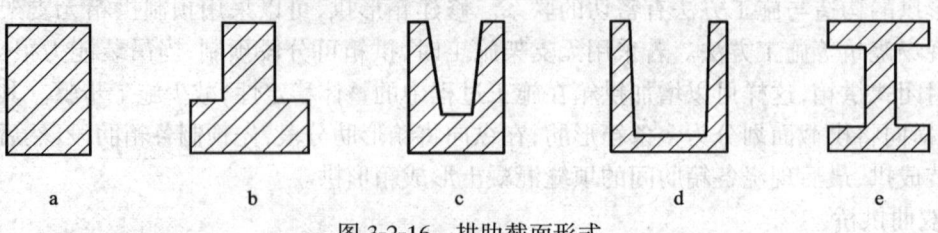

图 3-2-16　拱肋截面形式

a 矩形拱肋;b 凸形拱肋;c 槽形拱肋;d 槽形拱肋;eI 形拱肋

拱波一般采用混凝土预制,常做成圆弧形,矢跨比一般为 1/3～1/5,单波的矢跨比为 1/3～1/6。拱波跨度由拱肋间距确定,以 1.3～2.0m 为宜,单波截面以 3～5m 为宜。拱波厚度一般为 60～80mm,拱波的宽度为 0.3～0.5m。拱波不仅与主拱圈共同承受荷载,而且在浇筑拱板混凝土时,它又起着模板的作用。

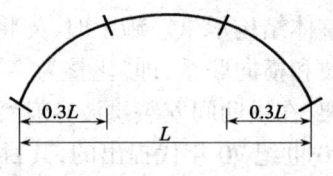

图 3-2-17　拱肋分段的接头位置

拱板在拱圈截面占有最大比重,而且现浇混凝土拱板又将拱肋、拱波连成整体,使拱圈能实现"集零为整"。因此,拱板在加强拱圈整体性方面起着重要的作用。

双曲拱桥主拱圈截面高度一般为跨径的 1/40～1/55,跨径大者取小值。

为使拱肋的变形在横桥方向均匀,避免拱顶可能出现纵向裂缝,需要在拱肋间设置横向联系。常用的型式有横系梁和横隔板,通常布置在拱顶、腹孔墩下方、分段吊装的拱肋接头处等,间距一般为 3～5m,拱顶部分可适当加密。

(二)整体型上承式拱桥

整体型上承式拱桥包括桁架拱桥和刚架拱桥。这些桥型进一步减轻了拱桥自重,增强了桥梁结构的整体式,充分发挥了装配式结构工业化程度高、施工进度快等优点,扩大了拱桥的使用范围。

1. 桁架拱桥

桁架拱桥又称拱形桁架桥,我国的桁架拱桥由 20 世纪 80 年代以前的中小跨径普通钢筋混凝土结构,发展到大跨径预应力桁架拱。90 年代随着施工能力的提高,跨径的增大,桁架拱桥也进一步发展,是国内建造拱桥优先考虑的桥型之一,国内已建成的预应力混凝土桁式组合拱桥已达到 330m。

桁架拱由钢筋混凝土或预应力混凝土桁架拱片、横向联系和桥面系组成,如图 3-2-18 所示。桁架拱片是桁架拱桥主要承重构件,横桥向桁架拱片的片数由桥梁的宽度、跨径、设计荷载、施工条件、桥面板跨越能力等因素综合考虑确定。

钢筋混凝土桁架拱桥是一种具有水平推力的拱形桁架结构,外形轻巧美观,结构上兼有桁架和拱的特点,各部件截面尺寸较小,重力较轻,节省材料,对墩台的垂直压力和水平推力也相应减小,结构的整体性能好,装配化程度高,施工程序少。

预应力混凝土桁式组合拱桥是近年来随着桁架拱桥跨径增大而出现的一种新桥型,其桥梁结构与钢筋混凝土桁架拱相似,既像是带斜杆的箱形拱,又像上、下弦为闭合箱形断面的桁架拱;从受力体系看是预应力桁架 T 构与行车道板和拱圈闭合箱形断面的无铰箱形拱的组合结构。与箱形拱桥相比较,具有桁式体系的优点,拱上建筑与主拱圈联合受力,整体性好。为了满足结构受力需要,上弦杆及斜杆常设置预应力钢筋,因此跨越能力强,与同跨径的其他桥型比较造价低。该桥型及其相应施工方法是山区大跨径桥梁可选方案之一。

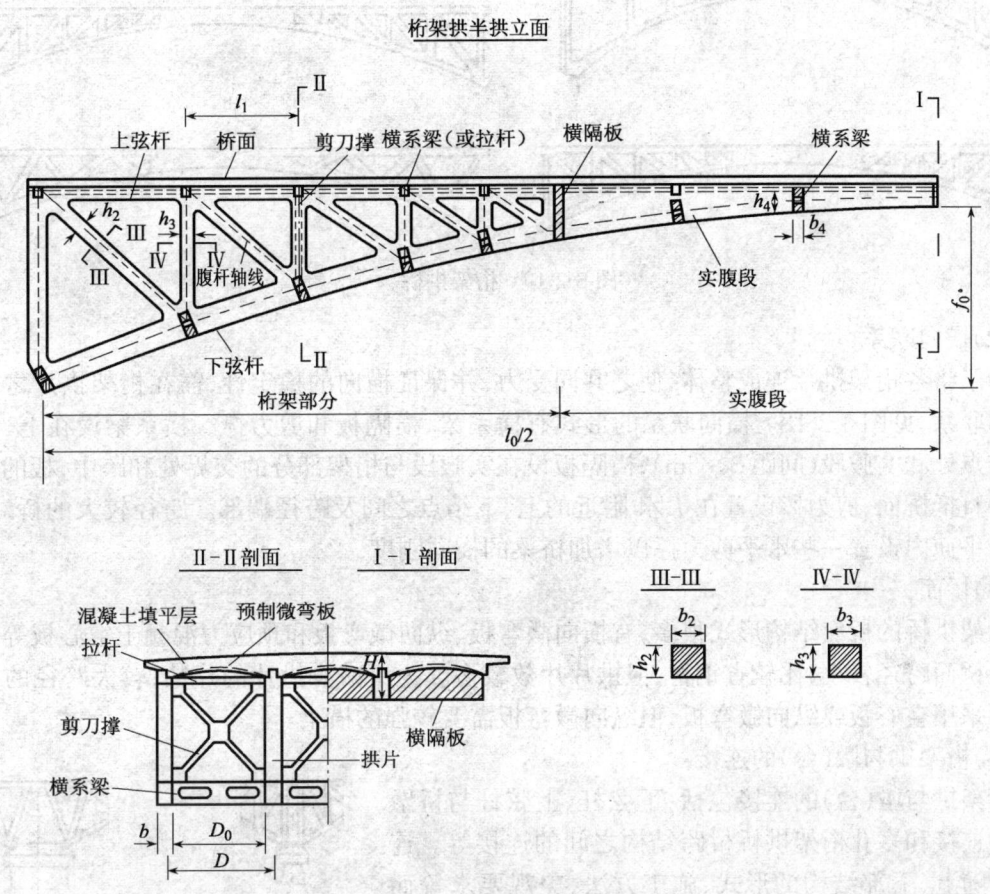

图 3-2-18 桁架拱桥的主要组成部分

(1)桁架拱片:

由上弦杆和实腹段上缘构成了桁架拱片的上边缘,它与桥面纵向平行(单孔拱桥也可设置竖曲线);上弦杆的轴线平行于桁架拱片的上边缘。桁架拱片下弦杆的轴线可采用圆弧线、二次抛物线或悬链线。

腹杆包括斜杆和竖杆。根据腹杆的不同布置型式,分为竖杆式、斜拉杆、斜压杆、三角形四种,见图 3-2-19。

竖杆式桁架拱具有外形美观,腹杆少,节点处交汇的杆件只有三根,钢筋布置和混凝土浇注方便,外形也较整齐等优点。缺点是由于框架杆件以受弯为主,钢筋用量较大;由于节点的刚性,在荷载作用下,节点次应力往往导致竖杆两端开裂,故目前采用较少。

斜压杆式拱桥的斜杆在恒载作用下受压,竖杆受拉;在恒载作用下受拉,竖杆受压。由于竖杆对于横向联结系的布置较方便,有了竖杆可减小上、下弦杆承受局部荷载的长度,对弦杆受力是有利的,所以带竖杆的斜腹杆桁架采用较多。三角形式腹杆根数比带竖杆的斜腹杆式少,节点数也减少,腹杆总长比带竖杆的短,但是,当跨径过大时,节间过长,上弦杆承受局部弯矩所需的钢筋将增多,故应作技术经济比较,特别是大跨径桁架拱桥更应进行方案比较。中小跨径桁架拱多用带竖杆的斜腹杆形式。

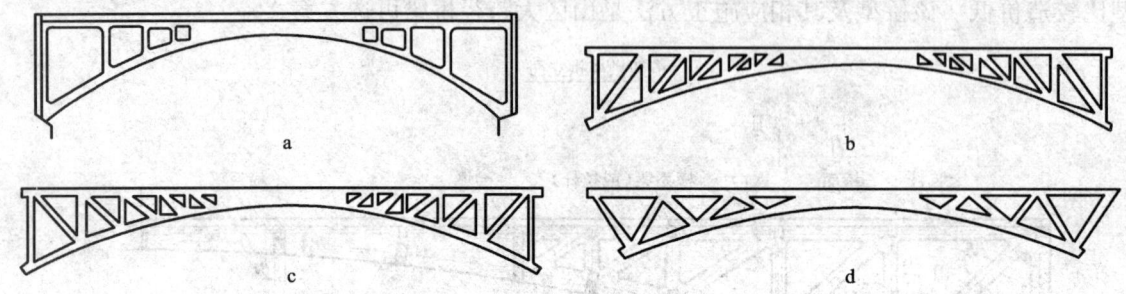

图 3-2-19 桁架拱桥

(2)横向联系:

为了将各桁架拱片连成整体,使之共同受力,并保证横向的稳定性,需在桁架拱片之间设置横向联系,见图 3-2-18。横向联系的形式有横系梁、横隔板和剪力撑。横系梁设在上、下弦杆的结点处和实腹段(间距 3~5m);横隔板设在实腹段与桁架部分的交界处和跨中,板的高度一般都直抵桥面;剪力撑设置在 $L/4$ 附近的上、下结点之间及跨径端部。跨径较大的桥,应在下弦杆平面内设置一些水平剪力撑以增加桥梁的横向刚度。

(3)桥面:

桁架拱桥的桥面结构形式很多,有横向微弯板、纵向微弯板和预应力混凝土空心板等。横向微板桥面跨径较小,比较省钢材,但拱片片数较多。为了减少拱片的片数,较大跨径的桁架拱桥可采用空心板或纵向微弯板,但纵向微弯板需要较强的横梁。

(4)桁架拱与墩(台)的连接:

桁架拱与墩(台)的连接包括:下弦杆、上弦杆与桥墩(台)的连接和多孔桁架拱桥桥跨结构之间的连接等。连接构造随上、下部结构的形式、施工方法、美观要求等而异,一般常用的形式,如图 3-2-20 所示。

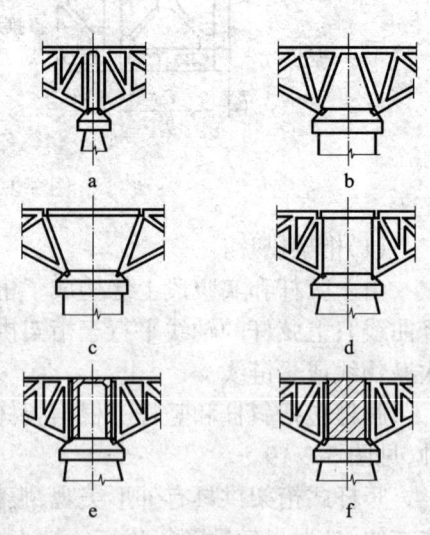

目前,中小跨径桁架拱桥常采用的下弦杆与墩台连接形式为:在墩台帽上预留深 100mm 左右(或与肋高相同)的槽孔,将下弦杆的端头插入,然后四周用砂浆填塞。当跨径较大时,由于墩台位移等原因,往往造成支承面局部承压,引起反力偏心和结构内力变化,因此不宜采用上述方法,而应采用较完善的铰接。

桁架拱上部与墩台的连接,以及多跨拱间的连接方式有悬臂式(如图 3-2-20a、b)、过梁式(如图 3-2-20c、d)和伸入式(如图 3-2-20e、f)等三种,一般以过梁式为好。

图 3-2-20 桁架拱与墩(台)的连接形式

2. 刚架拱桥

刚架拱桥是在桁架拱、斜腿刚架等基础上发展起来的一种新桥型,属于有推力的高次超静定结构。它具有构件少,自重轻,整体性好,刚度大,施工简便,经济指标较先进,造型美观等优点,在我国已得到了广泛应用。

刚架拱桥的上部由刚架拱片、横向联系和桥面系等部分组成。

刚架拱片是刚架拱桥的主要承重结构,一般由跨中实腹段的主梁、空腹段的次梁、主拱腿(主斜撑)、次拱腿(斜撑)等构成,见图3-2-21。主梁和主拱腿的交接处称为主节点,次梁和次拱腿的交接处称为次节点。节点构造一般均按固结设计,并配置钢筋。

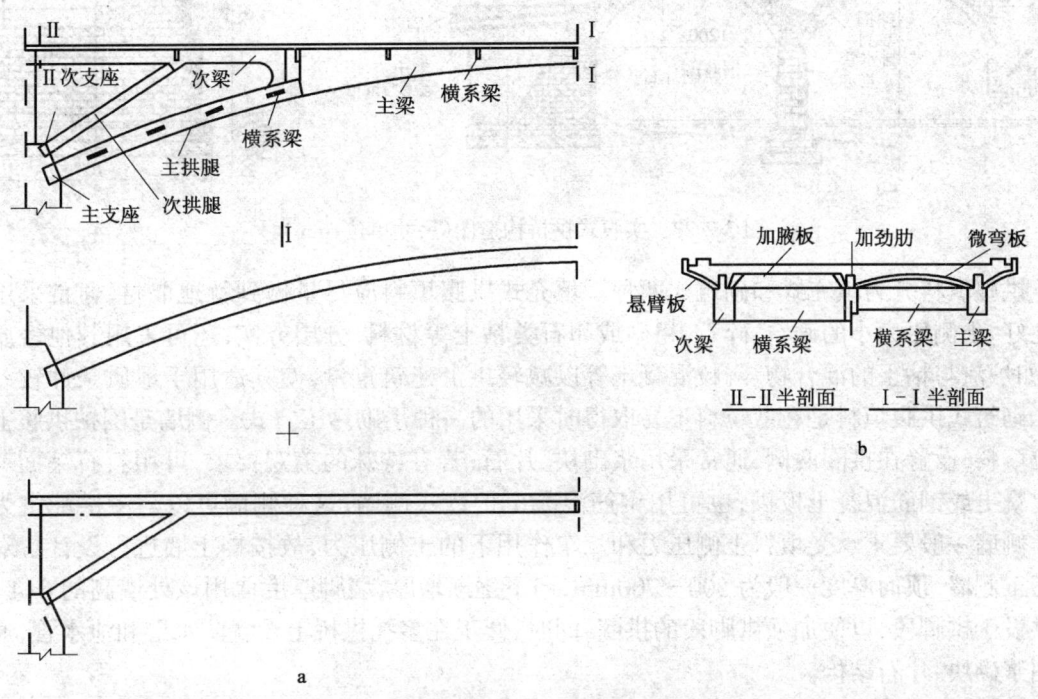

图 3-2-21 刚架拱桥的组成部分

刚架拱片可以采用现浇和预制安装等施工方法,目前多采用后者。为了减小吊装重量,可将主梁和次梁、斜撑等分别预制,用现浇混凝土接头连接。

横向联系是为使刚架拱片连成整体共同受力、并保证其横向稳定而设置的。为了简化构造,横向联系可采用预制装配式的横系梁或横隔板形式,其间距视跨径大小酌情布置。一般在刚架拱片的跨中,主、次节点,次梁端部等处设置横系梁。当跨径较大或者跨径小、桥面很宽时,为加强跨中实腹段刚架拱片间的横向整体性,有利于荷载的横向分布,可增设直抵桥面板的横隔板。

桥面系可由预制微弯板、现浇混凝土填平层、桥面铺装等部分组成;也可采用预制空心板、现浇混凝土层及桥面铺装构成。

二、拱上建筑构造

拱上建筑是拱桥的一部分,按照拱上建筑采用的不同构造方式,可将拱桥分为实腹式和空腹式两种。

(一)实腹式拱上建筑

实腹式拱上建筑构造简单,施工方便,填料数量较多,恒载较重,一般适用于小跨径的拱桥。实腹式拱上建筑由拱腹填料、侧墙、护拱、变形缝、防水层、泄水管以及桥面系组成,见图3-2-22。

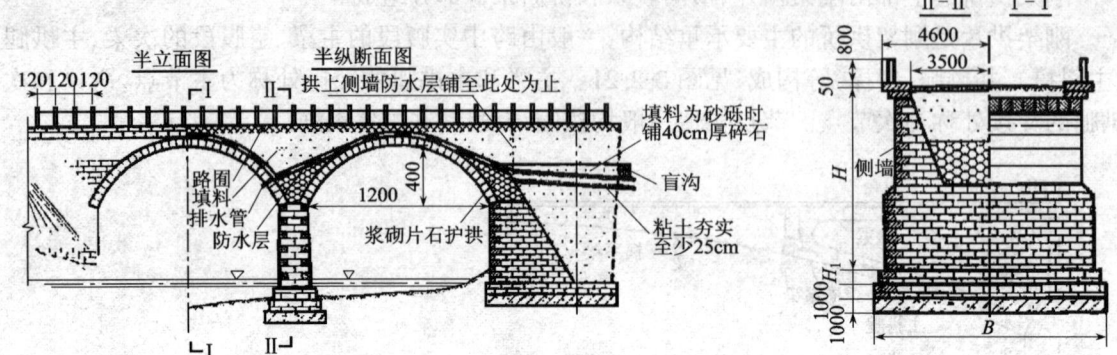

图 3-2-22 实腹式拱桥构造图(尺寸单位:mm)

拱腹填料分为填充式和砌筑式两种。填充式拱腹填料应尽量做到就地取材,通常采用透水性好、土侧压力小的砾石、碎石、粗砂或卵石类粘土等材料,分层夯实;还可采用其他轻质材料,如炉渣与粘土的混合物、陶粒混凝土等以减轻拱上建筑重量,使其适用于地质条件较差地区。砌筑式拱腹填料是在散粒料不易取得时采用的一种干砌圬工方式。侧墙是围护拱腹上的散粒填料,设置在拱圈两侧,通常采用浆砌块、片石;若有特殊的美观要求,可用料石镶面。对于混凝土或钢筋混凝土板拱,也可用钢筋混凝土护壁式侧墙,这种侧墙可以与主拱浇筑为一体。侧墙一般要求承受填料土侧压力和汽车作用下的土侧压力,故按挡土墙进行设计。对浆砌圬工侧墙,顶面厚度一般为500~700mm,向下逐渐增厚,墙脚厚度取用该处墙高的0.4倍。护拱设于拱脚段,以便加强拱脚段的拱圈,同时,便于在多孔拱桥上设置防水层和泄水管,通常采用浆砌块、片石结构。

(二)空腹式拱上建筑

大、中跨径的拱桥,尤其当矢高较大时,应以空腹式拱上建筑为宜。空腹式拱上建筑除具有实腹式拱上建筑相同的构造外,还具有腹孔和腹孔墩。

1. 腹孔

根据腹孔构造,可分为拱式拱上建筑和梁式拱上建筑两种。

(1)拱式拱上建筑:

拱式拱上建筑构造简单,外形美观,但重量较大,一般用于圬工拱桥。选择腹孔的型式和跨径时尽可能减轻拱上建筑的重量,荷载不应过分集中于腹孔墩处,给主拱圈受力状况造成不利影响,同时还要考虑拱桥外形协调美观。

腹孔一般对称布置在靠拱脚侧的一定区段内,其长度约为跨径的1/3~1/4,见图3-2-23a,此时,跨中存在一实腹段。对于中小跨径拱桥,腹孔跨数以3~6孔为宜。目前也有采用全空腹型式,见图3-2-23b,一般以奇数孔为宜。腹孔跨径,对中小跨径拱桥一般选用2.5~5.5m,对大跨径拱桥则控制在主拱跨径的1/8~1/15之间。腹孔构造宜统一,以有利于腹孔墩的受力和施工。

腹拱圈一般采用矢跨比为1/2～1/5的圆弧线板式结构,或矢跨比为1/10～1/12的微弯板或扁壳结构。腹拱圈的厚度与它的构造形式有关,当跨径小于4m时,石板拱为300mm,混凝土板拱为150mm,微弯板为140mm(其中预制60mm,现浇80mm);当跨径大于4m时,腹拱圈厚度则可按板拱厚度经验公式拟定或参考已成桥的资料确定。腹拱拱腹填料与实腹拱相同。

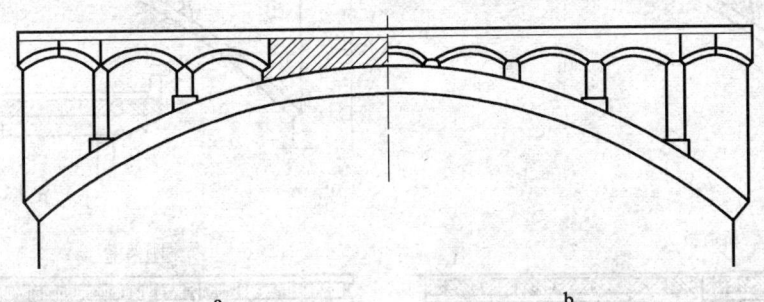

图 3-2-23　拱式拱上建筑
a 带实腹段的空腹拱;b 全空腹拱

紧靠桥墩(台)的第一个腹拱,目前较多的有两种做法,一种是将腹拱的拱脚直接支承在墩(台)上,见图3-2-24a、b;一种是跨越桥墩,使桥墩两侧的腹拱圈相连,见图3-2-24c,由于拱圈受力后变形较大,而墩台变形较小,容易造成第一个腹拱因拱脚变位而开裂,因而靠近墩台的第一个腹拱应做成三铰拱。

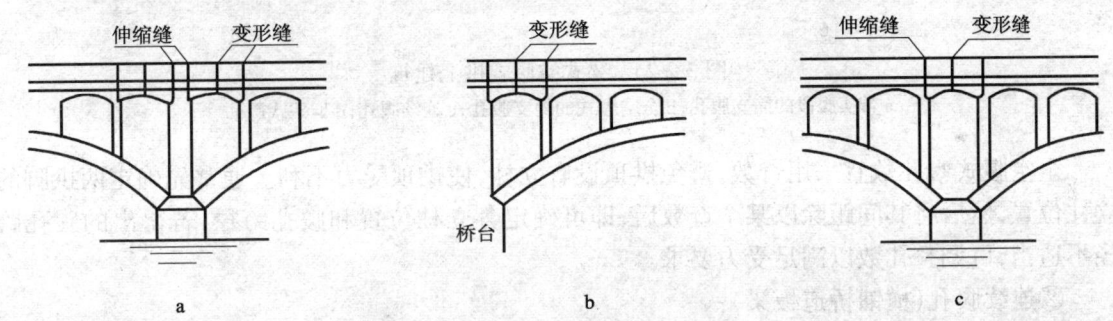

图 3-2-24　桥墩(台)上腹拱的布置方式

(2)梁式拱上建筑:

梁式腹孔拱上建筑,可减轻拱上重量,降低拱轴系数,使拱上建筑的恒载分布接近于均布荷载,改善拱圈在施工过程中的受力状况,获得更好的经济效果。腹孔的布置与上述拱式拱上建筑的腹拱布置要求基本相同。

梁式腹孔结构有简支、连续和框架式等多种型式。

①简支腹孔(纵铺桥道板梁):

如图3-2-25a、b所示,简支腹孔由底梁(座)、立柱、盖梁和纵向简支桥道板(梁)组成。这种形式的结构体系简单,基本上不存在拱与拱上结构的联合作用,受力明确,是大跨径拱桥拱上建筑主要采用的形式。

腹孔布置的范围及实腹段的构造与拱式腹拱相同,见图3-2-25a。由于拱顶段上面全部被覆盖,空腹段和实腹段拱上荷载差异较大。目前,大跨径拱桥的梁式拱上建筑一般取消拱顶实腹段,而采用全空腹式拱上建筑,见图3-2-25b。

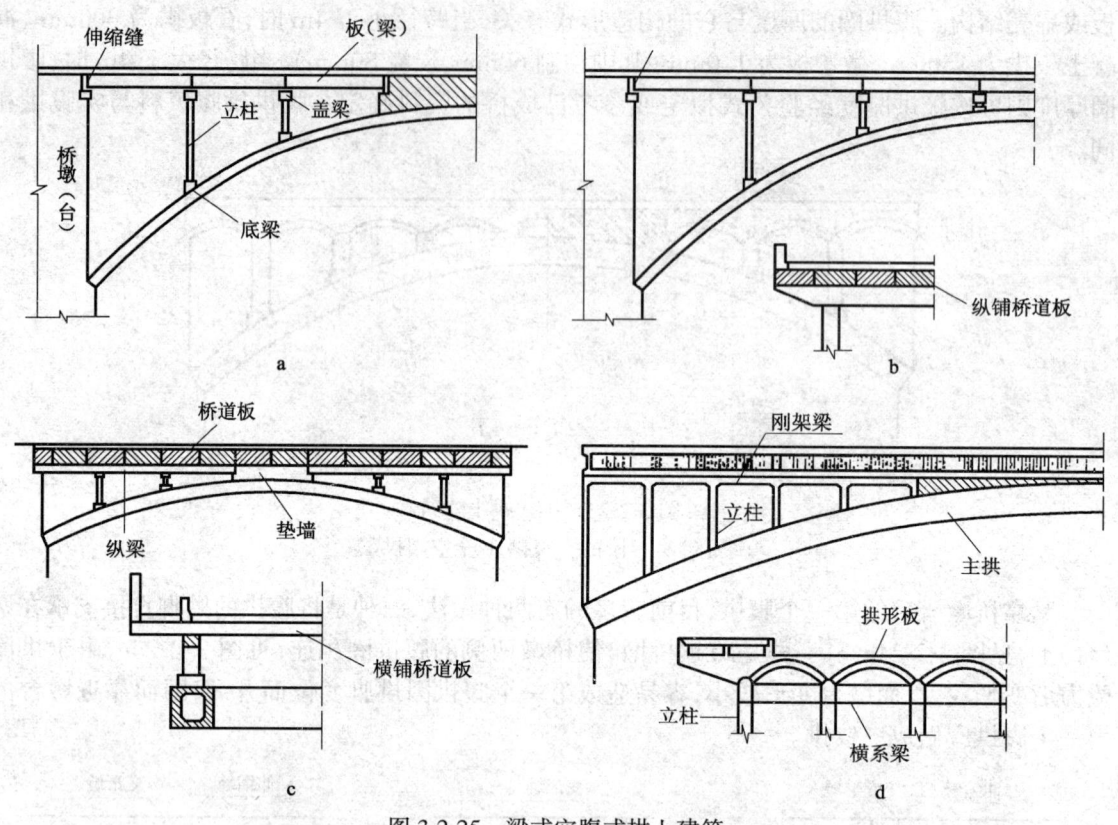

图3-2-25 梁式空腹式拱上建筑
a 带实腹段的简支腹孔;b 全空腹式的简支腹孔;c 连续腹孔;d 框架式腹孔

全空腹式腹孔数宜采用奇数,避免拱顶设有立柱,使拱顶受力不利。通常先确定两拱脚的立柱位置,然后将其间距除以某个奇数后,即可确定各立柱位置和腹孔跨径,若得出的腹孔跨径不适当,可调整孔数以满足受力要求。

②连续腹孔(横铺桥道板梁):

如图3-2-25c所示,连续腹孔由立柱、纵梁、实腹段垫墙及桥道板组成。先在拱上立柱上设置连续纵梁,然后在纵梁上和拱顶段垫墙上铺设横向桥道板,形成拱上传载结构。这种型式主要用于肋拱桥,其特点是桥面板横置,拱顶上只有一个板厚(含垫墙)及桥面铺装厚,建筑高度很小,适合于建筑高度受限制的拱桥。

③框架腹孔:

如图3-2-25d所示,根据需要框架腹孔在横桥向应设置多片,每片通过横系梁形成整体。

2. 腹孔墩

腹孔墩可分为横墙式或排架式两种。

(1)横墙式(见图3-2-26a):

这种腹孔墩采用横墙式墩身,一般用圬工材料砌筑或现浇混凝土形成,施工简便。为了便于维修、减轻重量,可在横向挖一个或几个孔。横墙式腹孔墩,自重较大,但节省钢材,多用于砖、石拱桥中。腹孔墩的厚度,用浆砌片、块石时,不宜小于0.60m,用混凝土砌筑时,一般应大于腹拱圈厚度的一倍。底梁能使横墙传下来的压力较均匀地分布到主拱圈全宽上,其每边尺寸应比横墙宽50mm,其高度则以使较矮一侧为50~100mm的原则来确定。底梁常采用素混凝土结构。墩帽宽度宜大于墙宽50mm,也采用素混凝土。

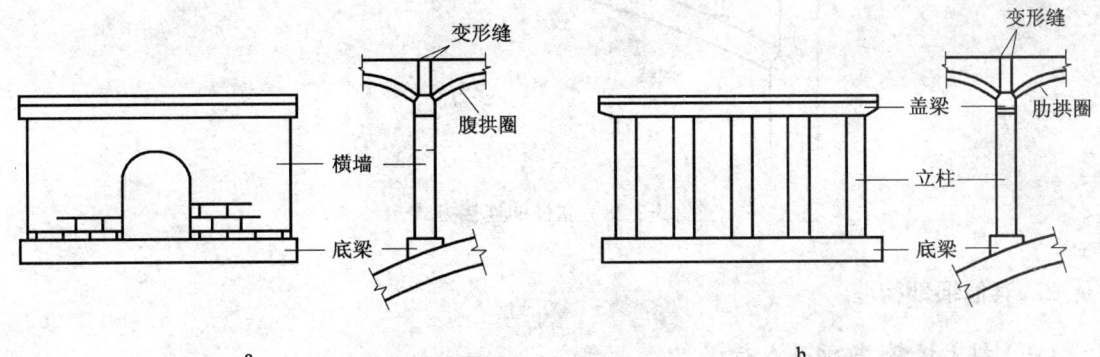

图 3-2-26 腹孔墩构造形式

(2)排架式:

排架式腹孔墩是由立柱和盖梁组成的钢筋混凝土排架结构,见图 3-2-26b。为了使立柱传递给主拱圈的压力不致于过度集中,通常在立柱下面设置底梁。立柱和盖梁常采用矩形截面,截面尺寸及钢筋配置除了满足结构受力需要外,并应考虑和拱桥的外形及构造相协调。腹孔墩的侧面一般为竖直的,以方便施工。

对于拱上结构与主拱联结成整体的钢筋混凝土空腹式拱桥,在活载或温度变化等因素作用下将引起拱上结构变形,见图 3-2-27。腹孔墩中产生附加弯矩,从而导致节点附近产生裂缝。为了使拱上结构不参与主拱受力,可以将腹孔墩的上、下端设铰,使它成为仅承受轴向压力的受力构件,以改善拱上建筑腹孔墩的受力情况。由力学知识,当腹孔墩的截面尺寸相同时,高度较大的腹孔墩的相对刚度比矮腹墩小,因此附加内力的影响也较小。为了简化构造和方便施工,一般高立柱仍可采用固结形式,而只将靠近拱顶处的1~2根高度较小的矮立柱上、下端设铰见图3-2-28。

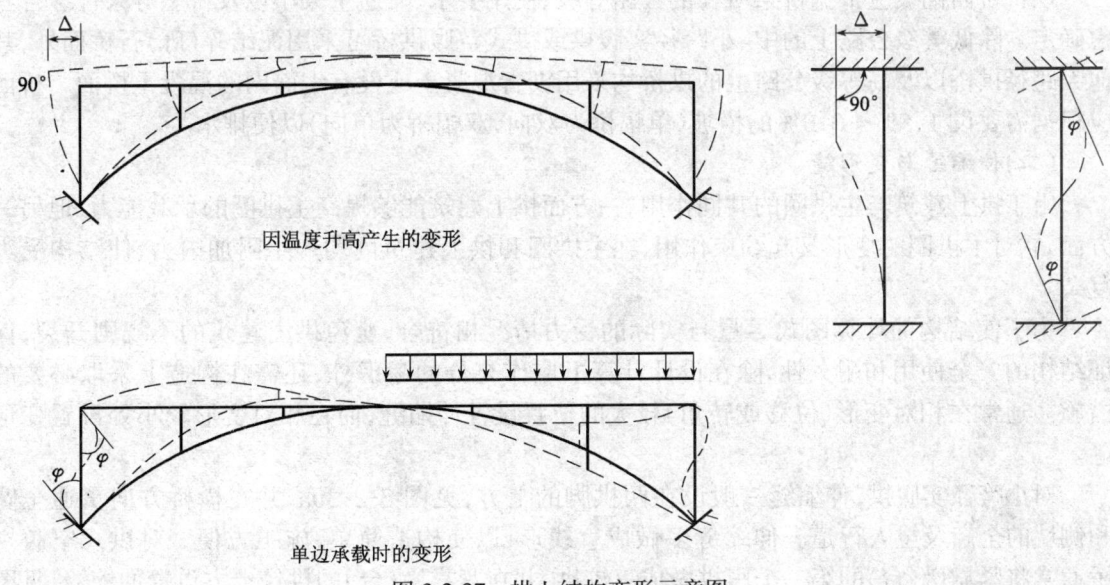

图 3-2-27 拱上结构变形示意图

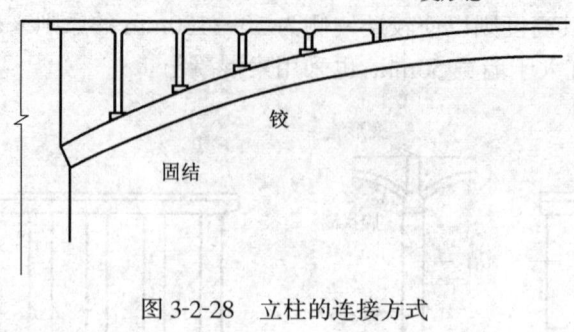

图 3-2-28　立柱的连接方式

三、其他细部构造

(一) 拱上填料、桥面及人行道

拱上建筑中的填料,可以扩大汽车荷载作用的面积,还可以减小汽车荷载对拱圈的冲击,但也增加了拱桥的恒载重量。无论是实腹拱,还是空腹拱(除无拱上填料的轻型拱桥),在拱顶截面上缘以上都作了拱腹填充处理。填充后,通常还需设置一层填料,即拱顶填料,在该填料以上才是桥面铺装,见图 3-2-29。在主拱圈及腹拱圈的拱顶处,填料厚度(包括路面厚度)均不宜小于 300mm,根据《公路桥涵设计通用规范》(JTGD 60—2004)(以下简称《桥规》(JTGD 60—2004))的规定,当拱上填料厚度(包括桥面铺装厚度)等于或大于 500mm 时,设计计算中不计汽车荷载的冲击力。

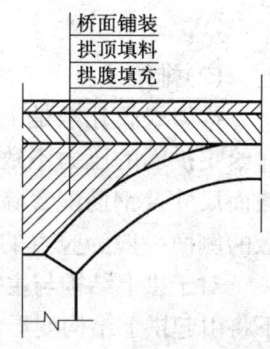

图 3-2-29　拱上填料图式

在地基条件较差的情况下,为了进一步减轻拱上建筑重量,可减薄拱上填料厚度,甚至可以不要拱上填料,直接在拱顶截面上缘以上铺筑混凝土桥面,此时应计入汽车荷载的冲击力。

拱桥桥面铺装应根据桥梁所在的公路等级、使用要求、交通量大小以及桥型等条件综合考虑确定。除低等级公路上的中、小跨径实腹拱或拱式空腹拱桥可采用泥结碎(砾)石桥面外,其他大跨径拱桥以及高等级公路上的拱桥均采用沥青混凝土或设有钢筋网的混凝土桥面。桥面应根据需要设 1.5%~3.0% 的横坡(单幅桥为双向,双幅桥为单向)以便排水。

(二)伸缩缝与变形缝

由于拱上建筑与主拱圈的共同作用,一方面拱上建筑能够提高主拱圈的承载能力,但另一方面,它对主拱圈的变形又起约束作用,在主拱圈和拱上建筑内均产生附加内力,使结构受力复杂。

为了使结构的计算图式尽量与实际的受力情况相符合,避免拱上建筑的不规则开裂,保证结构的安全使用和耐久性,除在设计计算上应作充分的考虑外,还需在构造上采取必要的措施。通常在相对变形(位移或转角)较大的位置设置伸缩缝,而在相对变形较小处设置变形缝。

对小跨径实腹拱,伸缩缝一般设在两拱脚的上方,见图 3-2-30a,并在横桥方向贯通全宽和侧墙的全高及至人行道。伸缩缝多做成直线形,以使构造简单,施工方便。对拱式空腹拱桥通常将紧靠墩(台)的第一个腹拱做成三铰拱,并在紧靠墩(台)的拱铰上方设置伸缩缝,见图

3-2-30b,伸缩缝且应贯通全桥宽,而其余两拱铰上方设置变形缝。在大跨径拱桥中,还应将靠拱顶的腹拱做成两铰或三铰拱,并在拱铰上方也设置变形缝,以使拱上建筑更好地适应主拱的变形。对梁式腹孔,通常是在桥台和墩顶立柱处设置标准伸缩缝,而在其余立柱处采用桥面连续。

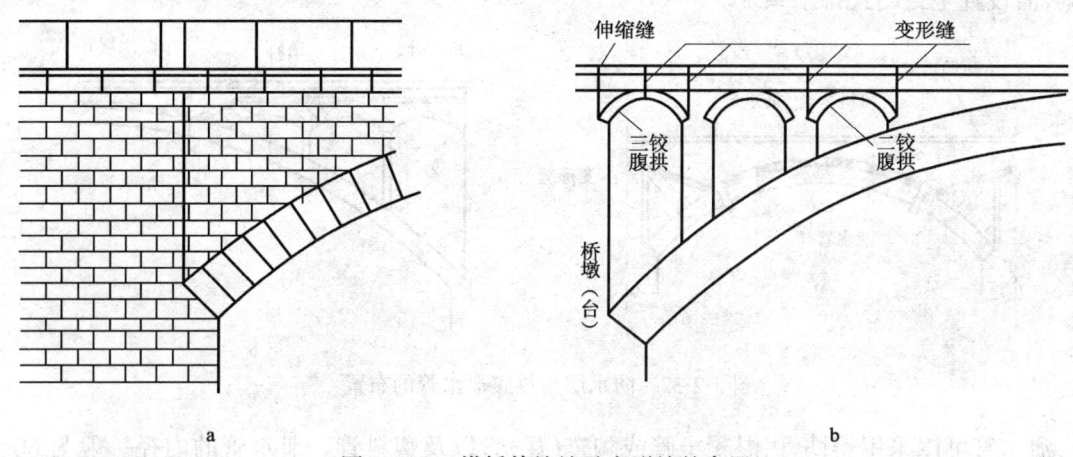

图 3-2-30 拱桥伸缩缝及变形缝的布置

伸缩缝宽 20～30mm,其缝内填料可用锯末屑与沥青按 1:1 的比例制成预制板,在施工时嵌入,并在上缘设置能活动而不透水的覆盖层,另外,也可采用沥青砂等其他材料填塞伸缩缝。变形缝不留缝宽,其缝可干砌、用油毛毡隔开或用低强度等级的砂浆砌筑。

(三)排水与防水层

对于拱桥,不仅要求将桥面雨水及时排除,而且要求将透过桥面铺装渗入到拱腹的雨水及时排除。桥面雨水的排除,除了桥梁设置纵坡和桥面设置横坡外,一般还沿桥面两侧缘石边缘设置泄水管(图 3-2-31)。通过桥面铺装渗入到拱腹内的雨水,应由防水层汇集于预埋在拱腹内的泄水管排出,防水层和泄水管的设置方式,与上部结构的形式有关。

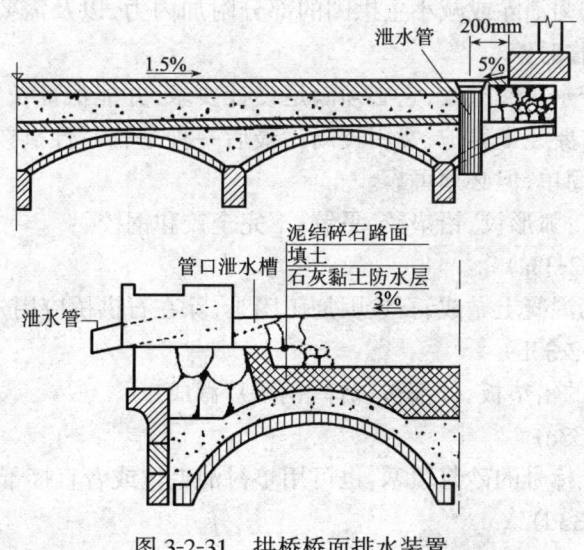

图 3-2-31 拱桥桥面排水装置

实腹式拱桥防水层应沿拱背护拱、侧墙铺设。如果是单孔,可以不设拱腹泄水管,积水沿防水层流至两个桥台后面的盲沟,然后沿盲沟排出路堤,如图 3-2-22 所示。若为多孔拱桥,可在跨径 1/4 处设泄水管,见图 3-2-32a。对于空腹拱桥,防水层应沿腹拱上方与主拱圈跨中实腹段的拱背设置,泄水管也宜布置在 1/4 跨径处,见图 3-2-32b。对跨线桥、城市桥或其他特殊桥梁,需设置全封闭式排水系统。

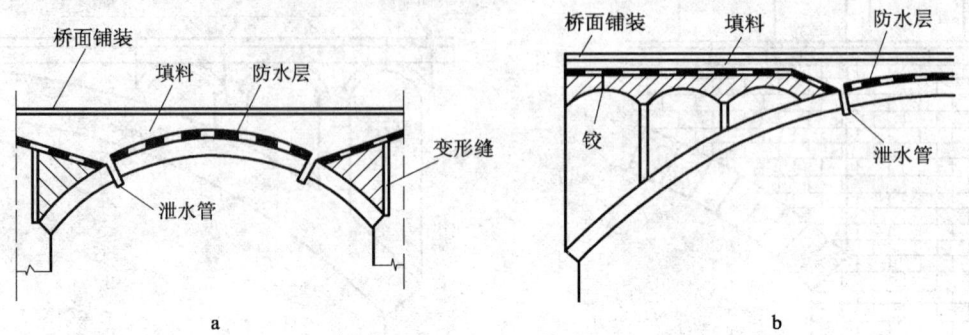

图 3-2-32 防水层与拱腹泄水管的布置

泄水管可以采用铸铁管、混凝土管或陶瓷(瓦)管以及塑料管。泄水管的内径一般为 60～100mm,在严寒地区需适当加大,但宜小于 150mm。泄水管应伸出结构表面 50～100mm,以免雨水顺着结构物的表面流下。为了便于泄水,泄水管尽可能采用直管,并减少管节的长度。在全桥范围内防水层不宜断开,在通过伸缩缝或变形缝处应妥善处理,使其既能防水又可以适应变形。

(四)拱桥中铰的设置

拱桥中需要设置铰的情况有四种:

(1)按两铰拱或三铰拱设计的主拱圈;

(2)按构造要求需要采用两铰拱或三铰拱的腹拱圈;

(3)需设置铰的矮小腹孔墩,即将铰设置在墩上端与顶梁和下端与底梁的连接处;

(4)在施工过程中,为消除或减小主拱圈的部分附加内力,以及需要对主拱圈内力作适当调整时,在拱脚处设置临时铰。

前面三种情况属于永久性拱铰,它必须满足设计要求,并能保证长期正常使用,故对其要求较高,构造较复杂,需要经常养护,费用较高。最后一种是临时性拱铰,一般待施工结束时,就将其封固,故构造较简单,但必须可靠。

常用的拱铰型式有:弧形铰、铅垫铰、平铰、不完全铰和钢铰。

1. 弧形铰(见图 3-2-33a)

它可用石料或钢筋混凝土做成,石铰因加工困难,除在石拱桥应用外,一般不太采用。

2. 铅垫铰(见图 3-2-33b)

它厚度 5～20mm 的铅垫板,外部包以锌、钢薄片做成。

3. 平铰(见图 3-2-33c)

平铰接缝间可用低标号的砂浆填塞,也可用垫衬油毛毡或者直接干砌接头。

4. 钢铰(见图 3-2-33d)

钢铰通常做成理想铰。钢铰除用于少数有铰钢拱桥的永久性铰结构外,更多的用于施工需要的临时铰。

5. 不完全铰(见图 3-2-33e)

它允许在颈缩部分开裂,以释放结构的能量,一般用在腹拱圈上。

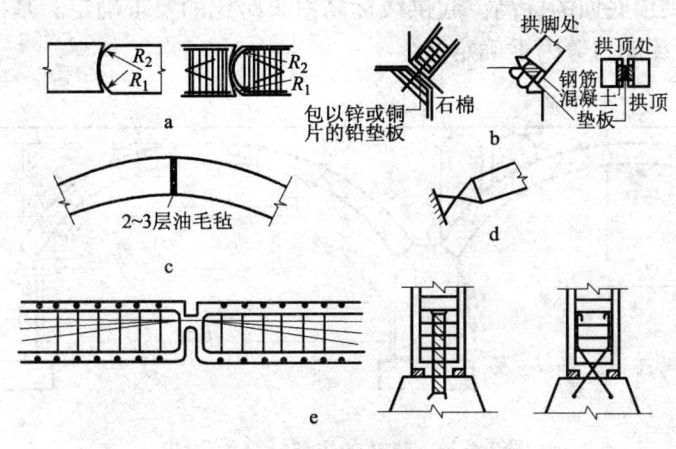

图 3-2-33 拱桥铰的形式

四、拱桥的设计

(一)拱桥的总体布置

拱桥总体布置应包括:拟定结构体系及结构型式;拟定桥梁的长度、跨径、孔数、拱的主要几何尺寸、桥梁的高度、墩台及其基础型式和埋置深度、桥上及桥头引道的纵坡等。

1. 确定桥梁长度及分孔

首先在平、纵、横三个方向综合考虑桥梁与两头路线的衔接,根据泄洪总跨径及其他方面的要求,确定两岸桥台之间的总长度和桥台的位置。

在桥梁全长拟定后,应根据桥址处的通航、地形、地质等情况,结合选用的结构体系、结构型式和施工条件,进一步选择单孔或是多孔。如果采用分孔拱桥,如何进行分孔是总体布置中一个比较重要的问题。对于通航河流,在确定孔数与跨径时,一般分为通航孔和不通航孔两部分。通航孔跨径和通航标高的大小应满足航道等级规定的要求,并与航道部门协商。通航孔的位置多半布置于常水位时的河床最深处或航行最方便的地方;对于航道可能变迁的河流,必须设置几个通航的桥跨;对于不通航孔或非通航河段,桥孔划分可按经济原则考虑。

在分孔时,有时为了避开深水区或不良的地质地段(如软土层、溶洞、岩石破碎带等),可将跨径加大或减小。在水下基础结构复杂、施工困难的地方,为减少基础工程,可考虑采用较大跨径;对跨越高山峡谷、水流湍急的河道,建造大跨径桥梁常常更为经济合理。分孔时,还应考虑施工的方便和可能,通常,全桥宜采用等跨或分组等跨的分孔方案,并尽量采用标准跨径,以便于施工和修复;此外,还需要注意整座桥的造型和美观。

对于跨河桥梁,分孔完成后,应再次检查泄洪总跨径是否满足要求,否则应适当调整墩台位置。

2. 确定桥梁的设计标高和矢跨比

拱桥的标高主要有桥面标高、拱顶底面标高、起拱线标高和基础底面标高,见图 3-2-34。这几项标高的合理确定是拱桥总体布置中的另一个重要问题。

桥面标高一般由两岸线路的纵断面设计所控制。对跨越平原区河流的拱桥,桥面的最小高度一般由桥下净空所控制,还应满足渲泄设计洪水流量或不同航道等级所规定的桥下净空界限的要求。当桥面标高确定之后,由桥面标高减去拱顶处的建筑高度(拱顶填料厚度和主拱圈厚度),就可得到拱顶底面的标高。起拱线标高由矢跨比的要求确定。基础底面的标高应根据冲刷深度、地基承载能力等因素确定。

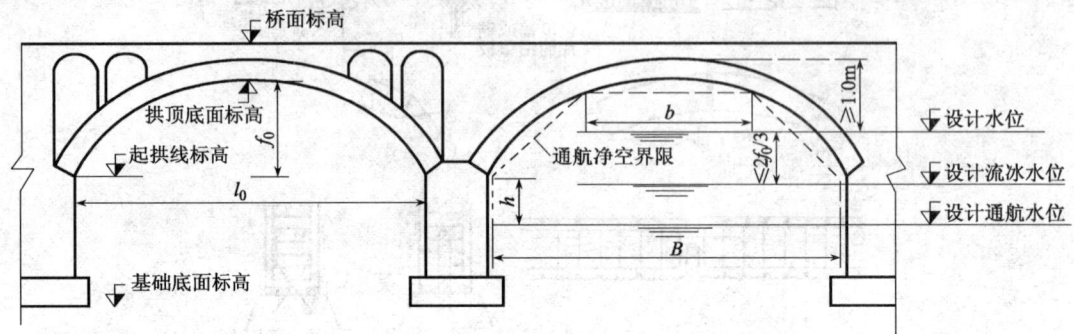

图 3-2-34 拱桥的主要标高示意图

主拱圈矢跨比是拱桥的主要设计参数之一。它不但影响主拱圈内力,还影响拱桥的构造型式和施工方法的选择,应结合上下部结构受力、通航、泄洪等综合因素考虑确定矢跨比。

拱桥的水平推力 H_g 与垂直反力 V_g 的比值,随矢跨比的减小而增大。当矢跨比减小时,拱的推力增大,反之则推力减小。通常,对于砖、石、混凝土板拱桥及双曲拱桥,矢跨比一般为 $1/4 \sim 1/6$,不宜超过 $1/8$;箱形拱桥的矢跨比一般为 $1/6 \sim 1/8$,钢筋混凝土拱桥的矢跨比一般为 $1/6 \sim 1/10$,或者再小一些,但也不宜小于 $1/12$。

(二)不等跨连续拱桥的处理方法

多孔连续拱桥最好选用等跨或分组等跨的分孔方案。当受地形、地质、通航等条件的限制或引桥较长,考虑与桥面纵坡协调一致时,或对桥梁的美观有特殊要求时,可以考虑采用不等跨的分孔,见图 3-2-35。

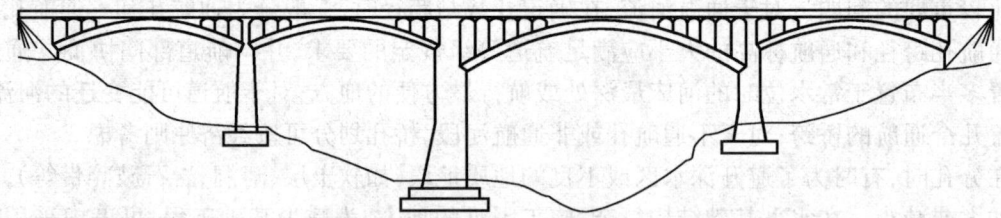

图 3-2-35 不等跨分孔的拱桥桥型图

由于不等跨拱桥相邻孔的恒载推力不相等,使得桥墩和基础增加了恒载的不平衡推力。在采用柔性墩的多孔连续拱桥中,还需考虑恒载不平衡推力产生的连拱作用,使计算和构造复杂。为了减小这个不平衡推力,改善桥墩、基础的受力状况,节省材料和造价,可采用以下措施。

1. 采用不同的矢跨比

利用矢跨比与推力大小成反比的关系,在相邻两孔中,大跨径用较陡的拱(矢跨比较大),小跨径用较坦的拱(矢跨比较小),使两相邻孔在恒载作用下的不平衡推力尽量减小。

2. 采用不同的拱脚标高

由于采用了不同的矢跨比,致使两相邻孔的拱脚标高不在同一水平线上,见图 3-2-36。因此,大跨径孔的矢跨比大,拱脚降低,减小了拱脚水平推力对基底的力臂,这样可使大跨与小跨的恒载水平推力对基底产生的弯矩得到平衡。

3. 调整拱上建筑的恒载重量

当相邻孔的拱脚必须放置在相同(或相接近)的标高位置时,也可调整拱上建筑的重量来减小相邻孔间的不平衡推力。大跨径可用轻质的拱上填料或采用空腹式拱上建筑,小跨径用重质的拱上填料或采用实腹式拱上建筑,用增加小跨径拱的恒载重力来增大恒载的水平推力。

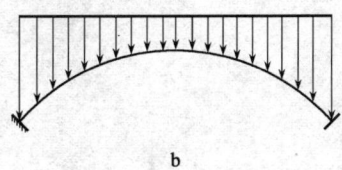

图 3-2-36 大跨与小跨的拱脚标高

4. 采用不同类型的拱跨结构

通常小跨径采用板拱或厚壁箱拱结构,大跨径采用分离式肋拱或薄壁箱拱结构,以减轻大跨径的恒载重量来减小恒载的水平推力。有时,为了进一步减小大跨径拱的恒载水平推力,可以将大跨径部分做成中承式肋拱。

在具体设计时,也可以将以上几种措施同时采用。从美观的角度看,第 4 种方案最优。如果不能达到平衡推力的目的,可加大桥墩和基础的尺寸;或将其做成不对称的形式。

(三)拱轴线的选择和拱上建筑的布置

选择拱轴线时,要尽可能降低由于荷载产生的拱圈内弯矩数值。理想的拱轴线应是在各种荷载作用下拱圈截面只受轴向压力,不受弯矩作用,以充分利用圬工材料的抗压性能。但实际中不可能获得这种拱轴线的,因为拱圈不仅承受恒载,还要受到活载、温度变化和材料弹塑性变形等因素的作用。当恒载压力线与拱轴线吻合时,在活载作用下就很难吻合。公路拱桥的恒载占全部荷载的比重较大,如一座 30m 跨径的双车道公路拱桥,活载大约只是恒载的 20%,随着跨径的增大,恒载所占的比重还将增大。因此,以恒载压力线作为设计拱轴线,可以认为基本上是适宜的。但是,即使仅在恒载作用下,拱圈本身的轴线还将因材料的弹性压缩而变形,致使拱圈的实际压力线与原来设计所采用的拱轴线,仍会发生偏离。因此在拱桥设计时,要选择一条能够使恒载作用下的截面弯矩都为零的拱轴线,也是不可能的。

一般来说,拱桥设计中所选择的拱轴线应满足以下几方面的要求:即尽量减小拱圈截面的弯矩,使得主拱圈在计入弹性压缩、温升温降、混凝土收缩徐变等影响后,各主要截面的应力较为均匀,且最大限度减小截面拉应力,最好是不出现拉应力;对于无支架施工的拱桥,尚应满足各施工阶段的要求,并尽可能少用或不用临时性施工措施,以便于施工。

拱桥常用的拱轴线型有以下几种:

1. 圆弧线

在均布径向荷载作用下(如水压力),拱的合理拱轴线为一圆弧线,见图 3-2-37a。这类拱桥,线型简单,施工方便,但圆弧形拱轴线与恒载压力线偏离较大,使拱圈各截面受

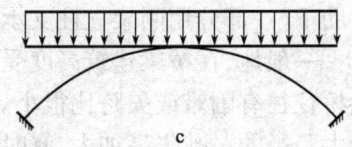

图 3-2-37 拱桥拱轴线型

力不够均匀。因此圆弧线常用于 20m 以下的小跨桥。对于较大跨径的预制装配式钢筋混凝土拱桥，有时为了简化施工，也可采用圆弧形拱轴线。

2. 悬链线

实腹式拱桥的恒载集度，从拱顶向拱脚是均匀增加的(均变荷载)，这种荷载分布图式的拱圈的压力线是一条悬链线，见图 3-2-37b。因此，实腹式拱桥采用悬链线作拱轴线。在恒载作用下，当不计拱圈由恒载弹性压缩产生的影响时，拱圈截面将只承受轴力而无弯矩。

3. 抛物线

在竖向均布荷载作用下，拱的合理拱轴线是二次抛物线，见图 3-2-37c。对于恒载集度比较接近均布的拱桥，往往可以采用二次抛物线作为拱轴线。

在一些大跨径拱桥中，由于拱上建筑布置的特殊性，为了使拱轴线尽可能与恒载压力线相吻合，可采用高次抛物线(如四次或六次抛物线)作为拱轴线，也可采用分段样条函数作为拱轴线，但采用这些拱轴线型计算工作量过大，且施工放样也困难。

综上所述，拱上建筑的型式及其布置，与合理选择拱轴线型有着密切的联系。一般情况下，小跨径拱桥可采用实腹式圆弧拱或实腹式悬链线拱；大、中跨径拱桥可采用空腹式悬链线拱；轻型拱桥或全透空的大跨径拱桥可以采用抛物线拱。

第二节 下承式及中承式钢筋混凝土拱桥的构造

下承式拱桥的桥跨结构是由拱肋、悬吊结构和横向联结系三部分构成。由于车辆在两片拱肋之间行驶，所以，需要用吊杆将纵、横梁系统悬挂于拱肋下，在纵、横梁系统上支承车道板，组成桥面系(行车道，人行道，栏杆等)。桥面系和这些传力构件统称为悬吊结构，见图 3-2-38a、d。

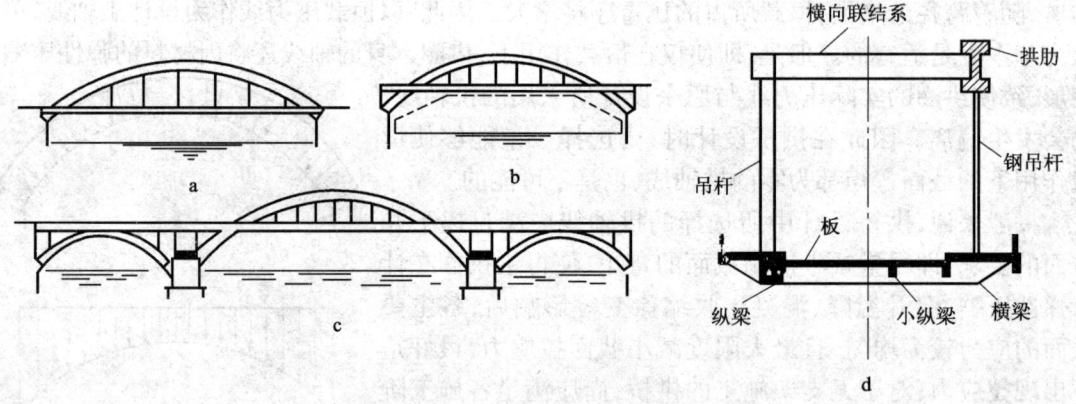

图 3-2-38 下承式和中承式拱桥

中承式拱桥的行车平面位于肋拱矢高的中部，见图 3-2-38b。桥面系一部分用吊杆悬挂在拱肋下，一部分用刚架立柱支承在拱肋上。

一般地，在桥梁建筑高度受到严格限制时考虑下承式或中承式拱桥。此时，若采用上承式拱桥往往有困难或矢跨比很小。在不等跨的拱桥中为了平衡桥墩左右受到的恒载推力，而将较大跨径的一孔矢高加大，有时也采用中承式的拱桥，见图 3-2-38c。采用中下承式的拱桥，除可减小桥梁建筑高度,易于满足桥下净空的要求外,对于改善桥梁两端引道的纵面线性,减小引道工程数量也有好处。

中、下承式拱桥的主要承重构件是两个分离式的钢筋混凝土拱肋,由于行车道布置在两拱肋之间,在相同桥面净宽的条件下,拱肋的间距比上承式拱桥的大。由于两拱肋间距过大,两肋之间设置横向联结系困难,往往将人行道设于吊杆外侧,见图3-2-38d。

中、下承式肋拱的恒载分布比较均匀,拱轴线型一般采用二次抛物线。拱肋的横截面可以采用矩形、工字形或箱形。截面沿拱轴的变化规律可以为等截面或变截面,有时为了增强肋拱的横向刚度和稳定,可将拱脚段的肋宽增大,其截面尺寸的拟定及配筋与上承式肋拱一样。在下承式肋拱中,由于拱铰会降低肋拱的横向刚度及稳定性,一般很少采用有铰拱。肋拱的矢跨比常用范围在 $1/4 \sim 1/7$。

为了保证两片肋拱的横向刚度和稳定,以承受拱肋、桥面及吊杆上的横向水平力,必须在两片拱肋之间设置横向联结系。但是,为了满足桥面以上净空高度的要求,横向联结杆件只容许设置在桥面净空高度范围之外在拱段(对于中承式拱肋,还可以设置在桥面系以下的肋段)。有时,为了满足规定的桥面净空高度要求,而不得不将拱肋矢高加大来设置横向构件。横向构件的尺寸一般比较粗大,高悬在行车道之上,给人以一种压抑感,为了改善这种感觉,在行车道之上可以不设横向构件,而做成敞口桥,见图3-2-39。为了保证肋拱的横向刚度,必须采用刚性吊杆,使得吊杆和横梁形成一个刚性的半框架,给拱肋提供足够刚劲的侧向弹性支承,以承受拱肋上的横向水平力;或者加大拱肋的断面尺寸,使其本身具有足够的横向刚度和稳定。敞口桥用料较大,未普遍推广。横向联结系可做成横撑、对角撑或空格式构造等形式,横撑的宽度不应小于其长度的 $1/15$。

桥面系悬挂在吊杆上,吊杆主要承受拉力。吊杆分刚性吊杆和柔性吊杆两种,刚性吊杆用钢筋混凝土或预应力混凝土制作,柔性吊杆用圆钢制作。使用刚性吊杆可以增强肋拱的横向刚度,但钢材用量较多;使用柔性吊杆可以部分消除拱肋与桥面系之间的互相影响,且节省钢材。如采用刚性吊杆,其两端的钢筋应扣牢在拱肋与横梁中。

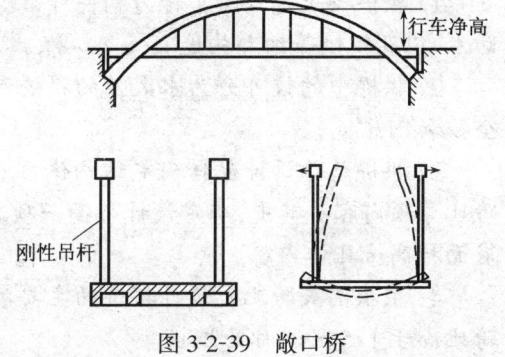

图3-2-39 敞口桥

通常,可以根据构造要求和经济、美观等因素确定吊杆的间距。吊杆的间距即为行车道纵梁的跨长,间距大,吊杆的数目虽少,纵、横梁的用料增加。反之,吊杆数目增加,纵、横梁用料较少。通常,吊杆取相等间距。

行车道系由纵、横梁和车道板组成。车道板上铺装桥面,安设人行道和栏杆等。在布置行车道时,必须注意在适当位置设横向断缝,以避免由于拱肋的变形桥面被拉坏。

在中承式拱桥的行车道系与拱肋交会处,行车道系总是支承在 B 点处的固定横梁上,见图3-2-40a并与拱肋连接在一起。如果在行车道不设断缝,拱肋在外力(包括拱肋和桥面之间温度变化的影响)作用下发生变形时(见图3-2-40b),行车道系将受到附加拉伸,行车道的防水层和混凝土可能被拉裂,因而影响桥梁的耐久性。

行车道系的断缝可设于跨度中部,也可设于边侧。断缝设于跨度中部时,可采用双吊杆和双横梁的形式,将行车道系在横向完全断开,见图3-2-40c;行车道系在水平面内,在断缝处做成企口,如图 3-2-40c 仰视图所示。

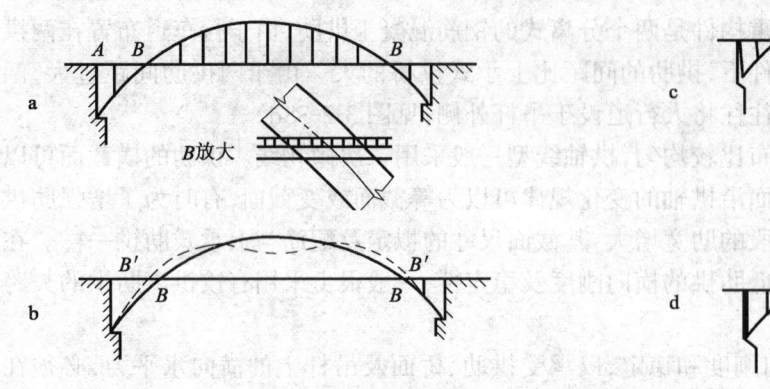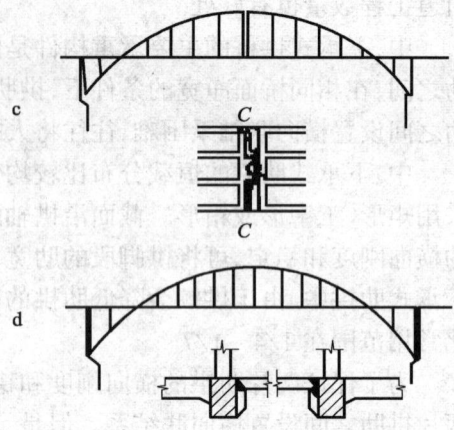

图 3-2-40 中承式拱桥行车道断缝的设置

这种方法在构造上最简单,但双吊杆不太美观。另一种方法,是将中央节间的行车道纵梁做成简支梁或一个小的挂梁形式,其两端分别用活动支座和固定支座直接支承在两边横梁上或特设的托臂上,见图 3-2-40d。这样,在桥面中设置了两条断缝。这种方式,桥的外观比前一种好些。断缝设在跨度边上时,往往可以设在固定横梁上。

本章小结

1. 拱桥拱上建筑除了传力构件外,还有拱上填料、桥面、人行道,伸缩缝与变形缝,排水和防水,以及拱铰等细部构造。

2. 拱桥中的铰可分为永久性的拱铰和临时性拱铰,常用的有:弧形铰、铅垫铰、平铰、不完全铰和钢铰。

3. 拱桥总体设计包括确定结构体系及结构型式,桥梁长度及分孔,桥梁的设计标高和矢跨比等项内容。其中,确定设计标高一项又包括桥面标高、拱顶底面标高、起拱线标高和基础底面标高等具体内容。

4. 主拱圈矢跨比是设计拱桥的主要参数之一。矢跨比大于或等于 1/5 的拱称为陡拱,矢跨比小于 1/5 的拱称为坦拱。

5. 拱桥常用的拱轴线型有圆弧线、悬链线和抛物线,但以悬链线最理想,因为这种拱轴线是与荷载作用下的压力线相吻合,理论上拱圈截面只受轴向压力,而无弯矩作用。

6. 桁架拱桥的上部结构由桁架拱片、横向联结系和桥面组成。

7. 刚架拱桥的上部结构由刚架拱片、横向联结系和桥面等部分组成。

8. 中、下承式拱桥的桥跨结构一般由拱肋、横向联系和悬挂结构三部分组成。

9. 钢管混凝土拱桥由钢管混凝土拱肋、立柱或吊杆、横撑、行车道系和下部构造组成。

思考题

1. 分析板拱桥、肋拱桥、双曲拱桥和箱形拱桥的受力特点和适用范围。
2. 双曲拱桥在施工中是如何实现"化整为零"和"集零为整"? 这样做有何意义?
3. 双曲拱桥主拱圈有哪几部分构造组成? 各部分构造都有何作用?

4. 叙述拱上填料的作用及实腹式拱上建筑的拱背填料做法有哪两种方式?
5. 叙述伸缩缝和变形缝的作用。它们主要设置在什么位置?
6. 空腹式拱上建筑的腹孔墩主要有哪两种形式?
7. 拱桥设计主要确定哪几个标高?
8. 相邻不等跨拱桥为了改善不平衡推力对下部结构不利因素,可采用哪些处理方法?
9. 矢跨比对拱桥的内力及施工会带来哪些影响?

第三章 拱桥的计算

本章重点讲述普通型上承式无铰拱桥的内力计算问题,其余类型的拱桥计算可参考相关著作。

普通型上承式拱桥按多次超静定的空间结构进行计算时,存在有"拱上建筑与主拱的联合作用",为了简化分析,一般偏安全地不予考虑。在横桥方向,不论活载是否作用在桥面中心,在桥梁的横断面上都会出现应力的不均匀分布,这种现象称为"活载的横向分布",但目前我国在设计石拱桥,箱形拱桥及拱上建筑为立墙的双曲拱桥时,一般也不考虑此影响。

第一节 拱轴方程的建立

拱轴方程的建立

(一)实腹式悬链线拱

实腹式悬链线拱采用恒载压力线(不计弹性压缩)作为拱轴线。实腹式拱的恒载包括拱圈、拱上填料和桥面自重,见图 3-3-1a,其分布规律见图 3-3-1b。如图 3-3-1b 所示,在恒载作用下,可根据拱轴线与压力线完全吻合的条件推导出实腹式悬链线拱的拱轴方程。取图 3-3-1 所示的坐标系,设拱轴线为恒载压力线。在恒载作用下,拱顶截面的弯矩 $M_d = 0$,由于对称性,剪力 $Q_d = 0$,于是,拱顶截面仅有恒载推力 H_g。对拱脚截面取矩,则有:

$$H_g = \frac{\sum M_j}{f} \quad (3\text{-}3\text{-}1)$$

式中:$\sum M_j$ ——半拱恒载对拱脚截面的弯矩;
H_g ——拱的恒载水平推力(不考虑弹性压缩);
f ——拱的计算矢高。

对任意截面取矩,可得:$y_1 = \dfrac{M_x}{H_g}$ (3-3-2)

式中:M_x ——任意截面以右的全部恒载对该截面的弯矩值;
y_1 ——以拱顶为坐标原点,拱轴上任意点的纵坐标。

式(3-3-2)即为求算恒载压力线的基本方程。将上式两边对 x 求二阶导数得:

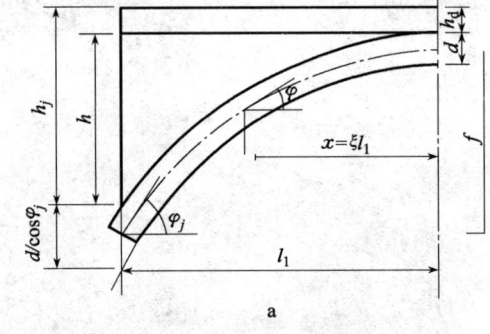

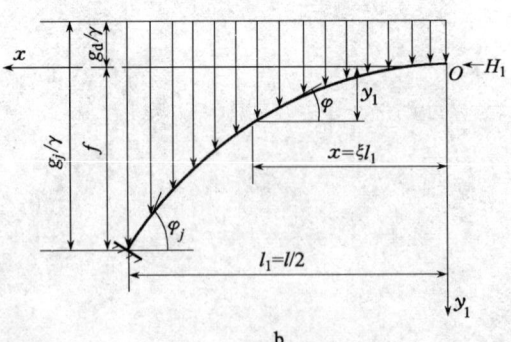

图 3-3-1 悬链线拱轴计算图式

$$\frac{d^2y_1}{dx^2} = \frac{1}{H_g} \cdot \frac{d^2M_x}{dx^2} = \frac{g_x}{H_g} \tag{3-3-3}$$

式(3-3-3)即为求算恒载压力线的基本微分方程式。为了得到拱轴线(即恒载压力线)的一般方程,必须知道恒载的分布规律。

由图 3-3-1b,任意点的恒载集度 g_x 可用下式表示:

$$g_x = g_d + \gamma y_1 \tag{3-3-4}$$

式中:g_d——拱顶处恒载集度;
　　γ——拱上材料单位体积重量。

令:
$$m = \frac{g_j}{g_d} \tag{3-3-5}$$

由式(3-3-4)、式(3-3-5)得:
$$g_j = g_d + \gamma f = mg_d \tag{3-3-6}$$

式中:m——拱轴系数(或称拱轴曲线系数);
　　g_j——拱脚处恒载集度。

由式(3-3-6)得:
$$\gamma = (m-1)\frac{g_d}{f} \tag{3-3-7}$$

将式(3-3-7)代入式(3-3-4)可得:

$$g_x = g_d + (m-1)\frac{g_d}{f}y_1 = g_d\left[1 + (m-1)\frac{y_1}{f}\right] \tag{3-3-8}$$

再将上式代入基本微分方程(3-3-3),引入参数:$x = \xi l_1$,则 $dx = l_1 d\xi$

可得:
$$\frac{d^2y_1}{d\xi^2} = \frac{l_1^2}{H_g}g_d\left[1 + (m-1)\frac{y_1}{f}\right]$$

令:
$$k^2 = \frac{l_1^2 g_d}{H_g f}(m-1) \tag{3-3-9}$$

则:
$$\frac{d^2y_1}{d\xi^2} = \frac{l_1^2 g_d}{H_g} + k^2 y_1 \tag{3-3-10}$$

上式为二阶非齐次常系数线性微分方程。解此方程,则得拱轴线方程为:

$$y_1 = \frac{f}{m-1}(chk\xi - 1) \tag{3-3-11}$$

上式一般称为悬链线方程。

对于拱脚截面:$\xi = 1$,$y_1 = f$,代入式(3-3-11)得:$chk = m$。通常,m 为已知值,则 k 值可由下式求得:

$$k = ch^{-1}m = \ln(m + \sqrt{m^2 - 1}) \tag{3-3-12}$$

当 $m = 1$ 时,则 $g_x = g_d$,表示恒载为均布荷载。将 $m = 1$ 代入式(3-3-9),解式(3-3-10)微分方程后可知,在均布荷载作用下的压力线为二次抛物线,其方程为:

$$y_1 = f\xi^2 \tag{3-3-13}$$

由悬链线方程(3-3-11)可以看出,当拱的矢跨比确定后,拱轴线各点的纵坐标将取决于拱轴系数 m,而 m 则取决于拱脚与拱顶的恒载集度比。为了计算方便,根据不同的 m 值,计算各点

(分半跨拱在水平方向投影为12等分)的拱轴线坐标,并编制表格(表3-3-1)供设计时查用。

下面介绍实腹式悬链线拱拱轴系数的确定。

因为 $m = \dfrac{g_j}{g_d}$,由图3-3-1知,拱顶处恒载集度为:$g_d = h_d \gamma_1 + \gamma d$,在拱脚处 $h_j = h_d + h$,则其恒载集度为:$g_j = h_d \gamma_1 + h \gamma_2 + \dfrac{d}{\cos \varphi_j} \gamma$ (3-3-14)

式中:h_d——拱顶填料厚度,一般为 0.30~0.50m;

d——拱圈厚度;

γ——拱圈材料容重;

γ_1——拱顶填料及路面的平均容重;

γ_2——拱腹填料平均容重;

φ_j——拱脚处拱轴线的水平倾角。

表3-3-1 拱轴坐标 y_1/f 值;$y_1 = [表值] f$

截面号 \ m	1.347	1.543	1.756	1.988	2.240	2.514	2.814	3.142	3.500	3.893	4.324
0	1.00000	1.00000	1.00000	1.00000	1.00000	1.00000	1.00000	1.00000	1.00000	1.00000	1.00000
1	0.83303	0.82933	0.82558	0.82178	0.81793	0.81402	0.81005	0.80602	0.80192	0.79776	0.79352
2	0.68302	0.67722	0.67136	0.66544	0.65946	0.65341	0.64729	0.64110	0.63483	0.62849	0.62206
3	0.54929	0.54261	0.53589	0.52911	0.52228	0.51541	0.50847	0.50148	0.49443	0.48734	0.48004
4	0.43122	0.42457	0.41788	0.41116	0.40442	0.39764	0.39082	0.38397	0.37708	0.37016	0.36320
5	0.32828	0.32227	0.31624	0.31020	0.30414	0.29807	0.29199	0.28589	0.27978	0.27365	0.26751
6	0.24000	0.23500	0.23000	0.22500	0.22000	0.21500	0.21000	0.20500	0.20000	0.19500	0.19000
7	0.16597	0.16216	0.15836	0.15456	0.15077	0.14699	0.14322	0.13945	0.13569	0.13194	0.12820
8	0.10586	0.10325	0.10064	0.09804	0.9546	0.09288	0.09031	0.08775	0.08520	0.08266	0.08013
9	0.05939	0.25784	0.05630	0.05477	0.05324	0.05172	0.05021	0.04871	0.04721	0.04573	0.04425
10	0.02634	0.02563	0.02493	0.02422	0.02352	0.02283	0.02213	0.02145	0.02076	0.02008	0.01941
11	0.00658	0.00640	0.00622	0.00604	0.00586	0.00568	0.00551	0.00533	0.00516	0.00498	0.00481
12	0	0	0	0	0	0	0	0	0	0	0

注:表中 m 值为半级。

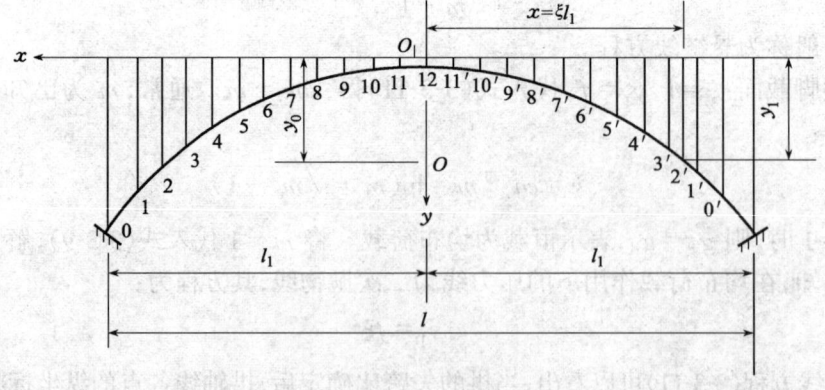

$$h = f + \frac{d}{2} - \frac{d}{2\cos\varphi_j} \tag{3-3-15}$$

由式(3-3-13)和(3-3-14)可以看出,除了 φ_j 为未知数外,其余均为已知数。由于 φ_j 为未知,故不能直接算出 m 值,需用逐次逼近法确定。首先,根据跨径和矢高假定 m 值,由表 3-3-4 查得拱脚处的 $\tan\varphi$,求得 $\cos\varphi$ 值;代入式(3-3-14)求得 g_j 后,再连同 g_d 一起代入式(3-3-5)算得 m 值;然后与假定的 m 值比较,如算得的 m 值与假定的 m 值相符,则假定的 m 值即为真实值;如两者不符,则应以算得的 m 值作为假定值(为了计算的方便,m 值应按表 3-3-1 所列数值假定),重新进行计算,直至两者接近为止。

当拱的跨径和矢高确定之后,悬链线的形状取决于拱轴系数 m,其线型特征可用 $l/4$ 点纵坐标 $y_{l/4}$ 的大小表示(图 3-3-2)。

拱跨 $l/4$ 点的纵坐标 $y_{l/4}$ 与 m 下述关系为:

$$\frac{y_{l/4}}{f} = \frac{1}{m-1}\left(ch\frac{k}{2} - 1\right)$$

$$\because ch\frac{k}{2} = \sqrt{\frac{chk+1}{2}} = \sqrt{\frac{m+1}{2}}$$

$$\therefore \frac{y_{l/4}}{f} = \frac{\sqrt{\frac{m+1}{2}} - 1}{m-1} = \frac{1}{\sqrt{2(m+1)} + 2} \tag{3-3-16}$$

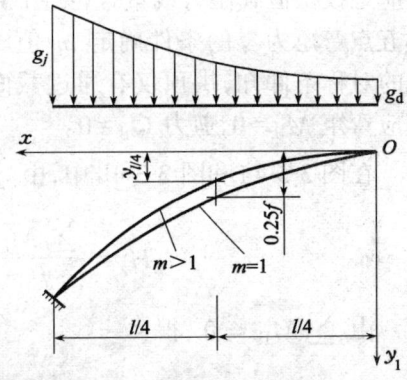

图 3-3-2 拱跨 $l/4$ 点纵坐标与 m 的关系

由上式可见,$y_{l/4}$ 随 m 的增大而减小,随 m 的减小而增大。当 m 增大时,拱轴线抬高;反之,当 m 减小时,拱轴线降低,见图 3-3-2。在一般的悬链线拱桥中,恒载从拱顶向拱脚增加,$g_j > g_d$,因而 $m > 1$。只有在均布荷载作用下,当 $g_j = g_d$ 时,方能出现 $m = 1$ 的情况。由公式(3-3-16)可得,在这种情况下,$y_{l/4} = 0.25f$,见图 3-3-2。g_j、g_d、m 与拱轴线(压力线)坐标的关系如图 3-3-3 所示。$\frac{y_{l/4}}{f}$ 与 m 的对应关系见表 3-3-2。

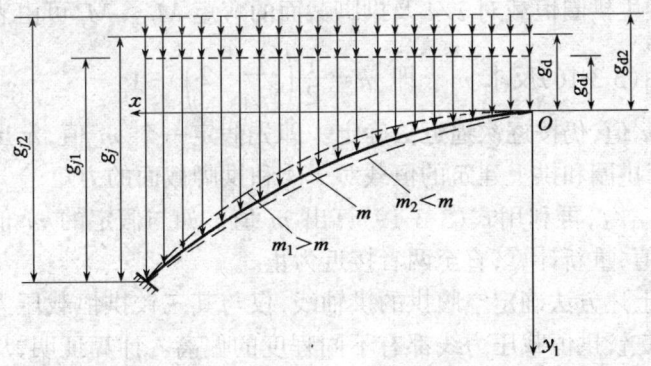

图 3-3-3 g_j、g_d、m 与拱轴线坐标的关系

表 3-3-2 拱轴系数 m 与 $\frac{y_{l/4}}{f}$ 的关系表

m	1.000	1.167	1.347	1.543	1.765	1.988	2.240	2.514	2.814	3.142	3.500	……	5.321
$y_{l/4}/f$	0.250	0.245	0.240	0.235	0.230	0.225	0.220	0.215	0.210	0.205	0.200	……	0.180

(二)空腹式悬链线拱

空腹式拱桥中,桥跨结构承受的恒载可视为由两部分组成:主拱圈与实腹段自重的分布力,以及空腹部分通过腹孔墩传下的集中力,见图3-3-4a。由于集中力的存在,桥拱的恒载压力线是一条在集中力下有转折的曲线,不是悬链线,甚至不是一条光滑的曲线。在设计空腹式拱桥时,由于悬链线拱的受力情况较好,又具有完整的计算表格可供利用,亦多用悬链线作为拱轴线。为使悬链线拱轴线与其恒载压力线接近,一般采用"五点重合法"确定悬链线拱轴线的 m 值,即要求拱轴线在全拱有五点(拱顶、两点 $l/4$ 和两拱脚)与其相应三铰拱恒载压力线重合,见图3-3-4b。由此,可根据上述五点弯矩为零的条件确定 m 值。由拱顶弯矩为零及恒载的对称条件知,拱顶仅有通过截面重心的恒载推力 H_g,相应弯矩 $M_d=0$,剪力 $Q_d=0$。

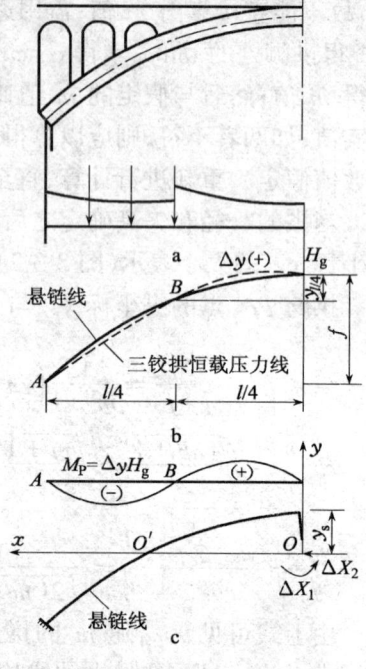

图 3-3-4 空腹式悬链线拱轴计算图式

在图3-3-4a和图3-3-4b中,由 $\sum M_A = 0$,得

$$H_g = \frac{\sum M_j}{f} \qquad (3\text{-}3\text{-}17)$$

由 $\sum M_B = 0$,得

$$H_g y_{l/4} - \sum M_{l/4} = 0 \quad 和 \quad H_g = \frac{\sum M_{l/4}}{y_{l/4}}$$

将式(3-3-17)代入上式,可得:$\dfrac{y_{l/4}}{f} = \dfrac{\sum M_{l/4}}{\sum M_j}$ (3-3-18)

式中:$\sum M_j$ ——半拱恒载对拱脚截面的弯矩;

$\sum M_{l/4}$ ——拱顶至拱跨 $l/4$ 点区域的恒载对 $l/4$ 截面的弯矩。

等截面悬链线拱主拱圈恒载对 $l/4$ 及拱脚截面的弯矩 $M_{l/4}$、M_j 可由表3-3-3查得。

求得 $\dfrac{y_{l/4}}{f}$ 后,可由(3-3-16)反求 m。即 $m = \dfrac{1}{2}\left(\dfrac{f}{y_{l/4}} - 2\right)^2 - 1$ (3-3-19)

空腹式拱桥的 m 值,仍按逐次逼近法确定。即先假定一个 m 值,定出拱轴线,作图布置拱上建筑;然后,计算拱圈和拱上建筑的恒载对 $l/4$ 和拱脚截面的力矩 $\sum M_{l/4}$ 和 $\sum M_j$,根据式(3-3-18)求出 $y_{l/4}/f$,再利用式(3-3-19)算出 m 值。如与假定的 m 值不符,则应以求得的 m 值作为新假定值,重新计算,直至两者接近为止。

应当注意,采用上述方法确定空腹拱的拱轴线,仅与其三铰拱恒载压力线保持五点重合,其他截面,拱轴线与三铰拱恒载压力线都有不同程度的偏离。计算证明,从拱顶到 $l/4$ 点,一般压力线在拱轴线之上;从 $l/4$ 点到拱脚,压力线则大多在拱轴线之下。拱轴线与相应三铰拱恒载压力线的偏离类似于一个正弦波,见图3-3-4b。

压力线与拱轴线的偏离将在拱中产生附加内力。对于静定三铰拱,各截面的偏离弯矩值 M_p 可用三铰拱压力线与拱轴线在该截面的偏离值 Δy 表示($M_p = H_p \cdot \Delta y$);对于无铰拱,偏离弯矩的大小不能以三铰拱压力线与拱轴线的偏离值表示,应以该偏离值 M_p 作为荷载,算出无铰拱的偏离弯矩值。

表 3-3-3　等截面悬链线主拱圈重力及其对拱脚力矩(M_j)和 $l/4$ 点力矩 $M_{l/4}$

f/l	m / x	1.347	1.543	1.756	1.988	2.240	2.514	2.814	3.142	3.500
1/5	p_j	0.54996	0.55040	0.55086	0.55134	0.55184	0.55235	0.55288	0.55342	0.55399
	M_j	0.52463	0.52435	0.52408	0.52381	0.52354	0.52328	0.52303	0.52278	0.52253
	$P_{l/4}$	0.25605	0.25582	0.25559	0.25537	0.25516	0.25494	0.25473	0.25453	0.25433
	$M_{l/4}$	0.12651	0.12644	0.12638	0.12631	0.12625	0.12619	0.12614	0.12608	0.12603
1/6	p_j	0.53553	0.53587	0.53623	0.53659	0.53697	0.53736	0.53777	0.53819	0.53863
	M_j	0.51738	0.51719	0.51700	0.51682	0.51664	0.51646	0.51629	0.51611	0.51595
	$P_{l/4}$	0.25423	0.25406	0.25391	0.25357	0.25360	0.25345	0.25331	0.25316	0.25302
	$M_{l/4}$	0.12605	0.12600	0.12596	0.12592	0.12587	0.12583	0.12579	0.12575	0.12571
1/7	P_1	0.52051	0.52073	0.52095	0.52118	0.52142	0.52166	0.52192	0.52219	0.52246
	M_1	0.50995	0.50984	0.50974	0.50964	0.50954	0.50944	0.50934	0.50925	0.50916
	$P_{l/4}$	0.25239	0.25230	0.25221	0.25212	0.25204	0.25195	0.25187	0.25179	0.25171
	$M_{l/4}$	0.12559	0.12557	0.12554	0.12552	0.12549	0.12547	0.12545	0.12542	0.12540

注：$P = A\gamma L$ [表值]；$M_1 = \dfrac{A\gamma L^2}{4} \times$ [表值]；$M_{l/4} = \dfrac{A\gamma L^2}{4} \times$ [表值]；γ-拱圈材料容重；L-计算跨径；A-拱圈截面面积。

荷载作用在基本结构上引起弹性中心的赘余力为：

$$\Delta X_1 = \frac{\Delta_{1p}}{\delta_{11}} = \frac{\int_s \dfrac{\overline{M}_1 M_p}{EI} ds}{\int_s \dfrac{\overline{M}_1^2}{EI} ds} = -\frac{\int_s \dfrac{M_p}{I} ds}{\int_s \dfrac{ds}{I}} = -H_g \frac{\int_s \dfrac{\Delta y}{I} ds}{\int_s \dfrac{ds}{I}} \tag{3-3-20}$$

$$\Delta X_2 = -\frac{\Delta_{2p}}{\delta_{22}} = \frac{\int_s \dfrac{\overline{M}_2 M_p}{EI} ds}{\int_s \dfrac{\overline{M}_2^2}{EI} ds} = H_g \frac{\int_s \dfrac{y \Delta y}{I} ds}{\int_s \dfrac{y^2 ds}{I}} \tag{3-3-21}$$

式中：M_p——三铰拱恒载压力线偏离拱轴线所产生的弯矩，$M_p = H_g \cdot \Delta y$；$\overline{M}_1 = 1$；$\overline{M}_2 = -y$；

Δy——三铰拱恒载压力线与拱轴线的偏离值（图 3-3-4b）。

如图 3-3-4b 所示，Δy 有正有负，沿全拱积分 $\int_s \dfrac{\Delta y ds}{I}$ 的数值不大，由式(3-3-20)得知，ΔX_1 数值较小。若 $\int_s \dfrac{\Delta y ds}{I} = 0$，则 $\Delta X_1 = 0$。

由计算得知，由式(3-3-21)决定的 ΔX_2 恒为正值（压力）。任意截面之偏离弯矩（图 3-3-4c）为：

$$\Delta M = \Delta X_1 - \Delta X_2 \cdot y + M_p \tag{3-3-22}$$

式中：y——以弹性中心为原点（向上为正）的拱轴纵坐标。

对于拱顶、拱脚截面，$M_p=0$，偏离弯矩为：
$$\left.\begin{array}{l}\Delta M_d = \Delta X_1 - \Delta X_2 \cdot y_s < 0 \\ \Delta M_j = \Delta X_1 + \Delta X_2(f-y_s) > 0\end{array}\right\} \quad (3\text{-}3\text{-}23)$$

式中：y_s——弹性中心至拱顶之距离。

对于采用"五点重合法"确定的拱轴线与相应三铰拱的恒载压力线在拱顶、两 $l/4$ 点和两拱脚五点重合，而与无铰拱的恒载压力线（简称恒载压力线）实际上并不存在五点重合的关系。由式(3-3-23)可见，由于拱轴线与恒载压力线有偏离，在拱顶、拱脚都产生了偏离弯矩。研究证明，拱顶的偏离弯矩 ΔM_d 为负，而拱脚的偏离弯矩 ΔM_j 为正，恰好与这两截面控制弯矩的符号相反。这一事实说明，在空腹式拱桥中，用"五点重合法"确定的悬链线拱轴，偏离弯矩对拱顶、拱脚都是有利的。因而，空腹式无铰拱的拱轴线，用悬链线比用恒载压力线更加合理。

（三）拱轴线的水平倾角 φ

将式(3-3-11)对 ξ 取导数得：
$$\frac{dy_1}{d\xi} = \frac{fk}{m-1}shk\xi \quad (3\text{-}3\text{-}24)$$

$$\therefore \tan\varphi = \frac{dy_1}{dx} = \frac{dy_1}{l_1 d\xi} = \frac{2dy_1}{ld\xi}$$

将式(3-3-24)代入上式得：
$$\tan\varphi = \frac{2fk \cdot shk\xi}{l(m-1)} = \eta shk\xi \quad (3\text{-}3\text{-}25)$$

式中：$\eta = \dfrac{2kf}{l(m-1)}$。

由上式可见，拱轴水平倾角与拱轴系数 m 有关。拱轴线上各点的水平倾角 $tg\varphi$ 值，可直接由表 3-3-4 查出。

表 3-3-4　拱轴斜度 $1000/\tan\varphi/f$ 值；$\tan\varphi = [\text{表值}]f/100l$

截面号 \ m	1.347	1.543	1.756	1.988	2.240	2.514	2.814	3.142	3.500
0	4216.8	428.0	4441.1	1556.2	4673.3	4792.7	4914.3	5038.4	5164.9
1	3800.9	3868.9	3937.5	4006.7	4076.6	4147.2	4218.5	4290.5	4363.3
2	3402.3	3436.7	3470.9	3505.1	3539.2	3573.1	3606.9	3640.6	3674.2
3	3019.3	3028.4	3037.0	3045.3	3053.1	3060.5	3067.4	3073.8	3079.8
4	2650.0	2641.1	2631.7	2621.8	2611.4	2600.6	2589.0	2577.3	2564.8
5	2292.9	2272.2	2251.0	2229.5	2207.7	2185.4	2162.7	2139.5	2115.9
6	1946.2	1919.0	1891.6	1863.9	1836.0	1807.8	1779.3	1750.6	1721.6
7	1608.5	1579.2	1549.9	1520.5	1490.9	1461.3	1431.5	1404.7	1371.4
8	1278.0	1250.4	1222.8	1195.2	1167.6	1140.0	1112.4	1084.8	1057.2
9	953.5	930.3	907.2	884.1	861.1	838.2	815.4	792.6	769.9
10	633.2	616.6	600.1	583.6	567.2	550.9	534.7	518.6	502.5
11	315.9	307.2	298.6	290.1	281.6	273.1	264.7	256.4	248.1
12	0	0	0	0	0	0	0	0	0

（四）悬链线无铰拱的弹性中心

在计算无铰拱的恒载、活载、温度变化、混凝土收缩和拱脚变位等内力时，为了简化计算，常利用拱的弹性中心概念,目的是将求解三个赘余力的联立方程的问题解耦,从而变为解三个独立的一元一次方程的问题。

如图 3-3-5 所示,在荷载作用下,以半拱悬臂为基本结构,在拱顶处会产生三个赘余力 X_1、X_2、X_3,典型方程为:

$$\left.\begin{array}{l}\delta_{11}X_1+\delta_{12}X_2+\delta_{13}X_3+\Delta_{1p}=0\\ \delta_{21}X_1+\delta_{22}X_2+\delta_{23}X_3+\Delta_{2p}=0\\ \delta_{31}X_1+\delta_{32}X_2+\delta_{33}X_3+\Delta_{3p}=0\end{array}\right\} \quad (3\text{-}3\text{-}26)$$

赘余力中弯矩 X_1 和轴力 X_2 是正对称的,剪力 X_3 是反对称的,故知副系数:$\left.\begin{array}{l}\delta_{13}=\delta_{31}=0\\ \delta_{23}=\delta_{32}=0\end{array}\right\}$

但仍有 $\delta_{12}=\delta_{21}\neq 0$。如果能设法使 $\delta_{12}=\delta_{21}$ 也等于零,则典型方程中的全部副系数都为零,则求解联立方程的问题变为解三个独立的一元一次方程的问题,从而简化计算。

对于对称拱,弹性中心在对称轴上,其基本结构的取法有两种:图 3-3-6a 为以悬臂曲梁为基本结构,图 3-3-6b 为以简支曲梁为基本结构。

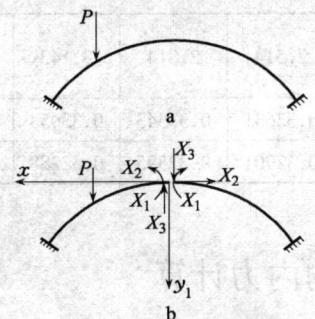

图 3-3-5 无铰拱的赘余力

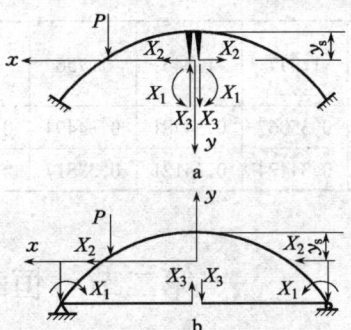

图 3-3-6 拱的弹性中心

以悬臂曲梁为基本结构(图 3-3-6a)时,作用于弹性中心的三个赘余力以单位力分别作用时引起的内力为:

$$\begin{array}{l}\overline{M}_1=1,\overline{Q}_1=0,\quad \overline{N}_1=0\\ \overline{M}_2=y,\overline{Q}_2=-\sin\varphi,\overline{N}_2=\cos\varphi\\ \overline{M}_3=x,\overline{Q}_3=\cos\varphi,\quad \overline{N}_3=\sin\varphi\end{array} \quad (3\text{-}3\text{-}27)$$

x 轴向左为正,y 轴向下为正,弯矩以使拱下缘受拉为正,剪力以绕隔离体逆时针方向转动为正,轴力以压力为正,上式中 φ 在右半拱取正,左半拱取负,因此:

$$\delta_{12}=\delta_{21}=\int_s\frac{\overline{M}_1\cdot\overline{M}_2 ds}{EI}+\int_s\frac{\overline{N}_1\cdot\overline{N}_2 ds}{EA}+\int_s k\frac{\overline{Q}_1\cdot\overline{Q}_2 ds}{GA}$$

$$=\int_s\frac{\overline{M}_1\cdot\overline{M}_2 ds}{EI}+0+0$$

$$=\int_s y\frac{ds}{EI}=\int_s(y_1-\acute{y}_s)\frac{ds}{EI}=\int_s y_1\frac{ds}{EI}-\int_s y_s\frac{ds}{EI}$$

令:$\delta_{12}=\delta_{21}=0$,便可得到弹性中心距拱顶之距离为:$y_s=\dfrac{\int_s\dfrac{y_1 ds}{EI}}{\int_s\dfrac{ds}{EI}} \quad (3\text{-}3\text{-}28)$

式中:$y_1=\dfrac{f}{m-1}(chk\xi-1)$;

$$ds = \frac{dx}{\cos\varphi} = \frac{l}{2} \cdot \frac{1}{\cos\varphi} d\xi$$

其中，
$$\cos\varphi = \frac{1}{\sqrt{1+\tan^2\varphi}} = \frac{1}{\sqrt{1+\eta^2 sh^2 k\xi}}$$

则：
$$ds = \frac{1}{2}\sqrt{1+\eta^2 sh^2 k\xi}\, d\xi \tag{3-3-29}$$

将 y_1 及 ds 代入式(3-3-28)，并注意到等截面拱中 I 为常数，则：

$$y_s = \frac{\int_s y_1 ds}{\int_s ds} = \frac{f}{m-1} \cdot \frac{\int_0^1 (chk\xi - 1)\sqrt{1+\eta^2 sh^2 k\xi}\, d\xi}{\int_0^1 \sqrt{1+\eta^2 sh^2 k\xi}\, d\xi} = \alpha_1 \cdot f \tag{3-3-30}$$

系数 α_1 可由表 3-3-5 查得。

表 3-3-5　弹性中心位置 y_s/f 值；$y_s = [\text{表值}(\alpha_1)]f$

f/l \ η	1.347	1.543	1.756	1.988	2.240	2.514	2.814	3.142	3.500
1/5	0.35067	0.34781	0.34494	0.34207	0.33919	0.33631	0.33343	0.33054	0.32765
1/6	0.34424	0.34121	0.33817	0.33512	0.33207	0.32901	0.32595	0.32288	0.31981

第二节　恒载作用下拱的内力计算

当采用恒载压力线作拱轴线，不考虑拱圈变形的影响时，拱圈各截面的恒载内力只有轴向压力，拱圈处于纯压状态。实际上，在恒载作用下拱圈会产生弹性压缩，使拱轴长度缩短。由于无铰拱是超静定结构，它将会在拱中产生附加内力。但是，在设计中，为了计算的方便，往往将恒载内力分为两部分，即不考虑弹性压缩影响的内力和因弹性压缩引起的内力。然后将两者相加，便得到恒载作用下的总内力。

一、不考虑弹性压缩的恒载内力

1. 实腹拱

如前所述，实腹式悬链线拱的拱轴线与恒载压力线完全吻合，因此，在恒载作用下，拱圈任何截面上都只存在轴向压力。此时，拱中的内力，可按纯压拱的公式计算。

由公式(3-3-9)
$$k^2 = \frac{l_1^2 g_d}{H_g \cdot f}(m-1)$$

可得恒载水平推力为：
$$H_g = \frac{m-1}{4k^2} \times \frac{g_d l^2}{f} = k_g \frac{g_d l^2}{f} \tag{3-3-31}$$

式中：
$$k_g = \frac{m-1}{4k^2}$$

在恒载作用下，拱脚的竖向反力为半拱的恒载重量，即：$V_g = \int_0^{l_1} g_x dx = \int_0^1 g_x l_1 d\xi$

将公式(3-3-8)、式(3-3-11)代入上式积分得：

$$V_g = \frac{\sqrt{m^2-1}}{2[\ln(m+\sqrt{m^2-1})]} g_d l = k'_g g_d l \qquad (3\text{-}3\text{-}32)$$

式中：$k'_g = \dfrac{\sqrt{m^2-1}}{2[\ln(m+\sqrt{m^2-1})]}$

系数 k_g、k'_g 可自表 3-3-6 查得。

表 3-3-6　结构重力产生的水平推力系数 k_g 和垂直反力系数 k'_g

m	1.347	1.543	1.756	1.988	2.240	2.514	2.814	3.142	3.500
k_g	0.13200	0.13577	0.13974	0.14392	0.14834	0.15300	0.15793	0.16315	0.16869
k'_g	0.55663	0.58762	0.62060	0.65574	0.69323	0.73327	0.77611	0.82201	0.87126

由于恒载弯矩和剪力均为零，拱圈各截面的轴向力 N 按下式计算：$N = \dfrac{H_g}{\cos\varphi}$ （3-3-33）

2．空腹拱

对于由于拱轴线与恒载压力线有偏离，拱顶、拱脚和 $l/4$ 点均有恒载弯矩。在设计时，为了简化计算，空腹式无铰拱桥的恒载内力又可分为两部分，先不考虑偏离的影响，将拱轴线视为与恒载压力线完全吻合，然后再考虑偏离的影响，计算由偏离引起的恒内力，两者叠加，即得空腹式无铰拱不考虑弹性压缩时的恒载内力。

当不考虑偏离的影响时，空腹拱的恒载内力亦按纯压拱计算。此时，拱的恒载推力 H_g 和拱脚竖向反力 V_g，可直接由静力平衡条件写出：$H_g = \dfrac{\sum M_j}{f}$，$V_g = \sum P$（半拱恒载重）

因为，此时拱中的弯矩和剪力均为零，轴力可由下式计算：$N = \dfrac{H_g}{\cos\varphi}$

在设计中、小跨径的空腹式拱桥时，可偏安全地不考虑偏离弯矩的影响。大跨径空腹式拱桥，恒载压力线与拱轴线的偏离一般比中、小跨径大，恒载偏离弯矩是一种可供利用的有利因素。此时，应当计入偏离弯矩的影响。

二、弹性压缩引起的内力

在恒载轴力作用下，拱圈的弹性压缩表现为拱轴长度的缩短。拱圈的这种变形，会在拱中产生相应的内力。取悬臂曲梁为基本结构，弹性压缩会使拱轴在跨径方向缩短 Δl。由于实际结构中，拱顶并没有相对水平变位，则在弹性中心必有一个水平拉力 S，使拱顶的相对水平变位变为零，见图 3-3-7a。

弹性压缩产生的赘余力 S，可由拱顶的变形协调条件求得，即：$S\delta'_{22} - \Delta l = 0$

$$\therefore\ S = \frac{\Delta l}{\delta'_{22}} \qquad (3\text{-}3\text{-}34)$$

如图 3-3-7b 所示，从拱中取出一微段 ds，则 $dx = ds \cdot \cos\varphi$，在轴向力 N 作用下缩短 Δds，其水平分量为 $\Delta dx =$

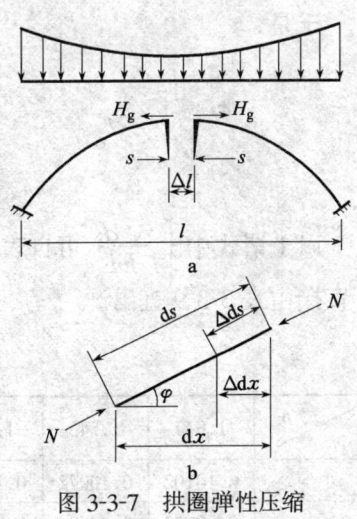

图 3-3-7　拱圈弹性压缩

$\Delta ds \cdot \cos\varphi$，则整个拱轴缩短的水平分量为：

$$\Delta l = \int_0^l \Delta dx = \int_s \Delta ds \cdot \cos\varphi = \int_a \frac{Nds}{EA} \cos\varphi \qquad (3\text{-}3\text{-}35)$$

将式(3-3-33)代入上式得：$\Delta l = \int_0^l \frac{H_g dx}{EA \cdot \cos\varphi} = H_g \int_0^l \frac{dx}{EA \cdot \cos\varphi} \qquad (3\text{-}3\text{-}36)$

当考虑轴向力影响时，由单位水平力作用在弹性中心产生的水平位移为：

$$\delta'_{22} = \int_s \frac{\overline{M_2^2} ds}{EI} + \int_s \frac{\overline{N_2^2} ds}{EA} = \int_s \frac{y^2 ds}{EI} + \int_s \frac{\cos^2\varphi ds}{EA} = (1+\mu)\int_s \frac{y^2 ds}{EI} \qquad (3\text{-}3\text{-}37)$$

式中：
$$\mu = \frac{\int_s \frac{\cos^2\varphi ds}{EA}}{\int_s \frac{y^2 ds}{EI}} \qquad (3\text{-}3\text{-}38)$$

将式(3-3-36)和式(3-3-37)代入式(3-3-34)整理得：

$$S = H_g \frac{1}{1+\mu} \cdot \frac{\int_0^l \frac{dx}{EA\cos\varphi}}{\int_s \frac{y^2 ds}{EI}} = H_g \cdot \frac{\mu_1}{1+\mu} \qquad (3\text{-}3\text{-}39)$$

式中：
$$\mu_1 = \frac{\int_0^l \frac{dx}{EA\cos\varphi}}{\int_s \frac{y^2 ds}{EI}} \qquad (3\text{-}3\text{-}40)$$

为了便于制表计算，对于等截面拱，可将式(3-3-38)、式(3-3-40)的分子项改写为：

$$\int_s \frac{\cos^2\varphi ds}{EA} = \frac{l}{EA} \int_0^l \cos\varphi \frac{dx}{l} = \frac{l}{EA} \int_0^1 \frac{d\xi}{\sqrt{1+\eta^2 sh^2 k\xi}} = \frac{l}{E\nu A} \qquad (3\text{-}3\text{-}41)$$

$$\int_s \frac{ds}{EA\cos\varphi} = \frac{l}{EA} \int_0^l \frac{1}{\cos\varphi} \cdot \frac{dx}{l} = \frac{l}{EA} \int_0^1 \sqrt{1+\eta^2 sh^2 k\xi} d\xi = \frac{l}{E\nu_1 A} \qquad (3\text{-}3\text{-}42)$$

于是，
$$\nu = \frac{1}{EuA \int_s \frac{y^2 ds}{EI}} \qquad (3\text{-}3\text{-}43)$$

$$\nu_1 = \frac{1}{Eu_1 A \int_s \frac{y^2 ds}{EI}} \qquad (3\text{-}3\text{-}44)$$

以上诸式中 $\int_s \frac{y^2 ds}{EI}$ 可自表 3-3-7 查得，ν_1、ν 可自表 3-3-8 查得。等截面拱的 μ_1 和 μ，也可直接由表 3-3-9 查出。

表 3-3-7 $\quad \int_s \frac{y^2 ds}{EI} = [表值] \times \frac{lf^2}{EI}$

m \ f/l	1.347	1.543	1.756	1.998	2.240	2.514	2.814	3.142	3.500
1/5	0.10102	0.10072	0.10043	0.10015	0.0998	0.09962	0.09937	0.09914	0.09891
1/6	0.09733	0.09694	0.09656	0.09618	0.09582	0.09546	0.09512	0.09478	0.09445

表 3-3-8 $1/v$ 值和 $1/v_1$ 值

系数	f＼n	1.347	1.543	1.756	1.988	2.240	2.514	2.814	3.142	3.500
$\dfrac{1}{v}$	1/5	0.91512	0.91475	0.91438	0.91400	0.91362	0.91323	0.91284	0.91244	0.91205
	1/6	0.93700	0.93663	0.93625	0.93586	0.93546	0.93506	0.93465	0.93423	0.93381
$\dfrac{1}{v_1}$	1/5	1.09992	1.10081	1.10173	1.10268	1.10367	1.10470	1.10575	1.10684	1.10797
	1/6	1.07107	1.07175	1.07245	1.07318	1.07394	1.07473	1.07554	1.07638	1.07725

表 3-3-9 拱桥手册 μ、$\mu_1 = [\text{表值}] \times \left(\dfrac{r}{f}\right)^2$

f＼m	0.167	1.347	1.543	1.756	1.988	2.240	2.514	2.814	3.142	3.500	3.893	4.324
μ 1/5	9.03147	9.05878	9.08221	9.10477	9.12644	9.14719	9.16703	9.18594	9.20390	9.22091	9.23697	9.25204
1/6	9.59186	9.62742	9.66232	9.69654	9.73007	9.76290	9.79500	9.82636	9.85697	9.88682	9.91589	9.94416
μ_1 1/5	10.8461	10.8881	10.9295	10.9703	11.0105	11.0501	11.0890	11.1272	11.1648	11.2017	11.2379	11.2734
1/6	10.9533	11.0049	11.0562	11.1072	11.1578	11.2081	11.2581	11.3076	11.3568	11.4056	11.4540	11.5019

$r^2 = \dfrac{I}{A}$ 截面回转半径；I——截面惯性矩；A——截面面积。

公路砖石及混凝土桥涵规范(JTJ 022—85)规定，对于砖石及混凝土的拱圈结构，在下列情况下，设计时可不计弹性压缩的影响：

1) $l \leqslant 30\text{m}$，$\dfrac{f}{l} \geqslant 1/3$；

2) $l \leqslant 20\text{m}$，$\dfrac{f}{l} \geqslant 1/4$；

3) $l \leqslant 10\text{m}$，$\dfrac{f}{l} \geqslant 1/5$。

三、恒载作用下拱圈各截面的总内力

在拱桥计算中，拱中内力的符号采用下述规定：拱中弯矩以使拱圈下缘受拉为正，轴向力则使拱圈受压为正。图 3-3-8 中所示的 M、N、Q 均为正。

当不考虑空腹拱恒载压力线偏离拱轴线的影响时，拱圈各截面的恒载内力为：不考虑弹性压缩的恒载内力(仅有按式(3-3-33)计算的轴向力 N)和弹性压缩产生的内力(图 3-3-8)。

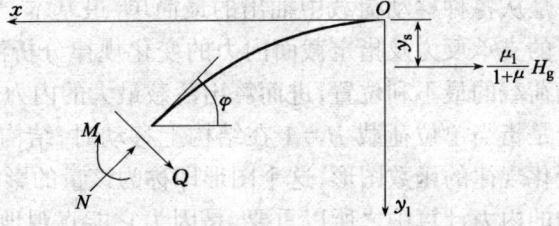

图 3-3-8 弹性压缩产生的内力

轴向力： $$N = \dfrac{H_g}{\cos\varphi} - \dfrac{\mu_1}{1+\mu} H_g \cos\varphi \tag{3-3-45}$$

弯矩：
$$M = \frac{\mu_1}{1+\mu} H_g (y_s - y_1) \tag{3-3-46}$$

剪力：
$$Q = \pm \frac{\mu_1}{1+\mu} H_g \sin\varphi \tag{3-3-47}$$

(上式中，上边符号适用于左半拱，下边符号适用于右半拱)

由以上各式可见，考虑恒载弹性压缩后，拱中即有恒载弯矩和剪力，这就说明，不论是空腹式拱还是实腹式拱，考虑弹性压缩后的恒载压力线，将无法与拱轴线重合。

按式(3-3-20)、式(3-3-22)计入偏离的影响之后，截面的恒载总内力为：

$$\left.\begin{array}{l} N = \dfrac{H_g}{\cos\varphi} + \Delta X_2 \cos\varphi - \dfrac{\mu_1}{1+\mu}(H_g + \Delta X_2)\cos\varphi \\[2mm] M = \dfrac{\mu_1}{1+\mu}(H_g + \Delta X_2)(y_s - y_1) + \Delta M \\[2mm] Q = \mp \dfrac{\mu_1}{1+\mu}(H_g + \Delta X_2)\sin\varphi \pm \Delta X_2 \sin\varphi \end{array}\right\} \tag{3-3-48}$$

上式中的 ΔX_2、ΔM 按式(3-3-21)、式(3-3-22)计算。

第三节　影响线及活载作用下拱圈内力计算

汽车和人群等通过桥上的移动荷载，称为桥梁的活载。计算活载对桥梁所产生的最大内力，可将活载按最不利位置布置在桥梁的活载内力影响线上进行计算。因此，内力影响线是计算桥梁结构活载内力的重要图形。本节将介绍影响线的概念、绘制的方法，以及运用影响线来求出无铰拱在活载作用下的最大内力。

一、无铰拱内力影响线

影响线的概念和绘制

在移动荷载作用下，结构的支承反力、截面内力和位移将随荷载的移动而变化，与结构控制截面相应的最大内力位置，称为最不利位置。移动荷载的最不利位置，既与所求的支承反力和内力有关，又与移动荷载的类型有关。倘若用静力平衡条件来判定，就需要作繁杂的计算比较后才能知道，而应用线则可以简捷地确定最不利荷载位置及相应的内力。

移动荷载的种类虽然很多，但它们都有一个共同的特点，即移动的单位集中荷载 $P=1$。而单位移动荷载 $P=1$ 是从各种移动荷载中抽出的最简单、最基本、最有代表性的元素，只要把单位移动荷载作用下的支承反力及指定截面内力的变化规律分析清楚，就可以方便地利用叠加原理求得各种移动荷载的最不利位置，进而算出活载最大的内力值。

所谓结构的影响线是指当单位荷载 $P=1$ 在结构上移动时，结构内某一指定截面的某一指定量(内力或变位)变化规律的函数图形，这个图形即称为该量的影响线。

内力影响线在结构的内力计算中之所以重要，是因为它能直观地观察荷载在结构上移动时它所代表内力的变化情况，以便判定荷载的最不利位置。影响线的另一个优点是由于它是根据一个单位的移动荷载作出的，这就使它成为问题分析的不变部分；影响线既不决定于荷载，而又不随荷载的改变而改变，这就有利于对各种不同移动荷载作用下的内力分析。

绘制出单位移动荷载影响线后,可根据桥梁设计的荷载等级要求,将活载以最不利位置布置在反力和内力影响线上,便可求得最大反力和内力数值。

一般来说,静定梁的影响线用静力法绘制。无铰拱属于超静定结构,超静定结构的内力为荷载内力与多余未知力的函数,故在绘制超静定结构的内力影响线时,须先绘制超静定结构的多余未知力影响线,然后将多余未知力与荷载内力叠加,即可得到超静定结构的内力影响线。

1. 多余未知力影响线

绘制多余未知力影响线,需要建立影响线方程。用求解超静定结构的方法,先定基本结构后,由力法方程就可以求得多余未知力的影响线方程式。

为讨论内力影响线,现采用如图 3-3-9a 所示简支曲梁为其基本结构。在拱上距拱顶 x 处作用一荷载 $P=1$,作用在左支座处的 X_2、$M_左$ 和右支座处的 $M_右$ 为去掉多余约束后的多余未知力。为使副变位为零,将 X_2 移至弹性中心线上;考虑计算方便,又分别以等效的一对正对称弯矩 X_1 及一对反对称弯矩 X'_3 替代 $M_左$ 及 $M_右$(如图 3-3-9b),而 X'_3 再由等效的作用在对称中线处的一对反对称垂直力 X_3 替代,最后两个支承处均带有双刚臂的简支曲梁,图 3-3-9c 即成为无铰拱的基本结构。图中 V_0 为简支梁的反力。

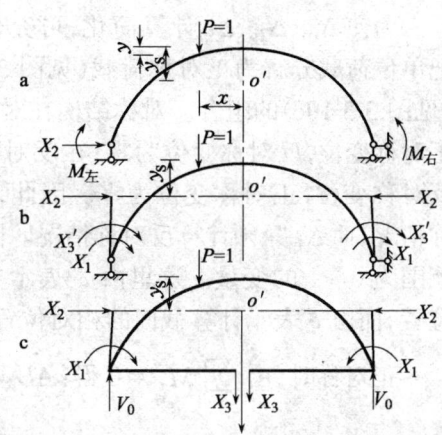

图 3-3-9 无铰拱计算图式

多余未知力 X_2 与 X_1 及 X_3 由力法方程求得:$\left.\begin{array}{r}X_1\delta_{11}+\Delta_{1p}=0\\ X_2\delta_{22}+\Delta_{1p}=0\\ X_3\delta_{33}+\Delta_{3p}=0\end{array}\right\}$ (3-3-49)

则, $\left.\begin{array}{r}X_1=-\dfrac{\Delta_{1p}}{\delta_{11}}\\ X_2=-\dfrac{\Delta_{2p}}{\delta_{22}}\\ X_3=-\dfrac{\Delta_{3p}}{\delta_{33}}\end{array}\right\}$ (3-3-50)

式(3-3-50)中,主变位 δ_{11}、δ_{22}、δ_{33} 是 X_1、X_2、X_3 分别等于 1 时,在其自身方向上所引起的变位,它是与外力无关的常数。载变位 Δ_{1p}、Δ_{2p}、Δ_{3p} 为荷载 $P=1$ 作用下,在 X_1、X_2、X_3 方向上所引起的变位。现暂不计入轴向力对变位的影响,并忽略剪力及曲率对变位的影响,若:

$$\delta_{11}=\int_s\dfrac{M_1^2}{EI} \quad \delta_{22}=\int_s\dfrac{M_2^2}{EI} \quad \delta_{33}=\int_s\dfrac{M_3^2}{EI} \quad (3\text{-}3\text{-}51)$$

$$\Delta_{1p}=\int_s\dfrac{M_1M_p}{EI}ds \quad \Delta_{2p}=\int_s\dfrac{M_2M_p}{EI}ds \quad \Delta_{3p}=\int_s\dfrac{M_3M_p}{EI}ds$$

式中:M_1——当 $X_1=1$ 时在基本结构任意截面处产生的弯矩,$M_1=1$;

M_2——当 $X_2=1$ 时,在基本结构任意截面处产生的弯矩,$M_2=y$,$y=y_s-y_1$;

M_3——当 $X_3=1$ 时,在基本结构任意截面处产生的弯矩,$M_3=\pm X$(正、负号分别适用

于左、右半拱);

M_p——荷载 $P=1$ 作用在本结构任意截面处产生的弯矩。

显然,确定载变位应先计算荷载弯矩 M_p。现暂撤去图3-3-9c中的 X_1、X_2 和 X_3 多余未知力,仅考虑荷载 $P=1$ 单独作用在左半拱时基本结构的受力情况(3-3-10a)。此时的影响线和前述简支梁影响线完全相同。

为使 Δ_{1p}、Δ_{2p}、Δ_{3p} 计算简化,可充分利用结构的对称性,把单位荷载分解为正对称荷载(见图 3-3-10b)和反对称荷载(见图 3-3-10c)的组合。对称结构在对称荷载作用下,仅产生正对称变位,反对称变位为零;在反对称荷载作用下,仅产生反对称变位,正对称变位为零。因此,Δ_{1p}、Δ_{2p} 只须计算正对称情况,而 Δ_{3p} 只须计算反对称情况。图中 a 和 ξ 均属于变化范围为 $0\sim 1$ 的变量。这里由 a 表示单位荷载 $P=1$ 的相对位置,而由 ξ 表示计算截面的相对位置。

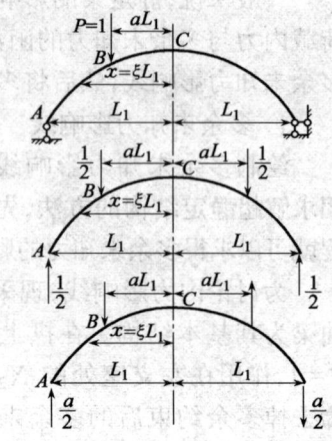

图 3-3-10 载变位计算图式

正对称时,由 $\sum M_x=0$ 得:AB 段:$M_P=\frac{1}{2}(L_1-X)$ $(aL_1\leqslant x\leqslant L_1)$

$\quad\quad\quad\quad\quad\quad\quad\quad$ BC 段:$M_P=\frac{L_1}{2}(1-a)$ $(0\leqslant x\leqslant aL_1)$

以上 M_P 的计算式,也适用于右半拱对应段。

反对称时,同理可得:

AB 段:$M_P=\pm\frac{a}{2}(L_1-X)$ $(aL_1\leqslant x\leqslant L_1)$

BC 段:$M_P=\pm\frac{x}{2}(L_1-a)$ $(0\leqslant x\leqslant aL_1)$

以上 M_P 的计算式,也可适用于右半拱的对应段(对于右半拱取负号,左半拱取正号),计算时,x 取绝对值。将 M_1、M_2、M_3 及 M_P 代入主变位和载变位公式,积分可得:

$$\delta_{11}=\int_s\frac{M_1^2}{EI}ds=\int_s\frac{1}{EI}ds=\frac{1}{v_1}\cdot\frac{L}{EI}$$

$$\delta_{22}=\int_s\frac{M_2^2}{EI}ds=\int_s\frac{y_s-y_1}{EI}ds=\vartheta\frac{Lf^2}{EI}$$

$$\delta_{33}=\int_s\frac{M_3^2}{EI}ds=\int_s\frac{x^2}{EI}ds=\gamma\frac{L^3}{EI}$$

以上三式中,$\frac{1}{v_1}$,ϑ,γ 值可分别查《手册》附录(Ⅲ)表(Ⅲ)5、6、8。

$$\Delta_{1P}=\int_s\frac{M_1M_P}{EI}ds=\frac{(1-a)L^2}{4EI}\int_0^a\sqrt{1+\eta^2 sh^2 K\xi}d\xi+\frac{L^2}{4EI}\int_a^1(1-\xi)\sqrt{1+\eta^2 sh^2 K\xi}d\xi$$

$$\Delta_{2P}=\int_s\frac{M_2M_P}{EI}ds=\frac{L^2}{4EI}\left\{(1-a)\int_0^a\left[\frac{f}{m-1}(chK\xi-1)-y_s\right]\sqrt{1+\eta^2 sh^2 K\xi}d\xi\right.$$
$$\left.+\int_a^1\left[\frac{f}{m-1}(chK\xi-1)-y_s\right](1-\xi)\sqrt{1+\eta^2 sh^2 K\xi}d\xi\right.$$

$$\Delta_{3P}=\int_s\frac{M_3M_P}{EI}ds=-\frac{L^3(L-a)}{8EI}\int_0^a\xi^2\sqrt{1+\eta^2 sh^2 K\xi}d\xi-\frac{L^3 a}{8EI}$$

$$= \int_a^1 \xi(1-\xi)\sqrt{1+\eta^2 sh^2 K\xi}d\xi$$

载变位计算式的 $\eta = 2fK/L(m-1)$。如 $P=1$ 时,作用在右半拱时,Δ_{3P} 将变为正号。当 $P=1$ 作用在不同位置时,即令 α 在 $0\sim1$ 间取不同的值。便运用式(3-3-50)求得多余未知力 X_1、X_2、X_3 影响线坐标。其图形如图 3-3-11 所示,并以 M_1、H_1、V_1 分别表示 X_1、X_2、X_3。其中 M_1 图形为负值,表明原假定方向与实际方向相反。

2．活载内力影响线

绘出多余未知力影响线后,根据平衡条件,求得多余未知力(M_1、H_1、V_1)、支承反力(V_0)、荷载(P)与截面内力和的函数关系式,即影响线方程,再用叠加原理绘出无铰拱的内力影响线。

(1)水平推力 H_1 影响线：

由 $\sum X = 0$ 得出 $H_1 = X_2$,故拱内任意截面的水平推力影响线即为多余未知力 X_1 的影响线(3-3-11c)。

H_1 影响线坐标与拱轴系数和矢跨比有关,可查《手册》附录Ⅲ表Ⅲ-12。

(2)支承垂直反力 V 影响线：

支承垂直反力 V,仅与基本结构的支承反力 V_0 及多余未知力 V_1 有关,由 $\sum Y = 0$ 得：
$V = V_0 \mp V_1$。

式中：V_0——简支梁支承反力；

V_1——无铰拱多余未知力。对左半拱取负号,对右半拱取正号。

如绘左支承处垂直反力的 $V_左$ 影响线,则用简支梁左端反力影响线图形与反号后的 V_1 影响线相叠加(3-3-12a),即得 $V_左$ 的影响线(3-3-12b)。显然,将 $V_左$ 影响线旋转180°便成为 $V_右$ 的影响线坐标与拱轴系数和矢跨比有关,可查《手册》附录Ⅲ表Ⅲ-7。

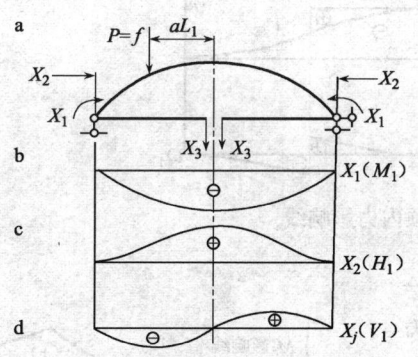

图 3-3-11 无铰拱多余未知力影响线

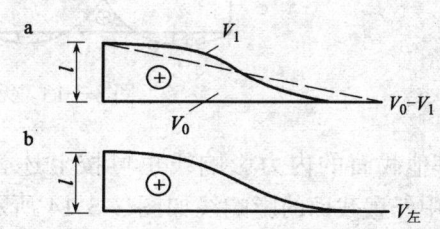

图 3-3-12 无铰拱垂直反力影响线

(3)内力影响线：

对于无铰拱的任意截面其弯矩、轴向力、径向剪力影响线可根据平衡条件建立外力(M_1、H_1、V_1、V_0、P)与内力(M、N、Q)的关系式绘出。

即：
$$M = M_0 + M_1 + H_1 y + V_1 x$$
$$N = H_1\cos\phi - Q_0\sin\phi$$
$$Q = H_1\sin\phi + Q_0\cos\phi$$

(3-3-52)

式中：M_0——简支梁弯矩，称梁式弯矩。即为 $P=1$ 在基本结构任意截面处产生的弯矩；

Q_0——简支梁剪力，称梁式剪力。即为 $P=1$ 在基本结构任意截面处所产生的竖直剪力，但其正、负号应按拱的剪力正、负规定决定。

以左半拱为隔离体考虑：当 $P=1$ 时在计算截面的左边时，$Q_0=1-V_{左}$（Q_0 向上为正）；当 $P=1$ 时在计算截面的右边时各力及坐标（x,y）均数值代入。

现以拱顶的弯矩影响线 M_d，轴向力影响线 N_d 及径向剪力影响线 Q_d 为例，介绍如何绘制内力影响线。由公式 $M=M_0+M_1+H_1y+V_1x$ 绘制 M_d 影响线，先绘出简支梁影响线 M_0，并叠加上为负值的 M_1 影响线，得 M_0-M_1 影响线，如图 3-3-13a 所示。以另一基线绘出 M_0-M_1，再在此图上绘出为负值的 H_1、y_s（因 $y=y_1-y_s$，而 $y_1=0$）影响线，即绘出 y_s 倍的水平推力影响线相叠加，得 $M_0+M_1+H_1y_s$ 影响线，如图 3-3-13b 所示。而 V_1x 项为零（因 $x=0$）。以基线重绘图 3-3-13b，得出图 3-3-13c 所示 M_d 影响线。

由公式 $N=H_1\cos\phi-Q_0\sin\phi$ 绘制出 N_d 影响线。在拱顶截面处 $\phi=0$，故 $\sin\phi=0$，$\cos\phi=1$，N_d 影响线即为水平推力影响线，如图 3-3-13d 所示。

由公式 $Q=H_1\sin\phi+Q_0\cos\phi$ 绘制 Q_d 影响线。在拱顶截面处，$Q=Q_0$：当单位荷载在拱顶截面的左边时，$Q_0=1-V_{左}$；当单位荷载在拱顶截面的右边时，$Q_0=-V_{左}$；在对应于拱顶截面以左的基线上绘出竖距为 1 的矩形影响线，再叠加反号为负值的拱左支承衔反力 $V_{左}$ 影响线，如图 3-3-13e 所示。以基线重绘图 3-3-13e 即得图 3-3-13f 所示 Q_d 影响线，其正、负号恰与梁的剪力影响线相反。很明显，此时的剪力实为竖直剪力。

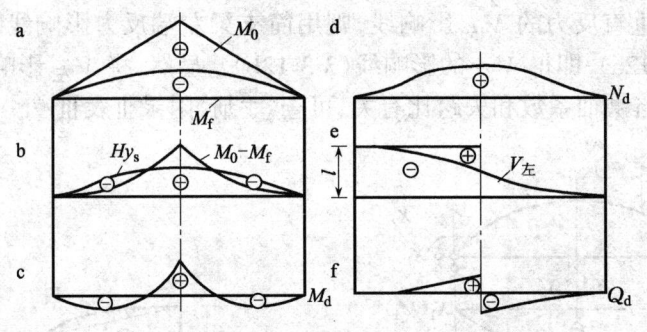

图 3-3-13 无铰拱拱顶内力影响线

其他截面的内力影响线也可按上述叠加法绘制，拱中任意截面的影响线如图 3-3-14 所示。作为控制设计的拱顶、$l/4$ 跨及拱脚截面弯矩影响线坐标可在附录 I 表 III 查得。i 截面的轴向力 N_i 及剪力 Q_i 的影响线，在截面 i 处均有突变（见图 3-3-14b、c）。故当集中荷载作用在 i 截面的左、右两边时，轴向力 N 及剪力 Q 均有较大的差异，一般不利用 N、Q 的影响线计算其内力。通常，应先算出该截面的水平力 H_1 和拱脚竖向反力 V，再按下式计算轴向力 N 和剪力 Q：

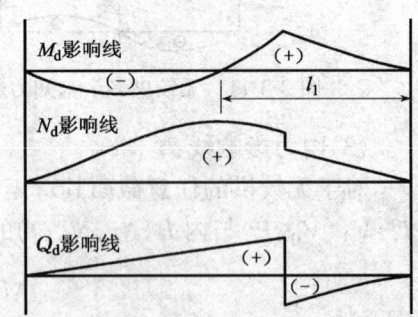

图 3-3-14 拱中内力影响线

$$轴向力\begin{cases}拱顶:N=H_1\\ 拱脚:N=H_1\cos\varphi_j+V\sin\varphi_j\\ 其他截面:N\approx\dfrac{H_1}{\cos\varphi}\end{cases} \quad (3\text{-}3\text{-}53)$$

$$剪力\begin{cases}拱顶:数值很小,一般不计算\\ 拱脚:Q=H_1\sin\varphi_j-V\cos\varphi_j\\ 其他截面:数值较小,一般不计算\end{cases} \quad (3\text{-}3\text{-}54)$$

二、活载内力

有了无铰拱内力影响线,即可作为计算内力的重要工具。拱在承受活载后,计算活载内力时仍与恒载内力相同,即先不计弹性压缩,求出活载最大内力,再单独求出因弹性压缩所产生的附加内力,两者叠加即为计入弹性压缩后的活载最大内力。在主拱圈活载内力计算中,当拱顶填料厚度大于 400mm 时,考虑拱上填料具有缓和汽车的冲击作用,故不计汽车荷载冲击力的影响。

圬工拱桥刚度大,整体性好,活载在圬工拱桥的计算应力中所占比重较小,故计算时一般不考虑荷载的横向不均匀分布问题,按拱圈全宽均匀分配。

1. 不计弹性压缩的活载内力

由于绘制内力影响线时不考虑弹性压缩影响情况,故在内力影响线上加载求得的内力,即为不计弹性压缩之活载内力。

在主拱圈活载力计算中,要求确定一种布载使拱的轴向力和弯矩都同时达到最大,显然是不可能的。而圬工的抗弯性能远低于抗压性能,故以弯距 M 为最大控制加载,同时求出这一加载状态下相对应的 H_1 和 V 值,也就是弯矩影响线作为主要影响线,而水平推力及垂直反力影响线则作为次要影响线。但在计算拱桥墩、台时,则以产生最大水平推力的加载作为控制状态,故对墩、台水平推力影响线作为主要影响线,而弯矩影响线与垂直反力影响线与垂直反力影响线则作为次要的影响线。

2. 计入弹性压缩的活载内力

活载的弹性压缩和恒载的弹性压缩在性质上完全一样,即考虑由活载所产生的轴向压力对变位的影响。

以图 3-3-15 所示的隔离体为例,讨论活载作用下的轴向力。在拱脚处作用有通过弹性中心不考虑弹性压缩的水平推力 H_1 及弯矩 M_1 和反力 V,在拱的任意截面处作用有轴向力 N_1、弯矩 M_1 及径向剪力 Q_1,将上述各力在水平方向投影,由 $\sum X=0$ 得: $N_1\cos\phi+Q_1\sin\phi-H_1=0$,则不计弹性压缩影响的活载水平推力为: $N_1=\dfrac{H_1-Q_1\sin\phi}{\cos\phi}$。

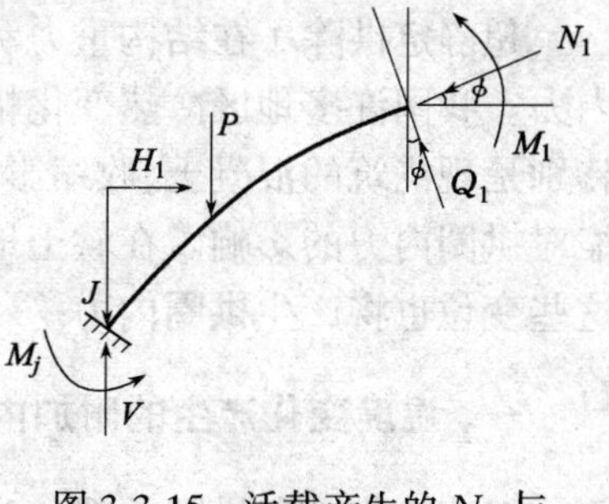

图 3-3-15 活载产生的 N_1 与 ΔHP 计算图示

由活载轴向力引起拱在跨径方向的缩短量为:

$$\Delta L_P=\int_L \dfrac{N_1 ds}{EA}\cos\phi=\int_L \dfrac{H_1-Q_1\sin\phi}{EA\cos\phi}ds=\int_L \dfrac{H_1}{EA\cos\phi}\left(1-\dfrac{Q_1}{H_1}\sin\phi\right)dx$$

上式中，由于 $\dfrac{Q_1\sin\phi}{H_1} \ll 1$，可略去。故 $\Delta L_P \approx \int_L \dfrac{H_1}{EA\cos\phi}dx$

ΔL_P 与由恒载弹性压缩所引起的 ΔL_g 的计算形式完全相同。为满足结构变形的连续性，必然在弹性中心处作用有一附加水平内力 ΔH_P（在图 3-3-15 中未示出），ΔL_P 可由力法方程求得：

$$\Delta H_P \delta_{22} + \Delta L_P = 0, \text{则} \quad \Delta H_P = -\dfrac{\Delta L_P}{\delta_{22}} = -H_P \dfrac{\mu_1}{1+\mu}$$

可见，这与恒载所产生弹性压缩的附加水平力在计算形式上是一样的。式中 μ 和 μ_1 仍与恒载的弹性压缩系数相同。

由附加水平力 ΔH_P 所引起拱圈任意截面的附加内力为：

$$\Delta N_P = -\dfrac{\mu_1}{1+\mu}H_1 \cdot \cos\phi$$

$$\Delta M_P = -\dfrac{\mu_1}{1+\mu}H_1 y$$

$$\Delta Q_P = \mp \dfrac{\mu_1}{1+\mu}H_1 \cdot \sin\phi$$

将不计弹性压缩的活载内力与上述相应的附加内力叠加，即可获得计入弹性压缩后活载内力：

$$\left. \begin{aligned} N_P &= N_1 - \dfrac{\mu_1}{1+\mu}H_1\cos\phi \\ M_P &= M_1 + \dfrac{\mu_1}{1+\mu}H_1 y \\ Q_P &= Q_1 \mp \dfrac{\mu_1}{1+\mu}H_1 \cdot \sin\phi \end{aligned} \right\} \tag{3-3-55}$$

在 Q_P 计算中，负、正号分别适用于左、右半拱。

第四节　温度变化、混凝土收缩和拱脚变位的内力计算

超静定拱除了在结构重力和活载作用下产生内力外，温度变化、混凝土收缩都会产生拱圈内力。我国许多地区冷热变化幅度大，温度变化产生的附加内力也是比较大的。混凝土收缩，特别是现浇筑的混凝土，收缩影响往往导致拱圈的开裂。因此，不能忽视温度变化和混凝土收缩对拱圈内力的影响。在软土地基上建造拱桥，墩台常常发生水平位移、不均匀沉降和转动，这些变位也将产生拱圈内力。

一、温度变化产生的附加内力

温度变化引起拱圈的伸长和缩短。当大气温度低于拱圈合拢温度（即主拱圈封顶时的温度，称为合拢温度）时，称为温度下降，拱圈收缩引起跨径缩短，其情况与弹性压缩相同；当大气温度高于拱圈合拢温度时，称为温度上升，拱圈膨胀引起跨径增长，情况与弹性压缩相反。

设温度变化引起跨径方向的变化为 Δl_t，见图 3-3-16。为了平衡这种变位，必须在弹性中

心处施加水平力 H_t。当温度上升时，H_t 为正，压向拱体；当温度下降时，H_t 为负，拉离拱体。由正则方程式得：

$$H_t = -\frac{\Delta l_t}{\delta_{22}} = -\frac{\alpha L \Delta t}{(1+\mu)\int_s \frac{y^2 ds}{EI}} \quad (3\text{-}3\text{-}56)$$

式中：α——材料的线膨胀系数，混凝土或钢筋混凝土结构 $\alpha = 0.000010$；混凝土预制块砌体 $\alpha = 0.000009$；石砌体 $\alpha = 0.000008$；

$\int_s \frac{y^2 ds}{EI}$ 由 3-3-7 查得。

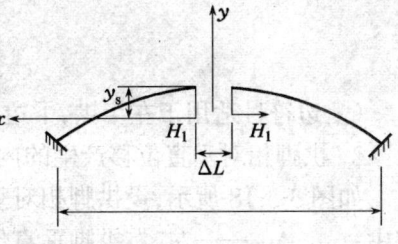

图 3-3-16 温度变化引起跨径方向的变位

Δt——温度变化值，指桥梁所在地区拱圈合拢时气温与最高月平均气温或最低月平均气温之差。

由温度变化引起拱圈截面的附加内力为：

$$\left.\begin{aligned} N_t &= H_t \cos\varphi \\ M_t &= -H_t y = -H_t(y_s - y_1) \\ Q_t &= \pm H_t \sin\varphi \end{aligned}\right\} \quad (3\text{-}3\text{-}57)$$

计算时，温度上升 H_t 应以正值代入；温度下降时则应以负值代入。同时，式(3-3-57)的上边符号适用于左半拱；下边符号适用右半拱。

考虑到混凝土徐变的影响，温度变化的附加水平力可乘以 0.7 的系数。

对于跨径不大于 25m 的砖、石、混凝土预制块砌体的拱桥，当矢跨比大于或等于 1/5 时，可不计温度变化的影响。

二、混凝土收缩产生的内力

由于拱圈混凝土凝固时产生收缩，其影响可作为额外降低温度考虑。整体浇筑的混凝土结构的收缩影响力，对一般地区，相当于降低温度 20℃，干燥地区相当于降低 30℃；整体浇筑的钢筋混凝土结构的收缩影响力，相当于降低温度 15～20℃；分段浇筑的混凝土或钢筋混凝土结构的收缩影响力，相当于降低温度 10～15℃；装配钢筋混凝土结构的收缩影响力，相当于降低温度 5～10℃；考虑到混凝土徐变的影响，混凝土的收缩的内力应乘以 0.45 的系数。

三、拱脚位移产生的拱圈内力

1. 拱桥相对水平位移产生的内力

如图 3-3-17 所示，设左拱脚水平位移 Δ_{HA}，右拱脚水平位移 Δ_{HB}，两拱脚相对水平位移为：

$$\Delta_H = \Delta_{HB} - \Delta_{HA}$$

式中：Δ_{HA}、Δ_{HB}——左、右拱脚水平位移，右移为正，左移为负。

与弹性压缩的原理一样，由于两拱脚产生相对水平位移 Δ_H，在弹性中心处则产生一个水平力 X_2。根据正则方程式，则：

$$X_2 = -\frac{\Delta 1}{\delta_{22}} = \frac{\Delta_H}{(1+\mu)\int_s \frac{y^2 ds}{EI}} \quad (3\text{-}3\text{-}58)$$

由拱脚发生相对水平位移 Δ_H,在拱圈截面中产生的内力为:

$$\left.\begin{array}{l} N = X_2\cos\varphi \\ M = X_2 y \\ Q = \pm X_2\sin\varphi \end{array}\right\} \quad (3\text{-}3\text{-}59)$$

(上边符号适用于左半拱,下边符号适用于右半拱)

2. 拱脚相对垂直位移产生的内力

如图 3-3-18 所示,设拱脚相对垂趋于直位移为:$\Delta_V = \Delta_{VB} - \Delta_{VA}$

式中:Δ_{VA}、Δ_{VB}——左、右拱脚垂直位移,下移为正,上移为负。

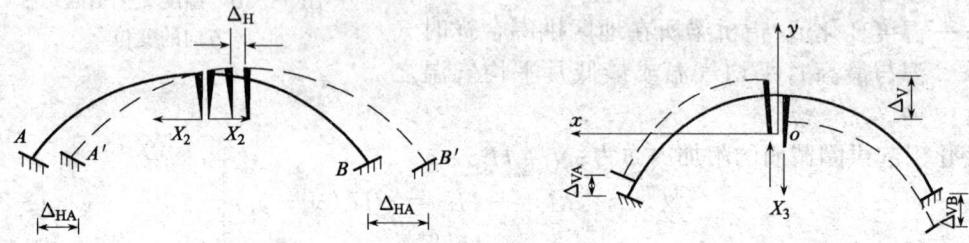

图 3-3-17 拱脚相对水平位移　　　　图 3-3-18 拱脚垂直水平位移

由拱脚产生相对垂直位移 Δ_V,在弹性中心处产生一个剪力 X_3。由正则方程式得:

$$X_3 = -\frac{\Delta_V}{\delta_{33}} = -\frac{\Delta_V}{\int_s \frac{x^2 ds}{EI}} \quad (3\text{-}3\text{-}60)$$

式中:δ_{33}——可查《拱桥设计手册》附表Ⅲ-6。

由拱脚产生相对垂直位移 Δ_V 在拱圈截面中产生的内力为:

$$\left.\begin{array}{l} N = \mp X_3\sin\varphi \\ M = \pm X_3 x \\ Q = X_3\cos\varphi \end{array}\right\} \quad (3\text{-}3\text{-}61)$$

(上边符号适用于左半拱,下边符号适用于右半拱)

3. 拱脚相对转动产生的内力

设拱脚相对转动为 θ_B(θ_B 以顺时针转动为正),在弹性中心处,除产生相对转角 θ_B 外,还引起相对水平 Δ_H 和垂直位移 Δ_V。因此,在弹性中心处就会产生三个赘余力 X_1、X_2、X_3,见图 3-3-19a。由正则方程式得:

$$\left.\begin{array}{l} \delta_{11}X_1 + \theta_B = 0 \\ \delta_{22}X_2 + \Delta_H = 0 \\ \delta_{33}X_3 - \Delta_V = 0 \end{array}\right\} \quad (3\text{-}3\text{-}62)$$

在上式中,θ_B 为已知,从图 3-3-19b 的几何关系不难求出 Δ_H 和 Δ_V。

$$\therefore \quad \Delta = \frac{\theta_B L}{2\cos\alpha}$$

$$\mathrm{tg}\alpha = \frac{2(f-y_s)}{L}$$

$$\therefore \Delta_H = \Delta\sin\alpha = \theta_B(f-y_s)$$

$$\Delta_V = \Delta\cos\alpha = \frac{\theta_B L}{2}$$

将 Δ_H 和 Δ_V 代入式(3-3-62)得

$$X_1 = -\frac{\theta_B}{\delta_{11}} \quad (3\text{-}3\text{-}63)$$

$$X_2 = -\frac{\theta_B(f-y_s)}{\delta_{22}} \quad (3\text{-}3\text{-}64)$$

$$X_3 = -\frac{\theta_B L}{2\delta_{33}} \quad (3\text{-}3\text{-}65)$$

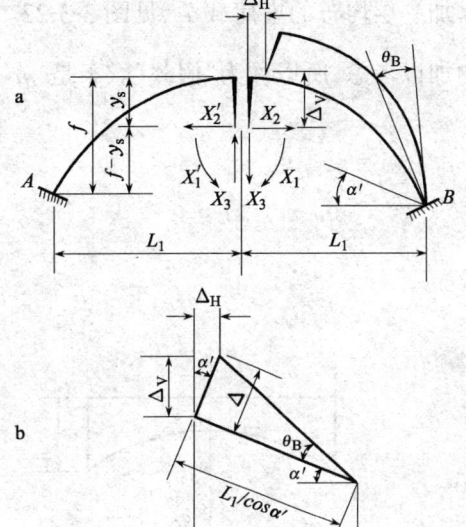

图 3-3-19 拱脚相对转角

式中:$\delta_{11} = \int_s \frac{\overline{M}_1^2 ds}{EI}$

$$= \int_s \frac{ds}{EI} = \frac{L}{EI}\int_0^1 \frac{d\xi}{\cos\varphi}$$

$$= \frac{L}{EI} \times \frac{1}{v} ; \frac{1}{v_1} 可查表 3\text{-}3\text{-}7。$$

求出三个赘余力后,则拱脚相对转动在拱圈截面中产生的内力为:

$$\left.\begin{array}{l} N = \mp X_3\sin\varphi + X_2\cos\varphi \\ M = X_1 - X_2 y \pm X_3 x \\ Q = X_3\cos\varphi \pm X_2\sin\varphi \end{array}\right\} \quad (3\text{-}3\text{-}66)$$

式中:x——弹性中心至拱圈任意一点的水平距离;

y——弹性中心至拱圈任意一点的垂直距离。

以上公式的推导是假定右半拱顺时针转动的,若反时针转动 θ_B,则 θ_B 均以负值代入。若左拱脚顺时针转动 θ_A,则以 $-\theta_A$ 代替式(3-3-63)和式(3-3-64)的 θ_B,以 θ_A 代替式(3-3-65)中的 θ_B。

第五节 拱圈内力调整

悬链线无铰拱设计时,常常遇到在拱顶和拱脚两控制截面中有一个控制截面的内力比较大,另一个控制截面的内力比较小的情况。此时,可采用假载法调整拱圈内力,使内力比较大的截面内力减小,内力比较小的截面内力增大,尽可能使拱顶和拱脚两个控制截面的内力接近相等。

所谓假载法调整内力,就是在计算跨径、计算矢高和拱圈厚度保持不变的情况下,通过改变拱轴系数 m 的数值来改变拱轴线形状。m 的调整幅度,一般为半级或一级。

一、实腹拱的内力调整

设调整前的拱轴系数 $m = q_j/q_d$,调整后的拱轴系数 $m = q'_j/q'_d$。必须注意,拱轴系数调整前后,拱顶截面的实际荷载强度没有变化;拱脚截面的几何尺寸略有变化,对实际荷载强度影响甚微,可认为不变。因此,调整后的拱轴系数 m 亦可认为是从调整前的荷载强度减去或增加一层均布的虚荷载 q_x,见图 3-3-22。荷载 q_x 是虚构的,实际上是不存在的,仅在计算过程中加以考虑,所以称为"假载"。于是

$$m' = \frac{q'_j}{q'_d} = \frac{q_j \mp q_x}{q_d \mp q_x} \tag{3-3-67}$$

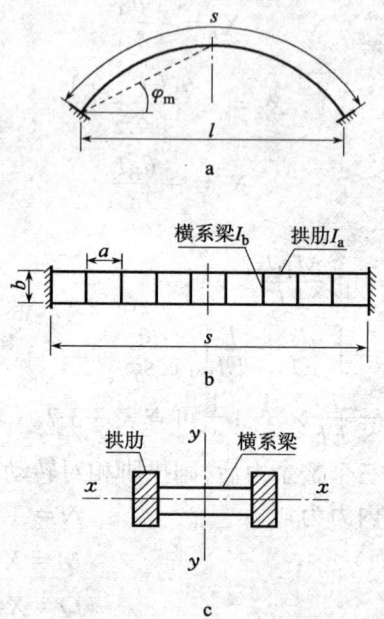

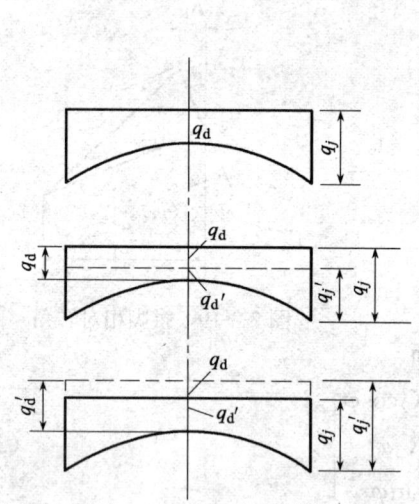

图 3-3-20 实腹拱的假载内力计算

图 3-3-21 拱肋稳定计算图式
a 立面;b 平面;c 拱肋横断面

由于 m'、q_j、q_d 均为已知值,假想的均布荷载 q_x 可由式(3-3-67)求得。

当 q_x 取负值时,q'_j 和 q'_d 均减少,但是 q'_d 值增加的比例大于 q'_j 值,因此,$m'>m$;当 q_x 取正值时,q'_j 和 q'_d 均增加,但 q'_d 值增加大于 q'_j 值,因此,$m'<m$。

采用假载法调整内力时,调整后的拱轴线与实际结构重力压力线不重合,为了简化计算,先将 q_x 视为实际荷载,此时在结构重力和假载的共同作用下,拱

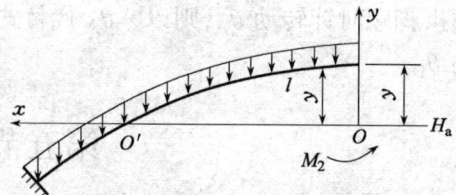

图 3-3-22 拱圈自重作用下内力计算图式

轴线与压力线重合,因而可以根据 m' 查表计算内力(包括弹性压缩),拱顶产生正弯矩,拱脚产生负弯矩;然后加上($m'>m$)或减去($m'<m$)均布假想荷载 q_x 乘以 m' 用绘制的影响线所算得的内力值(包括弹性压缩),即得真实的结构重力内力。当 $m'>m$ 时,q_x 在拱顶、拱脚处产生的弯矩为正值(因为拱顶、拱脚的影响线面积和均为正值),可以抵消拱脚的负弯矩,但加大拱顶的正弯矩;当 $m'<m$ 时,q_x 在拱顶、拱脚处产生的弯矩为负值,可以抵消拱顶的正弯矩,但加大拱脚的负弯矩。

活载和温度变化等产生的内力,也与调整前不同,必须重新计算,方法同前。

二、空腹拱的内力调整

对于空腹拱,拱轴线的变更可以通过改变 $L/4$ 处的纵坐标 $y_{l/4}$ 来实现的,设拱轴系数为 m 时,拱跨 $L/4$ 处的纵坐标为 $y_{l/4}$,拱轴系数为 m' 时,拱跨 $l/4$ 处的纵坐标 $y'_{l/4}$。于是,

$$\frac{y'_{l/4}}{f} = \frac{\sum M_{l/4} \mp \dfrac{q_x L^2}{32}}{\sum M_j \mp \dfrac{q_x L^2}{8}} \tag{3-3-68}$$

当 $m' > m$ 时 q_x 为负;当 $m' < m$ 时 q_x 为正。

拱轴系数调整后,拱的几何尺寸和内力计算应根据 m' 确定。空腹拱的结构重力内力计算方法和实腹拱相同,首先计算在结构重力和假载 q_x 共同作用下,不计弹性压缩的水平推力 H_g 和拱圈截面内力。

$$H_g = \frac{\sum M_j \mp \dfrac{q_x L^2}{8}}{f} \tag{3-3-69}$$

计入弹性压缩后的水平推力 H'_g 和截面内力。

$$H'_g = \left(1 - \frac{\mu_1}{1+\mu}\right) H_g \tag{3-3-70}$$

然后,计算假载 q_x 作用下的内力(包括弹性压缩),并进行叠加,即得调整拱轴系数后的拱圈截面内力。活载、温度变化内力也必须重新计算,方法同前。

应当指出,用假载法调整拱轴线,不能同时改善拱顶、拱脚两个控制截面的内力。同时,对其他截面的内力也产生影响。如果提高 m 值,则减少拱跨 $3L/8$ 处拱轴线与压力线的偏离,但增加拱跨 $L/8$ 处拱轴线与压力线的偏离;减低 m 值,情况则相反。因此在调整拱轴系数时应全面考虑。

第六节　拱圈强度及稳定性验算

求得各种荷载作用下的内力后,可进行内力组合,并验算各截面的强度和偏心距。小跨径无铰拱桥只需验算拱顶和拱脚两个截面;大、中跨径无铰拱桥验算拱顶、$L/4$ 点和拱脚三个截面;只有少数大跨径无铰拱桥,在必要时(如采用无支架施工)才加算拱跨 $L/8$ 和 $3L/8$ 两个截面。

一、拱圈强度和应力验算

对于圬工拱桥和钢筋混凝土拱桥,拱圈均按分项安全系数的极限状态法设计,根据两者具体的设计验算内容不同,分别遵循《桥规》(JTJ 022—85)和《桥规》(JTGD 62—2004)中的相关规定,对于钢拱桥、钢拱圈按容许应力法设计,需遵循《桥规》(JTJ 025—86)的相关规定。

圬工拱桥拱圈是不容许开裂的,因而仅对拱圈强度作验算。为确保拱圈全截面受压,规范对纵向力偏心距 e_0 作了限制,当实际偏心距大于容许值 $[e_0]$ 时,因截面出现了拉应力,拱圈强

度验算公式相应发生了变化,但任何时候,拱圈均不容许开裂。

对于钢筋混凝土拱圈,验算内容包括强度、混凝土的拉压应力和裂缝宽度,如果不能满足要求,可通过增加配筋量、提高混凝土标号、甚至加大拱圈的方法予以解决。

对于钢拱圈,主要对钢材的应力、局部稳定性以及连接构造的验算。另外,对于拱圈承受拉力的部位,尚应验算其疲劳强度。

各种材料拱圈验算的具体方法和规定可参照上述所列相应规范。

二、拱圈的稳定性验算

拱圈或拱肋的稳定性验算分为纵向稳定性验算与横向稳定性验算。实腹式拱桥,跨径不大时,可不验算纵、横向稳定性;在拱上建筑完成后再卸落拱架的大、中跨径拱桥,由于拱上建筑与拱圈的共同作用,不致产生纵向失稳,此时,无需验算拱的纵向稳定性。采用无支架施工或在拱上建筑完成前就脱架的拱桥,应验算拱的纵向稳定。当拱圈宽度小于跨径的1/20时,应验算拱的横向稳定。

1. 纵向稳定性验算

目前验算拱的纵向稳定性时,将拱圈(肋)换算为相当长度的压杆,按平均轴向力计算。

对于砖石及混凝土拱桥,拱圈正截面稳定性的验算公式为 $N_j \leqslant \varphi \alpha A R_a^j / \gamma_m$ (3-3-71)

式中各符号的意义及其取值,可参考《桥规》[JTJ 022—85]相关章节。

对于钢筋混凝土拱桥,其稳定性验算可采用《桥规》[JTGD 60—2004]中轴心受压构件计算公式计算:

$$N_j \leqslant \varphi \gamma_b \left(\frac{1}{\gamma_c} R_a A + \frac{1}{\gamma_s} R'_g A'_g \right) \quad (3\text{-}3\text{-}72)$$

式中各符号的意义及其取值,可参考《桥规》[JTGD 60—2004]相关章节。

2. 横向稳定性验算

对于拱的横向稳定性验算,目前尚无成熟的计算办法,工程上常用与纵向稳定相似的公式来验算拱的横向稳定性。即:

$$N_j \leqslant N_L / \gamma_m \quad (3\text{-}3\text{-}73)$$

式中:N_j——按承载能力极限状态组合计算的平均轴向力;

N_L——拱丧失横向稳定时的临界轴向力;

γ_m——横向稳定安全系数,一般为4~5。

a 对于拱圈或采用单肋合拢时的拱肋,丧失横向稳定时的临界轴向力,常采用在竖向均布荷载作用下等截面抛物线双铰的横向稳定公式计算:

$$N_L = H_L / \cos \varphi_m \quad (3\text{-}3\text{-}74)$$

式中:φ_m——半拱的弦与水平线的夹角:$\cos \varphi_m = \dfrac{1}{\sqrt{1 + 4(f/l)^2}}$; (3-3-75)

H_L——临界推力,按下式计算:$H_L = K_2 \dfrac{EI_y}{8fL}$; (3-3-76)

其中,K_2——临界荷载系数,与矢跨比、拱端固定方式等有关,在设计中,为了简化计算工作,

K_2 值可偏安全地按表 3-3-10 确定；

I_y——单根拱肋对自身竖轴的惯性矩。

表 3-3-10 K_2 值

f/l	0.1	0.2	0.3
K_2	28.0	40.0	36.5

理论与实践证明：无铰拱的临界荷载比有铰拱大得多。对于悬链线无铰拱的横向稳定,精确的方法是做空间有限元电算分析,手算时,可偏安全地采用两铰拱的计算公式,或者近似采用圆弧无铰拱的公式计算临界轴向力。

b 对于肋拱或无支架施工时采用双肋合拢的拱肋,在验算横向稳定性时,可视为组合压杆,组合压杆的长度等于拱轴长度 s,临界轴向力可按下式计算：

$$N_L = \frac{\pi^2 E_a I_y}{L_0^2} \tag{3-3-77}$$

式中：I_y——两拱肋对桥纵轴（$y-y$ 轴）的惯性矩；

E_a——拱肋材料的弹性模量；

l_0——组合压杆计算长度，$l_0 = \rho \alpha s$；

α——与支承条件相关的系数，无铰拱为 0.5，两铰拱为 1.0；

s——拱轴线长度；

ρ——考虑剪力对稳定的影响系数；$\rho = \sqrt{1 + \frac{\pi^2 E_a I_y}{L_j^2}\left(\frac{ab}{12E_b I_b} + \frac{a^2}{24 E_a I_a} \cdot \frac{1}{1-\beta} + \frac{na}{bA_b G}\right)}$

其中，$L_j = as$

$$\beta = \frac{N_L a^2}{2\pi^2 E_a I_a}$$

a——横系梁的间距；

b——两拱肋中距，即横系梁的计算长度；

I_a——单根拱肋对自身重心轴（与 $y-y$ 轴平行）的惯性矩；

I_b——单根横系梁对自身重心轴（与 $y-y$ 轴平行）的惯性矩；

E_b——横系梁的弹性模量；

G——横系梁的剪切模量；

A_b——横系梁的截面积；

n——与横系梁截面形状有关的系数，矩形截面取 1.20，圆形截面取 1.11；

β——考虑节间稳定的系数，与临界力有关。当横系梁足以保证节间稳定时，β 可以略去。

第七节 裸拱内力计算

采用早脱架施工（拱圈合拢达到一定强度后就卸落拱架）及无支架施工的拱桥，须计算裸拱自重产生的内力，以便进行裸拱强度和稳定性的验算。

取悬臂曲梁为基本结构。对于等截面拱,任意截面 i 的恒载集度 g_i 为:

$$g_i = g_d / \cos\varphi_i \tag{3-3-78}$$

由于结构和荷载均为正对称,故在弹性中心仅有两个正对称的赘余力:弯矩 M_s 和水平力 H_s。由典型方程得:

$$M_s = -\frac{\Delta_{1p}}{\delta_{11}} = -\frac{\int_s \frac{\overline{M}_1 M_p ds}{EI}}{\int_s \frac{\overline{M}_1^2 ds}{EI}} = -\frac{\int_s \frac{M_p ds}{EI}}{\int_s \frac{ds}{EI}}$$

$$H_s = -\frac{\Delta_{2p}}{\delta_{22}} = -\frac{\int_s \frac{\overline{M}_2 M_p}{EI} ds}{\int_s \frac{\overline{M}_2^2 ds}{EI} + \int_s \frac{\overline{N}^2 ds}{EA}} = \frac{\int_s \frac{M_p y}{EI} ds}{(1+\mu)\int_s \frac{y^2 ds}{EI}}$$

积分后可得

$$\left.\begin{array}{l} M_s = \dfrac{A\gamma l^2}{4} V_1 \\ H_s = \dfrac{A\gamma l^2}{4(1+\mu)f} V_2 \end{array}\right\} \tag{3-3-79}$$

式中:γ——拱圈材料单位容重;
$\quad\quad A$——拱圈截面积(净面积或实际面积);
V_1、V_2——系数,可由表 3-3-11 查得。

由静力平衡条件得任意截面 i 的弯矩和轴向力为:

$$\left.\begin{array}{l} M_i = M_s - H_s y - \sum\limits_n^i M \\ N_i = H_s \cos\varphi_i + \sum\limits_n^i P \cdot \sin\varphi_i \end{array}\right\} \tag{3-3-80}$$

式中:$\sum\limits_n^i M$——拱顶至 i 截面间裸拱自重对该截面的弯矩;

$\quad\quad \sum\limits_n^i P$——拱顶至 i 截面间裸拱自重的总和。

$M_{l/4}$、M_i 可查表 3-3-3。

表 3-3-11　V_1 值

f/l \ m	1.347	1.543	1.756	1.988	2.240	2.514	2.814	3.142	3.500
1/5	0.18440	0.18471	0.18502	0.18535	0.18568	0.18061	0.18636	0.18671	0.18707
1/6	0.17946	0.17970	0.17994	0.18019	0.18045	0.18071	0.18098	0.18126	0.18154
1/8	0.17417	0.17432	0.17448	0.17463	0.17480	0.17497	0.17514	0.17514	0.17550

V_2 值

f/l \ m	1.347	1.543	1.756	1.988	2.240	2.514	2.814	3.142	3.500
1/5	0.52501	0.52638	0.52774	0.52906	0.53036	0.53164	0.53288	0.53409	0.53528
1/6	0.51864	0.52106	0.52166	0.52314	0.52459	0.52603	0.52743	0.52882	0.53018
1/8	0.51221	0.51388	0.51554	0.51719	0.51882	0.52043	0.52203	0.52360	0.52516

其中，n——拱顶截面的编号，在设计中 n 常采用 12 或 24。

当拱的矢跨比为 1/5~1/10 时，裸拱恒载压力线的拱轴系数 $m_0=1.305$~1.079，通常比拱轴线采用的 m 值小。计算表明，在裸拱的自重作用下，拱顶、拱脚一般都产生正弯矩。拱轴线的 m 与裸拱的 m_0 差得越多，拱顶、拱脚的正弯矩就越大。因而，采用无支架施工。

本章小结

1. $y_1 = \frac{f}{m-1}(chk\xi - 1)$ 是实腹拱的拱轴线方程，它是一条悬链线。空腹式拱桥亦用悬链线作为拱轴线，但为使悬链线拱轴与其恒载压力线接近，一般利用"五点重合法"（拱顶、$\frac{l}{4}$ 两点和两拱脚），采用逐次逼近法确定悬链线拱轴系数 m 值。

2. 为了计算的简便，拱桥恒载内力一般分为两部分单独计算，即不考虑弹性压缩影响的内力与弹性压缩引起的内力，然后再将两者相加，便得到恒载作用下的总内力。空腹式无铰拱桥恒载内力的第一部分计算又可分为两部分，即先计算不考虑偏离影响的恒载内力，然后计算由偏离引起的恒载内力，二者叠加后，便得到空腹式无铰拱不考虑弹性压缩时的恒载内力。

3. 在超静定拱中，温度变化、混凝土收缩和拱脚变位都会使主拱圈产生附加内力。

4. 拱圈的验算包括拱圈强度验算和拱圈的纵向及横向稳定性验算。

思考题

1. 什么叫拱轴线、压力线和起拱线？什么是理想拱轴线？拱轴线型有哪几种？分别对应于何种荷载？
2. 拱轴系数的物理意义和几何意义是什么？
3. 拱圈截面变化规律的公式及式中符号意义是什么？
4. 叙述实腹式悬链线无铰拱拱轴系数的确定方法。
5. 什么是"五点重合法"？如何用"五点重合法"确定空腹式悬链线拱的拱轴系数 m？
6. 求拱圈内力之前，为什么必须先求弹性中心的内力？
7. 空腹式拱桥腹拱圈跨径是根据什么原则确定的？
8. 空腹式拱轴系数的确定为什么不能用 $m = \frac{g_j}{g_d}$ 式进行？
9. 为什么目前修建的大、小桥的拱轴线常采用悬链线拱，而不采用圆弧拱和抛物线拱？
10. 在现行设计中，为什么一般不计压力线与拱轴线偏离产生的偏离弯矩的影响？
11. 无支架和少支架施工的拱桥为什么拱轴系数一般不宜大于 2.814？

12. 拱圈除进行强度验算之外为什么还需进行偏心验算？

13. 拱圈在结构重力、活载和温度变化引起的内力求出之后，接着验算其强度，强度即使足够，下面还要进行裸拱圈强度验算，为什么？

14. 调整主拱圈应力的方法有哪几种？

15. 什么称拱圈应力调整的假载法？

16. 拱桥计算中，什么情况下可以近似地不计荷载横向分布的影响，什么情况下就必须考虑？

17. 什么称拱上建筑联合作用，为什么设计中一般不考虑它？

18. 连拱作用的基本概念是什么？

第四篇 斜拉桥及悬索桥

第一章 斜 拉 桥

第一节 概 述

斜拉桥又称斜张桥,是一种由索、梁、塔等三种基本构件组成的结构,属组合体系桥;其主要组成部分为主梁、斜拉索和索塔。由图 4-1-1 可以看出,索塔上的若干斜拉索将梁吊起,使主梁在跨内增加了若干弹性支点,从而大大减小了梁内弯矩,使梁高降低并减轻重量,提高了梁的跨越能力。

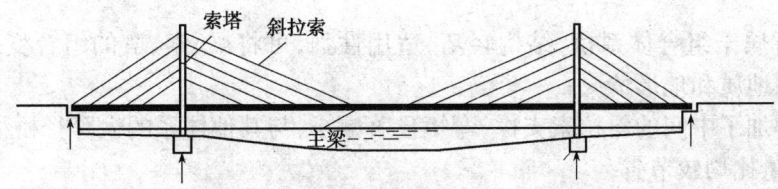

图 4-1-1 拱圈自重作用下内力计算图式

斜拉桥的构想比较古老,在 17 世纪到 19 世纪之间曾经出现过一些人行斜拉桥,但由于材料原因和复杂超静定结构的计算手段等原因,建成不久便遭破坏,未能得到发展。但随着高强材料的使用、结构分析方法的进步,以及施工手段与技术的提高,20 世纪中叶,以瑞典斯特勒姆桑德桥(Stromsund)为代表的现代斜拉桥开始得到很快的发展。

一、斜拉桥的分类

(一)按主梁所用的材料分类

1. 混凝土斜拉桥

混凝土斜拉桥的主梁为钢筋混凝土和预应力混凝土。其主要优点是:造价低;刚度大、挠度小,在汽车荷载的作用下,产生的主要挠度约为类似钢结构的 60% 左右;抗风稳定性好;抗潮湿性能好,后期养护工作比钢桥简单和便宜。其缺点是跨越能力不如钢结构大,施工安装速度不如钢结构快。我国由于钢材少,砂石材料资源丰富,所以是世界上混凝土斜拉桥修建得最多的国家。

2. 钢斜拉桥

钢斜拉桥的主梁及桥面系均为钢结构。其主要优点是跨越能力大,构件可在工厂预制,质量可靠、施工速度快。缺点是价格昂贵、后期养护工作量大及抗风稳定性较差。世界上钢主梁使用得最多的是德国和日本。

3. 钢—混凝土结合梁(叠合梁)斜拉桥

钢—混凝土结合(叠合梁)斜拉桥的主梁为钢结构,桥面系为混凝土结构,主梁与桥面系结合在一起共同受力。除具有钢主梁相同的优缺点之外,还能节省钢材用量且其刚度及抗风稳定性均优于钢主梁斜拉桥。

4. 钢—混凝土混合梁斜拉桥

这种斜拉桥的主跨系采用钢主梁,两侧边跨采用混凝土梁。其主要优点是:由于加大了边跨主梁的刚度和重量,大大减小了主跨内力和变形;能减小或避免边跨端支点出现负反力;混凝土梁容易架设,主跨钢梁也可较容易地从主塔开始用悬伸法连续架设;减小全桥钢梁长度,节约造价。它特别适用于边跨与主跨比值较小的情况。但采用这种结构形式,必须处理好钢与混凝土连接处的构造细节。

(二)按索塔数量分类

1. 独塔(或单塔)斜拉桥
2. 双塔斜拉桥
3. 多塔斜拉桥

二、斜拉桥的特点

(1)斜拉桥属于组合体系桥,结构轻巧,适用性强,可将梁、索、塔的组合变化做成不同体系,适用于不同地质和地形情况;

(2)主梁增加了中间的斜拉索支撑,弯矩显著减小,与其他体系的大跨径桥梁相比,其钢材和混凝土的用量比均较节省;

(3)借斜拉索的预拉力可以调整主梁的内力,使之分布均匀合理,并能将主梁做成等截面梁,便于制造和安装;

(4)斜索的水平分力相当于对主梁施加的预压力,提高了梁的抗裂性能(特别是混凝土梁),并充分发挥了高强材料的性能;

(5)建筑高度小,桥下净空和桥面标高的限制少,并能降低引道填土高度;

(6)与悬索桥比较,斜拉桥竖向刚度和抗扭刚度较强,抗风稳定性好,用钢量较少,钢索的锚固装置也较简单;

(7)斜拉桥是自锚体系,不需要昂贵的锚碇构造;

(8)便于采用悬臂法施工和架设,但施工控制复杂,调索工序技术要求严格,索、梁、塔的连接构造复杂;

(9)由于是多次超静定结构,设计计算复杂。

三、斜拉桥的结构体系

斜拉桥的主要组成部分是主梁、斜拉索和索塔。可以按相互的结合方式组成四种不同的结构体系:飘浮体系、支承体系、塔梁固结体系和刚构体系,见图4-1-2。它们各具特点,在设计中应依据具体情况选择最合适的体系。下面简述这四种基本体系的特点。

1. 飘浮体系

该体系塔墩固结、塔梁分离,主梁除两端外全部用缆索吊起,而在纵向可稍作浮动,是一种具有多跨弹性支承的单跨梁,又称悬浮体系。

这种体系的优点是全跨满载时,塔柱处主梁无负弯矩峰值。由于主梁可以随塔柱的缩短而下降,所以温度、收缩和徐变内力均较小,密索体系主梁各截面的变形和内力变化较平缓,受力较均匀;地震时允许全梁纵向摆荡,成为长周期运动,从而抗震消能。因此,地震烈度较高地区可考虑选择这类体系。

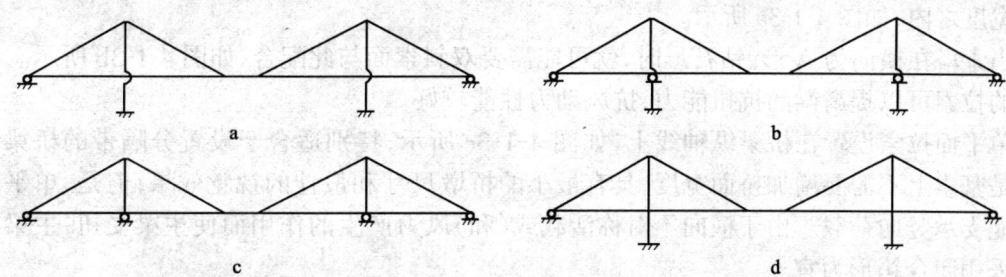

图 4-1-2 斜拉桥的结构体系
a 飘浮体系;b 支承体系;c 塔梁固结体系;d 刚构体系

该体系缺点是:当采用悬臂旋工时,塔柱处主梁需临时固结。

另外,斜拉索不能对梁提供有效的横向支承,为抵抗由于风力等所引起的横向摆动,必须增加一定的横向约束。

2. 支承体系

该体系塔墩固结、塔梁分离,主梁在塔墩上设置竖向支承,接近于在跨度内具有弹性支承的三跨连续梁,又称半飘浮体系。这种体系的主梁内力在塔墩支点处产生急剧变化,出现了负弯矩尖峰,通常需要加强支承区段的主梁截面。

支承体系的主梁一般均设置活动支座,在横桥方向亦须在桥台和塔墩处设置侧向水平约束。

3. 塔梁固结体系

该体系塔梁固结,并支承在墩上;斜拉索为弹性支承,相当于梁顶面用斜索加强的一根连续梁。这种体系的优点是减小了塔墩弯矩和主梁中央段的轴向拉力,缺点是中孔满载是主梁在墩顶处转角位移导致塔柱倾斜,显著增大主梁跨中挠度和边跨负弯矩。上部结构重力和活载反力都需由支座传给桥墩,这就需要设置较大吨位的支座。在大跨径斜拉桥中,这种结构体系可能要设置上万吨级的支座,支座的设计制造、日后的养护和更换均较困难。

4. 刚构体系

梁、塔、墩互为固结,形成了跨度内具有多点弹性支承的刚构。这种体系的优点是既免除了大型支座,又能满足悬臂施工的稳定要求;结构的整体刚度比较好;主梁挠度小。然而,刚度的增大是由梁、塔、墩固结处能抵抗很大的负弯矩换取来的,因此,这种体系的固结处附近区段内主梁的截面必须加大。

第二节 斜拉桥的构造特点

一、拉索与锚具

拉索是斜拉桥的一个重要组成部分,显示了斜拉桥的特点。斜拉桥桥跨结构的重力和桥上活载,绝大部分或全部通过拉索传递到索塔上。

(一)拉索的索面布置

拉索按其所组成通常分为单索面和双索面,双索面又可分为双平行索面和双斜索面。

双平行索面有两种布置方式:一是将索平面布置在桥面宽度外侧,另一是将索平面布置在桥面宽度之内,如图 4-1-3a 所示。

当索塔在横向为 A 形、钻石形时,就可能需要双斜索面与此配合,如图 4-1-3b 所示。双斜索面的拉索可以提高梁的抗扭能力,抗风动力性能较好。

单平面拉索设置在桥梁纵轴线上,如图 4-1-3c 所示,特别适合于设置分隔带的桥梁。其特点是基本上不需要增加桥面宽度,具有最小的桥墩尺寸和最佳的视觉效果;但是,单平面拉索只能支承竖向荷载。由于横向不对称活载或(和)风力产生的作用而使主梁受扭,主梁横截面应采用闭合箱形为宜。

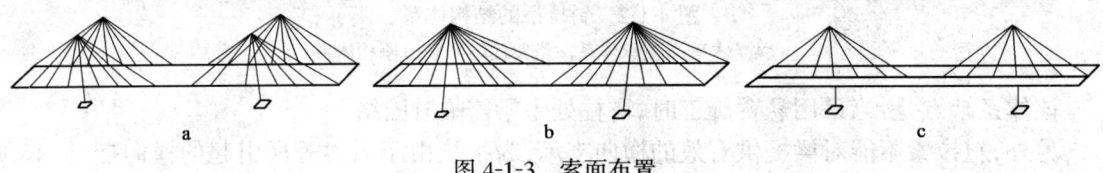

图 4-1-3 索面布置
a 双平行索面;b 双斜索面;c 单索面

(二)拉索的索面形式

根据位索在索面内的布置,拉索索面可以分为图 4-1-4 所示的四种形式。

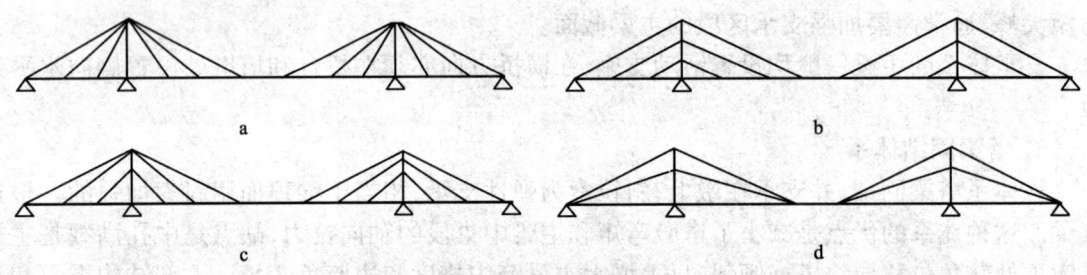

图 4-1-4 索面形式
a 辐射形;b 平行形(竖琴形);c 扇形;d 星形

1. 辐射形

该布置方法是将全部拉索汇集至塔顶,使各根拉索都具有可能的最大倾角。由于该布置方法的索力主要由垂直力的需要而定,因此拉索拉力较小。另外,辐射索能使结构形成几何不变体系,对变形及内力分布都有利。该方法的缺点是:由于较多数量的拉索汇集到塔顶,将使锚头拥挤,构造处理较困难;塔身承受较大的压力,且自由长度较大,塔身刚度应满足压曲稳定的要求。另外,拉索倾角不一,也使锚具垫座的制作与安装稍显复杂。

2. 平行形(竖琴形)

该形式的各拉索彼此平行,各索倾角相同。各对拉索分别连接在索塔的不同高度上,索与塔的接构造易于处理;由于倾角相同,各索的锚固设备构造相同,塔中压力逐段向下加大,有利于塔的稳定性。但是这种形式索的用钢量大;由于各对索拉力的差别,将在塔身各段产生较大的弯矩;由于拉索结构为几何可变体系,对内力及变形的分布较不利,不过可以用边跨内设置辅助墩的办法来加以改善。

3. 扇形

扇形是介于辐射形和平行之间的一种索面形式,一般在塔上和梁上分别按等间距布置。该形式兼顾了以上两种形式的优点而减少其缺点,因此,较多的斜拉桥均采用这种形式。

4. 星形

将分散锚固在索塔上的拉索合并锚在边跨梁端与桥台上,或锚固在边跨的桥墩上,可以显著减小中跨的挠度,也可避免在中跨加载时边跨产生很大的负弯矩。但这种形式的拉索倾角最小,拉索在梁上的锚固复杂,目前较少采用。

在实际使用中,还有将以上几种形式综合使用的例子,如边跨采用平行形,中跨采用扇形。

(三)索距的选择

根据拉索在主梁上的间距,有稀索和密索两类。对于钢梁,稀索间距大约为 30~60m;对于混凝土梁,稀索约为 15~30m;密索间距大约为 6~8m。

早期斜拉桥多采用稀索,目前则多采用密索。

密索体系斜拉桥具有下述优点:索间距较短,主梁弯矩减小;每束的拉力较小,锚固点的构造简单;伸臂施工时所需辅助支撑较少,甚至可以不要;每根拉索的截面较小,每索只用一根在工厂制造的外套 PE 保护管的钢索;拉索更换较容易。

(四)拉索的构造

拉索必须用高强度的钢筋、钢丝或钢绞线制作,主要有以下几种形式,见图 4-1-5。

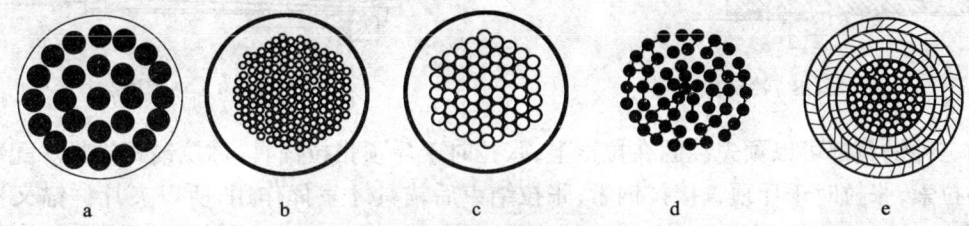

图 4-1-5 拉索的截面

a 平行钢筋索;b 平行(半平行)钢丝索;c 平行(半平行)钢绞线索;d 单股钢绞缆;e 封闭式钢缆

(五)拉索的防护

为了提高拉索的耐久性,延长使用寿命,减少养护工作,斜拉桥的拉索防护十分重要。防护工作的重点是防止外索锈蚀,为此,要求防护层有足够强度而不致开裂,有良好的附着性而不脱落;有良好的耐久性以延长使用寿命。

斜拉桥拉索的常见防护措施大致有以下几种:

1. 全封闭索防护

2. 单根钢丝镀锌防护

3. 单根钢丝镀铝防护

4. 化学涂层法

5. 套管压浆法:套管的种类有钢套管、铝套管、聚乙烯(PE)套管等,套管与钢索之间的空隙内通常压注水泥浆、树脂或油脂等材料。

6．直接挤压护套法

(六)锚具

目前常用的拉索锚具有以下四种：

1．热铸锚(图 4-1-6)

2．镦头锚(图 4-1-7)

3．冷铸镦头锚(图 4-1-8)

4．夹片群锚(图 4-1-9)

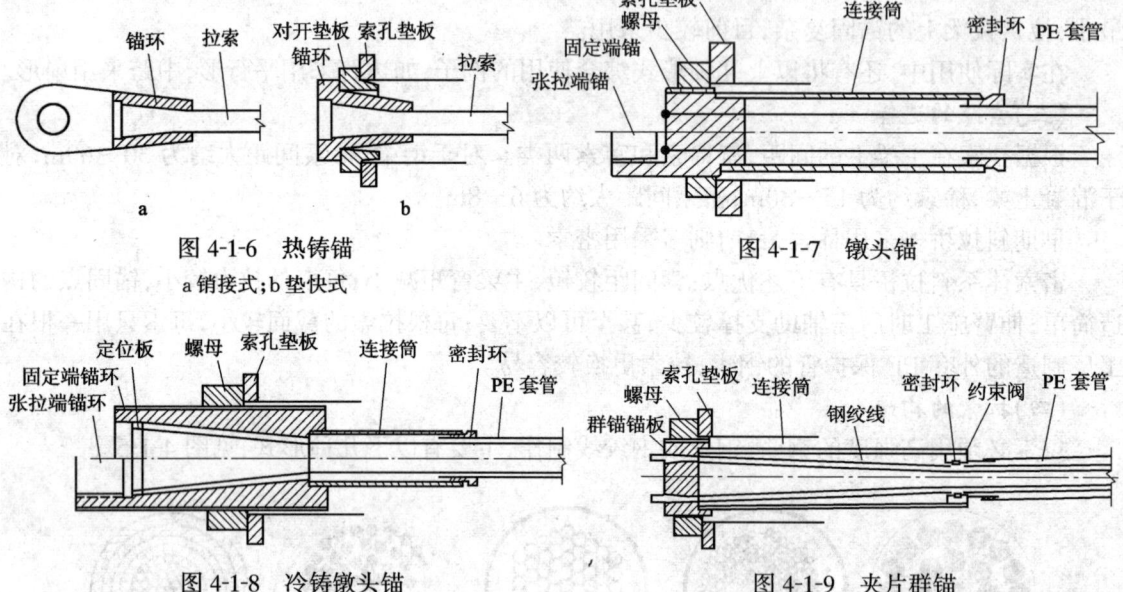

图 4-1-6　热铸锚
a 销接式；b 垫快式

图 4-1-7　镦头锚

图 4-1-8　冷铸镦头锚

图 4-1-9　夹片群锚

前三种锚具都可以预先装固在拉索上，张拉时千斤顶张拉锚具，称拉锚式锚具。配装夹片群锚的拉索，张拉时千斤顶直接拉钢索，张拉结束后锚具才发挥作用，所以夹片群锚又称拉丝式锚具。

二、主梁

主梁是斜拉桥的主要承重构件之一，它与其连接的桥面系，共同承受车辆荷载。

(一)截面形式

1．混凝土主梁

一般来说，适用于梁式桥的横截面形式均可用于斜拉桥。由于 T 形截面抗扭刚度小、锚梁弯矩大，一般很少采用。常用的混凝土主梁截面形式如图 4-1-10 所示。

图 4-1-10a 所示为板式截面，该截面构造简单、建筑高度小、抗风性能也好，适合于双索面密索体系的窄桥。当板厚较高时，可做成圆孔或椭圆孔的空心截面。

图 4-1-10b 和 f 为分离式双箱(或双主肋)截面，箱梁中心对准斜拉索平面，两个箱梁(或主肋)用于承重及锚固拉索，箱梁之间设置桥面系。上述截面形式优点是施工比较方便。

图 4-1-10c 和 d 是闭合箱形截面。该类截面具有较大的抗弯和抗扭刚度，适用于双索面稀索体系和单索面斜拉桥。图 4-1-3d 所示的倾斜腹板虽然施工略为困难，但在抗风和美观方面

均优于垂直腹板,此外还能减小墩、台宽度。

图 4-1-10e 所示为半封闭双室梯形或三角形箱形截面,横截面两侧为三角形或梯形封闭箱,外缘做成风嘴状,以减小迎风阻力,端部加厚以便锚固拉索,两三角形之间为整体桥面板。该截面形式具有良好的抗风性能,特别适用于风载较大的双索面密索体系。

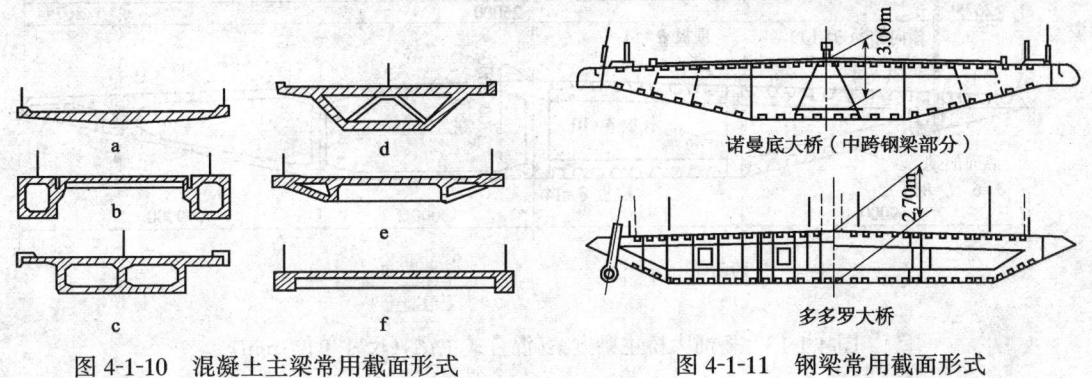

图 4-1-10 混凝土主梁常用截面形式　　图 4-1-11 钢梁常用截面形式

2．钢梁

常用的钢梁截面形式主要有：双主梁、钢箱梁、桁架梁等。双主梁一般采用两根工字形钢主梁,上置钢桥面板,主梁之间用钢横梁连接。钢箱梁截面的形式多样,有单箱单室、多箱单室、多箱多室等布置。为了提高抗风稳定性,大跨度钢斜拉桥往往采用扁平钢箱梁。斜拉桥采用钢桁架梁则主要是为了满足布置双层桥面(公铁两用)的需要,图 4-1-11 给出了几座实桥的钢梁截面形式。

3．钢-混凝土结合梁(叠合梁)

与混凝土主梁相比,钢—混凝土结合梁的自重较小、施工方便；与正交异性钢桥面相比,混凝土桥面耐磨耗、造价低,构件的工厂制造化程度较高,易于组装。

图 4-1-12 所示为上海南浦大桥的主梁截面。斜拉索锚于两片钢主梁上,钢主梁之间设钢横梁,钢主梁外设人行道钢伸臂梁,梁顶铺混凝土桥面板。

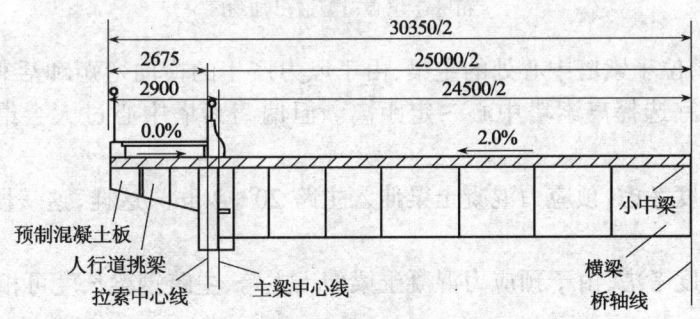

图 4-1-12 南浦大桥主桥截面图(叠合梁)(尺寸单位:mm)

(二)混合式主梁的连接构造

混合式斜拉桥与其他类型斜拉桥的主要区别在于：其主跨与边跨采用两种不同的材料,两侧边跨为预应力混凝土主梁,主跨为钢梁。图 4-1-13 所示为上海杨浦大桥初步设计中的一个主梁方案。

预应力混凝土梁与钢梁的连接是混合式斜拉桥的最重要构造之一。可以这样说,钢梁与预应力混凝土梁的连接位置选择和可靠的连接,是混合式斜拉桥成功的关键之一。

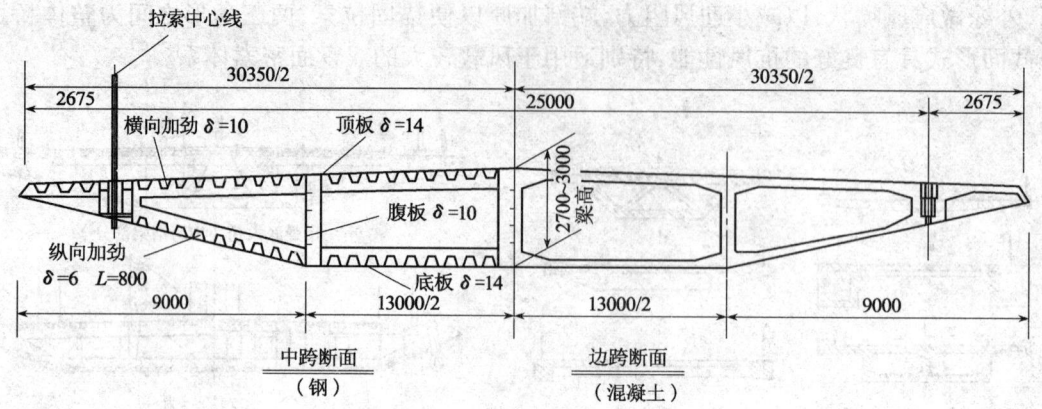

图 4-1-13　杨浦大桥主梁方案(混合式主梁)(尺寸单位:mm)

根据混合式斜拉桥的结构特点,预应力混凝土梁与钢梁的连接位置宜选在弯矩及剪力较小的地方,见图 4-1-14。这样结构处理就较简单。选择一个合理的连接位置时,一般应从结构受力性能合理、施工工艺简便和造价经济三个方面来考虑。

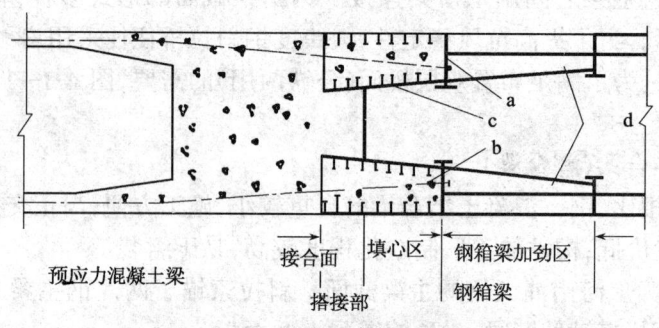

图 4-1-14　结合部位构造立面图
a 箱壁;b 填心;c 型钢;d 加劲区

(1)一般来说,位于索塔中心处的主梁,由于风力产生的横向弯矩和活载产生的纵向弯矩均较大,连接部位宜选择离索塔中心一定距离。但偏离索塔中心过大会给施工带来一定难度。

(2)从施工角度考虑,预应力混凝土梁伸入主跨 20~40m。这样,这一段梁仍可沿用边跨的施工架设方法。

(3)从经济角度考虑,由于预应力混凝土梁伸入主跨,主跨钢梁长度可相应减小,这对造价是经济的。

(三)主梁与拉索的连接构造

主梁上锚固拉索的构造是一个重要部位,它要求保证连接的可靠性,承担集中应力并将其分散到全截面;具有防锈蚀能力,并不使拉索产生颤振应力腐蚀;如需在梁端张拉,应具有足够的操作空间;要便于拉索的养护和更换。

根据索面及主梁截面形状的不同,锚固区的拉索锚固方式大体上分为以下几种类型:顶板设置锚固块、箱梁内设横隔板锚固、三角形箱边缘锚固和梁底锚固。

图 4-1-15 给出了几种常见的锚固构造形式。

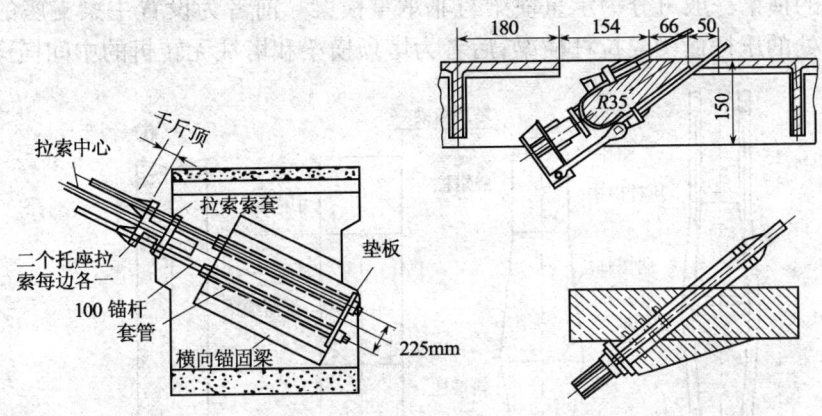

图 4-1-15 常见的主梁与拉索锚固构造形式(尺寸单位:mm)

三、索塔

索塔主要承受巨大的轴向力,有的索塔还要承受很大的弯矩。索塔的上端与拉索的连接,下端与桥墩或主梁的连接,是斜拉桥中很重要的组成部分。

(一)索塔的造型

从桥梁横向看,索塔可做成独柱式、双柱式、门式、斜脚门式、倒V式、钻石式和倒Y式等多种形式,见图 4-1-16。

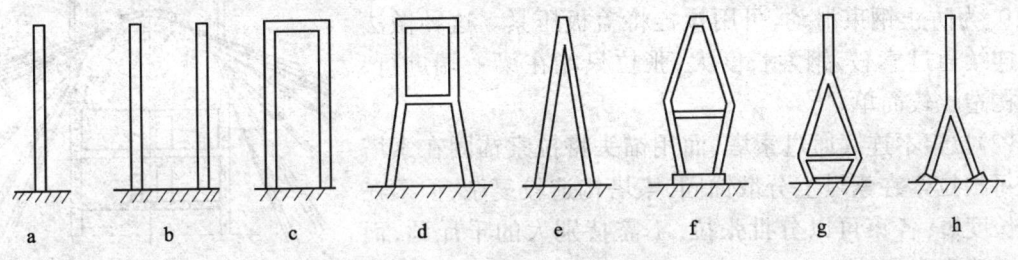

图 4-1-16 索塔的横向形式

索塔的纵向一般为单柱式,如图 4-1-17a 所示。当桥塔纵向刚度要求较大时,常常做成如图 4-1-17b 和图 4-1-17c 所示的倒V式与倒Y式。倒V式也可增设一道中间横梁(虚线所示)变为A式。

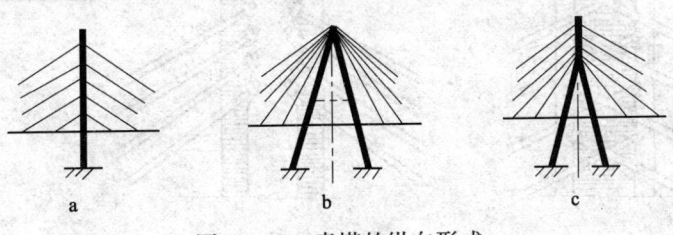

图 4-1-17 索塔的纵向形式

(二)索塔构件组成

组成索塔的主要构件是塔柱、塔柱之间的横梁或其他联结构件,见图 4-1-18。

塔柱之间的横梁一般可分为承重横梁与非承重横梁。前者为设置主梁支座的受弯横梁,以及塔柱转折处的压杆横梁或拉杆横梁;后者为塔顶横梁和塔柱无转折的中间横梁。

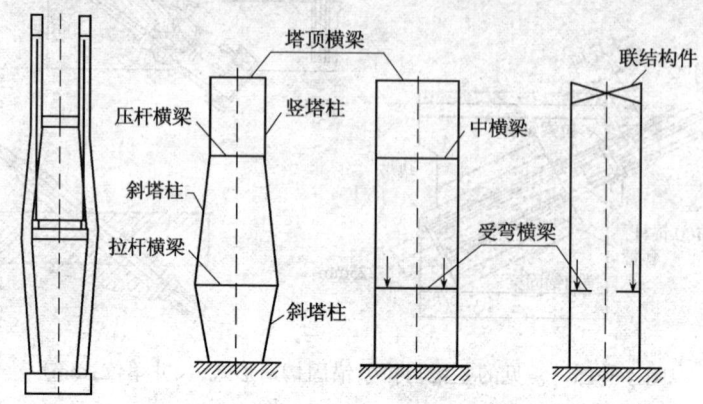

图 4-1-18 索塔构件组成

(三)索塔与拉索的连接构造

索塔与拉索的连接(锚固)部位是将一个拉索的局部集中力安全均匀地传递到索塔的重要受力构造。

索塔与拉索有不同的连拉方式,主要有两类:

(1)拉索在塔上连续通过索鞍。在索塔上用混凝土做成鞍形支承,辐射式拉索分一层或两层分在索鞍上,见图 4-1-19。为防止钢束滑动,可用螺栓将盖板压紧。这种做法钢索连续通过索鞍,钢索长度大,张拉只能在梁一端进行,但是构造比较简单。

(2)拉索不连续通过索塔,而用锚头将拉索锚固在索塔上。每根拉索在索塔上分散锚固,索塔构造较复杂,但索在连续长度短,各束可以分批张拉,不需特别大的千斤顶,而且两端皆可张拉。

图 4-1-20 所示为常见锚固形式。

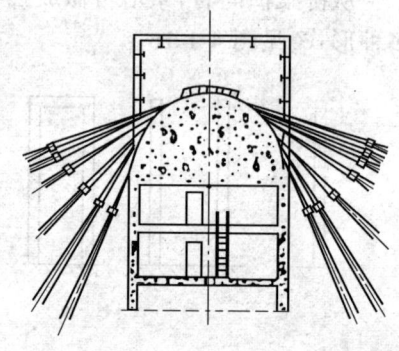

图 4-1-19 拉索在塔上连续通过索鞍

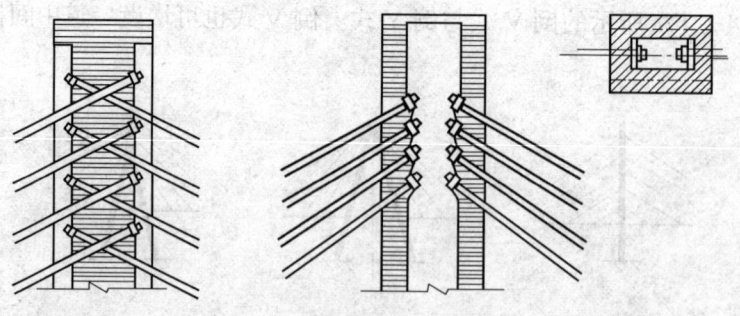

图 4-1-20 拉索在索塔上的锚固形式

第三节　斜拉桥设计简介

计算机技术的应用对斜拉桥的发展起到了积极的促进作用。斜拉桥属于高次超静定结构,其结构计算采用有限元法并借助电子计算机来进行。现对斜拉桥的设计计算中的主要问题简要介绍如下。

一、计算图式与计算原则

斜拉桥是一个空间结构,受力分析相当复杂,在计算中通常需要根据斜拉桥的结构特性来简化计算图式。例如,在竖向荷载作用下,可以将双索面斜拉桥简化为两片平面结构,荷载可在两片平面结构间分配。这种做法略去了活载偏心作用下结构的扭转效应,而用横向分布系数来粗略计入空间影响。另外,由于对斜拉索施工阶段所施加的初始张拉力(指活载作用前的索力)足以抵消活载作用下对索产生的压力,斜拉索始终处于张紧状态。因此,即使对于柔性索,计算中仍将可其作为受拉杆单元对待;对于主梁和索塔,则作为梁单元处理。尽管目前已有商用软件可对斜拉桥结构进行精细的空间分析,但许多采用有限元法编制的实用电算程序中,仍将斜拉桥作为平面体系结构来处理。

结构计算图式的规定如下:
(1)结构计算简图、几何特性、边界条件须与实际结构相一致。
(2)结构计算简图必须能反映结构分阶段形成的特点,正确反映各重要工况下的结构特性及荷载状况,如结构形成、体系转换、拉索张拉与索力调整、永久荷载、可变荷载及施工荷载等。

斜拉桥结构计算的原则是:
(1)对于一般跨径的混凝土斜拉桥结构计算,可按经典结构力学或有限元方法计算。
(2)对于跨径较大的斜拉桥,应计入结构几何非线性及材料非线性对结构的影响。
(3)斜拉桥为空间结构体系,在静力分析时可将空间结构简化为平面结构进行计算,动力分析应按空间结构计算。
(4)在结构计算中,必须计入拉索垂度对结构的非线性影响,可采用拉索换算弹性模量的方法计入其影响。
(5)除对结构进行总体计算外,尚应对一些特殊部位进行局部分析。

二、非线性影响

在斜拉桥结构分析时,无论计算图式是否简化都属于一个非线性结构体系。结构非线性主要表现在:结构刚度较小,变形较大;索塔及主梁中有弯矩与轴向压力的相互影响,考虑非线性影响时弯矩有增大趋势;拉索自重垂度引起的索力与变形之间的非线性变化影响等。

对一般规模(跨度)的斜拉桥,前两种非线性影响并不十分重要,甚至可略去不计,但拉索的非线性影响是必须考虑的。由于拉索存在有一定的自重垂度,故其弹性模量也存在一定的下降或损失。在大跨度斜拉桥中,若考虑拉索的非线性影响,一般常用下面的公式来计算有效(或修正)弹性模量:

$$E_i = \frac{E_0}{1 + \frac{(\gamma S \cos\alpha)^2}{12\sigma^3} E_0}$$

式中：E_i——考虑垂度影响的拉索换算弹性模量(kPa)；

　　　E_0——拉索弹性模量(kPa)；

　　　γ——拉索换算容重(kN/m³)；$\gamma = \dfrac{\text{每米拉索及防护结构材料重力(kN/m)}}{\text{拉索截面积(m}^2\text{)}}$；

　　　S——拉索长度(m)；

　　　α——拉索与水平线的夹角(°)；

　　　σ——拉索应力(kPa)。

该公式表明，选用高强度的线材，提高拉索的工作应力，采用较轻的拉索防护有效手段，使拉索每延米的重力不致有过多的增加，有助于提高拉索的刚度，降低其非线性影响。

三、恒载与活载的内力计算

(一)恒载内力

与梁式桥一样，斜拉桥的结构内力计算分为恒载内力计算和活载内力计算两部分，但斜拉桥的恒载内力计算更为复杂。

一方面，斜拉桥的施工往往不是一次完成的，而是随着施工的进展，体系逐渐变化，最终形成整个结构。因此，恒载内力计算应按施工程序分阶段进行(这往往需要采用桥梁专用结构分析程序)，并将各阶段的内力和变形逐次累加，以得到最终的恒载内力和变形。

另一方面，由于拉索的拉力大小直接影响主梁和索塔的内力，且可以在一定范围内调整，因此应优化设计，使结构(尤其是主梁)的恒载内力得到更合理的分布，这就是斜拉桥的内力调整。

在图 4-1-21 所示的两跨斜拉桥简图中，图 4-1-21a 为无拉索的结构图式及相应的主梁恒载弯矩图，图 4-1-21b 为张拉一对拉索时在梁内引起的弯矩，图 4-1-21c 则为两种弯矩图叠加后的总弯矩图。若总弯矩图不尽合理，就可调整索力大小，重新分析。当然，在多跨多拉索的情况下，分析就复杂得多。原则上，成桥后的主梁恒载弯及变形应尽可能分布均匀合理。

此外，计算中还要考虑混凝土主梁的收缩、徐变、预加力等的影响。

拉索初始张拉力(指施工时人为张拉的索力)的确定是恒载内力计算中的关键问题，它与施工方法有关，且往往要通过反复试算才能得到较理想的数值。拉索的初始张拉力可按以下原则确定：①塔的偏心力矩小；②主梁弯矩小；③索力相对均匀。目前，通常采用计算机程序来(正向或反向)模拟施工全过程，从中确定比较合理的主梁(也包括索塔)内力及挠度值对应的初始张拉力。

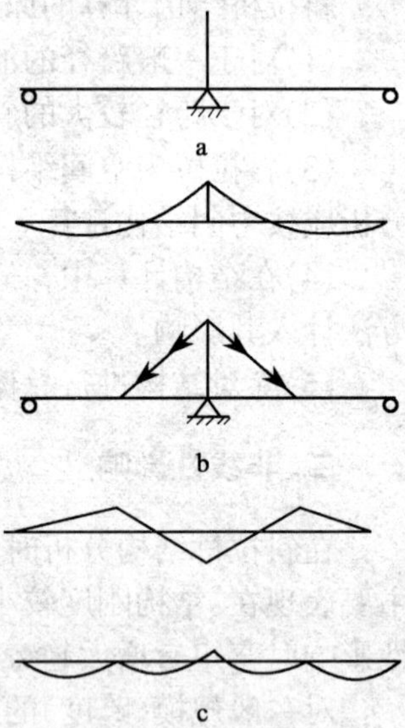

图 4-1-21　连续梁法示意图

(二)活载内力

按照平面杆系分析斜拉桥时，其活载内力计算仍应先作出内力及挠度影响线，然后进行影响线加载，并以计入横向分布系数的办法来考虑空间影响。横向分布系数的计算，可根据结构构造的特点采用合适的方法。

对于公路斜拉桥，由于活载内力占总内力的比重较小，而活载作用时拉索已有相当大的拉力,因此,计算活载内力时可不考虑拉索的非线性影响。对混凝土斜拉桥,活载对徐变的影响也可不予考虑。因此,活载内力计算可按一般线性结构的分析方法计算。

四、风振问题及抗风措施

在桥梁设计中,一般的中、小跨径桥梁往往仅作静力计算,风荷载转化为静力处理。然而在大跨径桥梁中,除了考虑风的静力作用外,还必须考虑风的动力作用。

桥梁的风振包括两大类,一类是当自然风达到某一临界值时,桥梁振幅不断增大直至达到结构损坏的自激振动,它是一种发散振动;另一类是限幅振动,它所引起的振幅有限,不会发散,但在低风速下经常发生。对桥梁危害最大的就是自激发散振动。

除上面介绍的桥梁风振外,对于斜拉桥,其斜拉索还可能出现多种形式的风致振动。其中,危害最大的是:当索面中两排拉索横桥向并列布置时,背风侧拉索由迎风侧拉索的尾流引起尾流驰振。下雨时,风(风速约为 5~15m/s)使雨水在拉索表面驻留并形成"上水路"时,拉索出现的雨—风激励振动,简称雨振。由于这种拉索风振的振动振幅较大,可能引起索端疲劳,并引起行人不安,有时甚至引起索与索相碰,从而导致拉索保护层的损坏等。

风振对钢斜拉桥的影响较大,其原因就是钢斜桥的自重较轻(目前已达 $3.4kN/m^2$)。混凝土斜拉桥的自重大(约为 $14kN/m^2$),风振影响较钢斜拉桥为好。

关于风振问题的计算,目前尚无完善的纯理论方法,对一些大型悬吊结构往往需借助航空模型试验中的风洞试验方法来取得结构抗风振的特性。所谓风洞,通常指一个可产生气流的闭合环形管道。风洞试验可根据试验的要求和风洞的大小,作全桥的或节段的模型试验,必要时兼做两种模型。

在选择构造形式时,可考虑以下几点增加风动力稳定性的措施:
(1)梁的宽高比 B/h 应大于 6,最好在 6~10 之间。
(2)迎风面做成流线形。
(3)可用横向放置的 π 形人行道板之类来形成导流器,以减少桥面局部真空。
(4)尽可能使两索面拉开,以增加抗扭刚度,用三角形索面效果最好。
(5)结构体系选用密索体系的连续梁。
(6)减小索距。

此外,为了防止以上所述的拉索振动,可采取的措施有:用夹板将几根拉索夹在一起,或在拉索下端支三角架等。

本章小结

1.斜拉桥主要由主梁、索塔和斜拉索三大部分组成。主梁一般采用混凝土结构、钢结构和混凝土—钢组合结构,索塔大都采用混凝土结构,而斜拉索则采用高强材料(高强钢丝或钢绞线)制成。主梁在斜拉索的各点支承作用下,就像多跨弹性支承的连续梁一样,使弯矩值得以大大地降低;斜拉索轴力产生的水平分力可以对主梁产生预压力,这样不但节省了结构材料,又能大幅度地增大了桥梁的跨越能力。

2.斜拉桥常见的孔跨布置方式有双塔三跨式和独塔双跨式两种,三塔四跨式和多塔多跨式则应用较少。

3.斜拉索在立面上的布置方式常用的有辐射形、竖琴形和扇形这三种基本形式;扇形布置在设计中获得广泛应用。

4. 斜拉桥的梁、塔、墩可以有三种结合方式,即塔墩固结、塔梁固结和塔梁墩固结,并由此可组成四种不同的结构体系,即飘浮体系、支承体系、塔梁固结体系和刚构体系。

5. 斜拉索的自重垂度的存在,对其弹性模量 E 有一定的下降或损失,考虑斜拉索垂度影响而对 E 值进行修正的非线性分析,一般采用 Ernst 公式来进行计算。

思考题

1. 斜拉桥的主要受力特点是什么?
2. 斜拉桥主梁常采用哪些截面形式,各有何特点?
3. 如何考虑选择不同材料的主梁结构?
4. 斜拉桥在梁体设计时常采用哪些抗风措施?
5. 按塔梁、墩结合方式,斜拉桥分为哪几个体系?
6. 拉索的间距在哪个范围内较合适?
7. 按拉索平面数量和布置形式,斜拉索可分为哪几种?
8. 在同一索面内,拉索有哪几种布置形式?
9. 从主面上看,索塔有哪些形式?从横桥向看,索塔有哪些形式?
10. 索塔高度和拉索倾角的确定应考虑哪些因素?
11. 斜向双索面布置的最主要优点是什么?

第二章 悬索桥

第一节 概 述

悬索桥又称吊桥,是一种古老的桥型。很早以前,人们就利用藤条和竹子等材料来制作悬索桥,中国古代就已有用铁链做悬索桥主缆的实例。

现代悬索桥通常由桥塔、锚碇、主缆、吊索、加劲梁及鞍座等部分组成,如图 4-2-1 所示。在吊索的悬吊下,加劲梁相当于多个弹性支承上的连续梁,弯矩显著减小;吊索将主梁的重力传递给主缆,承受拉力;桥塔将主缆支起,主缆承受拉力,并被两侧的锚碇锚固;桥塔承受主缆的传力,主要受轴向压力,并将力传递给基础。

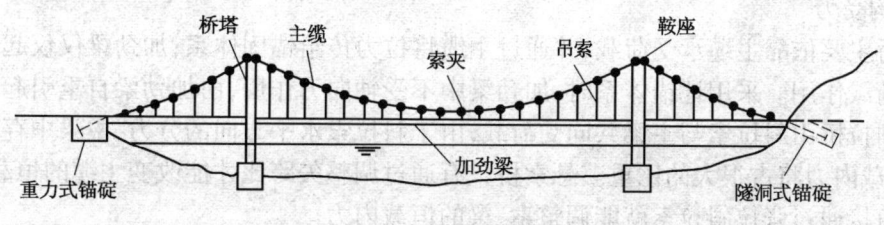

图 4-2-1 悬索桥概貌

悬索桥结构受力性能好,其轻盈悦目的抛物线形,强大的跨越能力,深受人们的欢迎。

与其他体系的桥梁相比,悬索桥的跨度越大,优势越明显。

在材料用量和截面设计方面,其他各种桥型的主要承重构件的截面积总是随着跨度的增加而增加,致使材料用量增加较大。但大跨度悬索桥的加劲梁(就工程数量讲,加劲梁在悬索桥中要占相当大的比例)则不是主承重构件,且截面不需要随着跨度而增加。

在构件设计方面,其他结构的许多构件,如梁的高度、杆件的外廓尺寸、钢材的供料规格等,容易受到客观制约的,但悬索桥的主缆、锚碇和桥塔等三项主要承重构件的在扩大截面积或承载能力方面所遇到的困难则较小。

作为主要承重构件的主缆具有非常合理的受力方式。众所周知,对于拉、压构件,其应力在截面上分布是比较均匀的,而对受弯构件,在弹性范围内,其应力分布呈三角形。就充分发挥材料的承载能力而言,拉、压的受力方式比受弯更为合理;但受压构件需要考虑稳定性问题,因此受拉就成为最合理的受力方式。由于悬索桥的主缆受拉,且截面设计较容易,因此,悬索桥的跨越能力是目前所有桥型中最大的。目前正在修建和计划修建的大跨度桥梁中,跨度超过 1000m 的桥型几乎无一例外地选择悬索桥。

在施工方面,悬索桥的施工是先将主缆架好,此时,主缆是成为一个现成的悬吊式脚手架。在架梁过程中,梁段可以挂在主缆下;为防御巨风的袭击,虽然也需要采取一定的防范措施,但与其他桥所用的悬臂施工方法相比,风险较小。

由于悬索桥跨越能力大,常可因地制宜地选择一跨即可跨越江河或海峡主航道的布置方案,这样,可以有效地避免水中深水桥墩的修建,满足通航要求。由于跨度大,悬索桥的构件就显得特别柔细,外形美观。因此,大跨度悬索桥常常成为重要的旅游景点。

当然,悬索桥也有一些缺点:由于悬索是柔性结构,刚度较小,在活载作用时,悬索会改变几何形状,引起桥跨结构产生较大的挠曲变形;在风荷载、车辆冲击荷载等动荷载作用下容易产生振动。历史上悬索桥发生破坏的事故较多,但是,自从1940年后开展桥梁抗风稳定性研究以来,暴风损毁桥梁的事故已经可以避免,但其动力响应(车振响应,风振及地震响应)方面的研究应继续开展。

一、悬索桥与斜拉桥的比较

比较悬索桥和斜拉桥,有助于进一步了解悬索桥的结构特点。

悬索桥与斜拉桥均属于缆索承重结构。缆索(主缆或斜拉索)通常采用高强材料,受力合理,比较经济。当两种结构的经济跨度范围都属于大跨度时,斜拉桥的经济跨度在200m以上,而悬索桥的跨度超过600m;两种桥式的柔度大,变形大,其抗风及振动问题都必须予以重视。

悬索桥与斜拉桥也有许多不同之处,具体表现在以下几方面:

1. 结构受力

悬索桥主要依靠主缆承受荷载,并通过主缆将拉力传给锚固体系;加劲梁仅仅起到局部承受和传递荷载作用。采用地锚体系时,加劲梁中不受轴向力作用,由加劲梁自重引起的恒载内力较小。斜拉桥由斜拉索与主梁共同受荷载,由于斜拉索水平方向的分力,主梁中存在较大的轴向力,恒载内力将占很大的比重。悬索桥只有通过调整矢跨比才能改变主缆的恒载内力,而斜拉桥可直接通过张拉斜拉索就能调整索、梁的恒载内力。

2. 材料

已建成的大跨度悬索桥加劲梁大部分采用钢材,因其自重轻,可减小主缆的截面积。斜拉桥的主梁可以是钢梁,也可以是混凝土梁,还可以是结合梁。

3. 刚度

悬索桥的竖向刚度主要由主缆提供,因此刚度比较小,调整其竖向刚度的方法主要靠调整主缆的恒载拉力;斜拉桥的竖向刚度由斜拉索与主梁共同提供,主梁刚度的大小对结构刚度有较大影响,可通过改变结构的布置形式的办法来调整其竖向刚度。

4. 施工

悬索桥的施工顺序是锚碇、桥塔、主缆、吊索、加劲梁,施工需要的机械、技术和工艺都不复杂。结构的线形主要由主缆线形和吊索长度控制,施工控制主要是测量与质量的控制。在斜拉桥的施工中,斜拉索及主梁交替悬臂伸出,施工时结构体系发生多次转换,需要严格控制结构的线形和斜拉索的张拉内力,施工技术难度相对于悬索桥来说要大一些。特别是混凝土斜拉桥,结构线形的控制是施工关键。斜拉桥的施工事故往往与施工控制失误有关。

二、悬索桥的流派

(一)美国式悬索桥

美国是修建悬索桥的先驱,起步较早,其发展已经经历了一百年的时间,建桥技术上相当成熟,为悬索桥的发展积累了丰富经验,并形成了自己独特的风格。

美国式悬索桥的基本特征是采用竖直吊索,并用钢桁架作为加劲梁,见图4-2-2。这种形式的悬索桥绝大部分为三跨地锚式,加劲梁不是连续的,主塔处有伸缩缝,桥面为钢筋混凝土,主塔为钢结构。美国式悬索桥的优点是:可以通过增加桁架高度来保证梁有足够的刚度,且便于实现双层通车。

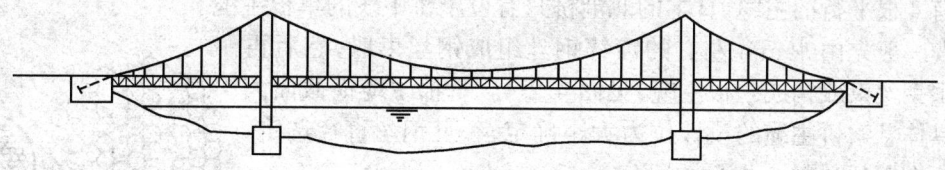

图 4-2-2 美国式悬索桥

日本修建悬索桥的构思方式也以美国式悬索桥的模式为多,这主要是考虑到很多桥是公路铁路两用桥,采用桁架式加劲梁便于布置成双层桥面,使公路铁路分层通过。但是,日本吊桥也有自己的特点,如采用连续的加劲桁架,在桥塔处无伸缩缝,采用正交异性钢板来代替钢筋混凝土桥面等。

(二)英国式悬索桥

英国式悬索桥起步于 20 世纪 60 年代,先后在英国本土和土耳其建成多座著名的典型英国式悬索桥。英国式悬索桥的基本特征是采用呈三角形的斜吊索和高度较小的流线形扁平翼状钢箱梁作为加劲梁,见图 4-2-3。此外,这种形式的悬索桥采用连续的钢箱梁作为加劲梁,桥塔处没有伸缩缝,用混凝土桥塔代替钢桥塔;有的还将主缆与加劲梁在主跨中点处固结。

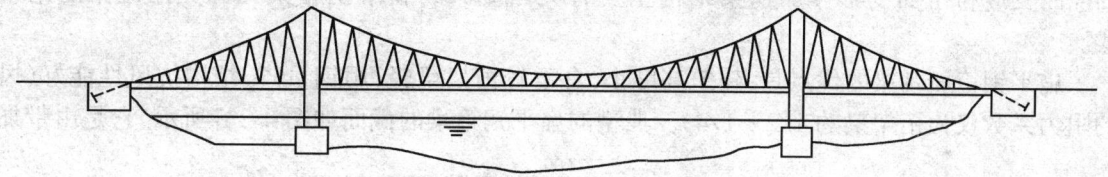

图 4-2-3 英国式悬索桥

英国式悬索桥的优点是钢箱加劲梁可减轻恒载,因而减小了主缆的截面,降低了用钢量和造价。钢箱梁抗扭刚度大,受到的横向风力小,有利于抗风,并大大减小了桥塔所承受的横向力。三角形布置的斜吊索可以提高桥梁刚度。但这种斜吊索在吊点处构造复杂。

(三)混合式悬索桥

其特征是采用竖直吊索和流线形钢箱梁作为加劲梁。混合式吊桥的出现,显示了钢箱加劲梁的优越性,同时避免了采用有争议的斜吊索。中国目前修建的悬索桥大多数属于这种类型

第二节 悬索桥的构造特点

一、主缆

主缆是吊桥的主要承重构件。主缆除承受自身恒载外,本身又通过索夹和吊索承受活载和加劲梁(包括桥面)的恒载,除此之外,主缆还承担一部分横向风载,并将它直接传递到桥塔顶部。

主缆先后经历钢结构眼杆式缆链、钢丝绳缆、封闭钢绞索缆,最终发展到现代的平行钢丝

主缆。平行钢丝主缆由平行高强度镀锌钢丝束组成,其架设方法分为空中编丝法(AS法)和预制平行束股法(PPWS法)两种。

在全桥布置主缆时,一般采用2根,分别布置在加劲梁两侧吊点之上。只有极少数悬索桥全桥设有4根平行的主缆,日本的北港桥只有位于桥中线的单根主缆。

主缆一般先由φ5mm左右的镀锌钢丝组成钢丝束股,然后再由若干根钢丝束股构成一根主缆,见图4-2-4。每根主缆横截面大小由各具体悬索桥主缆的设计拉力大小确定,一旦钢丝直径选定,其主缆所含钢丝总数 n 既随之而定。

具有 n 根钢丝的主缆应有多少束股 n_1 和每股钢束含多少根钢丝 n_2 则需根据主缆的编制方法而确定。

采用AS法的束股较大,每缆所含总股数 n_1 较少,约 30~90 束,每股所含丝数 n_2 多达 300~500 根,因而,单股锚固吨位大,锚固空间相对集中。

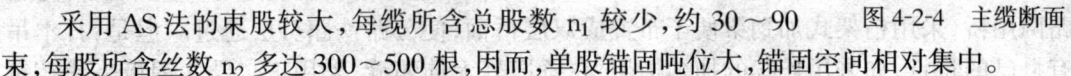

图4-2-4 主缆断面

采用PPWS法的束股通常按六边形平行排列,每股丝数 n_2 通常取值 61、91、127、169,组成形状稳定的正六边形。每缆总股数 n_2 一般为 100~300 束,锚固空间相对较大。因此适合于工厂预制,故现场架索施工时间相对缩短,气候因素影响小,成缆工效提高。

二、加劲梁

加劲梁是承受风荷载和其他横向水平力的主要构件,它的主要功能是防止桥面发生过大的挠曲变形和扭曲变形。加劲梁结构主要有英国流派的扁平钢箱梁式和美国流派的桁架式。

扁平钢箱加劲梁的优点是:建筑高度小,自重较桁架梁轻,用钢量省,结构抗风性能好(风的阻力系数仅为桁架梁的 1/2~1/4)。典型的扁平钢箱梁的截面如图4-2-5所示,它是由带加

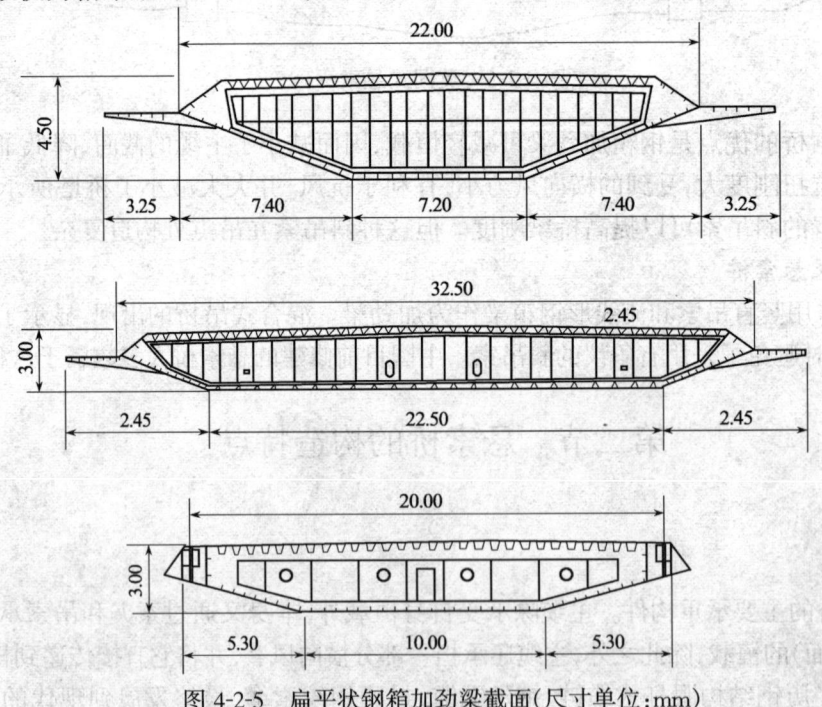

图4-2-5 扁平状钢箱加劲梁截面(尺寸单位:mm)

劲肋的钢板焊接而成,在箱内还设有横隔板或由杆件组成的横撑,桥面通常采用正交异性钢桥面板。

钢桁架式加劲梁在双层桥面的适应性方面较钢箱梁优越,适合于交通量较大的或公铁两用的悬索桥。桁架加劲梁立面布置多采用有竖杆的简单三角形形式,其横向布置应根据是否设双层面而定。桥面常采用钢筋混凝土板或正交异性钢桥面板。图4-2-6所示为典型的钢桁架式劲梁横断面。

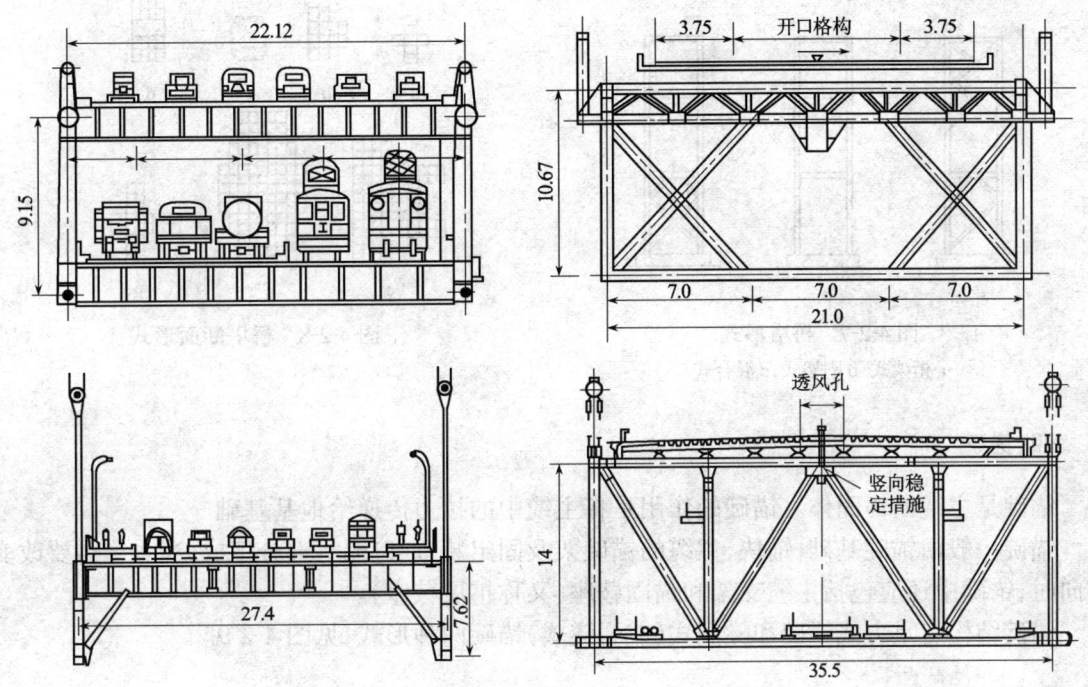

图 4-2-6 钢桁架式加劲梁横截面(尺寸单位:mm)

三、桥塔

桥塔是支承主缆的重要构件。支承在塔身上的悬索的活载和恒载以及加劲梁等载荷,都将通过桥塔传递至下部塔墩和基础;同时桥塔还承受风力和地震等作用。桥塔的高度主要由垂跨比确定。

桥塔早期采用石砌材料,后来以美国为代表的大跨度悬索桥桥塔基本采用钢结构。随着预应力混凝土和爬模技术的发展,近代欧洲各国、中国的悬索桥多采用混凝土结构。而日本近代修建的悬索桥却一直沿用钢结构桥塔,这主要是出于日本钢材市场价格低、人工费用高以及地震频繁的实际情况考虑。

桥塔在顺桥方向按力学性质可分为刚性塔、柔性塔和摇柱塔三种结构形式。

刚性塔多出现在早期较小跨径的悬索桥和现代多跨悬索桥中,主要作用是提高结构刚度。由于塔顶的鞍座与主缆之间不允许出现相对滑移,鞍座就需沿桥轴线方向要发生线位移。

柔性塔是大跨度现代悬索桥最常用的结构,为下端固结的单柱形式,鞍座固定于塔顶,由塔的弹性变形来适应鞍座的线位移。

摇柱塔也只适用于跨度较小的悬索桥，下端为铰接式单柱结构。由于塔底设铰，大大减小了塔所受的弯矩，但施工困难，结构复杂，现几乎不再使用。

在横桥方向，桥塔的结构形式可分为桁架式、刚架式和混合式三种，见图4-2-7。

桥塔的外部形状，沿桥轴方向多采用由塔顶向塔底以一定坡度逐渐扩大的形式，横桥轴方向则多为等宽度。

桥塔断面形状千差万别，从外部形状来分类，可分为长方形、十字形和丁字形等，见图4-2-8。

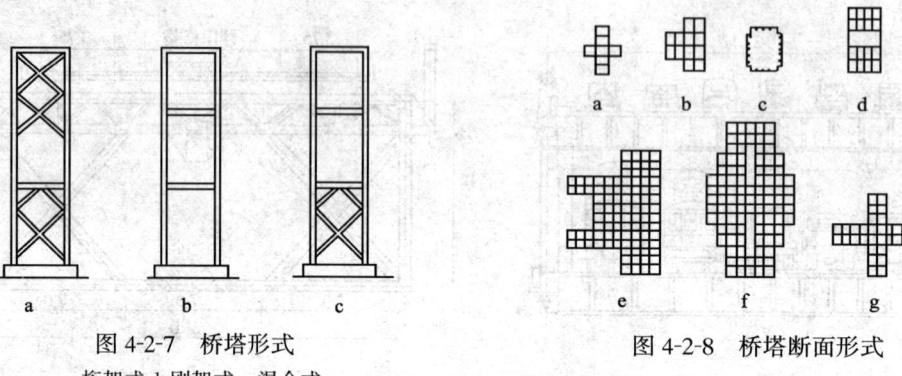

图4-2-7 桥塔形式
a桁架式；b刚架式；c混合式

图4-2-8 桥塔断面形式

四、锚碇

锚碇是主缆的锚固体。锚碇的作用是将主缆中的拉力传递给地基基础。

锚碇一般由锚碇基础、锚块、主缆的锚碇架及固定装置、遮棚等部分组成；当主缆需要改变方向时，锚碇中还应包括主缆支架和锚固鞍座（又称扩展鞍座）。

锚碇结构有重力式锚碇和隧洞式（或岩隧式）锚碇两种形式，见图4-2-9。

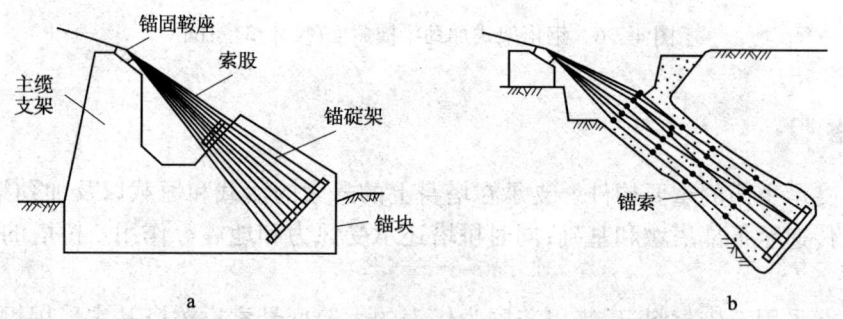

图4-2-9 锚碇的形式
a重力式锚碇；b隧道式锚碇

重力式锚碇为庞大的混凝土结构，依靠其自重实现对主缆拉力的锚固。其中，预埋锚固主缆束股用的钢结构锚杆和钢结构固架，束股通过锚头与锚杆联结，再由锚杆将束股拉力传至锚固架分散至混凝土锚体。

隧洞式锚碇则借助两岸天然坚固的岩体开凿隧洞再浇筑混凝土形成，利用岩体强度对混凝土锚体形成嵌固作用，达到锚固主缆拉力的目的，因而，锚碇混凝土用量较重力式锚碇大为节省,经济性能更为显著。

当主缆在锚碇处改变方向时,则需设置主缆支架。主缆支架可以独立地分开设置在锚碇之前,也可以设置在锚碇之内,它是主缆的支点。

主缆支架主要有三种形式:钢筋混凝土刚性支架、钢制柔性支架和钢制摇杆支架,见图4-2-10。

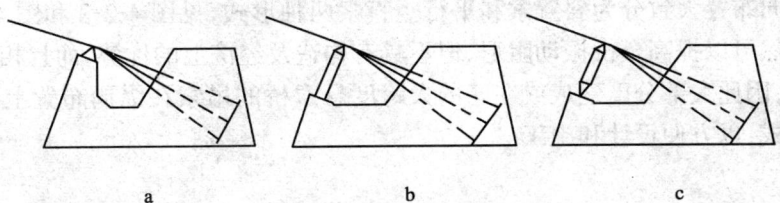

图 4-2-10　主缆支架的形式
a 刚性支架;b 柔性支架;c 锚杆支架

五、吊索及索夹

吊索也称吊杆,是将活载和加劲梁的恒载传递到主缆的构件。吊索上端通过索夹与主缆连接,下端与加劲梁连接,见图 4-2-11。吊索可用钢丝绳、平行钢丝束或钢绞线等材料制作。

吊索与主缆的连接方式有骑挂式和销连接式两种,见图 4-2-12。

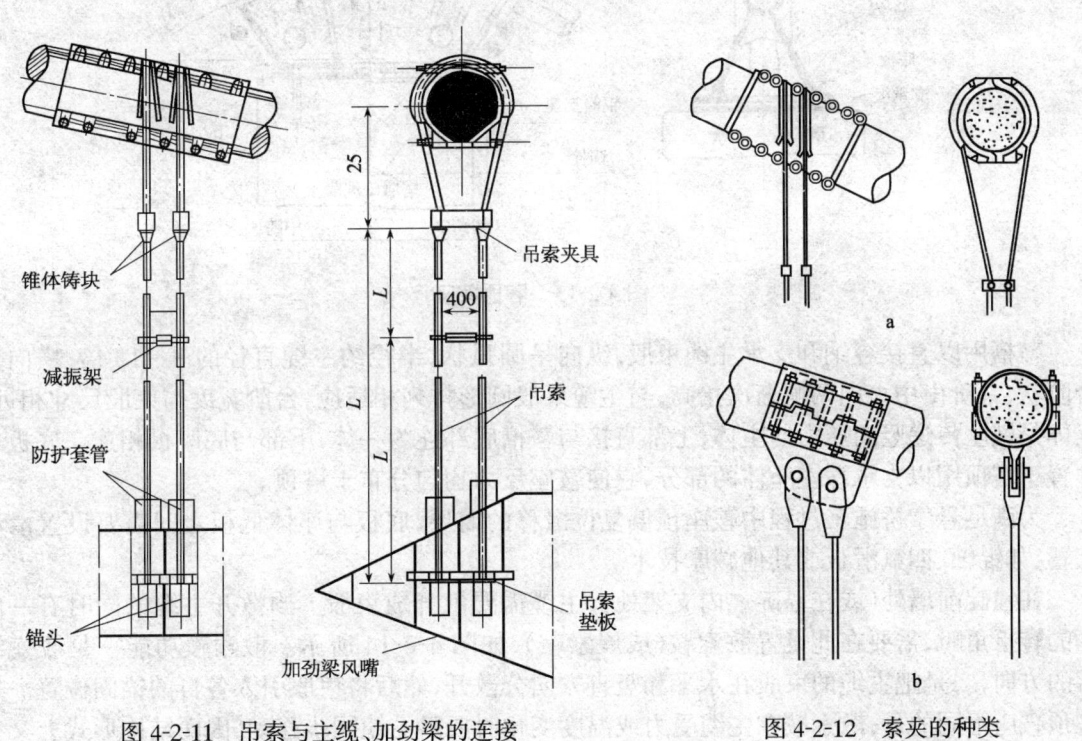

图 4-2-11　吊索与主缆、加劲梁的连接

图 4-2-12　索夹的种类
a 骑挂式;b 销连接式

骑挂式的优点是索夹应力不直接受吊杆拉力的影响,结构简单,但需要对应于主缆倾角的

变化而改变吊索槽的角度,致使铸造形式变多;同时,骑跨于索夹的吊索要产生弯曲应力,从而导致吊索强度下降。

改变销连接式索夹的倾斜角时仅需要改变销孔的位置,可减少吊索槽铸造形式。但销连接式也存在缺点:销与销孔之间有摩擦力,吊索的拉力影响索夹的应力分布。

美国和日本多用骑挂式,欧洲则多用销连接式。

吊索的纵向布置大致分为斜置索和平行竖直索两种形式,见图 4-2-2 和图 4-2-3。斜向布置吊索体系虽然可以提高全桥振动阻尼,但不具有构造及经济上的优势,而且相关疲劳的问题没有完全解决,因此大部分已建成或在建的大跨度悬索桥的吊索在纵向布置上均采用平行竖直索的布置形式,以方便设计和施工。

六、鞍座

鞍座是支承主缆的重要构件,通过它可以使主缆中的拉力以垂直力和不平衡水平力的方式均匀地传到塔顶或锚碇的支架处。设置在塔顶的鞍座称为主鞍,设置在锚碇处的鞍座一般为散索鞍。

塔顶鞍座(主鞍)的结构主要有鞍槽、座体和底板三大部分组成,如图 4-2-13 所示。

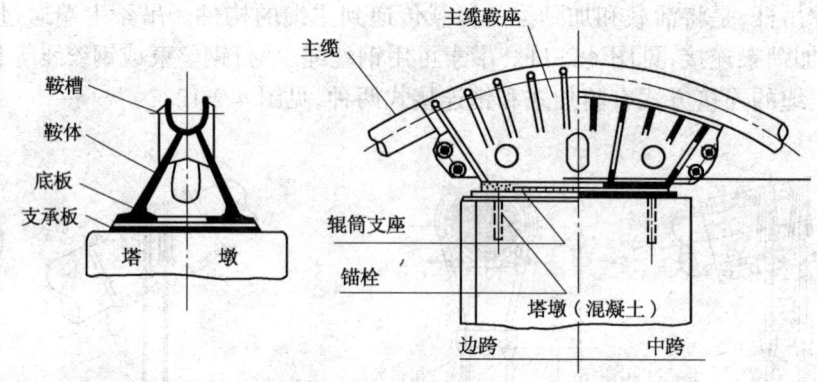

图 4-2-13　塔顶鞍座

鞍槽用以直接容纳和支承主缆束股,纵向呈圆弧状,半径约主缆直径的 8～12 倍;横向呈台阶状,台阶由中央向两侧渐次抬高,与主缆束股圆形排列相适应,台阶宽度与束股尺寸相近。座体是鞍座传递竖向压力的主体,上部直接与鞍槽底部连为一体,下部与底座板相连。底板是预置于塔顶用以支承鞍座座体的部分,它使鞍座反力均匀分布于塔顶。

为满足悬索桥施工过程中鞍座预偏复位滑移的需要,底板与座体低板之间需要设置滑动装置,如辊轴、四氟滑板或其他减摩技术。

在锚碇前墙处(或在锚碇之内支架处),主缆需要散开成束股。当散开主缆的同时有一向下的转折角时,需要在此设置散索鞍(或展索鞍),如图 4-2-14 所示。散索鞍功能一是改变缆索的方向,二是把主缆的束股在水平和竖直方向分散开,然后将束股引入各自的锚固位置。与塔顶鞍座不同的是,散索鞍在主缆受力或温度变化时要随主缆同步移动,因而结构形式上又有摇柱式和滑移式两种基本类型。散索鞍的形状较复杂:在主缆进口端应有圆槽,以便与主缆圆截面相适应;在束股出口处,应让外层各束股的上端交汇于一点,下端指向锚块混凝土前锚面的指定束股位置。

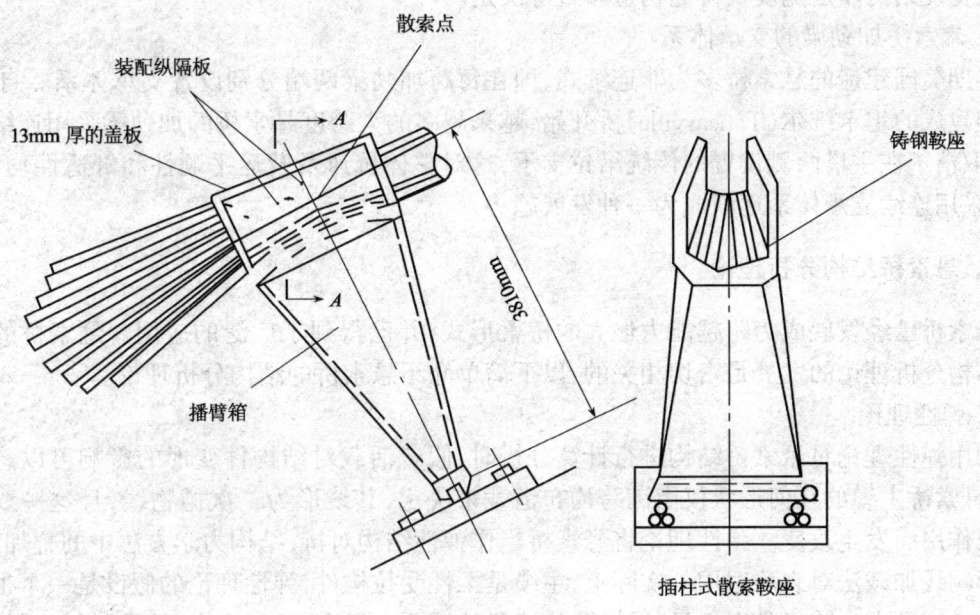

图 4-2-14 散索鞍

第三节 悬索桥设计简介

一、悬索桥的总体设计

实际设计中,设计者首先要研究地形、地质、水文及接线等条件,从而决定采用何种形式的悬索桥进行总体布置。然后再针对选定的桥式进一步确定悬索桥的跨度比、垂跨比、加劲梁高宽尺寸及其支承约束体系等要素,再进行方案设计的初步估算,概略地框算主要工程数量。

1. 悬索桥的边跨与主跨度比

根据总体受力要求,边跨与主跨的主缆水平分力在塔顶处应互相平衡,这需要通过边跨与主跨的主缆在塔顶两侧的夹角尽量相等来保证。但在实际设计中往往受锚碇远近及锚固点高低等客观条件限制,因此世界上已建悬索桥的实例中,边跨与中跨的比例多在 0.25~0.50 之间取值。

2. 悬索桥主缆的垂跨比

垂跨比指主缆在主孔的垂度 f 与主孔的跨度 l 之比。垂跨比的大小直接影响着主缆的拉力,也在很大程度上决定了主缆的用钢量。另外,垂跨比还对悬索桥的整体刚度有明显的影响,垂跨比越小,刚度越大。因此,在实际设计中,应结合对刚度的要求和主缆用钢量来选取合适的垂跨比,通常取值为 $1/9 \sim 1/12$。

3. 悬索桥加劲梁的尺寸拟定

悬索桥加劲梁的高宽尺寸,对大跨度悬索桥而言,似乎不存在与跨度有固定的比例关系,设计中主要需要根据抗风理论分析和风洞试验来验证所取的加劲梁高度和宽度是否具备优良的动力特性。通常,桁式加劲梁梁高一般为 6~14m,箱形加劲梁的梁高一般为 2.5~4.5m,加劲梁的宽度则由车道宽度及桥面构造布置等决定。

4. 悬索桥加劲梁的支承体系

早期美国建造的悬索桥多为非连续式,即在每跨加劲梁两端分别设置支承体系。自1959年法国建成的坦卡维尔(Tancarville)桥开始,越来越多的大跨度悬索桥的加劲梁采用连续支承体系,取消了在主塔两侧设置的传统吊拉支承,这对整体抗风及营运平顺性和舒适性均有利。因此,采用连续支承体系逐渐成为一种发展趋势。

二、悬索桥结构分析理论

悬索桥已经发展成为跨越能力最大的桥梁形式,并已得到了广泛的应用。悬索桥的应用与其结构分析理论的发展是密切相关的,以下简单介绍悬索桥的结构分析理论。

1. 弹性理论

利用弹性理论对悬索桥结构进行计算分析时,假定活载对结构件变形的影响可以忽略不计,即悬索桥主缆的几何形状仅由满跨均布恒载来决定,其线形为二次抛物线,且这一线形不因活载作用而发生改变。弹性理论将悬索桥当作弹性结构对待,结构力学方法中的叠加原理,以及影响线加载法对它均适用。实际上,主缆是柔性受拉构件,弹性理论的假设是一个很大的缺点。特别是在大跨径悬索桥设计计算时,按弹性理论太保守,偏于安全,浪费材料。但是,当悬索桥跨径较小(200m以下),加劲梁有足够的刚度时,采用弹性理论来分析悬索桥结构已经能满足工程上的需求。

2. 挠度理论

挠度理论考虑了活载对主缆线形的影响。挠度理论认为:主缆在恒载作用下取得平衡时的几何线形(二次抛物线)将因活载的作用而改变,主缆因活载作用而增加的拉力所引起的伸长量也应当在计算中考虑。当悬索桥跨径小于500m时,可用挠度理论计算。

图4-2-15显示了挠度理论与弹性理论的不同之处,图中用虚线形示主缆在恒载作用时的平衡位置,用实线表示主缆在恒载和活载共同作用时的平衡位置,两者比较可以看到活载作用下主缆的几何形状发生了变化。

在挠度理论基本微分方程中,若省略其二次项,则为线性挠度理论。当挠度理论线性化后,不

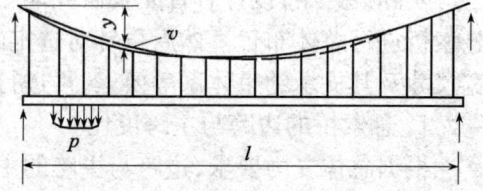

图4-2-15 挠度理论特点示意图

仅基本微分方程容易求解,而且由于线性化,叠加原理也可以使用,从而使工程中常用的影响线分析方法在此处也可使用。对于恒载与活载比值较大时,线性挠度理论具有较好的近似性。

3. 有限位移理论

当现代悬索桥的跨径进一步增大时,加劲梁的刚度相对不断减小;当加劲梁的高跨比小于1/300时,采用线性挠度理论分析吊桥所产生的误差将不容忽略,为此有限位移理论开始应用于现代悬索桥的结构分析中,使悬索桥的分析计算更加精确。

基于矩阵位移法的有限元技术更能适应解决复杂结构的受力分析,一些有代表性的研究成果逐渐完善和发展了有限位移理论。

应用有限位移理论的矩阵位移法,可以综合考虑体系节点位移影响和轴力效应,把悬索桥结构分析方法统一到一般非线性有限元中,这是目前大跨度悬索桥分析计算中普遍采用的方

法,也是悬索桥所有分析方法中最精确的方法。

4. 其他方法

代换梁法:设想把悬索去掉,在加劲梁上作用代换的竖向荷载及拉力(此拉力不引起加劲梁产生拉应力),这个梁即为原悬索桥的加劲梁的"代换梁",由此可以采用这个"代换梁"来求解悬索桥的内力。

重力刚度法:由于悬索桥加劲梁的弯曲刚度常常远小于具备很大轴力的主缆刚度,如果忽略加劲梁的刚度,而把悬索桥当作一个单纯的索结构平分析,则分析的结构也不会相差甚远。基于这样的思路对悬索桥进行近似分析的方法,就是重力刚度法。

三、悬索桥的景观设计

悬索桥是一种非常突出于周围环境的巨型工程建筑物,其景观设计也就显得尤为重要。

悬索桥以其刚劲挺拔的主塔、流畅起伏的主缆和凌空飞渡的加劲梁构成了几何线形清晰、形态生动的建筑景观,充分体现了结构简捷、建筑比例均匀、功能与形式统一的优美形态。

悬索桥的景观设计通常主要包含总体造型、主塔建筑造型、锚碇外观,加劲梁的截面、桥面栏杆扶手后细节处理、全桥结构色彩以及景观照明效果设计等方面。

1. 总体造型

桥梁的总体选型应与周围环境相适应,并重视当地的地质基础条件、引道接线条件和抗风受力要求等,尽量使悬索桥各主构要素间的比例均衡、总体布局对称和谐,做到结构造型的表观性与内在的受力实用性相统一,在充分利用材料和高科技创新来获取总体设计经济效益的同时,达到总体形态的美观要求。

2. 桥塔

桥塔在景观设计中至关重要,高耸挺拔的丰姿引人注目,增强了悬索桥的壮美气势,起着象征和标志的作用。古老的悬索桥粗大的圬工桥塔与现代悬索桥钢或钢筋混凝土桥塔都不宜太纤细而显得柔弱,结构要简捷而有一定的强壮感。

3. 锚碇

锚碇通常为庞大的混凝土构造物,若不注意其美学处理则会影响悬索桥的整体美形象。

设计中要结合地形条件进行结构美化处理,常用的手法有:消去法、融合法和对比法。如果地形条件适于做隧洞式锚,则锚体可隐于岩层,融于周围环境之中。对于重力式锚,锚碇大部分突兀可见,应对锚体的造型进行精心设计,并对外形进行处理,适当增设线条或空透措施。提高视觉观赏效果。图4-2-16为较好的锚碇外形处理方案。

4. 加劲梁

不论加劲梁采用桁架还是箱梁,都应做到轻巧、纤柔、连续而流畅的视觉效果。

5. 栏杆扶手

对桥面栏杆扶手等细节处理也应精益求精、精雕细刻,因为这些细节都是社会公众视觉触觉日常所及之处,是满足公众审赏建筑艺术的基本构成。

6. 景观照明

对夜间景观照明效果的设计,应结合周边环境突出结构物的主题,表现其夜间特有的视觉效果,让公众从不同的角度欣赏大桥的美学艺术。

景观照明设计,一般对主缆和加劲梁设置均匀分布的点式照明灯,用以突出大桥夜间总体的线形轮廓效果。对桥梁和锚碇则需用特殊的投光来刻画结构物不同部位光照效果,突出和渲染结构物的质感和空间造型。值得注意的是,这些照明设施在白天尽量隐蔽,不能有碍观瞻。

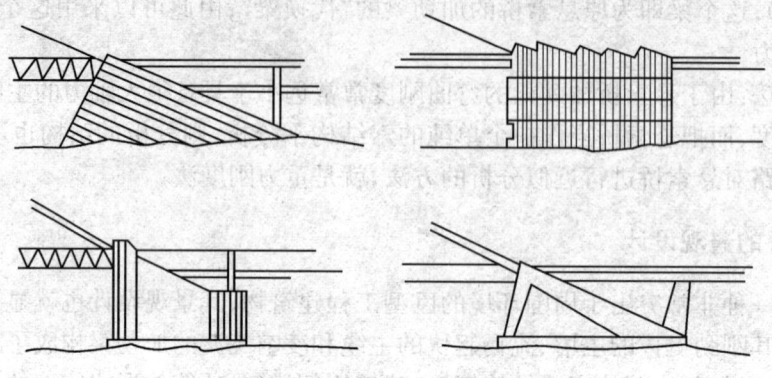

图 4-2-16　锚碇的造型

本章小结

1. 悬索桥是以受拉大缆为主要承重构件的桥梁结构。当设计的桥梁跨度在 600m 及以上时,悬索桥总是首选的桥型。悬索桥是目前所有桥型中跨越能力最大的一种桥型。

2. 悬索桥大缆在初始恒载作用下,具有较大的初始拉力,使大缆能保持一定的几何形状。但在外荷作用下,大缆不仅几何形状将发生改变,而且索力也发生改变,充分反映出大缆的几何非线性性质。这种几形状非线性的改变对悬索桥受力的影响是不可忽略的,因此结构体系的平衡应该建立在变形后的状态上。

思考题

1. 悬索桥有哪些主要构件,其设计特点是什么?
2. 悬索桥的受力机理与斜拉桥有何不同?
3. 按照吊杆的布置方式,悬索桥分哪几种类型?各自优缺点。
4. 作为悬索桥的一个特殊部件"锚碇"有哪几种形式?各有哪几部分组成?

第五篇 桥 梁 施 工

第一章 混凝土梁桥的施工

当桥墩及其基础施工完毕后,为了将梁体结构落置在设计位置,通常采用两种主要的施工方法,即就地浇筑法和预制安装法。

1. 就地浇筑法

就地浇筑法是通过直接在桥面搭设支架,作为工作平台,然后在其上面立模浇筑梁体结构。这种方法适用于两岸桥墩不太高的引桥和城市高架桥,或靠岸边水不太深且无通航要求的中小跨径桥梁。其主要优缺点分别为:

优点:不需要大型的吊装设备和开辟专门的预制场地,梁体结构中横桥向的主筋不用中断,故其结构的整体性能好。

缺点:支架需要多次转移,工期较长;若全桥多跨一次性立架,则投入的支架费用增高。

2. 预制安装法

当同类桥梁跨数较多、桥墩较高、河水较深且有通航要求时,通常便将桥跨结构用纵向竖缝划分成若干个独立的构件,放在桥位附近专门的预制场地或者工厂进行批量制作,然后将这些构件适时地运到桥孔处进行安装就位。通常把这种施工方法称作预制安装法。它的优缺点恰与上一种方法相反,即:

优点:桥梁的上、下部结构可以平行施工,工期大大缩短;无需在高空进行构件制作,质量容易控制,可以集中在一处成批生产,从而降低工程成本。

缺点:需要大型的起吊运输设备,吊运费用较高。由于在构件与构件之间存在拼接纵缝,例如简支T形梁之间的横隔板接头,施工时需搭设吊架才能操作,故比较麻烦。显然,拼接构件的整体工作性能就不如就地浇筑法。

无论采用哪一种施工方法进行施工,对于混凝土简支梁结构本身来说,都必须经过图5-1-1所示的基本施工工艺流程才能成型。

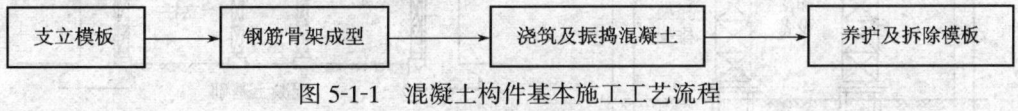

图 5-1-1 混凝土构件基本施工工艺流程

下面将对每一种施工方法的具体过程进行介绍。

第一节 就地现浇的钢筋混凝土简支梁桥施工

一、支架

1. 常用的支架形式

为了完成钢筋混凝土简支梁桥的就地现浇施工,首先应根据桥孔跨径、桥孔下面覆盖土层的地质条件、水的深浅程度等因素,合理地选择支架形式。

支架按其构造分为立柱式支架、梁式支架和梁—柱支架;按材料可分为木支架、钢支架、钢木混合结构和万能杆件拼装的支架等。图5-1-2给出了按构造分类的几种支架构造图。其中,a、b为立柱式支架,可用于旱桥、不通航河道以及桥墩不高的小桥施工;c、d为梁式支架,钢板梁适用于跨径小于20m,钢桁梁适用于大于20m的情况;e、f为梁—柱式支架,适用于桥墩较高、跨径较大且支架下需要排洪的情况。

2. 支架的基础

为了保证现浇的梁体不产生较大变形,除了要求支架本身具有足够的强度和刚度,具有足够的纵、横、斜三个方向的连接杆件来保证支架的整体性能外,支架的基础必须坚实可靠,以保证其沉陷值不超过施工规范的规定。对于较小的跨径,采用满布式的木支架排架(图5-1-2a),可以将基脚设置在枕木上,枕木下的垫基层必须夯实;对于梁—柱式支架,因其荷载较集中,其基脚宜支承在临时桩基础上(图5-1-2e、f),也可直接支承在永久结构的墩身或基础的上面(图5-1-2c、d)。

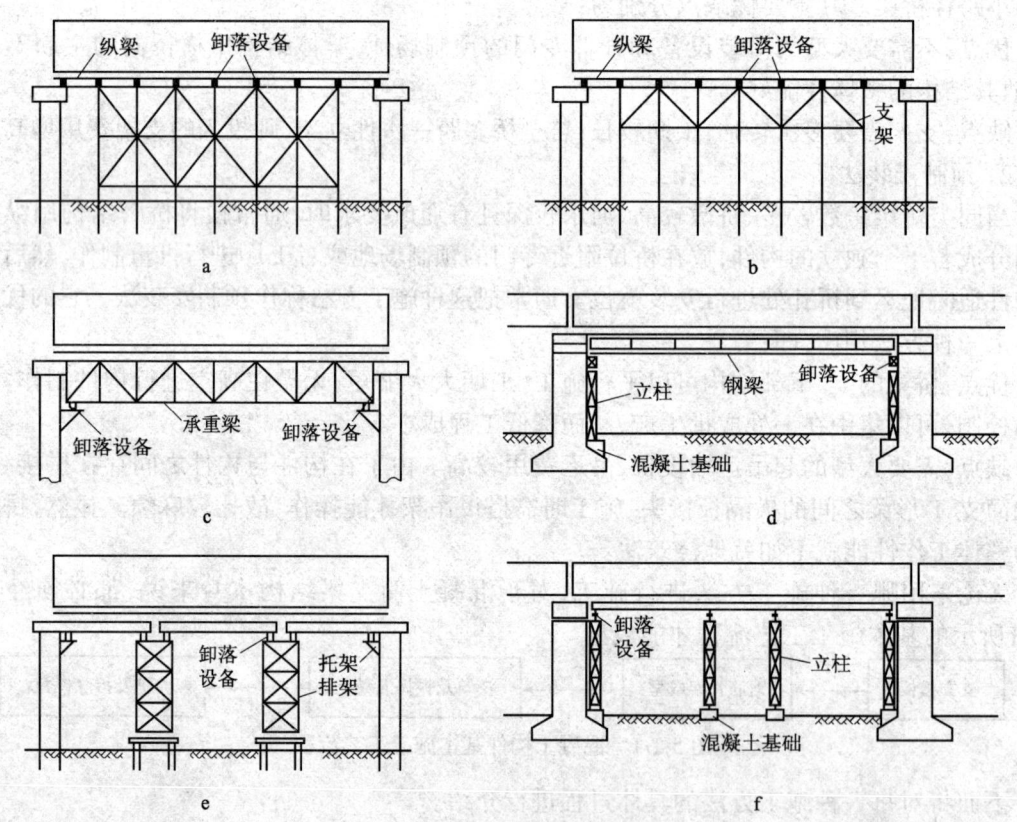

图5-1-2 常用支架的主要构造

3. 支架的预拱度

为了使上部结构在卸架后能满意地获得设计外形,必须在施工时设置一定数值的预拱度。在确定预拱度时应考虑以下的因素:

(1)卸架后由上部结构自重及活载一半所产生的挠度 δ_1；

(2)施工期间支架结构在恒载及施工荷载(施工人员、机具、设备等)作用下的弹性压缩 δ_2 和非弹性变形 δ_3；

(3)支架基底土在荷载作用下的非弹性沉陷 δ_4；

(4)由混凝土收缩及温度变化而引起的挠度 δ_5 等。

由第(2)、(3)项引起的变形可通过对支架用同等荷载预压得到,根据梁的挠度和支架的变形计算出来的预拱度之和就是简支梁预拱度的最高值,它应设置在跨径的中点。其他各点的预拱度,则按直线或二次抛物线比例进行分配,两端的支点处则为零。

二、模板

1. 模板的支立

钢筋混凝土空心板结构较少采用现场整体浇筑的施工工艺,其原因之一是板的高度较矮,从板孔中拆除内模不方便。钢筋混凝土实心板结构的模板比较简单,故这里重点介绍肋板梁的模板。

跨径不大的肋板梁模板,一般用木料制作。安装时,支架纵梁上安装横木,横木上钉底板；然后,安装肋梁的侧模板和桥面板底板(图 5-1-3a)。当肋梁的高度较高时,其模板一般采用框架式,此时,梁的侧模和桥面板的底膜可用木板或镶板钉在框架上,框架式模板底构造示意图 5-1-3b。

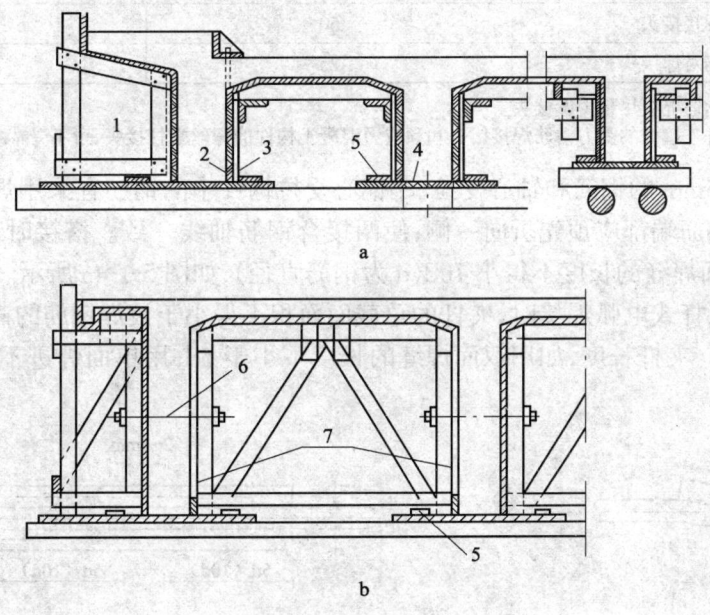

图 5-1-3 肋板梁模板

1—小柱架；2—侧面镶板；3—肋木；4—底板；5—压板；6—拉杆；7—填板

2. 模板的卸落

卸落梁桥模板时,应对称均匀和有顺序地进行,卸架设备应放在适当的位置；满布式支架应放在立柱处,梁式支架应放在支架梁支点处,见图 5-1-2。

三、钢筋骨架

1．钢筋骨架的组成

混凝土内的钢筋骨架由纵向钢筋(主筋)、架立筋、箍筋、弯起钢筋(斜筋)、分布钢筋以及附加钢件构成。关于这些钢筋的作用及截面的计算详见《结构设计原理》一书。

2．钢筋骨架的成型

钢筋骨架均需要经过钢筋整直→切断→除锈→弯曲→焊接或者绑扎等工序后才能成型。除绑扎工序外,每个工序都可应采用相应的机械设备来完成。对于就地现浇的结构,焊接或者绑扎的工序多放在现场支架上完成,其余均可在工地附近的钢筋加工车间来完成。下面着重叙述一下对最后一道工序所应遵循的技术要求。

(1)直径≤25mm 的钢筋,可以采用搭接绑扎的方法,但钢筋之间的搭接长度不应小于规范的规定。

(2)受力钢筋接头应设置在内力较小处,并应错开布置。在任一搭接长度的区段内,有接头的受力钢筋截面面积占总截面面积的百分率不应超过表 5-1-1 的规定。

表 5-1-1　搭接长度区段内受力钢筋接头面积的最大百分率

接 头 形 式	接头面积最大百分率(%)	
	受拉区	受压区
主钢筋绑扎接头	25	50
主钢筋焊接接头	50	不限制
预应力钢筋对焊接头	25	不限制

注:(1)在同一根钢筋上应尽量少设接头。
　　(2)装配式构件连接处的受力钢筋焊接接头和预应力混凝土构件的螺丝端杆接头,可不受本条限制。

(3)直径>25mm 的钢筋和轴心受拉、小偏心受拉构件中的钢筋宜采用焊接。当采用搭叠式电弧焊接时,钢筋端都应预先折向一侧,使两接合钢筋轴线一致。搭接时,双面焊缝的长度不得小于 5d,单面焊缝的长度不得小 10d(d 为钢筋直径),如图 5-1-4a 所示。

(4)当采用夹杆式电弧焊接时,夹杆的总截面面积不得小于被焊钢筋的截面积不得小于被焊钢筋的截面积。夹杆长度,如用双面焊缝的长度不小于 5d,用单面焊进不应小于 10d,如图 5-1-4b 所示。

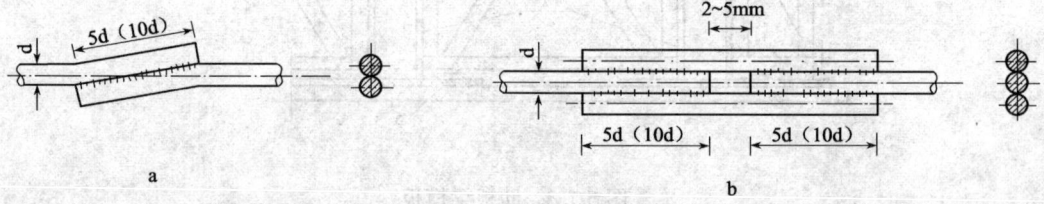

图 5-1-4　钢筋接头焊缝形式(括号内数字为单面焊缝)
a 搭叠式电弧焊;b 夹杆式电弧焊

四、浇筑及振捣混凝土

该施工过程包括混凝土搅拌、混凝土运输、浇筑混凝土、振捣密实等四个工序。混凝土的砂石配合比和水灰比均应通过设计和试验室来确定,拌制时一般采用搅拌机。混凝土的振捣一般采用插入式振捣器、平板式振捣器或振动台等设备,应依据不同构件和不同部位的需要来选用,其目的是达到模板内的软体混凝土密实,不能使混凝土内存在较大的空洞、蜂窝和麻面。这里着重对其他两个工序的技术要求作一个介绍。

1. 混凝土的运输

(1)混凝土的运输能力应满足混凝土凝结速度和浇筑速度的需要,务必使混凝土在运到浇筑地点时仍保持均匀性和规定的坍落度。无论是采用汽车运输还是搅拌车运输,其运输时间不宜超过表 5-1-2 中的规定。

表 5-1-2　混凝土拌和物运输时间限制

气温(℃)	一般汽车运输(min)	搅拌车运输(min)
20~30	30	60
10~19	45	75
5~9	60	90

注:表列时间系指从加水搅拌至入模时间。

(2)采用泵送混凝土应符合下列规定:

a. 混凝土的供应必须保证输送混凝土泵能连续工作。

b. 输送管线宜直,转弯宜缓,接头应严密;如管道向下倾斜,应防止混入空气,产生阻塞。

c. 泵送前应先用水泥浆润滑输送管道内壁。混凝土出现离析现象时,应立即用压力水或其他方法冲洗管内混凝土,泵送间歇时间不宜超过 15min。

d. 在泵送过程中,受料斗内应具有足够的混凝土,以防止吸入空气产生阻塞。

2. 混凝土的浇筑

跨径不大的简支梁桥,可在钢筋全部扎好以后,将梁与桥面板沿一跨全部长度用水平分层法浇筑,或者用斜层法从梁的两端对称地向跨中浇筑,在跨中合龙。

较大跨径的梁桥,可用水平分层法或用斜层法先浇筑纵横梁,然后没桥的全宽浇筑桥面板混凝土。此时桥面板与纵横梁之间应设置工作缝,如图 5-1-5a 中的所示。

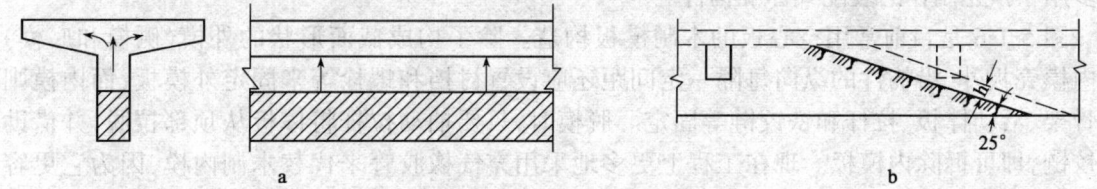

图 5-1-5　混凝土的浇筑方法

当桥面较宽且混凝土数量较大时,可分成若干条纵向单元分别浇筑,每个单元的纵横梁也应沿其全长采用水平分层法或斜层法浇筑。当分单元浇筑时,应在纵梁之间的横梁处按照单元的划分留置工作缝,待各纵向单元浇筑完成后,再填接缝混凝土。最后对于桥面板按全面积一次浇筑完成,不设工作缝。

当采用水平分层法浇筑和插入式振捣器振捣时,其分层厚度不宜超过 0.3m,并且必须在前一层混凝土开始凝结之前,将次一层混凝土浇筑完毕。当气温在 30℃ 以上时,前后两层浇筑时间相隔不宜超过 1h,当气温在 30℃以下时,时间不宜相隔 1.5h,或由试验资料来确定相隔时间。当无法满足上述规定的间隔时间时,就必须预先确定施工缝预留的位置。一般将施工缝选择在受剪力和弯矩较小且便于施工的部位,并应按下列要求进行处理:

(1)在浇筑接缝混凝土之前,先凿除老混凝土表层的水泥浆和较弱层。

(2)经凿毛的混凝土表面应用水洗净,在浇筑次层混凝土之前,对垂直施工缝宜刷一层净水泥浆,对于水平缝宜铺一层厚为 10~20mm 的 1:2 的水泥砂浆。

(3)对于斜面施工缝应凿成台阶状再进行浇筑。

(4)接缝位置处在重要部位或者结构物处在地震区时,则在灌筑之前应增设锚固钢筋,以防开裂。

五、养护及拆除模板

混凝土浇筑完毕后,应在收浆后尽快用草袋、麻袋或稻草等物予以覆盖和洒水养护。洒水持续时间,随水泥品种的不同和是否掺用塑化剂而异,对于用硅酸盐水泥拌制的混凝土构件不少于 7 昼夜,对于用矿渣水泥、火山灰水泥或在施工中掺用塑化剂的,不少于 14 昼夜。

混凝土构件经过养护后,当达到了设计强度的 25%～50% 时,即可拆除侧摸;达到了设计吊装强度并不低于设计强度等级的 70% 时,就可起吊主梁。

第二节　预制钢筋混凝土及预应力混凝土简支梁桥施工

一、预制钢筋混凝土简支梁的制作工艺

预制钢筋混凝土简支梁结构在工程上的应用比较广泛,它多属于标准设计的构件,便于批量生产,保证质量,成本较低。制作的场地可以在桥梁工地附近的地面上,也可以专门的构件制造厂。不论采用哪种方式预制好的成品构件,都需要通过构件运输(场内或场外)和构件安装两个重要施工过程。有关这两个施工过程后面还要专门介绍。

常用的构件模板材料有木模和钢模两种,前者多用于就地浇筑或者非等跨结构的场合,后者多用于预先制作的装配式标准构件。

图 5-1-6 是目前常用空心板的木制模板构造。除了构成截面形状的外模(侧模和底模)和内模壳板外,沿构件的纵向每隔一定间距还应设置衬挡和螺栓等来固定外模板,而内模则用骨架、活动撑板、拉杆和铁铰链等固定。脱模时,只要抽动拉杆将撑板从顶部拉脱,并借助铁铰链,即可拆除内模板。现在工程上更多地采用充气橡胶管来代替木制内模,因为它更容易被拆除;不过,在充气时,所施气压的大小要根据橡胶管管径、新筑混凝土的压力以及气温等因素计算确定。在浇灌混凝土之前,要预先用定位钢筋或压块将橡胶管的位置加以固定,防止上浮和偏位;由于混凝土的强度与气温有关,何时泄气抽出橡胶管,也要根据试验来确定。

图 5-1-7 所示是用于制造 T 形梁的装拆式钢模板构造。同样,除了用于截面成型的钢壳板以外,还要用角钢做成水平肋、竖向肋、斜撑、直撑、固定侧模用的顶部和底部拉杆等部件来固定模板位置。不论采用何种模板,在浇筑混凝土之前,均需在模板的内表面涂以隔离剂,如石灰乳浆、肥皂水或废机油等,以防止壳板与混凝土粘连。

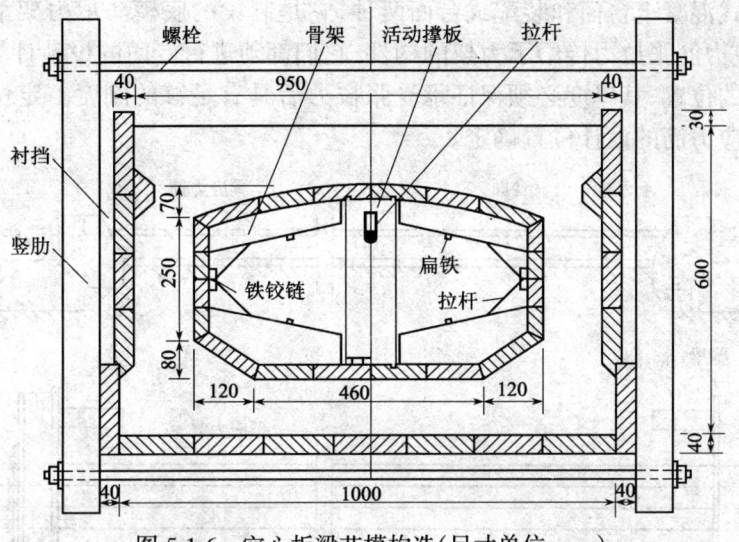

图 5-1-6 空心板梁芯模构造(尺寸单位:mm)

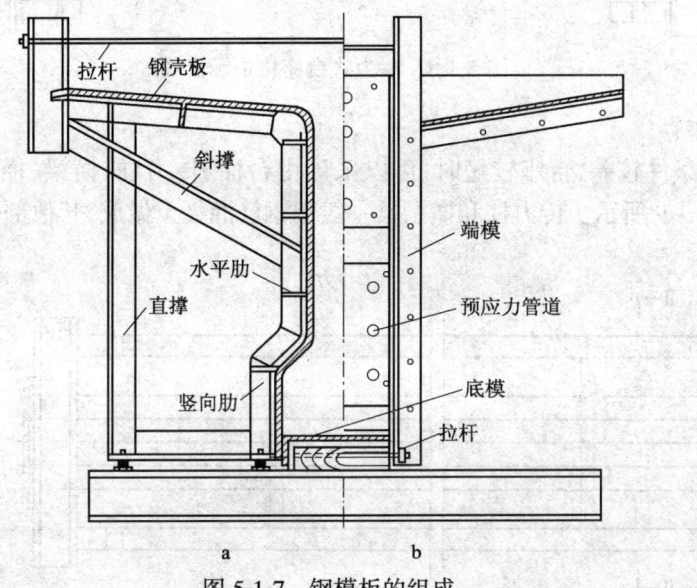

图 5-1-7 钢模板的组成

二、先张法预应力混凝土简支板的制作工艺

先张法预制板梁的制作工艺是在浇筑混凝土之前先进行预应力筋的张拉,并将其临时固定在张拉台座上,然后,完成图 5-1-1 所示的基本施工工艺流程,待混凝土达到规定强度(但不得低于设计强度的 70%)时,逐渐将预应力筋松弛,利用力筋回缩和与混凝土之间的粘结作用,使构件获得预应力。下面仅介绍它的制造工艺特点。

1. 台座

(1)墩式台座:

墩式台座是靠自重和土压力来平衡张拉力所产生的倾覆力矩,并靠土壤的反力和摩擦力来抵抗水平位移。台座由台面、承力架、横梁和定位钢板等组成,如图 5-1-8 所示。

台面有整体式混凝土台面和装配式台面两种,它是制梁的底模。承力架承受全部的张拉力,横梁是将预应力筋张拉力传给承力架的构件,它们都须进行专门的设计计算。定位钢板用于固定预应力筋的位置,其厚度必须保证承受张拉力后具有足够的刚度。定位板上的圆孔位置则按构件中预应力筋的设计位置确定。

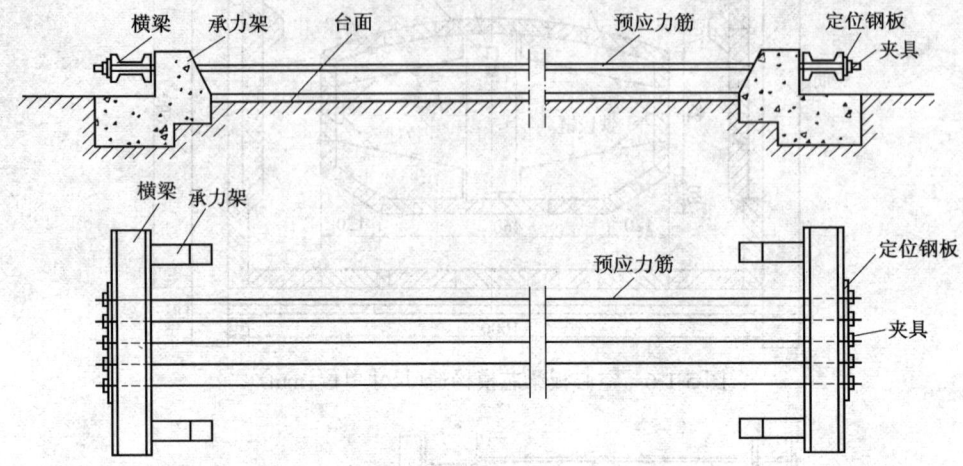

图 5-1-8　重力式台座构造示意图

(2)槽式台座:

当现场地质条件较差,台座较短时,可以采用由台面、传力柱、横梁、横系梁等构件组成的槽式台座,如图 5-1-9 所示。传力柱和横系梁一般用钢筋混凝土做成,其他部分与墩式台座相同。

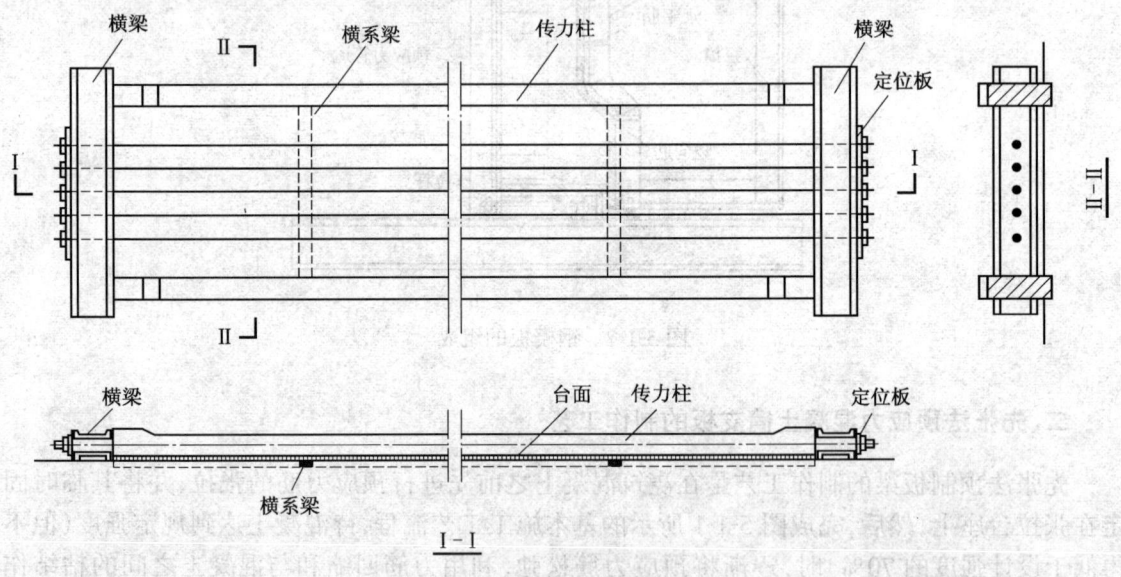

图 5-1-9　槽式台座

2．预应力筋的放松

当混凝土达到了预期的强度以后,就要从台座上将预力筋的张拉力放松,逐渐将此力传递到混凝土构件上。放松的方法有多种,下面仅介绍常用的两种方法。

(1)千斤顶放松:首先,在台座上重新安装千斤顶,先将力筋稍张拉至能够逐步扭松端部固定螺帽的程度,然后松开千斤顶,让钢筋慢慢回缩完毕为止,见图 5-1-10。

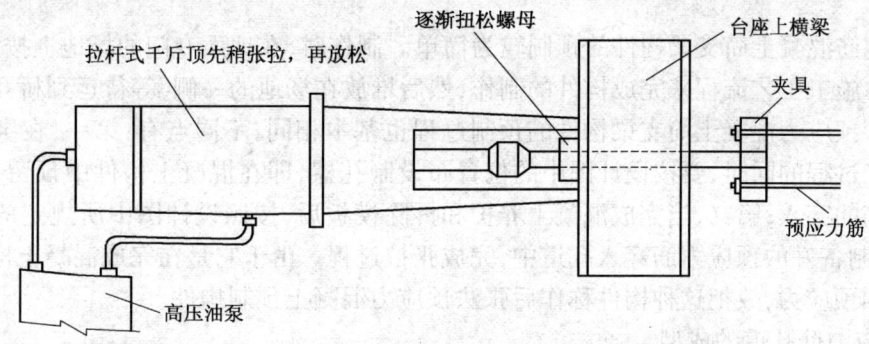

图 5-1-10　千斤顶放松示意图

(2)砂筒放松:在千斤顶张拉预应力之前,在承力架和横梁之间各放一个灌满被烘干过的细砂子砂筒,见图 2-9-11。张拉时筒内砂子被压实。当需要放松预应力筋时,可将出砂口打开,使砂子缓慢流出,活塞徐徐顶入,直至张拉力全部放松为止。本法易于控制放松速度,故应用较广。

3. 张拉程序

先张法预应力筋的张拉应符合设计要求,若设计无规定时,其张拉程序可按表 5-1-3 中的规定进行。

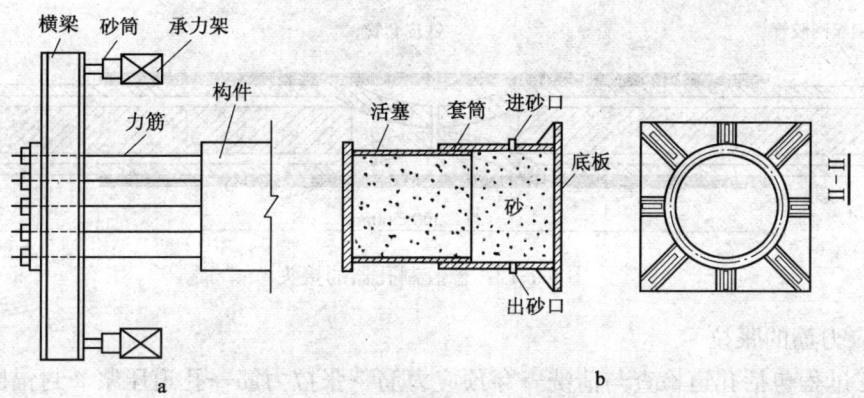

图 5-1-11　砂筒放松示意图

为了避免台座承受过大的偏心力,应先张拉靠近台座截面重心处的预应力筋,其张拉程序见表 5-1-3。

表 5-1-3　先张法预应力筋张拉程序

预应力筋种类	张　拉　程　序
钢　筋	0→初应力→$1.05\sigma_{con}$(持荷 2min)→$0.9\sigma_{con}$→σ_{con}(锚固)
钢丝、钢绞线	对于夹片式具有自锚性能的锚具: 普通松弛筋: 0→初应力 $1.03\sigma_{con}$(锚固) 低松弛力筋: 0→初应力 σ_{con}(持荷 2min 锚固)

注:表中 σ_{con} 为张拉时的锚下控制应力。

三、后张法预应力混凝土简支梁的制作工艺

普通钢筋混凝土简支梁构件的预制较为简单。制作时,在地面专门的场地上按照图 5-1-1 所示的基本施工工艺流程来完成构件的制作,然后堆放在场地的一侧,等待运到桥孔处进行安装。后张法预应力混凝土简支梁构件的预制过程也基本相同,不同点有:第一,在绑扎钢筋成型这个施工过程的同时,要按设计图中的位置布设制孔器,即在混凝土构件中预留孔道,供以后预应力筋的穿入;第二,当完成混凝土养护和拆除模板后,按照设计图中所规定的混凝土龄期强度,将制备好的预应力筋穿入孔道中,完成张拉过程。由于它是在完成混凝土构件的制作之后再施加预应力,故把这种构件称作后张法预应力混凝土预制构件。

1. 预应力筋孔道的成型

目前梁体内预应力筋孔道所用的制孔器主要有三种,即铁皮管、金属波纹管和橡胶管。前两种制孔器按预应力筋设计位置和形状固定在钢筋骨架中,本身便是孔道。橡胶管制孔器也按设计位置固定在钢筋骨架中,待混凝土抗压强度达到 4~8MPa 时,再将制孔器抽拔出以形成孔道。为了增加橡胶管的刚度和控制位置的准确,需在橡胶管内设置圆钢筋(又称芯棒),以便在先抽出芯棒之后,橡胶管易于从梁体内拔出。对于曲线束筋的孔道,则用两段胶管在跨中对接,对接接头处套一段长为 0.3~0.5m 的铁皮管,如图 5-1-12 所示。抽拔时,该段铁皮管留在梁内,橡胶管则从梁的两端抽拔出来。

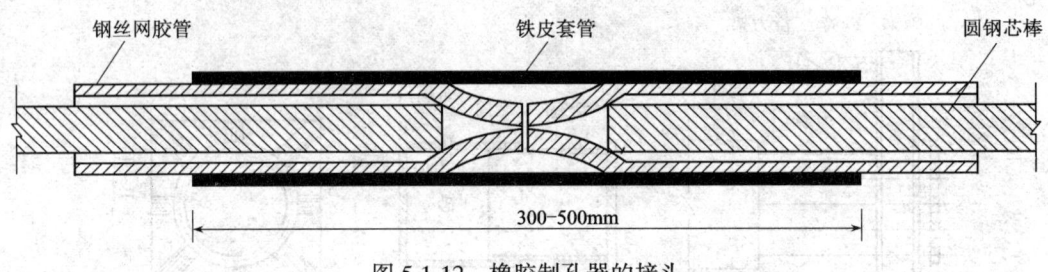

图 5-1-12 橡胶制孔器的接头

2. 预应力筋的张拉

该施工过程包括孔道检查与清洗→穿预应力筋→张拉力筋→孔道压浆→封锚固端混凝土等几道工序,至此才能算完成了装配式构件的制作。孔道压浆的目的是保护预应力筋不受锈蚀,并使力筋与梁体的混凝土粘结成整体共同受力,从而也减轻了锚具的受力。用混凝土封固端部锚头除了达到防止锈蚀的目的外,还可以保持锚塞或者夹片不因在汽车运营中而被松动,以免造成滑丝的危险。这里简单地介绍一下张拉预应力筋所使用的几种设备。

(1) 锥锚式千斤顶:

图 5-1-13 所示的是 TD—60 型锥锚式三作用千斤顶的构造和张拉装置简图。这种千斤顶具有张拉、顶锚和退楔块三种功能,适用于锥形锚具的钢丝束。千斤顶的工作靠高压油泵的进油与回油来控制,施加预应力的大小靠油表读值及力筋延伸率大小来控制。

(2) 拉杆式千斤顶:

拉杆式千斤顶构造简单,操作方便,适用于张拉螺杆式和墩头式锚、夹具的单根粗钢筋、钢筋束或碳素钢丝束。图 5-1-14 所示为常用的 GJ_ZY—60A 型拉杆式千斤顶的构造示意图。张拉前,先用连接器将预应力筋和张拉杆联结。

(3)穿心式千斤顶：

这种千斤顶主要用于张拉带有夹片式锚、夹具的单根钢筋、钢绞线或钢筋束和钢绞线束。图 5-1-15 示出 $GJ_ZY—60$ 型穿心式千斤顶的构造简图。张拉前先将预应力筋穿过千斤顶，在其后端用锥销式工具锚将力筋锚住，然后借助高压油泵完成张拉工作。

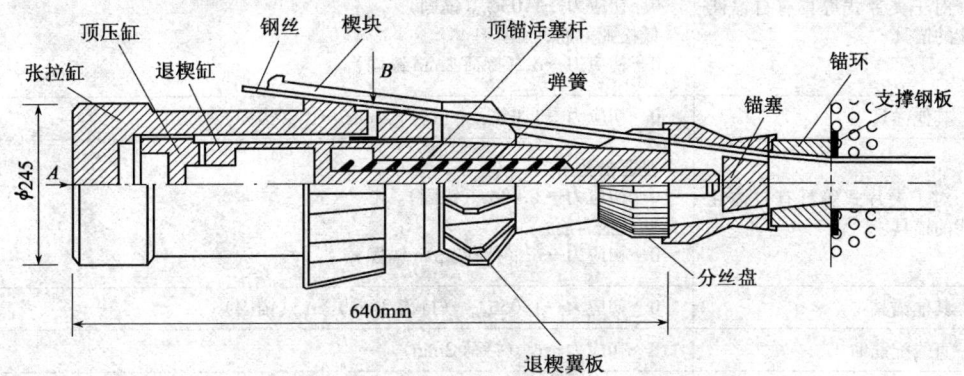

图 5-1-13　TD—60 型锥锚式三作用千斤顶张拉装置

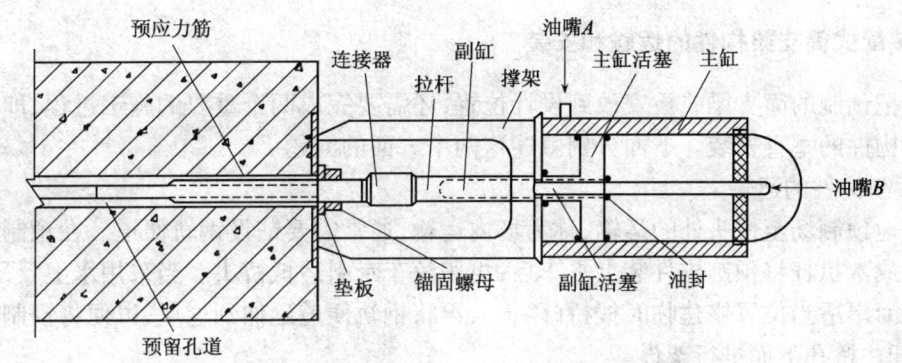

图 5-1-14　$GJ_ZY—60A$ 型千斤顶构造示意图

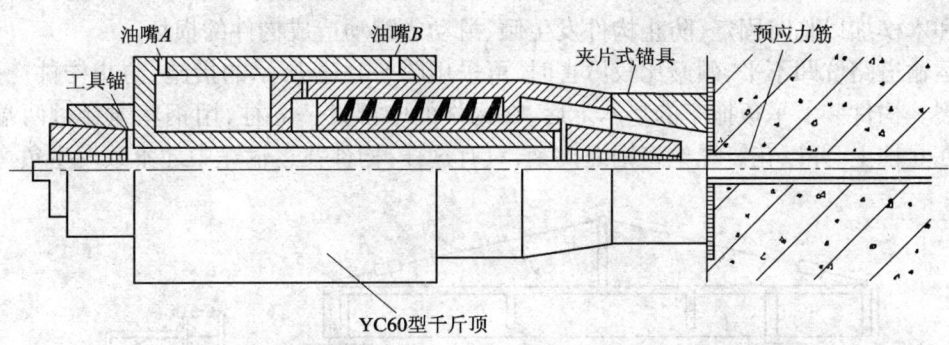

图 5-1-15　$GJ_ZY—60$ 型穿心式千斤顶构造图

3. 张位程序

不同预应力筋构件所采用的张拉程序见表 5-1-4。

275

表 5-1-4　后张法预应力筋张拉程序

预应力筋		张　拉　程　序
钢筋、钢筋束		0→初应力→1.05σ_{con}(持荷 2min)→σ_{con}(锚固)
钢绞线束	对于夹片式等具有自锚性能的锚具	普通松弛力筋： 0→初应力→1.03σ_{con}(锚固) 低松弛力筋： 0→初应力→σ_{con}(持荷 2min 锚固)
	其他锚具	0→初应力→1.05σ_{con}→(持荷 2min)→σ_{con}(锚固)
钢丝束	对于夹片式等具有自锚性能的锚具	普通松弛力筋： 0→初应力→1.03σ_{con}(锚固) 低松弛力筋： 0→初应力→σ_{con}(持荷 2min 锚固)
	其他锚具	0→初应力→1.05σ_{con}→(持荷 2min)→σ_{con}(锚固)
精轧螺纹钢筋	直线配筋时	0→初应力→σ_{con}(持荷 2min)
	曲线配筋时	0→σ_{con}(持荷 2min)→0(上述程序可反复几次)→初应力→σ_{con}(持荷 2min 锚固)

注：表中 σ_{con} 为张拉时的锚下控制应力。

四、装配式简支梁构件的运输和安装

为了把预制的简支梁或板安放到设计位置，还需要完成两个重要的施工过程，即构件的水平运输和构件的垂直安装。下面分别叙述这两个方面的问题。

1．预制构件的运输

从工地预制场至桥头处的运输，称为场内运输，通常需要铺设钢轨便道。在预制场地先用龙门吊机或木扒杆将预制构件装上平车后，再用绞车牵引运抵桥头。当采用水上浮吊架梁时，还需要在河岸适当位置修建临时栈桥(码头)，再将钢轨便道延伸到这里，以便将预制构件运上驳船，再开往桥孔下面进行架设。

从预件厂至施工现场的运输称场外运输，通常用大型平板车、驳船或火车等运输工具。不论属于哪类运输方式，都要求在运输过程中，构件的放置要符合受力方向，并在构件的两侧采用斜撑和木楔加以临时固定，防止构件发生倾、滑动或跳动造成构件的损坏。

当运输道路坑凹不平、颠簸比较厉害时，可采用图 5-1-16 所示的措施，防止构件产生负弯矩而断裂。构件装上平板拖车的垫木上后，在构件的中部设一立柱，用钢丝绳穿过两端吊环，中间搁在立柱上，并以花篮螺丝将钢绳拉紧，只有这样，构件在运输途中才不致发生负弯矩。

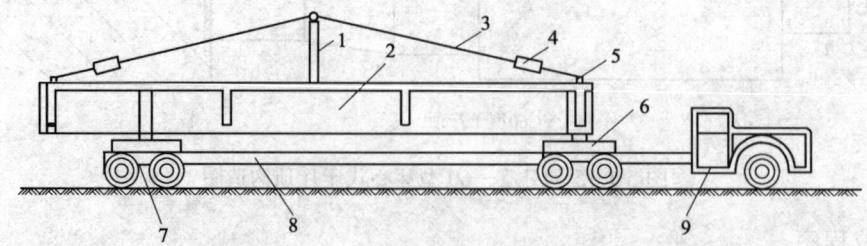

图 5-1-16　防止构件发生负弯矩的措施

1—立柱；2—构件；3—钢丝绳；4—花篮螺丝；5—吊环；6,7—转盘装置；8—连接杆(可伸缩)；9—主车

2. 预制构件的安装

安装预制简支梁构件的机械设备和方法多,现仅就几种常见的架梁方法略加说明。

(1)自行式吊车架梁:

当桥梁跨径较小、预制件质量较轻时,可以采用自行吊车(汽车吊车或履带吊车)架梁。如果是岸上的引桥或者桥墩不高时,可以视吊装质量的不同,用一台或两台(抬吊)吊车直接在桥下进行吊装,如图 5-1-17a 所示;如果桥下是河道或桥墩较高时,则将吊车直接开到桥上,利用吊机的伸臂边架梁、边前进,见图 5-1-17b。对于已经架好了的桥孔主梁,当横向尚未联成整体时,必须核算主梁是否能够承受吊车、被吊构件、机具以及施工人员的重力。

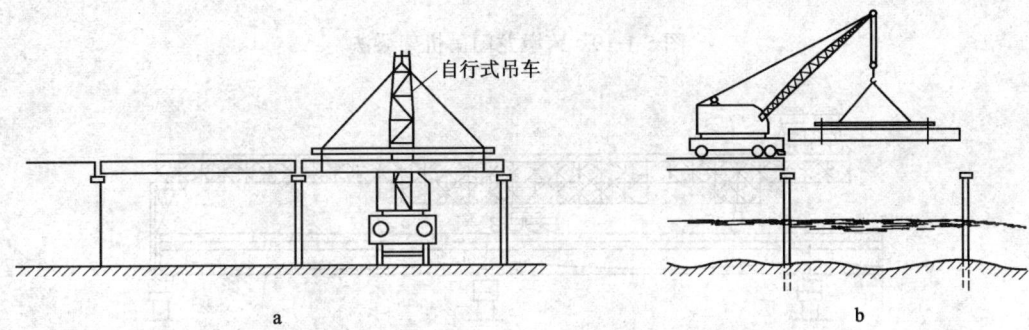

图 5-1-17 小跨径梁的架设

(2)浮吊船架梁:

浮吊船实际是吊车与驳船的联合体,它可在通航河道上的桥孔下面架桥;装有成批预制构件的装梁船,则停靠在浮吊船的一旁,随时供浮吊船起吊,如图 5-1-18 所示。浮吊船宜逆流而上,先远后近地安装。吊装前应先下锚定位,航道要临时封锁。

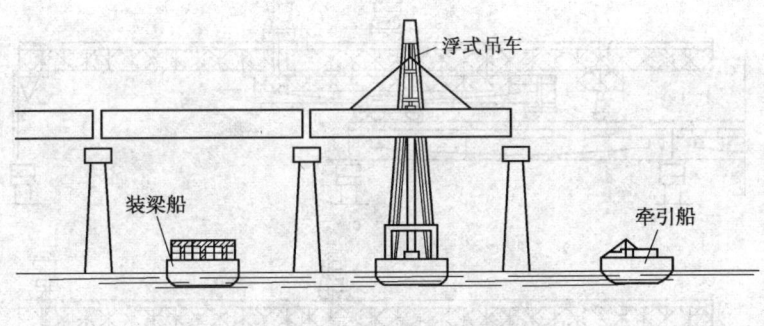

图 5-1-18 浮吊架设法

(3)跨墩龙门式吊车架梁:

当桥不太高,架桥孔数较多,且沿桥墩两侧铺设轨道较容易时,可以采用跨墩的龙门式吊车梁,见图 5-1-19。此时,尚应在龙门式吊车的内侧运梁轨道,或者设便道用拖车运梁。

(4)宽穿巷式架桥机架梁:

图 5-1-20 所示为采用宽穿巷式架桥机架梁的示意图,其中的安装梁可用贝雷钢架或万能杆件拼组而成。由于这种架桥机的自重很大,当它沿桥面纵向移动时,一定要保持慢速,并须

注意前支点下的挠度,以保证安全。

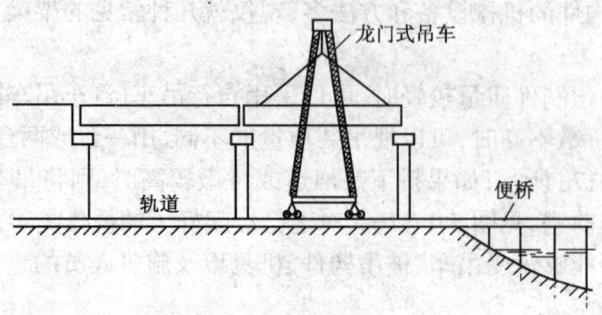

图 5-1-19 跨墩龙门吊机架梁法

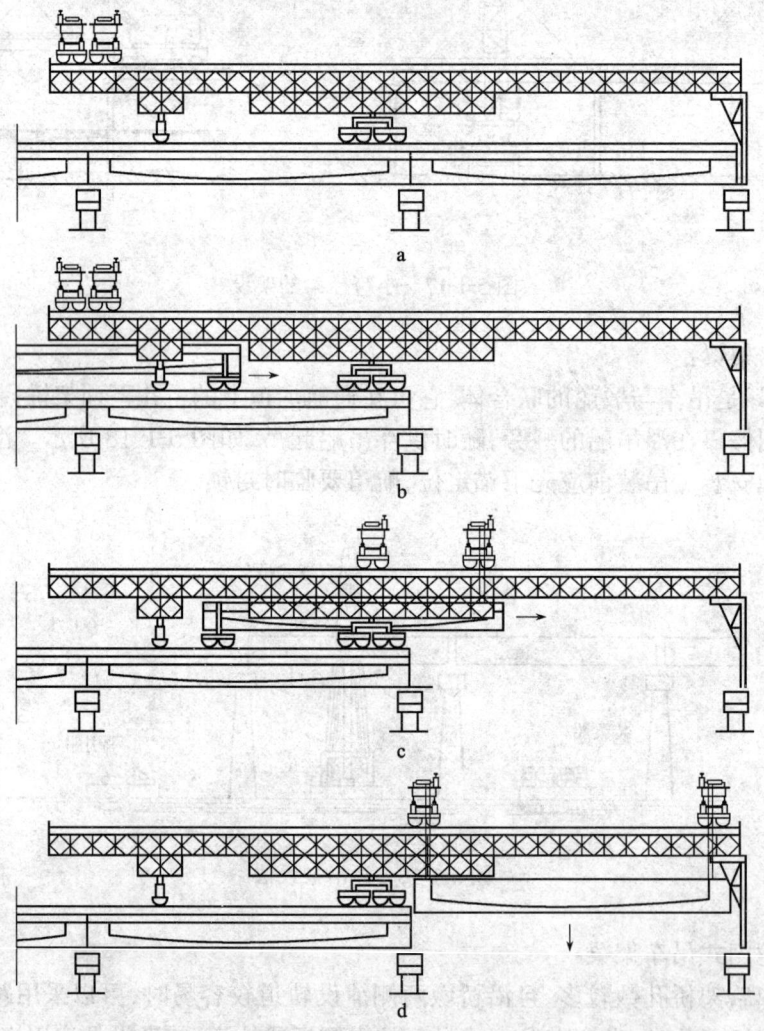

图 5-1-20 宽穿巷吊机架梁步骤

a—孔架完后,前后横梁移至尾部作平衡重;b 穿巷吊机向前移动一孔位置,并使前支腿支承在墩顶上;
c 吊机前横梁吊起 T 形梁,梁的后端仍在运梁平车上,继续前移;d 吊机后横梁也吊起 T 形梁,
缓慢前进,对准纵向梁位后,先固定前后横梁,再用横梁上的吊梁小车横移落梁就位

3. 联合架桥机架梁

图 5-1-21 所示为采用联合架桥机架梁的示意图,其架梁操作步骤是:
(1) 用绞车纵向拖拉导梁就位。
(2) 用托架将两个门式吊机移至待架桥孔两端的桥墩上。
(3) 由平车轨道运预制梁至架梁孔位,再由门式吊机将它起吊、横移并落梁,见图 5-1-21b。
(4) 将被导梁临时占住位置的预制梁暂放在已架好的梁上。
(5) 待用绞车将导梁移至下一桥孔后,再将暂放一侧的预制梁架设完毕。

如此反复,直到将各孔主梁全部架好为止。此法适用于孔数较多和较长的桥梁时才比较经济。

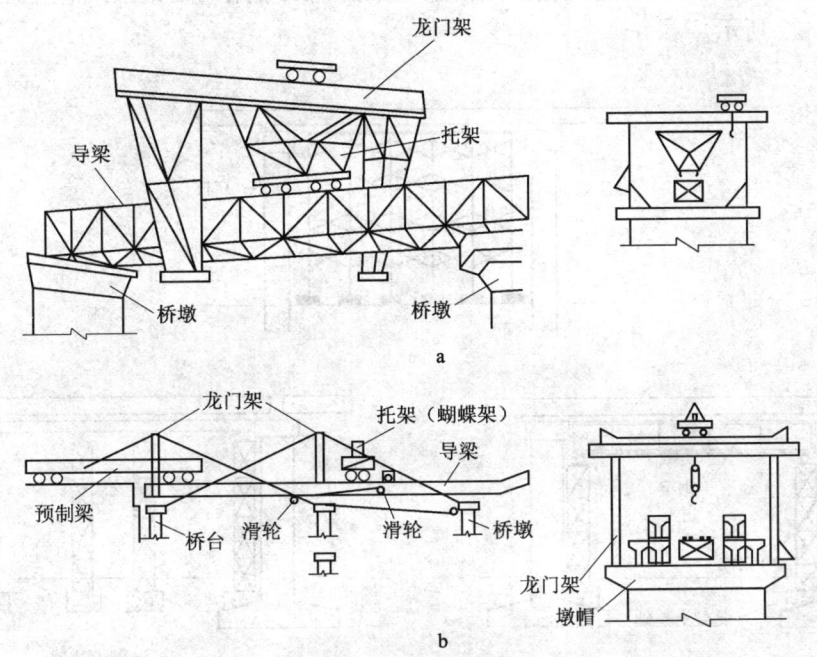

图 5-1-21 联合架桥机安装预制梁

第三节 悬臂体系和连续体系梁桥施工

预应力混凝土连续梁桥在施工过程中常常会出现体系转换,施工阶段的预应力与变形必须在结构设计中予以考虑。不同的施工方法,在施工各阶段产生的内力也不同,有时结构的控制内力出现在施工阶段。因此,对于连续梁桥,设计与施工是无法截然分开的,结构设计必须考虑施工方法、施工内力与变形;而施工方法的选择应符合设计的要求,形成设计与施工互相制约、相互配合的关系。

我国建造预应力混凝土连续梁桥的施工方法很多。常用的施工方法有:支架就地浇筑施工、悬臂施工、逐孔施工和顶推施工。其中,悬臂施工通常分为悬臂浇筑和悬臂拼装,按施工受力图式悬臂浇筑又有挂篮悬臂浇筑和桁式吊悬臂浇筑之分。逐孔施工通常分为预制梁逐孔安装、支架组拼预制节段逐孔施工和支架逐孔现浇施工,按施工受力图式逐孔安装施工又有简支一连续施工和悬臂连续施工之分。下面仅简要给出满堂支架就地浇筑施工、挂篮悬臂浇筑施工、预制简支一连续而施工、支架逐孔现浇施工及顶推施工的一般方法和主要特点。

一、满堂支架就地浇筑施工

满堂支架就地浇筑施工方法为:在支架上安装模板、绑扎、安装钢筋骨架、预留孔道;在现场浇筑混凝土,并施加预应力的方法。预应力混凝土连续梁桥采用就地满堂支架浇筑施工,需要在连续梁桥的一联各跨均设支架,一联施工完成后,整联卸落支架。因此,结构在施工中不存在体系转换,不产生恒载徐变二次矩。采用该法施工的适宜跨径为 20~60m,最大可达 150m。

在就地浇筑施工中,支架是关键。国内连续梁桥施工常用的支架形式有支柱式、梁式和梁柱式如图 5-1-22 所示。

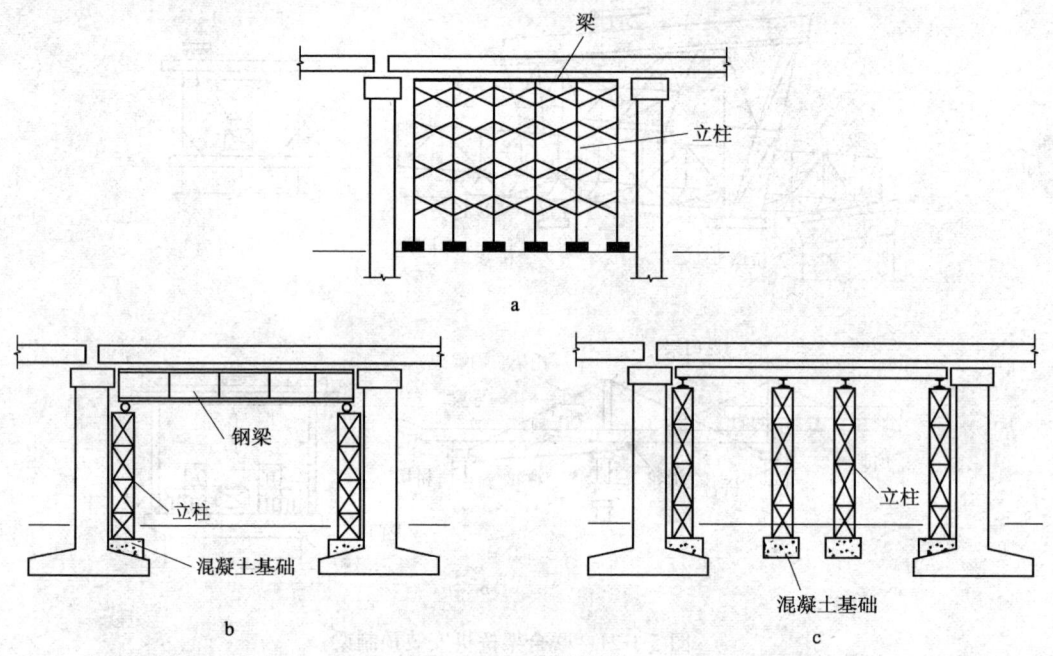

图 5-1-22 支架构造
a 支柱式;b 梁式;c 梁柱式

支架均可采用钢制标准杆件。支架虽为临时结构,但需要承受桥梁的大部分恒载,必须具有足够的强度和刚度;同时,支架的基础应可靠,构件结合要牢固,且有足够的纵横、斜连接杆件,使支架成为整体。位于河道中的支架,应充分考虑洪水和漂流物的影响。另外,支架受荷载后有变形和挠度,安装前要经过计算设置预拱度,使桥梁结构的外形尺寸和标高符合设计要求。设置落架设施时要确保落架对称、均匀,不使主梁产生局部受力。

混凝土浇筑方式是支架施工的另一个关键。以大跨径预应力混凝土箱形截面为例,混凝土浇筑可分多种进行。一种是水平分层浇筑,即先浇筑底板,待达到一定强度后浇筑腹板,最后浇筑顶板。该方法用于工程较大时,各部位还可分数次浇筑。另一种是分段施工法,即根据施工能力,每隔 20~45m 设置连接缝,该连接缝一般设在梁的弯矩较小区域,连接缝宽 1m,待各段混凝土浇筑后在接缝处合拢。

满堂支架就地浇筑施工具有以下特点:
(1)施工平稳可靠,不需大型起重设备。
(2)桥梁整体性好,施工中无体系转换,不产生恒载徐变二次力,施工方便。
(3). 需要大量施工支架,跨河搭设影响通航与泄洪,跨路搭设影响交通。
(4)施工期长,施工费用高,施工场地占用大,施工管理复杂。

二、挂篮悬臂浇筑施工

挂篮悬臂浇筑是在桥墩两侧对称逐段浇筑混凝土、张拉预应力筋、移动挂篮、立模绑扎钢筋等循环直至合龙形成连续梁桥,该施工方法是国内外大跨径连续梁桥的主要施工方法之一。工程中常见的挂篮形式如图 5-1-23 所示:

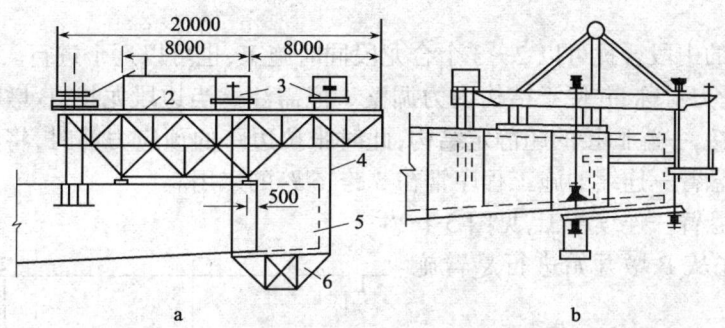

图 5-1-23 挂篮的主要形式
a 桁架式挂篮;b 斜拉式挂篮
1—后锚固;2—纵桁梁;3—横桁梁;4—吊带;5—外模;6—底篮

(一)悬臂浇筑施工程序

预应力混凝土按其施工程序不同,有下列三种情况:

1. 逐跨连续悬臂施工,见图 5-1-24

第一步:首先从 B 墩开始进行悬臂施工;

第二步:岸跨边段合龙,B 墩临时固结释放后形成单悬臂梁;

第三步:从 C 墩开始进行悬臂施工;

第四步:BC 跨中间合龙,释放 C 墩临时固结,形成带悬臂的两跨连续梁;

第五步:从 D 墩开始进行悬臂施工;

第六步:CD 跨中间合龙,释放 D 墩临时固结,形成带悬臂的三跨连续梁;

第七步:岸跨边段合龙,完成 4 跨一联的连续梁施工。

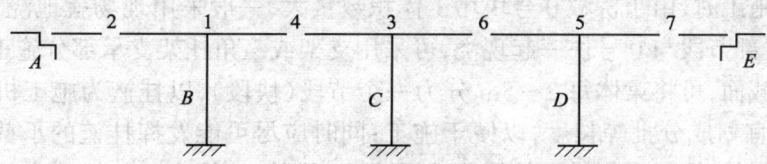

图 5-1-24 逐跨连续悬臂施工程序

对于多跨连续梁仍可按上述程序,从一端开始向另一端进行。逐跨连续悬臂施工阶段,施工过程中需要有体系转换,这就是悬臂施工法的基本要点。逐跨连续悬臂施工可以利用已建结构在桥面上运输,故机具设备、材料、预制节段的运输简捷。此外,每完成一个新的悬臂并在跨中合拢后,结构的稳定性和刚度不断加强。因此,常在多跨连续梁或较长的大跨桥上使用。

2．T构—单悬臂—连续施工,见图5-1-25

第一步:首先从B墩开始进行悬臂施工;

第二步:岸跨边段合拢,释放B墩临时固结,形成单悬臂梁;

第三步:C墩进行悬臂施工;

第四步:岸跨边段合拢,释放C墩临时固结,形成单悬臂梁;

第五步:BC跨中段合拢,形成3跨连续梁结构。

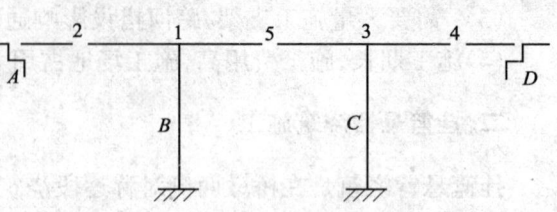

图 5-1-25　T构—单悬臂梁—连续施工程序

多跨连续梁的中段合拢可以2~3个合龙段同时施工,也可以逐个进行。按这一程序施工可使结构稳定,受力对称,并便于结构内力调整。但需注意当边段龙拢,B墩临时固结尚未释放之前为一端铰接,一端固接的超静定结构,此时张拉边跨的预应力筋时,将产生预加力的二次矩。T构—单悬臂—连续的施工程序常在3跨、5跨的采用。

3．T构—双悬臂—连续施工,见图5-1-26

第一步:首先从B墩开始进行悬臂施工;

第二步:再从C墩开始进行悬臂施工;

第三步:BC跨的采用中间合拢,并释放B、C墩的临时固结,形成双悬臂梁;

第四步:A端岸跨边段合拢;

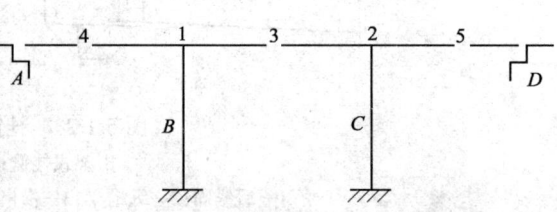

图 5-1-26　T构—双悬臂梁—连续施工程序

第五步:D端岸跨边段合拢,完成3跨连续梁的施工。

按这一施工程序,先将所有悬臂施工部分连接起来,最后边跨合拢,即所谓"先中孔后边孔合拢",不但施工费用高,施工程序跳动,而且在结构呈悬臂状态时稳定性差,一端施力引起另一端产生较大的位移,因此较少采用。特别是在大跨和多跨连续梁,应尽量避免使用这一施工程序,仅在小跨、少跨桥中,这些缺陷不是很突出才能应用。

上述三种悬臂施工程序是施工的基本方法,对于某一具体桥梁的施工可选择其中一种,在多跨连续梁桥中也可兼顾各程序优点综合选用。

连续梁桥的最终恒载内力与施工合龙的次序有关。不同的合拢程序,其初始恒载内力不同;并且在体系转换过程中,由混凝土徐变引起的内力重分布的数值也不同。

采用悬浇施工时,由于桥墩0号块圬工体积数量大,一般采用现场就地浇筑,为了拼装挂篮,常先将梁根部节段与0号块一起现浇,可采用支架或三角托架支承部分施工重力。

对于箱形截面,可将梁体每2~5m分为一个节段(块段),以挂篮为施工机具进行对称悬臂施工。节段宜划成分批等长度,以便于施工;同时应尽可能发挥挂篮的承载能力承载重从500~1500kN不等,视桥梁规模及挂篮构造形式而不同。挂篮自重与构造在桥梁设计与施工过程中均为必须考虑的因素。每节段施工周期一般为7~10天。

(二)梁墩固结措施

挂篮悬浇过程中难免要出现不平衡力矩,为此,需采取必要的措施来承受这些不平衡力矩。目前常用的措施有：

1．加临时锚固

采用预应力双排锚杆将梁、墩临时固结。通常锚杆的下端预埋在墩内，锚杆从混凝土中穿过并锚在梁顶。锚杆的数量由施工弯矩计算确定。为便于拆除，在临时支座中设置 20mm 厚的硫磺砂浆夹层，并在临时支承附近布设千斤顶，便于施工中的微调。这种方法构造简单，制作和拆卸方便。

2．在桥墩旁设置临时支架

采取措施 1 后，如果桥墩过高、悬臂过长，不足以承受不平衡力矩时，可在桥墩单侧或两侧设置支架和临时固结共同承受施工弯矩，如图 5-1-27 所示。当临时支承可能出现拉力时，应设置抗拉设施，如图 5-1-28 所示

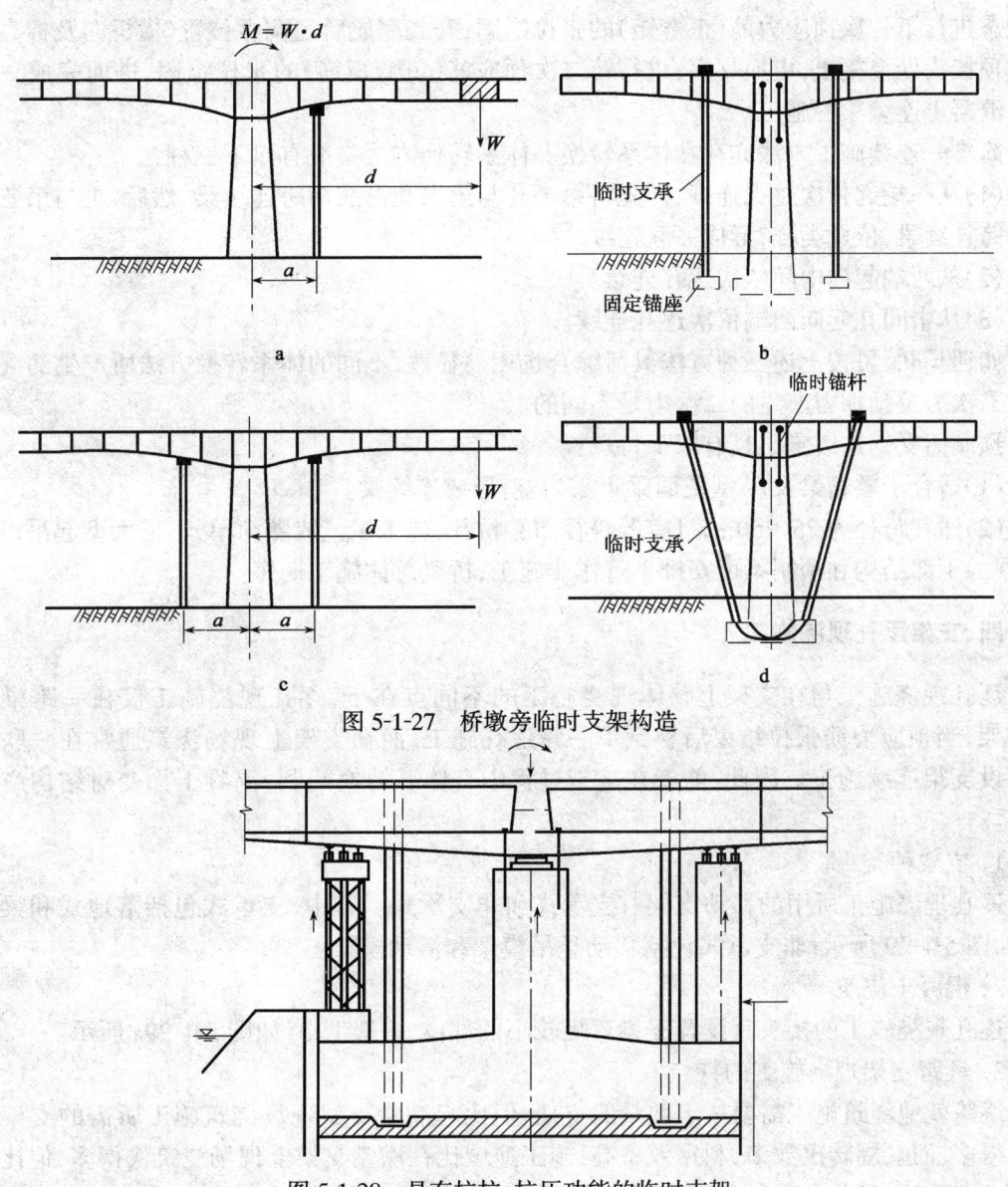

图 5-1-27　桥墩旁临时支架构造

图 5-1-28　具有抗拉、抗压功能的临时支架

值得指出:随悬臂施工进程,如遇单孔合拢并张拉锚固预应力筋后,应立即拆除上述临时措施。设计过程中的内力计算图式应充分考虑并反映这一情形。

(三)挂篮悬臂浇筑施工的特点

挂篮悬臂浇筑施工不需大量施工支架和大型临时设备,不影响桥下通航、通车,不受季节和洪水的影响,不受跨数的限制,桥梁施工受力状态与运营受力状态基本相近。与顶推法相比,不因施工而增加过多的材料,但悬臂施工体系转换较多,施工线形及合龙技术要求较高。

三、预制简支—连续施工

预制简支—连续施工程序为:预制简支梁,分片进行预制安装,预制时按预制简支梁的受力状态进行第一次预应力筋(正弯矩)的张拉锚固;安装完成后经调整位置(横桥向及标高),浇筑墩顶接头处混凝土,更换支座;进行第二次预应筋(负弯矩筋)的张拉锚固,进而完成一联预应力混凝土连续梁的施工。

简支—连续施工方法亦存在体系转换。体系转换方法一般有以下三种:

(1)从一端起依次逐孔连续,即先将第一孔与第二孔形成两跨连续梁,然后,再与第三孔形成三跨连续梁,依此类推,形成一联连续。

(2)从两端起向中间依次逐孔连续。

(3)从中间孔起向两端依次逐孔连续。

如遇长联,可按上述三种方法灵活综合选用。显然,不同的体系转换方法所产生的混凝土徐变二次力及预加力产生的二次力是不同的。

预制简支—连续施工具有以下特点:

(1)适合于矮箱梁及T型截面梁集零为整,形成连续梁。

(2)适宜跨径为25~50m,且宜等跨径布置桥孔,施工工艺成熟简单,不需大型起吊设备。

(3)下部结构和预制梁可安排平行作业施工,桥梁总体施工期短。

四、支架逐孔现浇施工

逐孔现浇施工与在支架上整体现浇施工的不同点在于,逐孔现浇施工仅在一跨梁上设置支架,当预应力筋张拉结束后移到下一跨逐孔施工;而在支架上现场浇筑通常在一联桥跨均布设支架连续施工。因此,前者在施工过程中有体系转换问题,混凝土徐变对结构产生次内力。

1. 支架种类

逐孔现浇施工所用的移动支架有支承式和非支承式。其中,支承式包括落地式和梁式支架,如图5-1-29所示;非支承式包括移动悬吊模架和活动模架。

2. 混凝土浇筑

逐孔现浇施工的接头宜设置于梁弯矩较小的部位,一般L/5,如图5-1-29a所示。

3. 逐跨支架现浇施工的特点

逐跨就地浇筑施工需要一定数量的支架,但比起满堂支架现场浇筑施工所需的支架数量要少得多,而且周转次数多,利用效率高;施工速度比在满堂支架上现场浇筑快得多,但比预制简支—连续施工周期要长一些。因此,这种施工方法只适用中等跨径(20~60m),以及结构构造比较简单的等高度连续梁桥。

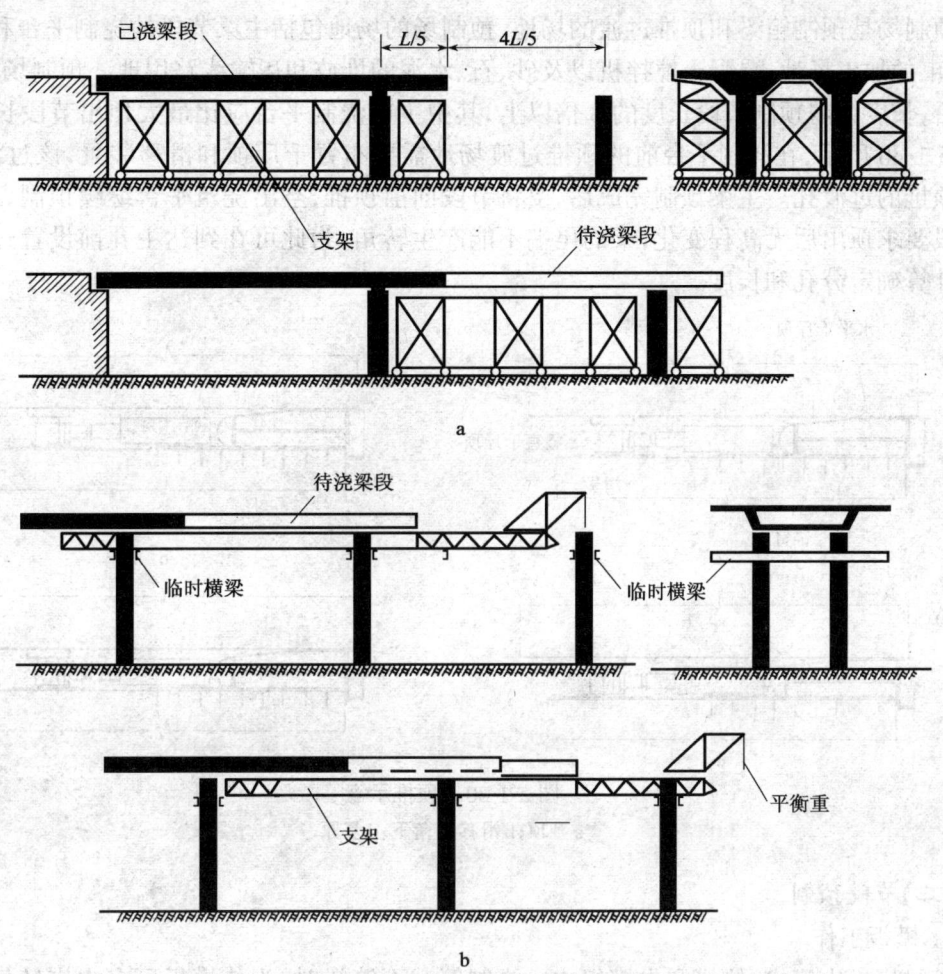

图 5-1-29　使用移动支架逐孔现浇施工
a 落地式支架；b 梁式支架

五、顶推施工

顶推法施工是沿桥纵轴方向的桥台后开辟预制场地，分节段预制混凝土梁体，并用纵向预应力筋连成整体；然后，通过水平液压千斤顶施力，借助不锈钢板与聚四氟乙烯模压板特制的滑动装置，将梁逐段向对岸顶进，就位后落架，更换正式支座完成桥梁施工。自 20 世纪 70 年代以来，顶推施工在世界各国颇为盛行。我国顶推施工取得了一定的经验，但仍属初级阶段，在顶推设备、施工方法、施工组织等方面还需研究，以扩大推广使用范围，获得更好的经济效益。

一般地，采用顶推施工宜选用等截面箱梁，跨径为 30～60m（最大可达 160m）的直线梁桥，但也有在变截面及弯桥中采用顶推施工的连续梁桥。

顶推施工内容比较丰富，下面仅介绍与设计有关的施工要点。

（一）主梁分段长度和预制场布置

主梁的节段长度划分主要考虑节段间的连接处不要设在连续梁受力最大的截面，如支点和跨中截面,同时要考虑制作加工容易,尽量减少分段,缩短工期。每段长一般取 10~20m。

预制场是预制箱梁和顶推过渡的场地,预制场的场地包括主梁节段的浇制平台和模板、钢筋、钢束的加工场地,混凝土搅拌机以及砂、石、水泥的堆放和运输线路用地。预制场一般设在桥台后,长度为需预制节段长度的 3 倍以上,其中主梁浇制平台应比最大顶出节段长 3~5m。如图 5-1-30 所示,在浇制平台前的顶推过渡场地需要布置千斤顶和滑移装置,该过渡场地是主梁顶推的过渡孔。主梁预制完成后,要将节段向前顶推,空出浇筑平台继续预制,对于顶出的梁段要求顶出后无高程变化,梁的尾端不能产生转角,为此可在到达主孔前设置过渡孔,并通过计算确定分孔和长度。

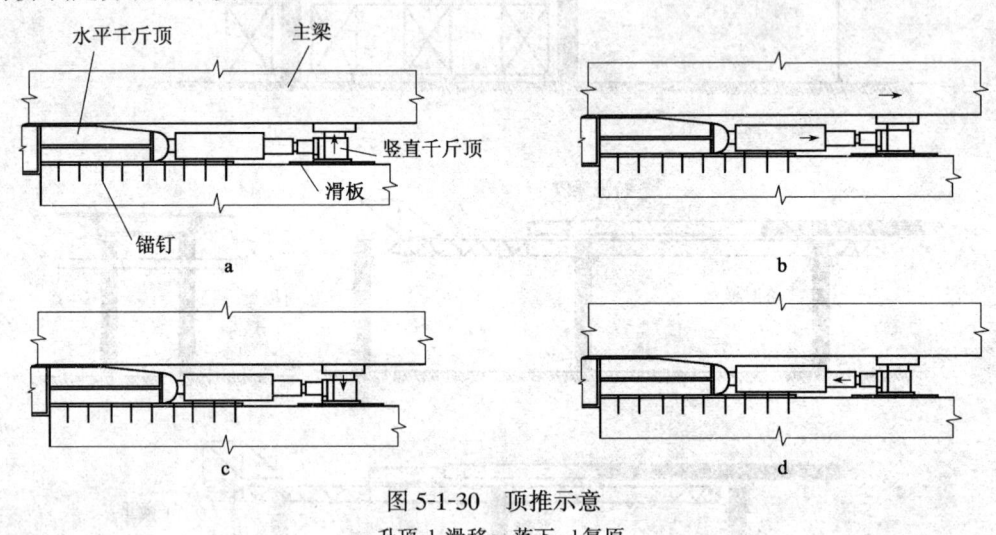

图 5-1-30　顶推示意
a 升顶;b 滑移;c 落下;d 复原

(二)节段预制

1. 模板工作

箱梁模板由底模、侧模和内模组成。浇制等截面箱梁时,为使模板可多次周转使用,宜采用钢模板,以保证预制梁尺寸的准确性。预制平台的平整度必须严格控制,平台的总沉降量不应超过 5mm。平台上装有型钢及钢板制作的底模和腹板位置的底模滑道。在底模与基础之间设置卸落设备,要求重力大于底模与梁底混凝土的粘结力,当千斤顶及木楔等卸落设施落下时,底模能自行脱落。侧模与内模与一般箱梁模板相同。

2. 预制周期

目前国内外每顶出段的预制周期为 7~15 天,一般 15m 长的节段预制期为 7 天。

(三)施工中的临时措施

顶推过程中结构体系在不断变化,每个截面正负弯矩交替出现,且施工弯矩包络图与使用状态的弯矩包络图相差也较大。为了减小施工中的内力,扩大顶推法的使用范围,同时也从安全施工和方便施工出发,在施工过程中使用一些临时设施,如导梁、临时墩、拉索托架等临时结构。

1. 导梁

导梁设置在主梁的前端,为等截面或变截面的钢桁梁或钢板梁,主梁前端安装的预埋件与钢导梁栓接。

导梁的结构需要通过计算确定,导梁的控制内力为发生在导梁与箱梁连接处的正、负弯矩和下弦杆(或下缘)承受的最大支反力。导梁的长度一般为顶推跨径的 0.6～0.7 倍,较长的导梁可以减小主梁悬臂负弯矩,但过长的导梁会使导梁与箱梁接头处的负弯矩和支反力相应增加,合理的导梁长度应是主梁最大悬臂负弯矩与使用状态支点负弯矩基本接近。导梁刚度宜为主梁刚度的 1/9～1/5,在满足强度和稳定条件下,选用较小的刚度及变刚度的导梁,使顶推时减小最大悬臂状态的负弯矩,使负弯矩的两个峰值比较接近。

2. 临时墩

顶推跨径过大不但增加施工内力,增大施工难度,而且不经济。为此,可以通过增加临时墩来加以克服。临时墩仅在施工中使用,因而造价要低,便于装拆,一般多用滑升模板浇筑的混凝土薄壁空心墩。使用临时墩会增加施工费用,但可节约上部结构材料用量。布设临时墩要从桥梁分跨、通航要求、桥墩高度、河床深度、地质条件、工程造价、施工工期及施工难易程度等方面综合考虑。

(四)施工方法

顶推施工方法很多,按施力方法分有单点顶推和多点顶推;按支承系统分有设置临时滑动支承顶推和使用与永久支座兼用的滑动支承顶推;依顶推方向分有单向顶推和相对顶推;可根据实际情况灵活选用。

(五)顶推施工特点

(1)顶推施工设备简单,施工平稳;可工厂化生产,施工质量容易保证;也可以在深谷、宽深河道的桥梁、高架桥,以及等曲率曲线桥、带有竖曲线的桥及坡桥上使用。

(2)顶推施工比其他施工方法配筋要多,而且增加了临时预应力束的张拉锚固、拆束及压浆封孔等工艺,整体工艺要求严格,需要技术水平较高的专业化施工队伍。

本章小结

1. 混凝土梁桥的基本施工工艺流程是:支主模板→钢筋骨架的绑扎或焊接→混凝土的浇筑与振捣→混凝土的养护和拆除模板等,这无论对于简支梁桥,还是悬臂梁桥或连续梁桥来说,都是相同的。

2. 混凝土桥梁最主要的施工方法有两种:其一,是就地浇筑法,它是把基本施工工艺流程的内容放到桥孔位置去做,这就需要在桥孔处搭设脚手架或者采用移动式支架,完工以后,再将它们拆除;其二,是预制安装法,它需要配置运输和吊装机械设备,将场内或工厂预制好的构件安放到桥孔处的设计位置。

3. 后张法预应力混凝土简支梁属于预制构件,应采用预制安装法施工,在制作过程中,除了完成基本施工工艺流程的内容外,尚须事先在混凝土梁体内制造穿力筋的孔道,当混凝土达到所要求的强度后,便张拉预应力筋,随即锚固,向孔道内压浆和在梁的端部将锚头用混凝土封固。

4. 先张法预应力混凝土简支板亦属预制构件,它与后张法预应力构件不同的是需要在预制场地上建造专门的张拉台座,在每条生产线上可以同时制造若干块简支板构件,在浇筑混凝土之前,应预先张拉力筋,并临时锚固在张拉台座上,待混凝土达到了预定的强度以后,再从台座上放松预应力筋,使每个构件得到预压力,然后从每个构件的两端割断外露的力筋。

5. 悬臂梁桥和连续梁桥的施工方法依其结构受力特点主要有三大类:①逐孔施工法;②节段施工法;③顶推施工法。

6．逐孔施工法实质上也是就地施工法，当采用落地支架时，必须在梁的若干个截面预留工作缝，等待一定时间后，再对工作缝进行处理和浇筑混凝土，为的是防止支架发生不均匀沉降和混凝土收缩使构件产生裂缝。

7．当采用移动模架进行逐孔施工时，连续梁分段时的接缝位置宜放在弯矩最小的截面，或者离桥墩 $\frac{l}{5}$ 的截面处。

8．悬臂梁桥和连续梁桥采用悬臂施工法时，必须先在零号块处将墩梁作临时固结或者设置临时支承，以利悬臂施工；全桥完工以后，还要拆除临时固结或临时支承，完成体系转换。

9．采用悬臂浇筑法施工时，宜在低温下合龙，如遇夏季期间，宜放在晚间，并采用其他降温措施进行合龙，新浇的混凝土表面应用草袋覆盖和加强养护，使混凝土在早期结硬过程中处于升温受压状态。

10．采用悬臂拼装法施工时，节段间的接缝有湿接缝和胶接缝等方法，胶接缝易于密贴，提高结构的抗剪能力、整体刚度和不透水性，但要求梁的制作精度较高。

11．顶推施工法有单点顶推和多点顶推两种具体方法，多点顶推虽具有免用大规模顶推设备、能有效地控制顶推梁的偏移、对桥墩的推力小、适用于具有柔性墩梁桥和弯梁桥的顶推等优点，但需要的设备较多，操作时需要同步进行，技术要求高。

思考题

1．梁桥施工可分为哪两大类？
2．钢筋进场后如何保管？
3．什么叫冷拉钢筋？
4．简述钢筋冷拉过程"双控""单控"的含义。
5．论述钢筋代换的原则和方法？
6．钢筋骨架的焊接为什么要先点焊后跳焊？
7．钢筋电弧焊质量在外观上应达到哪些要求？
8．简述混凝土的浇筑顺序及方法。
9．混凝土浇注时，因故间歇，间歇时超过允许值应按工作缝处理，其方法是怎样的？
10．对于大型尺寸的混凝土构造物，为什么要分成若干单元进行浇注？
11．控制混凝土质量的主要工作有哪些？
12．振捣器每次振动的时间大约是多久？
13．如何合理选择混凝土的振捣方式。
14．冬季浇注混凝土，确保混凝土质量的主要措施有哪些？
15．如何避免T形梁肋、翼板交界处在混凝土浇筑时造成的裂纹？
16．简述对桥梁大体积混凝土工程施工应注意哪些问题？如何控制混凝土的水化热？
17．简述桥涵施工规范中对模板的要求？
18．如何保证混凝土的保护层？
19．在预应力技术中，先张法和后张法预应力混凝土结构的工艺区别、适用范围和施工要求是什么？
20．简述后张法预应力筋的张拉原则、张拉程序如何？

21．叙述后张法预应力施工中锥形锚具配锥锚式千斤顶的张拉操作方法？
22．在桥梁施工中有哪些主要的施工设备？
23．试述在预应力简支梁预制过程中经常会出现怎样的质量问题？
24．什么是预拱度？为什么在施工中需设置预拱度？
25．叙述预制构件的滚移设备构造？
26．装配式主梁的运输和安装有哪几种方法及适应性？
27．装配式主梁起吊时，对构件混凝土的强度有何要求？对吊点位置的设置应考虑的主要因素有哪些？
28．先张法施工的台座有哪几种类型？其构造如何？分别适用于什么情况下使用？
29．先张法张拉方法有哪几种？各有何优缺点及要求？张拉程序是怎样的？
30．"初应力"与"超张拉"的要求及目的分别是什么？
31．预应力筋放松的方法有哪几种？
32．后张法预应力筋的孔通是怎样形成的？对制孔器的抽拔有哪些要求？
33．孔道压浆的目的是什么？怎样操作。
34．梁式桥悬臂浇筑应注意哪些事项？
35．悬臂拼装梁接缝的分类及各适用于哪些部位？
36．顶推法导梁施工应注意哪些问题？
37．悬臂浇筑施工的主要机具是什么？其作用是哪些？它主要由哪几部分组成？其常用形式有哪些？
38．悬臂浇筑法中的合龙梁段除了选择低温时间或采取有效降温措施进行合拢施工的办法外，还有什么办法可以减少混凝土收缩的影响？
39．悬浇的0号段用什么方法施工？托架有哪些形式？如何消除托架在浇筑混凝土前的非弹性变形？
40．利用悬臂施工法修建大跨径预应力混凝土梁桥，为了保持悬臂的平衡，常采用哪些临时性措施？
41．叙述采用拉杆顶推大型预应力梁的顶堆法工作原理？
42．顶推施工预应力筋有哪几类？
43．保证顶推施工稳定安全的措施有哪些？
44．简介体系转换？
45．简述简支—连续施工程序。
46．移动式模架逐孔施工的主要机具有哪些？简述施工程序。

第二章 拱桥施工

第一节 拱桥有支架施工

有支架施工方法主要用于石拱桥、混凝土预制砌筑的拱桥和现浇混凝土拱桥,施工时需要在桥位上搭拱架砌筑拱圈或立模板绑扎钢筋和浇筑混凝土。以下介绍其主要施工工序。

一、拱圈及拱架的放样

为了能合理划分拱石、保证拱架形状和尺寸的准确,通常需要在样台上将拱圈按照1:1的比例放出大样,然后用木板或锌铁皮在样台上按分块大小制成样板以利加工拱石,或者依大样制作拱架。

放样工作必须在平坦结实的样台上进行。样台宜位于桥位附近的平地上,先用碎石或卵石夯实,再铺一层20~30mm的水泥砂浆,也可采用三合土地坪。为节省用地,对于左右对称的拱圈,一般只须放出半孔大样。常用的放样方法是直角坐标法,如图5-2-1所示。

下面介绍其步骤和方法。

(1)在样台上,以拱顶为坐标原点,用经纬仪放出 $X—X$ 和 $Y—Y$ 两轴线,以及 AA,BB,CC,DD 等辅助线,并用对角线校核。

(2)沿 X 轴方向将半跨进行12等分,画出12个大小一致的矩形。

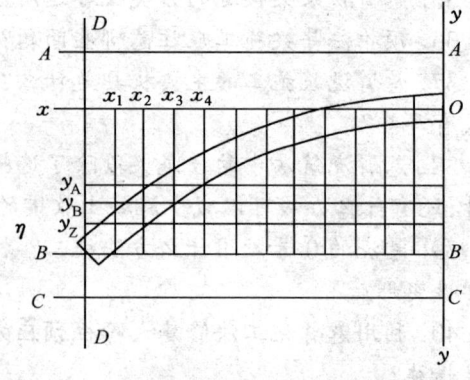

图5-2-1 直角坐标法

(3)在矩形的 Y 轴方向,量出拱腹、拱背坐标,用铁钉或油漆标出。

(4)用 $\phi 6$ 钢筋或粗铁丝将拱腹、拱轴、拱背各点圆滑地连接成弧线。显然,拱弧分点愈多,用这种方法出的拱圈尺寸愈精确。

二、拱架的施工

拱架按形式可分为满布式拱架、拱式拱架等;按所用材料可分为木拱架、钢拱架和土牛拱胎等。

(一)拱架

1. 满布式木拱架

满布式木拱架的优点是施工可靠,技术简单,木材和铁件规格要求较低;缺点是材料用量多,损耗率较高,受洪水威胁大,在水深流急、漂流物较多及要求通航的河流上不能采用。满布式木拱架通常由拱架上部(拱盔)、卸架设备、拱架下部(支架)三部分组成。常用的形式有如下。

(1)立柱式：

立柱式拱架的上部是由斜梁、立柱、斜撑和拉杆组成拱形桁架(拱盔)，下部是由立柱及横向联系(斜夹木和水平夹木)组成支架，上下部之间放置卸架设备(木楔或砂筒等)，如图 5-2-2 所示。

在斜梁上钉以弧形垫木以适应拱腹曲线形状，故将斜梁和弧形垫木合称为弓形木。弓形木支承在立柱或斜撑上，长度一般为 1.5～2.0m。在弓形木上设置横梁，其间距一般为 0.6～0.7m 上面再纵向铺设 20～40mm 厚的模板，如图 5-2-3a 所示，就可在上面砌筑拱石，或作现浇混凝土拱的底模板。当拱架横向的间距密集时，也可不设横梁，直接在弓形木上面横梁铺设 30～50mm 厚的模板，如图 5-2-4b 所示。

根据桥梁跨径及承受拱圈重量的不同，立柱间距一般在 1.5～5m 之间；拱架在横向的间距一般为 1.2～1.7m。为了增强横向稳定性，拱架之间应设置横向联系(水平及斜向夹木)。

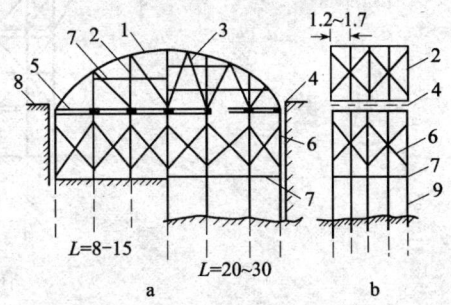

图 5-2-2　立柱式木拱架
1—弓形木；2—立柱；3—斜撑；
4—卸架设备；5—水平拉杆；6—斜夹木；
7—水平夹木；8—桥墩(台)；9—桩木

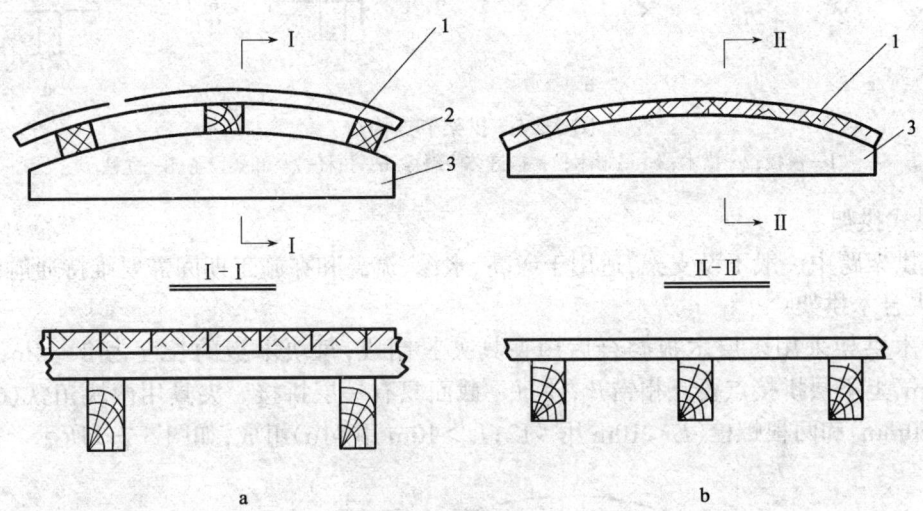

图 5-2-3　弓形木构造
1—模板；2—横木；3—弓形木

(2)撑架式：

撑架式拱架是用少数框架式支架斜撑来代替数目众多的立柱，如图 5-2-4 所示。木材用量比立柱式拱架少，构造简单，桥孔下可以留出适当的空间，不受洪水及漂流物的威胁，并在一定程度上满足通航的要求。因此，它是实际中采用较多的一种形式。

无论是立柱式拱架还是撑架式拱架，都应避免采用复杂的接点和接头形式，拱架连接处要紧密，以保证拱架在荷载作用下变形最小。满布式拱架常用的节点构造如图 5-2-5 所示。

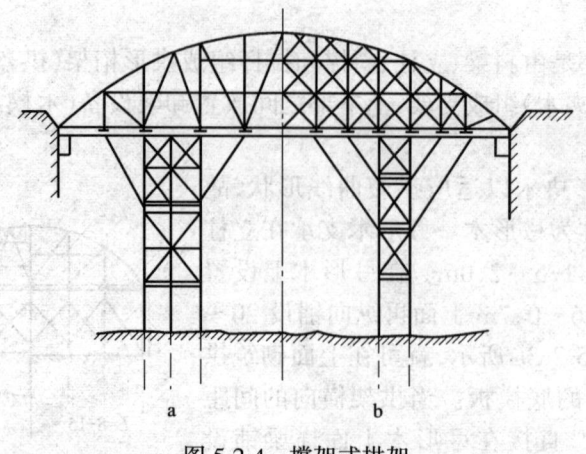

图 5-2-4 撑架式拱架

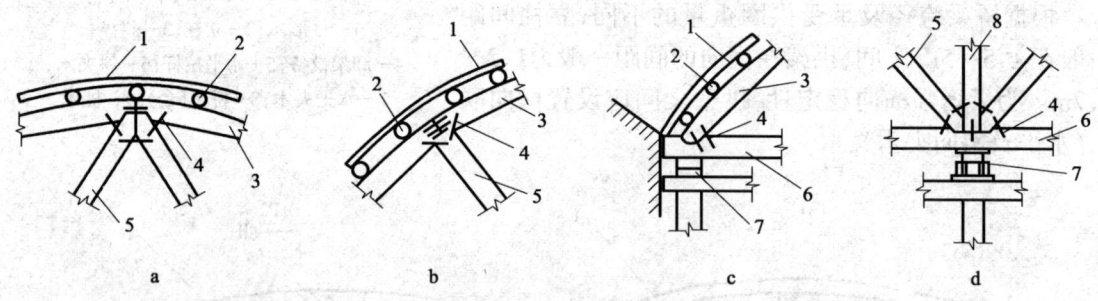

图 5-2-5 拱架节点构造

1—模板；2—横木；3—弓形木；4—扒钉；5—斜撑；6—拉杆；7—卸架设备；8—立柱

2. 拱式拱架

拱式拱架跨中一般不设支架，适用于墩高、水深、流急和在施工期间需要维持通航的河流。

(1) 夹合木拱架：

夹合木拱架采用多层木板叠合后用夹具夹紧制成，每块木板的长度为 3～4m，厚度为 20～40mm，上下层拼接点要互相错开，使每一截面只有一层拼接。夹具用两块角铁（60mm×60mm×60mm）和两根螺栓（$L<10m$ 用 $\phi12$；$L>10m$ 用 $\phi16$）组成，如图 5-2-6 所示。

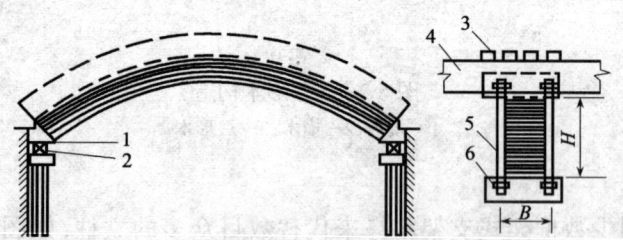

图 5-2-6 夹合木拱架

1—三角垫木；2—卸架设备；3—模板；4—横架；5—螺栓；6—角铁

相邻两片拱架间为 1m，各片拱架用横梁连接，横梁上钉模板；在拱腹上另设几根横向牵枋；拱架两端支于三角垫木上，三角垫木置于卸架设备上。

(2)三铰桁式木拱架:

三铰桁式木拱架是用两片对称弓形桁架在拱顶拼接而成,两端直接支承在墩台所挑出的牛腿上,或紧贴墩台的临时排架上。结构形式按腹杆布置有 N 式、V 式和反向斜杆的交叉式等,如图 5-2-7 所示。

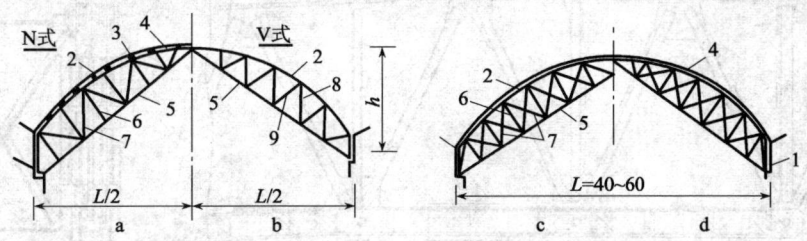

图 5-2-7 三铰桁式木拱架(尺寸单位:m)
1—垫块;2—上弦;3—横梁;4—模板;5—下弦;6—竖杆;7—斜杆;8—腹杆(压);9—腹杆(拉)

3. 钢拱架

钢拱架能节约大量木料,而且装拆和运输方便。虽然用钢量多,投资费用大,但能多次使用,每次使用的折旧率低。因此,钢拱架仍比木拱架经济得多。

(1)梁式钢拱架:

梁式钢拱架是用工字钢制成,上垫弓形木。当支架的间距较大时,可用桁架代替工字钢。支架可做成塔架式结构,如图 5-2-8 所示。

(2)拱式钢拱架:

拱式钢拱架是由几根直线形的工字钢连接而成的折线型拱架。接头用铆接、螺栓接或焊接。当跨径很大时,可做成桁架式,如图 5-2-9 所示。

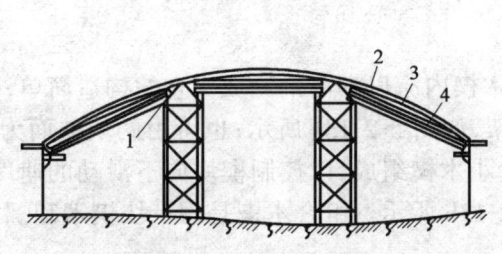 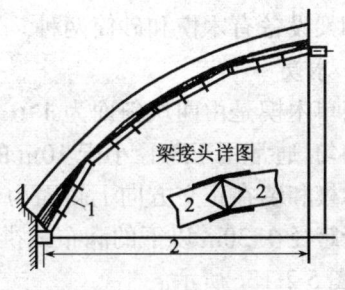

图 5-2-8 梁式钢拱架
1—三角形垫木;2—模板;3—弓形木;4—工字钢

图 5-2-9 拱式钢拱架
1—梁;2—焊接

(3)桁式钢拱架:

桁式钢拱架通常用拼装式桁架拼装而成,拱架由标准节段、拱顶段、拱脚段和连接杆等以钢销或螺栓连接而成。桁式拱架的标准节段如图 5-2-10 所示,用钢桁式拱架施工的桥例如图 5-2-11 所示。

4. 土牛拱胎

土牛拱胎是由土填筑而成,顶面作成与拱圈腹面相适应的曲面,并准确埋入弓形木,使填土顶面与弓形木齐平。在有水的河流中,应在土牛底部设置临时涵洞,如图 5-2-12 所示。

土牛顶面宽度应较拱圈略宽 0.5~1.0m,以免边缘松动坍塌。在施工期间可能降雨时,土牛顶面应铺一层油毛毡,边坡用草覆盖,防止浸入。土牛拱胎的优点是施工方法简单,可就地取材,节约木材。其缺点是耗费劳力较多,施工期间妨碍泄洪。

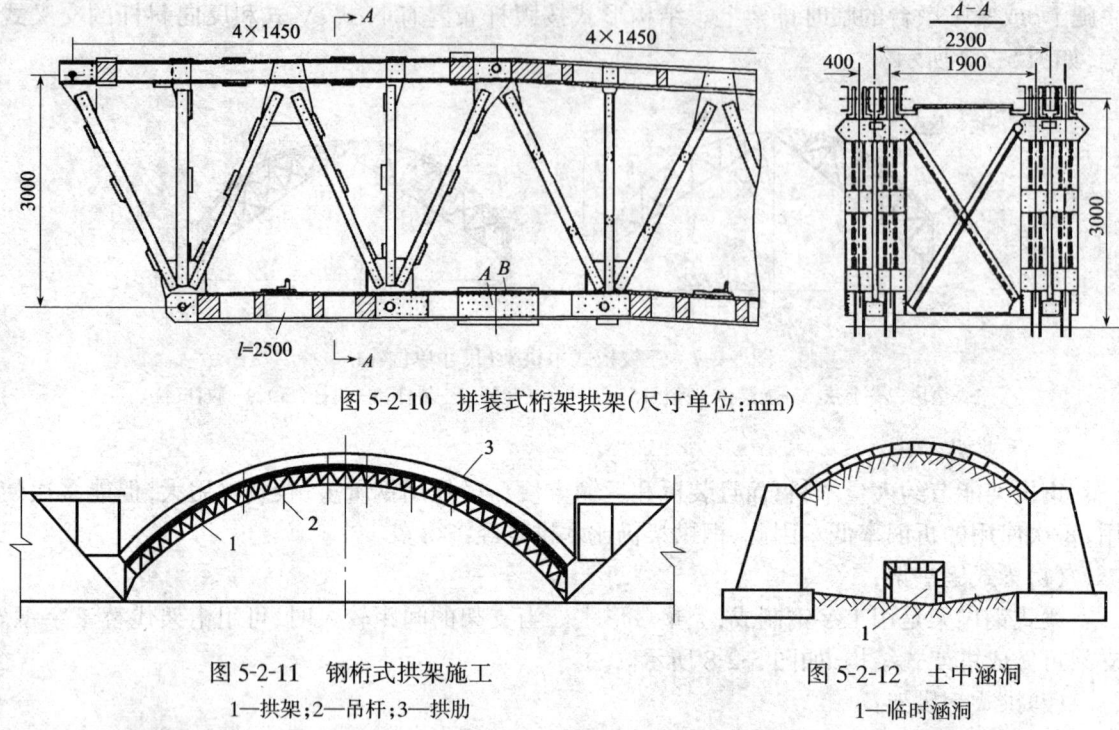

图 5-2-10 拼装式桁架拱架(尺寸单位:mm)

图 5-2-11 钢桁式拱架施工
1—拱架;2—吊杆;3—拱肋

图 5-2-12 土中涵洞
1—临时涵洞

(二)卸架设备

为了使拱圈在卸架时能够逐渐、均匀地受力,在拱架上部和下部之间需设置卸架设备。常用的卸架设备有木楔和砂筒两种。

1．木楔

简单木楔是由两块斜面为 1:6～1:10 的硬木楔内涂以润滑剂制成。它的构造简单,但降落不均匀,通常用于跨径小于 10m 的满布式拱架,如图 5-2-13a 所示;也可由两块斜面为 1:4 的硬木楔和装在正交方向上斜面为 1:20 的两片小木楔组成,以控制楔块向下滑动的速度,通常用于跨径在 30m 以下的满布式拱架,如图 5-2-13b 所示。组合木楔是用三块楔木和螺栓组成,如图 5-2-13c 所示。

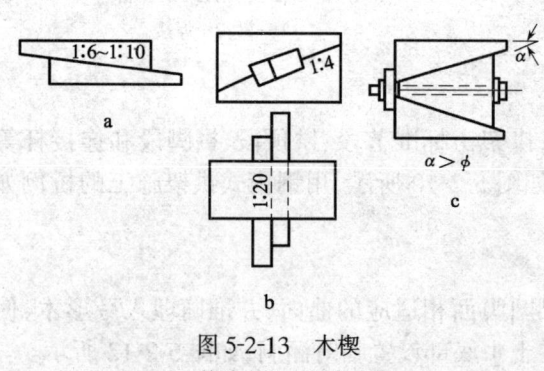

图 5-2-13 木楔
a、b 简单木楔;c 组合木楔

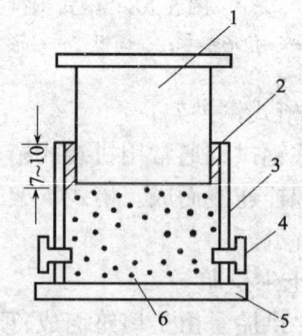

图 5-2-14 砂筒(尺寸单位:mm)
1—活塞;2—沥青;3—钢板筒;
4—汇砂孔;5—垫板;6—砂

2. 砂筒

砂筒是由金属制成，筒内装干砂，砂的粒径不得大于 2mm，如图 5-2-14 所示。拔出泄砂孔木塞，砂即流出。砂筒直径应比顶心木直径大 10～20mm，以防止雨水渗入砂中，顶部应用沥青填塞。沙筒常用于 50m 以上满布式拱架和 30m 以上的拱式拱架。

(三)拱架预加拱度

拱架承受荷载后，即产生弹性和塑性变形，因而拱架顶面有所沉落。拱圈卸架以后，由于重力作用、温度下降和墩台变位等因素影响，拱圈将产生弹性和非弹性下沉，使拱轴线发生变化。为了保证拱圈在修建完成后的拱轴线符合设计要求，施工时必须在拱架上预加拱度。

(四)拱架的制作与安装

为了保证拱架准确的外形和尺寸，在制作拱架时，首先要在样台上放出拱架大样，放样时应当注意，放出的拱架大样应计入预拱度。放出大样后就可以制作杆件的样板，以便按样板进行杆件的加工。拱架的制作与安装，应以基础牢固、立柱正直、节点连接(一般用扒钉、螺栓连接)紧密为原则。在风力较大地区，拱架需设置风缆索，以增强稳定性。满布式拱架的制作及安装程序如下：

(1)在样台上，按照拱圈内弧线加上建筑拱度放出拱模弧线，并将其分成段，定出弧形木接头位置，排架、斜撑和拉杆的中心线。

(2)在样台上量出各杆件尺寸大样。

(3)竖立支架立柱(预先把地基整平、夯实，设置枕梁)。

(4)安装帽木和夹木，并在帽木的立柱位置放上卸落设备。

(5)在支架及卸落设备上找平，定出拱架上部大梁水平线。

(6)安装水平大梁、立柱、斜撑、夹木、弧形木、横梁和模板等，并注意控制弧形木各点高程及拱架中线偏离。拱架较高时，可在支架两侧设置斜撑并在拱冠两侧设置缆风绳，以增强拱架横向稳定性。

三、拱圈的施工

在整个施工过程中为保证拱架受力均匀，变形最小，供圈的质量符合设计要求，必须选择适当的浇(砌)筑方法和顺序。一般根据跨径大小、构造形式等分别用不同繁简程度的施工方法。

(一)混凝土、钢筋混凝土在拱架上浇筑施工

1. 连续浇筑

对于跨径在 16m 以下的混凝土拱圈或拱肋，由于主拱高跨比较小，全桥的混凝土数量也较少，可以从主拱的两拱脚开始对称向拱顶方向浇筑混凝土。当全拱浇筑完毕时，最先浇筑的混凝土虽然部分可能因本身荷载使拱架下沉而随之下沉，但仍具有可塑性，不致使拱圈和拱肋开裂。如果预计因混凝土数量多而不能在限定时间内完成，则需在两拱脚处留出隔缝，最后浇筑成拱。

2. 分段浇筑

对于跨径在 16m 以上的混凝土拱圈或拱肋，为避免先浇筑的混凝土因拱架下沉而开裂，减小混凝土的收缩力，应沿拱跨方向分段浇筑，各段之间留有间隔槽。这样，在拱架下沉时，拱

圈各节段有相对活动的余地,从而避免拱圈开裂。

拱段的长度一般取 6~15m,间隔槽宽取 0.5~1.0m。拱段的浇筑应在拱顶两侧对称进行,以使拱架变形保持均匀和最小。图 5-2-15 所示为同跨径的拱圈分段浇筑的程序,可供参考选用。

间隔槽应在拱圈各段混凝土浇筑完成的,且强度达到设计强度的 70%以上后进行,浇筑顺序可从拱脚向拱顶对称进行,在拱顶浇筑间隔槽使拱合拢。拱的合拢温度一般应接近当地的年平均温度或在 5~15℃之间为宜。为加速施工进程,间隔槽混凝土可采用比拱圈混凝土高一级的半干硬性混凝土。

3. 分环、分段浇筑

为减轻拱架负荷,大跨径钢筋混凝土拱圈可采用分环法浇筑混凝土,即将拱圈高度分成二环或三环,先分段浇筑下环混凝土,分环合拢,再浇筑上环混凝土。图 5-2-16 所示为一孔 146m 跨径的箱形拱圈分三环和分 9 段浇筑的示意图。

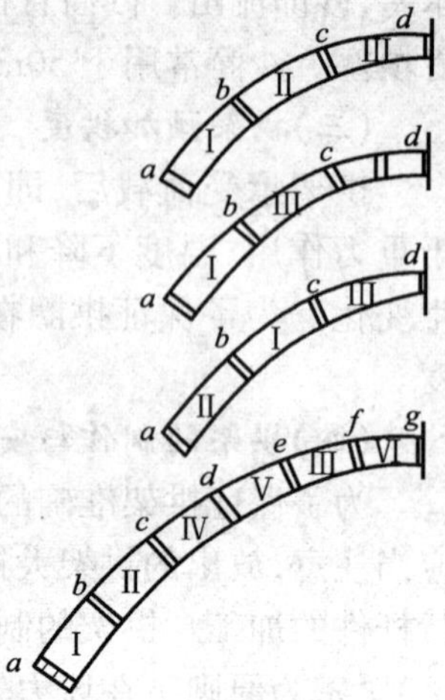

图 5-2-15 拱圈分段浇筑的施工程序

(二)石拱桥、混凝土预制块拱桥在拱架上砌筑施工

1. 连续砌筑法

该方法适用于砌筑跨径 10m 以内的拱圈。砌筑时按拱圈的全厚和全宽,同时由拱脚两端开始连续对称地向拱顶砌筑,并在拱顶部分堆压适当数量的拱石,以保持平衡。当拱石砌至 1/3 矢高左右时,在拱顶跨长 1/3 范围内,预压占总数 20%的拱石,如图 5-2-17 所示。为防止拱圈合拢前变形而引起拱脚及 1/4 点裂缝,可在拱脚处设置缝;如在拱顶合拢时拱脚砌缝砂浆尚未凝固,则拱脚处可不设空缝。

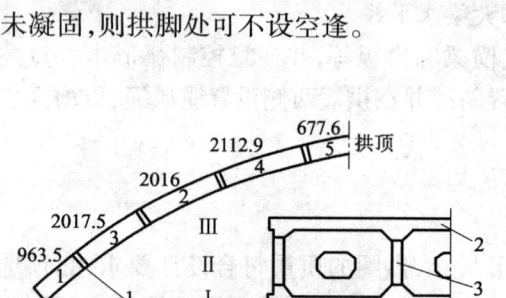

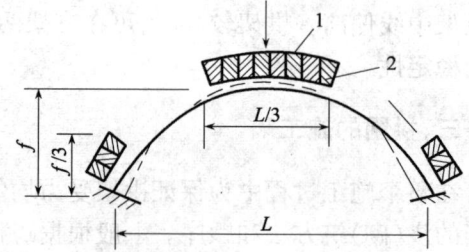

图 5-2-16 146m 跨箱形拱圈浇筑示意图
1—工作缝;2—顶板;3—肋墙;4—底板

图 5-2-17 连续砌筑示意图
1—拱顶预压拱石;2—拱顶变形线

2. 分段砌筑法

当跨径较大时,如果仍采取由拱脚向拱顶连续砌筑,则易造成拱架过大的不均匀变形,如图 5-2-18 所示,使得拱轴线偏离设计线过多或引起灰缝开裂,所以一般采用分段砌筑法,即全拱分为数段,同时对称砌筑,以保持拱架受力平衡。如全拱分 6 段砌筑,应先砌 1 段,后砌 2 段,最后砌 3 段;或先砌 1,2 段,再砌 3 段,如图 5-2-19a 所示。如全拱分 12 段砌筑,应先砌 1,2,3 段,后砌 4,5,6 段,如图 5-2-19b 所示。

在分段接头处设置缺口或空缝。缺口应设在拱圈斜度较陡处(拱脚至 1/4 处),长 0.8~1.0m;空缝应设在拱圈斜度较缓处(拱顶跨长 1/3 范围)。因此,缺口内应按拱圈全宽设置三角架支撑挡板,三角架的挡板在顺板长方向不可连续,以利拆除。三角架在拱架上的固定方法,如图 5-2-20 所示。

缺口封填时,可先拆除一部分支撑,砌筑拱石封口,待砂浆凝固后再拆去另一部分支撑,继续填封缺口。空缝的尺寸,除两侧及拱腹面上 100mm 深的缝宽仍按原设计灰缝宽度砌筑外,其余部分做成 30~40mm 宽,以便灌浆,如图 5-2-21 所示。空缝的填塞,可同时进行或由拱脚逐次向拱顶对称进行;填塞时,每层的灌浆厚度约 100mm,并加强捣固,如图 5-2-21 所示。

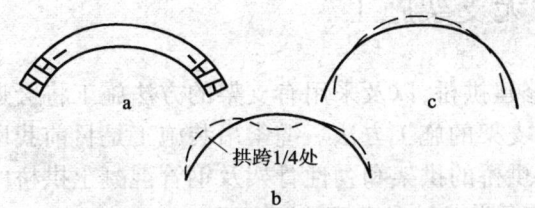

图 5-2-18 拱架在砌筑过程中的变形

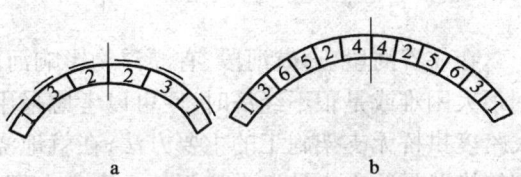

图 5-2-19 分段砌筑示意图

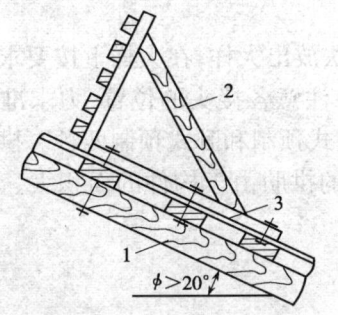

图 5-2-20 三角撑形式和固定方法
1—弓形木;2—斜撑;3—底撑;

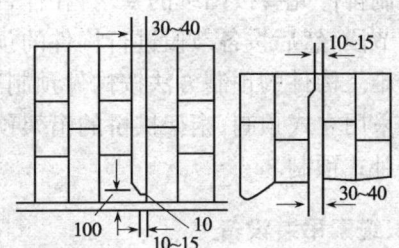

图 5-2-21 预留空缝(尺寸单位:mm)

3. 分环砌筑法

对于跨径大于 25m 的拱桥,当拱圈厚度较大时,可以分几层砌筑。每层的砌筑程序与分段砌筑程序相同;当一层合拢后,拱圈就可以起到拱的作用,并可与拱架共同担负第二环拱圈的重力。

4. 多孔桥砌筑法

对于不是按单向推力设计桥墩的多孔拱桥,拱圈的砌筑应考虑单向推力的作用,图 5-2-22 所示为多孔拱圈砌筑程序图。每孔按两个阶段砌筑,先砌 1,3 段,后砌第 2 段,然后合拢。各孔的砌筑程序:①砌第一孔的 1,3 段;②砌

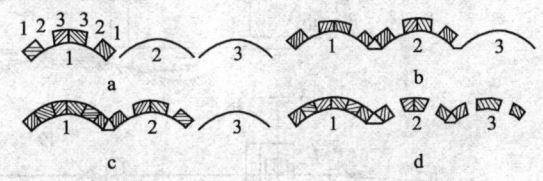

图 5-2-22 多孔拱圈砌筑程序示意图

第二孔的 1,3 段;③砌第一孔的 2 段;④砌第三孔的 1,3 段;⑤砌第二孔的 2 段;⑥第一孔合拢并砌部分拱上构造;⑦第一孔拱架移至第四孔使用。其余的以此类推。

四、拱上建筑的施工

应在拱圈合龙后,混凝土或砂浆达到设计强度的 30% 时,进行拱上建筑的施工。对于石

拱桥，施工时间一般不少于合龙后 3d。为避免使主拱圈产生过大的不均匀变形，实腹式拱桥应由拱脚向拱顶对称地砌筑，当侧墙砌筑好以后，再填筑拱腹填料及修建桥面结构等。空腹式拱桥一般是在腹孔墩砌完后就卸落拱架，然后再对称均衡地砌筑腹拱圈，以免主拱圈不均匀下沉而使腹拱圈开裂。

在多孔连续拱桥中，当桥墩不是按单向受力墩设计时，仍应注意相邻孔间的对称平衡施工。

第二节 拱桥无支架施工

在峡谷河段、通航河段、有漂浮物影响河段修建拱桥，以及采用有支架的方法施工将会遇到很大困难或是很不经济时，便可以考虑采用无支架的施工方法。缆索吊装施工是目前我国大跨度拱桥无支架施工的主要方法，在就地浇筑拱桥的拱架和劲性骨架及钢管混凝土拱桥的钢管拱肋吊装中也是经常采用的。本章介绍缆索吊装施工的几项主要工艺。

一、拱箱(肋)的预制

预制构件先要按图纸的要求，在样台上用直角坐标法放出大样，在大样上按要求分出构件的吊装节段，然后按各节段进行构件的预制。放样时，应注意各接头的位置，力求准确以减少安装困难。构件的预制方法按构件预制所处的状态分立式预制和卧式预制两种。拱箱的预制一般多采用立式预制；桁架拱桥的桁架预制段或肋拱桥的拱肋由于构件的面积大、宽度小，必须采用卧式预制。

二、缆索吊装设备

缆索吊装设备，按其用途和作用可以分为主索、工作索、塔架和锚固装置等四个基本组成部分。主要包括主索、起重索、牵引索、结索、扣索、缆风索、塔架(包括索鞍)、地锚、滑车(轮)、电动卷扬机或手摇绞车等设备和机具。其布置方式如图 5-2-23 所示。

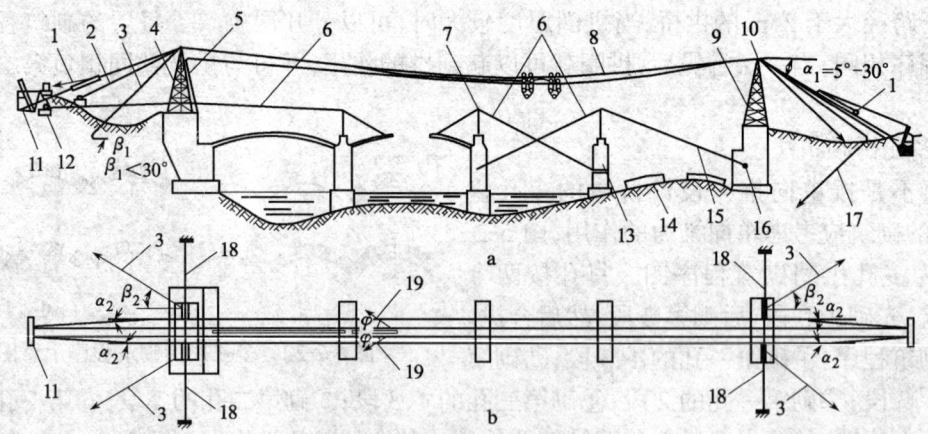

图 5-2-23 缆索吊装布置示例

1—主索张紧绳；2—起重索；3—后浪风；4—塔架；5—1 号起重索；6—扣索；7—平滚；8—主索；9—塔架；10—塔顶索鞍；11—地垄；12—手摇绞车；13—扣塔；14—待吊肋段；15—单排立柱浪风；16—法兰螺丝；17—牵引索；18—侧向浪风；19—浪风

1. 主索

主索亦称为承重索或运输天线。它横跨桥墩,支承在两侧塔架的索鞍上,两端锚固于地锚。吊运构件的行车支承于主索上。主索的断面应根据吊运的构件重量、重度、计算跨度等因素进行计算。横桥向主索一般根据桥面宽度、塔架高度及设备供应情况可设1~2组主索,每组主索由若干根平行钢丝绳组成。

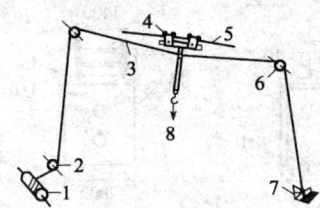

2. 起重索

起重索主要用于控制吊物的升降(即垂直运输),它一端与卷扬机滚筒相连,另一端固定于对岸的地锚上。这样,当行车在主索上沿桥跨往复运行时,可保持行车与吊钩间的起重索长度不随行车的移动而改变,如图5-2-24所示。

图5-2-24 起重索的布置图
1—卷扬机滚筒;2—转向滑轮组;
3—起重索;4—行车;5—主索;
6—滑轮组;7—地锚;8—吊重

3. 牵引索

当拉动行车沿桥跨方向在主索上移动(即水平运输)时,需要一对牵引索。它们既可分别连接在两台卷扬机上,也可合栓在一台双滚筒卷扬机上,以便于操作。

4. 结索

结索主要用于悬挂分索器,使主索、起重索、牵引索不致相互干扰。它承受着分索器重量及自重。

5. 扣索

当拱箱(肋)分段吊装时,需用扣索悬挂端段箱(肋)及中段箱(肋),并可利用扣索调整端、中段箱(肋)接头处标高。扣索的一端系在拱箱(肋)接头附近的扣环上,另一端通过扣索排架或塔架固定于地锚上。为了便于调整索的长度,可设置手摇绞车及张紧索,如图5-2-25所示。

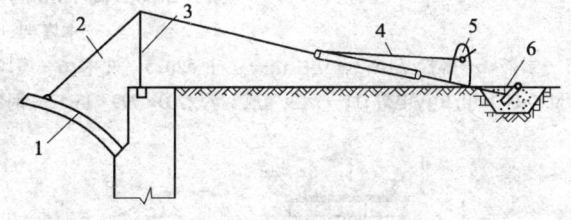

图5-2-25 扣索的布置图
1—拱肋;2—扣索;3—扣索排架;
4—张紧索;5—绞车;6—地锚

6. 缆风索

缆风索亦称浪风索,用来保证塔架的纵横向稳定及拱肋安装就位后的横向稳定,见图5-2-23。

7. 塔架及索鞍

塔用来提高主索的临空高度,支承各种受力钢索的结构物。塔架的形式多种多样,按材料可分为木塔架和钢塔架两类。

木塔架的构造简单,制作、架设均很方便,但用木料数量较多,一般塔高在20m以下者可以采用。木塔架通常由4~6片人字撑架组成,其高宽比约为4:1。图5-2-26所示为高度为13m的木塔架构造示意图。

当塔架高度在20m以上时,多采用钢塔架。钢塔架可用龙门架式、独脚扒杆式或万能杆件拼装成的各种形式。图5-2-27所示为用万能杆件拼装成的钢塔架示意图。

塔架上设置索鞍,为放置主索、起重索、扣索等用,如图5-2-28所示。可以减小钢丝绳与塔架的摩擦力,使塔受较小的水平力,并减小钢丝绳的磨损。

缆索吊装设备的形式及规格非常多,应结合各工程的具体情况因地制宜地合理选用。

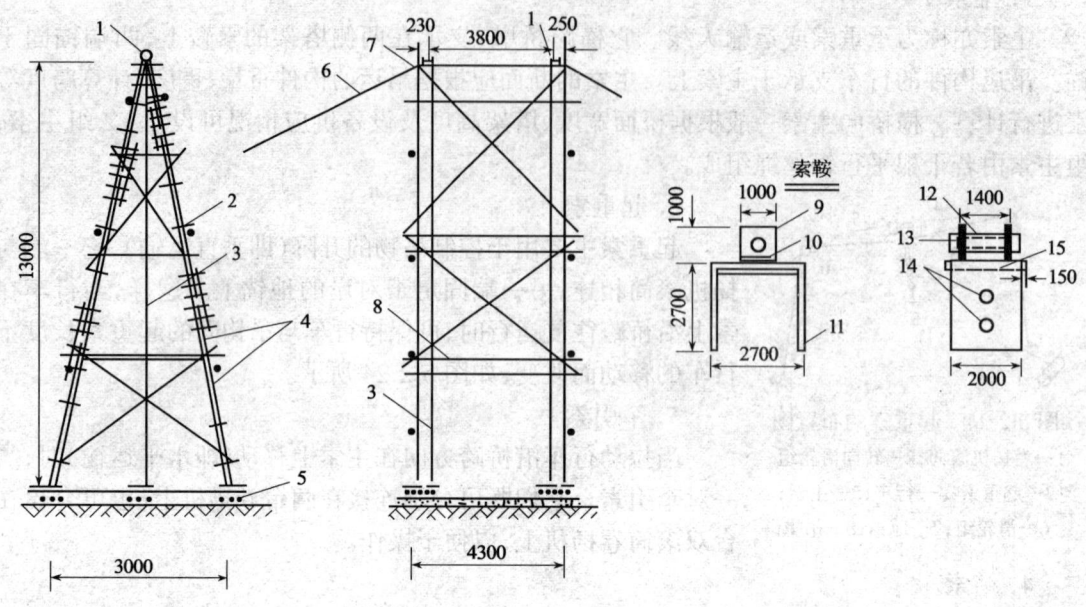

图 5-2-26 高 13m 的木塔架构造示意图
a 木塔架；b 索鞍

1—索鞍；2—螺栓 $\phi16$；3—立柱；4—立柱 $\phi20$；5—枕木；6—缆风索，$\phi12$；7—横梁，$24\times24\times471$；8—对角平衡木；9—钢板，$180\times100\times10$；10—电焊；11—钢板弯成 U 型，$200\times799\times15$；12—钢套筒 $\phi35$；13—销钉，$\phi35$；14—螺栓孔 $\phi16$；15—钢板，$245\times230\times15$

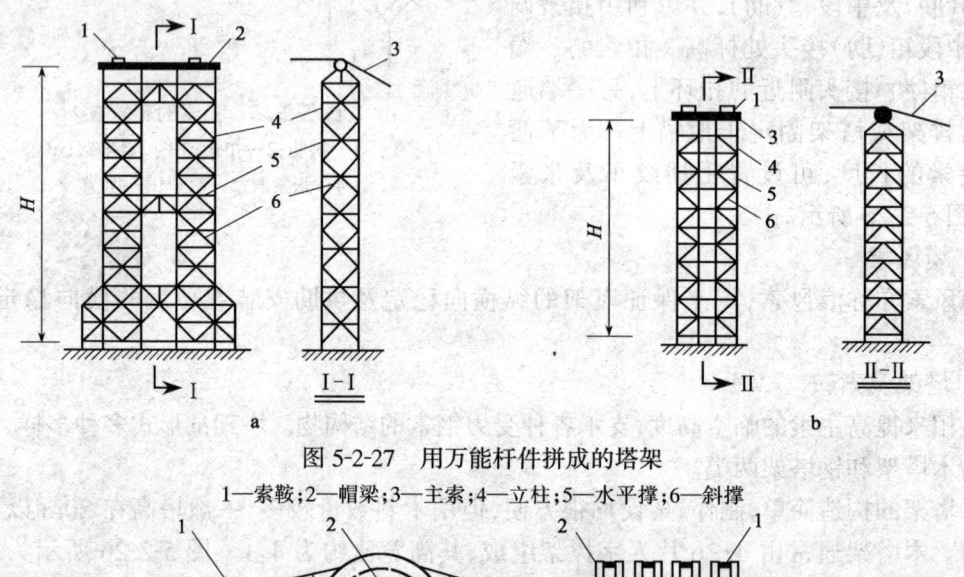

图 5-2-27 用万能杆件拼成的塔架
1—索鞍；2—帽梁；3—主索；4—立柱；5—水平撑；6—斜撑

图 5-2-28 索鞍构造图
1—主索；2—滑轮；3—垫板；4—联结螺栓(固定于塔架上)；5—支撑板

三、吊装方法和加载程序

1. 准备工作

无支架施工时,在吊装前应对构件、墩台拱座进行全面质量检查,并对起吊设备进行系统的试吊工作。在吊装前,应严格按有关规定的要求检查基肋(指拱箱、拱肋或桁架拱片)的混凝土外观质量、外形尺寸、端面与中线关系、接头外形及预埋件位置与尺寸等,对不影响使用的局部缺陷应及时处理。对墩台拱座应检查其标高、平面中线位置、预留孔尺寸、端面斜角、净跨丈量等,对在容许误差范围内的施工误差并可用铸铁板来调整,如图 5-2-29 所示。

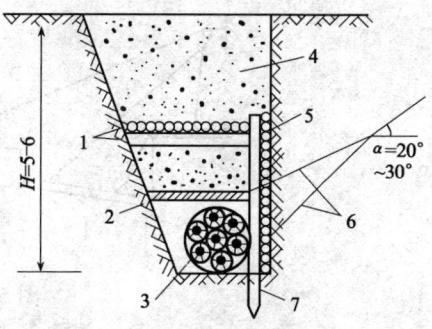

图 5-2-29 木地垄的构造(尺寸单位:m)
1—圆木排;2—木压板;3—地垄木;(φ30 杂木);
4—粘土砂砾夯实;5—挡木板;6—主索;7—圆木桩

对缆索设备的检查主要包括地锚试拉、扣索对拉、主索系统试吊(分行车空载运行、静载试吊和吊重运行三个步骤)等工作。

2. 吊装方法

采用缆索吊装施工的拱桥,其吊装方法应根据桥的跨径、总长及宽度等情况而定。

拱桥的构件一般在河滩上或桥头岸边预制和预拼后,送至缆索下面,由起重行车起吊牵引至指定位置安装。吊装应从孔桥的两端向中间对称进行。在最后一节构件吊装就位,并将各接头位置调整到规定标高以后,才能放松吊索并将各接头接整合龙,最后才将所有扣索撤去。

合龙的方式有单肋合龙和双肋合龙两种。单肋合龙是一片中段基肋与已安装就位的两边段基肋在中部合龙,如图 5-2-30a 所示,其横向稳定主要依靠基肋接头处设置的缆风索来加强,此方法多用在中等跨径的单孔桥跨中。双肋合龙是同时将两条中段基肋与安装就位的边段基肋在中部合龙,如图 5-2-30b 所示,此法配合辅肋稳定措施可使基肋的稳定性得以提高。

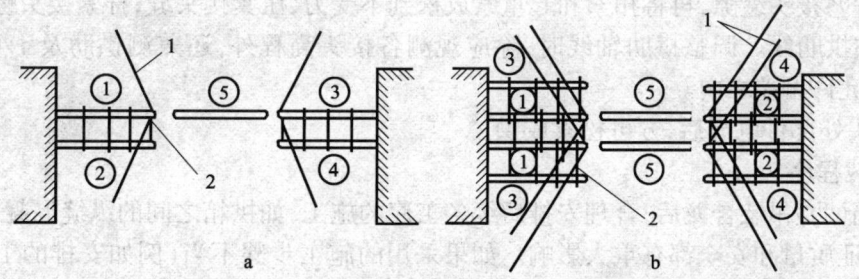

图 5-2-30 无支架施工中的单肋合龙与双肋合龙
1—缆风索;2—横夹木

例:某拱桥主孔横向由 5 片拱箱组成,每片拱箱在纵向分为 5 段,每片拱箱的吊装顺序如图 5-2-31 所示,吊装程序如图 5-2-32 所示。

(1)吊装一端的端段就位,将拱座处与墩、台帽直接抵接牢靠。上部用扣索扣好,下面将缆风索拉好,然后松去吊索。

(2)吊运次段拱箱与端段就位。将接头处用螺栓固结,上部用扣索扣好,下面将缆风索拉好,然后松去吊索。

(3)再按上面的程序吊运另一端的端段和中段,就位固定。

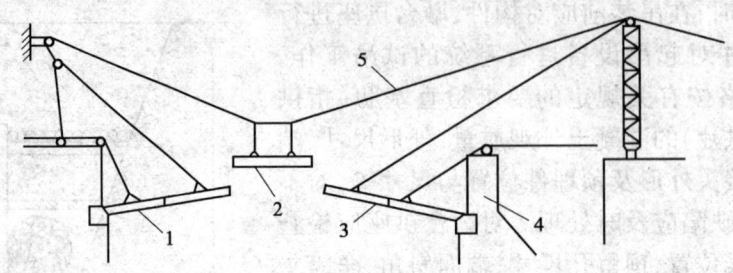

图 5-2-31 每片拱箱吊装顺序
1—端段;2—中间段;3—中间段;4—中墩;5—运输天线

(4)最后吊运合龙段拱箱至所吊孔的上空,徐徐降落至两中段的上头,徐徐松扣(因中段在就位时一般要比设计标高抬高 0.2m 左右),慢慢合龙成拱。

(5)当符合设计标高后,在接头处用钢板楔牢,便可松开吊、扣索,但可不必取掉。待全部电焊所有接头、完全固结后,方可全部取掉扣、吊索。

(6)按同样的程序,进行下根拱箱的吊装合龙。

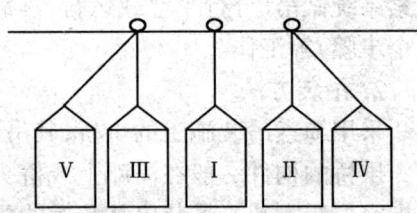

图 5-2-32 每片拱箱吊装程序

拱肋合龙后,松索过程中必须注意下列事项:

a.松索前应校正拱轴线位置及各节头高程,使之符合要求。

b.每次松索均应采用仪器检测,控制各接头高程,防止拱肋各接头高程发生非对称变形而导致拱肋失稳或开裂。

c.松索应按拱段扣索、次段扣索、起重的先后顺序进行,并按比例定长、对称、均匀松卸。

d.每次松索量宜小,各接头高程变化不宜超过 10mm。松索至扣索和起重基本不受力时,宜用钢板嵌塞接头缝隙,再将扣索和起重索放松到不受力,压紧接头缝,拧紧接头螺栓,同时用缆风索调整拱肋线。调整拱肋轴线时,除应观测各接头高程外,还兼测拱肋及 1/8 跨点处高程,使其在允许偏差之内。

e.接头处部件电焊后,方可松索成拱。

3.加载程序

当拱箱(肋)吊装合龙后,合理安排后续各工序的施工,如拱箱之间的纵缝混凝土和拱上建筑等,对保证质量和安全都有重大影响。如果采用的施工步骤不当(例如安排的工序不合理,拱顶或拱脚的压重不恰当,左右半拱施工进度不平衡,加载不对称等),就会导致拱轴线变形不均匀,从而使拱圈开裂,严重甚至造成倒塌事故。因此,对施工程序必须作出了合理的设计。

对于中、小跨径拱桥,一般可不作施工加载程序设计,按有支架施工方法对拱上结构作对称、均衡施工。对于大、中跨径的拱桥,一般多按分环、分段、均衡对称加载的总原则进行设计。即在拱的两个半跨上,按需要分成若干段,并在相应部位同时进行相等数量的施工加载。

在多孔拱桥的两个邻孔之间，也须均衡加载。两孔的施工进度不能相差太远，以免桥墩承受过大的单向推力而产生过大的位移，造成施工进度快的一孔的拱顶下沉，邻孔的拱顶上冒，而导致拱圈开裂。如图 5-2-33 所示为一箱形拱桥施工加载程序示例。

4．加强稳定性的措施

在封锁支架施工的拱桥中，为保证基肋的纵、横向稳定性，在施工上必须采取一些措施。

(1)横向稳定缆风索：

拱肋稳定缆风索在吊装过程的不同施工阶段具有不同的作用。在边段拱肋就位时，它用以调整和控制拱肋中线；在拱肋合龙时，它可以约束接头的横向偏移；在拱肋成拱以后，相当于一个弹性支承，从而减少拱肋自由长度，增大拱肋的横向稳定；在拱肋受外力作用时，约束拱肋的位移。

缆风索的布置应注意下列各点：

a．在河流不宽和无通航要求时，可将拱肋缆风索直接锚固的两岸上收紧，如图 5-2-34 所示；在河流宽阔的多孔桥中，拱肋缆风索的锚固点常设在桥孔的上下游，缆风索直接在锚固点上收紧或在锚固点上转向至桥墩或岸上收紧；在水深流急、漂浮物多且通航的河流上，可将缆风索系在夹于桥墩的悬架上转向至桥墩上收紧，如图 5-2-35 所示。

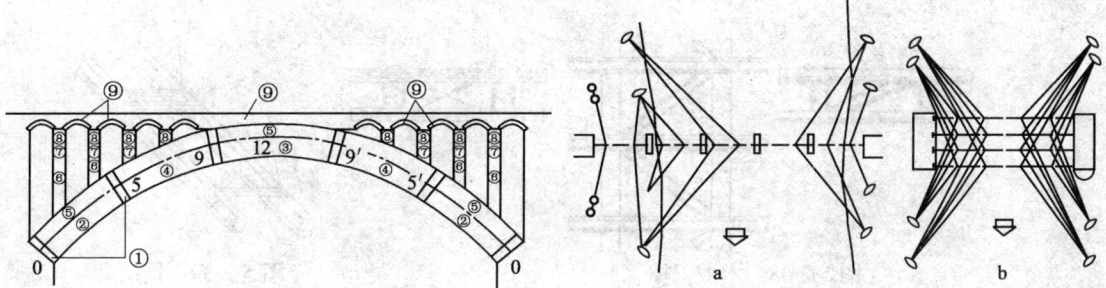

图 5-2-33　拱桥施工加载程序　　　图 5-2-34　锚固在两岸的拱肋风缆

a 多孔桥；b 单孔桥

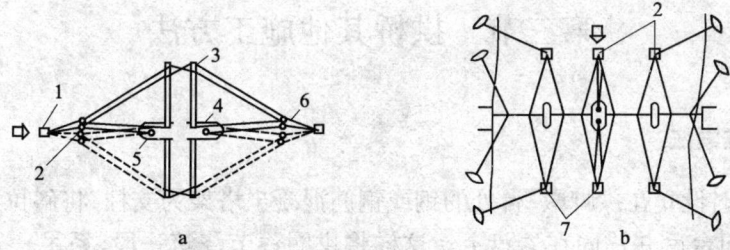

图 5-2-35　锚圈在水中的拱肋缆风索

a 8～76m；b 4～55m

b．每对缆风索与拱肋轴线的骨气角不宜小于 50 度；上下游缆风索长度不宜相差过大；与水面夹角宜在 20 度左右。

c．对于整段吊装或两段吊装的中、小跨径的拱肋，每孔至少应有一根基肋设置固定的缆风索；分三段或五段吊装的拱吊，每孔至少有两根基肋在接头附近设置固定的缆风索。

(2)拱肋纵向稳定措施：

当拱肋接头处可能发生上冒变形时,可在其位置下方设置下拉索来控制变形,下拉索一般对称布置,如图 5-2-36 所示。

(3)拱肋横向联系:

在吊装过程中,为了减少拱肋的自由长度,增强拱肋的横向整体性,建立拱肋之间的横向联系是一项必不可少的施工措施。一般采用的横向联系有木夹板、木剪刀撑、钢筋拉杆、钢横梁和钢筋混凝土横系梁等形式,如图 5-2-37、图 5-2-38 和图 5-2-39 所示。

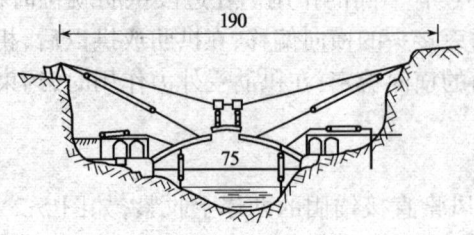

图 5-2-36 拱肋设置下拉索(尺寸单位:m)

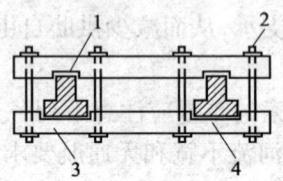

图 5-2-37 拱肋间的横夹木构造
1—拱肋;2—螺栓;3—横夹木;4—砍口凹

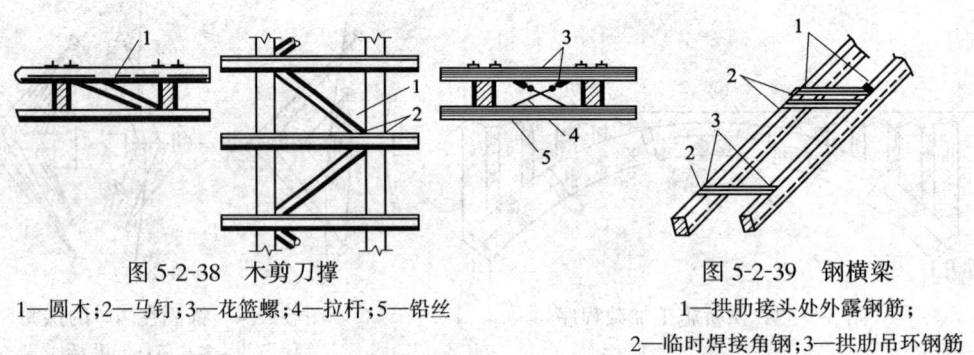

图 5-2-38 木剪刀撑
1—圆木;2—马钉;3—花篮螺;4—拉杆;5—铅丝

图 5-2-39 钢横梁
1—拱肋接头处外露钢筋;
2—临时焊接角钢;3—拱肋吊环钢筋

第三节 拱桥其他施工方法

一、塔架斜拉索法

该法是以临时设立在拱脚墩、台处的钢或钢筋混凝土塔架为支柱,将斜拉索一端拉住拱圈节段,另一端绕向台后并锚固在岩盘上。这样将拱圈逐节浇筑一段、系吊一段向河中悬臂架设,直至拱顶合龙。塔架斜拉索法,一般多采用悬浇施工,也可用悬拼法施工,但后者用得较少。

塔架高度按拱的跨径、矢跨比等确定,斜拉索数量视所系吊拱段长度和位置而定。施工时首先在墩、台基础上安装临时塔架,在塔架上设拉索并锚固于台后锚座上;之后,用拉索悬挂钢活动支架,在其上安设钢筋及模板,浇筑混凝土。待混凝土达到一定强度后,用斜拉索扣住已浇筑好的拱圈节段,移动钢支架,浇筑第二段拱圈(从第二段起也可用吊篮代替钢支架施工)。整个拱圈混凝土的浇筑工作需由两端拱脚开始,对称地进行,最后在拱顶合龙。其施工示意如

图 5-2-40 所示。

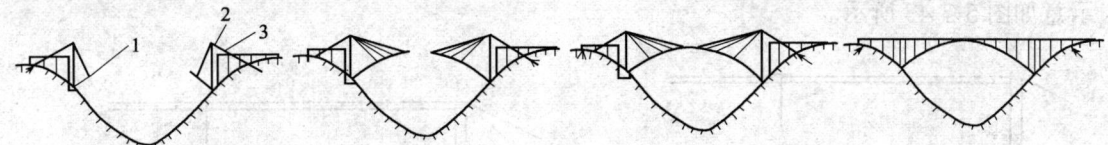

图 5-2-40 塔架法浇筑拱桥混凝土
1—悬臂吊兰；2—塔架；3—吊索

二、刚性骨架法

该法是用劲性钢材(如角钢、槽钢等型钢)按设计形状和尺寸制作并拼装成拱,它既作为拱圈的受力钢材,也作施工钢拱架使用。施工时,用系吊在它上面的吊篮逐段浇筑混凝土,当刚性骨架全部由混凝土包裹后,即形成钢筋混凝土拱圈或拱肋。该刚性骨架作为混凝土的钢筋骨架,不再拆卸回收(也有叫埋入式钢拱架)。浇筑混凝土的时候,应在拱圈两侧对称地进行。为减少混凝土的收缩应力,浇筑应逐段进行。

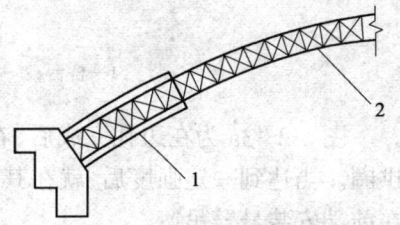

图 5-2-41 刚性骨架法浇筑拱圈
1—钢筋混凝土；2—拱架及骨架

该法的优点是可以减少施工设备的用钢量,整体性好,拱轴线易于控制,施工进度快等,其施工示意如图 5-2-41 所示。但结构本身的用钢量大,成本较高。

三、刚性骨架与塔架斜拉索联合法

该法充分利用了刚性骨架法和塔架斜拉索法的优点,适合于较大跨径拱桥的施工。该法分为两个阶段施工,第一阶段用塔架斜拉索法完成靠近拱脚部分；第二阶段用刚性骨架法完成中间部分,此时,需用安装在骨架的特殊活动作业车来分段浇筑混凝土。其施工示意如图 5-2-42 所示。

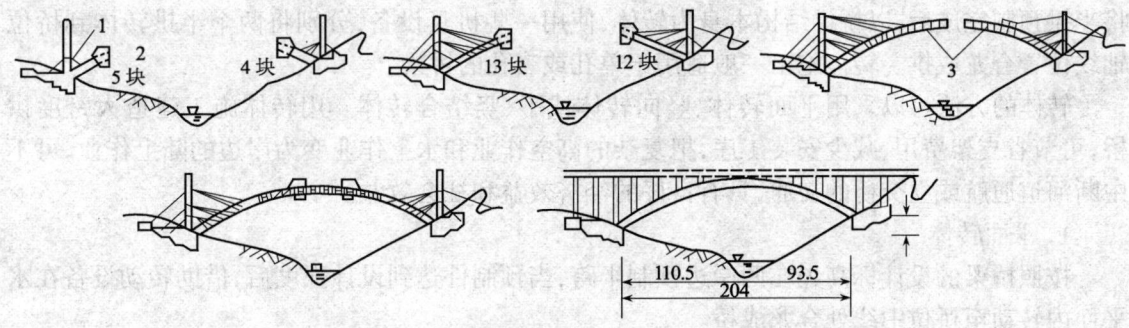

图 5-2-42 刚性骨架与塔架斜拉索联合法(尺寸单位:m)
1—钢拉杆；2—挂；3—钢拱架

四、斜吊式悬臂浇筑法

该法是拱圈、拱上立柱和预应力混凝土桥面板等齐头并进,边浇筑边构成桁架的浇筑方法。施工时,预应力筋作为桁架的斜拉杆和桥面的临时明索,将桁架锚固在后面桥台上。其施工示意如图 5-2-43 所示。

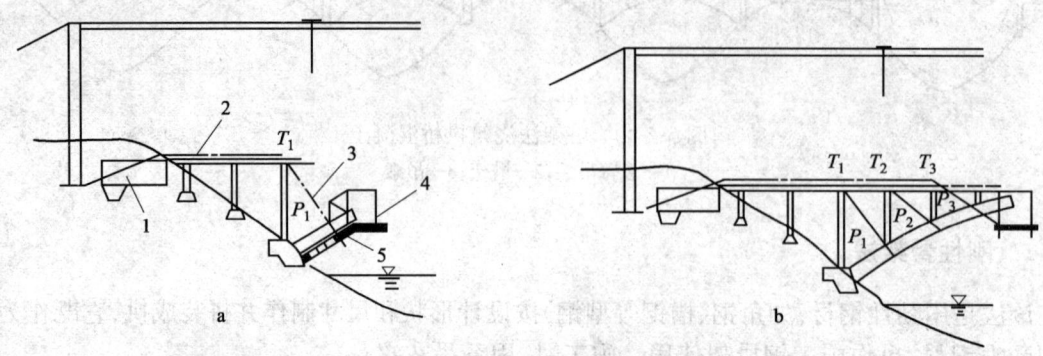

图 5-2-43 悬臂浇筑施工程序
1—桥台;2—桥面板明索;3—斜拉杆;4—悬臂吊篮;5—支架

图 5-2-43a 为在边孔完成后,在桥面板上设置临时明索;然后,在斜吊支架上浇筑头一段拱圈。当达到一定强度后,就在其上设置临时明索,并撤去吊架,直接系吊于斜拉杆上;然后,在前端安装悬臂吊篮。

图 5-2-43b 为用吊篮悬臂浇筑拱圈。当吊篮通过拱上立柱 P_2 位置后,需要立即浇筑立柱 P_2 及 P_1,P_2 间桥面板,然后,用吊篮继续向前浇筑,至通过下一个立柱 P_3 位置后,再安装 P_1 与 P_2 间桥面板明索及斜拉杆 T_2,浇筑立柱 P_3 及 P_2,P_3 间桥面板。每当吊篮前进一步,需将桥面板临时明索收紧一次。

这样一面用斜拉钢筋构成桁架,一面悬臂浇筑前进,直至拱顶附近。最后拱顶部分可再次用吊架浇筑合龙。

五、转体施工法

拱桥转体施工法是将拱圈分成两个半跨,分别在两岸利用地形作简单支架(或牛拱拱胎),将半拱预制完成后,以桥梁结构本身为转体,使用一些机具设备,分别将两个半拱转体到桥位轴线位置合龙成拱。转体施工一般适用于单孔或三孔的桥梁。

转体的方法可以采用平面转体、竖向转体或平、竖结合转体。用转体施工建造大跨度拱桥,可节省支架费用、减少安装工序,把复杂的高空作业和水上作业变为岸边的陆上作业,可不中断河道通航或立交桥的交通,具有良好的经济效益和社会效益。

1. 平面转体

按照桥梁的设计标高先在两岸边预制半跨,当预制件达到设计强度后,借助转动设备在水平面内转动至桥位中线处合龙成桥。

平面转体可分为有平衡重转体和无平衡重转体两种形式。有平衡重转体一般以桥台背墙作为平衡重,并将此作为桥体上部结构转体用拉杆(或拉索)的锚碇反力墙,用以稳定转动体系和调整重心位置。为此,平衡重部分不仅在桥体转动时作为平衡重量,而且也要承受桥梁转体重量的锚固力,图 5-2-44 所示为有平衡重转体施工的示意图。有平衡重转体施工受到转动体系重量的限制,过大的平衡重增大了转动的难度且不经济,一般适用于跨径 100m 以内的拱桥。

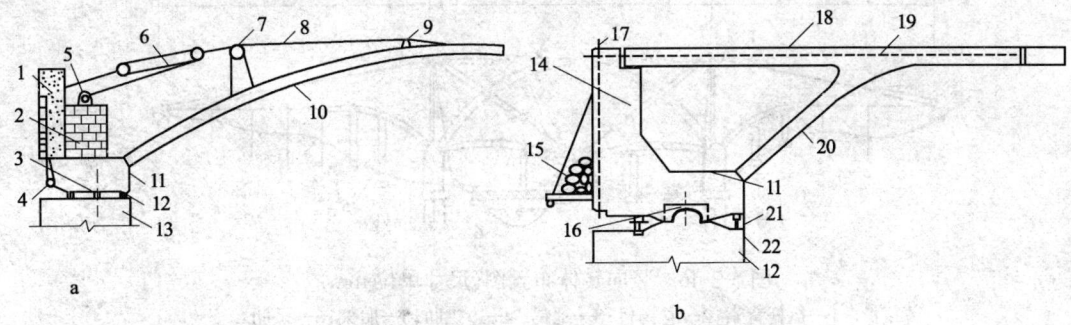

图 5-2-44　有平衡重平面转体一般构造

1—尾铰；2—平衡重；3—轴心；4—锚梁；5—绞车；6—滑轮组；7—支点 2；8—扣索；9—支点；
10—拱肋；11—上盘；12—上下环道；13—底盘；14—背墙；15—平衡重；16—球面铰轴心；
17—竖向预应力筋；18—槽梁；19—拉杆；20—斜腿；21—滚轮；22—轨道板

无平衡重转体施工是把有平衡重转施工中的拱圈扣索拉力锚固在两岸岩体中，由此来锚固半跨桥梁悬臂状态时产生的拉力，并在立柱的上端设转轴，下端设转盘，通过转动体系进行平面转体。由于节省了庞大的平衡重，减轻了转动体系的重量，故可用在大跨度桥梁中。无平衡重转体施工需要有一个强大牢固的锚碇，因此宜在山区地质条件好或跨越深谷急流处建造大跨桥梁时选用。如图 5-2-45 所示为无平衡重转体施工示意图。

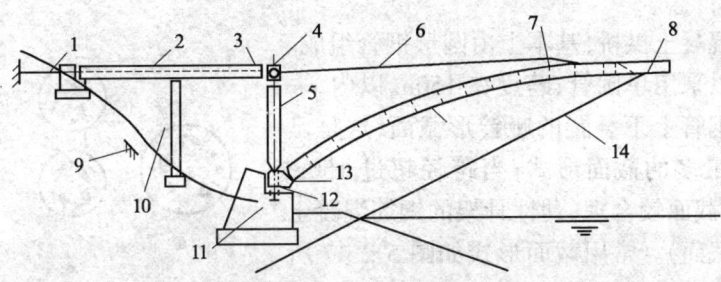

图 5-2-45　无平衡重平面转体一般构造

1—轴向尾索；2—轴平撑；3—锚梁；4—上轴轴；5—墩上立柱；6—扣索；7—拱肋；
8—扣点；9—锚碇；10—斜尾索；11—轴心；12—环道；13—下转盘；14—缆风索

2. 竖向转体

竖向转体是在桥台处先竖向预制半拱，然后在桥位竖平面内转动两半跨使之在空中对接合龙，如图 5-2-46 所示。对于跨径过大、拱肋过长的拱桥，由于竖向转动不易控制，施工过程易出现问题，故该施工法只宜在中、小跨径拱桥中使用。

3. 平、竖结合转体

如受到地形条件及施工条件的限制，不可能在桥梁的设计平面和桥位竖平面内预制，则转体既要平转还要竖转才能就位。平转和竖转的方法与前述类同，但平、竖结合的转动轴构造要复杂一些。

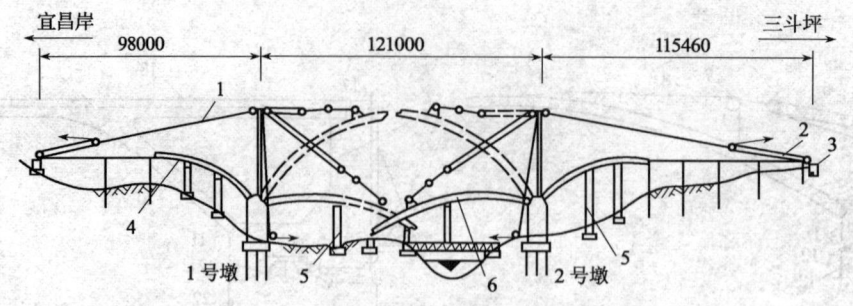

图 5-2-46　竖向转体布置图(尺寸单位 mm)
1—扒杆背索；2—卷扬机；3—地锚；4—边拱肋；5—胎架；6—拱肋

六、钢管混凝土拱桥简介

钢管混凝土桥是以钢管为拱圈外壁，在钢管内浇注混凝土，使其形成由钢管和混凝土组成的拱圈结构。钢管混凝土结构的主要特点是钢管对混凝土的套箍作用，从而使钢管内的混凝土处于三向受力状态，提高了混凝土的抗压强度和变形能力。由于钢管的重量轻、刚度大、吊装方便，故可以作为拱圈施工的劲性支架或模板。此外，钢管混凝土拱桥断面尺寸较小、结构轻巧、造型极佳。这些优点，使钢管混凝土拱桥在大跨度拱桥中很快得到推广应用。

1. 钢管混凝土拱桥构造特点

(1) 截面形式：

目前的钢管混凝土拱桥，基本上由圆形钢管组成。当跨度较小时可以采用单圆管；跨度在 150m 以内，一般采用两根圆形钢管上下叠置的哑铃形截面，这是已建成拱桥中采用最多的截面形式；当跨径超过 150m 以上，以采用桁式截面较合理(劲性骨架的钢筋混凝土拱桥多采用桁式截面)。常用截面形式如图 5-2-47 所示。

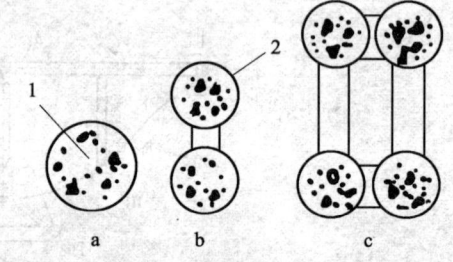

图 5-2-47　截面形式
a 单管；b 哑铃形；c 桁式
1—混凝土；2—钢管

(2) 结构形式：

根据结构的受力体系和施工方法的不同，可以将钢管混凝土拱桥归纳为以下几种。

a. 中承式肋拱桥：

这是目前钢管混凝土拱桥中应用最多的一种。由于桥面位置在拱的中部穿过，可以随引桥两端接线所需的高度上下调整，所以适应性强。当地质条件好时，一般采用有推力的中承式拱桥；当地质条件较差，桥墩不能承受较大水平推力时，或受地形条件限制，可以采用中承式带两个半跨的自锚结构形式，如图 5-2-48a 所示。

b. 下承式系杆拱桥：

当受地质条件或接线高度的限制时，往往采用下承式系杆拱结构形式，拱脚的推力由系杆承受，如图 5-2-48b 所示。目前下承式钢管混凝土系杆拱桥的系杆形式分为两种，一种是上下部结构采用刚接联结，系杆仅用体外预应力钢束组成的柔性系杆；另一种是上部结构简支形式,支承于桥墩的刚性系杆形式。

c. 上承式拱桥:

当桥梁两岸地形较高或需要跨过深谷时,采用上承式钢管混凝土拱桥是较合理的桥型方案。上承式钢管混凝土拱桥的桥面系在拱圈的顶面,拱肋可以采用多片。在多片拱肋之间和拱肋顶面的立柱排架之间均可以进行纵横向联系,这就大大加强了大跨度拱桥施工中的稳定性,保证了施工的安全。

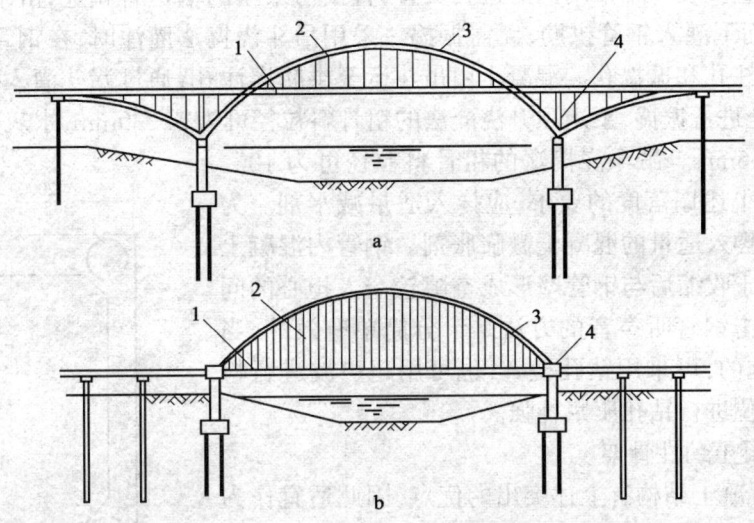

图 5-2-48 结构形式示意图
a 中承式自锚结构;b 下承式
1—系杆;2—吊杆;3—钢管拱肋;4—系杆锚固块

2. 钢管拱肋制作

钢管混凝土拱桥所用的钢管材料一般采用 A3 钢和 16Mn 钢。钢管由钢板卷管成型,管节的长度由钢板宽度确定,一般管节长度为 1.2~1.8m。管节一般为直管,钢板厚度一般为 10~20mm。采用桁式截面时,上下弦之间的腹杆由于直径较小,可以直接采用无缝钢管。拱肋制作的关键在于拱肋在放样平台上的精确放样及严格控制焊接质量,应尽量减少工地高空焊接。

(1)钢管卷制和焊接:

钢板利用焰割机切割,但应将热力影响宽度(3~5mm)去掉。拱肋及横撑结构外表面均应先喷丸除锈,按一级表面清理。钢板卷制前,根据要求将板端开好坡口,将钢板送入卷板机卷成直筒体,卷管方向应与钢板压延方向一致。轧制的管筒的失圆度和对口错边偏差均应满足相应施工规程要求。将卷成的钢管纵向缝焊接成直管。对焊成的直钢管应进行检查和校正,以确保组装的精度。

(2)拱肋放样和拱肋段的拼装:

将半跨拱肋在混凝土地面上按 1:1 进行放样。沿放样的拱肋轴线设置胎架,在大样上放出吊杆位置及段间接头位置以及混凝土浇筑孔位置。拱肋钢管的纵向焊缝各管节应互相错开,而且将纵向焊缝全部置于两肋板中间,以免外表面焊缝影响美观。对管段焊缝质量应进行超声探伤和X光拍片检查。当采用整孔安装或半孔安装时,风撑应在工地安装前焊完;当采用缆索安装时,风撑可在拱肋吊装完成后焊接。分段拱肋运至工地后,再在工地进行放样,将几段拱肋拼成安装的长度。在拱肋安装前应对拱肋的尺寸和焊缝质量进行检查。

3. 拱肋安装和拱肋混凝土浇筑

目前,钢管拱肋安装,采用最多的施工方法为缆索吊装,其次为转体施工。

钢管拱肋内混凝土灌注可采用泵送顶升浇灌法和吊斗浇捣法。泵送顶升浇灌法是在钢管拱肋、拱脚的位置安装一个带闸门的进料支管,直接与泵车的输送管相连,由泵车将混凝土连续不断地自上而下灌入钢管拱肋,无需振捣。采用吊斗浇捣法灌注时,在钢管拱肋顶部每隔4m开孔作为灌注孔和振捣孔。混凝土由吊斗运至拱肋灌注孔,通过漏斗灌入孔内,由插入式振捣器对混凝土进行振捣。泵送顶升浇灌法的粗骨料粒径可为5～30mm,水灰比不大于0.45,塌落度不小于15mm。吊斗浇捣法的粗骨料粒径可为10～40mm。为满足上述塌落度的要求,应掺入适量减水剂。为减少收缩量,可掺入适量的混凝土微膨胀剂。钢管内混凝土是否灌满,混凝土收缩后与钢管壁形成空隙较令人担心的问题,用小铁锤敲击钢管听声音的方法是十分简单有效的,当发出声音有问题的,可采用钻孔检查,也可用超声波进行检查,对有空隙部位进行钻孔压浆补强。

4. 钢管混凝土劲性骨架

由于钢管混凝土结构有上述突出的优点,因此适宜作为大跨径钢筋混凝土拱桥的施工劲性骨架。如图5-2-49所示为某中承式钢筋混凝土拱桥采用钢管混凝土结构作为劲性骨架的箱形拱肋截面。该箱形拱肋的四个角点部位布置四根管,腹杆采用型钢,通过节点板与钢管焊接成桁架。

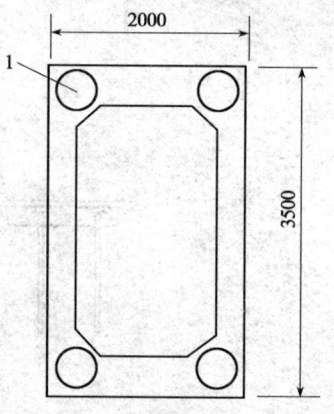

图5-2-49 拱肋截面(尺寸截面mm)
1—钢管

本章小结

1. 混凝土拱桥主拱圈的施工方法主要有三大类:(1)就地浇筑法(有支架施工,悬臂浇筑法);(2)预制安装法(缆索吊装,伸臂式吊机悬臂拼装);(3)转体施工法(平面转体施工,竖向转体施工)。

2. 有支架施工中的支架形式有:满布立柱式拱架、撑架式拱架、三铰桁架和钢拱架。前三种一般用木材制造,适用于中小跨径拱桥,后一种一般用在大跨径拱桥的施工上。

3. 在支架上进行主拱圈的混凝土浇筑时要注意:①对称、均匀和拱架变形小为原则;②对于大跨径拱桥宜采用分层分段浇筑和留出间隔槽,具体位置可通过计算分析和遵循施工技术规范中的规定;③对于多孔连续拱桥还应注意相邻孔之间的对称均匀施工。

4. 卸架的程序是:对于满布式拱架的小跨径拱桥,可以从拱顶开始,逐渐向拱脚对称卸落;对于大跨径主拱圈,可以从两边$\frac{l}{4}$处逐次对称向拱脚和拱顶均匀地卸落。

5. 缆索吊装施工的主要设备是缆式起重机,它由主索、工作索、塔架和锚固装置四个基本部分组成。

6. 采用缆索吊装法时,必须按照设备的起重能力将主拱圈从横方向上划分成若干条拱肋,从纵方向上分成奇数节段,先行预制,然后移运到缆索吊机的起吊位置处等待起吊。

7. 箱形拱的拱箱预制多采用组装预制,即先预制侧板和横隔板,再在底模台座上组装成U形开口箱,如需做成闭口箱时,就在其上浇筑顶板的混凝土。

8. 为了保证缆索吊装的稳定安全,可根据跨径的大小、拱圈截面的具体尺寸,来决定采取单基肋合龙,或拱脚段为双基肋、三基肋的单肋合龙等方式,但在任何情况下,必须设置横向风缆。

9. 拱肋合龙温度应符合设计规定,如设计无规定,可在气温接近当地年平均温度(一般在5~15℃)时进行,天气炎热时可在夜间洒水降温的条件下进行。

10. 无论采用有支架施工还是缆索吊装施工方法,在裸拱上加载时,都必须要求使拱肋各截面始终都能满足应力、强度和稳定的要求,必要时需作好拱上建筑施工的加载程序设计。

思考题

1. 在拱架上浇筑混凝土拱圈应注意哪些事项?
2. 拱架有哪些形式?各有何特点?拱架应在什么时间卸架?如何卸架?
3. 为防止悬链线拱的裸拱圈出现"M"变形,在设计与施工时应采取哪些措施?
4. 满布式拱架预拱度值的计算应考虑哪些因素?
5. 在无支架拱肋安装中,缆索吊机的组成有哪些?
6. 无支架施工时合龙方式有哪几种?各适合在什么情况下使用?
7. 拱肋接头连接方式有哪些?它们各有何特点?
8. 平面转体的方法有哪几种?各平面转体的方法适合于什么情况下使用?竖向转体适合于什么情况下使用?
9. 无铰拱桥的有支架施工与连续梁桥的有支架施工中,在留接缝(或间隔槽)的问题上有哪些异同点?
10. 为什么采用缆索吊装时,主拱圈总是划分为奇数段?如果是多孔拱桥且中间无单向推力墩时,拱圈的合龙方式应如何进行?

第三章 斜拉桥的施工

第一节 主梁施工要点

前面所介绍的梁式桥和拱式桥的施工方法大体上可以归纳为:(1)有支架施工法;(2)悬臂施工法;(3)顶推施工法;(4)转体施工法等四种。虽然这几种方法同样可以用在斜拉桥的建造上,但是最适宜的方法是悬臂施工法,其余三种方法一般只能用在河水较浅或者修建在旱地上的中、小跨径斜拉桥上,其主要原因如下:

(1)斜拉桥的跨径一般较大,常在200m以上,主跨一般要跨越的河水较深、地质情况较复杂的通航河道上。如果不采用悬臂施工法,而采用其他三种方法都会给施工带来极大的困难,增大施工临时设施费用,甚至影响到河道的通航。

(2)在斜拉桥上采用悬臂施工法要比在T形刚构桥,连续梁桥和连续刚桥上采用更为有利,这可通过图5-3-1两种桥型的对比来说明。

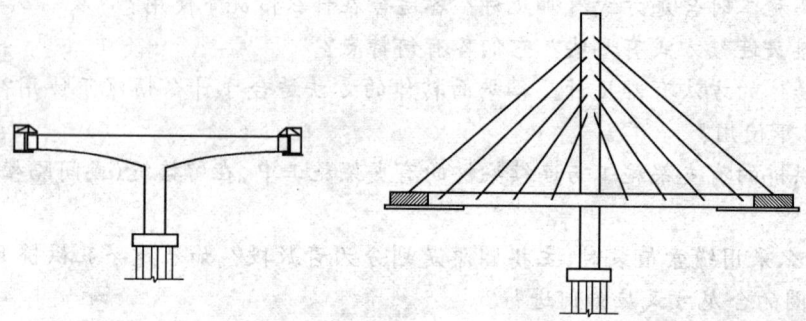

图 5-3-1 两种桥型应用悬臂浇筑法的对比

梁桥若要增大悬臂施工的跨长,必须依靠增大梁高来实现;当达到一定的跨长之后,即使再增大梁的高度,所提高的强度和刚度都将被其本身的自重和挂篮的重量所抵消,这是梁式桥跨径受到限制的根本原因。斜拉桥则通过斜拉索提供的弹性支承,可以大幅度地提高结构的强度和刚度。在施工过程中,它类似于多个弹性支承的悬臂梁,通过调整索力来减小主梁内力,这样就可以减小梁高和减轻自重,增大桥梁的跨越能力,因而成为大跨度桥梁中具有竞争力的一种桥型。

斜拉桥的悬臂施工也有悬臂拼装法和悬臂浇筑法两种,下面将分别介绍。

一、悬臂拼装法

悬臂拼装法主要用于钢主梁(桁架梁或箱形梁)的斜拉桥上。钢主梁一般先在工厂加工制作,再运至桥位处吊装就位。钢梁预制节段长度应以起吊施工方便考虑,一般以布置1~2根斜拉索和2~4根横梁为宜。节段与节段之间的连接分为全断面焊接和全断面高强螺栓连接两种形式,连接之后必须严格按照设计精度进行预拼装和校正。常用的起重设备有悬臂吊机、大型浮吊以及各种自制吊机。这种方法的优点是钢主梁和索塔可以同时在不同的场地进行施工,因此具有施工快捷和方便的特点。

图 5-3-2a 所示为双塔斜拉桥在采用悬臂拼装法施工时直到全桥合龙之前的全貌,图 5-3-2b 所示是取其中一座索塔的从两侧逐节扩展的过程,它的大体步骤图中说明已给出。

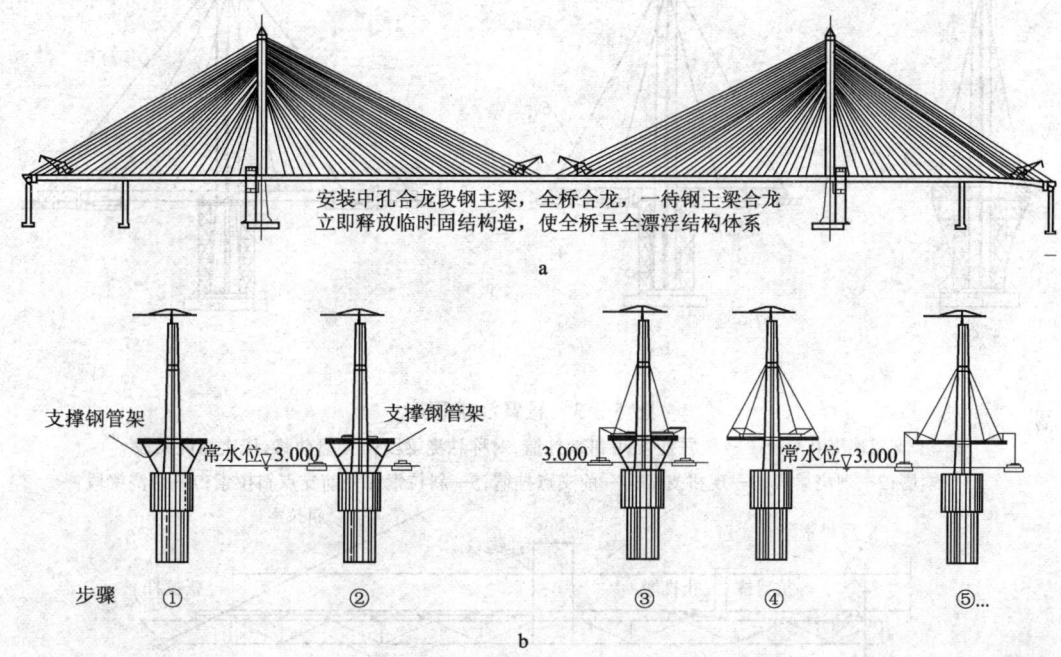

图 5-3-2 悬臂拼装程序

①利用塔上塔吊搭设 0 号、1 号块件临时用的支撑钢管架;②利用塔吊安装好 0 号及 1 号块件;③安装好 1 号块件的斜拉索,并在其上架设主梁悬臂吊机,拆除塔上塔吊和临时支撑架;④利用悬臂吊机安装两侧的 2 号块的钢主梁,并挂相应两侧斜拉索;⑤重复上一循环直至全桥合龙。

二、悬臂浇筑法

悬臂浇筑法主要用于预应力混凝土斜拉桥,其主梁混凝土悬臂浇筑与一般预应力混凝土梁式桥的基本相同。这种方法的优点是结构的整体性好,施工中不需用大吨位悬臂吊机和运输预制节段块件的驳船;但不足之处是在整个施工过程中必须严格控制挂篮的变形和混凝土收缩、徐变的影响,相对于悬臂拼装法而言其施工周期较长。图 5-3-3 所示是斜拉桥采用悬臂浇筑法的施工程序图。

现拼支架仍可利用如图 5-3-2 中的塔吊进行安装,前支点挂篮构造如图 5-3-4 所示,它的工作原理是利用待浇梁段斜拉索作为挂篮的前支点,施工过程中将挂篮后端锚固在已浇梁段上,它能充分发挥斜拉索的效用,由斜拉索和已浇梁段共同来承担待浇节段的混凝土梁段的重量。待主梁混凝土达到设计强度后,拆除斜拉索与挂篮的连接,使节段重力转换到斜拉索,再前移挂篮。前支点挂篮的优越性在于它使普通挂篮中的悬臂梁受力变成为简支梁受力,使节段悬浇长度及承重能力均大为提高,加快了施工进度。不足之处是在浇筑一个节段混凝土过程中要分阶段调索,工艺复杂,挂篮与斜拉索之间的套管定位难度较大。

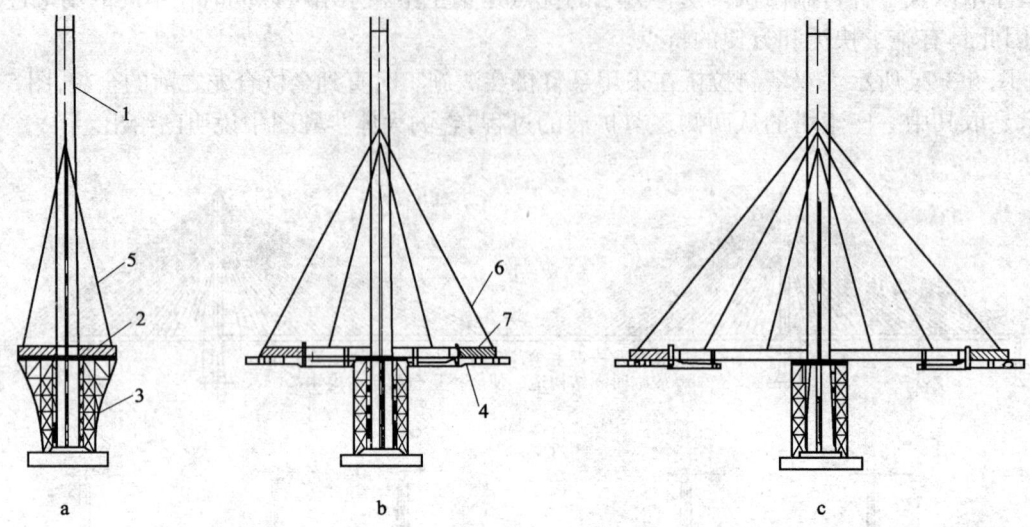

图 5-3-3 悬臂浇筑程序
a 支架现浇 0 号及 1 号块并挂索;b 拼装挂篮,对称悬浇梁段;c 挂篮前移,依次悬浇梁段
1—索塔;2—现浇梁段;3—现拼支架;4—前支点挂篮;5—斜拉索;6—前支点斜拉索;7—悬浇梁段

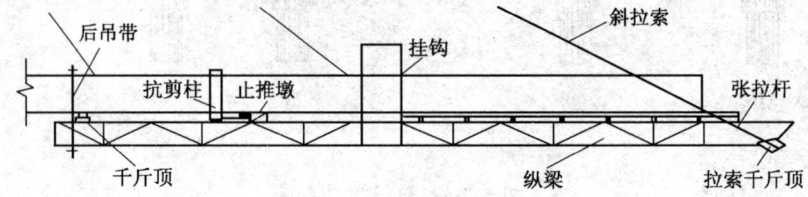

图 5-3-4 桁架结构前支点挂篮示意图

三、悬臂施工法中的其他问题

(一)塔梁临时固结

不论采用哪一种悬臂施工法,都存在着一个塔与梁之间在施工过程中临时固结的问题,除非所设计的斜拉桥本身就是塔梁固结体系。斜拉桥主梁施工临时固结的措施主要有以下两种。

1. 加临时支座并锚固主梁(图 5-3-5)

这种方法构造简单,制作和装拆方便,安全可靠。施工时,在下横梁上设置四个混凝土临时支座,将粗螺纹钢的下端预埋在塔下横梁中,钢筋中段穿过支座和梁体并锚在 0 号梁段顶部;钢筋的数量由施工反力计算确定。为便于拆除,在每个支座中间可设 20mm 厚的硫磺砂浆夹层。

2. 设临时支承

在塔墩两旁设立临时支承与临时支座共同承担施工反力,临时支承常用钢管桩或钢护筒。在下塔柱上设置预埋件作为临时支承的锚座。

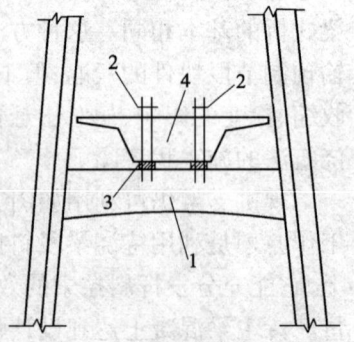

图 5-3-5 临时固结制作示意图
1—下横梁;2—锚筋;3—临时固结支座;4—0 号块

如果塔两侧的主梁不对称,拆除临时支承时漂浮体系会引起体系转换,梁向一端(通常是向岸端)水平移动,索力重新分布,如该水平位移甚大,而且是突然发生时,会引起事故,因此拆除支承时应特别注意。

(二)边孔局部梁段的施工

前面已述,斜拉桥的边跨对主跨起到锚固作用,故在悬臂施工过程中,边跨往往先于主跨合龙,以增加斜拉桥施工中的安全性。基于此原因,若在主梁靠岸的局部区段内水不太深时,则可以采用满布支架进行主梁的施工,尽可能早地将它与用悬臂施工法的梁段连成整体,发挥锚固跨的作用,如图 5-3-6 所示。当水较深时,设计时应适当减小边跨长度,以方便用导梁或者移动模架快速合龙。

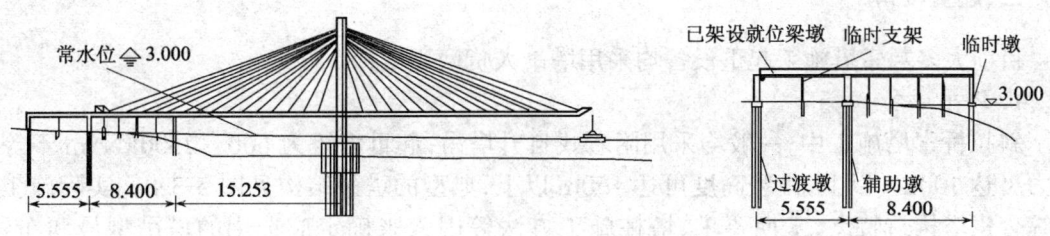

图 5-3-6 边跨局部区段的有支架施工

第二节 索塔施工要点

一、索塔施工顺序

一般来讲,钢塔采用预制拼装的办法施工,混凝土塔的施工则有搭架现浇、预制拼装、滑升模板浇筑、翻转模板浇筑、爬升模板浇筑等多种施工方法可供选择。

根据斜拉桥的受力特点,索塔要承受巨大的竖向轴力,同时还要承受部分弯矩。斜拉桥设计对成桥后索塔的几何尺寸和轴线位置的准确性要求都很高。混凝土塔柱施工过程因受施工偏差、混凝土收缩、徐变、基础沉降、风荷载、温度变化等因素影响,其几何尺寸、平面位置将发生变化,如控制不当,则会造成缺陷,影响索塔外观质量,并且产生次内力。因此,不管何种结构形式的索塔,采用哪种施工方法,施工过程中都必须实行严格的施工测量控制,确保索塔施工质量及内力分布满足设计及规范要求。

混凝土索塔的基本施工顺序如图 5-3-7 所示。

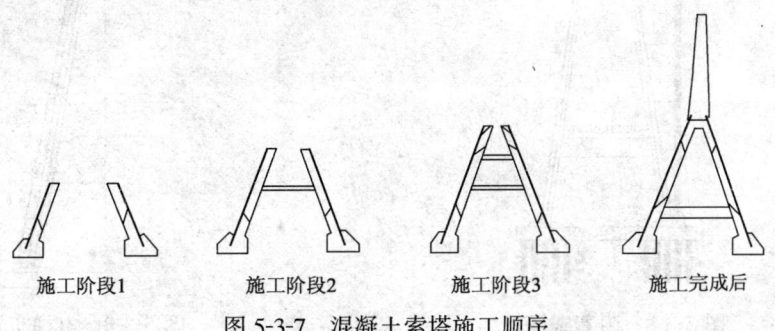

图 5-3-7 混凝土索塔施工顺序

二、劲性骨架

混凝土塔柱的塔壁内往往需要设置劲性骨架。劲性骨架在工厂分节段加工,到现场分段超前拼接,精确定位。劲性骨架安装定位后,可供测量放样、立模、钢筋绑扎及斜拉索钢套管定位使用,也可承受部分施工荷载。劲性骨架在倾斜塔柱中的功能作用更大,往往根据构件受力需要设置。当倾斜塔柱为内倾或外倾布置时,应考虑在两塔肢之间每隔一定的高度设置受压横杆(塔柱内倾)或受拉横杆(塔柱外倾),以减小斜塔柱的受力和变形,具体的布置间距应根据塔柱构造经过设计计算确定。

三、起重设备

目前大多数索塔施工起重设备均采用塔吊人货两用电梯。

1. 塔吊

斜拉桥索塔施工中,一般均采用附着式自升塔吊,起重力矩为 600~2500kN·m 不等,起重力可达 100kN 以上,吊装高度可达 150m 以上,典型的塔吊结构见图 5-3-8。实际施工时,可综合索塔构造特点、工期要求、塔柱施工方法等因素来确定应选用的塔吊型号和布置方式。塔吊选择应考虑如下几点:(1)塔吊性能参数满足施工要求;(2)起重生产效率满足施工进度的要求,匹配合理,功能大小合适;(3)适应施工现场的环境,便于进场、安装架设和拆除退场。

2. 人货两用电梯

用于斜拉桥索塔的人货两用电梯一般有直爬式和斜爬式两种,主要由轨道架、轿箱、驱动机构、安全装置、电控系统、提升接高系统等几大部分组成,具有构造简单、适用性强、安装可靠等特点,能极大地方便施工人员的上下及小型机具与材料的运输。电梯一般布置在顺桥向索塔的一侧,并附着在塔柱上。电梯布置见图 5-3-9 所示。施工中应根据索塔的高度和形状选用合适的电梯。

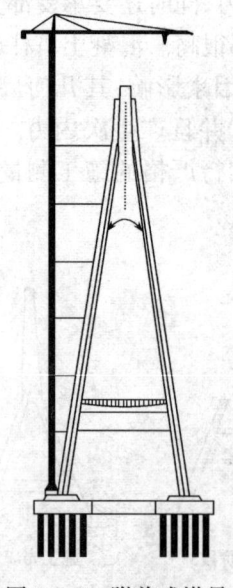

图 5-3-8 附着式塔吊

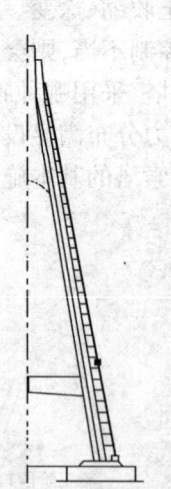

图 5-3-9 电梯布置示意图

四、索塔施工模板

按照结构形式不同索塔施工的模板可分为提升模和滑模。提升模按其吊点不同,可分为依靠外部吊点的单节整体模板逐段提升、多节模板交替提升(翻转模板)及本身带爬架的爬升模板(爬模)。提升模板因适应性强、施工快捷的特点被大量采用。无论采用提升模板还是采用滑模,均可以实现索塔的无支架现浇。滑模因只适用于等截面的垂直塔柱,有较大的局限性,目前较少采用。

1. 单面整体提升模板

对于截面尺寸相同,外观质量要求一般的混凝土索塔施工,可采用单面整体提升模板。施工时,先制作和组拼模板,分块组装,模板下端夹紧塔壁以防止漏浆;然后,进行混凝土全模板高度浇筑,待混凝土达到规定的设计强度后,将模板拆成几块后提升到下一待浇节段并组装,继续施工。单面整体提升模板可分为组拼式钢模和自制钢模。模板一次浇筑分节高度一般为3~6m。

单面整体提升模板施工简便,在无吊机的情况下,可利用索塔内的劲性骨架作支撑,用手动葫芦提升。但在索塔截面尺寸变化较大,混凝土接缝质量要求高的情况下,其使用有一定的局限性,目前此法已很少采用。

2. 翻转模板(交替提升多节模板)

每套翻转模板由内、外模、对拉螺杆、护栏及内工作平台等组成,不必另设内外脚手架,如图5-3-10所示。模板分节高度及分块大小,应根据起重设备吊装能力和塔柱构造要求确定。一般情况下,每套模板沿高度方向分为底节、中节和顶节等三个分节,每个分节高度为1~3m。施工时先安装第一层模板,浇筑混凝土,完成第一层基本节段的施工;再以已浇混凝土为依托,拆除已浇节段的下两个分节模板,顶节不拆,向上提升并接于顶节之上,安装对拉螺杆和内撑,完成第二层模板安装。如此由下至上依次交替上升,直至达到设计的施工高度为止。

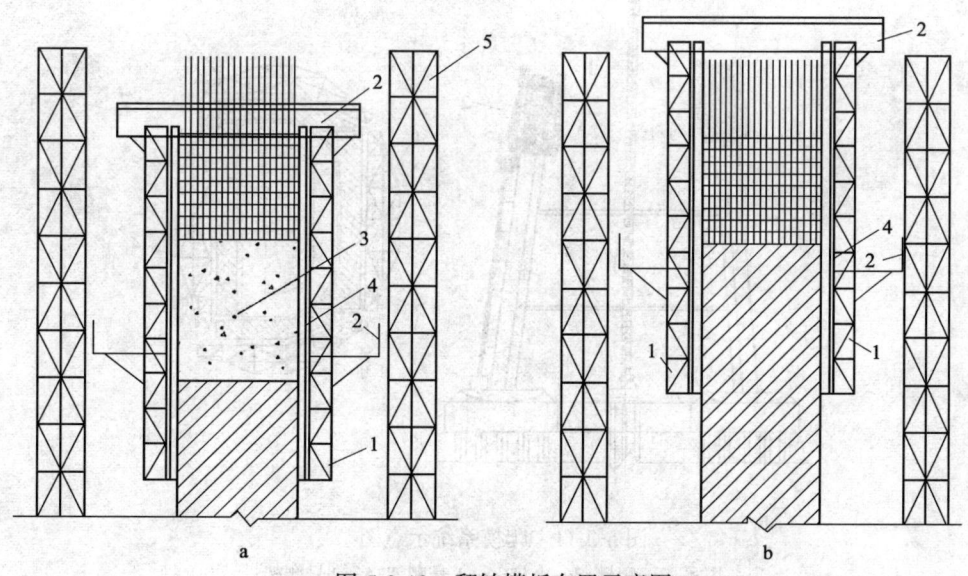

图5-3-10 翻转模板布置示意图
a 浇筑混凝土;绑扎钢盘筋;b 模板交替上升
1—模板桁架;2—工作平台;3—已浇墩身;4—外模板;5—脚手架

翻转模板系统依靠混凝土对模板的粘着力自成体系，制造简单，构件种类少，模板的大小可根据施工大小灵活选用。混凝土接缝较易处理，施工速度快，能适应各种结构形式的斜拉桥索塔施工，目前被大量使用，特别是折线形索塔使用翻转模板施工更有优势，但此类模板自身不能爬升，要依靠塔吊等起重设备提升翻转循环使用，因而对起重设备要求较高。

3. 爬模（自备爬架的提升模板）

爬模系统一般由模板、爬架和提升系统三大部分组成，根据提升方式不同又可分为倒链手动爬模、电动爬架拆翻模、液压爬升模等几种。

爬模系统所配模板一般采用钢模，且沿竖向将模板分为 3~4 节，模板分节高度根据塔柱构造特点、混凝土浇筑压力、爬架本身提升索确定，一般分节高度为 1.5~4.5m。

爬架可用万能杆件组拼，也可采用型钢加工，主要由网架和联结导向滑轮提升结构组成。爬架沿高度方向分为两部分，下部为附墙固定架，包括两个操作平台；上部为操作层工作架，包括 2 个以上操作平台。爬架总高度及结构形式根据塔柱构造特点、拟配模板组拼高度及施工现场条件综合确定，常用高度一般在 15~20m 左右。

爬架提升系统由爬架自提升系统和爬架拆翻提升设备两部分组成，如图 5-3-11 所示。爬架自提升设备一般可采用倒链葫芦、电动机或液压千斤顶，模板拆翻提升设备则可采用倒链葫芦、电动升葫芦或卷扬机。要求提升速度不可太快，以确保同步平稳。

爬模施工前须先施工一段爬模安装锚固段，俗称爬模起始段；待起始段施工完成后拼装爬模系统，依次循环进行索塔的爬模施工。根据爬模的施工特点，无论采用何种提升方式，相对其他施工有施工速度快、安全可靠、对起重设备要求不高的特点。但此法对折线形索塔适应性较差，故一般在直线形索塔施工中应用较为广泛。

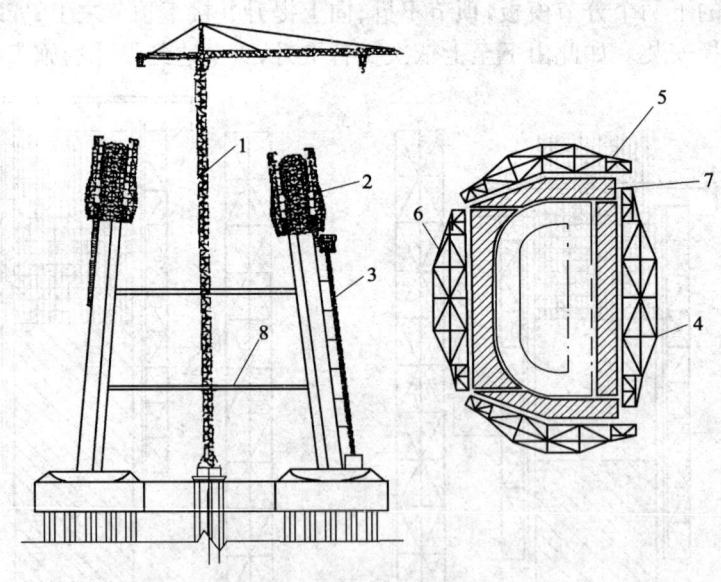

图 5-3-11 爬模系统示意图
1—塔吊；2—爬模；3—电梯；4—1号爬架；5—2号爬架；
6—3号爬架；7—活动脚手架；8—临时支架

第三节 拉索施工要点

一、拉索的安装

拉索的安装就是将成品拉索架设到索塔锚固点和主梁锚固点之间的位置上。施工中应考虑以下几点：

(一)拖曳力估算

安装斜拉索前应计算出克服索自重所需的拖曳力，以便选择卷扬机、吊机和滑轮组配置方式。塔部安装张拉端时，先要计算出各施工阶段的索力，然后选择适当的牵引安装方法进行拉索安装。由理论分析可知，当矢跨比小于 0.15 时，可以用抛物线代替悬链线来计算曲线长度。索的重度公式：

$$f_m = \frac{\sqrt{3(L'-L)L}}{8} \tag{5-3-1}$$

式中：f_m——计算垂度值；
　　　L——两锚固点之间的距离；
　　　L'——索长。

拖力的水平分力公式为：

$$H = \frac{qL^2\cos a}{8f_m} \tag{5-3-2}$$

式中：q——索的单位重；
　　　a——索与水平面夹角；
　　　f_m——计算垂度值。

(二)吊机的选择

1. 卷扬机组安装

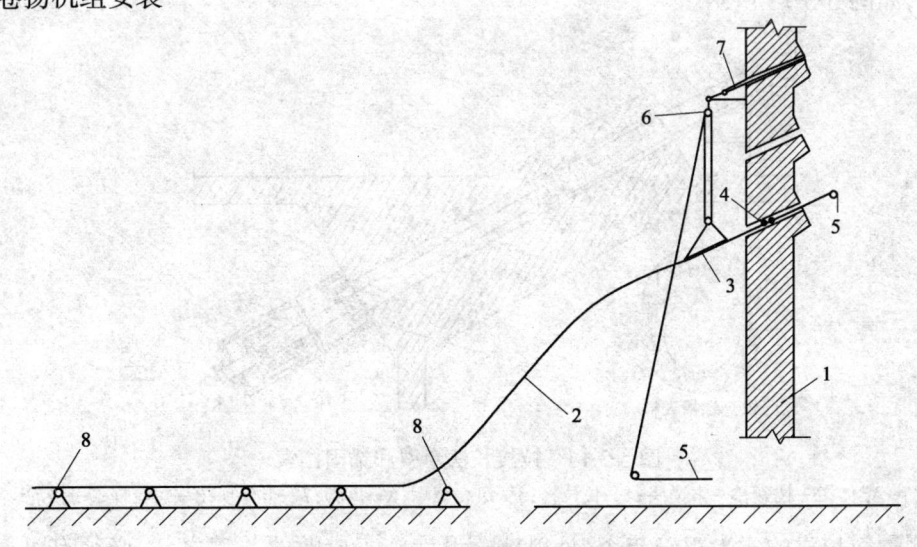

图 5-3-12　单吊点法安装拉索
1—索塔；2—待安装拉索；3—吊运索夹；4—锚头；5—卷扬机牵引；6—滑轮；7—索孔吊架；8—滚轮

采用卷扬机组安装拉索时，一般为单点起吊，如图 5-3-12 所示。当拉索上到桥面以后，便可从索塔孔道中放下牵引绳，连接拉索的前端，在离锚具下方一定距离设一个吊点。索塔吊架用型钢组成支架，配置转向滑轮。当锚头提升到索孔位置时，采用牵引绳与吊绳相互调节，使锚头位置准确，牵引至索塔孔道内就位后，将锚头固定。

单吊点法施工简便、安装讯速，缺点是起重索所需的拉力大，斜拉索在吊点处弯折角度较大，故一般适应较柔软的拉索。

2．吊机安装

采用索塔施工时的提升吊机，用特扁梁捆扎拉索起吊。拉索前端由索塔孔道内早出的牵引索引入索塔拉索锚孔内，下端用移动式吊机提升。吊机法操作简单快速，不易损坏拉索，但要求吊机有较大的起重能力。

二、拉索张拉与索力量测

（1）斜拉索张拉，斜拉索的张拉通常可分为拉丝式（钢绞线夹片群锚）锚具张拉和拉锚式锚具张拉两种形式，其中，拉锚式锚具张拉因施工操作方便和现场工作量较少等优点被更多地采用。根据设计要求及现场实际情况，可采用塔部一端张拉、梁部一端张拉，或采用塔、梁部两端张拉的，其中以塔部一端张拉使用最为广泛。

a．拉丝式夹片钢绞线斜拉索的张拉，对于配装拉丝式夹片群锚锚具的钢绞线斜拉索，挂索时首先要在拉索上方设置一根粗大钢缆作为辅助索，拉索的聚乙烯套管悬挂在辅助索上，然后逐根穿入钢绞线，用单根张拉的小型千斤顶调好每根钢绞线的初应力，最后用群锚千斤顶整体张拉。新型的夹片群拉索锚具，第一阶段张拉使用拉丝方式，调索阶段使用拉锚方式。

b．拉锚式斜拉索的张拉，拉锚式斜拉索张拉均为整体张拉。根据目前的技术水平，国内外拉索锚具、千斤顶、拉索的设计吨位已达到"千吨"级水平，大吨位拉索整体张拉工艺已十分成熟。无论是一端张拉还是两端张拉，一般情况下都需在斜拉索端头接上张拉连接杆，之后使用大吨位穿心式千斤顶实施斜拉索的张拉调索，为方便施工，张拉杆大都采用分节接长，而非整根通长，如图 5-3-13 所示。

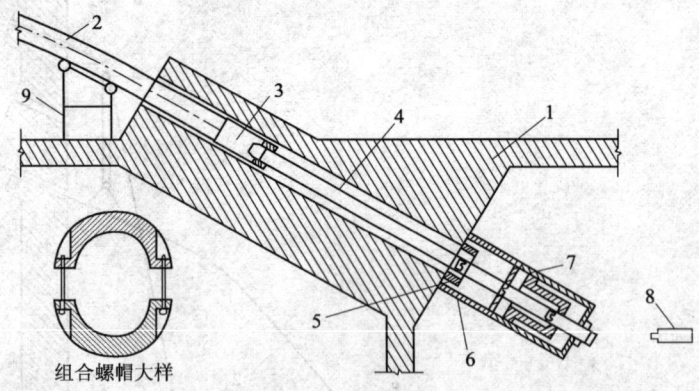

图 5-3-13 拉接长法牵引和锚固拉索
1—梁体；2—拉索；3—索锚头；4—长拉杆；5—组合螺帽；6—撑脚；7—千斤顶；8—短拉杆；9—滚轮

（2）测量斜拉索的索力正确与否，是斜拉桥设计施工成败的关键之一，必须有可靠的方法准确测量索力。目前常用的索力测量方法有压力表测定法、压力传感器测定法和频率法等三种。

压力表测定法是利用千斤顶的注入压与张拉力之间的直接关系,在张拉过程中通过读取油压,而后折算成索力的测定方法,压力传感器测定法是通过串联一个压力传感器,张拉时直接从传感仪表上读取索力。频率法是利用索的振动频率与索力之间的关系,通过测定频率间接量测索力的方法。

本章小结

1. 斜拉桥主梁的施工最适宜的方法是悬臂施工方法,即悬臂拼装法和悬臂浇注法。施工时都存在一个塔与梁之间临时固结的问题。

2. 索塔施工顺序一般来讲,钢塔采用预制拼装的办法施工,混凝土塔的施工则有塔架现浇、预制拼装、滑升模板浇筑、翻转模板浇筑、爬升模板浇筑等多种施工方法可供选择。

3. 拉索的张拉工艺、索力及桥面标高的控制是斜拉桥施工的关键,拉索张拉方法有用千斤顶直接张拉、用临时钢索将主梁前端拉起和在支架上将主梁前端向上顶起等方法。索力测量的主要方法有压力表测定法、压力传感器测定法和频率振动法等。

思考题

1. 混凝土索塔施工中应注意哪些问题?
2. 斜拉桥主梁的施工方法和特点有哪些?
3. 简述拉索索力调整的方法及其工作原理?

第四章 悬索桥施工

前面已介绍了悬索桥的结构形式与构造特点,不同结构形式的悬索桥在施工方法上具有一定的差异,本章仅简单介绍采用直吊杆的大跨径悬索桥的施工方法。

一、悬索桥的施工准备工作

施工单位到现场作进一步调查,合理布置施工场地;根据架设地点的地形条件、气象条件、作业环境及国内外的技术成果确定施工方案,完成施工设计。

二、悬索桥的施工工序

悬索桥施工一般分下部工程和上部工程。先行施工的下部工程包括锚碇基础、锚体和塔柱基础。下部施工的同时要作上部工程施工准备,其中包括施工工艺设计、施工设备购置或制造、悬索桥构件加工等。

上部工程施工一般分为主塔工程、主缆工程和加劲梁工程施工。从基础施工开始到加劲梁架设的施工工序如图 5-4-1 所示。上部施工顺序如图 5-4-2 所示。在施工过程中要特别注意委托加工件的工作,如钢塔架和锚杆、索鞍、索股、索夹、吊索、加劲梁的加工,这些构件一定要提前做好备用,以免影响工期。

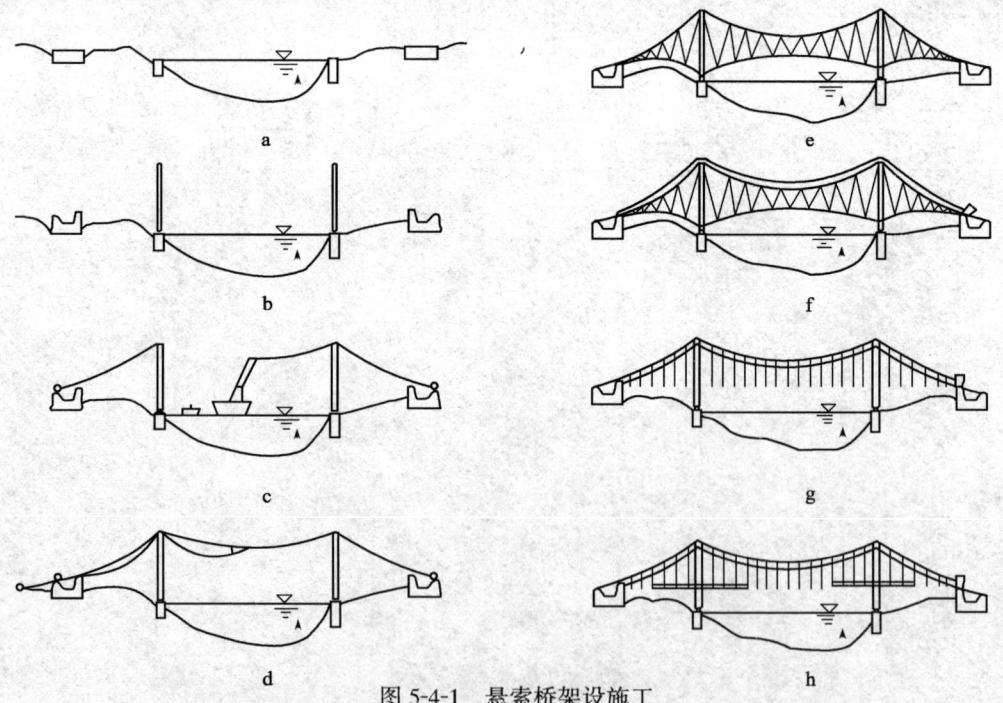

图 5-4-1 悬索桥架设施工
a 基础施工;b 塔柱和锚碇施工;c 先导索渡海工程;d 牵引系统和锚道系统;
e 锚道面层和抗风缆架设;f 索股架设;g 索夹和吊索安装;h 加劲梁架设和桥面铺装

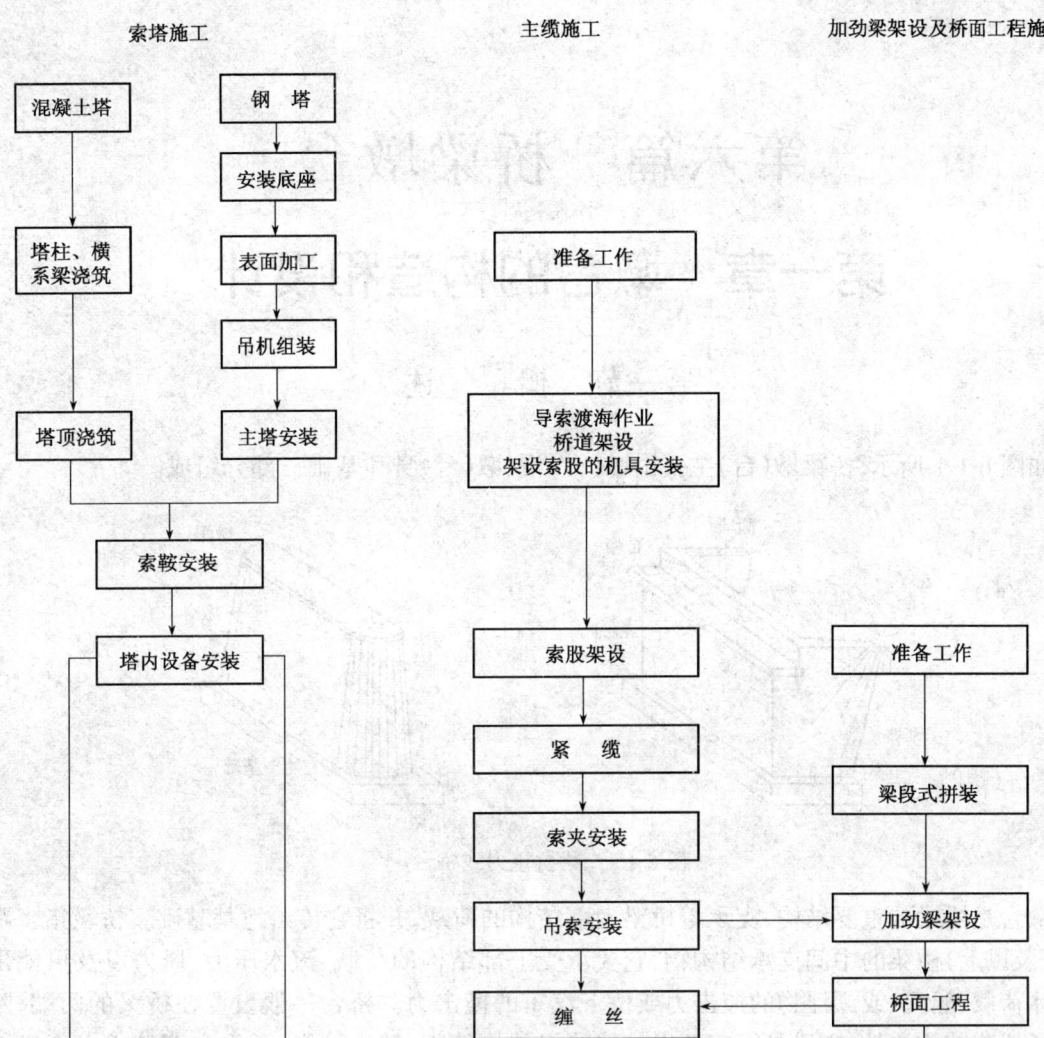

图 5-4-2 索桥上部工程的施工顺序图

本章小结

1. 桥塔施工顺序一般来讲,钢塔采用预制拼装的办法施工,混凝土塔的施工则有塔架现浇、预制拼装、滑升模板浇筑、翻转模板浇筑、爬升模板浇筑等多种施工方法可供选择。
2. 主缆的架设工艺、拉力及桥面标高的控制是吊桥施工的关键。

思考题

1. 混凝土桥塔施工中应注意哪些问题?
2. 吊桥主梁的施工方法和特点有哪些?

第六篇 桥梁墩台

第一章 墩台的构造和设计

第一节 概 述

如图 6-1-1 所示,桥梁墩(台)主要由墩(台)帽、墩(台)身和基础三部分组成。

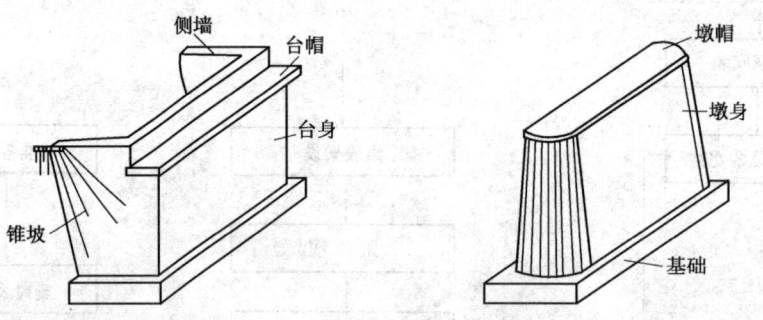

图 6-1-1 梁桥重力式桥台

墩台是桥梁的重要结构,支承着桥梁上部结构的荷载,并将它传给地基基础。桥墩指多跨(两跨及以上)桥梁的中间支承结构物,它要承受上部结构的荷载、流水压力、风力以及可能出现的冰荷载、船只、或漂浮物的撞击力或桥下汽车的撞击力。桥台一般设置在桥梁的两端,除了支承桥跨结构之外,它又是衔接两岸接线路堤的构筑物、挡土护岸,承受台背填土上车辆荷载所产生的附加土侧压力。此外,桥梁墩台还要承受施工时的临时荷载,在某种情况下需要临时加固和补强。由于,桥梁墩台的设计与结构受力、土质构造、地质条件、水文、流速以及河床内的埋置深度密切相关。因此,桥梁墩台不仅本身应具有足够的强度、刚度和稳定性,而且对地基的承载能力、沉降量、地基与基础之间的摩阻力等也都提出一定的要求,以避免在上述荷载作用下产生过大的水平位移、转动或者沉降。

确定桥梁下部结构时应遵循满足交通、安全耐久、造价低、维修养护少、施工方便、工期短、与周围环境协调、造型美观和有利于环保等原则。在桥梁的总体设计中,下部结构的选型对整个设计方案有较大的影响。合理的选型将使上、下部结构的造型协调一致,轻巧美观。

对于城市立交桥,桥梁下部结构的造型比一般的公路桥梁的要求更高。因此,在选型上,除了前述的总原则外,还应注意以下几点。首先,整体造型力求形式优美,构造轻盈,线条明快,纹理有致;其次,各部分的形状尺寸要符合桥体结构受力的规律,结构匀称,比例适度,给人以稳重安全的感觉;最后,要与周围环境、文化、习俗相协调,使其色彩和谐,开阔明朗,令人舒适爽快。近年来,国内外的城市桥梁中,涌现出丰富多彩的各种构造形式,这些有:(1)单柱式墩(图 6-1-2a),其截面可以是圆形、矩形、多边形等,这种桥墩的外貌轻盈,视空开阔,造价经济;(2)多柱式墩(图 6-1-2b),其柱顶各自直接支撑在上部结构的箱梁底板上,柱间不设横系梁,显得挺拔有力,干净利落;(3)矩形薄壁墩(图 6-1-2d、e),这种墩常将表面做成纹理(竖向或横向纹理),从而收到美观的效果;(4)双叉型(图 6-1-2g)和四叉型(图 6-1-2h);(5)T 型、V 型和 X 型(图 6-1-2c、f、i)等,这些型式除满足结构受力的要求外,都可达到造型美观的目的。

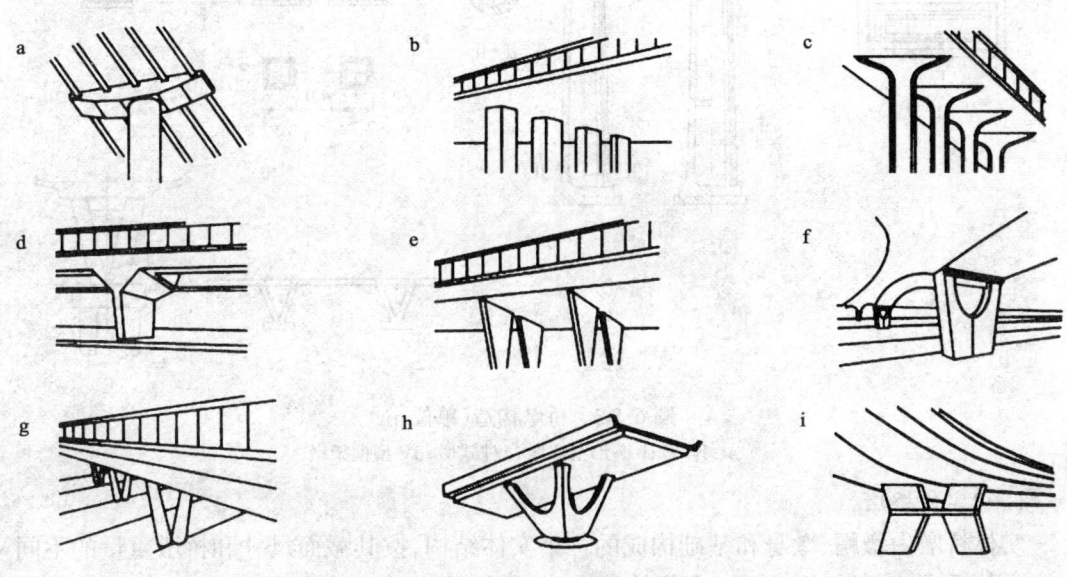

图 6-1-2 各种轻型桥墩形式

公路桥梁上常用的墩、台形式大体上可以归纳为两大类:梁桥墩台和拱桥墩台。

第二节 梁桥墩台

梁桥墩台从总体上可分为两种。一种是重力式墩台,这类墩台的主要特点是依靠自身重量来平衡外力而保持其稳定。因此,墩身和台身比较厚实,可以不用钢筋,多采用天然石材或片石混凝土砌筑。它适用于地基良好的大、中型桥梁,或流冰、漂浮物较多的河流中。在砂石料方便的地区,小桥也往往采用重力式墩台。其主要缺点是圬工体积较大,因而自重和阻水面积也较大。另一种是轻型墩台。一般说来,这类墩台的刚度小,受力后允许在一定的范围内发生弹性变形。所用的建筑材料大都以钢筋混凝土和少筋混凝土为主,但也有一些轻型墩台,通过验算后,可以用石料砌筑。

一、梁桥桥墩的类型与构造

桥墩按其构造可分为实体墩、空心墩、柱式墩、框架墩等,见图 6-1-3;按其受力特点可分为刚性墩和柔性墩;按施工工艺可分为就地砌筑或浇筑桥墩、预制安装桥墩,见图 6-1-4;按其截面形状可分为矩形、圆形、圆端形、尖端形及各种截面组合而成的空心桥墩,见图 6-1-5。墩身侧面可垂直,也可以是斜坡式或台阶式,见图 6-1-6。

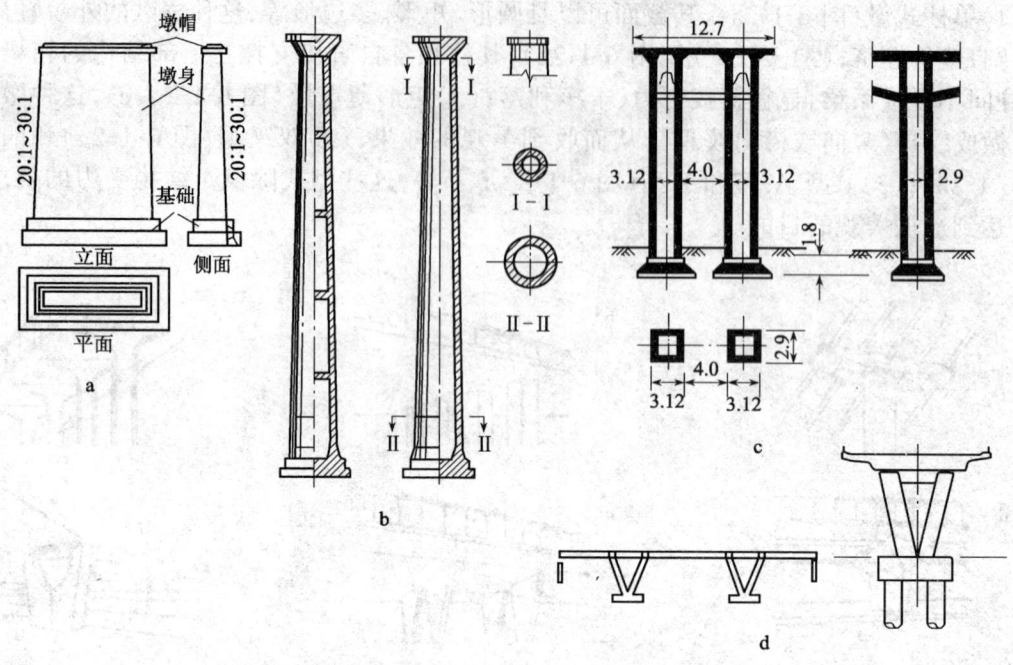

图 6-1-3 桥墩构造(单位:m)
a 实体墩;b 圆形空心墩;c 柱式墩;d V 型框架墩

(一)实体桥墩

实体桥墩由墩帽、墩身和基础构成的一个实体结构,按其截面尺寸和桥墩重量的不同又可分为实体重力式桥墩(图 6-1-7)和实体薄壁式桥墩(墙式桥墩)(图 6-1-8)。

1. 墩帽

墩帽是桥墩顶端的传力部分,通过它支托着上部结构,并将相邻两孔桥上的恒载和活载传到墩身上。因此,墩帽的强度要求较高,一般都用 C20 以上的混凝土做成。另外,在一些桥面较宽、墩身较高的桥梁中,为了节省墩身及基础的圬工体积,常常利用挑出的悬臂或托盘来缩短墩身的横向长度。悬或托盘式墩帽一般采用 C20 或 C25 钢筋混凝土(图 6-1-6a、b)。

墩帽长度和宽度可视上部构件的形式和尺寸、支座的布置等要求而定。设计采用橡胶支座时,应预留更换支座所需的位置和空间。墩帽尺寸拟订如下:

(1)顺桥向墩帽最小宽度 b:

a. 双排支座:

如图 6-1-9 所示,b 为:

$$b \geqslant f + \frac{a}{2} + \frac{a}{2} + 2c_1 + 2c_2 \tag{6-1-1}$$

式中:f——相邻两跨支座间的中心距;

$$f = e_0 + e_1 + e_1' \geqslant \frac{a}{2} + \frac{a'}{2} \tag{6-1-2}$$

其中,e_0——伸缩缝宽,中小桥为 20~50mm;大跨径桥梁可按温度变化及施工放样、安装构件可能出现的误差等决定;温度变化引起的变位为:

$$e_0 = l \times t \times \alpha \qquad (6\text{-}1\text{-}3)$$

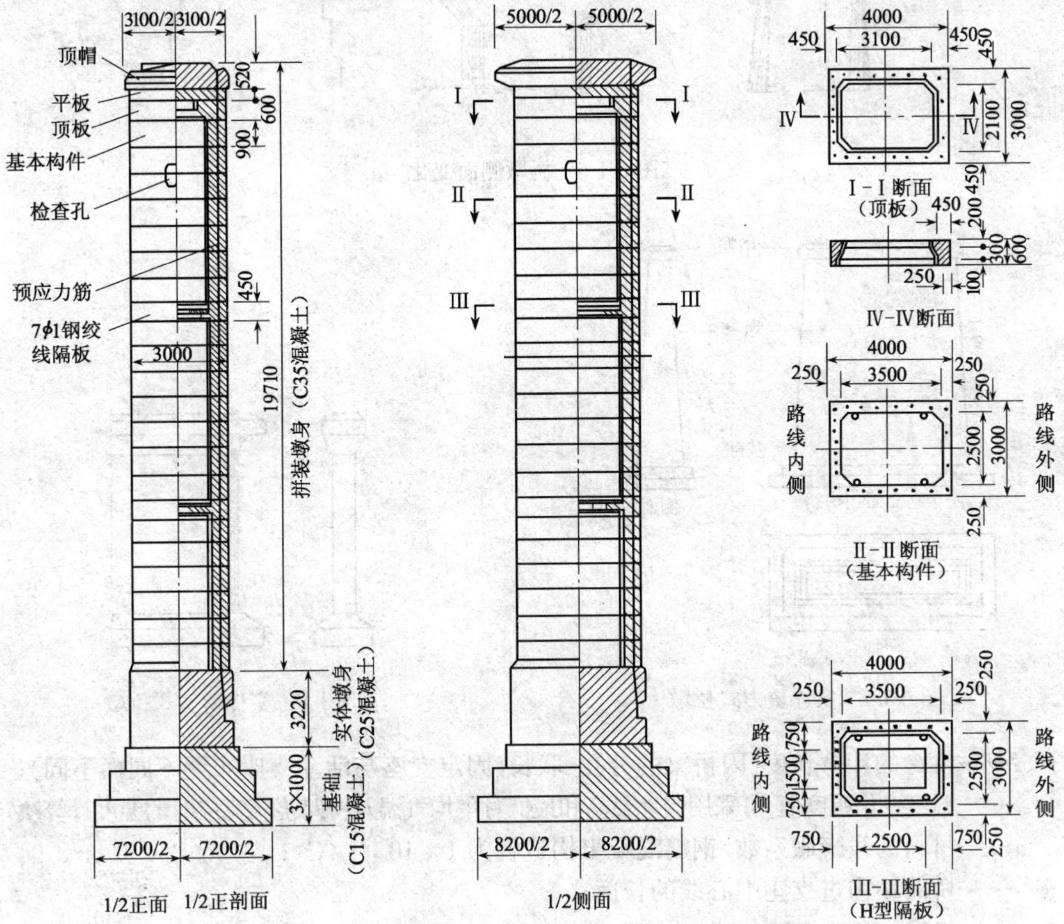

图 6-1-4　装配式预应力混凝土墩构造图（单位：mm）

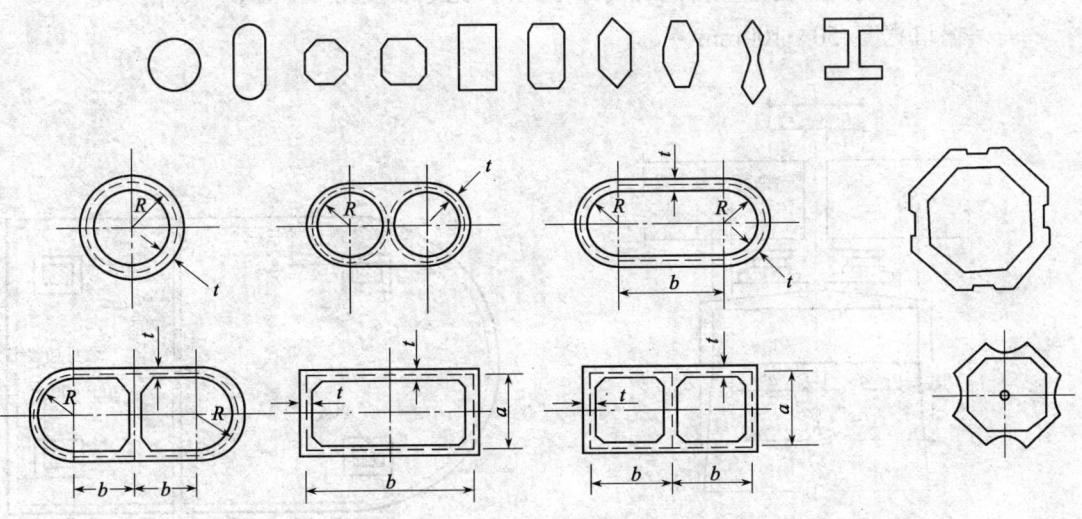

图 6-1-5　桥墩截面形式

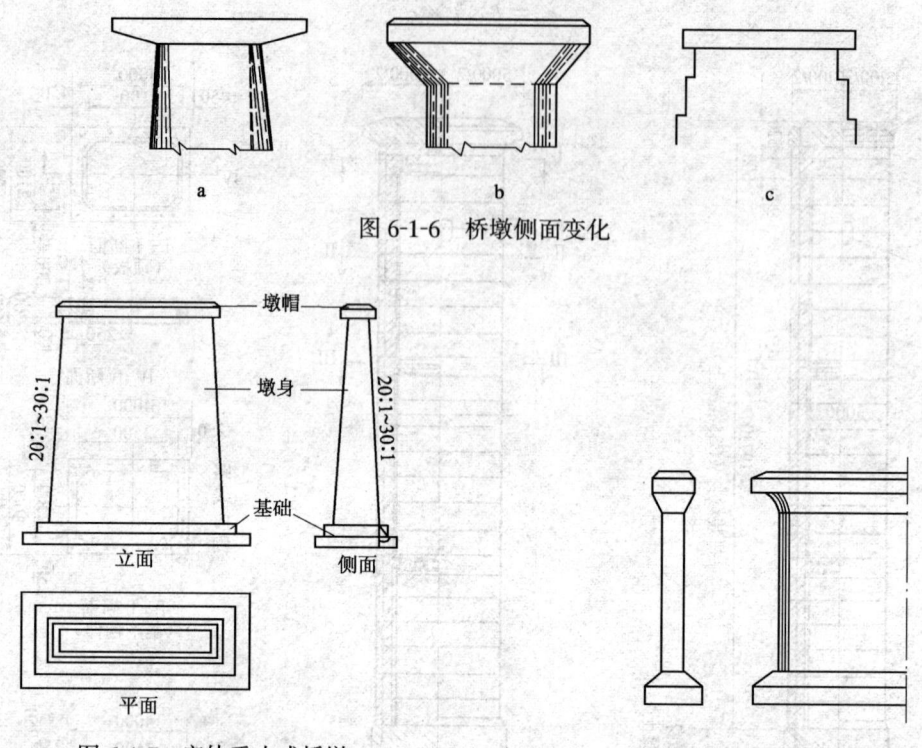

图 6-1-6 桥墩侧面变化

图 6-1-7 实体重力式桥墩

图 6-1-8 实体薄壁式桥墩

其中,l——桥跨的计算长度(因桥梁的分孔、联长、固定支座与活动支座布置不同而不同);

　　　t——温度变化幅度值,可采用当地最高和最低月平均气温及桥跨浇筑完成时的温度计算决定;

　　　α——材料的线膨胀系数,钢筋混凝土构造物为 1×10^{-5} 1/℃;

e_1、e'_1——桥跨结构过支座中心线的长度;

　a、a'——桥跨结构支座垫板的顺桥向宽度;

　　　c_1——顺桥向支座垫板至墩身边缘的最小距离,见下表及图 6-1-10;

　　　c_2——檐口宽度,50～100mm。

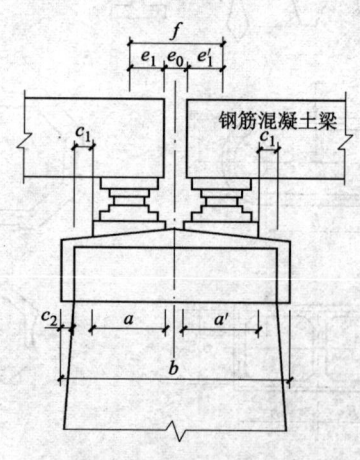

图 6-1-9 墩帽顺桥向尺寸

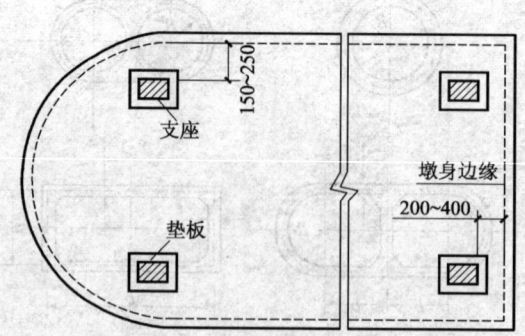

图 6-1-10 C 值的确定(单位:mm)

支座边缘到台、墩身边缘的最小距离(mm)

桥向 跨径	顺桥向	横桥向	
		圆弧形端头(自支座边角量)	矩形端头
大　桥	250	250	400
中　桥	200	200	300
小　桥	150	150	200

注：1. 采用钢筋混凝土悬臂式墩帽时，上述最小距离为支座至墩帽边缘的距离；
　　2. 跨径100m以上的桥梁，应按实际情况决定。

b. 单排支座：

当墩上仅有一排支座时（如连续梁桥），则 b 可由下式计算（图6-1-11）

$$b = a + 2c_1 + 2c_2 \tag{6-1-4}$$

c. 不等高梁双排支座：

如图6-1-12所示，b 按下两式计算取大者：

$$b = (a + 2c_1 + c_2) + e_0 + \left(e'_1 + \frac{a'}{2} + c_1 + c_2\right)$$

$$b = \left(c_2 + c_1 + \frac{a}{2} + e_1\right) + e_0 + \left(e'_1 + \frac{a'}{2} + c_1 + c_2\right)$$

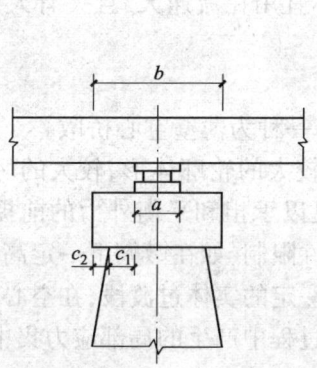

图6-1-11　单排支座墩帽尺寸

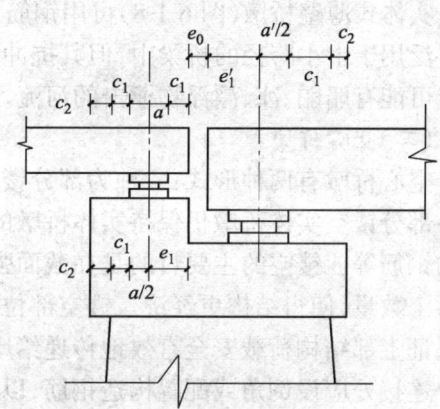

图6-1-12　不等高梁桥墩帽尺寸

(2) 横桥向墩帽最小宽度 B：

a. 平面形状为矩形的墩帽：

多片主梁（图6-1-13）

$$B = B_1 + a_1 + 2c_1 + 2c_2 \tag{6-1-5}$$

式中：B_1——桥跨结构两外侧主梁中心距；

　　　a_1——支座底板横向宽度。

箱形梁（图6-1-14）计算公式同式(6-1-5)，式中 B_1 为边支座中心距。

b. 平面形状为圆端形的墩帽，当墩帽顺桥向采用了最小宽度 b 时：

$$B = B_1 + a_1 + b \qquad (6\text{-}1\text{-}6)$$

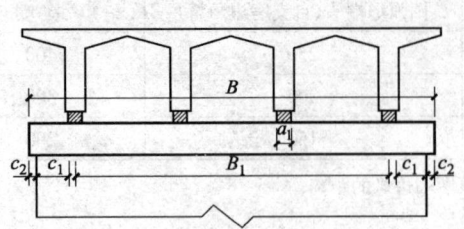

图 6-1-13　多片主梁墩帽横桥向尺寸

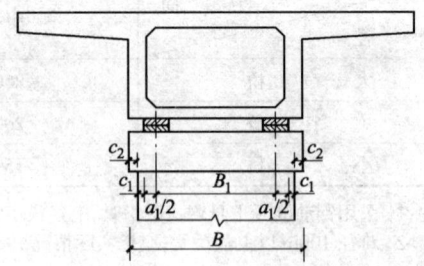

图 6-1-14　箱形梁墩帽横桥向尺寸

2. 墩身

墩身是桥墩的主体。重力式桥墩墩身的顶宽，小跨径桥不宜小于 800mm；中跨径桥不宜小于 1000mm；大跨径桥的墩身顶宽，视上部构造类型而定。侧坡一般采用 20∶1～30∶1，小跨径桥的桥墩也可采用直坡。

墩身通常由块石、浆砌片石、混凝土或钢筋混凝土等材料建造。为了便于水流和漂浮物通过，墩身平面形状可以做成圆端形或尖端形；无水的岸墩或高架桥墩可以做成矩形，见图 6-1-7。在水流与桥梁斜交或流向不稳定时，宜做成圆形；在有强烈流水或大量漂浮物的河道，桥墩的迎水端应做成破冰棱体。

实体式薄壁桥墩(图 6-1-8)可用钢筋混凝土材料做成，由于它可以显著减少圬工体积，因而广泛用于中小跨径的桥梁中，但其抗冲击能力较差，不宜用在流速大、且夹有大量泥沙的河流或可能有船舶、冰、漂浮物撞击的河流。

(二)空心桥墩

空心桥墩有两种形式：一种为部分镂空实体桥墩；另一种为薄壁空心桥墩。

部分镂空实体桥墩仍保持实体桥墩的基本特点，如较大的轮廓体形，较大的圬工结构，少量的钢筋等。镂空的主要目的是在截面强度和刚度均足以承担和平衡外力的前提条件下，减少圬工数量，使得结构更经济。镂空部位具有一定的条件限制(如在墩帽下一定高度范围内)，为保证上部结构荷载安全有效地传递给墩身壁，应设置一定的实体过渡段；在空心部分与实体部分连接处应设倒角或配置构造钢筋，以避免墩身传力过程中产生的局部应力集中；对于易受船只、漂流物撞击或易磨损、需防冰害的墩身部分，一般不宜镂空。

薄壁空心墩(图 6-1-3b)基本结构形式与部分镂空实体桥墩相似，但一般采用强度高、墩身壁较薄的钢筋混凝土构件，混凝土一般为 C20～C30。根据受力情况、桥墩高度以及自身构造要求，桥墩的壁厚一般在 300～500mm。这种构件可大幅度地削减墩身自重，减小软弱地基的负荷。该类构造除满足部分镂空实体桥墩规定的要求外，为了降低薄壁墩身内外温差，减小水压力和浮力或避免冻胀，应在薄壁空心墩上设通风孔及排水孔。为保证薄壁空心桥墩的墩壁自身稳定和施工方便，应在适当间距设置水平隔板，通常的做法是对 40m 以上的高墩，不论壁厚如何，均按 6～10m 的间距设置横隔梁。薄壁空心墩按计算配筋，一般配筋率在 0.5% 左右。

(三)柱式桥墩

柱式桥墩的结构特点是由分离的两根或多根立柱(或桩柱)所组成，它的外形美观，圬工体积少,因此是目前公路桥梁中广泛采用的桥墩型式之一,特别是在较宽较大的城市桥和立交桥中。

通常,柱式桥墩的墩身沿桥横向由1~4根立柱组成,柱身为直径600~1500mm的圆柱或方形、六角形柱等型式。当墩身高度大于6~7m时,可设横系梁加强柱身横向联系。这种桥墩的刚度较大,适用性较广,并可与柱基配合使用;缺点是模板工程较复杂,柱间空间小,易于阻滞漂浮物,故一般多在水深不大的浅基础或高桩承台上采用,避免在深水、深基础及漂浮物多、有木筏的河道上采用。

柱式墩一般由位于基础上的承台、柱式墩身和盖梁组成。双车道桥常用墩的型式有单柱式、双柱式和哑铃式以及混合双柱式四种,见图6-1-15。当上部结构为大悬臂箱形截面,墩身可以直接与梁相接。柱式墩一般用C20~C30的钢筋混凝土构件组成。

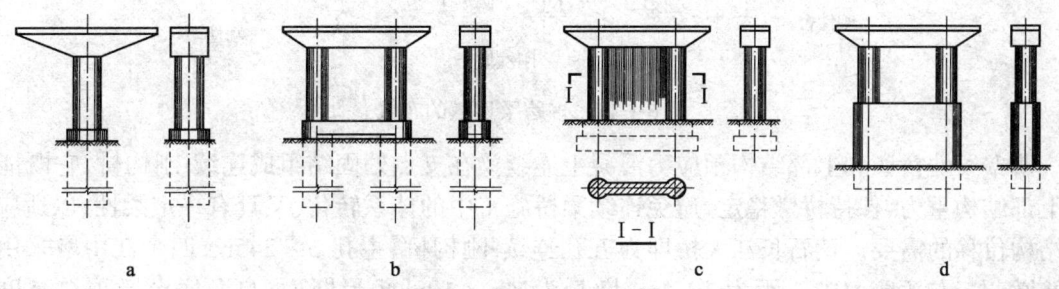

图6-1-15 柱式桥墩
a 单柱式;b 双柱式;c 哑铃式;d 混合双柱式

当跨高比不大于5时,盖梁宜采用强度等级较高的混凝土,混凝土强度一般不应低于C25。盖梁截面内应设箍筋,其直径不应小于8mm,间距不宜大于200mm。盖梁两侧面应设纵向水平钢筋,其直径不宜小于12mm,间距宜大于200mm。

当柱式墩台的柱身间设置横系梁时,梁的截面高度和宽度可分别取0.8~1.0倍和0.6~0.8倍的柱直径或长边边长。横系梁四角应设置直径不小于16mm的纵向钢筋,并设直径不小于8mm的箍筋,箍筋间距不应大于横系梁的短边尺寸或400mm。

柱式桥墩还有另外一类柔性墩,柔性墩的特点是具有较小的墩身截面尺寸和较大的墩身高度,较大的长细比,较大的柔度,可发生较大的水平位移,以便把水平荷载分散到相邻墩台的柔性排架墩和柱式柔性墩;以及与柱式的柔性墩一脉相承的薄壁柔性墩。

柔性排架桩墩是由单排或双排的钢筋混凝土桩与钢筋混凝土盖梁连接而成,其主要特点是可以通过一些构造措施,将上部结构传来的水平力(制动、温度影响力等)传递到全桥的各个柔性墩台或相邻的刚性墩台上,以减小单个柔性墩所受到的水平力,从而达到减小桩墩截面的目的。

柔性墩一般布设在两端具有刚性较大桥台的多跨桥中,同时,在全桥除一个中墩上设置活动支座外,其余墩台均采用固定支座,如图6-1-16所示。

由于柔性墩在布置上只设一个活动支

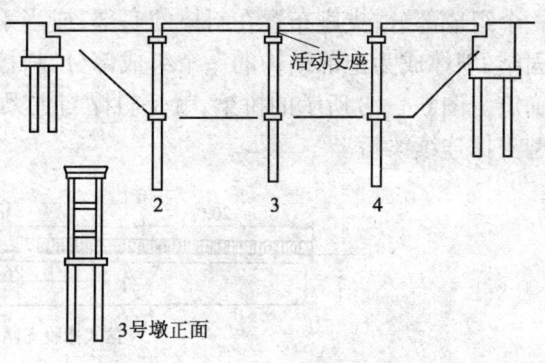

图6-1-16 柔性墩的布置

座,当桥梁孔数较多且桥较长时,柔性墩固定支座的墩顶因位移量过大而处于不利状态,活动支座的活动量也要大,刚性桥台的支座所受的水平力也大。因此,多跨长桥采用柔性墩时宜分成若干联,两个活动支座之间或刚性台与第一个活动支座间称为一联,见图 6-1-17。每联设置一个刚性墩(台),刚性墩宜布置在地基较好和地形较高的地方。一联长度的划分视地形、构造和受力情况确定。

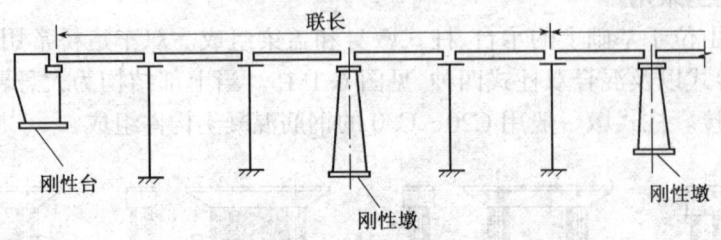

图 6-1-17　多跨柔性墩的布置

薄壁柔性桥墩和上部结构预应力混凝土连续梁在支点处固结组成连续-刚构桥,它既能支承上部结构重力,保持桥墩稳定,避免连续梁桥施工中的体系转化,又具有一定柔性,以适应上部结构位移的需要。黄石长江大桥即为五孔连续-刚构桥,主孔 3×245m,四个江中墩采用双薄壁墩,左、右薄壁墩中心距为 10.5m,墩身为 3m×10m 矩形断面,自墩底至墩顶总高度为 44.70～48.40m。为防止船只撞击还设置了专门的防撞措施。钢筋混凝土双壁墩的采用既可减小桥墩的抗推刚度,又可减小主梁支点负弯矩,也增加了桥梁美观。

(四)框架式桥墩

框架式桥墩采用钢筋混凝土或预应力混凝土等压挠和挠曲构件组成平面框架代替墩身支承上部结构,必要时可做成双层或多层框架;V 型墩、Y 型墩、X 型墩等也是框架墩的一种。此种桥墩结构的出现,给桥梁建筑增添了新的艺术造型,改变了桥墩原本较笨拙的形象,使桥梁整体结构造型更加轻巧美观,同时使桥梁的跨越能力提高,缩短了主梁的跨径,降低了梁高。

钢筋混凝土和预应力混凝土 V 型墩、X 型墩及 Y 型墩,可在混凝土梁桥中使用。采用 V 型墩、X 型墩等,结构构造比较复杂,施工比较麻烦。

V 型斜撑与水平面的夹角,依据桥下净空要求和总体布置确定,倾斜角通常大于 45°。斜撑的截面形式可采用矩型、I 型和箱型等。

V 型墩的支座可布置在 V 型斜撑的顶部或底部。支座布置在斜撑的顶部,斜撑是桥墩的一个组成部分;支座布置在斜撑的底部,或当采取斜撑与承台连接而不设支座时,斜撑与主梁固结,斜撑成为上部结构的一个组成部分,斜撑的受力大小依结构图式和主梁与斜撑的刚度比确定。图 6-1-18 所示的桥梁,就是斜撑与主梁固结的连续梁桥,可称为 V 型墩连续梁桥或 V 型支撑连续梁桥。

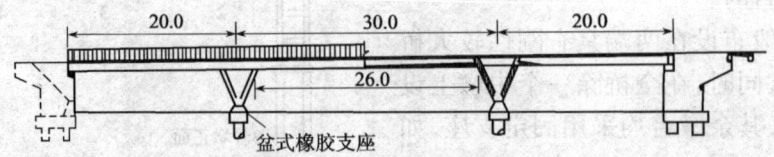

图 6-1-18　V 型支撑连续梁桥(单位:m)

X型墩、Y型墩的特点与V型墩类同,当斜撑受力较大时,可在斜撑构件内布置预应力束筋。

二、梁桥桥台的类型和构造

梁桥桥台可分为重力式桥台和轻型桥台。

(一)重力式桥台

重力式桥台的常用型式是U型桥台,它由台帽、台身和基础等三部分组成。台后的土压力主要由自重来平衡,故桥台本身多数由石砌、片石混凝土或混凝土等圬工材料建造,且采用就地浇筑的方法施工。

如图6-1-19所示,U型桥台的台身由前墙和两个侧墙构成,其优点是构造简单,可以用混凝土或片、块石砌筑,适用于填土高度在8~10m以下或跨度稍大的桥梁;缺点是桥台体积和自重较大,增加了对地基的要求。此外,桥台的两个侧墙之间填土容易积水,结冰后冻胀,使侧墙产生裂缝。所以,宜用渗水性较好的土夯填,并做好台后排水措施。

1. 台帽

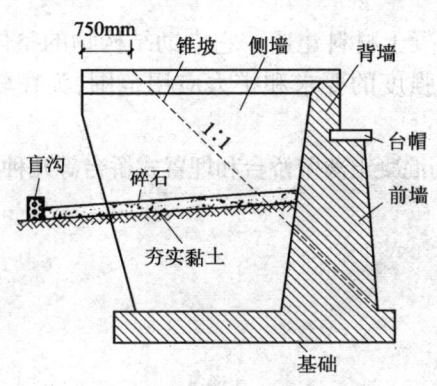 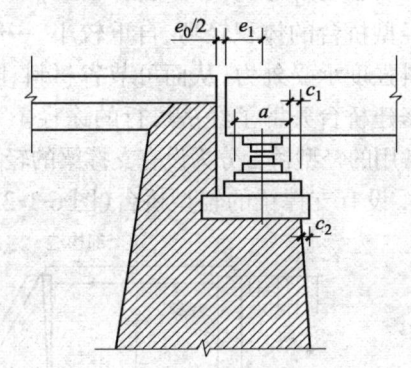

图6-1-19 梁桥U型桥台　　　　图6-1-20 台帽顺桥向尺寸

如图6-1-20所示,顺桥向台帽最小宽度为:

$$b = \frac{a}{2} + e_1 + e_0 + c_1 + c_2 \tag{6-1-7}$$

横桥向台帽宽度一般应与路基同宽,台帽厚度一般不小于400mm,中小桥梁也不应小于300mm,并应配置有$c_2 = 50\sim100$mm的檐口。台帽可用C15、C20钢筋混凝土或素混凝土做成,也可用C25石料圬工砌筑,所用砂浆不可低于C5。

2. 台身

U型桥台前墙正面多采用10:1或20:1的斜坡,侧墙与前墙结合成一体,兼有挡土墙和支撑墙的作用。侧墙正面一般是直立的,其长度视桥台高度和锥坡坡度而定。前墙的下缘一般与锥坡下缘相齐,桥台越高,锥坡越坦,侧墙则越长。侧墙尾端,应有不小于0.75m的长度伸入路堤内,以保证与路堤有良好的衔接。台身的宽度通常与路基的宽度相同。

《公路桥涵砖石及混凝土结构设计规范》(JTJ 022—85)(以下简称《桥规》(JTJ 022—85))规定,无论是梁桥还是拱桥,桥台前墙的任一水平截面的宽度,不宜小于该截面至墙顶高度的0.4倍。侧墙的任一水平截面的宽度,对于片石砌体不小于该截面至墙顶高度的0.4倍;对于块石、料石砌体或混凝土则不小于 0.35 倍。如果桥台内填料为透水性良好的砂质土或砂砾,则上述两项可分别减至 0.35 倍和 0.3 倍。前墙及侧墙的顶宽,对于片石砌体不宜小 500mm;对于块石、料石砌体和混凝土不宜小于 400mm(图 6-1-21)。

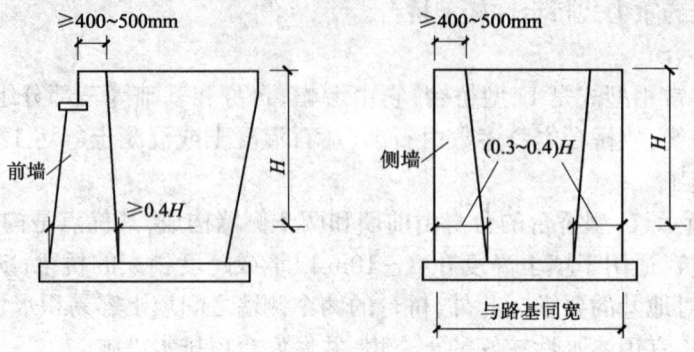

图 6-1-21　U 型桥台尺寸

(二)轻型桥台

轻型桥台的体积轻巧、自重较小,一般由钢筋混凝土材料建造。它借助结构物的整体刚度和材料强度承受外力,从而可节省材料,降低对地基强度的要求和扩大应用范围,为在软土地基上修建桥台开辟了经济可行的途径。

常用的轻型桥台分为设有支撑梁的轻型桥台、钢筋混凝土薄壁桥台和埋置式桥台等几种类型。

1. 设有支撑梁的轻型桥台(图 6-1-22)

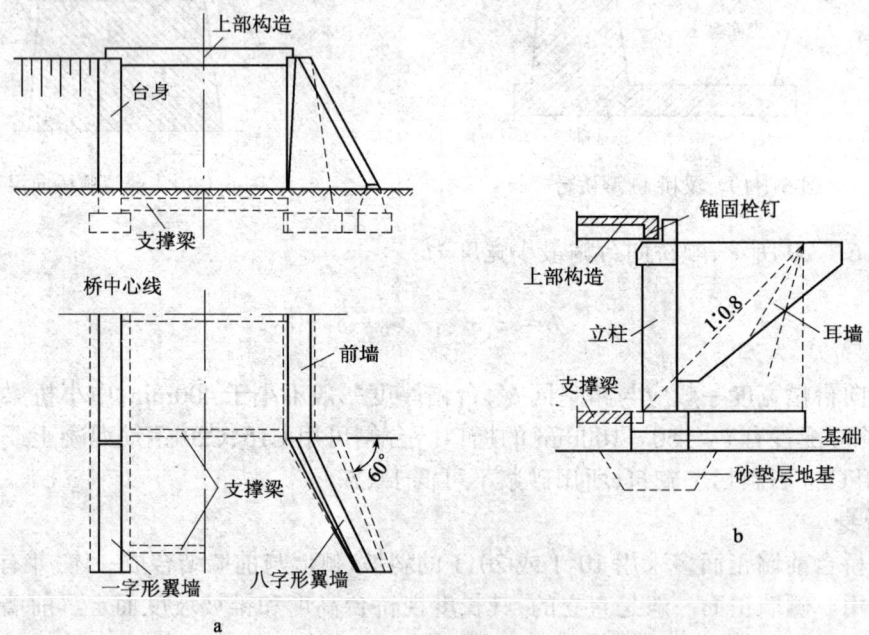

图 6-1-22　设有支撑梁的轻型桥台

这种桥台的特点是台身为直立的薄壁墙,台身两侧有翼墙(用于挡土)。两桥台下部设置钢筋混凝土支撑梁,上部结构与桥台通过锚栓连接,构成了四铰框架结构系统,并借助两端台后的土压力来保持稳定。

按照翼墙(侧墙)的形式和布置方式,这种桥台又可分为:一字形轻型桥台、八字形轻型桥台、耳墙式轻型桥台,如图 6-1-22 所示。

2. 钢筋混凝土薄壁桥台

常用的薄壁轻型桥台有悬臂式、扶壁式、撑墙式及箱式等,见图 6-1-23a。钢筋混凝土薄壁桥台是由扶壁式挡土墙和两侧的薄壁侧墙组成,见图 6-1-23b。挡土墙由前墙和间距为 2.5~3.5m 的扶壁所组成。台顶由竖直小墙和支于扶壁上的水平板构成,用以支承桥跨结构。两侧薄壁可以与前墙垂直,也可做成与前墙斜交。前者称 U 型薄壁桥台,后者称八字形薄壁桥台,见图 6-1-23c。这种桥台不仅可以减少圬工体积 40%~50%,同时因自重减轻而减小了对地基的压力,故适用于软弱地基的条件;但是该构造和施工比较复杂,并且钢筋用量也较多。

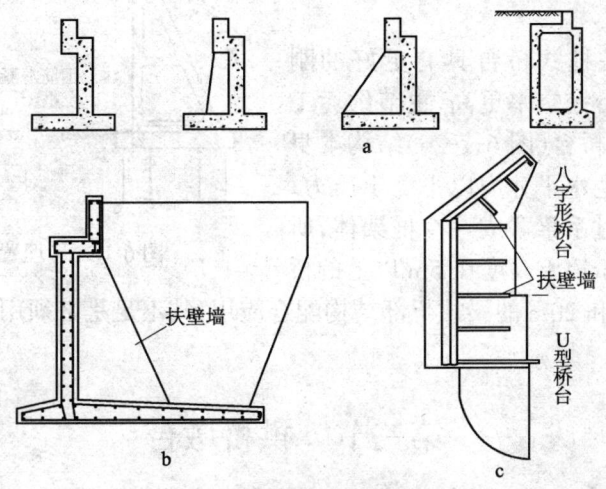

图 6-1-23 钢筋混凝土薄壁轻型桥台

3. 埋置式桥台

埋置式桥台是将台身埋在锥形护坡中,仅露出台帽用以安置支座及上部构造。这样,桥台所受的土压力大为减小,桥台的体积也就相应地减小。由于台前护坡是用片石作表面防护的一种永久性设施,存在着被洪水冲毁而使台身裸露的可能,故设计时必须进行强度和稳定的验算。按台身的结构形式,埋置式桥台可以分为:肋形埋置式(图 6-1-24)、桩柱式(图 6-1-25)和框架式(图 6-1-26)。

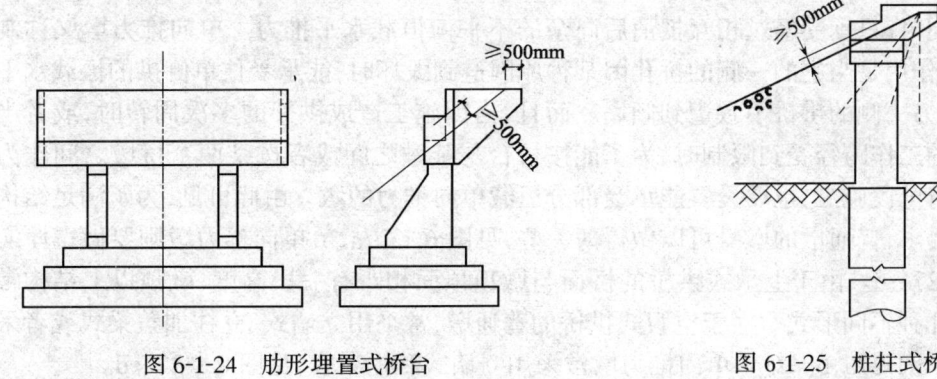

图 6-1-24 肋形埋置式桥台　　　　　图 6-1-25 桩柱式桥台

肋形埋置式桥台的台身是由两块后倾式的肋板与顶面帽梁连结而成。台高的高度达到或超过10m时须设系梁。帽梁、系梁和耳墙均需要配置钢筋,并采用C20混凝土。台身与帽梁、台身与基础之间只需布置少量接头钢筋,台身及基础可用C15混凝土。

对于薄壁式桥墩或肋板式桥台,在墩身表层、桥台的背墙和肋板表层应设置钢筋网,其截面面积在水平方向和竖直方向分别不应小于每米250mm²(包括受力钢筋),间距不应大于400mm。

柱式埋置式桥台适合于各种土壤地基。根据桥宽和地基承载能力可以采用双柱、三柱或多柱的型式。柱与钻孔桩相连的称桩柱式;柱子嵌固在普通扩大基础之上的称为立柱式;完全由一排钢筋混凝土桩和桩顶盖(或帽)梁连结而成的称为柔性柱台。

框架式桥台比桩柱式桥台具有更好的刚度,比肋形埋置式桥台挖空率更高,更节约圬工体积。埋置式框架式桥台(图6-1-26)结构本身存在着斜杆,能够产生水平分力以平衡土压力,加之基底较宽,又通过系梁联成一个框架体,所以稳定性较好,可用于填土高度在5m以上的桥

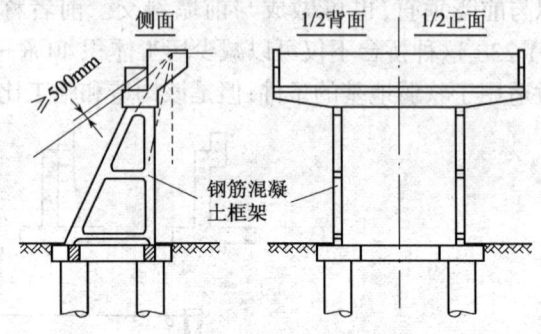

图6-1-26 埋置式框架式桥台

台,并与跨径为16m和20m的梁式上部结构配合应用,其不足是必须用双排桩基,钢筋水泥用量均较桩柱式的要多。

第三节 拱桥墩台

与梁桥墩台一样,拱桥墩台也分为两大类型,一类是重力式墩台,另一类是轻型墩台,其作用原理与梁桥墩台大致相同。

一、拱桥桥墩的类型和构造

1. 重力式桥墩

拱桥是一种有推力结构,拱圈传到桥墩上的力,除了垂直力以外,还有较大的水平推力,这是与梁桥的最大不同之处。从抵御恒载水平力的能力来看,拱桥桥墩又可以分为普通墩和单向推力墩两种。普通墩除了承受相邻两跨结构的垂直反力外,一般不承受恒载水平推力;或者当相邻孔不相同时,只承受经过相互抵消后尚余的不平衡恒载水平推力。单向推力墩又称制动墩,它的主要作用是当它的一侧的桥孔因某种原因遭到毁坏时,能承受住单侧拱的恒载水平推力,以保证其另一侧的拱桥不致遭到倾塌。而且,当因施工造成拱架的多次周转时,或者当缆索吊装施工的工作跨径受到限制时,为了能按桥台与某墩之间或者按某两个桥墩之间作为一个施工段进行分段施工,也要设置能承受部分恒载单向推力的墩。由此可见,为了满足结构强度和稳定的要求,普通墩的墩身可以做得薄一些,见图6-1-27a、b,单向推力墩则要做得厚实一些,见图6-1-27c、d。由于上承式拱桥的桥面与墩顶顶面相距有一段高度,墩顶以上结构常采用的有以下几种不同形式。对于空腹式拱桥的普通墩,常采用立墙式、立柱加盖梁式或者采用跨越式,见图6-1-27a、b。对于单向推力墩常采用立墙式和框架式,见图6-1-27c、d。

拱桥实体重力式桥墩也是由墩帽、墩身和基础等三部分组成,与梁桥桥墩不同的是,梁桥

桥墩的顶面应设置传力的支座,且支座距顶面边缘保持一定的距离;而拱桥桥墩则在其顶面的边缘设置呈倾斜面的拱座(图 6-1-27e)直接承受由拱圈传来的压力。故无铰拱的拱座总是设计成与拱轴线呈正交的斜面。由于拱座承受着较大的拱圈压力,故一般采用 C20 以上的整体式混凝土、混凝土预制块或 C40 以上的块石砌筑。

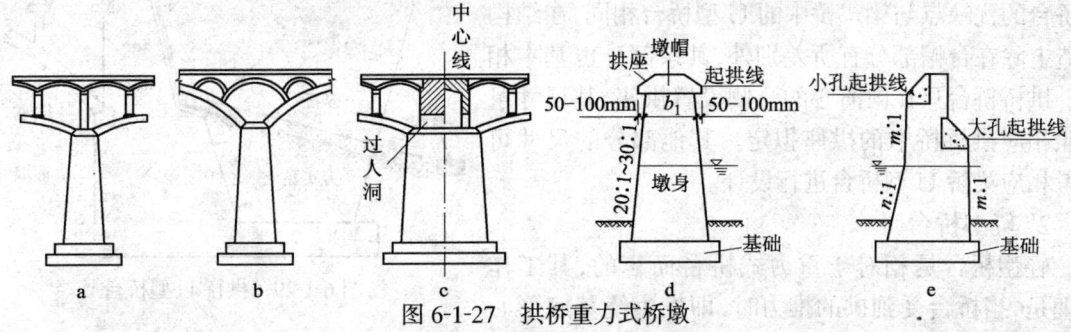

图 6-1-27 拱桥重力式桥墩

当桥墩两侧孔径相等时,则拱座均设置在桥墩顶部的起拱线标高上,有时考虑桥面的纵坡,两侧的起拱线标高可以略有不同。当桥墩两侧的孔径不等,恒载水平推力不平衡时,将拱座设置在不同的起拱线标高上,见图 6-1-27f。此时,桥墩墩身可在推力小的一侧变坡或增大边坡,以减小不平衡推力引起的基底反力偏心距。从外形美形观上考虑,变坡点一般设在常水位以下,墩身两侧边坡和梁桥的一样,一般为 20:1~30:1。

2. 轻型桥墩

拱桥所用的轻型桥墩,一般为配合钻孔灌注桩基础的桩柱式桥墩,如图 6-1-28 所示。从外形上看,它与梁桥上的桩柱式桥墩非常相似。其主要差别是:在梁桥墩帽上设置支座,而在拱桥墩顶部分则设置拱座。当拱桥跨径在 10m 左右时,常采用两根直径为 1000mm 的钻孔灌注桩;跨径在 20m 左右时可采用两根直径为 1200mm 或三根直径为 1000mm 的钻孔灌注桩;跨径在 30m 左右时可采用三根直径为 1200~1300mm 的钻孔灌注桩。桩墩较高时,应在桩间设置横系梁以增强桩柱刚性。桩柱式桥墩一般采用单排桩,跨径在 40~50m 以上的高墩,可采用双排桩。在桩顶设置承台,与墩柱联成整体。如果柱与桩直接连接,则应在结合处设置横系梁。若柱高大于 6~8m 时,还应在柱的中部设置横系梁。

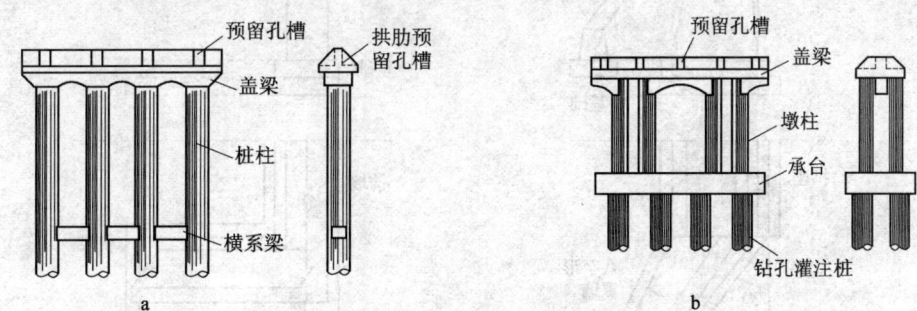

图 6-1-28 拱桥桩柱式桥墩

二、拱桥桥台的类型和构造

拱桥桥台可分为重力式桥台、轻型桥台和组合式桥台等三种类型。

1. 重力式桥台

常用的重力式桥台为U型桥台,见图6-1-29,它由台帽、台身和基础等三部分组成。U型桥台的台身是由前墙和平行于行车方向的两侧翼墙构成,其水平截面呈U字形。U型桥台常采用锥形护坡与路堤连接,锥坡的坡度根据台高、地形等确定。U型桥台的优缺点与梁式桥中的U型桥台相同,在结构构造上除在台帽部分有所差别外,其余部分也基本相同。拱桥桥台只在向河心的一侧设置拱座,其尺寸可参照相应拱桥桥墩的拱座拟定。其他部分的尺寸可参考相应梁桥U型桥台进行设计。

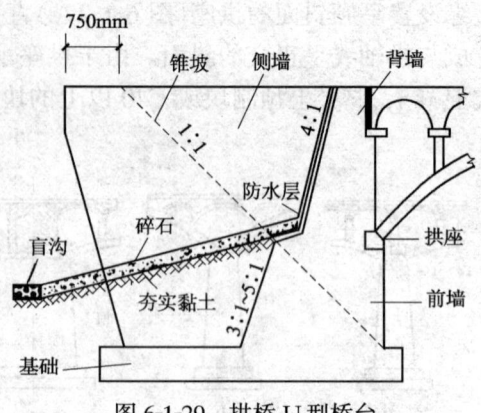

图6-1-29　拱桥U型桥台

2. 轻型桥台

轻型桥台是相对于重力式桥台而言的,其工作原理是,当桥台受到拱的推力时,即发生绕基底形心轴而向路堤方向的转动,此时台后的土便产生抗力来平衡拱的推力。由于土参与提供部分抗力,从而使桥台的尺寸大大地小于实体重力式桥台,但此时必须验算由于拱脚位移而在拱圈内产生的不利附加内力的影响。采用轻型桥台时,要注意保证台后的填土质量,台后填土应严格按照规定分层夯实,并做好台后填土的防护工作,防止受水流的侵蚀和冲刷。常用的轻型桥台有八字形和U字形桥台,以及由此派生出来的Ⅱ形和E形等背撑式桥台。

(1)八字形桥台:

八字形桥台的构造简单,台身由前墙和两侧的八字翼墙构成,见图6-1-30a。两者之间通常留沉降缝。前墙可以是等厚度的,也可以是变厚度的。变厚度台身的背坡为2:1~4:1。翼墙的顶宽一般为400mm,前坡为10:1,后坡为5:1。为了防止基底向河心滑动,基础应有一定的埋置深度。

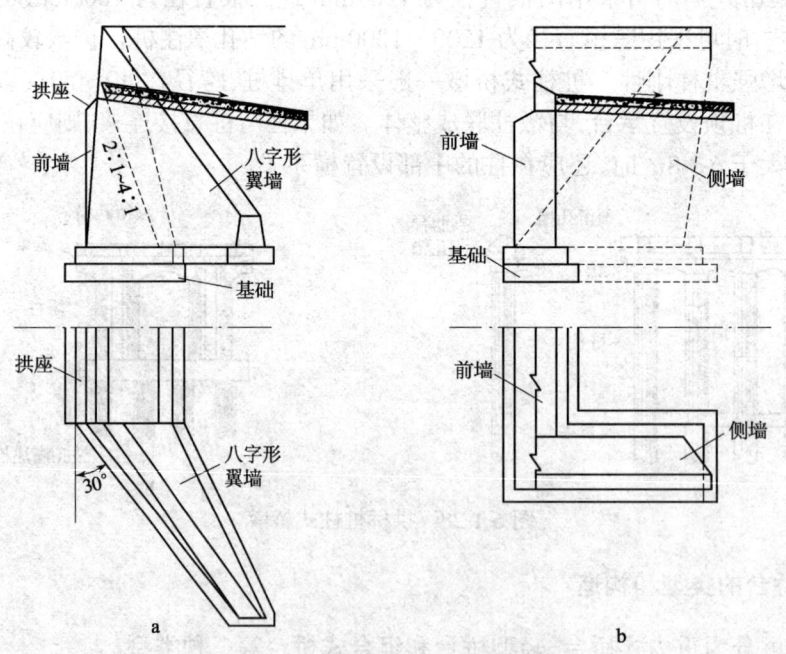

图6-1-30　八字形和U字型轻型桥台

(2)U字形桥台：

U字形轻型桥台是由前墙和平行于车行方向的侧墙组成，构成U字形的水平截面，见图6-1-30b。它与U型重力式桥台的差别在于，后者是依靠扩大桥台底面积，来减小基底压力，并利用基底与地基的摩阻力和适当利用台背土侧压力，以平衡拱的水平推力。因此，基础底面积较轻型桥台的要大。U字形轻型桥台前墙的构造和八字形桥台相同，但侧墙却是拱上侧墙的延伸，它们之间应设变形缝，以适应桥的可能变位。

3. 组合式桥台

组合式桥台由台身和后座两部分组成，见图6-1-31。台身基础承受竖向力，一般采用桩基或沉井基础；拱的水平推力则主要由后座基底的摩阻力及台后的土侧压力来平衡，后座基底标高应低于拱脚下缘的标高。台身与后座间应密切贴合，并设置沉降缝，以适应两者的不均匀沉降；在地基土质较差时，后座基础也应适当处理，以免后座向后倾斜，导致台身和拱圈的位移和变形。

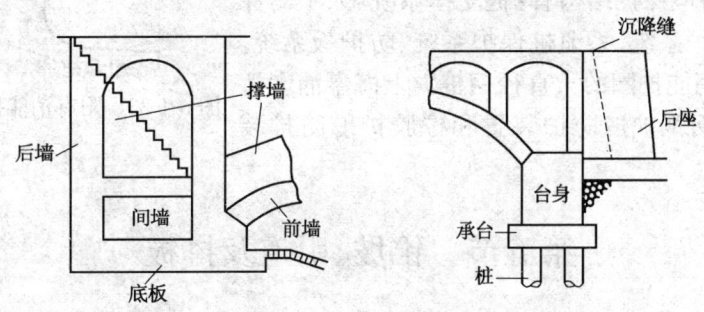

图 6-1-31 组合式桥台

第四节 桥墩防撞

流冰对桥墩的危害主要表现在大面积流冰对桥墩的撞击力、大面积流冰堆积现象以及流冰对桥墩的磨损。对此，在中等以上流冰河道（冰厚大于0.5m，流水速度1m/s左右）及有大量漂流物的河道，应在迎水方向设置破冰棱体，见图6-1-32。

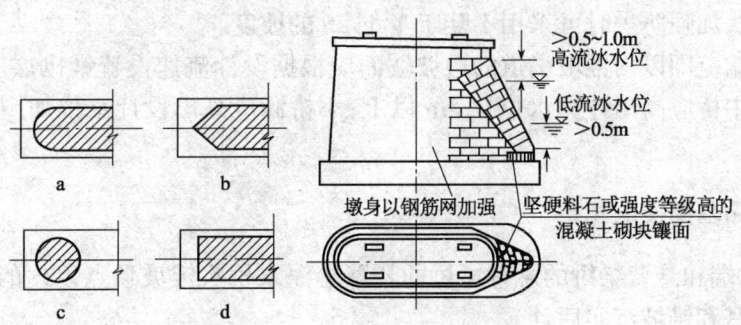

图 6-1-32 破冰棱结构示意图

破冰棱的设置范围,应从最低流冰水位以下 0.5m 到最高流冰水位以上 1m 处;破冰棱的倾斜度一般取 3:1～10:1。破冰棱应以坚硬料石镶砌,也可用强度等级高的钢筋混凝土予以加固。

在中等流冰或漂流物河道上,如果采用空心、薄壁、柔性桥墩时,应在水流前方 2～10m 处设破冰体,使冰或漂流物在未达桥墩前撞碎或引避。

桥梁结构必要时可考虑汽车的撞击作用。

在航运繁忙的河道,船只往往因突发原因引起航行失控,或是因能见度低造成船舶与桥墩相撞。桥墩在设计中不但要有一定抵抗船舶冲击荷载的能力,还要考虑采用缓冲装置和保护系统,预防或改变船只冲击荷载的方向或减少对桥墩的冲击荷载,不使其破坏。

通常使用的桥墩保护结构有:桩支撑系统、人工岛保护系统、漂浮式保护系统、系缆桩保护系统、防护板系统。图 6-1-33 为附有消能护圈的大直径钢桩。上海奉浦大桥江中主墩采用了钢飘护舷防护装置和橡胶护舷防护装置。

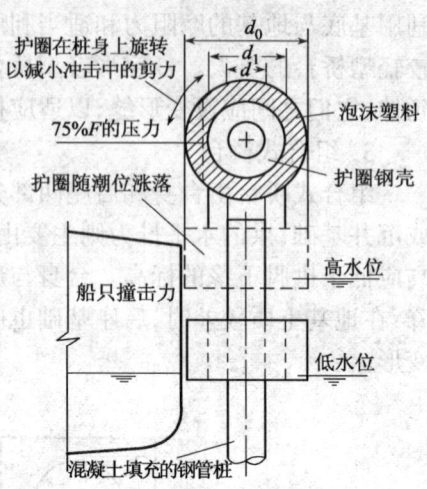

图 6-1-33　附有消能护圈的大直径钢桩

第五节　锥坡、引道及搭板

一、对桥头锥体及引道的要求

(1)桥头锥体及桥台台后 5～10m 长度内的引道,可用砂性土等材料填筑;在非严寒地区当无透水性土时,可就地取土经处理后填筑。

(2)锥坡与桥台两侧正交线的坡度,当有铺砌时,路肩边缘下的第一个 8m 高度内不宜陡于 1:1;在 8～12m 高度内,不宜陡于 1:1.25;高于 12m 的路基,其 12m 以下的边坡坡度应由计算确定,但不应陡于 1:1.5,变坡处台前宜设宽 0.5～2.0m 的锥坡平台;不受洪水冲刷的锥坡可采用不陡于 1:1.25 的坡度;经常受水淹没部分的边坡坡度不应陡于 1:2。

埋置式桥台和钢筋混凝土灌注桩式或排架桩式桥台,其锥坡坡度不应陡于 1:1.5;对不受洪水冲刷的锥坡,加强防护时可采用不陡于 1:1.25 的坡度。

(3)洪水泛滥范围以内锥坡引道的边坡坡面应根据设计流速设置铺砌层。铺砌层的高度应为:特大、大、中桥应高出计算水位 0.5m 以上;小桥涵应高出设计水位加壅水水位(不计浪高)0.25m 以上。

二、桥台与路基衔接的规定

桥台侧墙后端和悬臂梁桥的悬臂梁桥的悬臂端深入桥头锥坡顶点以内的长度,均不应小于 0.75m(按路基和锥坡沉实后计)。

高速公路、一级公路和二级公路的桥头宜设置搭板。搭板厚度不宜小于 0.25m,长度不宜小 5m。

本章小结

1. 梁桥(或拱桥)墩(台)主要由墩(台)帽、墩(台)身和基础三部分组成。

2. 梁桥墩台可分为重力式墩、台和轻型墩台两大类。重力式墩台是靠自身重量来平衡外力而保持其稳定,其墩、台身比较厚实,一般用天然石材或片石混凝土砌筑,但圬工体积较大,适用于地基良好的大、中型桥梁。轻型墩、台的体积和自重较小,刚度小,受力后允许在一定的范围内发生弹性变形,一般用钢筋混凝土和少量配筋的混凝土修建,适用于中、小跨径桥梁。

3. 梁桥桥墩按其构造可分为实体桥墩、空心桥墩、柱式桥墩和柔性排架墩等四种类型。实体桥墩分实体重力式桥墩和实体薄壁式桥墩两种型式;空心桥墩在外形上与实体重力式桥墩无太大的差别,只是将墩身内部作为空腔体以减轻自重,减少软弱地基的负荷;柱式桥墩的常用型式有单柱式、双柱式(或多柱式)和哑铃式以及混合双柱式;柔性排架墩是由单排或双排的钢筋混凝土桩与钢筋混凝土盖梁连接而成。

4. 梁桥轻型桥台有设支撑梁的轻型桥台、钢筋混凝土薄壁桥台和埋置式桥台等几种类型。

5. 拱桥重力式桥墩可分为普通墩和单向推力墩,普通墩的墩身薄一些,单向推力墩则做得厚实一些。

6. 拱桥桥墩与梁桥桥墩的一个不同点是,梁桥桥墩的顶面要设置传力的支座,且支座距顶面边缘保持一定的距离;而拱桥桥墩则在其顶面的边缘设置呈倾斜面的拱座,直接承受由拱圈传来的垂直压力和水平推力。

7. 拱桥桥台可分为重力式桥台、轻型桥台和组合式桥台。常用的重力式桥台为U型桥台,其尺寸一般较相应梁桥的要大。常用的轻型桥台有八字形和U字形桥台。轻型桥台的工作原理是,当桥台受到拱的推力后,便发生绕基底形心轴而向路堤方向的转动,依靠台后土产生的抗力来平衡拱的推力,从而减小尺寸,但由于拱脚位移而产生的附加内力必须予以计算。

思考题

1. 说明重力式桥墩台和轻型桥墩台的特点及适用范围。
2. 梁桥桥墩由哪几种类型?桥台由哪几种类型?
3. 简述柱式桥墩的构造,分析柱式桥墩和桩柱式桥墩为何在桥梁中得到广泛的采用?
4. 拱式桥的墩台与梁式桥墩台的最大差别有哪些?
5. 埋置式桥台有何特点,它的适用范围有哪些?
6. 什么叫U型桥台?
7. 叙述设有支撑梁的轻型桥台的特点。
8. 拱桥何时设单向推力墩?常用的推力墩有哪几种?

第二章 桥墩计算

第一节 作用及其组合

一、桥墩计算的作用

1. 永久作用

永久作用包括以下各项:
(1)上部构造的恒重对墩帽或拱座产生的支承反力,包括上部构造混凝土收缩、徐变作用。
(2)桥墩自重,包括在基础襟边上的土重。
(3)预加力,例如对装配式预应力空心桥墩所施加的预加力。
(4)基础变位作用,对于奠基于非岩石地基上的超静定结构,应当考虑由于地基压密等引起的支座长期变位的影响,并根据最终位移量按弹性理论计算构件截面的附加内力。
(5)水的浮力,当验算稳定位于透水性地基上的桥梁墩台时,应计算设计水位时水的不利浮力;当验算地基应力时,仅考虑低水位时的有利浮力或不计浮力;基础嵌入不透水性地基的墩台,可以不计水的浮力;当不能肯定是否透水时,则分别按透水和不透水两种情况进行最不利的作用效应组合。

2. 可变作用

可变作用包括以下各项:
(1)作用在上部结构上的汽车荷载,对于钢筋混凝土柱式墩应计入冲击力,对于重力式墩台则不计冲击力。
(2)弯桥桥墩受到的离心力。
(3)人群荷载。
(4)汽车制动力。
(5)作用在上部结构和墩身上的纵、横向风荷载。
(6)作用在墩身上的流水压力。
(7)作用在墩身上的冰压力。
(8)上部结构因温度变化对桥墩产生的作用。
(9)支座摩阻力。

3. 偶然作用

偶然作用主要有:
(1)地震作用。
(2)船只或漂浮物对墩身的撞击作用。
(3)汽车对墩身的撞击作用。

4. 施工荷载

二、桥墩计算中的作用效应组合

为了找到控制设计的最不利组合,通常需要对可能的组合分别进行计算,计算时还需按照纵向及横向的最不利位置布载。在桥墩计算中,一般需要验算墩身截面的强度、墩身截面上的合力偏心距及其稳定性。为此,需要根据不同的验算内容选择各种可能的最不利作用效应组合。梁桥和拱桥桥墩计算虽有所差别,但原理一致。限于篇幅,下面仅就梁桥桥墩可能出现的组合加以叙述。

(1)第一种组合:按照桥墩各截面上可能产生的最大竖向力的情况进行组合。

该种组合可用于验算墩身强度和基底最大应力。除了有关的永久作用外,应在相邻两跨满布一种或几种可变作用(如汽车荷载、汽车冲击力和人群荷载等),见图 6-2-1a。

(2)第二种组合:按桥墩各截面在顺桥方向上可能产生最大偏心和最大弯矩的情况进行组合。

该种组合可用于验算墩身强度、基底应力、偏心距以及桥墩的稳定性。除了有关的永久作用外,还应在相邻两孔中的一孔上(当为不等跨梁桥时则在跨径较大的一孔上)布置一种或几种可变作用,如汽车荷载、汽车冲击力和人群荷载;纵桥向风力、汽车制动力和支座摩阻力;桥与水流斜交时的流水压力或冰压力在纵桥方向的分力等,如图 6-2-1b 所示;偶然作用中的船只或漂浮物的撞击作用和桥下汽车对桥墩的撞击作用等。

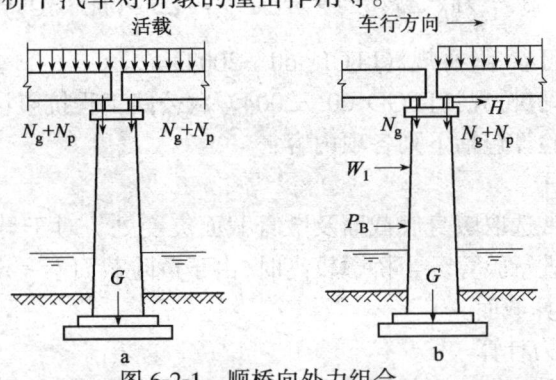

图 6-2-1 顺桥向外力组合

(3)第三种组合:按桥墩各截面在横桥方向可能产生最大偏心和最大弯矩的情况进行组合。

该种组合主要用于验算横桥方向上的墩身强度、基底应力、偏心距以及桥墩的稳定性。属于这一组合的除了有关的永久作用以外,要注意将可变作用的一种或几种偏于桥面的一侧布置,此外还应考虑横桥向风力,流水压力或冰压力,以及偶然作用中船只或漂浮物的撞击作用、桥下汽车对桥墩的撞击作用等,见图 6-2-2。

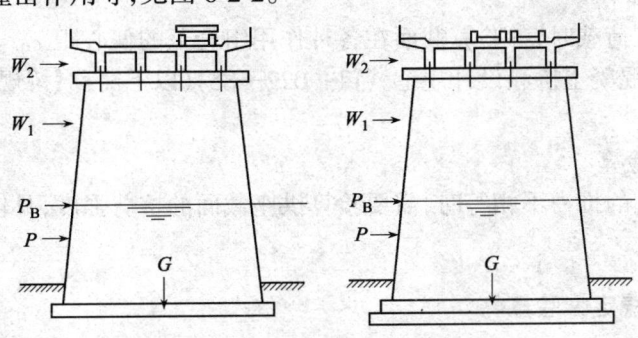

图 6-2-2 横桥向外力组合

第二节 重力式桥墩计算

重力桥墩的计算,就某个截面而言,全部外力可以合成为竖向合力 $\sum N$、垂直于 x-x 轴和 Y-Y 轴的水平合力 $\sum H_x$ 和 $\sum H_y$,以及绕 x-x 轴、Y-Y 轴的弯矩 $\sum M_x$ 和 $\sum M_y$,如图 6-2-3 所示。

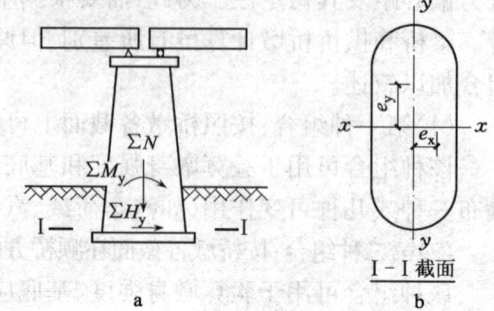

图 6-2-3 墩身底截面强度验算

一、截面强度验算

重力式桥墩主要用圬工材料建造,一般为偏心受压构件,截面的强度验算采用承载能力极限状态设计。在基本组合作用下,桥墩各控制截面的荷载效应设计值应小于或等于结构的抗力效应设计值,以方程表示为:

$$\gamma_0 S_{ud} = \gamma_0 (\sum_{i=1}^{m} S_{Gid} + S_{Q1d} + \psi_c \sum_{j=2}^{n} S_{Qjd}) \leqslant R(f_d, a_d) \tag{6-2-1}$$

公式中各符号的意义可参考《桥规》(JTGD 60—2004)。

偶然组合计算详见《桥规》(JTGD 60—2004)及《公路工程抗震设计规范》(JTJ 004—89)。

墩台截面的强度验算包括下列各项内容:

1. 验算截面的选取

强度验算截面通常选取墩身底截面及墩身截面突变处。对于悬臂式墩帽的墩身,应对与墩帽交界的墩身截面进行验算。当桥墩较高时,由于危险截面不一定在墩身底部,需沿墩身每隔 2~3m 选取一个验算截面。

2. 验算截面的内力计算

按照各种组合分别对各验算截面进行竖向力、水平力和弯矩(顺桥向和横桥向)的计算,得到相应的竖向力 $\sum N$、水平力 $\sum H$ 和弯矩 $\sum M$。

3. 抗压强度的验算

按轴心或偏心受压构件验算墩身各截面的强度。如果不满足要求时,就应修改墩身截面尺寸、重新验算。

4. 截面偏心验算

桥墩承受偏心压荷载时,各验算截面在各种作用组合下的偏心距 $e_0 = \sum M / \sum N$ 均不应超过《公路砖石及混凝土桥涵设计规范》(JTJ 022—85)(以下简称《桥规》(JTJ 022—85))的限值。

5. 抗剪强度的验算

当拱桥相邻两孔的推力不相等时,需要验算拱座截面的抗剪强度,具体参考桥规中有关公式。

二、桥墩的整体稳定性验算

1. 抗倾覆稳定性验算

如图 6-2-4 所示,当桥墩处于临界稳定平衡状态时,绕倾覆转动轴 A-A 取矩,令稳定力矩为正,倾覆力矩为负,则:

$$\sum P_i \cdot (x - e_i) - \sum (T_i \cdot h_i) = 0$$

即:　　$x \sum P_i - [\sum (P_i \cdot e_i) + \sum \cdot (T_i \cdot h_i)] = 0$

上述方程左边第一项为稳定力矩,第二项为倾覆力矩。由此可见,抵抗倾覆的稳定系数 K_0 可按下式验算:

$$K_0 = \frac{M_{稳}}{M_{倾}} = \frac{x \sum P_i}{\sum (P_i \cdot e_i) + \sum (T_i \cdot h_i)} \quad (6\text{-}2\text{-}2)$$

式中:$M_{稳}$——稳定力矩;

　　　$M_{倾}$——倾覆力矩;

　　　$\sum P_i$——作用于基底的竖向力的总和;

　　　$P_i \cdot e_i$——作用于桥墩上各竖向力与它们到基底重心轴距离的乘积;

　　　$T_i \cdot h_i$——作用在桥墩上各水平力与它们到基底距离的乘积;

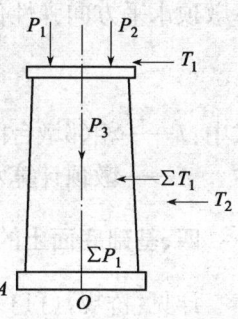
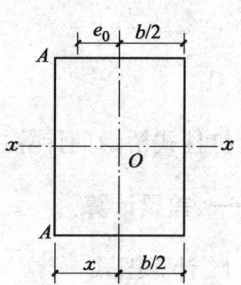

图 6-2-4　桥墩稳定性验算

2. 抗滑动稳定性验算

可按下式验算抗滑动的稳定性系数 K_c:

$$K_c = \frac{f \sum P_i}{\sum T_i} \quad (6\text{-}2\text{-}3)$$

式中:$\sum P_i$——各竖向力的总和(包括水的浮力);

　　　$\sum T_i$——各水平力的总和;

　　　f——基础底面(圬工)与地基土之间的摩擦系数,若无实测值可参照表 6-2-1 选取。

表 6-2-1　基底摩擦系数

地 基 土 分 类	摩 擦 系 数 f
软 塑 黏 土	0.25
硬 塑 黏 土	0.30
砂黏土、黏砂土、半干硬的黏土	0.30~0.40
砂 土 类	0.40
碎 石 类 土	0.50
软 质 岩 土	0.40~0.60
硬 质 岩 土	0.60~0.70

上述求得的抗倾覆与抗滑动稳定系数 K_0 和 K_c 均不得小于《公路桥涵地基与基础设计规范》(JTJ 024—85)(以下简称《桥规》(JTJ 022—85))限值。

三、墩顶水平位移验算

墩顶过大的水平位移会影响桥跨结构的正常使用,对于高度超过 20m 的重力式桥墩应验

算墩顶水平方向弹性位移。《桥规》(JTJ 022—85)规定墩顶水平位移的容许极限值为:

$$\Delta \leqslant 5\sqrt{l} \tag{6-2-4}$$

式中：l——相邻墩台间最小跨径长度，以 m 计，跨径小于 25m 时仍以 25m 计;
　　　Δ——墩顶计算水平位移值，mm。

四、基础底面土的承载力和偏心距的验算

详见《桥规》(JTJ 024—85)及《基础工程》教材。

第三节　桩柱式桥墩计算

桩柱式桥墩的计算主要包括盖梁和柱身两个部分。

一、盖梁计算

1. 计算图式

桩柱式墩台通常采用钢筋混凝土构件。在构造上，桩柱的钢筋伸入到盖梁内，与盖梁的钢筋结成整体，因此盖梁与柱刚接呈刚架结构。

墩台盖梁与柱应按刚构计算。当盖梁与柱的线刚度(EI/l)之比大于 5 时，双柱式墩台盖梁可按简支梁计算，多柱式墩台盖梁可按连续梁计算。其中，E、I、l 分别为梁或柱混凝土的弹性模量、毛截面惯性矩、梁的计算跨径或柱的计算长度。

2. 外力计算

外力包括上部结构恒载支点反力、盖梁自重和活载。活载的布置应使各种组合为盖梁最不利的情况，求出支点最大反力作为盖梁的活载。在盖梁内力计算时，可考虑桩柱支承宽度对削减负弯矩尖峰的影响。圆形截面柱可换算为边长等于 0.8 倍直径的方形截面柱。

3. 内力计算

公路桥桩柱式墩台的帽梁通常采用双悬臂式，计算时，控制截面应选取支点和跨中截面。在计算支点负弯矩时，采用非对称布置活载与恒载的反力；在计算跨中正弯矩时，采用对称布置活载与恒载的反力。桥墩沿纵向的水平力以及当盖梁在沿桥纵向设置两排支座时，上部结构活载的偏心对盖梁将产生扭矩，应予以计入。

按照简支梁计算的盖梁，其计算跨径应取 l_c 和 $1.15l_n$ 两者中的较小者，其中 l_c 为盖梁支承中心之间的距离，l_n 为盖梁的净跨径。在确定盖梁净跨径时，圆形截面柱可换算为边长等于 0.8 倍直径的方形截面柱。当盖梁作为连续梁或刚构分析时，计算跨径可取为支承中心的距离。

4. 配筋验算

盖梁的配筋验算方法与钢筋混凝土梁配筋类似，根据弯矩包络图配置受弯钢筋，根据剪力包络图配置弯起钢筋和箍筋。在配筋时，还应计算各控制截面抗扭所需要的箍筋及纵向钢筋。

当钢筋混凝土盖梁的跨高比 l/h 为：简支梁 $<2.0 \ l/h \leqslant 5.0$；连续梁 $<2.5 \ l/h \leqslant 5.0$ 时，按盖梁的特定方法及公式计算，详见《桥规》(JTGD 62—2004)。当跨高比 $l/h>5.0$ 时，可按钢筋混凝土一般构件计算。l 为盖梁的计算跨径，h 为盖梁的高度。

跨高比 $l/h \leqslant 5.0$ 的钢筋混凝土盖梁可不作挠度验算。

二、柱身计算

(一)计算内容

1. 外力计算

桥墩桩柱的外力有上部结构恒载与盖梁的恒载反力以及柱身自重;可变作用按最不利位置布置,得到最不利的作用效应组合。桥墩的水平力有汽车制动力和风力等。

2. 内力计算

桩柱式墩按桩基础的有关内容计算桩柱的内力和桩的入土深度。对于单柱式墩,计算弯矩应考虑两个方向的弯矩合力。纵、横方向弯矩合力值为:$\sum M = \sqrt{M_x^2 + M_y^2}$。

3. 配筋验算

在最不利组合内力作用下,可先配筋,再按钢筋混凝土偏心受压构件进行验算。

4. 抗裂验算

钢筋混凝土圆形和环形截面偏心受压构件的裂缝宽度计算,详见《桥规》(JTGD 62—2004)的有关规定。

(二)横桥向计算方法简介

大量采用的钻(挖)孔灌注桩及柱式墩,由于柱(桩)尺寸的加大,根数减少,盖梁与柱的线刚度之比一般不大于 5,因此排架墩应按框架结构计算。为便于计算,可将横桥向每单根桩基模拟为一个固接于底部的等效基础框架结构,见图 6-2-5,然后用计算机求解盖梁和柱顶的作用(或荷载)效应,参阅 1992 年 10 月《华东公路》鲍卫刚"桥梁承台桩基柔度的模拟",兹摘录如下:

每根单桩模拟为一个柱底固结的框架,其横梁抗弯刚度 EI 设为无穷大,柱的截面面积为 A,惯性矩为 I,两柱间距为 c,柱高为 h,见图 6-2-5。

$$h = \frac{2\theta_H}{\theta_M} \tag{6-2-5}$$

$$A = \frac{h}{2E\delta_F} \tag{6-2-6}$$

$$I = \frac{h^3}{24E} \times \frac{1}{\delta_H - \frac{h}{2}\theta_H} \tag{6-2-7}$$

$$c = \left[\frac{1}{A}\left(\frac{h^2}{E\theta_H} - 4I\right)\right]^{\frac{1}{2}} \tag{6-2-8}$$

式中:θ_H——实际结构由 $H=1$ 作用在桩顶引起的角变位;

θ_M——实际结构由 $M=1$ 作用在桩顶引起的角变位;

δ_F——实际结构由 $F=1$ 作用在桩顶引起的轴向压缩;

δ_H——实际结构由 $H=1$ 作用在桩顶引起的水平变位;

E——桩基材料弹性模量。

H、M、F 为作用于桩顶的单位力,见图 6-2-5。

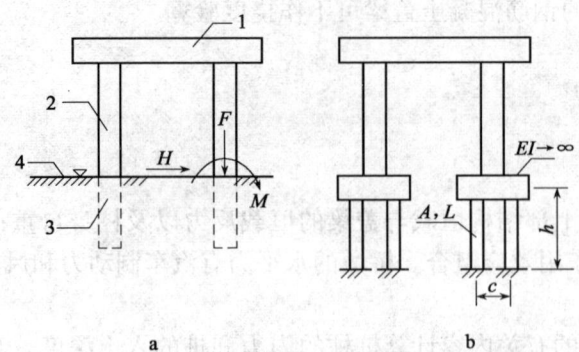

图 6-2-5 排架墩桩基结构模拟
a 实际结构；b 等效结构；
1—盖梁；2—柱；3—桩；4—地面

若每个柱下的桩基为群桩,则 H、M、F 为作用于每个群桩承台底的产单位力,θ_H、θ_M、δ_F、δ_H 为承台底的各项变位。

(三)顺桥向计算方法

对于板式橡胶支座的简支梁、连续桥面简支梁或连续梁排架式柔性墩台,应根据支座与墩台的抗推刚度的刚度集成情况分配和传递制动力。

温度影响、收缩、徐变,可参照制动力分析的方法进行。现以 5 孔 1 联的连续桥面简支梁桥(图 6-2-6)为例进行说明。

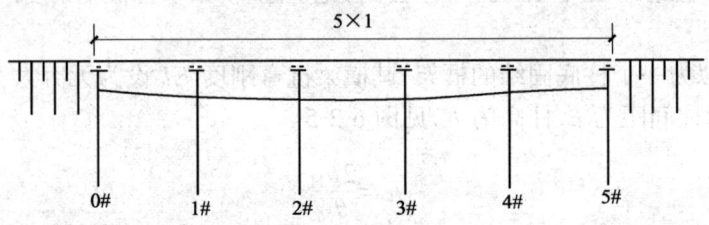

图 6-2-6 桥跨纵向布置图

1．基本假定

(1)柔性墩视为下端固定,上端铰支的超静定梁。外力(例如温度力和制动力)引起的墩顶位移视为铰支承的沉陷。

(2)作用于墩顶的竖向力 N、不平衡弯矩 M_0、以及由温度、制动力等水平力 H 所引起的墩顶位移先分别进行力学分析,然后进行内力迭加,不计这些力的相互作用影响。

(3)计算制动力时,各墩台受力按墩台集成抗推刚度分配,并假定此时各个桩顶与上部构造之间不发生相对位移。

(4)计算温度变形时,桩墩对梁产生的弹性拉伸或压缩影响忽略不计,而只计桩墩顶部水平力对桩墩所引起的弯矩的影响。

2．计算步骤

(1)抗推刚度 k 的计算：

a．墩顶抗推刚度,墩顶抗推刚度 k 是指使墩顶产生单位水平位移所需施加的水平反力。

当墩柱下端固定在基础或承台顶面时：

$$\overline{K}_i = \frac{3EI}{h_i^3} \cdot n \tag{6-2-9}$$

当考虑桩侧土的弹性抗力时：

$$\overline{K}_i = \frac{n}{[h^3/(3 \times 0.8 E_{h_1} I_{h_1}) + \delta_{HH}^{(0)} + \delta_{HM}^{(0)} \cdot h + \delta_{MH}^{(0)} \cdot h + \delta_{MM}^{(0)} \cdot h^2]} \tag{6-2-10}$$

式中：
$\overline{K}_i$ —— i 号墩墩顶刚度；

n —— 一个单排桩桥墩墩柱数；

$0.8 E_{h_1} I_{h_1}$ —— 柱材料混凝土弹性模量与柱毛截面惯性矩乘积的 0.8 倍，此系参考《铁路桥涵设计规范(TBJ 2—85)》第 5.3.1 条，采用 0.8 为折减系数；

$\delta_{HH}^{(0)}, \delta_{HM}^{(0)}, \delta_{MH}^{(0)}, \delta_{MM}^{(0)}$ —— 用"m"法计算桩基时有关系数，见《桥规》(JTJ 024—85)附录六，在计算上述数值时，桩的弹性模量与桩的毛截面惯性矩的乘积仍应乘以 0.8；

h —— 墩高(墩顶至桩顶)假定桩顶与地面平齐。

$$\delta_{HH}^{(0)} = \frac{1}{0.8 E_{h_2} I_{h_2} \alpha^3} \times \frac{(B_3 D_4 - B_4 D_3)}{(A_3 B_4 - A_4 B_3)}$$

$$\delta^{(0)}{}_{HM} = \frac{1}{0.8 E_{h_2} I_{h_2} \alpha^2} \times \frac{(A_3 D_4 - A_4 D_3)}{(A_3 B_4 - A_4 B_3)}$$

$$\delta_{MH}^{(0)} = \delta_{HM}^{(0)}$$

$$\delta_{MM}^{(0)} = \frac{1}{0.8 E_{h_2} I_{h_2} \alpha} \times \frac{(A_3 C_4 - A_4 C_3)}{(A_3 B_4 - A_4 B_3)}$$

式中：$\alpha = \sqrt[5]{\frac{mb_1}{0.8 E_{h_2} I_{h_2}}}$；

E_{h_2} —— 桩材料抗压弹性模量；

I_{h_2} —— 桩的毛截面惯性矩；

m —— 地基土变形系数；

b_1 —— 桩的计算宽度，$b_1 = 0.9(d+1)$。

b. 支座的抗推刚度(简称支座刚度)，设横桥向桥梁全宽范围内梁端一排有 n 个支座，则支座刚度按下式计算：

$$K_{nm} = \frac{nAG}{t} \tag{6-2-11}$$

式中：K_{nm} —— 一横排支座的刚度。脚码"n"表示墩号；"m"表示排号，$m=1$ 或 2，"1"表示墩顶左排支座，"2"表示墩顶右排支座；

n —— 一横排支座的支座个数；

A —— 一个支座的平面面积；

G——橡胶支座剪切弹性模量,按《桥规》(JTGD 62—2004)为1.0MPa;

t——支座橡胶层总厚度。

c. 墩顶与支座的集成刚度,设墩上有两排支座,两排支座的刚度并联后,与墩顶刚度串联,串联后的刚度即为支座与桥墩联合的集成刚度。

d. 桥台与支座的刚度计算与桥墩相似。

(2)水平力计算:

a. 温度影响力在各墩台上的分配,设当地月平均最高气温为t_1℃,月平均最低气温为t_2℃,简支梁安装、桥面连续、伸缩缝安装时的施工温度为t_3℃,则桥梁要经历(t_1-t_3)℃的升温过程和(t_3-t_2)℃的降温过程及由此产生的影响。

温度下降,上部结构的缩短为两端向中部缩短,因此,中部必有一个不动点S.P(Stagnant Point)见图6-2-7,其离0号台的距离按下式计算:

$$x = \frac{C \sum K_i l_i \pm \sum \mu R}{C \sum K_i} \tag{6-2-12}$$

式中:C——收缩系数,$C = \alpha \cdot (t_3 - t_2)$;

α——材料线膨胀系数;

μR——0号、5号台摩阻力。其中μ为摩阻系数,当聚四氟乙烯板与不锈钢板接触加硅脂时,取$\mu=0.06$;R为上部结构竖直反力,正负号确定方法是:先假定S.P.在桥中部某一点,μR在该点以左用负号,以右用正号;如果x出现负值,表示0号台上活动支座的摩阻力很大,此时S.P.应在0号桥台支座上;如果x大于全部桥跨长度,表示5号台摩阻力很大,此时S.P.应在5号台支座上;如两桥台摩阻力相等,故$\pm \sum R$为零;

K_i——i号墩支座顶集成刚度;

$K_i l_i$——i号墩支座顶集成刚度×桥墩距0号台的距离。

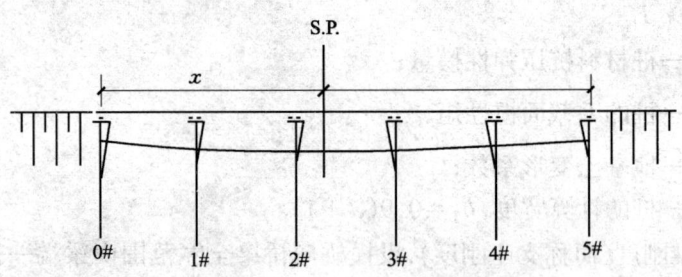

图6-2-7 S.P.位置示意图

在各墩台的支座顶,由于上部结构降温引起的水平力为:

$$P = 墩台距 S.P. 距离 \times 支座顶集成刚度 \times C \tag{6-2-13}$$

温度上升计算与温度下降方法一致,方向相反。

b. 混凝土收缩、徐变影响在各墩台上的分配。混凝土收缩徐变与温度下降的效果性质相似,详见《桥规》(JTGD 62—2004)有关规定。

c. 汽车制动力在各墩上的分配,制动力的大小 T 可按《桥规》(JTGD 60—2004)计算,加载长度按对墩台最不利情况计算,制动力在各墩台上的分配按刚度比进行。第 i 号墩台分得的制动力为:

$$F_i = \frac{K_i}{\sum K_i} \times T \tag{6-2-14}$$

d. 其他顺桥面水平力,参照《桥规》(JTGD 60—2004)。

(3)竖直力计算:

墩台承受的竖直力为墩台范围内的各种作用的竖直分力,如结构重力、土压力、汽车荷载支反力、人群荷载支反力等。

(4)内力组合:

按《桥规》(JTGD 60—2004)进行。

【例 6-2-1】

一、设计资料:如图 6-2-8 所示:

(1)上部结构:横桥向为 5 片 T 梁。顺桥向为 5 孔 30m 预应力混凝土简支 T 梁,5 孔一联桥面连续,0 号台及 5 号台设聚四氟乙烯板式橡胶支座,其余各墩设板式橡胶支座。

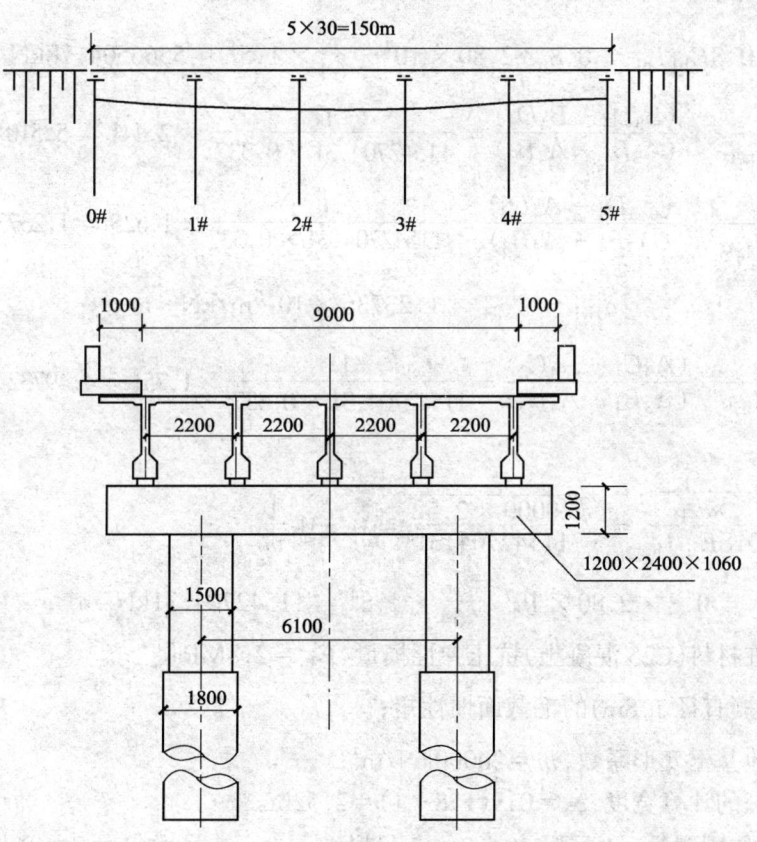

图 6-2-8 桥跨纵向、横向布置图

(2)桥面净宽:净 9+2×1.0。
(3)荷载:公路-Ⅱ级。
(4)支座:板式橡胶支座:250mm×350mm×57mm;四氟乙烯板式橡胶支座 250mm×350mm×59mm。
(5)下部结构:圆截面双柱式桥墩,直径1.5m,柱间距6.1m。钻孔灌注桩直径1.8m,桩长30m。
(6)交角:桥轴与水流正交。
(7)气温当地月平均最高温度为35℃,月平均最低温度为-30℃。简支梁安装桥面连续、伸缩缝安装等施工温度为 15℃~25℃。

二、抗推刚度计算

1. 墩顶抗推刚度

第 i 号墩墩顶抗推刚度:

$$\overline{K} = \frac{n}{\left[\left(\frac{h_i^3}{3\times 0.8E_{h_1}I_{h_1}}\right) + \delta_{HH} + \delta_{HM}\cdot h_i + \delta_{MH}\cdot h_i + \delta_{MM}\cdot h_i^2\right]}$$

式中: n——一个单排桩桥墩墩柱数,$n=2$;

$0.8E_{h_1}I_{h_1}$——柱材料C25混凝土弹性模量与柱毛截面惯性矩乘积的0.8倍,

$$0.8E_{h1}I_{h1} = 0.8\times 2.80\times 10^7 \times \frac{\pi}{64}\times 1.5^4 = 5566504.78 \text{kN}\cdot\text{m}^2;$$

$$\delta_{HH} = \frac{1}{0.8E_{h_2}I_{h_2}\alpha^3}\times\frac{(B_3D_4-B_4D_3)}{(A_3B_4-A_4B_3)} = \frac{1}{11542704.31\times 0.337^3}\times 2.441 = 5.51044\times 10^{-6}\text{m/kN};$$

$$\delta_{MH} = \frac{1}{0.8E_{h_2}I_{h_2}\alpha^2}\times\frac{(A_3D_4-A_4D_3)}{(A_3B_4-A_4B_3)} = \frac{1}{11542704.31\times 0.337^2}\times 1.625 = 1.23736\times 10^{-6}\text{rad/k};$$

$$\delta_{HH} = \delta_{MH} = 1.23736\times 10^{-6}\text{m/kN}\cdot\text{m};$$

$$\delta_{MM} = \frac{1}{0.8E_{h_2}I_{h_2}\alpha}\times\frac{(A_3C_4-A_4C_3)}{(A_3B_4-A_4B_3)} = \frac{1}{11542704.31\times 0.337}\times 1.751 = 4.49732\times 10^{-7}\text{rad/kN}\cdot\text{m};$$

其中, $\alpha = \sqrt[5]{\frac{mb_1}{0.8E_{h_2}I_{h_2}}} = \sqrt[5]{\frac{20000\times 2.52}{11542704.31}} = 0.331\frac{1}{\text{m}}$;

$$0.8E_{h_2}I_{h_2} = 0.8\times 2.80\times 10^7 \times \frac{\pi}{64}\times 1.8^4 = 11542704.31\text{kN/m}^2$$

E_{h_2}——桩材料(C25混凝土)抗压弹性模量,$E_{h_2}=2.8$MPa;

I_{h_2}——桩(直径1.8m)的毛截面惯性矩;

m——地基土变形系数,$m=20000$kN/m^4;

b_1——桩的计算宽度,$b_1=0.9(1.8+1)=2.52$m。

各墩台顶的刚度为:(1号墩,$h=8$m;2 号墩,$h=9$m;4 号墩,$h=7$m;0 号台、5 号台,$h=6$m。)

$$\overline{K}_1 = \cfrac{2}{\left[\left(\cfrac{8^3}{3\times5566504.78}\right)+5.51044\times10^{-6}+1.23736\times10^{-6}\times8\times2+4.49732\times10^{-7}\times8^2\right]} = 23598.64$$

$$\overline{K}_{2,3} = \cfrac{2}{\left[\left(\cfrac{9^3}{3\times5566504.78}\right)+5.51044\times10^{-6}+1.23736\times10^{-6}\times9\times2+4.49732\times10^{-7}\times9^2\right]} = 18541.66$$

$$\overline{K}_4 = \cfrac{2}{\left[\left(\cfrac{7^3}{3\times5566504.78}\right)+5.51044\times10^{-6}+1.23736\times10^{-6}\times7\times2+4.49732\times10^{-7}\times7^2\right]} = 30576.41$$

$$\overline{K}_{0,5} = \cfrac{2}{\left[\left(\cfrac{6^3}{3\times5566504.78}\right)+5.51044\times10^{-6}+1.23736\times10^{-6}\times6\times2+4.49732\times10^{-7}\times6^2\right]} = 40417.39(\text{向河})$$

0号和5号台面岸方向的抗推刚度计算从略，取125602kN/m。

2. 支座的抗推刚度（简称支座刚度）

$$K_{nm} = \frac{nAG}{t}$$

式中：n——横排支座的支座个数，$n=5$；

A——一个支座的平面面积，$A=250\times350=87500\text{mm}^2$；

G——橡胶支座剪切弹性模量，按《桥规》（JTGD 62—2004）为1.0MPa；

t——支座橡胶层总厚度，按《公路桥梁板式橡胶支座规格系列》（JT 3132.2—88）查取，或按产品技术条件查取，一般约为支座总厚度的0.71～0.78倍，小的板式橡胶支座取低限，大的取高限，本例取 $t=45$mm。

本例所有墩顶的板式橡胶支座均采用同一规格，台顶聚四氟乙烯板式橡胶支座的橡胶体与板式橡胶支座相同，故各横排支座的刚度均同。

$$K_{nm} = \frac{5\times87500\times1.0}{45} = 9722.22\text{kN/m}$$

3. 墩台顶与支座的集成刚度

在墩上有两排支座并联，并联后刚度为 $2\times9722.22=19444.44$kN/m。各号墩台顶的支座顶部的集成刚度为：

$$K_1 = \frac{23598.64\times19444.44}{23598.64+19444.44} = 10660.54$$

$$K_{2,3} = \frac{18541.66\times19444.44}{18541.66+19444.44} = 9491.16$$

$$K_4 = \frac{30576.41\times19444.44}{30576.41+19444.44} = 11885.87$$

$$\text{向河}\ K_{0,5} = \frac{40417.39\times9722.22}{40417.39+9722.22} = 7837.05$$

$$\text{向岸}\ K_{0,5} = \frac{125602.00\times9722.22}{125602.00+9722.22} = 9023.74$$

三、桥墩纵向水平的计算

考虑到篇幅,作用于桥墩的水平力本例题只计入了温度影响、制动力和支座摩阻力。

(一)支座摩阻力

一孔上部自重为 5052.85kN,聚四氟乙烯滑板支座与不锈钢板加硅脂 $\mu=0.06$,板式橡胶支座与混凝土接触 $\mu=0.3$。所以,

滑板支座的支座摩阻力:$F = \dfrac{5052.85}{2} \times 0.06 = 151.59\text{kN}$

板式橡胶支座的支座摩阻力:$F = 5052.85 \times 0.3 = 1515.86\text{kN}$

(二)温度下降

最低设计温度取 $-30℃$,简支梁的安装、桥面连续及伸缩缝施工温度取 $15℃\sim25℃$,计算温度下降为 $25℃-(-30℃)=55℃$。

对于上部结构的缩短,本例情况应是两端向中部缩短,因此,中部必有一个不动点 S.P.(图 6-2-9),其距 0 号台的距离为:

$$x = \dfrac{C\sum K_i l_i + \sum \mu R}{C\sum K_i}$$

式中:C——收缩系数,降温 55℃ 时,$C = \alpha \cdot (t_3 - t_4) = 0.00001 \times 55 = 0.00055$;

$x = \dfrac{0.00055 \times (7837.05 \times 0 + 10660.54 \times 30 + 9491.16 \times 30 \times 2 + 9491.16 \times 30 \times 3 + 1188.87 \times 30 \times 4 + 7837.05 \times 30 \times 5)}{0.00055 \times (7837.05 + 10660.54 + 9491.16 + 9491.16 + 11885.87 + 7837.05)}$

$= \dfrac{4345352}{57202.83} = 75.96\text{m}$

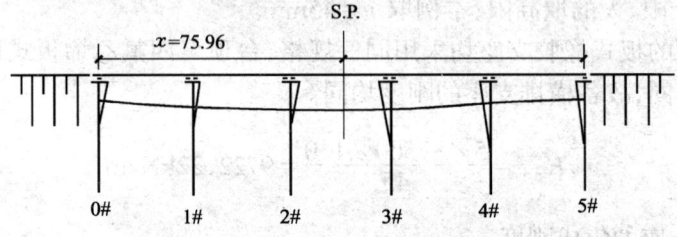

图 6-2-9 S.P. 位置图

由于上部结构温度下降引起各墩台支座顶的水平力为:

$$P = 墩台距 \text{S.P.} 距离 \times 支座顶集成刚度 \times C$$

$P_0 = (x-0)K_0 C = (75.96-0) \times 7837.05 \times 0.00055 = 327.42\text{kN/m} \rightarrow$

$P_1 = (x-30)K_1 C = (75.96-30) \times 10660.54 \times 0.00055 = 269.48\text{kN/m} \rightarrow$

$P_2 = (x-30 \times 2)K_2 C = (75.96-30 \times 2) \times 9491.16 \times 0.00055 = 83.31\text{kN/m} \rightarrow$

$P_3 = (x-30 \times 3)K_3 C = (75.96-30 \times 3) \times 9491.16 \times 0.00055 = -73.29\text{kN/m} \rightarrow$

$P_4 = (x-30 \times 4)K_4 C = (75.96-30 \times 4) \times 11885.87 \times 0.00055 = -287.90\text{kN/m} \rightarrow$

$P_5 = (x-30 \times 5)K_5 C = (75.96-30 \times 5) \times 7837.05 \times 0.00055 = -319.14\text{kN/m} \rightarrow$

P_0、P_5 超过滑板支座的支座摩阻力 151.59kN,桥台的抗推刚度失效,温度下降影响在 1~4 号桥墩重新分配。

重算降温:

$$x = \frac{0.00055 \times (0 \times 0 + 10660.54 \times 30 + 9491.16 \times 30 \times 2 + 9491.16 \times 30 \times 3 + 11885.87 \times 30 \times 4 + 0 \times 30 \times 5)}{0.00055 \times (0 + 10660.54 + 9491.16 + 9491.16 + 11885.87 + 0)}$$

$$= \frac{3169795}{41528.73} = 76.33 \text{m}$$

$$P_1 = (x - 30)K_1C = (76.33 - 30) \times 10660.54 \times 0.00055 = 271.65 \text{kN/m} \rightarrow$$

$$P_2 = (x - 30 \times 2)K_2C = (76.33 - 30 \times 2) \times 9491.16 \times 0.00055 = 85.24 \text{kN/m} \rightarrow$$

$$P_3 = (x - 30 \times 3)K_3C = (76.33 - 30 \times 3) \times 9491.16 \times 0.00055 = -71.36 \text{kN/m} \rightarrow$$

$$P_4 = (x - 30 \times 4)K_4C = (76.33 - 30 \times 4) \times 11885.87 \times 0.00055 = -285.48 \text{kN/m} \rightarrow$$

(三)温度上升

如前所述,最高设计温度取 35℃,简支梁的安装、桥面连续及伸缩缝施工温度取 15℃～25℃,温度上升为 35℃ − 15℃ = 20℃,即 $C = 0.0002$。温度上升变化影响力在各墩台上的分配。

温度上升使上部结构伸长,本桥情况是两端向外伸展,因此,中部必有一个不动点 S.P,见图 6-2-10,这个不动点至 0 号台的距离为:

$$x = \frac{0.0002(9023.74 \times 0 + 10660.54 \times 30 + 9491.16 \times 30 \times 2 + 9491.16 \times 30 \times 3 + 11885.87 \times 30 \times 4 + 9023.74 \times 30 \times 5)}{0.0002(9023.74 + 10660.54 + 9491.16 + 9491.16 + 11885.87 + 9023.74)}$$

$$= \frac{4523356}{59576.21} = 75.93 \text{m}$$

$$p_0 = -(x - 0)K_0C = -(75.93 - 0) \times 9023.74 \times 0.0002 = -137.03 \text{kN/m}$$

$$p_1 = -(x - 30)K_1C = -(75.93 - 30) \times 10660.54 \times 0.0002 = -97.93 \text{kN/m}$$

$$p_2 = -(x - 30 \times 2)K_2C = -(75.93 - 30 \times 2) \times 9491.16 \times 0.0002 = -30.24 \text{kN/m}$$

$$p_3 = -(x - 30 \times 3)K_3C = -(75.93 - 30 \times 3) \times 9491.16 \times 0.0002 = 26.71 \text{kN/m}$$

$$p_4 = -(x - 30 \times 4)K_4C = -(75.93 - 30 \times 4) \times 11885.87 \times 0.0002 = 104.76 \text{kN/m}$$

$$p_5 = -(x - 30 \times 5)K_5C = -(75.93 - 30 \times 5) \times 9023.74 \times 0.0002 = 133.68 \text{kN/m}$$

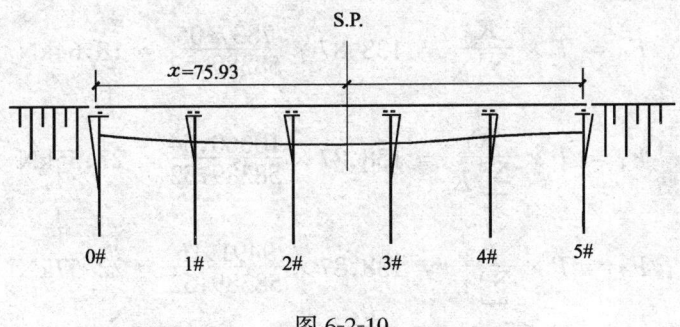

图 6-2-10

(四)制动力

考虑到水平力与后续竖直力对桥墩的共同影响,最终控制设计的既可能是桥墩顺桥向双侧布载情况,也可能是桥墩顺桥向单侧布载情况,所以制动力应针对以上两种情况分别计算。

1. 制动力大小

5孔布载(各墩双侧布载,见图6-2-11):

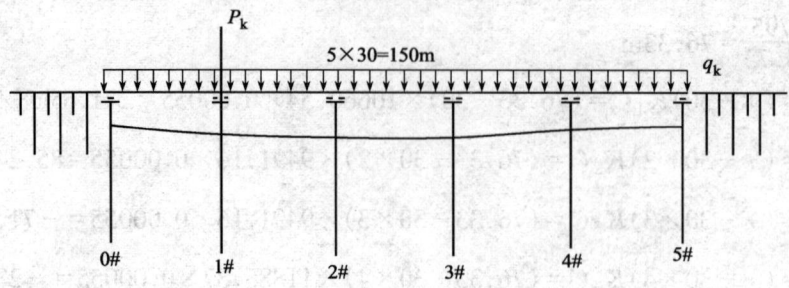

图6-2-11 5孔布载

制动力按车道荷载计算:$q_{QK}=10.5\times0.75$kN/m

$$P_K=\left[\frac{360-180}{50-5}\times(29.14-5)+180\right]\times0.75=276.56\times0.75\text{kN}$$

制动力:

$$T_1=(30\times n\times q_{Qk}+P_K)\times10\%=[30\times5\times(10.5\times0.75)+276.56\times0.75]\times10\%=138.87\text{kN}$$

$$T_2=90\text{kN}$$

$$\therefore T=138.87\text{kN}$$

2. 制动力按刚度分配

总刚度:

$$\sum_{i=0}^{5}K_i=7837.05+10660.54+9491.16+9491.16+11885.87+9023.74$$
$$=58389.52\text{kN/m}$$

由0号台向5号台方向制动(反向时,F_0与F_5互换)

$$F_0=T\times\frac{K_0}{\sum K}=138.87\times\frac{7837.05}{58389.52}=18.64\text{kN}$$

$$F_1=T\times\frac{K_1}{\sum K}=138.87\times\frac{10660.54}{58389.52}=25.35\text{kN}$$

$$F_2=T\times\frac{K_2}{\sum K}=138.87\times\frac{9491.16}{58389.52}=22.57\text{kN}$$

$$F_3=T\times\frac{K_3}{\sum K}=138.87\times\frac{9491.16}{58389.52}=22.57\text{kN}$$

$$F_4=T\times\frac{K_4}{\sum K}=138.87\times\frac{11885.87}{58389.52}=28.27\text{kN}$$

$$F_5 = T \times \frac{K_5}{\sum K} = 138.87 \times \frac{9023.74}{58389.52} = 21.46 \text{kN}$$

4 孔布载（各墩单侧布载）：

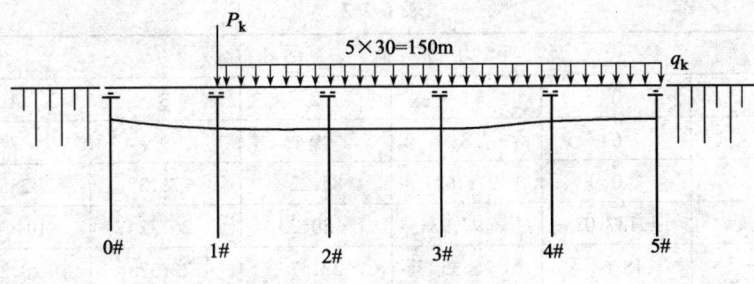

图 6-2-12　4 孔布载

制动力大小：

$$T_1 = (30 \times n \times q_{Qk} + P_K) \times 10\%$$
$$= [30 \times 4 \times (10.5 \times 0.75) + 276.56 \times 0.75] \times 10\%$$
$$= 115.24 \text{kN}$$

$$T_2 = 90 \text{kN}$$

$$\therefore T = 115.24 \text{kN}$$

制动力按刚度分配：

总刚度：

$$\sum_{i=0}^{5} K_i = 9023.74 + 10660.54 + 9491.16 + 9491.16 + 11885.87 + 7837.05$$
$$= 58389.52 \text{kN/m}$$

由 0 号台向 5 号台方向制动（反向时，F_0 与 F_5 互换）：

$$F_0 = T \times \frac{K_0}{\sum K} = 115.24 \times \frac{7837.05}{58389.52} = 15.47 \text{kN}$$

$$F_1 = T \times \frac{K_1}{\sum K} = 115.24 \times \frac{10660.54}{58389.52} = 21.04 \text{kN}$$

$$F_2 = T \times \frac{K_2}{\sum K} = 115.24 \times \frac{9491.16}{58389.52} = 18.73 \text{kN}$$

$$F_3 = T \times \frac{K_3}{\sum K} = 115.24 \times \frac{9491.16}{58389.52} = 18.73 \text{kN}$$

$$F_4 = T \times \frac{K_4}{\sum K} = 115.24 \times \frac{11885.87}{58389.52} = 23.46 \text{kN}$$

$$F_5 = T \times \frac{K_5}{\sum K} = 115.24 \times \frac{9023.74}{58389.52} = 17.81 \text{kN}$$

(五)水平力汇总及分析

表 6-2-2

水 平 力 汇 总 表（5孔布载）

墩台编号	0	1	2	3	4	5
墩 台 高	6	8	9	9	7	6
(1)温度下降	0	271.63	85.23	-71.37	-285.5	0
(2)温度上升	-137.03	-97.93	-30.23	26.72	104.77	133.69
(3)各墩制动力→	18.64	25.35	22.57	22.57	28.27	21.46
(4)各墩制动力←	-21.46	-25.35	-22.57	-22.57	-28.27	-18.64
(1)+(3)	18.64	296.98	107.8	-48.8	-257.23	21.46
(1)+(4)	-21.46	246.28	62.66	-93.94	-313.77	-18.64
(2)+(3)	-118.39	-72.58	-7.66	49.29	133.04	155.15
(2)+(4)	-158.49	-123.28	-52.8	4.15	76.5	115.05

表 6-2-3

水 平 力 汇 总 表（4孔布载）

墩台编号	0	1	2	3	4	5
墩 台 高	6	8	9	9	7	6
(1)温度下降	0	271.63	85.23	-71.37	-285.5	0
(2)温度上升	-137.03	-97.93	-30.23	26.72	104.77	133.69
(3)各墩制动力→	15.47	21.04	18.73	18.73	23.46	17.81
(4)各墩制动力←	-17.81	-21.04	-18.73	-18.73	-23.46	-15.47
(1)+(3)	15.47	292.67	103.96	-52.64	-262.04	17.81
(1)+(4)	-17.81	250.59	66.5	-90.1	-308.96	-15.47
(2)+(3)	-121.56	-76.89	-11.5	45.45	128.23	151.5
(2)+(4)	-154.84	-118.97	-48.96	7.99	81.31	118.22

(1)号墩和 4 号墩位置对称，墩高接近，具有可比性。分析上表可知，1 号墩的墩高略大，水平力产生弯矩的力臂大。4 号墩的最大水平力略大。可通过计算选择其一作为 1 号墩与 4 号墩的代表。

(2)号墩与 3 号墩的墩高一致，位置对称，所以 2 号墩与 3 号墩选一个计算即可。因 2 号墩的水平力大于 3 号墩，所以选 2 号墩作为代表。

四、桥台纵向水平力计算

考虑到篇幅所限，作用于桥台的水平力本例题只计入了温度影响、制动力和支座摩阻力。其中温度影响和制动力的计算与桥台的倾覆方向有关，而支座摩阻力直接计算即可。

(一)支座摩阻力

一孔上部自重为 5052.85kN，矩聚四氟乙烯滑板支座与不锈钢板加硅脂 $\mu=0.06$，支座摩阻力：

$$F = \frac{5052.85}{2} \times 0.06 = 151.59 \text{kN}$$

(二)桥台所受向岸方向纵向水平力

1. 升温

由本例"三"之"(三)"的计算结果，$x = 75.93\text{m}$

$$P_0 = -137.03 \text{kN/m} \leftarrow$$

$$P_5 = 133.68 \text{kN/m} \rightarrow$$

2. 制动力

由于桥台不存在单侧和双侧布载问题，所以选择 5 孔满载产生的制动力。制动力大小如本例"三"之"(四)"的计算结果：$T = 138.87\text{kN}$。因为升温中 $P_0 > P_5$，对 0 号台不利，所以选择由 5 号台向 0 号台方向制动。

制动力按刚度分配：总刚度：$\sum_{i=0}^{5} K_i = 58398.52 \text{kN/m}$

$$F_0 = T \times \frac{K_0}{\sum K} = 138.87 \times \frac{9023.74}{58389.52} = 21.46 \text{kN}$$

$$F_1 = T \times \frac{K_1}{\sum K} = 138.87 \times \frac{10660.54}{58389.52} = 25.35 \text{kN}$$

$$F_2 = T \times \frac{K_2}{\sum K} = 138.87 \times \frac{9491.16}{58389.52} = 22.57 \text{kN}$$

$$F_3 = T \times \frac{K_3}{\sum K} = 138.87 \times \frac{9491.16}{58389.52} = 22.57 \text{kN}$$

$$F_4 = T \times \frac{K_4}{\sum K} = 138.87 \times \frac{11885.87}{58389.52} = 28.27 \text{kN}$$

$$F_5 = T \times \frac{K_5}{\sum K} = 138.87 \times \frac{7837.05}{58389.52} = 18.64 \text{kN}$$

3. 水平力汇总表(5孔满载)

表 6-2-4

水平力汇总表 (5孔布载)						
	0	1	2	3	4	5
(2)温度上升	-137.03	-97.93	-30.23	26.72	104.77	133.69
(4)各墩制动力←	-21.46	-25.35	-22.57	-22.57	-28.27	-18.64
(2)+(4)	-158.49	-123.28	-52.8	4.15	76.5	115.05

$H_0 = 158.49\text{kN}$，大于滑板支座的支座摩阻力 151.59kN，取支座摩阻力 151.59kN 为桥台最大水平力。考虑到温度影响的分相系数为 1.2，高于制动力的分相系数 1.4 与组合系数 0.7

的乘积 0.98，所以温度影响 137.03kN 全部计入，而制动力计入支座摩阻力 151.59kN 与温度影响力 137.03kN 的差值 14.56kN。

(三)桥台所受向河方向纵向水平力

1．降温

由本例"三"之"(二)"的计算结果，桥台支座在降温中由于水平力大于支座摩阻力最终退出工作，$P_0=0$，$P_5=0$。

2．制动力

制动力计算如本例"四"之"(四)"之"2"。

3．水平力汇总表

表 6-2-5 水 平 力 汇 总 表

墩台编号	0	1	2	3	4	5
(4)各墩制动力←	−21.46	−25.35	−22.57	−22.57	−28.27	−18.64
(1)温度下降	0	271.63	85.23	−71.37	−285.5	0

考虑到降温并非瞬间完成，需要很长的一个时间过程。在此过程中，水平力逐渐增大，最终才超过滑板支座的支座摩阻力 151.59kN。故从实际过程考虑，应取支座摩阻力 151.59kN 为桥台最大水平力。

在此过程中，难免有制动力不时地发生。在 151.59kN 究竟有多少属于温度影响，又有多少属于制动力的问题上，考虑到温度影响的分相系数为 1.2，高于制动力的分相系数 1.4 与组合系数 0.7 的乘积 0.98，所以 151.59kN 以温度影响计入。

五、竖直力计算

(一)上部结构重力

(1)水泥混凝土铺装平均厚度 10cm，桥面净宽 9m：$G_1=0.10\times9\times30\times24=648$kN

(2)5 片 T 重力：$G_2=4080.00$kN

(3)人行道及栏杆重力：$G_3=324.85$kN

$$\sum_{i=1}^{3}G_i=5052.85\text{kN}$$

(二)下部结构重力

1．桥墩

(1)盖梁：$G_4=1.25\times2.2\times10.6\times25=699.60$kN

(2)墩柱：

1 号墩：$G_{5-1}=2\times\dfrac{\pi}{4}\times1.5^2\times(8-1.2)\times25=600.83$kN

2．3 号墩：$G_{5-2/3}=2\times\dfrac{\pi}{4}\times1.5^2\times(9-1.2)\times25=689.19$kN

4 号墩：$G_{5-4}=2\times\dfrac{\pi}{4}\times1.5^2\times(7-1.2)\times25=512.47$kN

2. 桥台

(1)台帽：$G_4 = 780.00\text{kN}$

(2)台柱：$G_{5-0.5} = 2 \times \dfrac{\pi}{4} \times 1.5^2 \times (6-1.2) \times 25 = 424.12\text{kN}$

(三)汽车荷载：公路-Ⅱ级车道荷载

1. 桥墩：顺桥向双侧布载(图6-2-13)，横桥向2列车队：

$$\eta_0 = 1 \times \dfrac{29.51}{29.14} = 1.0127$$

$$R_\text{L} = 2 \times q_\text{QK} \times \Omega = 2 \times 10.5 \times 0.75 \times \left(\dfrac{1}{2} \times 29.57 \times 1.0127\right) = 235.82\text{kN}$$

$$R_\text{R} = 2 \times q_\text{QK} \times \Omega + P_\text{K} \times \eta_0$$

$$= 2 \times 1.05 \times 0.75 \times \left(\dfrac{1}{2} \times 29.57 \times 1.0127\right) + 276.56 \times 0.75 \times 1.0127$$

$$= 445.87\text{kN}$$

2. 桥墩顺桥向单侧布载及桥台(图6-2-14)，横桥向2列车队：

$$R_\text{L} = 0$$

$$R_\text{R} = 2 \times q_\text{Q1K} \times \Omega + P_\text{K} \times \eta_0$$

$$= 2 \times 10.5 \times 0.75 \times \left(\dfrac{1}{2} \times 29.57 \times 1.0127\right) + 276.56 \times 0.75 \times 1.0127 = 445.87\text{kN}$$

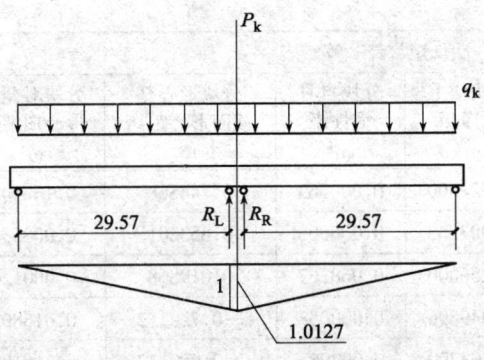

图6-2-13 支反力计算图示

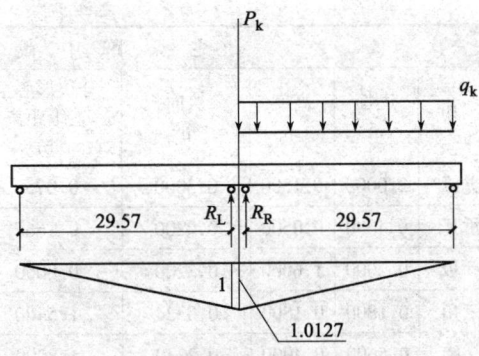

图6-2-14 支反力计算图示

(四)汽车冲击力

1. 冲击系数：$\mu = 0.1767\ln f - 0.0157$

基频：$f_1 = \dfrac{\pi}{2 \times l^2}\sqrt{\dfrac{EI_\text{c}}{m_\text{c}}}$

$$m_\text{c} = \dfrac{G}{g} = \dfrac{\dfrac{5052.85 \times 1000}{30}}{9.81} = 17169.045\text{kg/m}$$

主梁跨中截面惯性矩： $I_1 = 0.478975\text{m}^4$

桥面铺装惯性矩： $I_2 = \dfrac{bh^3}{12} = \dfrac{9 \times 0.1^3}{12} = 0.00075\text{m}^4$

总惯性矩(按叠合考虑)：$I_c = I_1 \times 5 + I_2 = 2.395625 \text{m}^4$

$$\therefore f_1 = \frac{\pi}{2 \times l^2}\sqrt{\frac{EI_c}{m_c}} = \frac{\pi}{2 \times 29.14^2} \times \sqrt{\frac{2.8 \times 10^{10} \times 2.395625}{17169.045}} = 3.656421$$

$$\therefore \mu = 0.1767\ln f - 0.0157 = 0.1767\ln 3.656421 - 0.0157 = 0.213$$

2．汽车荷载及冲击力

(1)桥墩：顺桥向双侧布载，横桥向2列车队

$R_L = (1+\mu) \times R_L = (1+0.213) \times 235.82 = 286.05 \text{kN}$

$R_R = (1+\mu) \times R_R = (1+0.213) \times 445.87 = 540.84 \text{kN}$

(2)桥墩顺桥向单侧布载及桥台，横桥向2列车队

$$R_L = 0$$

$R_R = (1+\mu) \times R_R = (1+0.213) \times 445.87 = 540.84 \text{kN}$

(五)人群荷载(横桥向双侧布载)

$R_L = R_R = 2 \times q_{Q2K} \times \Omega = 2 \times (3.0 \times 1.0) \times \left(\frac{1}{2} \times 29.57 \times 1.0127\right) = 89.84 \text{kN}$

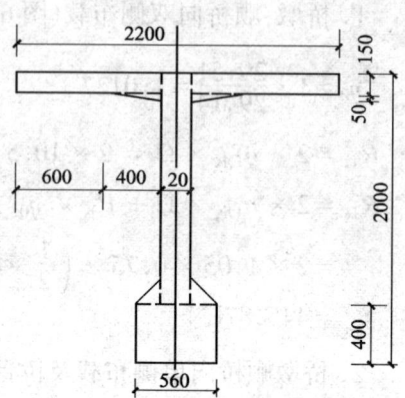

图6-2-15 主梁跨中断面图

(六)竖直力汇总(单位：kN、m)

表6-2-6

主梁跨中截面惯性矩计算表

分块	边长 m	高度 m	分块面积 m²	分块形心至上缘距离 m	分块对上缘净矩 m³	分块自身惯性矩 m⁴	分块形心至截面形心距离 m	分块对截面形心惯性矩 m⁴
上翼缘	2.0000	0.1500	0.3000	0.0750	0.022500	0.000563	0.744868	0.166448
上承托	0.4000	0.0500	0.0200	0.1667	0.003333	0.000003	0.653201	0.008533
腹板	0.2000	1.6000	0.3200	0.8000	0.256000	0.068267	0.019868	0.000126
下三角	0.1800	0.1800	0.0324	1.5400	0.049896	0.000058	−0.720132	0.016802
马蹄	0.5600	0.4000	0.2240	1.8000	0.403200	0.002987	−0.980132	0.215188
Σ			0.8964		0.734929	0.071877		0.407098
				截面形心	0.819868		总惯性矩	0.478975

表6-2-7

	1号墩双侧布载				1号墩单侧布载			
	柱顶		柱底		柱顶		柱底	
	N	e	N	e	N	e	N	e
上部重力	5052.85	0.00	5052.85	0.00	5052.85	0.00	5052.85	0.00
盖梁重力	699.60	0.00	699.60	0.00	699.60	0.00	699.60	0.00
墩柱重力			600.83	0.00			600.83	0.00
汽车及冲击力标准RR	540.84	0.43	540.84	0.43	540.84	0.43	540.84	0.43

续表 6-2-7

	1号墩双侧布载				1号墩单侧布载			
	柱 顶		柱 底		柱 顶		柱 底	
	N	e	N	e	N	e	N	e
汽车及冲击力标准 RL	286.05	-0.43	286.05	-0.43	0.00	-0.43	0.00	-0.43
人群荷载标准值 R	89.84	0.43	89.84	0.43	89.84	0.43	89.84	0.43
人群荷载标准值 L	89.84	-0.43	89.84	-0.43	0.00	-0.43	0.00	-0.43

表 6-2-8

	2、3号墩双侧布载				2、3号墩单侧布载			
	柱 顶		柱 底		柱 顶		柱 底	
	N	e	N	e	N	e	N	e
上 部 重 力	5052.85	0.00	5052.85	0.00	5052.85	0.00	5052.85	0.00
盖 梁 重 力	699.60	0.00	699.60	0.00	699.60	0.00	699.60	0.00
墩 柱 重 力			689.19	0.00			689.19	0.00
汽车及冲击力标准 RR	540.84	0.43	540.84	0.43	540.84	0.43	540.84	0.43
汽车及冲击力标准 RL	286.05	-0.43	286.05	-0.43	0.00	-0.43	0.00	-0.43
人群荷载标准值 R	89.84	0.43	89.84	0.43	89.84	0.43	89.84	0.43
人群荷载标准值 L	89.84	-0.43	89.84	-0.43	0.00	-0.43	0.00	-0.43

表 6-2-9

	4号墩双侧布载				4号墩单侧布载			
	柱 顶		柱 底		柱 顶		柱 底	
	N	e	N	e	N	e	N	e
上 部 重 力	5052.85	0.00	5052.85	0.00	5052.85	0.00	5052.85	0.00
盖 梁 重 力	699.60	0.00	699.60	0.00	699.60	0.00	699.60	0.00
墩 柱 重 力			512.47	0.00			512.47	0.00
汽车及冲击力标准 RR	540.84	0.43	540.84	0.43	540.84	0.43	540.84	0.43
汽车及冲击力标准 RL	286.05	-0.43	286.05	-0.43	0.00	-0.43	0.00	-0.43
人群荷载标准值 R	89.84	0.43	89.84	0.43	89.84	0.43	89.84	0.43
人群荷载标准值 L	89.84	-0.43	89.84	-0.43	0.00	-0.43	0.00	-0.43

表 6-2-10

	0、5号台			
	柱 顶		柱 底	
	N	e	N	e
上 部 重 力	2526.43	0.00	2526.43	0.00
盖 梁 重 力	780.00	0.00	780.00	0.00
墩 柱 重 力			424.12	0.00
汽车及冲击力标准 RR	540.84	0.43	540.84	0.43
人群荷载标准值 R	89.84	0.43	89.84	0.43

六、内力汇总(单位:kN、m、kN-m)

表 6-2-11

	1 号 墩 双 侧 布 载									
	柱 顶					柱 底				
	N	e	H	h	M	N	e	H	h	M
上 部 重 力	5052.85	0.00			0.00	5052.85	0.00			0.00
盖 梁 重 力	699.60	0.00			0.00	699.60	0.00			0.00
墩 柱 重 力						600.83	0.00			0.00
温 度			271.63	1.25	339.54			271.63	9.25	2512.58
∑永久作用标准值	5752.45		271.63		339.54	6353.28		271.63		2512.58
分 相 系 数	1.20		1.20		1.20	1.20		1.20		1.20
∑永久作用设计值	6902.94		325.96		407.45	7623.94		325.96		3015.09
汽车及冲击力标准 RR	540.84	0.43			232.56	540.84	0.43			232.56
汽车及冲击力标准 RL	286.05	-0.43			-123.00	286.05	-0.43			-123.00
∑可变作用1标准值	826.89		0.00		109.56	826.89		0.00		109.56
分 相 系 数	1.40		1.40		1.40	1.40		1.40		1.40
∑可变作用1设计值	1157.65		0.00		153.38	1157.65		0.00		153.38
人群荷载标准值 R	89.84	0.43			38.63	89.84	0.43			38.63
人群荷载标准值 L	89.84	-0.43			-38.63	89.84	-0.43			-38.63
制 动 力			25.35	1.25	31.69			25.35	9.25	234.49
∑可变作用2标准值	179.68		25.35		31.69	179.68		25.35		234.49
分 相 系 数	1.40		1.40		1.40	1.40		1.40		1.40
组 合 系 数	0.70		0.70		0.70	0.70		0.70		0.70
∑永久作用设计值	176.09		24.84		31.05	176.09		24.84		229.80
基本组合设计值	8236.67		350.80		591.88	8957.67		350.80		3398.27

表 6-2-12

	1 号 墩 单 侧 布 载									
	柱 顶					柱 底				
	N	e	H	h	M	N	e	H	h	M
上 部 重 力	5052.85	0.00			0.00	5052.85	0.00			0.00
盖 梁 重 力	699.60	0.00			0.00	699.60	0.00			0.00
墩 柱 重 力						600.83	0.00			0.00
温 度			271.63	1.25	339.54			271.63	9.25	2512.58
∑永久作用标准值	5752.45		271.63		339.54	6353.28	0.00	271.63		2512.58
分相系数	1.20		1.20		1.20	1.20		1.20		1.20
∑永久作用设计值	6902.94		325.96		407.45	7623.94		325.96		3015.09
汽车及冲击力标准 RR	540.84	0.43			232.56	540.84	0.43			232.56

续表 6-2-12

	1 号 墩 单 侧 布 载								
	柱 顶					柱 底			
	N	e	H	h	M	N	e	H	h	M
汽车及冲击力标准 RL	0.00	0.43			0.00	0.00	0.43			0.00
∑可变作用 1 标准值	540.84		0.00		232.56	540.84		0.00		232.56
分相系数	1.40		1.40		1.40	1.40		1.40		1.40
∑可变作用 1 设计值	757.18		0.00		325.59	757.18		0.00		325.59
人群荷载标准值 R	89.84	0.43			38.63	89.84	0.43			38.63
人群荷载标准值 L	0.00	0.43			0.00	0.00	0.43			0.00
制 动 力			21.04	1.25	26.30			21.04	9.25	194.62
∑可变作用 2 标准值	89.84		21.04		64.93	89.84		21.04		233.25
分相系数	1.40		1.40		1.40	1.40		1.40		1.40
组合系数	0.70		0.70		0.70	0.70		0.70		0.70
∑永久作用设计值	88.04		20.62		63.63	88.04		20.62		228.59
基本组合设计值	7748.16		346.58		796.66	8469.16		346.58		3569.26

表 6-2-13

	2 号 墩 双 侧 布 载								
	柱 顶					柱 底			
	N	e	H	h	M	N	e	H	h	M
上部重力	5052.85	0.00			0.00	5052.85	0.00			0.00
盖梁重力	699.60	0.00			0.00	699.60	0.00			0.00
墩柱重力						689.19	0.00			0.00
温 度			85.23	1.25	106.54			85.23	10.25	873.61
∑永久作用标准值	5752.45		85.23		106.54	6441.64		85.23		873.61
分相系数	1.20		1.20		1.20	1.20		1.20		1.20
∑永久作用设计值	6902.94		102.28		127.85	7729.97		102.28		1048.33
汽车及冲击力标准 RR	540.84	0.43			232.56	540.84	0.43			232.56
汽车及冲击力标准 RL	286.05	−0.43			−123.00	286.05	−0.43			−123.00
∑可变作用 1 标准值	826.89		0.00		109.56	826.89		0.00		109.56
分相系数	1.40		1.40		1.40	1.40		1.40		1.40
∑可变作用 1 设计值	1157.65		0.00		153.38	1157.65		0.00		153.38
人群荷载标准值 R	89.84	0.43			38.63	89.84	0.43			38.63
人群荷载标准值 L	89.84	−0.43			−38.63	89.84	−0.43			−38.63
制 动 力			22.57	1.25	28.21			22.57	10.25	231.34
∑可变作用 2 标准值	179.68		22.57		28.21	179.68		22.57		231.34
分相系数	1.40		1.40		1.40	1.40		1.40		1.40
组合系数	0.70		0.70		0.70	0.70		0.70		0.70
∑永久作用设计值	176.09		22.12		27.65	176.09		22.12		226.72
基本组合设计值	8236.67		124.39		308.88	9063.70		124.39		1428.43

表 6-2-14

	2 号 墩 单 侧 布 载									
	柱 顶					柱 底				
	N	e	H	h	M	N	e	H	h	M
上部重力	5052.85	0.00			0.00	5052.85	0.00			0.00
盖梁重力	699.60	0.00			0.00	699.60	0.00			0.00
墩柱重力						689.19	0.00			0.00
温　度			85.23	1.25	106.54			85.23	10.25	873.61
∑永久作用标准值	5752.45		85.23		106.54	6441.64	0.00	85.23		873.61
分相系数	1.20		1.20		1.20	1.20		1.20		1.20
∑永久作用设计值	6902.94		102.28		127.85	7729.97		102.28		1048.33
汽车及冲击力标准 RR	540.84	0.43			232.56	540.84	0.43			232.56
汽车及冲击力标准 RL	0.00	0.43			0.00	0.00	0.43			0.00
∑可变作用1标准值	540.84		0.00		232.56	540.84		0.00		232.56
分相系数	1.40		1.40		1.40	1.40		1.40		1.40
∑可变作用1设计值	757.18		0.00		325.59	757.18		0.00		325.59
人群荷载标准值 R	89.84	0.43			38.63	89.84	0.43			38.63
人群荷载标准值 L	0.00	0.43			0.00	0.00	0.43			0.00
制 动 力			18.73	1.25	23.41			18.73	10.25	191.98
∑可变作用2标准值	89.84		18.73		62.04	89.84		18.73		230.61
分相系数	1.40		1.40		1.40	1.40		1.40		1.40
组合系数	0.70		0.70		0.70	0.70		0.70		0.70
∑永久作用设计值	88.04		18.36		60.80	88.04		18.36		226.00
基本组合设计值	7748.16		120.63		514.23	8575.19		120.63		1599.92

表 6-2-15

	4 号 墩 双 侧 布 载									
	柱 顶					柱 底				
	N	e	H	h	M	N	e	H	h	M
上部重力	5052.85	0.00			0.00	5052.85	0.00			0.00
盖梁重力	699.60	0.00			0.00	699.60	0.00			0.00
墩柱重力						512.47	0.00			0.00
温　度			285.50	1.25	356.88			285.50	8.25	2355.38
∑永久作用标准值	5752.45		285.50		356.88	6264.92		285.50		2355.38
分相系数	1.20		1.20		1.20	1.20		1.20		1.20
∑永久作用设计值	6902.94		342.60		428.25	7517.90		342.60		2826.45
汽车及冲击力标准 RR	540.84	0.43			232.56	540.84	0.43			232.56
汽车及冲击力标准 RL	286.05	−0.43			−123.00	286.05	−0.43			−123.00

续表 6-2-15

	4 号 墩 双 侧 布 载									
	柱 顶					柱 底				
	N	e	H	h	M	N	e	H	h	M
∑可变作用1标准值	826.89		0.00		109.56	826.89		0.00		109.56
分相系数	1.40		1.40		1.40	1.40		1.40		1.40
∑可变作用1设计值	1157.65		0.00		153.38	1157.65		0.00		153.38
人群荷载标准值 R	89.84	0.43			38.63	89.84	0.43			38.63
人群荷载标准值 L	89.84	−0.43			−38.63	89.84	−0.43			−38.63
制 动 力			28.27	1.25	35.34			28.27	8.25	233.23
∑可变作用2标准值	179.68		28.27		35.34	179.68		28.27		233.23
分相系数	1.40		1.40		1.40	1.40		1.40		1.40
组合系数	0.70		0.70		0.70	0.70		0.70		0.70
∑永久作用设计值	176.09		27.70		34.63	176.09		27.70		228.56
基本组合设计值	8236.67		370.30		616.26	8851.64		370.30		3208.40

表 6-2-16

	4 号 墩 单 侧 布 载									
	柱 顶					柱 底				
	N	e	H	h	M	N	e	H	h	M
上部重力	5052.85	0.00			0.00	5052.85	0.00			0.00
盖梁重力	699.60	0.00			0.00	699.60	0.00			0.00
墩柱重力						512.47	0.00			0.00
温 度			285.50	1.25	356.88			285.50	8.25	2355.38
∑永久作用标准值	5752.45		285.50		356.88	6264.92	0.00	285.50		2355.38
分相系数	1.20		1.20		1.20	1.20		1.20		1.20
∑永久作用设计值	6902.94		342.60		428.25	7517.90		342.60		2826.45
汽车及冲击力标准 RR	540.84	0.43			232.56	540.84	0.43			232.56
汽车及冲击力标准 RL	0.00	0.43			0.00	0.00	0.43			0.00
∑可变作用1标准值	540.84		0.00		232.56	540.84		0.00		232.56
分相系数	1.40		1.40		1.40	1.40		1.40		1.40
∑可变作用1设计值	757.18		0.00		325.59	757.18		0.00		325.59
人群荷载标准值 R	89.84	0.43			38.63	89.84	0.43			38.63
人群荷载标准值 L	0.00	0.43			0.00	0.00	0.43			0.00
制 动 力			23.46	1.25	29.33			23.46	8.25	193.55
∑可变作用2标准值	89.84		23.46		67.96	89.84		23.46		232.18
分相系数	1.40		1.40		1.40	1.40		1.40		1.40
组合系数	0.70		0.70		0.70	0.70		0.70		0.70
∑永久作用设计值	88.04		22.99		66.60	88.04		22.99		227.53
基本组合设计值	7748.16		365.59		820.43	8363.12		365.59		3379.57

表 6-2-17

	0、5 号 台 向 岸									
	柱 顶					柱 底				
	N	e	H	h	M	N	e	H	h	M
上部重力	2526.43	0.00			0.00	2526.43	0.00			0.00
盖梁重力	780.00	0.00			0.00	780.00	0.00			0.00
墩柱重力						424.12	0.00			0.00
温 度			137.03	1.25	171.29			137.03	7.25	993.47
∑永久作用标准值	3306.43		137.03		171.29	3730.55	0.00	137.03		993.47
分相系数	1.20		1.20		1.20	1.20		1.20		1.20
∑永久作用设计值	3967.71		164.44		205.55	4476.65		164.44		1192.16
汽车及冲击力标准RR	540.84	0.43			232.56	540.84	0.43			232.56
分相系数	1.40		1.40		1.40	1.40		1.40		1.40
∑可变作用1设计值	757.18		0.00		325.59	757.18		0.00		325.59
人群荷载标准值R	89.84	0.43			38.63	89.84	0.43			38.63
制 动 力			14.56	1.25	18.20			14.56	7.25	105.56
∑可变作用2标准值	89.84		14.56		56.83	89.84		14.56		144.19
分相系数	1.40		1.40		1.40	1.40		1.40		1.40
组合系数	0.70		0.70		0.70	0.70		0.70		0.70
∑永久作用设计值	88.04		14.27		55.69	88.04		14.27		141.31
基本组合设计值	4812.93		178.70		586.83	5321.87		178.70		1659.05

表 6-2-18

	0、5 号 台 向 河									
	柱 顶					柱 底				
	N	e	H	h	M	N	e	H	h	M
上部重力	2526.43	0.00			0.00	2526.43	0.00			0.00
盖梁重力	780.00	0.00			0.00	780.00	0.00			0.00
墩柱重力						424.12	0.00			0.00
温 度			151.59	1.25	189.49			151.59	7.25	1099.03
∑永久作用标准值	3306.43		151.59		189.49	3730.55	0.00	151.59		1099.03
分相系数	1.20		1.20		1.20	1.20		1.20		1.20
∑永久作用设计值	3967.71		181.91		227.39	4476.65		181.91		1318.83
汽车及冲击力标准RR	540.84	0.43			232.56	540.84	0.43			232.56
分相系数	1.40		1.40		1.40	1.40		1.40		1.40
∑可变作用1设计值	757.18		0.00		325.59	757.18		0.00		325.59
人群荷载标准值R	89.84	0.43			38.63	89.84	0.43			38.63
制 动 力			0.00	1.25	0.00			0.00	7.25	0.00

续表 6-2-18

	0、5 号 台 向 河									
	柱 顶					柱 底				
	N	e	H	h	M	N	e	H	h	M
∑可变作用2标准值	89.84	0.00			38.63	89.84	0.00			38.63
分相系数	1.40	1.40			1.40	1.40	1.40			1.40
组合系数	0.80	0.80			0.80	0.80	0.80			0.80
∑永久作用设计值	100.62	0.00			43.27	100.62	0.00			43.27
基本组合设计值	4825.51		181.91		596.24	5334.45		181.91		1687.69

表 6-2-19

墩 台 基 本 组 合 设 计 值 汇 总 表

	桥 墩 双 侧 布 载（或桥台向岸）					
	柱 顶			柱 底		
	N	H	M	N	H	M
1号墩	8236.67	350.80	591.88	8957.67	350.80	3398.27
2、3号墩	8236.67	124.39	308.88	9063.70	124.39	1428.43
4号墩	8236.67	370.30	616.26	8851.64	370.30	3208.40
0、5号台	4812.93	178.70	586.83	5321.87	178.70	1659.05
	桥 墩 单 侧 布 载（或桥台向河）					
	柱 顶			柱 底		
	N	H	M	N	H	M
1号墩	7748.16	346.58	796.66	8469.16	346.58	3569.26
2、3号墩	7748.16	120.63	514.23	8575.19	120.63	1599.92
4号墩	7748.16	365.59	820.43	8363.12	365.59	3379.57
0、5号台	4825.51	181.91	596.24	5334.45	181.91	1687.69

第四节　空心墩的计算特点

空心墩属于空间板壳结构，受力与实体墩有所不同。因此，除一般重力墩的计算内容外，还需要对一些特别项目进行验算。

1. 空心墩的强度和稳定验算

在强度验算中，按钢筋混凝土偏心受压构件验算混凝土、钢筋的强度及整体稳定性。此外，还应考虑在温度变化时，墩壁内、外温差和太阳直接辐射作用下的温度应力，以及空心墩与顶帽及基础连接处由于边界干扰而产生的局部应力。此局部应力包括局部的纵向（墩轴方向）应力和环向应力，可用薄壳公式计算。

2. 墩顶位移计算

在验算墩顶位移时，应计入温差产生的位移值。空心墩墩顶位移，应包括由于外力如离心力、制动力、偏心作用的竖向力等引起的水平位移；日照作用下，向阳面与背阳面温差引起的位移以及由地基不均匀沉降产生的墩顶位移。

3. 墩壁的局部稳定验算

空心墩的局部稳定与桥墩壁厚及其是否设置横隔板有关。对圆柱形、圆锥形和矩形空心墩混凝土的模型试验和理论分析的结果表明：空心墩的局部稳定可按板壳空间结构模型进行分析，而且局部失稳均发生在弹塑性范围内。同时，根据薄板、薄壳稳定理论，圆柱壳和矩形薄板在偏心受压、横弯和纯弯荷载作用下，局部失稳时的临界应力均比中心受压的临界应力稍高。因此，可以近似地取中心受压的弹塑性临界应力。理论上分析和试验结果表明：为保证墩壁的局部稳定，最小壁厚应满足：对圆形墩，$t \geqslant (1/10 \sim 1/15)R$；对矩形墩，$t \geqslant (1/10 \sim 1/15)b$。

4. 温度应力计算

在日照作用下，钢筋混凝土桥墩向阳壁的表面温度因太阳光辐射而急剧升高，背阳面温度随着气温变化而缓慢变化，两者间产生较大的温差；当向阳壁表面温度达到最高温度时，由于钢筋混凝土热传导性能很差，形成箱形桥墩内外壁表面温差；在北方地区的骤然降温等，桥墩中将因温度变化产生相当大的温度应力，在某种情况下，可与恒、活载产生的应力属同一数量级。

为此，对空心墩需进行温度应力的计算；温度沿截面的分布以向阳面为基线，随距离的增大而迅速地减小，并按指数函数规律变化。计算中还需考虑桥墩受上部结构及基础的约束作用。

5. 空心墩帽计算

空心墩帽是周边支承的厚板，除满足构造要求外，还应通过计算确定墩帽高度。如果墩帽的刚度不够，它的弯曲变形将会对空心墩壁产生附加弯矩，并使空心墩颈口处压弯破坏。因此，一般应从刚度来确定墩帽高度。

6. 考虑振动，验算墩身的自振周期

空心高墩应特别注意风力和地震力的作用，应考虑风振的影响，并计算其自振周期。空心高墩自振周期的计算方法，可参考《结构力学》中有关部分，把高墩视为悬臂梁来考虑。

本章小结

1. 重力式桥墩计算包括截面强度验算，桥墩的稳定性验算，墩顶水平位移验算，基础底面土的承载力和偏心距的验算。
2. 桩柱式桥墩计算包括盖梁计算和柱身计算。

思考题

1. 梁桥重力墩要验算哪些内容？
2. 梁桥桩柱式桥墩的桩身计算有什么特点？

第三章 桥台计算

第一节 重力式桥台的计算

一、作用于桥台上的作用

桥台的计算荷载与桥墩的荷载计算基本相同（见本篇第二章第一节内容），只是在永久作用中需要计入台后填土对台身的土侧压力。在工程设计中，一般都将它按主动土压力计算，其大小与压实程度有关。

二、荷载布置及组合（只考虑顺桥向）

(1)在桥跨结构上布置汽车荷载，温度下降，制动力向桥孔方向，并考虑台后土侧压力，见图 6-3-1a；

(2)在后台破坏棱体上布置汽车荷载，温度下降，并考虑台后土侧压力，见图 6-3-1b；

(3)在桥跨结构和台后破坏棱体上均布置汽车荷载（当桥台尺寸较大时，还要考虑在桥跨结构上、台后破坏棱体上和桥台上同时布置活载的情况），温度下降，制动力向桥孔方向，并考虑台后土侧压力，见图 6-3-1c。

一般重力式桥台以第 2 种和第 3 种组合控制设计，但需根据具体情况进行分析比较后才能确定。

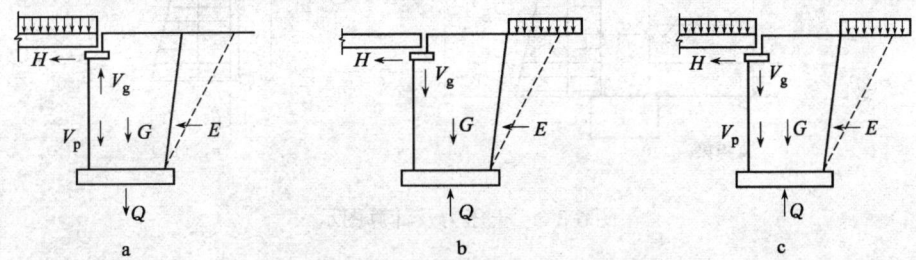

图 6-3-1 作用在梁桥桥台上的荷载

三、桥台强度、偏心和稳定性验算

桥台台身强度、地基承载力、偏心以及桥台稳定性验算与桥墩相同。如果 U 型桥台两侧墙宽度不小于同一水平截面前墙全长的 0.4 倍时，桥台台身截面强度验算应把前墙和侧墙作为整体考虑其受力；否则，台身前墙应按独立的挡土墙进行验算。

第二节 设有支撑梁的轻型桥台的计算特点

前面介绍了设有支撑梁的梁桥薄壁轻型桥台的受力特点，它是利用桥跨结构和底部支撑梁作为桥台与桥台或者桥台与桥墩之间的支撑，以防止桥台受路堤的土侧压力而向河心方向

移动,从而使得结构构成为四铰框架的受力体系。因此,对于这类桥台(例如一字形桥台)的计算主要包括三项内容:

一、桥台作为竖梁时的强度计算

通常取单位桥台宽度进行验算,其步骤为:

1. 验算截面处的竖直力 N

它包括以下三项:

(1)桥跨结构恒载在单位宽度桥台上的支点反力 N_1;
(2)单位宽度台帽的自重 N_2;
(3)验算截面以上单位宽度台身的自重 N_3。

于是
$$N = N_1 + N_2 + N_3$$

2. 土压力计算

计算土压力时,对桥台最不利的荷载组合是桥上无车辆荷载,台背填土破坏棱体上有车辆荷载。其荷载分布示于图6-3-2。

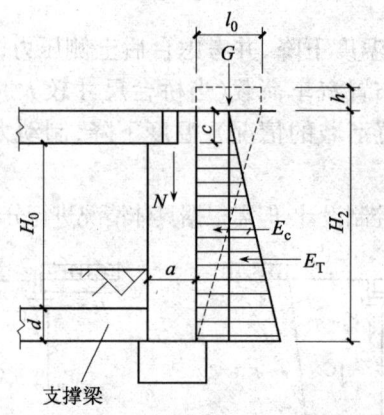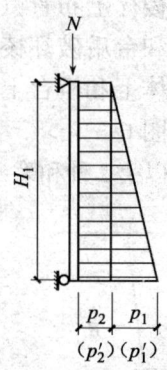

图 6-3-2　土压力及计算图示

(1)由填土本身引起的单位台宽土压力 E_T:

它呈三角形分布,其计算公式为:

$$E_T = \frac{1}{2} \gamma H_2^2 \tan^2\left(45° - \frac{\varphi}{2}\right) \tag{6-3-1}$$

(2)由车辆荷载引起的单位台宽土压力 E_c:

它呈均匀分布,其计算公式为:

$$E_c = \gamma \cdot H_2 h \cdot \tan^2\left(45° - \frac{\varphi}{2}\right) \tag{6-3-2}$$

(3)单位台宽的总土压力 E:

$$E = E_T + E_c \tag{6-3-3}$$

(4)等代土层厚度 h：

$$h = \frac{\sum G}{Bl_0 \gamma} \tag{6-3-4}$$

式中：γ——台后填土容重；

φ——土的摩擦角；

$\sum G$——布置在 $B \times l_0$ 面积内的车轮荷载；

B——桥台计算宽度；

l_0——台后填土的破坏棱体长度。

$$l_0 = H_2 \tan\left(45° - \frac{\varphi}{2}\right) \tag{6-3-5}$$

3．台身内力计算

(1)计算图式：

如图 6-3-2 所示，台身按上下铰接的简支梁计算。对于有台背的桥台，因上部构造和台背间的缝隙已用砂浆或小石子混凝土填实，保证了有牢靠的支撑作用。因此，台身受弯的计算跨径为：

$$H_1 = H_0 + \frac{1}{2}d + \frac{1}{2}c \tag{6-3-6}$$

式中：H_0——桥跨结构与支撑梁间的净距；

d——支撑梁的高度；

c——桥台背墙的高度。

计算受剪时，计算跨径取 H_0。

(2)内力计算：

在计算截面弯矩 M 时，轴力 N 的影响可忽略不计，仅在强度验算中考虑。对于跨中截面的弯矩为：

$$M = \frac{1}{8}P_2 H_1^2 + \frac{1}{16}P_1 H_1^2 \tag{6-3-7}$$

台帽顶部截面的剪力为：

$$Q = \frac{1}{2}P_2' H_0 + \frac{1}{6}P_1' H_0 \tag{6-3-8}$$

支撑梁顶面处的剪力为：

$$Q = \frac{1}{2}P_2' H_0 + \frac{1}{3}P_1' H_0 \tag{6-3-9}$$

式中：P_1、P_2——受弯计算跨径 H_1 处的土压力强度；

P_1'、P_2'——受剪计算跨径 H_0 处的土压力强度。

4．截面强度验算

按《桥规》(JTGD 62—2004)有关公式进行跨中截面的抗压强度和支点截面的抗剪强度验算。

二、桥台在本平面内的弯曲验算

轻型桥台是一较长的平直薄墙,在竖向荷载作用下,本身平面内发生弯曲,弯曲的程度与地基的变形系数 a 有关,见图 6-3-3。

当桥台长度 $L>4/a$ 时,可把桥台视为支承在弹性地基上的无限长梁计算;当 $L<1.2/a$ 时,可把桥台视为支承在弹性地基上的刚性梁计算(即不考虑桥台在本身平面内发生弯曲);当 $4/a>L>1.2/a$ 时,则把桥台当作支承在弹性地基上的短梁计算。在一般情况下,轻型桥台的长度大多处于 $4/a$ 和 $1.2/a$ 之间,因此,这里仅介绍按短梁计算的公式。

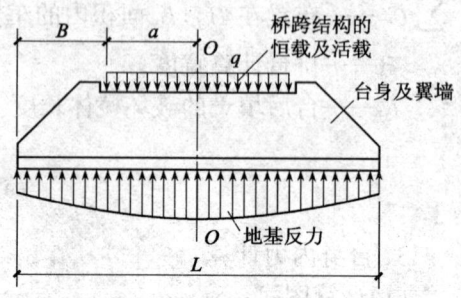

图 6-3-3 桥台受力图示

设梁上作用着一段对称的均布荷载,梁的最大弯矩产生在中点部位,其计算公式为:

$$M_{1/2} = \frac{q}{2\beta^2}\left[\frac{ch\beta l - 1}{sh\beta l + \sin\beta l}ch\beta a\sin\beta a + \frac{1-\cos\beta l}{sh\beta l + \sin\beta l}sh\beta a\cos\beta a - sh\beta a\sin\beta a\right]$$

(6-3-10)

式中:l——基础长度;

a——桥台中心线至分布荷载边缘的距离;

β——特征系数,其公式为:

$$\beta = \sqrt[4]{\frac{k}{4EI}}$$

其中,k——土的弹性抗力系数,若无试验资料时,可按规范或手册采用;

E、I——桥台的弹性模量和截面惯性矩。

三、基底应力验算

桥台的基底应力为桥台本身自重引起的应力和桥跨结构的恒载及活载引起的应力之和。桥台自重引起的基地应力可按台墙因自重不致发生弯曲的假定计算,见图 6-3-4。荷载引起的基底最大应力可按下式求得。

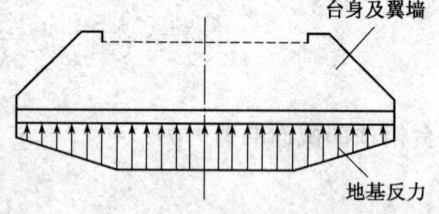

图 6-3-4 桥台自重引起的基础应力分布图

$$\sigma = \frac{q}{b}\left[\frac{ch\beta l + 1}{sh\beta l + \sin\beta l}sh\beta a\cos\beta a + \frac{1+\cos\beta l}{sh\beta l + \sin\beta l}ch\beta a\cos\beta a + 1 - ch\beta a\cos\beta a\right]$$

(6-3-11)

式中的 b 为基础宽度,其余符号同前。

本章小结

梁桥轻型桥台的计算包括桥台作为竖梁时的强度计算,桥台在本身平面内的弯曲验算和基底应力验算。

思考题

1. 有底支撑梁的梁桥轻型桥台可按什么样的结构体系计算,其计算包括哪些内容?
2. 梁桥桩柱式墩的盖梁如何考虑?
3. 叙述梁桥桥台顺桥向的荷载布置方式。

附录1 铰接板荷载横向分布影响线竖标表

说明:

1. 本表适用于横向铰接的梁或板,各片梁或板的截面是相同的;
2. 表头的两个数字表示所要查的梁或板号,其中第一个数目表示该梁或板是属于心片梁或板铰接而成的体系,第二个数目表示该让梁或板在这个体系中自左而右的序号;
3. 横向分布影响线竖标以 η_{ij} 表示,第一个脚标 i 表示所要求的梁或板号,第二个脚标 j 表示受单位荷载作用的那片梁或板号,表中 η_{ij} 下的数字前者表示 i,后者表示 j, η_{ij} 的竖标应绘在梁或板的中轴线处;
4. 表中的 η_{ij} 值为小数点后的三位数字,例如331即为0.331,006即为0.006;
5. 表值按弯矩参数 γ 给出

$$\gamma = 5.8 \frac{I}{I_T}\left(\frac{b}{l}\right)^2$$

式中: l——计算跨径;
　　　b——一片梁或板的宽度;
　　　I——梁或板的抗弯惯矩;
　　　I_T——梁或板的抗扭惯矩。

3-1 铰接板

γ	η_{ij}			γ	η_{ij}			γ	η_{ij}		
	11	12	13		11	12	13		11	12	13
0.00	333	333	333	0.08	434	325	241	0.40	626	294	080
0.01	348	332	319	0.10	454	323	223	0.60	683	278	040
0.02	363	331	306	0.15	496	317	186	1.00	750	250	000
0.04	389	329	282	0.20	531	313	156	2.00	829	200	−029
0.06	413	327	260	0.30	585	303	112				

3-2 铰接板

γ	η_{ij}			γ	η_{ij}			γ	η_{ij}		
	21	22	23		21	22	23		21	22	23
0.00	333	333	333	0.008	325	351	325	0.40	294	412	294
0.01	332	336	332	0.10	323	355	323	0.60	278	444	278
0.02	331	338	331	0.15	317	365	317	1.00	250	500	250
0.04	329	342	329	0.20	313	375	313	2.00	200	600	200
0.06	327	346	327	0.30	303	394	303				

4-1 铰 接 板

γ	η_{ij}				γ	η_{ij}			
	11	12	13	14		11	12	13	14
0.00	250	250	250	250	0.15	484	295	139	082
0.01	276	257	238	229	0.20	524	298	119	060
0.02	300	263	227	210	0.30	583	296	089	033
0.04	341	273	208	178	0.40	625	291	066	018
0.06	375	280	192	153	0.60	682	277	035	005
0.08	405	285	178	132	1.00	750	250	000	000
0.10	431	289	165	114	2.00	828	201	−034	005

4-2 铰 接 板

γ	η_{ij}				γ	η_{ij}			
	21	22	23	24		21	22	23	24
0.00	250	250	250	250	0.15	295	327	238	139
0.01	257	257	248	238	0.20	298	345	238	119
0.02	263	264	246	227	0.30	296	375	240	089
0.04	273	276	243	208	0.40	291	400	243	066
0.06	280	287	241	192	0.60	277	441	247	035
0.08	285	298	239	178	1.00	250	500	250	000
0.10	289	307	239	165	2.00	201	593	240	−034

5-1 铰 接 板

γ	η_{ij}					γ	η_{ij}				
	11	12	13	14	15		11	12	13	14	15
0.00	200	200	200	200	200	0.15	481	291	130	061	036
0.01	237	216	194	180	173	0.20	523	295	114	045	023
0.02	269	229	188	163	151	0.30	583	296	087	026	010
0.04	321	249	178	136	116	0.40	625	291	066	015	004
0.06	362	263	168	115	192	0.60	682	277	035	004	001
0.08	396	273	158	099	073	1.00	750	250	000	000	000
0.10	425	281	150	085	059	2.00	828	201	−034	006	−001

5-2 铰 接 板

γ	η_{ij}					γ	η_{ij}				
	21	22	23	24	25		21	22	23	24	25
0.00	200	200	200	200	200	0.15	291	320	222	105	061
0.01	216	215	202	187	180	0.20	295	341	227	091	045
0.02	229	228	204	176	163	0.30	296	374	235	070	026

续表 5-2

γ	η_{ij}					γ	η_{ij}				
	21	22	23	24	25		21	22	23	24	25
0.04	249	249	207	158	136	0.40	291	399	240	055	015
0.06	263	267	211	144	115	0.60	277	440	246	031	004
0.08	273	281	214	133	099	1.00	250	500	250	000	000
0.10	281	294	216	123	085	2.00	201	593	241	−041	006

5-3 铰 接 板

γ	η_{ij}					γ	η_{ij}				
	31	32	33	34	35		31	32	33	34	35
0.00	200	200	200	200	200	0.15	130	222	295	222	130
0.01	194	202	208	202	194	0.20	114	227	318	227	114
0.02	188	204	215	204	188	0.30	087	235	357	235	087
0.04	178	207	230	207	178	0.40	066	240	389	240	066
0.06	168	211	243	211	168	0.60	035	246	437	246	035
0.08	158	214	256	214	158	1.00	000	250	500	250	000
0.10	150	216	268	216	150	2.00	−034	241	586	241	−034

6-1 铰 接 板

γ	η_{ij}						γ	η_{ij}					
	11	12	13	14	15	16		11	12	13	14	15	16
0.00	167	167	167	167	167	167	0.15	481	290	129	058	027	016
0.01	214	192	168	151	140	135	0.20	523	295	113	043	010	009
0.02	252	212	168	138	119	110	0.30	583	295	086	025	008	003
0.04	312	239	165	117	090	077	0.40	625	291	065	015	003	001
0.06	358	257	159	101	069	055	0.60	682	277	035	004	001	000
0.08	394	270	152	088	055	041	1.00	750	250	000	000	000	000
0.10	423	278	146	078	044	031	2.00	828	201	−034	006	−001	009

6-2 铰 接 板

γ	η_{ij}						γ	η_{ij}					
	21	22	23	24	25	26		21	22	23	24	25	26
0.00	167	167	167	167	167	167	0.15	290	319	219	008	046	027
0.01	192	190	175	157	146	140	0.20	295	340	226	087	035	017
0.02	212	209	182	149	129	119	0.30	295	373	234	069	021	008
0.04	239	238	196	137	105	090	0.40	291	399	240	054	012	003
0.06	257	059	200	127	087	069	0.60	277	440	246	031	004	001
0.08	270	276	206	119	074	055	1.00	250	500	250	000	000	000
0.10	278	291	210	112	064	044	2.00	201	593	241	−041	007	−001

6-3 铰接板

γ	η_{ij}						γ	η_{ij}					
	31	32	33	34	35	36		31	32	33	34	35	36
0.00	167	167	167	167	167	167	0.15	129	219	288	208	098	058
0.01	168	175	179	170	157	151	0.20	113	226	314	217	087	043
0.02	168	182	190	173	149	138	0.30	086	234	356	230	069	025
0.04	165	192	210	179	137	117	0.40	065	240	388	238	054	015
0.06	159	200	227	186	127	101	0.60	035	246	437	246	031	004
0.08	152	206	243	191	119	088	1.00	000	250	500	250	000	000
0.10	146	210	257	197	112	078	2.00	−034	241	586	243	−041	006

7-1 铰接板

γ	η_{ij}							γ	η_{ij}						
	11	12	13	14	15	16	17		11	12	13	14	15	16	17
0.00	143	143	143	143	143	143	143	0.15	480	290	128	057	025	012	007
0.01	200	177	152	133	120	111	107	0.20	523	295	113	043	017	007	003
0.02	244	202	157	125	102	088	082	0.30	583	295	086	025	007	002	001
0.04	309	235	159	109	078	059	051	0.40	625	291	065	015	003	001	000
0.06	356	255	156	096	061	042	034	0.60	682	277	035	004	001	000	000
0.08	293	268	151	085	049	031	023	1.00	750	250	000	000	000	000	000
0.10	423	278	144	076	040	023	016	2.00	828	201	−034	006	−001	000	000

7-2 铰接板

γ	η_{ij}							γ	η_{ij}						
	21	22	23	24	25	26	27		21	22	23	24	25	26	27
0.00	143	143	143	143	143	143	143	0.15	290	318	219	097	043	020	012
0.01	177	175	158	139	125	115	111	0.20	295	340	225	086	033	013	07
0.02	202	198	170	135	111	096	088	0.30	295	373	234	068	020	006	002
0.04	235	232	185	127	091	069	059	0.40	291	399	240	054	012	003	001
0.06	255	256	196	121	077	053	042	0.60	277	440	246	031	004	001	000
0.08	268	275	203	115	067	041	031	1.00	250	500	250	000	000	000	000
0.10	278	290	209	109	058	033	023	2.00	201	593	241	−041	007	−001	000

7-3 铰接板

γ	η_{ij}							γ	η_{ij}						
	31	32	33	34	35	36	37		31	32	33	34	35	36	37
0.00	143	143	143	143	143	143	143	0.15	128	219	287	205	092	043	025
0.01	152	158	161	150	134	125	120	0.20	113	225	314	216	083	033	017
0.02	157	170	176	156	128	111	102	0.30	086	234	356	229	067	020	007

续表 7-3

γ	η_{ij}							γ	η_{ij}						
	31	32	33	34	35	36	37		31	32	33	34	35	36	37
0.04	159	185	201	167	119	091	078	0.40	065	240	388	237	053	012	003
0.06	156	196	222	176	112	07	061	0.60	035	246	437	246	031	004	001
0.08	151	203	239	184	107	067	049	1.00	000	250	500	250	000	000	000
0.10	144	209	255	191	102	058	040	2.00	−034	241	586	243	−042	007	−001

7-4 铰 接 板

γ	η_{ij}							γ	η_{ij}						
	41	42	43	44	45	46	47		41	42	43	44	45	46	47
0.00	143	143	143	143	143	143	143	0.15	057	097	205	282	205	097	057
0.01	133	139	150	157	150	139	133	0.20	043	086	216	310	216	086	043
0.02	125	135	156	169	156	135	125	0.30	025	068	229	354	229	068	025
0.04	109	127	167	193	167	27	109	0.40	015	054	237	387	237	54	015
0.06	096	121	176	213	176	121	096	0.60	004	031	246	436	246	031	004
0.08	085	115	184	231	184	115	185	1.00	000	000	250	500	250	000	000
0.10	076	109	191	248	191	109	076	2.00	006	−041	243	586	243	−041	006

8-1 铰 接 板

γ	η_{ij}							
	11	12	13	14	15	16	17	18
0.00	125	125	125	125	125	125	125	15
0.01	191	168	142	122	107	096	089	085
0.02	239	197	151	117	093	076	066	061
0.04	307	233	156	106	073	052	040	034
0.06	355	254	155	094	058	037	025	020
0.08	392	268	150	084	048	028	017	013
0.10	423	277	144	075	039	021	012	008
0.15	480	290	128	057	025	011	005	003
0.20	523	295	113	043	016	006	003	001
0.30	583	295	086	025	007	002	001	000
0.40	625	291	065	015	003	001	000	000
0.60	682	277	035	004	001	000	000	000
1.00	750	250	000	000	000	000	000	000
2.00	828	201	−034	006	−001	000	000	000

8-2 铰 接 板

γ	η_{ij}							
	21	22	23	24	25	26	27	28
0.00	125	125	125	125	125	125	125	125
0.01	168	165	148	127	111	100	092	089
0.02	197	193	163	127	101	183	071	066
0.04	233	230	182	123	085	060	046	040
0.06	254	255	194	119	073	047	032	025
0.08	268	274	202	113	064	037	023	017
0.10	277	290	208	108	057	030	017	012
0.15	290	318	219	097	043	019	009	005
0.20	295	340	225	086	033	013	006	003
0.30	295	373	234	068	020	006	002	001
0.40	291	399	240	054	012	003	001	000
0.60	277	440	246	031	004	001	000	000
1.00	250	500	250	000	000	000	000	000
2.00	201	593	241	−041	007	−001	000	000

8-3 铰 接 板

γ	η_{ij}							
	31	32	33	34	35	36	37	38
0.00	125	125	125	125	125	125	125	125
0.01	142	148	150	137	120	108	100	096
0.02	151	163	168	147	116	096	083	076
0.04	156	182	197	162	111	079	060	052
0.06	155	194	219	173	107	068	047	037
0.08	150	202	238	182	103	060	037	028
0.10	144	208	254	190	099	053	030	021
0.15	128	219	287	205	091	041	019	011
0.20	113	225	314	215	82	032	013	006
0.30	086	234	356	229	067	020	006	002
0.40	065	240	388	237	053	012	003	001
0.60	035	246	437	246	031	004	001	000
1.00	000	250	50	250	000	000	000	000
2.00	−034	241	586	243	−042	007	−001	000

8-4 铰接板

γ	η_{ij}							
	41	42	43	44	45	46	47	48
0.00	125	125	125	125	125	125	125	125
0.01	122	127	137	143	134	120	111	107
0.02	117	127	147	158	142	116	101	093
0.04	106	123	162	185	156	111	085	073
0.06	094	119	173	208	168	107	073	058
0.08	084	113	182	227	178	103	064	048
0.10	075	108	190	245	186	099	057	039
0.15	057	097	205	281	203	091	043	025
0.20	043	086	215	310	214	082	033	016
0.30	025	068	229	354	229	067	020	007
0.40	015	054	237	387	237	053	012	003
0.60	004	031	246	436	246	031	004	001
1.00	000	000	250	500	250	000	000	000
2.00	006	−041	243	586	243	−042	007	−001

9-1 铰接板

γ	η_{ij}							
	11	12	13	14	15	16	17	18	19
0.00	111	111	111	111	111	111	111	111	111
0.01	185	162	136	115	098	086	77	072	069
0.02	236	194	147	113	088	070	057	049	046
0.04	306	232	155	104	070	048	035	026	023
0.06	355	254	154	094	057	035	023	015	012
0.08	392	268	150	084	047	027	015	010	007
0.10	423	277	144	075	039	020	011	006	004
0.15	480	290	128	057	025	011	005	002	001
0.20	523	295	113	043	016	006	002	001	000
0.30	583	295	086	025	007	002	001	000	000
0.40	625	291	065	012	003	001	000	000	000
0.60	682	277	035	004	001	000	000	000	000
1.00	750	250	000	000	000	000	000	000	000
2.00	828	201	−034	006	−001	000	000	000	000

9-2 铰 接 板

γ	η_{ij}								
	21	22	23	24	25	26	27	28	29
0.00	111	111	111	111	111	111	111	111	111
0.01	162	158	141	119	102	090	081	075	072
0.02	194	189	160	122	095	075	062	053	049
0.04	232	229	181	121	182	157	040	031	026
0.06	254	255	194	118	072	044	028	019	015
0.08	268	274	202	113	063	036	021	013	010
0.10	277	290	208	108	056	029	016	009	006
0.15	290	318	219	097	043	019	008	004	002
0.20	295	340	225	086	033	013	005	002	001
0.30	295	373	234	068	020	006	002	001	000
0.40	291	399	240	054	012	033	001	000	000
0.60	277	440	246	031	004	001	000	000	000
1.00	250	500	250	000	000	000	000	000	000
2.00	201	593	241	−041	007	−001	000	000	000

9-3 铰 接 板

γ	η_{ij}								
	31	32	33	34	35	36	37	38	39
0.00	111	111	111	111	111	111	111	111	111
0.01	136	141	142	129	111	097	087	081	077
0.02	147	160	164	141	110	087	072	062	057
0.04	155	181	195	159	108	074	053	040	035
0.06	154	194	219	172	105	065	041	028	023
0.08	150	202	237	182	102	058	033	021	015
0.10	144	208	254	190	099	052	028	016	011
0.15	128	219	287	205	090	040	018	008	005
0.20	113	225	314	215	082	031	012	005	002
0.30	086	234	356	229	067	020	006	002	001
0.40	065	240	388	237	053	012	003	001	000
0.60	035	246	431	246	031	004	001	000	000
1.00	000	250	500	250	000	000	000	000	000
2.00	−034	240	586	243	−042	007	−001	000	000

9-4 铰接板

γ	η_{ij}								
	41	42	43	44	45	46	47	48	49
0.00	111	111	111	111	111	111	111	111	111
0.01	115	119	129	133	123	108	097	090	086
0.02	113	122	141	152	134	106	087	075	070
0.04	104	121	159	182	151	104	074	057	048
0.06	094	118	172	206	165	102	065	044	035
0.08	084	113	182	226	176	099	058	036	027
0.10	075	108	190	244	185	097	052	029	020
0.15	057	097	205	281	202	089	040	019	011
0.20	043	086	215	310	214	082	031	013	006
0.30	025	068	229	354	229	067	020	006	002
0.40	015	054	237	387	237	053	012	003	001
0.60	004	031	246	436	246	031	004	001	000
1.00	000	000	250	500	250	000	000	000	000
2.00	006	−041	243	586	243	−042	007	−001	000

9-5 铰接板

γ	η_{ij}								
	51	52	53	54	55	56	57	58	59
0.00	111	111	111	111	111	111	111	111	111
0.01	098	102	111	123	131	123	111	102	098
0.02	088	095	110	134	148	134	110	095	088
0.04	070	082	108	151	178	151	108	082	070
0.06	057	072	105	165	203	165	105	072	057
0.08	047	063	102	176	224	176	102	063	047
0.10	039	056	099	85	242	85	099	056	039
0.15	025	043	090	202	280	202	090	043	025
0.20	016	033	082	214	309	214	082	033	016
0.30	007	020	067	229	354	229	067	020	007
0.40	003	012	053	237	387	237	053	012	003
0.60	001	004	031	246	436	246	031	004	001
1.00	000	000	000	250	500	250	000	000	000
2.00	−001	007	−042	243	586	243	−042	007	−001

10-1 铰接板

γ	η_{ij}									
	11	12	13	14	15	16	17	18	19	1.10
0.00	100	100	100	100	100	100	100	100	100	100
0.01	181	158	131	110	093	080	070	063	058	056
0.02	234	192	146	111	085	066	052	043	037	034
0.04	306	232	155	103	069	047	032	023	018	015
0.06	355	254	154	094	057	035	021	014	009	007
0.08	392	268	150	084	047	027	015	009	005	004
0.10	423	277	144	075	039	020	011	006	003	002
0.15	480	290	128	057	025	011	005	002	001	001
0.20	523	295	113	043	016	006	002	001	000	000
0.30	583	295	086	025	007	002	001	000	000	000
0.40	625	291	065	012	003	001	000	000	000	000
0.60	682	277	035	004	001	000	000	000	000	000
1.00	750	250	000	000	000	000	000	000	000	000
2.00	828	201	−034	006	−001	000	000	000	000	000

10-2 铰接板

γ	η_{ij}									
	21	22	23	24	25	26	27	28	29	2.10
0.00	100	100	100	100	100	100	100	100	100	100
0.01	158	154	137	114	097	083	073	065	060	058
0.02	192	188	157	120	092	071	056	046	040	037
0.04	232	229	181	121	082	055	038	027	020	018
0.06	254	255	194	118	072	044	027	017	012	009
0.08	268	274	202	113	063	035	020	012	007	005
0.10	277	290	208	108	056	029	015	008	005	003
0.15	290	318	219	097	043	019	008	004	002	001
0.20	295	340	225	086	033	013	005	002	001	000
0.30	295	373	234	068	020	006	002	001	000	000
0.40	291	399	240	054	012	003	001	000	000	000
0.60	277	440	246	031	004	001	000	000	000	000
1.00	250	500	250	000	000	000	000	000	000	000
2.00	201	593	241	−041	007	−001	000	000	000	000

10-3 铰接板

γ	η_{ij}									
	31	32	33	34	35	36	37	38	39	3.10
0.00	100	100	100	100	100	100	100	100	100	100
0.01	131	137	137	123	104	090	078	070	065	063
0.02	146	157	162	138	106	082	065	054	046	043
0.04	155	181	195	158	106	072	049	035	027	023
0.06	154	193	218	171	104	064	039	025	017	014
0.08	150	202	237	181	101	057	032	019	012	09
0.10	144	208	254	189	098	051	027	014	008	006
0.15	128	219	287	205	090	040	018	008	004	002
0.20	113	325	314	215	082	031	012	005	002	001
0.30	086	234	356	229	067	020	006	002	001	000
0.40	065	240	388	237	053	012	003	001	000	000
0.60	035	246	431	246	031	004	001	000	000	000
1.00	000	250	500	250	000	000	000	000	000	000
2.00	−034	241	586	243	−042	007	−001	000	000	000

10-4 铰接板

γ	η_{ij}									
	41	42	43	44	45	46	47	48	49	4.10
0.00	100	100	100	100	100	100	100	100	100	100
0.01	110	114	123	127	116	100	087	078	073	070
0.02	111	120	138	148	129	100	080	065	056	052
0.04	103	121	158	180	149	101	069	049	038	032
0.06	094	117	171	205	163	100	062	039	027	021
0.08	084	113	181	226	175	098	056	032	020	015
0.10	075	108	189	244	185	096	050	027	015	005
0.15	057	097	205	281	202	089	040	018	008	002
0.20	043	086	215	310	214	082	031	012	005	001
0.30	025	068	229	354	229	067	020	006	002	000
0.40	015	054	237	387	237	053	012	003	001	000
0.60	004	031	246	436	246	031	004	001	000	000
1.00	000	000	250	500	250	000	000	000	000	000
2.00	006	−041	243	586	243	−042	007	−001	000	000

10-5 铰 接 板

γ	η_{ij}									
	51	52	53	54	55	56	57	58	59	5.10
0.00	100	100	100	100	100	100	100	100	100	100
0.01	093	097	104	116	123	114	100	090	083	080
0.02	085	092	106	029	142	126	100	082	071	066
0.04	069	081	106	149	175	146	101	072	055	047
0.06	057	071	104	163	201	162	100	064	044	035
0.08	047	063	101	175	223	174	098	057	035	026
0.10	039	056	098	185	241	184	096	051	029	020
0.15	025	043	090	202	280	201	089	040	019	011
0.20	016	033	082	214	309	214	082	031	013	006
0.30	007	020	067	229	354	229	067	020	006	002
0.40	003	012	053	237	387	237	053	012	003	001
0.60	001	004	031	246	436	246	031	004	001	000
1.00	000	000	000	250	500	250	000	000	000	000
2.00	−001	007	−042	243	586	243	−042	007	−001	000

参考文献

1. 交通部. 公路桥涵设计通用规范(JTGD 60—2004). 北京:人民交能出版社,1989
2. 交通部. 公路钢筋混凝土及预应力混凝土桥涵设计规范(JTG 062—2004). 北京:人民交通出版社,2004
3. 交通部. 公路砖石及混凝土桥涵设计规范(JTJ 022—85). 北京:人民交通出版社,1985
4. 交通部. 公路桥涵钢结构及木结构设计规范(JTJ 025—86). 北京:人民交能出版社,1986
5. 交通部. 公路桥涵地基与基础设计规范(JTJ 024—85). 北京:人民交通出版社,1985
6. 交通部. 高速公路交通安全设施设计及施工技术规范(JTJ 074—94),北京:人民交通出版社,1994
7. 交通部. 公路排水设计规范(JTJ 018—97). 北京:人民交通出版社,1998
8. 交通部. 公路桥涵施工技术规范(JTJ 041—2000). 北京:人民交通出版社,2000
9. 建设部. 城市桥梁设计准则(JTJ 11—93). 北京:中国建筑工业出版社,1993
10. 建设部. 城市道路照明设计标准(JTJ 45—91). 北京:中国建筑工业出版社,1991
11. 毛瑞祥,程翔云. 公路桥涵设计手册—基本资料. 北京:人民交通出版社,1995
12. 徐光辉,胡明义. 公路桥涵设计手册—梁桥(上册). 北京:人民交通出版社,1996
13. 刘效尧,赵立成. 公路桥涵设计手册—梁桥(下册). 北京:人民交通出版社,2000
14. 顾懋清,石绍甫. 公路桥涵设计手册—拱桥(上册). 北京:人民交通出版社,1997
15. 顾安邦,孙国柱. 公路桥涵设计手册—拱桥(下册). 北京:人民交通出版社,1997
16. 江祖铭,王崇礼. 公路桥涵设计手册—墩台与基础. 北京:人民交通出版社,1997
17. 金吉寅等. 公路桥涵设计手册—桥梁附属构造与支座. 北京:人民交通出版社,1999
18. 交通部第一公路工程局. 公路施工手册(桥涵). 北京:人民交通出版社,1993
19. 姚玲森. 桥梁工程(公路与城市道路工程专业用). 北京:人民交通出版社,1985
20. 范立础. 桥梁工程(上、下册)(桥梁工程专业用)第二版. 北京:人民交通出版社,1993
21. 范立础. 桥梁工程(上),高等学校教材(土木工程专业用). 北京:人民交通出版社,2001
22. 顾安邦. 桥梁工程(下),高等学校教材(土木工程专业用). 北京:人民交通出版社,2000
23. 邵旭东. 桥梁工程. 武汉:武汉理工大学出版社,2002
24. 邵旭东. 桥梁工程. 高等学校教材. 北京:人民交通出版社,2004
25. 袁伦一. 《连续桥面简支梁桥墩台计算实例》(修订版). 人民交通出版社,1998年3月
26. 范立础. 预应力混凝土连续梁桥设计. 北京:人民交通出版社,1984
27. 徐岳等. 预应力混凝土连续梁桥设计. 北京:人民交通出版社,2000
28. 钱冬生,陈仁福. 大跨悬索桥的设计与施工. 成都:西南交通大学出版社
29. 黄绳武. 桥梁施工及组织管理(上). 北京:人民交通出版社,1999
30. 袁伦一. 《公路钢筋混凝土及预应力混凝土桥涵设计规范(JTG 062—2004)》条文应用算例. 北京:人民交通出版社,2005
31. 陈宝春. 钢管混凝土拱桥设计与施工. 北京:人民交通出版社,1999
32. 邵旭东. 桥梁设计百问. 北京:人民交通出版社,2003
33. 刘吉士. 桥梁施工百问. 北京:人民交通出版社,2003